제2판

국제기구법 총론

한희원 著

법률출판사

제2판을 발간하며! ■

지금으로부터 약 7년 전 국제기구법 책을 발간할 때는 법과대학 학부과정에서 과목을 개설하고 강의를 하고 싶은 절실한 바람에서였다. 그러나 저자의 그러한 소망은 국내 법과대학의 독특한 사정으로 이루어지지 않았고 졸저는 전문가들과 실무영역에서 그 절실성을 느낀 약간의 분들에 의해 구독되고 읽혀 왔다.

이후 동국대학교 법과대학장과 법무대학원장을 맡게 되면서 현대 국제사회 조류에 맞게 교과목 개편을 하게 되었고 국제기구법도 법과대학의 정식 과목으로 채택되었다.

이에 다시 새로운 마음으로 수강생들에게 최선의 서비스를 한다는 마음으로 자료를 업데이트하고 문장을 가다듬기로 마음먹고 지난 방학 동안에 개정판 작업을 마쳤다.

국제기구는 미래 대한민국 청년들의 블루 오션이라고 생각한다. 그런데 국제기구에 대한 진출은 국제기구에 대한 현상적인 지식을 넘어선 법 규범적 지식을 절실히 요청한다. 본서는 그러한 역할을 조금이라고 할 있을 것으로 기대하면서 집필했다.

개정판 작업에도 여전히 가족은 그리고 양가 어머님은 가장 큰 힘이었다. 특히 양가 어머님은 사시는 데까지 편하게 사시기를 소원할 뿐이다.

2017년 여름

동국 법학관에서 저자

추천사

추천인 본인과 국가인권위원회에서 함께 근무했던 저자인 한희원 교수의 학문에 대한 열정과 대한민국 미래 국가발전의 블루 오션이라고 할 수 있는 국제기구에 대한 선견지명에 놀라울 뿐이다.

오늘날 국제기구는 국제질서의 중추기구이다. 그러한 역할은 과학문명의 발달에 따라 지구가 한 이웃이 될수록 더 가속화될 현상이다. 지구상 최대의 국제기구인 국제연합은 말한 것도 없고 일반 국제기구라고 하는 경우에도, 수단이나 소말리아 같은 소위 실패국가(failed states)를 훨씬 능가하는 중요성과 글로벌적 영향력을 가지고 있다. 사실 그 동안 국내 법학계에서의 국제기구에 대한 인식과 연구는 많지 않았던 것 같다. 다만 국제법의 조그마한 영역으로 국제법의 주체가 된다는 식으로 아주 간단히 언급하곤 하여 참고할 서적이 별로 없었다. 또한 비 법학계의 노력과 연구는 매우 소중하기는 하지만 국제기구의 존재와 개별 국제기구의 기능과 임무와 같은 현상학적 이해가 주안이었던 것도 사실이다. 그런데 이번에 한희원 교수가 국제기구에 대한 체계적이고 일관된 법 이론의 구축으로 규범적 이해를 도모한 것은 매우 시의적절하고 중요하다고 생각된다. 천연자원이 부족하고 국제무대에서 어떤 확고한 정치 · 경제적 위상을 구가하지 못하는 우리의 처지에서는 국제기구의 활용을 통한 국가발전의 도모는 매우 중요하기 때문이다.

한희원 교수는 후속작업으로 국제연합(UN), 유럽 연합(EU), 아프리카 연합(AU), 미주기구(OAU)와 WTO, IMF, IBRD, ICC, 그리고 비정부기구이지만 커다란 역할을 하는 적십자사(Red Cross) 등 약 10여개 국제기구에 대해서도 연구를 계속한다고 하니, 국가를 위한 매우 소중한 자산이 될 것임이 명백하다. 한 교수의 학문적 발전과 국가와 사회에 대한 실천적인 기여를 기대해 본다.

2009년 6월
전 국가인권위원회 상임위원, 초대 대한민국 인권대사
(현) 동국대학교 석좌교수
대한적십자사 총재
박 경 서

추천사 ■

금번 한희원 교수의「국제기구법 원론」출간을 환영합니다. 이 책은 국제기구를 국제정치학은 물론 국제법적 측면에서도 심도 있게 분석하면서도, 다양한 사례를 통해 쉽고 재미있게 설명하고 있습니다. 특히 저자인 한희원 교수가 법조인이자 전문가로서의 실무경험을 바탕으로 국제기구의 실용적인 측면을 부각시킨 점이 돋보입니다.

국제기구의 주주격인 주권국가의 개념은 1648년 웨스트팔리아 조약에서 확립되었습니다. 국제기구는 이들 주권국가들이 상호 협력할 필요성을 느끼게 되어 만들어진 것입니다. 따라서 많은 국제기구들은 세계 제2차 대전 이후 국가 간 협력이 활발하게 진행되면서 탄생하였습니다. 그 중에는 유엔과 같이 보편적이고 오랜 역사를 가진 국제기구도 있지만, 2009년 현재 설립중인 국제재생에너지(IRENA)처럼 전문분야에 특화된 신생 기구도 있습니다. 최근 기후변화, 식량위기, 에너지위기, 테러리즘, 국제개발협력 등 초국경적이며 범세계적인 문제가 인류의 새로운 과제로 대두되고 있습니다. 이러한 문제들은 어느 한 국가의 힘으로 해결될 수 없으며, 국제사회가 함께 힘과 지혜를 모아 그 해결방안을 모색해야 합니다. 이 과정에서 전문성을 갖추고 논의의 장을 제공하는 국제기구의 역할은 매우 중요합니다.

대한민국은 유엔의 결의안으로 탄생하였으며, 한국전쟁에 유엔군이 참전하는 등 국제기구와 깊은 인연이 있습니다. 이제 대한민국은 경제발전과 민주주의를 달성한 세계 13위 경제대국이며, OECD 회원국입니다. 따라서 우리는 국제사회에 대한 기여를 확대하고, 범세계적 문제를 해결해 나가는 데에도 보다 적극적으로 동참해야 할 것입니다. 우리나라가 이러한 역할을 활발히 하기 위해서는 우리정부가 적극적인 다자외교를 전개하면서 국제기구와의 협력도 강화시켜 나가야 합니다. 아울러 우리 국민들도 국제기구에 더 많이 진출해야 합니다. 다행히, 지난 2006년 말 반기문 외교통상부 장관이 유엔 사무총장으로 선출되면서 국제기구에 대한 우리 국민들의 관심이 높아졌으며, 국제공무원이 되고자 하는 학생들도 많아졌습니다.

한희원 교수는 앞으로 국제기구학의 각론으로 주요 국제기구를 소개하는 책도 준비한다고 하므로, 본 서적은 그러한 국제기구별 각론에 대한 체계적인 이해를 위해서도 필수적으로 일독할 책이라고 사료됩니다. 앞으로 국제기구를 이해하고 공부하는 데 이 책이 널리 활용되기를 기대하며, 많은 독자들이 다양한 국제기구에 진출하게 되기를 기원합니다.

2009년 5월
외교통상부 에너지자원대사
(前 주 유엔한국대표부 차석대사)
(현 외교통상부 제2차관)
조 현

머리말 ■

국제기구법(International Institutional Law)!

그 생소하다고 느낄 이름의 책을 집필하기로 마음먹고 정작 탈고를 하고 보니, 지나간 시간이 꿈만 같이 느껴진다. 지금으로부터 약 3년 전 인디애나 법과대학(Indiana University School of Law Indianapolis (IUPUI)에서 애드워드(G. E. Edward) 교수가 이끄는 국제 인권법 과정을 수학하면서, 그 동안 들어 보지도 못했고 낯설기만 한 국제기구법을 잭슨(Jackson) 교수에게서 배우면서 본인의 어리석음과 무모함은 시작되었다.

잭슨 교수의 너무나 매력적인 강의에 빠져들면서, 그리고 초청받은 그의 집 잘 꾸며진 지하 영화관 대형 화면에서 대량학살의 참상과 UN의 무기력을 보여주는 영화 "호텔 르완다(Hotel Rwanda)"를 보면서 귀국하여 어떻게든 국제기구법의 지평을 열 단초를 제공하자고 마음먹었었다.

오늘날 국제기구는 국제질서의 핵심이다. 세계 최고 그리고 최대의 국제기구인 국제연합(United Nations)은 말할 것도 없고 일반 국제기구라고 하는 경우에도, 소위 실패국가(failed states)를 훨씬 능가하는 중요성과 글로벌적 영향력을 가지고 있다. 그러므로 일국의 발전을 위한 대외적 노력은 국제기구를 지향하지 않고는 결코 달성될 수 없는 것이 현실이다.

그럼에도 불구하고 국제기구에 대한 국내에서의 인식과 연구는 많이 뒤처져 있는 것이 사실이다. 그 동안 일각의 노력과 연구에도 불구하고, 국제기구에 대한 연구와 이해는 주로 어떠어떠한 국제기구가 있다는 식의, 현상학적인 소개에 그친 것도 사실로 여겨진다.

사실 모든 국제기구를 관통하는 일관된 법 이론이 구축되어 있지는 않지만, 국제기구에 대한 규범적 이해는 매우 중요하다. 그것은 우리나라처럼 천연자원이 부족하고 국제무대에서 어떤 확고한 정치·경제적 위상을 구가하지 못하는 처지에서는 국제기구의 활용을 통한 국가발전의 도모는 매우 중요하기 때문이다. 그러기 위해서는 단지 국제기구에 대한 현상적인 이해를 훌쩍 뛰어넘어서 법 규범적인 이해를 전제하고, 그를 바탕으로 궁극적으로 국제기구를 이끌어 나갈 수 있는 저력을 구축할 수 있을 것이기 때문이다.

그러나 생소한 영역에다가 많지 않은 자료, 그리고 무엇보다 천학비재의 능력은 이 새로운 법 영역에 대한 호기심에도 불구하고 집필에 많은 어려움을 겪어야만 했다. 하지만 우리나라에도 글로벌 국제경쟁력을 갖춘 법률 전문가의 양성을 위해 로-스쿨이 도입된 마당에, 그 중요성을 부인하지는 않지만 언제까지나 고전적인 공법(公法)과 사법(私法)의 구분을 부르짖으면서 주로 국내 한정가치적 법 영역의 공부와 연구에만 그쳐서는 도저히 국제경쟁력을 도모할 수 없다. 그렇게 해서는 결과적으로 법에 대한 궁극적인 이해와 역할을 도모할 법률가상을 양성할 수 없다고 생각된다. 수많은 전문법 분야에 대한 연구와 학습이 로-스쿨은 물론이고 어느 정도까지 법과대학에서 이루어져야 할 것이다.

본서는 매우 부족함에도 불구하고 결과적으로 글로벌 경쟁력을 갖춘 법률 공부를 한다고 할 때 그 일환으로 집필된 것임을 부인하지 않는다. 먼저 국제기구의 연혁과 법인격을 비롯해서 국제기구의 해산에 이르기까지 일반적인 내용을 총론이라는 이름으로 상재한다. 연후에 후속작업으로 구체적인 국제기구로서 국제연합(UN), 유럽 연합(EU), 아프리카 연합(AU), 미주기구(OAU)와 WTO, IMF, IBRD, ICC, 그리고 비정부기구이지만 정부간기구에 못지않은 커다란 역할을 하는 적십자사(Red Cross) 등 약 10여개 국제기구에 대해서는 이를 각론으로 상재하고자 한다.

아무쪼록 본인의 조그만 노력인 본서가 글로벌 무한경쟁시대에 국제기구에 대한 규범학적인 공부에 밑거름이 되어 대한민국이 국제사회의 당당한 리더가 되는 과정에 조금이라도 이바지할 수 있게 되기를 소망해 본다. 후속작업으로, 전문법 분야인 국제형사법, 국제인권법 그리고 출입국관리법 등에 대해서도 고뇌가 뒤따를 것으로 생각된다. 더불어 이 책에 관한 어떠한 질문이나 흠결을 지적하시고자 한다면 저자의 lucas@paran.com, 이 메일로 연락해 주시기 바란다. 독자 여러분의 매서운 비판과 지적은 곧 저자와 이 책에 대한 따뜻한 사랑으로 수용하고 능력되는 한, 성의 있는 회신을 약속드린다.

마지막으로 본서를 집필함에 있어서 진심으로 감사드리지 않을 수 없는 분들이 있다. 항상 자식의 건강과 행복을 소망하시면서 걱정을 앞세우는 양가 어머님의 말 없는 가르침은 결코 잊을 수 없다. 건강하시고 오래오래 사시기를 소망할 뿐이다. 한편 인생의 동반자로 본서를 집필함에 처음부터 끝까지 사랑과 배려로 도와준 아내에 대해서는 무어라고 감사의 말을 전할 수 없다. 또한 군 복무를 마치고 대학교에 다니는 아들과, 그리고 멀리 미국에서 오히려 아빠를 염려하는 소중한 딸은 그들의 존재 자체가 커다란 힘이 되는 청량제였다. 잘 자라주고 이제는 오히려 부모 걱정을 하는 자식들에게 항상 감사하며 진심으로 고맙게 생각하지 않을 수 없다. 마지막으로 어려운 출판여건에서 국가 발전과 법학교육의 미래를 위해 흔쾌히 출판을 허락해 주신 법률출판사에 진심으로 감사드린다.

2009년 6월

백년동국 만해관에서

한희원 씀

목 차

제1장 서 언

제2장 국제기구의 법원(法源)과 헌장의 해석

제3장 국제기구의 법인격 주체성

제4장 국제기구의 권한과 국제기구 상호간의 관계

제5장 국제기구 회원자격(membership)

제6장 국제기구의 재정

제7장 국제기구의 면책과 특권

제8장 국제기구의 조직(Institutional Structures)

제9장 분쟁해결(Dispute Settlement)

제10장 국제공무원과 국제기구의 책임 (Responsibility)

제12장 국제기구와 비정부기구(NGO)

제13장 국제기구의 해산과 승계 (Dissolution and Succession)

약어표

겨울도시시장회(World Winter Cities Association for Mayors : WWCAM)
경제협력개발기구(Organization for Economic Co-operation and Development : OECD)
관세 및 무역에 관한 일반협정(General Agreement on Tariffs and Trade : GATT)
국제민간항공기구(International Civil Aviation Organization : ICAO)
국제보크사이트기구(International Bauxite Organization : IBA),
국제수계관리위원회(International River Commission)
국제통화기금(International Monetary Fund: IMF)
국제개발협회(International Development Association: IDA)
국제결제은행(Bank for International Settlements, BIS)
국제금융공사(International Finance Corporation : IFC)
국제난민기구(International Refugee Organization : IRO)
국제노동기구(International Labor Organization : ILO)
국제농업개발기금(International Fund for Agricultural Development : IFAD)
국제다자간투자보증기구(Multilateral Investment Guarantee Agency : MIGA)
국제민간항공기구(International Civil Aviation Organization : ICAO)
국제백신연구소(International Vaccine Institute : IVI)
국제법협회(International Law Association : ILA)
국제부흥개발은행(International Bank for Reconstruction and Development : IBRD)
국제연맹(League of Nations : LN)
국제연합(United Nations)
국제연합식량농업기구(Food and Agriculture Organization : FAO)
국제연합아동기금(United Nations Children's Fund : UNICEF)
국제연합구호부흥기관(UN Relief and Rehabilitation Administration : UNRRA)
국제연합난민고등판무관실(Office of the United Nations High Commissioner for Refugees : UNHCR)
국제연합산업개발기구(United Nations International Development Organization : UNIDO)
국제연합아동기금(United Nations Children's Fund : UNICEF)

국제열대목재기구(International Tropical Timber Organization : ITTO)
국제원자력기구(International Atomic Energy Agency : IAEA)
국제이주기구(International Organization for Migration : IOM)
국제전기통신연합(International Telecommunication Union : ITU)
국제전신연합(International Telegraph Union : ITU)
국제철도화물운송연합(International Union of Railway Freight Transportation : UIC)
국제투자분쟁해결기구(International Center for Settlement of Investment Disputes : ICSID)
국제포경위원회(International Whaling Commission : IWC)
국제해사기구(International Maritime Organization : IMO)
국제협력개발기구(Organization for Economic Cooperation and Development : OECD)
국제협회연합(Union of International Association : UIA)
국제형사재판소(International Criminal Court : ICC)
동남부아프리카공동시장(Common Market for Eastern and Southern Africa : COMESA)
동남아시아국가연합(Association of Southeast Asian Nations : ASEAN)
라인위원회(Rhine Commission)
만국우편연합(Universal Postal Union : UPU)
미주기구(Organization of American States : OAS)
바르샤바 조약기구(Warsaw Pact)
범미연맹(Pan American Union : PAU)
북대서양 조약 기구(North Atlantic Treaty Organisation : NATO)
북미자유무역협정(North American Free Trade Agreement : NAFTA)
북유럽협의회(또는 이사회)(Nordic Council)
북유럽협의회투자은행 (Nordic Investment Bank : NIB)
상설 국제재판소(Permanent Court of International Justice : PCIJ)
서아프리카경제공동체(Economic Community of West African States : ECOWAS)
서유럽연합(Western European Union : WEU)
석유수출국기구 국제개발기금(OPEC Fund for International Development : OFID)
석유수출국기구(Organization of Petroleum-Exporting Countries : OPEC)
세계 관광기구(World Tourism Organization : UNWTO)

세계 반노예 협약(World Anti-Slavery Convention)
세계기상기구(World Meterological Organization : WMO)
세계대중교통협회(International Association of Public Transport : UITP)
세계무역기구(World Trade Organization : WTO)
세계문화유산도시(Organization of World Heritage Cities : OWHC)
세계보건기구(World Health Organization : WHO)
세계은행(International Bank for Reconstruction and Development : IBRD)
세계지적재산권기구(World Intellectual Property Organization : WIPO)
세계탈문화예술연맹(International Mask Culture & Arts Organization : IMACO)
아랍석유수출국기구(Organization of Arab Petroleum Exporting Countries : OAPEC)
아랍국가연맹(League of Arab States : LAS)
아세안(Association of Southeast Asian Nations : ASEAN)
아시아개발은행(Asian Development Bank : ADB)
아시아생산성기구(Asian Productivity Organization : APO)
아시아・태평양전기통신협의체(Asia—Pacific Telecommunity : APT)
아시아・태평양도시관광진흥기구(Tourism Promotion Organization for Asian-Pacific Cities : TPO)
아시안개발은행(Asian Development Bank : ADB)
아프리카연합(African Union : AU)
아프리카통일기구(Organization of African Unity : OAU)
아프리카개발은행(African Development Bank : AfDB)
우루과이라운드(Uruguay Round of Multinational Trade Negotiation : UR)
유럽경제협력기구(Organization of European Economic Cooperation : OEEC)
유럽석탄철강공동체(European Coal and Steel Community : ECSC)
유럽안보협력기구(Organization for Security and Co-operation in Europe : OSCE)
유럽공동체(European Community : EC)
유럽연합(European Union : EU)
유럽자유무역연합(European Free Trade Association : EFTA)
유럽평의회(評議會, Council of Europe : CoE)
유럽부흥개발은행(European Bank for Reconstruction and Development : EBRD)
유로케믹, 범미주연맹(Pan American Union : PAU)
유엔개발계획(UN Development Programme : UNDP)

유엔교육과학문화기구(UN Educational, Scientific and Cultural Organization : UNESCO)
유엔산업개발기구(UN Industrial Development Organization : UNIDO)
유엔식량농업기구(Food and Agriculture Organization : FAO)
이슬람개발은행(Islamic Development Bank : IsDB)
이슬람국제기구(Organization of the Islamic Conference : OIC)
인터폴(International Criminal Police Organization : Interpol)
중미기구(Organization of Central American States : OCAS)
캐러비안개발은행(Caribbean Development Bank : CDB)
코메콘(The Council for Mutual Economic Assistance : COMECON)
포괄적핵실험금지기구(Comprehensive Test Ban Organization : CTBTO)
화학무기금지기구(Organization for the Prohibition of Chemical Weapons : OPCW)

국제기구법 총론

제1장 서 언

제1절 국제기구 개관

제1항 머리말

I. 서 언

교통과 통신을 포함한 현대 과학 문명의 획기적인 발달은 전 지구적 국제질서에 다양한 방면에서 영향을 미쳤다. SNS 등 다양한 소통수단과 금융결제의 결합은 전 세계를 맹렬하게 단일시장으로 만들어 가고 있다. 그런데 오늘날 외국에 있는 친구에게 편지를 보내거나, 해외여행을 하거나, 아니면 해외에서 생산된 일상용품을 구입하려 하는 경우에도 그러한 평범한 행동들도 이러저러한 연유로 어떤 국제기구와 연관되지 않는 것이 거의 없다.[1)]

주권국가(Sovereign state)의 대외적 활동의 경우에도 마찬가지이다. 세계문명사와 거리가 먼 주체사상이라는 독창적인 견해를 밝히며 국제질서의 고립자로 전락한 북한이 중국과 러시아의 만류에도 불구하고 2009년 4월 로켓발사를 감행하기에 앞서 국제해사기구(International Maritime Organization : IMO)에 로켓발사 사실을 통고한 것에서도 국제기구의 중요성은 잘 나타난다.

오늘날 지구촌을 하나로 묶는 여러 가지 현상은 개별 주권국가의 힘으로는 해결할 수 없는 다수의 문제를 야기했다. 그것은 결과적으로 국제사회에 새로운 다양한 법과 시스템 그러므로 다양한 국제기구의 창설을 요구하는 등으로 국제사회에 직접적인 영향을 미쳤다. 이러한 국제질서의 변화는 전통적인 국가주권절대주의 개념에 변화와 수정을 요청한다. 그러한 변화와 함께 나타난 대표적인 현상 가운데 하나가 국제기구의 눈부신 발전이다.

---

1) Jan Klabbers, An Instruction to International Institutional Law, Cambridge University Press, 2005, pp. 1-2. C. F. Amerasinghe, Principles of the Institutional Law of International Organizations, (2nd Edition, Cambridge University Press, 2005). pp. 6-9.

오늘날 국제기구(International Organizations)는 국제법의 핵심적 주체 가운데 하나이다. 그것은 국제기구가 세계 정치·경제·문화·환경·금융 질서 형성의 불가피한 한 축을 형성하고 있다는 것을 의미한다. 그러한 추세는 세계 경제의 발전과 과학 기술의 발전에 따라 세계가 더 가까운 이웃이 되고, 따라서 소위 세계화의 현상이 거세질수록 더욱 강화될 것이다. 또한 주권국가들도 제2차 세계대전 이후 국제연합(UN)의 필요성을 절감하고 창설한 이후에 국제기구의 형식을 빌려 국가 간 협력 체제를 강화하는 방향으로 많은 노력을 기울여 왔다. 이러한 추세는 앞으로도 계속될 것으로 따라서 국제기구의 중요성은 향후에도 어떻게 변할지 모르는 불확실한 국제질서 속에서 더욱 커질 것이다.

그러므로 첫째, 국제기구란 무엇인가? 둘째, 국제기구는 어떻게 형성되는가? 셋째, 국제기구는 과연 어떻게 기능하는가? 넷째, 국제기구는 어떻게 창설되며 국제질서와 국제법에의 영향은 무엇인가? 를 이해하는 것은 비단 법학도뿐만이 아니라 일반 현대인에게도 매우 중요해졌다고 할 수 있다.

Ⅱ. 국제기구 개념 일반

국제기구는 통상적으로 국가간국제기구(intergovernmental organization: IGO)를 지칭한다. 국가간국제기구(IGO)라고 함은 주권국가 또는 주권국가들이 창설한 다른 국제기구를 회원으로 하여 창설된 공적인 국제기구를 말한다. 단적으로 사인이나 민간단체가 만든 것이 아니라는 의미이다. 국가간국제기구는 개별 회원국들의 희망이나 요구를 넘어서는 국제기구 조직 자체의 아젠다(agenda)를 가진다. 국제기구법 학자 클라버(Klabbers)는 이것을 회원국의 창설의지와는 명백하게 구별되는 **"별개 의지(distinct will)"**라고 불렀다. 국제기구의 이러한 별개 의지는 때로는 그를 창설한 회원국들의 아젠다와 충돌할 수도 있다. 이처럼 회원국들과 별개의 존재인 국제기구는 어떤 목적을 가진 사회적 존재인 것이다.

국제기구는 주권국가나 다른 국제기구 같은 국제법 주체가 주도하여 창설한 것으로서 자체의 조직과 규범을 가진다. 또한 개별 회원국들의 이해관계를 뛰어넘는 국제기구 독자적인 의제를 가지는 존재이다. 이렇게 창설된 국제기구는 국제법의 창출에 기여할 뿐 아니라, 스스로도 국제법 주체가 되어 국제법 질서에 기속된다. 한편 모든 국제기구들은 스스로의 기능과 임무와 관련된 일련의 규칙을 가진다. 국제기구의 그러한 일련의 규칙은 다른 법률체계에서 유래되거나 역으로 법률질서에 영향을 미친다. 그리하여 국제기구가 회원국들 각자의 국내법이나 다른 국제기구의 자체 규정에 영향을 받는 사례는 적지 않게 볼 수 있다.

III. 광의의 국제기구와 협의의 국제기구

넓은 의미에서의 국제기구는 비영리 목적의 국제 비정부기구(International nongovernmental organizations)와 다국적기업(multinational corporations)을 포괄한다. 반면에 협의의 국제기구는 다국적기업과 국제 비정부기구(NGO)는 제외하고, 국가간국제기구(IGO), 즉 공공국제기구만을 지칭한다. 통상 국제기구법의 연구대상은 협의의 국제기구이다. 본서도 이러한 공적인 국가간국제기구(IGO), 즉 협의의 국제기구를 논의의 대상으로 한다.

제2항 국제기구의 태동과 전개

I. 국제회의(Congress)에 의한 국제 문제의 해결

1. 국제회의의 의의와 시작

국제회의(congress 또는 conference)는 어떤 의제를 가진 주권국가들의 공식적인 국제회합이다. 인류 역사에서 국가 간의 회합을 통한 쌍방 또는 다자협정은 오랜 기원을 가진다. 로마 시대에 이미 유대민족은 이웃국가의 위협으로부터 자신들의 안전을 도모하기 위하여 로마황제와 안전 협정을 체결했다. 그런데 1600년대에 지구는 두 국가 사이의 협정이 아니라, 다수 국가 사이의 모임으로 국제회의라고 불리는 새로운 외교적 노력의 시작을 보여주었다. 초창기의 국제회의는 1개국 이상이 연관된 의제가 있으면 관련된 여러 국가들이 회합을 가져 국가 사이의 합의에 이를 때까지 논의했다. 이러한 추세는 1700년대와 1800년대 초에 이르러 국가들이 서로간의 문제 해결을 위해 조금 더 정기적으로 모임을 가지기를 원하는 경향이 생기면서 더욱 잦아졌다.

2. 국제회의의 형식

초창기에는 이해관계 국가들이 임시적으로 회합하는 **포럼(forum)**에서 상호 의견을 교환하는 방법으로 국가 사이의 문제를 해결했다. 그것이 일반적인 국가 간의 모임인 국제회의의 통상적인 모습이었다. 또한 특별한 사안이 발생한 경우에는 **임시 특별(ad hoc)회의**가 소집됐고 문제에 대한 토론을 통해 다자 조약을 체결하는 등으로 해결했다. 경우에 따라서 사안이 지속적인 반복을 요구하는 내용인 경우에는 회합은 주기적으로 이루어지고 국제회의의 임무는 지속되었다. 하지만 아직 국제기구의 창설에 대한 개념은 아직 없었다. 포럼 또는 회의 방식에 의한 다수 국가 사이의 문제를 해결한 대표적인 사례가 국제법의 출발점으로 유럽 30년 전쟁을 근대 외교회의로 종식시킨 1648년의 베스트팔렌조약(Peace of Westphalia)과 만국평화회의로 잘 알려진 1899년의 헤이그 회의였다.[2] 국제회의에서 합의된 결과는 조약 또는 협약의 체결로 나타났다. 협의가 원만하게 이루어지지 않은 경우에도 양해각서(memorandum) 또는 의사록을 남겼다.

3. 국제회의의 한계

그런데 이러한 국제회의의 반복적 회합이라는 현상이 국제기구의 발전으로 이어졌다.[3] 왜냐하면 국제회의의 빈번한 개최는 우선 그 자체가 쉬운 일이 아니기 때문이다. 또한 회합 방식에 의한 국가들 사이의 문제 해결은 의제나 해결 범위가 한정될 수밖에 없는 불가피한 제약이라는 불편이 따르기 때문이다. 그러므로 다음과 같은 국제회의의 한계를 이유로, 19세기 후반에 이르러는 아예 여러 국가들의 공통 임무를 수행하는 상설적 국제기구의 출현이라는 새로운 국면이 전개되었다. 일반적으로 국제회의의 한계로는 다음과 같은 사항들이 지적된다.

① 적절한 시점의 실기 위험성

국제회의는 새로운 의제가 생길 때마다 매번 새롭게 회의가 소집되어야 했다. 그러나 국가 간의 회의 소집은 쉽지 않은 일로, 회의 소집이 지연되는 일이 다

---

2) 상설중재재판소(Permanent Court of Arbitration: PCA)의 창설과 '육상전 법규와 관례에 대한 조약' 체결을 결의했다. 헤이그 특사사건은 1907년 고종이 제2회 만국평화의의에 이준, 이상설, 이위종을 파견하여 일본의 강요에 의해 체결된 을사늑약의 부당함을 전 세계에 고하려고 한 사건이다.

3) C. F. Amerasinghe, *op, cit*, p. 2.

반사로 결국 현안 해결에 대한 적절한 타이밍을 놓칠 수 있다.

② 국가 간의 세력경쟁 유발

국제회의는 국가 간의 공통적인 관심사를 추구하기보다는 특정국가의 국가정책을 관철하려는 무대로 변질될 우려가 있다. 이것은 결국 협상은 없어지고 국가 간의 세력경쟁을 유발할 수 있는 위험을 야기할 수 있다.

③ 참가 기준과 권리 · 의무의 불명확

국제회의는 초청국가와 후원국가의 임의성 내지는 호의성에 기초한 것이기 때문에 누가 참가할 수 있는지와 같은, 참가회원에 대한 일정한 기준도 없고 참가국가의 권리와 의무도 불명확하다. 따라서 국가별 국가 대표성도 애매할 수 있다.

④ 의사결정의 불평등 위험성

국제회의는 의사 결정에 있어서 표결의 평등성을 도모할 수 있는 다수결 원리가 아니라, 특정국가 주도에 의한 만장일치로 처리될 위험성이 높다.

⑤ 처리 사안의 한계성

국제회의는 "국제 정치적 문제"에는 유용하지만, "국가 간의 법률문제나 행정문제" 등처럼 전문성을 필요로 하는 영역에 대해서는 한계가 있다. 그러므로 주로 국제 정치적 문제 해결에 유용한 국제회의는 기술적이고 행정적인 전문분야의 문제 해결에는 친하지 않고 따라서 유용하지 않다.

II. 국제기구의 태동과 전개

19세기 초에 이르러 국가관계는 외교 · 국방 · 문화 등의 여러 영역에서 다양한 문제가 발생하면서 복잡다기화 되었다. 사안에 따라서는 여러 국가가 동시에 관여할 문제도 많이 생겼다. 그 결과 외교관계에 기초한 쌍방 국가 간의 공식적인 채널이 사안 해결에 적합하지 않는 경우가 발생했고 관련 국가들은 불편함을 느끼게 되었다. 따라서 국제기구의 현실적인 필요성이 강력하게 대두되었다. 국가 사이의 협의나 국가들 사이의 회의가 아니라 특별한 임무를 수행하는 공적인 국제기구의 출현은 19세기 후반의 일이다.[4] 수세기 동안 국가 간의 회합을 통하여 조약이나 동맹 그리고 상호 국제회의라는 국제문제의 해결 형식이 존재했지만, 그 불편함과 한계를 뛰어 넘어선 국가 간 국제기구(IGO) 라는 새로운 모습이 19세기 말에 이르러 나타나기 시작한 것이다. 이처럼 임시적이고 불편한 국제회의를 대체하는 국제기구들의 출현은 전 세계 인류의 현실적 필요에 의한 역사 발전에 따른 것이었다. 1815년과 1914년간의 19세기 약 100년간은 국제기구법적인 관점에서는 소위 국제기구 준비세대(Era of preparation for International Organization)로 일컬어진다.[5]

1. 국제 수계관리위원회(International river commission)

주권국가 사이의 조약으로 상설적인 어떤 기관을 창설하고 창설된 기관으로 하여금 각국의 공통 관심사항을 처리하도록 현실화된 국제조직, 즉 국제기구는 유럽에서 먼저 출현했다. 유럽에 있어서 여러 나라를 거쳐 흘러가는 국제하천을 관리하기 위해 설치된 국제수계관리위원회가 국제기구의 최초의 모습이었다.

1814년 9월 나폴레옹 전쟁을 수습하기 위해, 오스트리아 수도 비엔나에서 오스트리아의 재상 클레멘스 폰 메테르니히의 주도로 영국, 프로이센, 오스트리아, 러시아가 모여 1815년까지 국제회의를 개최했다. 그것이 비엔나 회의(Congress of Vienna) 또는 빈 회의였다. 회의의 목적은 나폴레옹 전쟁의 혼란을 수습하고, 유럽의 상태를 전쟁 전으로 되돌리는 것이었다.

이 비엔나 회의에서 국가 간을 가로지르는 강(江)에 대한 "항해의 자유 원칙"이 천명되었다. 항해의 자유 원칙이라는 국제질서의 탄생은 자유로운 항해를 보장하고 관리하기 위한 많은 수계관리위원회(river commission)를 탄생시킨 직접적인 계기가 되었다. 구체적으로는 비엔나 회의에서 1차적으로 라인 강이 자유항행하천으로 지정되었다. 이에 따라서 라인 강 항해를 위한 중앙수계위원회, 즉 라인위원회(Rhine Commission)가 최초로 설치되었다. 당시의 라인 강 관리

4) C. F. Amerasinghe, *Principles of the Institutional Law of International Organizations*,(2nd Edition), Leonard, *International Organization*(1951), chapter 2; Mangone, *A Short History of International Organizations*, (1954) chapter 3; Eagleton.

5) C. F. Amerasinghe, *op, cit*, p. 5.

위원회는 입법권과 행정권도 보유했다.[6]

그 후 크림 전쟁을 마무리하기 위해 소집된 1856년의 파리회의에서 체결된 파리조약은 다뉴브(Danube) 강에 대한 각국의 자유항행과 평등한 대우를 합의했다. 그리고 다뉴브(Danube) 강에서의 자유항행이라는 합의이행의 관리와 감시를 위해 "유럽·다뉴브위원회"와 다뉴브 강 전체의 항행감시를 임무로 하는 "유역국(流域國) 위원회"를 설치했다.[7] 이러한 수계위원회가 초창기 국제기구의 모습이었다. 이러한 추세를 뒤이어 유럽 여러 나라를 지나는 엘베(Elbe) 강 그리고 포(Po) 강 위원회가 연속적으로 설치되었다. 이렇게 형성된 19세기 유럽에서의 수계관리위원회는 오늘날의 국제기구의 발전에 매우 커다란 영향을 끼쳤다. 수계관리는 비정치적인 문제, 즉 행정문제로 인류와 함께 존속할 강의 질서라는 영속적인 임무를 주된 목적으로 했고, 사적 국제조직과 달리 주권국가들과의 협조와 적극적인 지원 아래에 발달했다. 국제수계관리위원회는 회원국 정부 대표로 구성되어 정기적으로 회합을 갖는 위원회(commission)를 구성했다. 그리고 작은 규모이지만 행정업무 처리를 위한 상설적인 사무국(secretariat)도 구축했다.

2. 국제행정연합

국제수계관리위원회에 뒤이어 19세기 후반 이래로 유럽 국가들을 중심으로 통신·우편·교통·기술 등의 전문적·기술적인 분야의 국제적 문제를 국제기구를 조직하여 통일적으로 처리하려는 움직임이 활발하게 전개되었다. 수계관리위원회의 효용성과 필요성이 충분히 입증되었기 때문이다. 구체적으로 1865년 5월 20개 회원국가가 서명한 국제전신조약(International Telegraph Convention)을 헌장으로 하여 탄생된 국제전신연합(International Telegraph Union)이 국제기구의 탄생을 알렸다. 국제전신연합(ITU)은 업무의 성격상 상설적인 조직으로 다수의 행정조직을 보유했다.[8]비슷한 필요성에서 1874년에는

---

6) Chamberlain, *The Regime of International Rivers, Danube and Rhine* (1923).

7) 크림 전쟁은 1854년 3월 28일부터 1856년 3월 30일까지 벌어졌던 러시아 제국과 영국, 프랑스, 사르데냐 왕국, 오스만 제국의 연합국 사이의 전쟁이었다. 전쟁은 흑해에 위치한 크림 반도에서 일어났으며, 1856년의 파리 조약으로 종전을 맞았다. 파리 조약의 결과로 러시아 제국은 다뉴브 강 하구 및 흑해에서의 영향력을 잃게 되었고, 이후 흑해는 모든 국가에 대해 군함 통과 및 무장이 제한되며 중립이 선언되었다.

8) 현재는 국제전기통신연합(國際電氣通信聯合, International Telecommunication Union :

만국우편연합(Universal Postal Union)이 탄생했다. 그 뒤를 이어 1890년의 국제철도화물운송연합(International Union of Railway Freight Transportation), 1883년의 국제특허국(International Bureau of Industrial Property)과 국제저작권국(International Bureau of Literary Property) 그리고 1907년에는 국제공중보건실(International Office of Public Health)이 탄생했다.

한편 국제행정연합 조직들은 회원국 대표들이 참가하는 정기적인 회합을 가졌다. 회의는 통상 만장일치로 결정되었고 일상 행정업무를 담당하는 상설적인 사무국을 가졌다. 이와 같은 형태로 운영된 국제행정연합이 오늘날의 국제기구에 끼친 가장 중요한 영향은 먼저 국가 사이의 공통된 사무를 처리할 국제 사무국이라는 상설조직의 필요성을 인식하고 그를 제도화했다는 사실이다. 그리고 더 중요한 것은 그러한 국제 업무가 주권국가로부터 위탁받은 업무가 아니라 국제조직 그 자체, 즉 국제기구 자체의 사무라는 사실을 인식시켜준 것이었다.[9]

국제행정연합은 오늘날 다양한 국제 전문기구(specialized agencies)의 모태가 되었다. 그것은 국가들 사이에 행정상으로 일상적이고 반복되지만 전문적·기술적 분야에 대한 공통된 관심사를 조약에 의해 창설된 상설적인 국제조직을 통해 처리하는 아이디어를 확고히 함으로써 향후 국제기구 발전의 초석이 되었다. 이처럼 국제행정연합은 또한 국제수계관리위원회와 더불어 종래의 1회적 또는 불규칙적인 회의(congress) 위주의 국제사회 문제 해결 시스템을 획기적으로 변혁하는 계기가 되었다.

3. 국제기구의 남미에서의 발전

한편 서반구(western hemisphere)에서는 국제기구 발전에 대한 특별한 전개가 있었다. 오늘날 범미주의(汎美, Pan-American) 체계는 1826년의 지역적 수준에서 아이디어가 전개되어 1885년의 워싱턴 회의(Washington Conference)에 의해 가시적인 모습을 드러냈다.[10] 아메리카 대륙에서의 연대감에 기초한

ITU)으로 변모하여 UN 산하 전문기구가 되었다. ITU는 전기 통신의 개선과 효율적인 사용을 위해 국제 협력을 증진하고 전기 통신 업무의 능률 향상, 이용 증대 및 보급의 확대를 위해 기술적 수단의 발달과 효율적 운용을 목적으로 하는 정부 간 국제기구이다.

9) C. F. Amerasinghe.

10) 미주기구(美洲機構 : OAS)는 미국 워싱턴에 본부를 둔 국제기구로 1948년에 창설되었다. 현재 아메리카 대륙의 35개국이 가입해 있다. 공식 언어는 영어, 에스파냐 어, 프랑스 어, 포르투갈 어다. 한편 워싱턴 국제 아메리카 대륙회의는 또한 세계 최초의 지역 인권기구의

밀접한 반구 연합(hemispheric union)의 개념은 1826년 파나마 국회의원 사이먼 볼리바가 주창했다. 그는 아메리카 대륙의 주권국가들이 힘을 합쳐 연합 군대, 상호 방위체계 그리고 초국가적 의회(supranational parliamentary assembly)를 갖는 협정을 체결하여 아메리카 대륙 공화국의 탄생을 제안했다. 그의 제안은 페루, 멕시코, 콜롬비아에 의해 지지를 받았으나 뜻을 이루지는 못했다.

그러나 아메리카 대륙의 지역적 연대감은 1890년에 이르러 국제 아메리카 대륙회의(International Conference of American States)의 개최를 이끌었고, 아메리카 대륙 18개 국가가 미국 워싱턴 D.C.에서 회합했다. 1890년 4월 14일 아메리카 대륙회의에서 국제아메리카공화국연합(International Union of American Republics)이라는 국제기구를 창설했고, 산하에 국제 상사국(International Commercial Bureau)이라는 이름으로 상설 사무국을 설치했다. 국제 아메리카 대륙회의는 주기적으로 개최됐고 오늘날 미주기구(Organization of American States : OAS)의 탄생과 또한 세계 최초의 지역 인권기구 탄생으로 이어졌다.

서 반구의 국제 아메리카 대륙회의는 오늘날의 국제기구의 발전에 여러 방면으로 기여했다. 먼저 어느 특정한 국가가 주도하여 회합이 이루어진 것이 아니고 일단 회합의 필요성이 인식되어 상호간에 만난 연후에는 순차적인 국가회합으로 이어졌다. 두 번째로, 회의 주제는 특정국가가 제안한 것이 아니고 회의의 상설 집행기구로 1912년 창설된 범미연맹(Pan American Union : PAU)이 준비하여 제출했다는 점이다. 세 번째로 회의는 특별한 의제가 있거나 없거나를 떠나서 매번 철저한 준비를 하여 정기적으로 이루어졌다. 네 번째로 그와 같은 정기적인 회합은 아젠다 형성, 의제 제출 그리고 의사 진행 같은 절차적인 문제에 있어서 공식적인 기준을 형성되게 하였다.

4. 사적 영역에서의 국제조직의 탄생

한편 주권국가 차원이 아닌 민간에서 주도한 최초의 사적 영역의 국제회의로 세계 반-노예 협약(World Anti-Slavery Convention)이 1840년에 개최되었

탄생 계기가 된 American Declaration of the Rights and Duties of Man을 채택하였다.

다. 이후 1863년의 국제적십자위원회(International Committee of Red Cross), 1873년의 국제법협회(International Law Association)가 이어졌다. 그리고 1910년에 창설된 국제협회연합(Union of International Association)[11]은 오늘날 국가 간의 공적국제기구의 발전에도 새로운 자극을 주었다. 그 이외에도 사적 영역에서의 다양한 주제에 대해 활발하게 발달된 비정부조직(NGO)들은 역시 다양한 공적국제기구들의 창설과 발달에 많은 영향을 주었다.

5. 국제연맹과 국제노동기구

제1차 세계대전 후 설립된 국제연맹(LN)과 그 산하의 국제노동기구(ILO)는 오늘날의 국제기구의 발전에 지대한 영향을 끼쳤다. 이들은 전 세계 모든 국가들을 상대하는 보편적인 국제기구로 오늘날의 보편적인 국제기구의 전형이 되었다. 또한 국제노동기구는 정부대표, 사용자 그리고 노동자의 삼두지배체제(tripartite governing structure)의 모습으로 나타나, 민간차원의 국제적 협동의 모습을 나타내는 상징이 되었다. 또한 1차 세계대전 이후의 평화회의는 운송과 통신 분야에서의 국제기구의 결성을 더욱 활발하게 했고, 그에 따른 다양한 형태의 공적국제기구 그리고 비정부 국제기구의 발전 분위기는 국제기구의 발전을 촉진하였다.

1) 국제연맹(League of Nations : LN)

가. 개관

국제연맹(國際聯盟)은 제1차 세계 대전이 끝난 뒤인 1920년에 미국 대통령 우드로 윌슨의 제안으로 베르사유 조약(Treaty of Versailles)에 의해 창설된 국제기구이다. 제1차 세계대전을 종료한 1919년의 베르사유 평화협정(Versailles Peace Settlement)[12]은 국제기구의 발달에 전환점이 되었다. 동 평화협정 후

11) 국제협회연합(Union of International Associations : UIA)은 세계에서 가장 오래된 국제단체로서 방대하고, 국제시민사회에 대한 포괄적인 자료를 보유하고 있다. 동 연합은 수많은 국제기구들의 연혁, 조직, 회의 작동기제들을 분석하고 있다. www.uia.org/db.

12) 베르사유 조약(Treaty of Versailles)은 1919년 6월, 독일과 연합국 사이에 맺어진 제1차 세계 대전의 강화조약이다. 베르사유 궁전에서 맺어진 동 조약은 7장으로 구성되어 있다. 주요 내용은 다음과 같다. (1) 독일 제국은 전 대륙의 모든 식민지를 포기하며, 국제연맹이 결정한다. (2) 독일 제국은 공군과 잠수함을 금지하며 전차와 군함은 각 36대로 한정하고 나머지는 연합군이 차지한다. (3) 독일 제국은 연합국가에 전쟁 배상금 1,320억 마르크를

주지하는 바와 같이 모든 나라에 개방된 정치적 국제조직인 국제연맹이 탄생했던 것이다. 비록 국제연맹이 또 다른 세계전쟁을 막지는 못하였지만, 그것은 전세계 인류의 문제를 토론하는 국제적 플랫폼(platform), 즉 외교의 장(場)이 되었고, 오늘날 국제기구의 눈부신 발전을 예고했다. 그 동안의 국제행정연합이 주로 행정적·전문적 그리고 기술적인 분야를 취급한 조직이었던 것에 비해서, 베르사유 평화협정으로 탄생한 국제연맹(LN)은 국제평화의 유지와 안녕을 도모하고 세계대전의 참상 방지라는 인류 보편의 염원을 목적으로 하는 국제지구였다. 그러한 요청은 어느 국가도 거역하기 어려운, 온 인류의 소망을 목표로 하였다는 점에서 기존의 국제기구와는 성격을 완연히 달리했고 다양한 국제기구 창설을 예고했다.

나. 국제연맹의 특성

국제연맹은 당시로서는 매우 많은 58개국의 회원국을 가졌고, 기구적으로도 앞선 국제행정연합이나 수계관리위원회 보다 훨씬 정비되었다. 또한 회원국과는 별개의 독립된 고유한 단체로서의 성격을 강하게 가졌다는 점에서 주목되었다. 국제연맹의 그러한 특징은 다음과 같은 제도적 장치에 의해 명백하게 드러난다.

첫째, 그 동안 국제행정연합이나 수계관리위원회 등에서 아직도 외교회의로서의 성격을 가지고 있던 각국 대표들의 모임인 국제회의(conference)가 국제연맹에서는 **총회(Assembly)**라고 하는 하나의 주요기관으로 창설되었다.

둘째, 국제연맹에서는 모든 회원국이 참가하는 총회 이외에, 집행기구로 현실 국제정치의 역학을 반영하여 주도적으로 영향력을 행사하는 회원국으로 구성된 **이사회(League Council)**를 설치했다. 이사회의 결정은 다른 국제연맹 회원국에도 효력을 미치는 것으로 소수 회원국에게 실질적인 권한을 부여하는 이사회 조직은 국제행정연합에 있어서는 상상도 하지 못한 조직상의 커다란 발전이었다.

셋째, 국제연맹은 단순한 실무부서에 지나지 않는 국제행정연합의 사무국과 달리 사무총장을 수장으로 하는 상설조직인 **사무국(Secretariat)**을 총회와 이사

10년 이내에 지불한다. (4) 독일 제국은 새로운 전차의 개발 및 배치를 금지한다. (5) 독일 제국 군대는 육해군을 합쳐 10만 명으로 제한하며 항공전투력은 금지한다.

회와 함께 국제연맹의 독립된 기관으로 설치했다. 그 결과 사무총장은 세계 평화유지 문제에 대해 이사회의 소집을 요청할 수 있고, 이사회의 안건에 대한 필요한 제반 준비를 독자적으로 수행하며, 총회와 이사회 회의에서 사무국 정보에 의해 사무총장 자격으로 의견을 개진할 권한이 부여되었다. 이 같은 사무국 조직의 강화와 권한의 확대는 결국 국제연맹이 회원국과는 별개의 독립된 주체임을 확연히 나타내는 징표가 되는 첩경이 되었다.

넷째, 국제연맹은 그 밖에도 다양한 전문 산하기관을 설치하여 국제적 필요에 대응하도록 했다. 대표적으로 국제분쟁의 객관적 그리고 전문적인 각도에서의 해결을 위한 상설 국제재판소(Permanent Court of International Justice : PCIJ), 군축위원회(Disarmament Commission), 세계건강기구(Health Organization), 난민위원회(Commission for Refugees), 여성의법적지위연구위원회(Committee for the Study of the Legal Status of Women) 등을 설치하여, 인류 전체의 문제에 대한 국제기구의 중요성과 필요성을 잘 보여주었다.

2) 국제노동기구(International Labour Organization)

국제노동기구(ILO)는 제1차 세계대전을 종식하는 평화협정인 1919년 베르사유 조약 제13편(노동 편)에 근거하여, 근로자의 근로조건 규제, 실업 대책 그리고 여성과 아동의 근로 권리를 보장하기 위해 창설된 국제조직이었다. 베르사유 조약 제1편(Part I of the treaty)이 국제연맹 창설협약이었고, 베르사유 조약 제13편(Part XIII)이 국제노동기구의 창설을 예정했다. 이에 ILO는 국제연맹의 한 전문기관이 되었다. ILO는 상설조직으로 (a) 회원국 대표로 구성되는 총회(General Conference), (b) 이사회(Governing Body) 그리고 이사회에 의해 통제되는 (c) 사무국(International Labour Office)을 설치했다(ILO 헌장 제2조). 국제연맹과 대비되는 ILO의 조직적 특색은 총회나 이사회에는 2인의 회원국 정부 대표와, 회원국 정부와 무관하게 자체적으로 선출되는 1인의 사용자 대표와 1인의 노동자 대표 등, 도합 4명이 주권국가의 대표로 함께 참가하여 소위 삼두지배체제(tripartite governing structure)를 형성한다는 점이다.[13] 이것은 다

13) 오늘날 ILO는 각국의 노동입법 수준을 발전시켜 노동조건을 개선하는 것은 물론이고 사회정책과 행정·인력 자원을 훈련시키며 기술을 지원한다. 협동조합과 농촌에 공장을 세우는 것도 지원한다. 국제기구의 발전적 변신의 대표적 모습이다. 이러한 활동을 위하여 국제 노동통계를 수집하고 불완전고용, 노사관계, 경제발전 등에 관해 심도 있는 연구를

양한 형태의 국제기구의 모습을 가능하게 하는 아이디어로 작용했다.

6. 국제연합(United Nations)과 각종 국제기구

그러나 제 1차 세계대전에 대한 반성에서 창설된 국제연맹은 결국 제2차 세계대전의 발발을 방지하지 못했고 국제기구로서의 한계와 모순점을 극명하게 알려주었다. 그 결과 탄생한 국제연합(UN)은 전신인 국제연맹의 모순과 불합리로 지적된 사항들을 제도적으로 시정하고 보완했다. 기능에 있어서도 육·해·공군의 군사행동을 위시한 무력제재의 막강한 권능까지 부여함으로써 실질적인 역량에 있어서는 주권국가를 넘어서는 초(超) 국제기구의 탄생을 알렸다. 더불어 국제연합(UN)은 광범위한 임무 수행의 필요에서 다양한 영역에서의 각종 보조기관(subsidiary organs)을 탄생시켰다. 또한 많은 다른 국제기구와의 특별협정을 체결하여 그들을 UN의 전문기구(specialized agencies)로 만듦으로써 소위 **국제연합 체제(United Nations System)**를 구축했다. 결과적으로 UN은 그 영향력이 전 지구의 정치·군사·경제·사회·문화·보건·환경 등의 제반 분야에 미치게 되었다. 이후로 정부 간 또는 국가 간의 많은 공적 조직이 창설되었고 궁극적으로 오늘날의 **UN 가족 또는 UN 체계**[14]라고 불리는 포괄적 국제조직의 탄생으로 이어졌다. UN의 이 같은 역량강화와 세련된 조직의 구축은 오늘날 국제기구의 눈부신 발전의 전범(典範)이 되었고 UN 체제를 중심으로 더욱 다양한 국제기구의 창설을 촉진시켰다. 상세는 별도의 장에서 살펴 볼 것이지만 UN의 발달은 또한 국가 간의 국제기구 이외에 비정부 간의 국제기구, 즉 NGO의 활동도 활발하게 전개하도록 하는 계기가 되었다.

제3항 국제기구의 분류와 국제기구의 특성

I. 서 언

국제기구는 그 기능, 회원국의 구성 그리고 회원이 되는 자격에 따라 유형별

진행한다. 또한 연구 결과와 수집된 자료를 이용하여 『국제노동평론』과 『노동통계연감』을 발간하여 국제적으로 전파하는 활동을 한다. 현재 ILO는 국제연합(UN)의 전문기구이다.

14) UN을 중심으로 다수의 전문기구와 연계된 국제조직으로 United Nations System 또는 United Nations Family라고 한다.

로 차이가 있다. 국제기구들은 또한 조약이나 헌장에 목적이나 임무가 설정되어 있어서, 목적에 따라서 업무 범위가 다르다. 통상적으로 국제기구는 세계 도처에서의 분쟁 해결을 통한 평화의 확보와 향상된 국제관계 형성, 환경보호 같은 인류 공통 관심사에 대한 국제 협력의 증진, 인권의 보호와 향상, 교육 그리고 건강 같은 사회적 개발 도모, 인도적 지원 그리고 경제개발을 목적으로 한다. 이러한 기조에서 어떤 국제기구들은 일반적이고 광범위한 목적을 가진다. 또 다른 국제기구들은 예컨대 국제형사기구(인터폴)처럼 한정된 주제를 목적으로 하기도 한다. 국제기구는 통상 경제적 목적, 평화유지 목적, 환경 문제 목적 그리고 군사목적처럼 목적을 기준으로 분류할 수 있다. 그러나 대개의 국제기구들은 특정한 하나의 목적만을 갖는 것은 아니고 다양한 목적을 함께 가지기 때문에 토픽, 즉 주제에 의한 국제기구의 분류는 커다란 의미는 없다. 이처럼 국제기구는 다양한 방법으로 분류할 수 있지만 본서에서는 국제기구의 자격 조건과 그 기능과 조직 그리고 UN과 연관 지어 분류하도록 한다.

II. 국제기구의 분류

1. 결성된 성격에 의한 분류

국제기구는 먼저 복수 이상의 정부 간(間) 또는 주권국가 사이의 합의에 의해 결성된 공공국제기구(Public International Organization)와, 국가가 아닌 일반 사인 등이 결성한 민간국제기구(Private International Organization)로 분류할 수 있다. 공공국제기구와 민간국제기구로의 구분은 국제기구 분류의 첫 단추이다. 양자의 구분에 대하여는 다양한 기준이 있다.[15)]

① 국가 간의 합의에 의한 기구인가?
② 출범의 근거규범으로 소위 헌장(constitution)을 가지고 있는가?
③ 회원국과는 별개의 조직(organs)을 가지고 있는가?
④ 국제법에 의해 창설된 것인가?
⑤ 회원자격이 국가 또는 정부인가 아닌가?

15) Bastid, *Droit des Gens* (lectures-1976-7), p. 329. 상세는 부록 정부간국제기구 목록.

민간국제기구는 위 모든 특성을 가지고 있지 않다. 그 중에서도 국제합의 그리고 국제법에 의해 창설되어 회원자격이 국가 또는 정부에 국한되는 공공국제기구와 그렇지 않은 민간국제기구는 명백한 차이가 있다. 예컨대 비정부기구(NGO)는 국제법에 의해 창설되지도 않고, 국가 또는 정부가 주요 회원이 아니다. 비정부기구들은 개인 또는 개인들의 모임인 단체(associations)들에 의해 결성된다. 앞서 본 바와 같이 비정부기구와 다국적기업을 제외한 국제기구를 협의의 국제기구라고 하고, 통상 그들이 국제기구법의 연구대상이 된다.

2. 개방정도에 따른 분류

국제기구는 국제기구에 참가할 수 있는 회원의 자격 범위에 따라서 개방형 국제기구와 폐쇄형 국제기구로 분류할 수 있다.

1) 개방형(open) 국제기구

개방형 국제기구는 회원자격이 전 세계 모든 나라에 열려 있는 경우의 국제기구이다. 세계적(world) 국제기구 또는 글로벌(global) 국제기구라고도 한다. 이 같은 개방형 국제기구는 일정한 기준 요건을 갖추기만 한다면, 원칙적으로 세계 모든 나라들에게 문호가 자동적으로 개방되어 있는 국제기구들이다. UN, 만국우편연합(Universal Postal Union : UPU), 인터폴(Interpol), 세계무역기구(World Trade Organization : WTO) 그리고 국제통화기금(International Monetary Fund : IMF)처럼 대부분의 국제기구가 개방형 국제기구에 속한다. 한편 비록 전 세계 모든 나라가 회원이 아닌 경우라도 그런 방향으로 지향되어 있다면 개방형 국제기구라고 한다. 물론 대표적인 최대개방형 국제기구인 UN의 경우에도 회원이 되기 위해서는 일정한 요건이 필요하지만 그러한 회원 요건이 개방형 국제기구라는 UN의 개방성을 훼손하는 것은 물론 아니다.

2) 폐쇄(closed)형 국제기구

개방형 국제기구와 반대되는 폐쇄형 국제기구는 가입 회원 자격을 일정한 기준을 갖춘 단체 또는 국가로 한정한 경우의 국제기구이다. 그러므로 주어진 가입기준에 맞지 않으면 회원 자격은 원초적으로 인정되지 않는다. 폐쇄형 국제기구에는 통상 3가지 형태가 있다.

(1) 지역 기구(Regional organizations)

지리적인 위치를 요소로 하여 특정지역이나 특정 대륙의 국가들에게만 문호가 개방되어 있는 국제기구이다. 통상 지역적 기구 또는 공통 언어나 정치체제를 전제로 하는 것 같은 어떤 공통요소를 가진 국가의 모임 그리고 특별한 기능적 국제기구들이 이에 속한다. 아시안 개발은행(Asian Development Bank : ADB), 유럽평의회(Council of Europe), 유럽연합(European Union : EU), 아프리카연합(African Union : AU), 미주기구(Organization of American States : OAS), 동남아시아국가연합, 즉 아세안(Association of Southeast Asian Nations : ASEAN), 아시아개발은행(Asian Development Bank : ADB) 등이 대표적인 지역기구의 예이다.

(2) 기능적 · 폐쇄형 국제기구(Closed functional organization)

국제기구 그 자체의 한정된 기능(機能)으로 인해서 회원가입이 제한되는 국제기구이다. 예컨대 알루미늄 원광인 보크사이트를 다루는 국제보크사이트기구(International Bauxite Organization)나, 개방된 시장경제와 다원적 민주주의라는 가치관을 공유하는 국가 사이의 경제사회 정책협의체로서 회원국의 공동의 안정과 번영을 도모하는 경제협력개발기구(Organization for Economic Co-operation and Development : OECD), 자유무역을 지향하며 국가 간 무역장벽의 제거를 지향하는 세계무역기구(World Trade Organization), 국제통화기금(International Monetary Fund)이 모두 자유거래라는 공통적 관심사를 전제로 하는 기능적 · 폐쇄형 국제기구들이다. 국제기업연합(Cartel)을 형성하는 석유수출국기구(Organization of Petroleum-Exporting Countries : OPEC)도 대표적인 기능적 · 폐쇄형 국제경제기구이다. 이처럼 임무와 목적에 제한이 있는 기능적(functional) 또는 기술적(technical) 기구를 기능적 · 폐쇄형 국제기구라고 한다. 폐쇄된 기능적 국제기구와 대비하여 기능에 제한이 없는 국제기구를 일반적 국제기구(general organization)라고도 한다.

(3) 공통 배경 국제기구

공통 배경 국제기구는 문화나 언어. 민족 문제 또는 역사적 배경 등이 공통된 것을 조건으로 창설된 국제기구이다. 따라서 그러한 공통 배경이 있어야만 가입이 허용되는 국제기구이다. 특정한 문화, 언어, 민족, 종교 또는 역사적 연계성에 기초하여 회원국이 한정되는 국제기구로는 국제 프랑스어 사용국 기구인 프랑코 퍼니(La Francophonie), 영국연방(Commonwealth of Nations), 포르투갈어 사용국 공동체(Community of Portuguese Language Countries), 라틴어 연맹(Latin Union) 그리고 이슬람제국회의기구(Organization of the Islamic Conference : OIC) 등이 대표적이다.

3. 초(超) 국가성을 기준으로 한 분류

1) 국가간(Intergovernmental)국제기구

회원국인 주권국가 상호간의 협의에 의해 탄생하여, 배경적으로는 회원국들의 감독과 통제 하에 있는 오늘날 대부분의 국제기구이다. 주권평등의 원칙에 입각하여 구성된다. 물론 국제기구 자체도 오늘날의 국제기구법 이론에 터 잡아 회원국과는 별개의 의지를 갖는 독립된 실체로 국제기구성을 가짐은 물론이다.

2) 초국가적(supranational) 국제기구

회원국가의 의지를 초월하여 오히려 회원국들이 그 결정에 복속되는 경우의 국제기구이다. 창성된 국제기구가 가입회원국의 주권성에 앞서는 당연한 결과 주권국가의 주권이 상당히 제약을 받게 되는 형태의 국제기구이다. 오늘날 초국가적(supra-national) 국제기구는 유럽연합[EU, 예전의 유럽공동체(EC)] 단 하나가 있다. EU는 그 자체로 단일국가를 지향하는 국제조직으로 회원국가의 주권성은 약하다. 이에 회원국들을 기속하는 구속력 있는 의사결정도 회원국 만장일치가 아니라 다수결로 결정된다. 반대한 국가도 따라야 한다. 또한 다수결에 의한 EU의 결정은 유럽연합 지역에서는 최고의 법으로 개별국가의 국내 비준절차도 필요 없이 바로 회원국가의 개별 국민들에게 효력을 가진다. 이것은 개별 회원국들은 특정한 주제에 대하여는 국내 입법이 유보(留保)되는 결과를 가져온다는 것을 의미한다. 한편 초국가적 기구인 EU의 위와 같은 특성이 없는 대부분의 공적 국제기구를 국가간국제기구라고 한다. 초국가적 국제기구의 이러한 특성과 달리 대부분의 국제기구는 ① 회원국들에게 기속력 있는 결정은 다수결로는 부족하고 만장일치를 원칙으로 하고, ② 국제기구의 결정이나 협약 그리고 조약이 회원국 국내적으로 당연히 효력이 있지는 못하고 국내적으로 수용되기 위해서는 별개의 비준 절차를 거치게 되며, ③ 어떠한 경우에도 국제기구의 영역 때문에 주권국가의 입법유보사항이 발생할 수는 없다. 따라서 국제기구는 회원국의 상위에 있는 것이 아니고 단지 회원 국가들의 사이에 존재하게 된다.[16)]

4. 국제연합(UN)과의 연관성을 기준으로 한 분류

1) 국제연합(UN) 기구

UN 자체의 기관으로 헌장에 명시된 주요기관(major organs)과 주요기관의 결의에 의해 후속적으로 탄생된 보조기관(subsidiary organs)이 있다.[17)]

(1) 6대 주요기관

UN 헌장에 의해 탄생한 6대 주요기관으로는 총회(General Assembly : GA), 안전보장이사회(Security Council : SC), 경제사회이사회(Economic and Social Council : ECOSOC), 신탁통치이사회(Trusteeship Council : TC), 국제사법재판소(International Court of Justice : ICJ) 마지막으로 사무국(Secretariat)이 있다. 현재 신탁통치이사회의 임무는 종료되어 있다.

(2) 보조기관

UN 헌장에 의해 시원적(始原的)으로 창설된 기관이 아니라, 6대 주요기관의 결의에 의해 후속적으로 탄생한 기관이다. 예컨대 2006년 총회 결의에 의해서 총회 산하기관으로 탄생한 인권이사회(Human Rights Council)가 대표적인 경우이다. UN 헌장은 총회와 안전보장이사회 그리고 경제사회이사회가 보조기관을 창설할 수 있음을 헌장에 예정하고 있다.[18)]

2) 국제연합(UN) 전문기구(specialized agencies)

UN 헌장 제57조와 제63조에 근거하여, UN은 특별한 임무를 수행하는 다른

---

16) Jan Klabbers, *op. cit*, p. 28.

17) 원칙적으로 이들은 UN이라는 국제기구의 구성기구로 독자적인 법인격을 갖지 못한다. 그러므로 고유한 의미의 국제기구에는 포함되지 않으나 후술할 UN 전문기구 그리고 UN 관련기구와의 설명을 위해서 소개한다.

18) UN 헌장 제7조 제2항.

국제기구와 협정을 체결하여 특별한 협력체계를 구축할 수 있다.[19] 이러한 협정에 의해 UN과 일정한 관계를 맺은 국제기구를 **UN 전문기구**라고 한다, 현재 15개의 UN 전문기구가 있다. UN 전문기구는 모두 독립된 헌장에 의해 창설된 독자적 법인격 주체성을 갖는 국제기구들이다. 이들 15개 전문기구와 UN 기구들을 통칭하여 국제연합 체제(United Nations System) 또는 국제연합 가족(United Nations Family)이라고 한다. 상세는 조직 편에서 다시 살펴본다.

3) 국제연합(UN) 관련기구

UN 전문기구처럼 헌장에 근거하여 특별협정을 체결한 관계는 아니지만, 업무의 성격으로 인해 UN과 특별한 협력관계를 형성하고 있는 일단의 국제기구들이 있다. 이들을 UN을 중심으로 한 관점에서 UN 관련기구라고 한다. 대표적인 UN 관련기구에는 2002년 출범한 국제형사재판소(ICC), 세계무역기구(WTO) 그리고 국제원자력기구(IAEA)가 있다. 이들 UN 관련기구들은 UN의 실질적인 도움이나 협조를 받고 사실상 UN 총회에 그 활동 경과를 보고하기도 한다. 한편 WTO 사무총장과 UN 사무총장 사이에는 양 기구의 협력적 성격을 강조하는 서한의 교환이 있었다.[20]

4) 기타 국제기구

UN과 일정한 관계가 있는, 위에서 언급한 바의 국제기구를 제외한 나머지 다른 국제기구들을 말한다. 이들 국제기구들은 UN에 대한 사실상의 협조는 별도로 하고 UN과는 무관하게 독자적인 지위에서 활동한다. 대표적으로 국제이주기구(International Organization for Migration : IOM), 경제협력개발기구(Organisation for Economic Co-operation and Development : OECD), 아시아·태평양전기통신협의체(Asia-Pacific Telecommunity : APT), 국제열대목재기구(International Tropical Timber Organization : ITTO), 국제백신연

19) UN 헌장 제63조 제1항: The Economic and Social Council may enter into agreements with any of the agencies referred to in Article 57, defining the terms on which the agency concerned shall be brought into relationship with the United Nations. Such agreements shall be subject to approval by the General Assembly(경제사회이사회는 제57조에 규정된 어떠한 기구와도 국제연합과 제휴관계를 설정하는 협정을 체결할 수 있다. 그러한 협정은 총회의 승인을 받아야 한다).

20) 박재영, 유엔과 국제기구, 법문사, (2007). p. 26.

구소(International Vaccine Institute : IVI), 화학무기금지기구(Organization for the Prohibition of Chemical Weapons : OPCW), 포괄적 핵실험금지기구(Comprehensive Test Ban Organization : CTBTO), 아시아생산성기구(Asian Productivity Organization : APO)가 있다. 또한 아시아개발은행(Asian Development Bank : ADB)이나 아프리카개발은행(African Development Bank : AfDB) 그리고 유럽부흥개발은행(European Bank for Reconstruction and Development : EBRD) 같은 지역개발은행(regional development bank)들도 UN과 특별한 관계가 있는 국제기구는 아니고 독자적 국제기구이다.

5. 기타 분류

국제기구는 임시적 또는 영구적 국제기구와 사법적 또는 비 사법적 국제기구로 분류할 수도 있다. 하지만 그러한 분류의 효용성은 높게 평가되지 않는다. 또한 국제기구법 학자 클라버(Klabbers)는 국제기구를 기능적(functional)인가? 아니면 정치적(Political)인가? 에 따라 분류하기도 했다.[21] 그러나 아무리 기능적 국제기구라고 하는 경우에도 국제문제를 취함으로 인해 얻을 수 있는 이득 때문에 어느 정도의 정치적 의제는 거의 대부분의 국제기구가 가지고 있다. 예컨대 대표적 기능적 국제기구라고 할 수 있는 국제통신연맹의 경우에도 경제적 영향력과 국제권력에 영향을 미칠 수 있는 의제가 있고, 그러한 주제는 거의 모든 경우에 정치적인 함의를 가진다(Professor Jackson of IUPUI School of Law 강의안). 그러므로 국제기구를 정치적 국제기구와 비정치적 또는 기능적 국제기구로 분류하는 것은 특별한 효용을 가지지는 못한다고 할 것이다.

21) Jan Klabbers, *op. cit*, p. 26.

제4항 국제기구의 특성과 오늘날의 발전

I. 국제기구의 의의와 법적 특성 – 국제기구를 정의하기 위한 노력

국제기구를 학습함에 있어 가장 어려운 문제 가운데 하나가 '그렇다면 국제기구는 과연 무엇인가?' 라고 하는 질문에 대한 대답이다. 오늘날 많은 경우에 적지 않은 국제기구의 국·내외에서의 활약을 인식하고 목도하거나 뉴스를 통해서 전해 듣기도 한다.[22] 물론 그것이 본 서적의 핵심 문제이기도 하고 학습하는 사람들이 파악하여야 할 문제인 것이다. 그러나 현재까지 대부분의 국제기구법 학자나 본격적인 국제기구법 관련 서적들의 결론은 국제기구를 개념 정의하기는 쉽지 않고, 정확하게 모든 속성을 포괄하는 의미를 담아 국제기구를 정의내리기는 어렵다는 것을 인정하고 있다. 대신에 필수적인 징표를 제시한다.

1. 국제기구의 객관적 표지

일반적인 국제기구를 뜻하는 공적국제기구란 주권국가들 사이에 공식적이고 지속적인 다자적 의사결정 과정을 제공하고, 회원들의 집단적인 의지를 집행할 수 있는 역량을 제공하기 위해 창설된 실체라고 할 수 있다. 이러한 경우의 국제기구는 집단적인 의사결정, 일정한 수준과 규모의 관료조직 그리고 자율성이라는 세 가지를 기본 요소로 한다.

1) 월러스와 싱어(Michael Wallace & J. D. Singer)의 기준

① 최소한 둘 이상의 자격을 갖춘 국제체제로 구성되어야 한다.

② 10년에 1회 이상의 전 회원국이 참가하는 정기적인 총회를 개최해야 한다.

③ 상설적인 사무국 조직을 갖추어야 한다.

④ 회원국가나 다른 정부간기구로부터 독립적이어야 한다.

---

22) 소위 2008년 상반기 촛불집회 현장에 파견된 국제 엠네스티의 현장조사활동은 그것은 국제 NGO 활동임에도 언론에 널리 국제기구(정부 간 기구)의 활동으로 잘못 보도되었었다.

2) 라이날다(Bob Reinalda)와 버빅(Bertjan Verbek)의 기준

라이날다와 버빅은 다음을 국제기구의 기본적인 요체로 제시했다.[23)]

① 3개 주권국가 이상의 합의에 의해 작성된 것으로서 헌장(constitution)으로 기능하는 공식문서의 존재,

② 회원인 주권국가 전체가 만나서 의사결정을 하고, 비 국가행위자들도 그들의 의견을 표명할 수 있는 국제회의(conference)의 개최,

③ 상설 사무국(permanent secretariat)의 존재.

3) 기타 견해

국제기구에 대한 또 다른 설명으로는 국제기구는 공식적인 실체(formal entity)로서, 3개 이상의 주권국가를 구성요소로 하며, 상설적인 사무국 조직을 갖추어야 한다는 의견도 있다.[24)]

4) 소결어

물론 이러한 제한된 견해들에 의하면 국가 간의 조약을 통해 설립한 정부간기구에 의해 창설된 기구인 파생조직(emanated organizations)은 국제기구에 포함되지 않는다는 한계가 있다. 그러나 오늘날 글로벌 문제에 대처하기 위한 국제기구를 일정한 주관적 기준을 가지고 한정된 개념으로 국한할 필요는 전혀 없다. 그러므로 위와 같은 객관적 표지는 국제기구가 성립되기 위한 한정적 필수조건이라고 할 수는 없다. 다만 그와 같은 객관적 표지를 바탕으로 아래와 같은 특성을 갖춘 경우에 국제기구로 인정된다고 하는 것이 타당하다고 할 것이다.

2. 국제기구의 3대 조직

국제기구는 목적에 따라 다양한 내부조직을 가진다. 그러나 일반적으로는 ① 통상 총회라고 불리며 전체 회원국으로 구성되는 심의기관, ② 이사회 또는 집행부라고 불리며 일부 회원국으로 구성되는 집행기관, ③ 국가 대표가 아닌 독

---

23) Bob Reinalda & Bertjan Verbek, *Decision Making Within International Organizations*, Routledge/ECPR Studies in European Political Science(2004). p. 12.

24) 박재영, *op. cit.* pp. 9-11. 2개국 이상 주권국가 협약으로 국제기구가 탄생하기도 한다.

립된 인원으로 구성되는 상설 행정조직으로 통상 사무국으로 불리는 조직으로 구성된다. 이들은 국제기구의 3대 조직이라고 한다.

3. 국제기구의 법적 특성

일반적으로 국제기구는 다음과 같은 속성을 가지고 있다.

1) 국제기구는 사회적 창조물(social creation)이다.

먼저 어떤 경우에도 국제기구는 인위적인 사회적 창조물이다. 바꾸어 말하면 국제기구는 자연적 생성물이 결코 아니다. 국제기구는 주권국가들이 어떤 목적을 성취하기 위해 사람(국가)들에 의해 고안된 사회적 피조물이다. 국제기구 창설자들은 그들의 목적을 도모하기 위하여 어떤 실체를 창설한다. 그리고 창설된 실체에게 그 조직이 필요로 할 것 같은 어떤 힘이나 하부기관을 설치하여 창설자 자신들의 의도가 달성될 수 있기를 희망한다. 그러나 물론 국제기구는 창설 당사자들의 의도대로만 머무는 것은 아니다. 국제기구는 국제기구 자체의 목적을 가지는 것이다. 여하튼 사회적 창조물인 국제기구는 어떤 목적 달성을 위해 의도적으로 창설되는 것이지 우연하게 탄생하는 것은 절대로 아니다.

2) 국제기구에는 국제법이 적용 된다.

사회적 창조물에 대해서도 그 경우 국제기구성을 판정하는 한 가지 경계점은 국제기구에 적용되는 규범이다. 국제기구를 포함한 국·내외의 모든 사회적 창조물은 해당 조직의 근거가 되고 또한 활동을 제어하는 어떤 규범이 있기 마련이다. 그런데 국제기구의 경우에는 근거규범이며 또한 적용되는 규범이 국제법(International Law)이다. 즉 국제 사회적으로 창출된 어떤 조직에 원칙적으로 국제법이 적용된다면 그 조직은 국제조직 또는 국가간 조직이라고 볼 수 있다.[25] 이에 반하여 그 조직에 해당 국가의 국내법이 원칙적으로 적용되는 것이라면 그 것은 국제기구성을 갖지는 못하는 것으로 비정부기구(non-governmental organization)에 그치게 된다. 대표적인 예가 그린피스(Greenpeace)와 국제 엠네스티(Amnesty International)이다. 비록 그린피스나 국제 엠네스티의 활동이

---

25) Jan Klabbers, *op, cit,* p. 8.

일정 부분 국제법과의 연관성에서 이루어지는 것으로 국제 관련성을 가지고 있기는 하지만, 동 기구들에 대해서는 국내법이 적용되는 것으로, 그러므로 그들은 오늘날 국가 간의 (공공) 국제기구로 인정되지는 않는다.[26]

3) 국제기구는 통상 국가들에 의해서 창설된다.

국제기구는 최소 2개국 이상 국가들의 합의에 의해서 창설된다.[27] 물론 국가들이 창설한 모든 기구가 국제기구인 것도 아니다. 국가들은 국가 간 합의에 의해서 특정한 국가에서만 법인격을 인정받는 어떤 실체를 창설할 수도 있다. 예컨대 스위스 바젤공항(Basel-Mulhouse airport)은 프랑스와 스위스가 창설한 벤처기업으로 프랑스 법에 의해 규율 받는 국내기구이다.[28] 한편 이렇게 국가 간의 합의에 의해 창설된 국제기구 자체가 다른 국제기구의 멤버가 되거나 심지어는 창설자가 될 수 있다. 예컨대 오늘날 유럽연합(EU)의 전신인 유럽공동체(EC)는 국제연합 식량농업기구(Food and Agriculture Organization : FAO)의 멤버로서 또한 그 자신이 WTO의 창설멤버이다.

반면에 주권국가는 하나도 없이 국제기구들에 의해서만 창설된 국제기구도 있다. 대표적으로 비엔나 공동연구소(Joint Vienna Institute)가 그것이다. 비엔나 공동연구소(JVI)는 급변하는 세계 자유시장 경제질서에 필요한 인재를 양성하기 위해 1992년 창설된 국제 교육기관이다. 비엔나 공동연구소의 창설 멤버는 국제통화기금(International Monetary Fund : IMF), 유럽부흥개발은행(European Bank for Reconstruction and Development : EBRD), 국제부흥개발은행(International Bank for Reconstruction and Development : IBRD), 국제협력개발기구(Organization for Economic Cooperation and Development) 그리고 국제결제은행(Bank for International Settlements : BIS)처럼 모두 금융국제기구들이었다. 그 후 1998년도에 이르러 세계무역기구(World Trade Organization : WTO)가 비엔나 공동연구소의 6번째 후원 기구가 되었다.[29]

---

26) *Id.* 그러나 비정부기구이기는 하지만 제네바 협약상의 임무를 부여받은 적십자사(Red Cross)는 적지 않은 국제기구에서 옵서버 자격을 부여받고 있다.

27) 2개국이 창설한 가장 최소단위의 국제기구로는 Office Franco-Allemando pour la Jeunesse로 독일과 프랑스 2개국이 창설하였다. http://www.ofaj.org/.

28) Jan Klabbers, *op, cit*, p. 9.

한편 국제조약은 조약의 이행을 완수하고 감독하기 위한 별도의 기관을 설치하는 경우가 있다. 이것이 소위 조약기관(treaty organ)이다. 그러나 조약기관들은 보통 국제기구로 간주되지는 않는다. 예컨대 유럽인권법원(European Court of Human Rights)은 어떤 임무 실행이 아니라 유럽인권조약(European Convention on Human Rights : ECHR) 그 자체의 실행을 감독하기 위해 탄생된 기관으로 그 자체가 독자적으로 국제기구로 간주되지는 않고 유럽인권조약의 조약기관으로 간주된다.[30] 자유권 규약과 사회권 규약을 포함한 UN 산하의 제반 인권협약은 모두 그 협약 준수의 이행을 감시 감독하기 위한 인권기구를 구축하고 있다. 그런데 이 경우 일반적인 국제기구(International Organization)와 조약기관(treaty organ)의 구별은 쉬운 일은 아니다. 대부분의 국제 인권조약의 경우에는 조약 이행 감독을 위한 조약기관으로 조약인권위원회를 설치한다. 그러나 오늘날은 그 구별의 필요성이나 중요성이 별도로 강조되지는 않는 추세이다. 특별히 환경 분야에서는 관련된 국제기구와 국제기관 모두를 포괄하여 **국제제도(international institutions)** 그리고 정치학적으로는 국제체제(international regimes)라고 호칭하기도 한다.[31]

4) 국제기구의 창설 근거는 조약이다.

대부분의 국제기구는 조약(treaty)에 의해 탄생한다. 반대 해석상 명백하게 국제기구는 어떤 국가의 국내법적 법률행위에 의해 창설되지는 않는다. 즉 대부분의 국제기구는 국제법적으로 소위 국제법이 적용되는 국가 간의 서면 합의인 조약(條約)에 의해 탄생한다. 조약이 국제법의 규율을 받는 당연한 논리의 귀결로 앞서 본 바와 같이 국제기구도 당연히 국제법의 규율을 받는다.[32]

한편 일부 국제기구는 조약에 의해서가 아니라 이미 존재하는 국제기구의 법률행위에 의해 창설되기도 한다. 예컨대 UN 총회(GA)는 그 결의안으로 다수의 국제기구를 탄생시켰다. 국제연합산업개발기구(United Nations Industrial

---

29) http://www.jvi.org/.

30) Jan Klabbers, *op, cit*, p. 10.

31) Alan E. Boyle, *"Saving the World? Implementation and Enforcement of International Environmental Law through International Institutions"*(1991) 3 Journal of Environmental Law, 229-45, Stephen D. Krasner, *"International Regimes"* (Ithaca, 1983).

32) Jan Klabbers, *op, cit,* p. 10.

Development Organization : UNIDO), 국제연합아동기금(United Nations Children's Fund : UNICEF) 등이 대표적이다. 다른 예로는 국제기구인 북유럽협의회(Nordic Council)[33]가 창설한 북유럽투자은행 (Nordic Investment Bank : NIB)[34]이 있다. 북유럽투자은행은 조약에 기초하여서가 아니라 기존의 국제기구인 북유럽협의회가 5개 구성국가의 의회의 협의를 거쳐 창설된 것이었다.[35]

5) 국제기구는 별도의 의지(distinct will)를 가진다.

국제기구와 국가 간의 국제협의회(international cooperation), 예컨대 G-8 등과의 차이점은 국제기구는 창설자인 회원국가의 의지(will)와는 별개의 의지와 목적을 갖는 최소한 1개 이상의 상설기관을 가지고 있다는 점이다. 이것은 바꾸어 말하면 국제기구는 회원국들과는 전혀 별개의 의지를 가진 것으로 가입 회원국들의 단순한 도구 이상이라는 것을 의미한다. 한편 이 경우 국제기구의 별개의 의지(distinct will)는 단순한 이론적 · 법적 개념 이상의 것이다.

결론적으로 국제기구는 그 자체의 존재이유(raison d' tre)를 정당화하고 국제법에서의 특별한 지위확보를 위해 회원국가와는 별개의 의지 따라서 그 자체의 의제를 가졌음을 확인하여야 한다. 국제기구의 이러한 별개의 의지가 단순한 회원국 사이의 협력기구와 독자적인 국제기구와의 차이를 명백히 해준다. 이러한 별개 의지 때문에 국제기구는 법적인 의미에서 예컨대 서방 8개국 정상회담(G8)처럼 단순한 국가그룹이나 협조체제와는 확연히 구별된다. 국가 간 그룹은 국제기구의 헌장에 기초하여 탄생한 것이 아니고 현안 임무 수행을 위한 일시적

---

33) 1952년 덴마크 · 핀란드 · 아이슬란드 · 노르웨이 · 스웨덴의 북유럽 5개국이 공통의 경제 · 사회 · 문화 등을 협의하여 각국에 권유할 목적으로 조직했다. 당초에는 관세동맹의 설립도 계획했으나, 덴마크가 1973년 1월 유럽공동체(EC)에 가맹함으로써 경제면의 공동보조는 취하지 못하게 되었다. 상설 사무국은 없고 협의회는 각국에서 해마다 번갈아 개최하며 북유럽각료회의 자문역할을 한다. 북유럽 지역 안보와 주변 지역과의 협력, 북극권 공동개발, 환경문제 해결, 북유럽 문화 보존, 발트 해 및 러시아 등 주변 지역에 대한 아동복지 지원, 인종 및 외국인 차별에 대한 공청회 개최, 유럽연합(EU) 안에서의 가맹국 지위 향상, 고용보고서 발간, 유전공학 및 복제기술 협력과 관련된 활동 등과 같이 경제 · 자원 · 교육 · 연구 · 문화 · 복지 · 환경, 그리고 국제문제 등 다양한 분야의 협력 활동을 전개하고 있다. http://www.norden.org/start/start.asp.

34) 1975년 덴마크, 핀란드, 아일랜드, 노르웨이, 스웨덴의 은행 설립 합의에 따라 그 해 8월부터 은행 업무를 시작하였다. http://www2.nib.int/about_nib/history.

35) Jan Klabbers, *op, cit*, p. 110.

협의체로, 국제기구의 태동을 알린 국제회의의 일종이라는 점에서 국제기구와 본질적으로 차이가 있다. 국제회의는 국가 또는 국제기구가 후원하는 회의일 뿐이다.

Ⅱ. 국제기구와 주권국가의 상관관계 – 제도론(Regime theory)

유럽연합(EU)과 같은 초국가적 국제기구에서 볼 수 있는 바와 같이, 국제기구의 발달은 주권국가의 권한을 상대적으로 제한하는 결과를 초래한다. 그럼에도 불구하고 오늘날 대다수의 주권국가들이 상당한 수의 국제기구에 회원국이 되는 이유는 무엇일까? 라는 의문이 제기될 수 있다. 그에 대한 대답이 소위 주권국가의 국제기구에 대한 전략적 자기제한(strategic restraint)의 문제로 이해되는 것으로서, 통상 제도이론(regime theory) 또는 국제레짐(International Regimes)이론이라고 한다. 아무리 초강대국이라고 하더라도 국제관계에서 전략적인 목적을 위해 자기의 권한을 제어하는 것이, 오히려 더 큰 목적을 위해 필요한 경우가 적지 않다. 그리하여 레짐 이론, 즉 제도이론은 아무리 강력한 국가라고 하더라도 다음과 같은 이점이 있기 때문에 주권국가들이 그들의 권한을 제한당하거나 심지어는 유보하면서도 국제기구의 회원국이 되는 현상을 설명한다.

① 다른 국가들도 함께 하게 되므로 더 강력한 힘을 얻을 수 있다.
② 상호 결속은 적대세력에 대한 관계에서 힘의 우월을 확보할 수 있다.
③ 현재의 어떤 문제에 대해 권한을 유보하거나 포기함으로써 향후 다른 문제에서는 균형을 잡을 수 있다.
④ 국제기구를 통한 의제는 개별 국가에 의한 문제제기보다 의제가 훨씬 더 중요하고 커지기 때문에 국제적으로 이목을 집중할 수 있다.
⑤ 국제기구를 희생양(scapegoat)으로 삼아 국가 간의 이해를 조절할 수 있다.
⑥ 주권국가들 간에 더 큰 결속력을 가져올 수 있다는 이점이 있다.

III. 20C 국제기구의 발전

1. 서 언

오늘날 국가 간의 국제기구화 또는 국제 제도화(institutionalization)는 국제기구 창설 초창기와는 비교할 수 없을 정도로 발전하였다. 제반 국제기구는 강력한 영향력을 가진 체계적인 조직이 되었고, 국제법의 발전에도 지대한 영향을 미친다. 전통적으로 주권국가 수반(首班)들이 참석함으로써, 회의에 참석하지 않은 다른 나라들에게도 사실상의 영향력을 가지던 국제외교는, 오늘날은 모든 회원국가가 이용할 수 있는 UN에서의 협상에 의한 문제해결처럼 국제기구에서 다자간의 협상에 의해 이루어진다. 특별히 제2차 세계대전 이후 최고이자 최대의 국제기구로서의 국제연합(UN)이 창설된 이후에, 국제기구는 그야말로 국제적으로 보급 확산되어 다양한 영역에서 여러 형태의 많은 국제기구가 탄생했다. 전 세계인들의 관심사이고 전 지구적인 문제인 평화와 안전을 다루는 UN은 말할 것도 없고, 개발과 지구 발전 문제를 다루는 세계은행(IBRD)이나 국제금융공사(International Finance Corporation : IFC), 국제개발협회(International Development Association : IDA)로부터, 한정된 지역문제, 예컨대 특별한 지역의 수계문제를 담당하는 하천위원회 또는 더 한정된 조직으로 특정 주제인 고래 포획통제나 특정 지역의 환경 보전문제를 다루는 국제기구의 출현으로 발전했다.

이러한 모든 국제조직들은 필연적으로 개별국가의 국민들을 포함한 인류 모두에게 심대한 영향을 미치고, 국가 간에도 인류의 번영이라는 보다 커다란 주제에 대해 함께 고민하며, 공영공존의 길을 모색하는 계기를 만들어 준다. 그러므로 오늘날 전 인류의 삶은 국제기구의 업무와 함께 가는 것으로서, 인류의 행복은 어찌 보면 국제기구 업무의 성패에 달려 있다고도 할 수 있다. 이처럼 국제기구는 오늘날 모든 인류의 국제적인 삶의 당연한 존재로 받아들여지고 있다고 할 수 있다. 국제기구는 결코 어떤 철학적이거나 특정한 정치적인 이념문제 달성을 위한 것이 아니다. 그러므로 국제기구는 국제 교류의 확대에 따라서 계속 진보하고 발전하는 실체라고 할 수 있다.

2. 2000년 후반의 국제기구의 전개

국제기구의 모임인 국제협회연합(Union of International Association : UIA)이 발간하는 국제기구연감(Yearbook of International Organizations)에 의하면, 전통적인 국제기구(conventional international bodies)의 수는 1909년의 37개에서, 2005/2006년 기준으로 총 7,350개이다. 그중에 활동하지 않는 국제기구가 약 2,356개에 달한다. 그러므로 현재 약 5천개의 국제기구가 활동한다.

단일 국가가 해결하기 어려운 전 지구적인 다양한 문제가 발생하면서, 그러한 지구적인 문제를 해결하기 위해 다양한 형태의 국제제도를 포함하여 여러 국제기구가 탄생하는 것이다. 이러한 추세는 계속되어 2000년대 후반에 이르러서도 매우 다양한 국제기구가 출범했다. 2007년 12월 국제통화기금(IMF)과 세계은행(IBRD)을 대신해서 남미의 지역개발과 경제적 통합을 지원할 남미은행(Bank of the South)이 출범했다. 2007년 11월 동남아국가연합(ASEAN) 10개 회원국은 유럽연합(EU)을 모방한 공동체 설립에 합의했다. 회원국들은 공동체의 헌법 역할을 하게 될 "아세안 헌장"과 "아세안경제공동체(AEC)" 설립을 위한 협약에 서명했다. 아세안 경제공동체 청사진은 경제·통상 개방으로 2015년까지 단일시장과 단일생산 기반을 구축하고 EU식 경제공동체 창설을 골자로 한다.[36)]

한편 일본이 중심이 되어 국제유가를 안정시키기 위해 2008년에 주요 석유소비국을 중심으로 "석유소비국기구" 창설을 추진하고 있다. 석유소비국기구는 석유소비의 억제 등을 위한 국제적 연대를 주도하여 유가 안정을 꾀하고, 주요 원유 소비국들의 공동보조를 이끌어 내 투기자금의 유입 등으로 원유가격이 급등하는 것을 견제함을 목적으로 한다.[37)] 한편 전 세계 천연가스 매장량의 14%를 차지하는 이란과 베네수엘라가 적극적으로 석유수출국기구(OPEC)와 같은 가스생산국기구의 창설을 추진하고 있다.[38)] 또한 아시아에서의 금융위기 이후 아시아통화기금(AMF) 설립문제가 지속적으로 논의되고 있다.[39)]

36) 세계일보, 2007. 11.21.
37) 연합뉴스, 2008. 2.3.
38) 서울경제, 2008. 1.27.
39) 한국일보, 2008. 5.6.

한편 대한민국은 2008년 전 세계에 불어 닥친 글로벌 금융위기 이후 국제통화기금과 세계은행을 대체할 새로운 국제금융기구의 창설을 제안한 바가 있다. 2000년 9월 태국이 ASEAN+3 체제를 넘어서서, 동서아시아를 포괄하는 아시아 전체의 협력 달성을 위한 협의체 설립 필요성을 제기함에 따라서 아시아 협력대화(Asia Cooperation Dialogue : ACD)가 시작되었다. 2002년 시작한 아시아 협력대화 외교장관회의는 '정책대화(dialogue component)'와 '협력사업(project component)'으로 구분하여 운영한다. 정책대화는 지역 및 국제정세 등에 관해 회원국의 외교장관들 사이의 의견교환의 장이고, 협력사업은 아시아 역내 협력 강화를 위해 현재 20개 협력 분야별로 선도국가를 지정하여 구체적인 사업을 추진하는 것으로 알려져 있다.[40]

한편 현재 논의는 유보된 상태이지만, 1972년도에 체결된 생물무기금지협약(Biological Weapons Convention) 체결국 회의는 2007년 생물무기금지기구(Organization for the Prohibition of Biological Weapons : OPBW) 창설을 논의했다. 생물무기금지협약은 다자간 군축 및 비확산 조약으로서 대량살상무기(WMD) 가운데 하나인 생물과 독소무기의 개발·생산·비축을 금지하며, 각 협상 당사국이 보유하고 있는 생물무기의 완전한 폐기를 목표로 한다. 사실 그동안 핵무기에 대해서는 국제원자력기구(International Atomic Energy Agency : IAEA), 화학무기에 대해서는 화학무기금지기구(Organization for the Prohibition of Chemical Weapons : OPCW)가 있었던 것에 반해서, 생물무기를 통제하는 국제기구는 없었다. 그러한 반성에서 생물무기금지기구(OPBW)는 조류인플루엔자(AI)와 사스(SARS), 돼지 인플루엔자 등 새로운 전염병이 생물무기로 전용될 위험성이 커지면서 창안된 기구이다.[41]

3. 국제기구 설립을 촉진하는 동인

그동안의 인류 역사의 전개와 마찬가지로 먼저 과학 기술의 발달에 기인한 교통과 통신기술의 혁명적 발달은 다양한 모습의 국제적인 접촉의 증가를 가져왔

---

40) 외교통상부, http://www.mofat.go.kr/state/internationalcooperation/acd/indjsp.

41) Boudewijn de Jonge, *Organization for the Prohibition of Biological Weapons (OPBW): A Socio-Legal Analysis of the Failed Establishment of the Organization for the Prohibition of Biological Weapons,* University of Amsterdam Institutional governance and reform, January 2006. pp. 2-3.

다. 그러한 국제적인 접촉의 증가는 불가피하게 국가 간의 상호교류를 정례화하고 규제할 필요성을 제기하여 국제기구의 탄생을 촉진했다.

둘째, 다국적기업의 출현과 발전 그리고 경제적인 영역에서의 상호 의존도의 증가는 글로벌적 그리고 지역적 수준의 다양한 경제기구의 창설을 가져왔다.

셋째, 국제테러와 마약, 사이버 공격, 대량살상무기확산과 같은 초국가적인 이슈는 개별 주권국가의 역량만으로는 해결할 수 없고, 따라서 공동대처를 위해 국제기구의 출범을 요청했다.

넷째, 경제력 그리고 군사력의 빈부격차에 따른 소위 남북 문제화는 약소국들의 연대적 일체감(solidarity)을 가속화했고, 비동맹운동조직(NAM)과 같은 또 다른 모습의 국제기구의 출현을 가져왔다.

다섯째, 제2차 세계대전 후 단일 주권국가를 넘어서는 초국가적인 정치운동과 온 인류의 염원인 인권(Human Rights)에 대한 인식의 혁신은 인권영역에서의 또 다른 형태의 국제기구의 출현을 요청했다.

제5항 국제기구법의 법원(法源, Source of Law)

I. 국제기구법의 법원

원래 국제법은 국가(states)와 민족(nations) 사이에 구속력을 갖기로 간주하거나 받아들인 규칙들의 일련의 모음으로 그것은 곧 국가의 법(law of nations)으로 불린다. 국제법에는 조약(treaty)을 비롯해서 모든 국가들이 따르고 의무적인 준수가 기대되는 국제 관습법(customary international law), 국가사이의 협정문(conventions)과 국제기구의 결의문(resolutions) 등이 포함된다. 한편 일반적으로 특정한 국제기구의 창설 헌장은 동 기구를 탄생시킨 기본법으로 국제기구의 활동은 기구의 헌장(constitution)에 따르게 된다. 그러나 현실적인 국제기구의 활동은 헌장을 초월하여 이루어지는 경우도 적지 않고, 창설 헌장은 시대변화에 시의 적절하게 따라오지 못하여 현실과 괴리가 있는 경우도 적지 않다. 이러한 경우에 보편적인 국제법이나 국제관습법(customary international law) 또는 법의 일반원칙(general principle of law)은 국제기구의 헌장이나 국제기구의 활동범위를 해석하는 준거가 된다. 일반적으로 국제기구법의 법원으로 국제기구의 활동에 대한 해석기준이 되는 자료들에는 다음과 같은 것이 있다.

① 국제기구의 헌장(constitution)
② 국제기구의 자체 행정법원의 결정문
③ 국제기구를 탄생시키는 일반적인 법률 관행
④ 법의 일반 원칙
⑤ 국제 관습법
⑥ 보편적으로 적용되는 일반적인 조약법
⑦ 국제 사법기구의 결정
⑧ 국제법 학계의 연구 결과 및 논의

II. 본 서적의 논의 범위

사실 어떤 단일국가의 법률체계에서 논의되는 것이 아닌 국제기구를 체계적으로 구조화하는 일은 결코 쉬운 일이 아니다. 그나마 가장 보편적인 방법은 국제기구의 창설에서부터 소멸까지라는 시간적 순서대로 이해하는 방법이다. 따라서 국가 간의 공공 국제기구를 취급하는 본 서적은 먼저 총론 부분에서 법률적 실체로서의 국제기구 속성의 일반적인 문제를 설명한다. 연후에 각론 부분에서는 오늘날 대표적인 국제기구라고 할 수 있는 국제연합, 유럽연합, 세계무역기구(WTO), 아프리카연합(AU), 미주기구(OSA) 석유수출국기구(OPEC) 북대서양방위조약(NATO) 등 개별 국제기구에 대한 고찰이 포함되어야 할 것이다.

국제기구 총론 부분에서는 앞서 본 바와 같은 국제기구의 연혁과 발전 및 분류 문제를 비롯하여, 헌장의 해석(Interpretation of texts), 국제기구의 법인격(Legal personality), 국제기구의 회원자격(membership), 국제기구의 재정(Financing), 국제기구의 기관(organs), 국제기구의 면책과 특권(Privileges and immunities), 법률책임을 포함한 국제기구의 외부활동 그리고 국제법에서의 국제기구의 잘못된 업무수행에 따른 법적 책임의 문제와 분쟁해결(settlement of disputes) 문제, 국제기구와 NGO와의 관계 마지막으로 국제기구의 해산과 승계(Dissolution and succession) 문제를 살펴보도록 한다.

제2장 국제기구의 법원(法源)과 헌장의 해석

제1항 서 언

I. 국제기구법의 법원(Source of Law)

일반적으로 법원(法源)은 어떤 현상에 대한 규범적 해결 방법이나 수단, 즉 법으로 인식되는 재료가 존재하는 모습을 말한다. 법의 샘물이라는 의미로 법의 연원(淵源)이라고도 표현한다. 바꾸어 말하면 구체적인 법률문제 해결에 필요한 사회규범으로서의 법은 과연 어떤 모습으로 존재하고 나타나는 것인가? 에 대한 문제이다. 따라서 법의 원천을 의미하는 법원(法源)은 법의 존재 형식이나 양식이라고도 한다. 국내법에서는 법은 성문의 모습으로나 불문의 모습으로 존재하며 성문법, 관습법, 조리법 등이 모두 법의 원천이 된다.[42)]

그러므로 국제법의 법원(法源) 또는 연원(淵源)은 곧 국제사회에서 국제문제 해결에 필요한 국제 규범은 어떠한 형태로 존재하는가의 문제이다. 국제법의 법원에 대해서는 전통적으로 명문의 조약과 국제관습법만을 인정해 왔다. 그러나 상설국제사법재판소(PCIJ)가 위 두 가지 이외에 '법의 일반원칙'도 재판기준으로 인정한 이후에 '법의 일반원칙'도 국제법의 법원에 포함되게 되었다.

한편 주어진 문제에 대한 법규범의 적용은 불가피하게 법 규범에 대한 해석의 문제를 제기한다. 그러므로 법의 해석에서 참작되는 각종 방법이나 자료들도 역시 실질적으로 문제 해결을 위한 법원(法源)을 형성한다. 그래서 여러 국제재판소의 판결이나 권고적 의견, 국제법 학자들의 학설, 국제기구의 결의, 체결된 조약, 국제회의와 위원회의 준비작업, 결의, 선언, 보고서 등도 모두 필요한 경우에는 문제 해결을 위한 재료들로 합목적으로 고려될 수 있다. 따라서 이러한 모든 것들 역시 실질적으로 국제법의 법원(法源)이 된다.

오늘날 세계법원으로 불리는 국제사법재판소(ICJ)는 UN 헌장의 일부를 구성하는 ICJ 재판소법(ICJ Statute) 제38조에, 구체적인 사건을 해결함에 있어서

---

42) 최정일, 법학개론, 한국법제연구원, 2008, pp. 18-19, 최종고, 법학통론, 박영사, 2008, pp. 63-74.

적용될 여러 가지 법의 원천, 즉 국제법의 법원(法源)에 대해서 규정하고 있다.[43] ICJ는 분쟁해결을 위한 법원으로 성문의 조약, 국제 관습법, 문명국가에 의해 인정되는 법의 일반원칙 그리고 보조수단으로서 재판소의 판결, 여러 주권국가의 저명한 학자들의 견해가 법원으로 고려될 것임을 명백히 하여 다양한 국제법의 법의 원천을 알려 주었다. 이러한 국제법의 법원(法源)은 국제법의 일부를 구성하는 국제기구법에도 동일하게 적용된다.

II. 국제기구법의 해석 일반

국제기구법에 대한 다양한 법원(法源)을 고려할 때, 그 중에서도 국제기구의 근간으로 성문 국제법을 형성하는 국제기구의 헌장(憲章)은 해당 국제기구 활동과 권리의무의 존부에 대한 1차적인 법원으로 매우 중요하다. 더불어 국제기구의 기능과 관련된 축적된 자료들에 대한 해석은 국제기구를 이해함에 있어서 매우 중요하다. 사실 국제기구에 대한 대부분의 이해는 국제기구 헌장의 해석에서 비롯되고 종료된다고 해도 과언이 아니다. 국제기구와 관련된 법 규범 해석의 문제에는 국제기구 헌장 해석문제와 국제기구 조직의 의사 결정에 대한 해석문제가 있다. 그 중에서도 특히 국제기구 헌장 그 자체에 대한 해석은 매우 중요하다. 원래 국제기구 헌장은 다수 당사국 사이의 합의에 의해 이루어진 것으로, 헌장은 그 자체로 조약 또는 협약으로 국제법을 형성한다. 그러므로 국제기구 헌장을 해석함에는 국제법 해석의 일반원칙이 역시 적용된다. 이러한 국제기구법 해석의 특징적인 모습에는 다음과 같은 것이 있다.

① 국제기구의 헌장과 창설 절차는 해당 국제기구에 대한 것으로서, 원칙적으로 다른 국제기구에는 효력이 미치지 않는다.

---

43) Statute of the International Court of Justice, Article 38 :

1. The Court, whose function is to decide in accordance with international law such disputes as are submitted to it, shall apply :

   a. international conventions, whether general or particular, establishing rules expressly recognized by the contesting states ;

   b. international custom, as evidence of a general practice accepted as law ;

   c. the general principles of law recognized by civilized nations ;

   d. subject to the provisions of Article 59, judicial decisions and the teachings of the most highly qualified publicists of the various nations, as subsidiary means for the determination of rules of law.

② 그러나 헌장 규정과 기능이 유사한 경우에 어느 한 국제기구 헌장의 해석과 절차는 다른 국제기구에도 가이드라인이 될 수 있다.
③ 국제기구 영역에서도 국제 관습법이 적용된다.
④ 국제법 해석의 일반원칙은 역시 국제기구법의 해석에도 적용된다.
⑤ 법률상의 추정이나 암시적 원칙은 일반 법원칙으로 국제기구 헌장의 해석에 활용될 수 있다.

제2항 국제기구 헌장 해석과 해석의 기속력

국제기구 헌장의 해석에는 두 개의 기본적인 의문이 따른다. 첫 번째는 누가 국제기구의 헌장을 해석할 것인가? 라고 하는 해석주체의 문제이다. 두 번째는 헌장 해석에 적용할 수 있는 해석 원칙은 무엇이고, 국제법 헌장의 해석 시스템에는 어떤 방식이 있는가? 라고 하는 점이다. 아래에서는 국제기구의 임무 범위와 목적 등을 규정한 헌장에 대한 해석과 해결의 방법에 대해 살펴본다. 국제기구의 임무수행과 관련된 각종 분쟁은 분쟁해결이라는 별도의 장에서 고찰한다.

I. 국제기구 헌장 해석의 주체

국제기구의 임무를 수행함에 있어서 국제기구의 개별 기관(organs)들은 우선적으로 업무의 필요에 의해서 그들 기구의 헌장을 해석하게 된다. ICJ가 언급한 다음 결정이 잘 말해준다.

"일반적으로 국내 사법체계에는 입법부나 행정부의 행위에 대해서 판정절차가 있다. 그러나 UN의 경우에는 그러한 일반적인 사법장치가 마련되어 있지 않다. 원래 UN 헌장을 기초하는 단계에서 헌장 해석에 대한 궁극적인 권한을 국제사법재판소(ICJ)에 종국적으로 귀속시키자는 논의가 있었다. 그러나 그런 견해는 받아들여지지 않았다. ICJ는 단지 권고적 의견(advisory opinion)을 갖도록 했다. 1945년에 이미 기대된 것처럼 UN의 개별 기관(organs)들은 먼저 그들의 관할 권능에 대한 해석을 스스로 알아서 해야 한다.[44)]"

44) The Expenses Case, 1962 ICJ Reports, p. 68.

이처럼 국제기구 그리고 국제기구의 개별 기관들은, 헌장 규정에 따른 임무 수행과 관련하여, 그들이 속한 국제기구의 헌장에 대한 해석을 1차적으로 스스로 하게 된다. 그 동안 UN 총회(GA)는 스스로 때로는 산하 기관의 법률자문을 받아서 UN 헌장에 대한 해석을 여러 차례 했다. 안전보장이사회(SC), 역시 평화와 안전의 문제를 해결하기 위하여 UN 헌장은 물론이고 심지어는 국제사법재판소(ICJ)의 법규에 대한 해석도 수차례 했다.[45] 국제노동기구(ILO)는 회원국의 탈퇴 문제와 관련하여 ILO 헌장 제 1조 제5항에 대한 해석을 여러 차례 했다.[46]

그 뿐이 아니다. 여러 국제기구들, 예컨대 국제통화기금(IMF), 세계은행(IBRD), 국제금융공사(International Finance Corporation : IFC), 국제개발협회(International Development Association : IDA)의 집행 책임자들 역시 수시로 명시적 또는 암시적으로 그들 국제기구의 헌장에 대한 독자적 견해를 밝혔다. 국제기구 기관들의 자체 해석의 경우에, 물론 처음에는 자체 해석이 과연 타당한 것인지? 에 대한 의문이 제기되기도 했다. 하지만 자체적인 독자 해석 견해가 일단 채택되면 그것은 동 국제기구의 공식적인 의견이 된다. 물론 이후에도 회원국들 사이에 또는 회원국과 해당 국제기구 사이에 해석의 정확성을 둘러싼 분규가 있을 수 있다. 그러한 문제는 다시 별도의 해석을 필요로 하는 추가적 분쟁이 되어, 제 3의 기구에서 또 다시 헌장 해석에 대한 절차를 거치게 된다.

Ⅱ. 국제기구 헌장 해석 시스템

국제기구 자체의 1차적인 독자 해석의 원칙에도 불구하고, 국제기구 내·외적으로 헌장이나 임무의 해석에 대한 견해 차이가 발생하는 경우에는, 별도의 헌장 해석방법을 고려하게 된다. 물론 해당 분규는 역시 국제기구의 임무를 전제로 한 것이므로 동 분규의 최종 해결은 헌장 규정이 정하고 있다면 헌장이 정한 절차에 따르게 된다. 오늘날 일부 국제기구들은 기구 특성에 맞추어 다양한 내용으로 헌장 해석과 관련된 분쟁해결 방법과 절차를 규정하고 있다. 국제기구의 헌장 해석에 대한 몇 가지 원리와 방식을 살펴보기로 한다.

45) C. F. Amerasinghe, *op. cit.* p. 26.
46) The Legal Adviser's opinion of 17 August 1977 UNJY, p. 248.

1. UN의 방식

1) UN 개별 기관의 자체 해석 원칙

UN 주요 기구를 포함하여 심지어 부속 기관들은 UN 헌장을 먼저 자신들의 필요에 의해 개별 기관의 입장에서 해석한다. UN 헌장 제96조는 UN 기구 자체 해석을 전제하고 있다.[47] 그러므로 업무수행과 관련하여 필요한 경우에 총회(GA)와 안전보장이사회(SC)는 국제사법재판소(ICJ)에 권고적 의견(advisory opinion)을 요청할 수 있다. 총회는 ICJ에 권고적 의견을 요청하기 전에 산하의 법률자문기관에서 법률 조언을 받을 수도 있다.

2) ICJ에의 권고의견 의뢰

UN 헌장 제96조 제1항은[48] 어떤 법률문제에 대하여 총회(GA)나 안전보장이사회(SC) 모두 각자가 ICJ에 권고적 의견을 의뢰할 수 있다고 정하고 있다. 그러나 UN 헌장은 헌장 해석에 대한 의문이 발생한 경우에도 의무적으로 질의를 해야 하는 것으로 규정하지는 않았다. 헌장해석 질의를 할 수도 있고 하지 않을 수도 있다. 또한 ICJ의 권고적 의견의 효력도 UN 자체는 물론이고 질의한 기관도 기속되는 것, 즉 강제력이 있는 것으로 하지는 않고 있다. 그러나 분규가 있을 때 ICJ에 권고적 의견을 요청하여 결정을 받을 경우에, 공식적으로 ICJ의 결정이 커다란 기준이 될 수 있다. 하지만 이론적으로는 UN 기관들은 ICJ의 결정에 구속되지는 않고, 결정에도 불구하고 적절한 방법으로 자신이 옳다고 생각하는 방법으로 업무를 수행할 수 있다. 이처럼 UN 개별기관들은 먼저 헌장에 대한 자체 해석을 하며 업무를 수행하다가, 필요하다고 판단되면 국제사법재판소(ICJ)에 권고적 의견을 의뢰할 수 있고 그 권고적 의견도 합리적으로 해석하여 업무를 수행하는 것이다. 한편 ICJ에의 의뢰 주체인 UN 총회와 안전보장이사회는 어떤 법률문제에 대하여도 ICJ에 권고적 의견을 요청할 수 있다. 그러나 다른 UN 기관들은 총회의 승인을 받아 법률문제에 한해서만 ICJ에 권고적 의

47) 1. 총회 또는 안전보장이사회는 어떠한 법적 문제에 관하여도 권고적 의견을 줄 것을 국제사법재판소에 요청할 수 있다.
2. 총회에 의하여 그러한 권한이 부여될 수 있는 국제연합의 다른 기관 및 전문기구도 언제든지 그 활동범위안에서 발생하는 법적 문제에 관하여 재판소의 권고적 의견을 또한 요청할 수 있다.

48) Article 96(1); "The General Assembly or the Security Council may request the International Court of Justice to give an advisory opinion on any legal question."

견을 요청하게 된다.

한편 회원국들도 ICJ에 헌장 해석과 관련하여 상호간에 분쟁이 있는 경우에 해석을 요청할 수 있다. 이 경우에 ICJ의 결정은 상호 구속을 받기로 합의한 관련 당사국에게는 구속력을 가진다. 헌장 해석에 대한 ICJ의 권고적 결정력은 뒤에서 보는 바와 같이 다른 국제기구들도 애용하는 방법이다. 이처럼 ICJ의 권고적 의견은 후속하는 사건에 대해서도 구속력이 없기 때문에, 물론 ICJ의 도덕적 그리고 국제법의 연원으로서의 중요한 가치를 배제할 수는 없지만, UN 개별 기관의 해석보다 월등한 법률적인 권위는 부여받지 못한다. 이러한 현상은 권고적 의견이기는 하지만 ICJ의 결정을 불구로 만들고 ICJ의 권위를 크게 실추시켜 그 존재의의를 크게 훼손할 것임은 명백하다.[49]

3) UN 헌장에 규정된 평화적 해결방법 활용

UN은 개별 기관의 독자적 헌장 해석 그리고 주요기관의 의뢰에 따른 ICJ의 권고적 의견에 의한 해석 이외에도 분쟁의 평화적 해결방법을 규정한 헌장 제6장(분쟁의 평화적 해결)의 방법으로도 헌장해석과 관련된 문제나 분쟁의 해결을 도모할 수 있다. 이 방법은 주로 회원국들이 사용하는 방법이다. UN 회원국들은 회원국들 사이에 또는 회원국과 UN 사이의 헌장해석에 대한 의문이나 분규를 화해(conciliation), 중재(arbitration), 질의(inquiry), 조정(mediation) 등 평화적 해결방법으로도 해결할 수 있는 길이 있다.[50]

4) ICJ에 구속력 있는 판결 의뢰

UN 헌장은 회원국들 상호간에 분쟁이 발생한 경우에는 당사자들이 합의하여 해당 분쟁을 중재기관 또는 ICJ에 직접 의뢰할 수 있는 길도 열어 놓았다. 그러므로 회원국들은 헌장해석에 대한 문제에 대해 상호 합의하여 서로 따를 것임을 조건으로, ICJ에 권고적 의견의 차원을 넘어서 구속력 있는 판결을 의뢰할 수 있다. 물론 이 경우에도 ICJ의 판결은 당사자들에 대해서만 구속력이 있다.[51] 그러나 ICJ는 특정 회원국들이 의뢰한 사건에 대해서도 다른 회원국들의 참여

49) C. F. Amerasinghe, p. 27.
50) UN 헌장 제33조.
51) ICJ Statute Article 36.

권(right of intervention)도 인정하고 있는 바, 이에 따라 제3자가 심리에 참가하면 그 경우에는 ICJ의 결정은 사건에 참여한 다른 회원국들에게도 기속력이 있게 된다.

2. 금융 국제기구 모델
- 최종 해석기관을 설치하여 해석의 구속력을 인정하는 방식 -

대개의 금융 국제기구들은 헌장에 그 업무 특성에 맞추어 독자적인 분쟁해결 시스템을 구축하고 있다. 그래서 통상 헌장해석에 대한 구속력 있는 최고 결정기구를 지정하거나 별도로 설치한다. 그 경우에 헌장해석에 대해서는 먼저 집행책임자(executive directors)나 이사회(board of directors)가 1차적인 결정권한을 가지는 것이 보통이다. 그들 1차 결정에 대해서는 최고집행위원회(Board of Governors)에 항소할 수 있다. 재심의 과정을 거친 최고집행위원회의 결정은 절대적으로 최종적인 것이 되도록 한다. 예컨대 IMF, IBRD, 국제개발협회(IDA) 그리고 국제금융공사(IFC) 같은 금융관련 국제기구들은 회원국과 동 국제기구 또는 회원국들 사이에 헌장 해석에 대한 분규가 발생한 경우에는 사안별로 먼저 집행위원회(Executive Board), 이사회(board of director) 또는 집행책임자(executive director)에 의뢰하도록 한다. 그들 1차 해석 기관의 결정에 대해 이의가 없으면 최종적인 것으로 한다.[52] 그러나 이의가 있는 경우에는 통치위원회(governing council) 같은 전원위원회에 회부할 수 있는 기회를 준다.[53] 만약 전원위원회에서도 결론이 나지 않으면 강제조정에 이를 수 있도록 하기도 한다.[54] 한편 WTO는 헌장에 대한 기속력 있는 최종 해석권한은 각료회의(Ministerial Conference)와 총회(General Council)에 부여하고 있다.[55] 이러한 기속력 있는 최종 결정은 추후의 유사한 분쟁에 대한 선례로 작용하기도 한다.[56]

52) IMF 헌장 제24(a), IBRD 헌장 제9(a), IDA 헌장 제10(a), IFC 헌장 제8(a), MIGA 협약 제56(a), IFAD 헌장 제II(i)(a).
53) IMF 헌장 제24(b), IBRD 헌장 제9(b), IDA 헌장 제10(b), IFC 헌장 제8(b), MIGA 협약 제56(b), IFAD 헌장 제II(i)(b).
54) IBRD 헌장 제52조 53조.
55) WTO 헌장 제9(b).
56) C. F. Amerasinghe, *op. cit.* p. 29.

3. ICJ나 중재재판소(arbitral tribunal) 결정의 구속력을 인정하는 방식

개별 국제기구들은 헌장에 구속력 있는 헌장해석 주체를 명시하는 경우도 있다. 예컨대 국제노동기구(ILO), 유네스코(UNESCO) 그리고 국제전기통신연합(International Telecommunication Union : ITU)이 대표적이다. ILO 헌장 제37조는 헌장 해석과 관련한 어떠한 의문이나 분쟁도 의무적으로 ICJ에 회부하고 동 결정은 강제력 있는 것으로 명정하고 있다. UNESCO 헌장 제 14조(XIV)도 ILO 규정과 유사하다. 다만 UNESCO는 총회(general conference)의 결정에 의해 ICJ가 아닌 국제 중재재판소에 의뢰할 수 있는 길도 열어놓고 있다.

4. ICJ나 국제재판소 결정의 구속력을 인정하지 않는 방식

예컨대 UN산업개발기구(United Nations International Development Organization : UNIDO)는 자신의 헌장의 해석에 대한 문제나 기구의 활동과 관련된 법률문제에 대하여 기속력 없는 권고적 의견을 ICJ에 요청할 수 있도록 하고 있다.[57] 국제해사기구(International Maritime Organization : IMO)도 헌장 제65조에 헌장해석과 임무수행 중 발생한 문제에 대하여 총회(plenary organ)에 회부하도록 하고, 그럼에도 해결되지 않는 경우에는 ICJ에 권고적 의견을 요청하도록 하고 있다(제66조). 국제원자력에너지기구(International Atomic Energy Agency : IAEA)도 헌장의 해석과 관련한 어떠한 문제가 협상에 의해 해결되지 않고 당사자가 다른 분쟁해결 방법을 모색하지 않으면 ICJ에 의뢰할 수 있도록 하고 ICJ 결정의 효력은 ICJ 규범 내용에 따르도록 하였다.[58] 그러므로 IAEA가 ICJ에 의뢰한 권고적 의견은 ICJ의 규정에 따라서 양 당사자가 합의하지 않는 이상은 구속력이 없다.

5. 국내법원의 국제기구 헌장의 해석

분쟁과 관련된 일방 당사자가 개인이고 국제기구의 법인격이 전제되는 경우에는 개인이 국제기구를 상대로 해당 국내 법원에 소송을 제기함으로써 분쟁과

57) UNIDO 헌장 제22(1).

58) IAEA 헌장 제XVII.

관련한 헌장의 해석이 국내법원에서 이루어질 수도 있다. 그러나 그 경우에는 국내 법원의 해석이 특정 국제기구의 헌장 해석에 대한 해당국가의 선례가 될 수는 있지만, 다른 회원국에는 효력이 미치지 못하고 또한 해당 국제기구에 대한 선례가 되는 것은 아니다.[59]

제3항 국제기구 헌장 해석의 실제 - 국제법의 해석 원칙

I. 머리말

국제기구 헌장(憲章)은 국제기구를 창설하기로 한 회원국들 간의 합의, 즉 국제조약으로 통상 국제법을 형성한다. 그러므로 국제기구 헌장의 해석에 대해서는 전술한 바와 같이 국제법 해석의 일반원칙이 적용된다. 원래 국제법의 해석은 공식에 따르는 기계적인 과학이 아니라 예술로 일컬어진다. 그만큼 주권국가들 간의 이해관계를 절묘하게 조화한다는 의미가 있다. 그러나 예술로 일컬어지는 국제법의 해석에도 일련의 과학적 요소가 가미되어 논리적이고 과학적인 요소를 발견하는 것도 어렵지는 않다. 일반적으로 국제기구 헌장의 해석은 신의와 성실의 원칙에 의하고(in good faith), 텍스트(text)는 자연적이고 액면 그대로의 의미(natural and ordinary meaning)에 따라 해석하며, 창립자의 의도(intent of the framers)를 고려하고, 객관적 목적을 감안하며, 후속의 관행(subsequent practice)도 고려하여 행한다. 그리고 가급적 국제기구 스스로의 효율성의 원칙과 정책적 목적이 달성될 수 있는 방향으로 해석될 것이 요청된다. 아래에서는 먼저 국제법 해석에 대한 일반적인 원칙을 살펴보고, 다음으로 국제기구 헌장의 해석은 기계적인 과학이 아니라 다양한 요소와 변수를 고려하게 되는 과학과 예술의 조화라는 사실을 몇 가지 사례를 통해 살펴본다.

59) C. F. Amerasinghe, *op. cit.* p. 32.

Ⅱ. 국제법 해석에 대한 일반 원칙

1. 1969년 비엔나 협약(Vienna Convention of 1969)

국제법 해석에 대해서는 다양한 견해가 있다. 그러나 국제법 해석에 대한 실정법 규정, 즉 국제법 해석에 대한 국제조약이 체결되어 있다. 그것이 1969년 비엔나 협약(The Vienna Convention of 1969)이다. 비엔나 협약 제31조와 제32조는 국제법을 해석함에 따라야 할 일반 원칙을 명백히 하고 있다.[60] 비엔나 협약은 어떤 경우에도 가장 기본적인 해석 원칙이라고 할 수 있는 신의 성실(in good faith)의 원칙을 전제한다. 신의성실의 해석 원칙 위에서 국제법의 해석은 ① 조약 문구의 일반적인 의미(ordinary meaning)에 따라야 하고, 그렇지만 ② 조약의 앞·뒤 문맥(context)과 ③ 조약의 목표(object) 그리고 목적(purpose)을 함께 고려하여야 함을 천명하고 있다. 또한 비엔나 협약은 계속하여 함께 고려되어야 할 사항으로 다음의 6가지를 나열하고 있다.

---

60) 비엔나 협약 SECTION 3: INTERPRETATION OF TREATIES.

Article 31 General rule of interpretation

1. A treaty shall be interpreted in good faith in accordance with the ordinary meaning to be given to the terms of the treaty in their context and in the light of its object and purpose.
2. The context for the purpose of the interpretation of a treaty shall comprise, in addition to the text, including its preamble and annexes :
   (a) any agreement relating to the treaty which was made between all the parties in connection with the conclusion of the treaty ;
   (b) any instrument which was made by one or more parties in connection with the conclusion of the treaty and accepted by the other parties as an instrument related to the treaty.
3. There shall be taken into account, together with the context :
   (a) any subsequent agreement between the parties regarding the interpretation of the treaty or the application of its provisions ;
   (b) any subsequent practice in the application of the treaty which establishes the agreement of the parties regarding its interpretation ;
   (c) any relevant rules of international law applicable in the relations between the parties.
4. A special meaning shall be given to a term if it is established that the parties so intended.

Article 32 Supplementary means of interpretation

Recourse may be had to supplementary means of interpretation, including the preparatory work of the treaty and the circumstances of its conclusion, in order to confirm the meaning resulting from the application of article 31, or to determine the meaning when the interpretation according to article 31 :

(a) leaves the meaning ambiguous or obscure ; or

(b) leads to a result which is manifestly absurd or unreasonable.

① 서문과 부속문건(preamble and annexes)
② 해당 조약과 관련된 다른 합의문
③ 해당 조약과 관련하여 체약 당사국들이 새로 작성한 증서(instrument)
④ 조약의 해석과 적용 문제에 대한 후속 합의
⑤ 실제 이루어진 후속의 실행(subsequent practice)
⑥ 국제법의 일반원칙(rules of international law)

주의할 점은 국제법의 해석에서 우선되는 선의에 바탕을 둔 자연스러운 일반적인 의미대로 해석한다는 원칙은, 조약 문맥을 해석할 때뿐만이 아니라 조약의 목표와 목적을 해석할 때 그리고 부속서류나 후속된 합의문 등 다른 6가지 참조사항의 해석 기준으로도 역시 동일하게 기능한다는 점이다. 한편 비엔나 협약 제32조는 앞서 본 6가지 사항에 포함되지는 않지만, 조약 체결을 위한 사전 준비작업(preparatory work)이나, 조약 체결에 이르게 된 상황(circumstances)들도 조약을 해석함에 있어서 보충적인 내용으로 참작될 것임을 명정하고 있다.

그 밖에도 비엔나 협약은 사물의 본성은 그것을 무효화하는 것보다는 유효화하도록 하는 것이 옳다(*ut res valeat quream pereat*) 라는 실효성의 원칙(principles of effectiveness)에 입각하도록 하고 있다.[61] 그래서 조약 체결 후의 후속된 실행(subsequent practice)들도 중요한 해석 원칙으로 삼지만, 조약 체결에 이른 사전적인 준비작업 내용은 보충적이고 2차적인 것으로 삼고 있다. 이것은 매우 중요한 의미가 있다. 그것은 바꾸어 말하면 국제법의 해석에 있어서 체약 당사국의 체약 당시의 진실한 의사, 즉 진의(眞意)나 실제 의도의 중요성은 후속실행의 원칙보다 저감된다는 것을 뜻하게 된다.[62] 그것은 실제 사례에도 나타나, 예컨대 1929년 9월 10일 "오델 강 국제하천위원회의 속지적 관할권 사건"에서 베르사유 평화조약 체결 당시의 위원회 의사록을 증거로서 인정하지 않았다. 준비 작업에 관하여 미국은 조약문과 동등의 효력을 인정해야 한다고 주장한 반면에 영국과 프랑스는 준비 작업 문건의 우선 적용을 부인하였었다.

61) 이한기, 국제법(박영사), p. 527
62) C. F. Amerasinghe, *op. cit.* p. 41.

2. 국제법 해석의 법리(Jurisprudence)

위와 같은 국제법 해석에 대한 비엔나 협약을 염두에 두고 UN 국제사법재판소(ICJ)나 그 전신인 국제연맹의 상설국제사법재판소(PCIJ) 같은 사법기관의 해석 내용을 분석하여 형성된 국제법 해석의 법리는 다음과 같다.

1) 문맥의 자연적이고 통상적 해석의 원칙 (Natural and ordinary meaning in context)

이것은 헌장에 사용된 용어의 자연적이고 통상적 의미 내용에 따라 해석한다는 원칙을 말한다. 일명 객관적 해석의 원칙 또는 평이한 문면 해석의 원칙이라고도 한다. 이것은 PCIJ와 ICJ가 국제법을 해석함에 있어서 가장 기본 법칙(Cardinal rule)으로 삼는 방법이다. 대다수의 ICJ 결정은 이 원칙에 입각하고 다만 문맥의 자연스러운 의미가 모호한 경우에는 조약의 목표와 목적을 고려하는 경우가 있었다. 그러나 이것은 문맥을 협의로 축소 해석하거나 고립되어 해석하는 것을 말하는 것은 아니다. 조약 전체를 조망하여 해석할 것임은 물론이다. 뒤에서 살펴볼 UN 1차 가입 사건(First admission case)에서나 UN 2차 가입사건(Second admission case)에서 ICJ는 이 원칙을 명백히 했다. UN 2차 가입사건은, 비록 UN 헌장에는 신입 회원국의 가입 승인은 "안전보장이사회의 추천을 요건으로(upon the recommendation of the Security Council)"라는 문구가 있음에도 불구하고, 총회(GA)는 UN 최고 의사결정기구라는 그의 전권에 기초하여 UN 회원국으로 신입국의 가입을 승인함에 있어서 안전보장이사회(SC)의 추천이 없더라도 독자적으로 승인할 수 있는가? 라는 문제가 쟁점이 된 사건이었다. 이에 대하여 ICJ는 어구의 자연적이고 통상적 의미 해석 원칙을 명백히 하여, 안전보장이사회의 추천은 **전제요건**이라고 결정했다. ICJ는 헌장에 사용된 문맥의 용어를 헌장 전체의 유기적인 관계에서 고려하되 자연적이고 통상적인 의미내용대로 해석되어야 함을 기본적인 대(大)원칙으로 강조하였던 것이다.

2) 목적론적 해석(Object and purpose teleology)의 원칙

ICJ는 위 1969년 비엔나 협약이 성립되기 전에 이미 조약 해석의 많은 경우에 그 목적을 고려한 목적론적 해석을 했었다. ICJ는 조약의 목표와 목적을 고려한 목적론적 해석은 문맥의 자연스럽고 일반적인 의미대로 해석함에 있어서 함께 고려할 사항이라고 강조했다.[63] 예컨대 "가장 큰 선박 소유 국가(the largest shipowning nations)"라는 문구의 해석이 문제된 IMCO 사건에서 어구 그대로 자연스럽고 통상적인 의미(Natural and ordinary meaning in context)대로 해석했을 뿐만 아니라, 헌장에서 사용된 가장 큰 선박 소유국가라는 문구의 목적이 해사안전(maritime safety)을 확보함에 있다고 목적론적으로도 판단했다. 그래서 가장 큰 선박 소유국가라는 의미는 가장 커다란 선박의 수혜자로서의 국가가 아니라 실제의 수혜와는 무관하게, 단지 가장 큰 선박을 등록한 국가(the largest registered tonnage regardless of beneficial ownership)라고 해석했다.[64]

이처럼 ICJ는 문맥의 자연스러운 의미가 애매한 많은 경우에 조약의 목적이나 목표를 고려한 목적론적 해석을 마다하지 않았다. 이것은 소위 국제법상의 실효성의 규칙 또는 유효화의 원칙에 따름으로써, 객관적 해석의 약점을 시정하는 것으로 조약의 취지·목적에 비추어 가급적이면 국제조약이나 헌장을 유효하게 되도록 적극적으로 해석하는 것이라고 할 수 있다.

한편 많은 경우에 헌장 해석자들은 바로 직접 목적론적 해석을 도모한 사례도 적지 않았다. 그러한 목적론적 해석은 소위 조약의 유효성을 확보하기 위한 노력의 일환으로 간주되는 것으로 이에는 두 가지 커다란 의미가 있다. 첫 번째는 조약의 모든 조항은 모두 각자의 필요성과 중요성을 가지고 있다고 간주되고, 그러므로 의도된 의미를 찾아내는 것은 필수적이고도 당연히 요청된다는 사실이다. 두 번째는 모든 조항들은 무언가의 목적을 달성하려는 의의가 있는 것으로서, 그러므로 어떤 해석은 오히려 조약의 목적을 달성하지 못하게 하는 것은 아닌지 의심해 보아야 하고, 그럴 경우에는 그런 부정적인 해석을 배제하고 문맥을 실효성 있게 하는 방향으로 해석해야 한다는 것을 의미하는 것이다.[65] 그러나 이 경우에도 특히 국제기구의 권한에 대한 내재적 권한(implied powers)을 인정한 ICJ는 국제기구의 내재적 권한은 해당 기구가 그 목적을 달성하고 의

63) C. F. Amerasinghe, *op. cit.* p. 44.
64) 1960 ICJ Reports, p. 63.
65) C. F. Amerasinghe, *op. cit.* p. 46.

무를 다하려는 기능과 연계하여서만 인정된다고 결정했다.

3) 후속실행(Subsequent practice) 고려 원칙

후속실행 고려 원칙은 헌장에 사용된 용어의 의미가 애매하고 불명확한 경우에는 헌장에 규정된 문맥 이외에 후속실행, 즉 조약 체결 후에 당사국 사이에 실제로 실행한 내용을 고려하여 해석하는 것을 말한다. 실천이 의미를 증명할 수 있는가(Practice proves meaning?) 라는 근본적인 의문에 대해 "그렇다"라고 대답한 것이라고 할 수 있다. 후속실행이 문맥 해석에 원용되는 경우는 문맥이 상호 충돌되는 경우에서가 아니라, 예상하지 않은 사정 변경이 발생한 경우에 문맥과 현실의 괴리를 메우려는 취지에서 많이 행해진다. 그러나 유념할 것은 이 경우 체약국의 후속실행은 규칙이나 법에 의해 행해지는 의무적인 후속실행이 아니라 자발적인 행동인 경우에 한해 참작된다는 점이다. 후속실행을 문맥 해석의 하나로 삼는 것은 문맥이 애매하고 불합리한 결과를 회피하려는 경우에 사용하는 것으로 통상 다음과 같은 조건에서 인정된다.

① 후속실행이 회원국들의 만장일치의 지지를 받는 경우
② 후속실행이 대다수 회원국에 의해 지속적으로 지지를 받는 경우
③ 후속실행이 많은 회원국들의 지지를 받는 경우

4) 체약 당사자 의도를 고려한 해석 원칙 – travaux preparatoires

조약체결 준비 작업에 나타난 바와 같은 체약 당사국의 의도는, 보통 이미 확립된 해석을 보조적으로 뒷받침하는 방향으로 많이 사용되었다. 그러므로 문맥이 이미 명료한 경우에는 조약의 준비작업 내용은 참작될 수 없다.

5) 자문기구 조언 고려 원칙

사법심사기관이 아닌 비 법률기구에 의한 조약의 해석도 적지 않다. IMF 특별인출권(SDR) 사건에서의 집행부에 대한 전문가적인 자문기구의 조언 등이 그러하다. 그러한 비사법적 기구도 기본적으로는 앞서 본 조약의 해석 원칙을 따르는 것으로, 그러기에 그들 기관의 해석도 모두 중요한 참고 자료가 된다.

6) ICJ 해석과 조약 해석에 대한 비엔나협약 원칙 비교

조약 해석에 대한 비엔나 협약은 ICJ 규정보다 준비 작업이나 해석을 위한 2차적 보조 자료 그리고 후속 실행에 대해 가치를 많이 부여했다고 할 수 있다. 그러나 유념할 것은 ICJ의 해석방법에 의하건 비엔나 협약의 해석 원칙을 따르건, 그것은 어디까지나 기왕의 조약 내용의 해석이지 결코 조약의 개정이나 폐지는 아니라는 사실이다.

III. 국제기구 헌장 해석의 실제 사례

A. IBRD의 특별인출권(SDR) 사건

1. 사실관계

1986년 국제부흥개발은행(IBRD)[66]은 국제통화기금(IMF)이 특별인출권(SDR) 발행을 결정함에 따라서, **"1944년 7월 1일을 기점으로 한 가치와 우량성을 지닌 미국 달러(United States dollars of the weight and fineness in effect on July 1, 1944)"** 라는 IBRD 헌장(IBRD Agreement) 제2조의 법률해석 문제에 직면했다.[67] IBRD는 출범하면서 기초자본금을 **"1944년 7월 1일을 기점으로 한 가치와 우량성을 지닌 미국 통화 100억 달러**"로 했었다. 그런데 IMF가 금본위 제도를 폐지하고 특별인출권(SDR) 제도를 도입함에 따라서 위 문면상의 미국 달러의 해석에 직면하게 된 것이다. 그 동안 미국 달러화의 가치가 지속적으로 하락했다. 특별인출권(SDR)은 IBRD의 기초자본금 가치에도 영향이 미칠 문제였다.

특별인출권(SDR)발행이 IBRD 헌장 해석에 야기한 문제점을 구체적으로 보면 다음과 같다. 제2차 세계대전 후에 창설된 IMF는 고정환율제를 취하고 미국 달러를 국제기축통화화 했다. 그런데 세계 경제규모가 커지면서 달러의 과잉공

---

66) IBRD는 제2차 세계대전 이후 황폐화된 국가들의 재건 비용을 조달해 주기 위해 만들어진 국제기구로 미국 뉴햄프셔 주 브레튼우즈에서의 통화재무회의 결의에 따라 1945년 12월 27일 설립되었다.

67) The Gold Dollar as a Measure of Capital Valuation after termination of the par value system: the case of IBRD capital: 32 GYIL(1989). 헌장 원문 표현은 다음과 같다. (a) The authorized capital stock of the Bank shall be $10,000,000,000, **in terms of United States dollars of the weight and fineness in effect on July 1, 1944.** The capital stock shall be divided into 100,000 shares (1) having a par value of $100,000 each,,,

급이 문제가 되고, 국제유동성의 보급을 미국에만 의존하는 것에 한계가 있다는 인식에서 1969년에 IMF 협정을 개정하여 미국 달러화를 보충하는 SDR을 발권하기로 했다. 1970년 처음 특별인출권(SDR) 도입 당시에는1SDR = 1USD로 했고 1944년 1달러의 금가치에 맞추어 1SDR을 금 0.88671g으로 설정했다. 그런데 미국 달러화의 가치가 계속 하락하게 됨에 따라 1SDR을 미국 1달러와 맞교환하는 것은 불합리하게 되었다. 그리고 더 이상 지불준비금으로 금의 확보도 힘들어 졌다. 이에 미국 달러와 SDR의 가치의 정합성을 유지하기 위해 IMF는 1SDR을 1.0857USD로 환산하여 발행할 필요성이 제기되었다. 이처럼 처음에 특별인출권(SDR)의 가치는 IBRD의 헌장이 정한 내용에 충실하게 하여 1SDR은 1USD로 했지만 달러가치의 지속적인 가치절하로 1973년 2월에 이르러는 1 SDR은 1.20635 미국 달러로 가치가 상승한 것에서 문제가 발생했던 것이다.[68)]

2. 쟁 점

핵심 쟁점은 1SDR은 어떤 경우에도 1USD로 발권해야지 아무리 달러의 가치가 떨어졌다고 하여 1SDR을 1.20635USD로 발권할 수 는 없는가?의 문제였다. 그 해결은 IBRD의 공식자본금을 규정한 협정 원문인 "**United States dollars of the weight and fineness in effect on July 1, 1944(1944년 7월 1일을 기준으로 한 가치와 우량성을 지닌 미국 달러)**"를 어떻게 해석하는가에 달렸다. IBRD 헌장을 문장 표현 그대로의 자연적이고 일반적인(natural and ordinary meaning) 의미로 해석해야 하는 것인가, 아니면 목적론적(teleological)으로 해석할 수도 있는가?의 문제였다. 원문 그대로의 자연적이고 액면 그대로의 의미로 해석해야 한다면 어느 경우에도 미국 달러를 대신하여 발행되는 특별인출권(SDR)은 달러가 기축통화가 된 1USD로만 발행되어야지 1.20635USD로 발행할 수는 없다고 볼 수 있기 때문이다. 그러나 그러한 제한 해석은 문면 그대로에 따른 것으로 간단하고도 명료한 장점이 있는 반면에 달러 가치의 하락이라는 시

---

68) IMF 특별인출권은 1971년부터 국제시장에서의 달러화 부족에 대처하기 위해 가맹국들이 금이나 자국통화로 납입하고 필요할 때 인출하도록 한 준비자산(Reserve Asset)이다. 단지 국제통화와 교환할 수 있는 권리를 가진 것으로 제3의 세계화폐를 지향한 것이었다. 그런데 1978년 IMF 협정 개정에서 금의 폐화(廢貨)가 결정됨으로 더 이상 SDR의 가치를 금 표시로 하지 않게 되었다. 그 결과 1981년부터는 주요 5개국(미국· 영국· 독일· 일본· 프랑스) 통화의 평균가치로 산정되어 매일 IMF가 런던 시장에서의 달러 교환가치를 평가하여 결정하는 것으로 오늘에 이른다. Special Drawing Rights (SDRs), *available at*, http://www. imf.org/external/ np/ exr/facts/sdr.htm.

대변화를 뒤쫓지 못한다는 비판을 면하기 어렵다. 물론 유연한 목적론적인 해석은 시대상황 변화를 예측하지 못한 초창기의 간극을 메울 수 있는 장점이 있는 반면에, 창설자의 의도에 대한 지나친 확장해석의 위험을 초래한다는 비판을 받을 수 있다.

3. 결정(Holding)

이러한 딜레마에서 IBRD 집행최고책임자들은 IBRD의 기초 자본금을 규정한 동 문언은 IMF가 금을 대신하여 SDR을 도입한 변화된 시대상황에 비추어 새롭게 해석되어야 한다고 결정했다. 헌장 해석권한과 절차를 규정한 협정문 제9조[69]에 입각하여 특별인출권(SDR)의 가치를 1944년 7월 1일이 아닌 1974년 7월 1일을 기준으로 하여 1SDR은 1.20635USD로 산정할 수 있다고 결정했다.[70] 결정하기 전에 IBRD의 자문 변호사도 은행의 "공식 기초 자본금(the authorized capital stock)의 산정 기준이 되는 제2조 문면상의 1944년 US 달러는 현재의 미국 달러 가치에 비춘 달러의 현재 가치(즉 $1.20635) 또는 새롭게 도입된 특별인출권(SDR)에 대한 기준으로 해석할 수 있다."고 법률 자문했다.

4. 해석 방법과 비판

이 사건에서 헌장 해석을 도모한 IBRD 집행최고책임자들은 IBRD 헌장을 있는 그대로의 문리해석이 아니라 소위 목적론적 해석(teleological interpretation) 방법을 사용했다. IBRD는 시대환경의 변화에 따른 경제현실을 감안하여 액면 그대로의 문맥을 목적론적으로 변경하여 해석했던 것이다. 왜냐하면 IBRD의 해석 결과 미국 달러를 대체한 1SDR은 분명히 처음에 IBRD 헌장이 예정했던 1달러 가

---

69) ARTICLE IX : Interpretation.
(a) Any question of interpretation of the provisions of this Agreement arising between any member and the Bank or between any members of the Bank shall be submitted to the Executive Directors for their decision. If the question particularly affects any member not entitled to appoint an Executive Director, it shall be entitled to representation in accordance with Article V, Section 4 (h).
(b) In any case where the Executive Directors have given a decision under (a) above, any member may require that the question be referred to the Board of Governors, whose decision shall be final. Pending the result of the reference to the Board, the Bank may, so far as it deems necessary, act on the basis of the decision of the Executive Directors.

70) World Bank Decisions of the Executive Directors under Article IX of the Articles of Agreement on Questions of Interpretation of the Article of Agreement(1991) p.22 (Decision No. 13 of 14 October 1986).

치보다는 높은 가치를 가지게 된 것이 명백하기 때문이다. 하지만 IBRD의 헌장 해석 결과는 모든 회원국에게 현실적이고 공정하게 적용될 수 있는 것으로, 특정 국가를 위한 것도 아니므로 합목적성을 가진 것으로 타당하다고 볼 수 있다. 이러한 유권해석에 따라서 "1944년 7월 1일부 미국 달러 가치와 우량성에 비추어"라는 협정문 제2조는 사실상 폐지되었다고 볼 수 있다.[71] 물론 이것은 국제기구에 헌장 개정 규정이 있음에도 불구하고, 헌장 해석이라는 우회적인 방법으로도 결국 헌장이 수정될 위험성이 있음도 잘 일깨워 주는 것이다. 그 같은 급격한 합목적적 해석으로 헌장상의 수정절차가 잠식되어서는 안 될 것이지만, 본 사례는 국제기구의 헌장 해석은 단순한 기술이나 과학이 아닌 예술로 수단이 목적을 위해 봉사한 좋은 예로 간주될 수 있다.

B. ICJ의 제1차 UN 회원 가입 사건(First Admission Case)

이 사건은 UN에의 가입을 원하는 신입 지원국의 요건을 규정한 UN 헌장 제4조의 해석과 관련된 문제이다. ICJ는 그 당시에 UN 가입을 희망한 특정국가에 대해서만이 아니라 오늘날에도 지속적으로 적용될 UN 헌장 제4조 상의 회원자격 요건에 대한 일반적인 헌장 해석을 도모했다.[72]

1. 사실관계

UN 헌장 제4조는 5거지 회원국 가입 요건을 명시하고 있다.

① 주권국가(statehood)일 것,
② 평화를 사랑하는 국가(peace-loving country) 일 것,
③ 헌장상의 의무를 수용할 것(accept the obligations of the Charter),
④ 헌장상의 의무를 수행할 능력이 있을 것(ability to carry out the obligations of the Charter),
⑤ 헌장상의 의무를 기꺼이 수행할 의사가 있을 것.

---

71) C. F. Amerasinghe, *op. cit.* p. 34.
72) Article 4(1) of the Charter of the UN ;
Membership in the United Nations is open to all other peace-loving States which accept the obligations contained in the present Charter and, in the judgment of the Organization, are able and willing to carry out these obligations.

2. 쟁 점

그런데 UN 안전보장이사회 상임이사국 중의 일부는 UN의 신입회원 자격으로 위에 열거된 5가지 조건 이외에, 예컨대 UN 가입을 허용하는 것이 다른 나라에 어떤 영향을 끼치며 정치적으로 문제가 없을 것인가? 와 같은 다른 가치판단도 고려할 것을 희망했다. UN 헌장 제4조의 회원국 요건이 한정적(exhaustive)인 것인가 아니면 단지 예시적인 것에 지나지 않는가? 가 쟁점으로 부상했다.

3. 결정(Holding)

ICJ는 UN 헌장 제4조에 사용된 용어들의 액면 그대로의 자연적인 의미는 회원국이 되기 위한 조건들이 한정적 열거(an exhaustive enumeration)라고 결론짓고 그것이 단지 예시적인 것은 결코 아니라고 선언했다. 그러므로 회원 입회자격으로 만약 헌장에서 규정한 조건 이외의 다른 조건을 가미한다면 UN 헌장에서 정한 5가지 조건은 그 중요성과 가치를 상실하게 될 것이라고 그것이 한정적 사유여야 하는 이유를 설명했다.[73]

ICJ는 동 조항을 해석함에 있어서 다른 해석 기교를 고려하지 않고, 다만 평이하고 일반적인 의미(plain and ordinary meaning) 원칙만을 고려했던 것이다. 그러므로 기득권을 가진 기존 회원국들은 신규 회원국들에 대해서, 위에 열거된 5가지 요건 이외에 다른 요건을 추가할 수 없음을 명백히 했다. 본 사건에서의 ICJ의 결정은 "명시된 표현은 다른 모든 표현을 배제한다(*Expressio unius est exclusio alterius* : The express mention of one thing excludes all others)"라는 로마법 원칙에 따른 것이었다. 목록에 열거되지 않는 내용은 법이 예정하지 않은 것이라는 단순한 원칙에 입각하여 UN 헌장 제4조 제1항을 자연적이고 액면 그대로의 의미로 해석하여 결과적으로 모든 회원국에게 가입 선후에 무관하게 평등한 결론이 되도록 형평성을 도출한 것이라고 볼 수 있다.

그러나 이러한 해석에 대하여도 재판관 4명의 반대의견이 있었다. 그들은 제4조의 표현은 다수설이 말하는 것처럼 의심을 남기지 않고 명료한 결론에 도달

73) Shihata, *loc. cit*, note 24, p. 62.

할 수 있을 정도로 그렇게 명확하지만은 않다는 전제에서 출발하여, 그러므로 문면의 자유로운 해석이 가능하다고 주장했다. 또한 사용된 용어의 포괄성으로 인해서 의미가 불명확한 5가지 조건은 한정적인 것이 아니라, 오히려 예시적인 조건이라고 보아야 한다고 주장했다. 소수설은 더 나아가서 UN 헌장이라는 조약 성립 준거자료에 비추어 보면 UN의 다른 기구들은 진심으로 세계평화와 안전을 목적으로 하는 UN의 임무를 고려한 선의(*in good faith*)에 입각한 것이라면, 위 5가지 요건 이외에 신입 회원 요건으로 다른 요건을 부가할 수 있다는 논리를 펼치면서 다수설의 주장을 따를 수 없다고 주장했다.[74]

C. UN 사무총장의 ICJ 법규 제14조 해석 사건

1. 사실관계

ICJ 법규 제14조 해석 사건은, 소위 재판관 공석 사건(Judge vacancy case)이라고도 불리는 사건이다. ICJ 법규 제14조는 ICJ가 임무를 수행함에 있어서 재판관이 공석이 된 경우에는 UN의 관련 기관들은 신임 재판관 임명에 협조를 다해야 하고 특히 UN 사무총장은 재판관이 공석이 된 1개월 이내에 신속하게 선임 절차를 진행하여야 한다고 규정하고 있다. 그런데 당시 임기를 수주 남기고 어느 재판관이 사망했고 또한 4명의 다른 재판관들의 임기도 종료되게 되었다.

2. 쟁 점

사건의 쟁점은 ICJ 규정을 자연적이고 액면 그대로 해석해서 어떤 경우에도 UN 사무총장은 공석이 된 1개월 이내에 재판관 선임 절차를 종료해야 하는가? 아니면 재판관의 신중한 선임을 위해서는 설사 1달이라는 기간이 초과되더라도, 무방한가? 의 문제였다. 바꾸어 말하면 신속한 선임으로 재판관 선임의 신중함을 결여함으로써 절차적인 결과는 헌장을 위배하지 않게 되지만, 실질적으로는 재판관 선임의 막중성을 도외시하는 모습을 보이는 것과 같은 바람직하지 않을 상황이 될 것임에도 불구하고, ICJ 법규 제4조를 자연적이고 액면 그대로의 문

---

74) *Id.*

면에만 충실하게 해석하여야 하는 것인가? 가 문제가 되었다.

3. 결정(Holding)

결론적으로 UN 사무총장은 합리적인 결론을 도출하기 위하여 창설자의 목적과 의도를 고려할 수 있다면서 1달이라는 기한에 무조건적으로 제한될 것은 아니라고 결정했다. UN 법률 자문관 또한 UN 사무총장에게 목적론적 해석이 가능하다고 조언하면서, 해당 조문의 입법 역사를 살펴보면 동 조항은 "일반적인 재판관 공석(casual vacancies)의 경우에 부당한 지연을 방지"하고자 했던 것인데, 이 사건의 경우는 갑작스러운 재판관 사망의 경우인데다가 또 다른 재판관도 연이어서 선임할 상황으로서 재판관 선임이 고의적으로 부당하게 장기간 지연될 그런 사항도 아니므로 1개월 이내라는 기간에 기속될 것은 아니라고 해석했다.[75] 이와 같은 해석은 입법 연혁과 UN 기관의 후속되는 관행을 고려하여 불합리한 결과를 회피하고 실용적인 관점에서 해석한 것으로 경우에 따라서 문맥의 자연적이고 액면 그대로의 의미는 불편부당을 제거하기 위해 때로는 의도적으로 무시되기도 한다는 사실을 알 수 있다.

D. ICJ의 어떤 비용사건(Certain Expenses Case)

1. 사실관계

어떤 비용 사건은 UN 분담금 지불과 관련하여 일부 회원국들이 이의를 제기한 사건이었다. UN 총회(GA)가 다른 기구와의 협의 없이 회원국들로부터 재원을 조달하여 국제연합긴급구호기금 (United Nations Emergency Fund : UNEF) 프로그램과 국제연합콩고평화유지활동(United Nations Congo Operation : ONUC)을 실행하기로 결정한 것에서 발단했다. 그런데 UN 총회가 결정한 그러한 활동은 엄밀하게 보면 주로 세계 평화와 안전에 대한 것으로, UN안전보장이사회의 주된 임무가 될 것임에도 불구하고, UN 총회(GA)는 안전보장이사회(SC)와 사전 협의도 하지 않았고 묵시적인 동조나 지지를 받지도 않았었다. 이에 안전보장 상임이사국인 프랑스를 비롯한 일부 회원국들은 안전보

75) 1981 UNJY, p. 146.

장이사회의 지지가 없는 총회(GA)의 독자적인 세계 평화와 안전 문제에 대한 재원조달은 잘못이라면서 총회가 일반적인 예산권에 기초하여 회원국에 부과한 평화유지 활동에 대한 분담금 납부를 거부했다. 한편 UN 헌장 제17조는 기구(UN)의 비용은 총회가 결정하는 바에 따라 회원국들이 분담하는 것임을 명시하고 있기는 했다.

2. 쟁 점

쟁점은 총회가 전속적으로 결정권한을 갖는 UN 헌장 제17조 상의 비용(expenses)에는 일상적(regular)인 비용만으로 한정되는가? 아니면 국제 평화와 안전을 유지하기 위해 소요되는 특별비용도 포함되는가? 하는 문제였다. 따라서 제17조에서 말하는 비용의 속성은 무엇인가? 동 비용에는 과연 무엇이 그리고 어느 정도까지 포함되는가? 일상적 비용 그리고 기능 수행을 위한 비용 이외에 안전(security)을 위한 비용으로 확대가능한가? 라는 문제가 연이어 제기되었고 결국 쟁점은 UN 헌장 제17조의 해석 문제로 집중되었다.

3. 결정(Holding)

ICJ 재판관 다수의 견해는 UN 활동의 실제 관례를 고려하여 동 조항을 평이하고 자연스럽게 해석해야 한다는 것이었다. UN의 평화유지와 안전의 확보라는 목적과 의도에 일관성이 있기 위해서는 총회가 결정권한을 갖는 헌장 제17조 상의 비용에는 모든 비용이 포함된다고 결정했다.

그러나 재판관 비니아르스키(Winiarski)와 코레츠키(Koretsky)는 다수의견처럼 '평이하고 자연스러운 의미(plain & natural meaning)'로 해석했지만 정반대의 결론에 도달했다. 반면에 재판관 스펜더(Spender)는 문면 상의 '비용'의 의미가 명료하지 않다고 전제하여 다수견해와 다른 입장에서 출발했지만, 그러나 가급적 긍정적으로 되는 방향으로 해준다는 유효성의 원칙을 적용하여 다수설과 동일한 결론에 도달했다. 한편 재판관 피츠모리(Fitzmaurice)는 위 Spender와 같은 입장에서 출발했다. 그러나 유효성의 원칙에서가 아니라 조약성립 준거자료에 비추어 다수견해와 동일한 결론에 도달했다.[76)]

---

76) C. F. Amerasinghe, *id*, p. 39.

단순할 것 같은 UN 헌장 제17조 '비용(expenses)'의 해석에 서로 다른 4가지 접근방법이 사용되었던 것이다. 국제기구 헌장의 해석은 기계적인 과학이 아니라 예술이라는 의미를 잘 알게 해 준다. 이 사건 ICJ 결정에 따라서 UN은 오늘날에도 세계 평화유지와 안전 확보 비용(peace keeping and security expense)은 총회가 전속 결정권한을 갖는 제17조상의 비용에 포함된다고 해석하고 이를 실천하고 있다. 상세는 국제기구의 재정 편에서 다시 검토한다.

제3장 국제기구의 법인격 주체성

제1항 서 론

오늘날 국제사회에서 국제기구의 필요성과 그 중요성은 나날이 새로워지고 있다. 예컨대 세계 각국의 첨예한 경제적 이해관계의 대립으로 불발에 그치기는 하였지만,[77] 대한민국 이명박 전 대통령은 2008년 10월 15일 세계지식포럼 개막식에서 전 세계에 몰아닥친 미국 발(發) 금융위기와 관련하여 "위험에 대비하고 위험을 적절히 규제할 수 있는 제도가 제때 구축되지 못하고 있다"며 사전·사후를 규제하고 대책을 세울 수 있는 새로운 국제금융기구의 창설을 역설했다.[78] 제2차 세계대전 이후 전 세계에 몰아닥친 가장 위험하고 혼란스러운 상황에 대한 해결방법의 하나로 국제기구의 창설이 해법이 제시된 것으로서 국제기구에 대한 국내·외적 인식의 새로운 지평을 보여준다.

오늘날 국제기구(International Organizations)는 국제질서의 핵심이다. 유럽연합(EU)과 같은 지역적 국제기구라고 하는 경우에도 그 영향력은 전 세계에 미치며 어느 한 주권국가의 영향력을 능가하는 경우가 적지 않다. 그런데 국제기구들은 스스로의 기능과 임무와 관련된 일련의 규칙을 가지고 있다. 국제기구를 통하여 회원국을 포함한 인간의 활동이 조직화되는 당연한 결과로, 창설 약속인 헌장을 비롯한 사후의 관행에 의해 운영과 관련한 일정한 조직 규칙이 발생하기 마련이다. 사회가 있으면 법이 있다(*ubi societas, ibi jus*)는 법언(法諺)이 말해 주는 바와 같이 국제기구를 포괄하는 국제사회 공동체에는 주권국가와의 관계에서는 물론이고 국제기구의 존속과 목적에 따른 일정한 규칙, 즉 법이 존재하게 된다. 눈부시게 발전하는 국제기구는 새로운 국제법 영역의 창출에 기여할 뿐 아니라 스스로도 기존의 국제법 원칙을 포함한 규범질서에 기속되고, 국제기구와 관련된 일련의 규범은 다른 법률체계에서 유래되거나 역으로 영향

77) "G20 금융정상회의, 금융위기 해법 '방향타' 새 감독기구 창설은 불발" *available at*, http://news.naver.com/main/read.nhn?mode=LS2D&mid=sec&sid1=101&sid2=262&oid=005&aid=0000337968.

78) "이 대통령 새 국제기구 창설해야" *available at*, http://imnews.imbc.com/replay/ nwdesk/article/2225786_2687.html.

을 미친다. 논리의 당연한 결과로 국제기구가 회원국들 각자의 국내법이나 다른 국제기구의 규정에 영향을 받는 사례는 적지 않게 볼 수 있다. 특정한 임무 수행을 목적으로 하는 국제기구는 개별 회원국들의 희망이나 요구를 넘어서는 국제기구 조직 자체의 아젠다(agenda)를 가지는 바, 클라버(Klabbers)는 이를 회원국의 아젠다와는 명백하게 구별되는 **"별개의 의지(distinct will)"**라고 불렀다고 함은 앞서 살펴본 바 있다. 국제기구의 이러한 객관적인 별개의지는 때로는 회원국들인 주권국가의 아젠다와 충돌할 수도 있다. 법률논쟁은 뒤에서 보는 바와 같지만, 이처럼 회원국들과는 별개의 객관적 존재인 국제기구는 어떤 구체적인 목적을 가진 사회적 존재로서 자체의 조직과 규범을 가지고 있으며 개별 회원국들의 이해관계를 뛰어넘는 국제기구 독자적인 의제를 가지고 있는 법적 존재이다.

본장에서는 이렇듯 글로벌 국제질서에서 소위 실패국가(失敗国家, failed state)[79]는 물론이 웬만한 주권국가보다 훨씬 중요한 역할을 수행하며 인류의 삶에 필수 불가결한 존재로 되어 있으면서도 정치적·현상적 연구 이외에 법적인 연구가 태부족한 국제기구의 법인격 주체성을 고찰해 본다. 그를 위해 먼저 국제기구의 일반적인 법적 능력을 고찰하고 UN의 법인격 주체성에 대한 국제사법재판소(ICJ) 결정을 일별한다. 그러한 바탕 위에서 국제기구의 국내법 체계에서와 국제법 체계에서의 일반적인 법인격 주체성을 검토한다.

제2항 국제기구의 일반적인 법적 능력

I. 법적 능력 일반

오늘날 국제기구는 국가(states)와 개인 그리고 다국적기업 같은 실체적 존재

79) 실패국가는 다른 이름으로는 파탄국가(破綻国家), 붕괴국가(崩壊国家) 또는 불량국가(rogue state)라고도 한다. 실패국가가 법률적 용어는 아니고 개념 정의의 내연과 외연이 신축적이기는 하지만, 통상 정치학자나 언론계에서 많이 거론된다. 대체적인 개념은 중앙정부의 국가 통솔력이 매우 미약하여 전 국토에 대한 실질적인 주권통제를 다하지 못하는 국가, 따라서 국제사회에 분쟁요인을 제공하는 국가를 지칭한다. Patrick, Stewart (2007). *"'Failed' States and Global Security: Empirical Questions and Policy Dilemmas"*. International Studies Review (Blackwell Publishing) 9: pp, 644-662. 2008년 기준으로 실패국가 10위까지 순위를 살펴보면, 1. Somalia, 2. Sudan, 3. Zimbabwe, 4. Chad, 5. Iraq, 6. Democratic Republic of the Congo, 7. Afghanistan, 8. C te d'Ivoire, 9. Pakistan, 10. Central African Republic 순서이다. The Failed States Index 2008, ***available at,*** http://www. foreignpolicy. com/story/cms.php?story_id=4350).

들과 함께 국제법의 주체 그러므로 법적주체로 인정된다.[80] 그러므로 법학에서 말하는 법인격 주체의 추상적인 개념의 관점에서 본다면 국제기구는 그 자체로서 독립적으로 국내외적으로 어떤 권리와 의무의 담당자가 될 수 있음을 뜻한다. 물론 국제기구 법인격 주체성이 인식된 것은 그리 오래된 일이 아니다. 19세기 후반과 20세기 초반만 해도 복수의 국가들 또는 개별 주권국가만이 국제법적으로 권리와 의무의 주체로 인식되었다.[81] 그러므로 영토와 국민과 주권을 가지지 않은 실체들은 아무리 국제성을 가진 기구라고 해도 독자적인 국제법적 주체로 인식되지는 않았다. 다만 주권국가 중심적인 사고를 바탕으로 국가와 연관된 한정적인 범위에서 특정한 국제기구의 권리와 의무가 부수적으로 인식되었다.

이러한 현상의 지속은 적지 않은 학자들에게 의구심을 불러 일으켰다. 더욱이 국제기구의 활동과정에서 발생한 제반 법률문제에 대한 이해와 해결과정에서 국제기구의 법인격 주체성 문제는 현실적인 해결 과제가 되어 중대한 쟁점으로 부각되었다. 국제기구가 국제법의 주체로 인정될 수 있을까? 를 포함하여 법인격 주체 문제는 20세기 중반에 이르러 현실적인 쟁점과 관심의 증폭 아래 논의가 전개되었다. 특별히 본고에서 고찰해 볼 국제사법재판소(ICJ)가 소위 배상사건(Reparation Case)에서 법인격을 갖는 국제법 주체는 주권국가 이외에도 다양한 형태로 나타날 수 있다고 판결한 이후에, 주권국가 이외의 국제법 주체에 대한 논의는 긍정적으로 활기를 띠었다. 결과적으로 국제기구의 법인격 주체성을 인정하는 데 획기적인 기여를 한 ICJ의 전제적인 인식은 "어떤 법률 체계에서의 법적 주체성은 성격이나 권리범위에서 반드시 동일한 것은 아니고, 해당 공동체의 필요성에 따라 다르다"는 것이다.[82] 그러므로 일국의 사법체계에서는 법인격을 상정하지 않은 단체나 기관의 경우에도 국제법 같은 다른 사법체계에서는 별도의 기준과 원칙에 의해 법인격 주체성이 인정된다는 결론을 도출할 수 있게 했다.

---

80) Jan Klabbers, p. 42. 김대순, pp. 255-295. 일반적으로 국제법의 주체라고 하는 것은 국제법상의 권리·의무가 직접적으로 귀속되는 자를 말하며, 거기에 더하여 국제법상의 행위를 스스로 실시하고 처리하는 행위능력을 가진 자를 뜻하다. 이한기, pp. 149-190. 박재영, *op, cit*, pp. 166.

81) David J. Bederman, *"The Soules of International Organization: Legal Personality and the Lighthouse at Cape Spartel"*(1996) 36 VaJIL, pp. 275-277.

82) *Reparation for injuries suffered in the service of the United Nations, Advisory Opinion: I. C. J. Reports* 1949, *p.* 174. p, 178.

그러나 국제법적으로도 국제기구가 법인격 주체[83]가 되기 위한 절대적이고 보편적인 기준은 없다. 그것은 국제기구 법인격 주체성의 문제는 사안별로 상대적인 것으로 해당 국제기구 창설 헌장을 바탕으로 하여, 개별 국제기구의 목적과 구조 그리고 활동내용에 따라 다를 수 있다는 것을 의미한다. 예컨대 일국의 사법체계에서 개인이 법적 주체, 즉 권리의무의 주체가 되는 경우에도, 미성년자, 한정치산자, 금치산자 등의 분류에 의해 인정되는 권리가 달라지고[84] 따라서 모든 개인이 모든 법률문제에 대해 동일한 수준의 권리와 의무의 주체는 아닌 것과 같다고 할 수 있다. 국제기구의 경우에도 모든 국제기구가 동일한 수준의 권리와 의무를 향유할 수 없는 것이 이상하 일이 아니다. 그러므로 어떤 금융국제기구가 법인격 주체성이 인정된다고 하는 경우에도 군축문제와 같은 군사영역에 대해서까지도 금융국제기구의 법인격이 당연히 인정되어야 하는 것은 아닌 것이다.

결국 어떤 국제기구의 법인격 주체성이 인정되는 경우에도 구체적인 권리와 의무의 범위는 사안별로 검토가 필요하다. 이러한 입장에서 한정된 법인격만을 갖는 경우의 국제기구의 법인격을 연성 법인격(softer personality), 내재적 법인격(implicit personality) 또는 추정적 법인격(presumptive personality) 이라고 표현하기도 한다.[85] 여하튼 국제기구의 법인격 주체성과 관련된 대표적인 쟁점은 해당 국제기구가 법인격을 가진다면 언제 그리고 어떻게 법인격을 가지고 또한 국제기구가 법인격을 보유하는 결과는 어떻게 되는가? 라고 하는 문제이다.

Ⅱ. 국제기구의 법인격 형성

1. 국제기구의 법인격 주체의 징표

일반적으로 어떤 국제기구가 국제법 주체로 인정되고 따라서 개별적인 법인격을 가질 수 있기 위한 기준으로는 3가지가 거론된다. 첫 번째는 조약 체결 같

83) 학자에 따라서는 법적 주체성(legal subjectivity)과 법인격(legal personality)을 구별하기도 하지만 혼용하는 경우가 대부분이다. Jan Klabbers, *op, cit*, p. 43.

84) 민법 제3조-17조.

85) Philippe Gautier, *op, cit*, p. 347.

은 행위, 즉 국제적 합의를 할 수 있는 위치에 있는가? 두 번째는 외교사절을 파견할 수 있고 파견 받을 수 있는 능력이 있는가? 그리고 마지막으로 해당 국제기구는 국제 소송(international claim)을 제기할 수 있고 제기당할 수 있는 능력을 보유하고 있는가? 이들 요건이 국제기구의 법인격 주체성을 인정하기 위한 일반적인 징표(indicators)라고 함에는 공통된 인식이 형성되어 있다.[86]

그러므로 어떤 국제기구가 이 세 가지 요건을 모두 충족시켰다면 원칙적으로 법인격 주체성을 가진 것으로 볼 수 있다는 결론에 도달하게 된다. 그러나 물론 이 세 가지 인식지표도 확고하고 엄격한 법률적 기준은 아니다. 그것은 어떤 국제기구가 위 3가지 요건을 모두 충족하지 못했다고 하여 당연히 해당 국제기구는 법인격을 가지지 못하였다고 단언할 수도 없다는 의미이다. 후술할 UN 배상사건에서 ICJ도 위 세 가지 징표 중 단지 2가지를 언급하였다. 조약을 체결할 수 있는 능력(right to enter into treaties)과 소송을 제기할 수 있는 능력(right to bring claims)이 있는가를 기준으로 UN의 법인격 주체성을 판단했었다.

그렇다면 그러한 3가지 능력은 과연 어디에서 유래될 것인가에 대한 의문이 있을 수 있다. 그러나 ICJ도 UN의 그 같은 권능이 어디에서 연원하였는지는 언급하지 않았다. 대부분의 국제기구 전문가들은 그와 같은 능력의 원천은 또한 개별적인 검토가 필요한 것으로 어떤 국제기구가 선결적으로 미리 구비한 것은 아니고 주어진 사안에 대한 연역적 추론의 결과로 인식한다.[87] 그러한 논리적 결과로서 모든 주권국가들은 위 3가지 징표를 단지 국가(states)라는 이유만으로 당연히 가지고 따라서 주권국가의 법인격에 원칙적인 차이를 둘 수 없음에 반하여 국제기구의 경우에는 위 3가지 조건의 당연 완비는 없고 그러므로 창설 근거인 헌장에 규정된 내용 등에 따라서 법인격 주체임을 전제로 한 권리의무의 범위와 내용이 다를 수 있다.[88]

1) 체약(締約)능력(Treaty making capacity)

국제기구의 조약체결능력(*jus tractatuum*)은 학계의 오랜 논쟁거리였다. 구

86) Jan Klabbers, *op, cit*, pp. 45-48. C.F. Amerasinghe, *op, cit*, pp. 92-99.
87) Jan Klabbers, *op, cit*. 다만 일반 국제정치학적 관점에서 그러한 권한이 설립 기본조약, 특별조약, 묵시적 근거에서 유래하는 것이라는 견해는, 박재영, *op, cit*, pp. 166-167.
88) Jan Klabbers, *op, cit*, p. 45.

체적인 사례로는 영토분쟁 해결을 위해 국제연맹(League of Nation)과 남아프리카 그리고 남서아프리카 3자가 당사자가 되어 체결한 조약에 대한 사우쓰 웨스트 아프리카(South West Africa) 사건에서 재판관인 피츠모리스(Fitzmaurice)와 스펜더(Spender)는 국제연맹의 조약체결 능력을 인정한 다수의 견해에 반대했다. 그들은 주권국가가 아닌 국제연맹, 남아프리카 그리고 남서아프리카 - 오늘날의 나미비아(Namibia) -의 3자가 체결하는 국제조약 형식을 인정할 수는 없다는 견해를 피력했다.[89] 그러나 오늘날 국제기구의 체약능력은 일반적으로 인정된다. 문제는 그러한 조약 체결능력이 일반적인 국제법 원칙에서 인정되는 것인가? 아니면 개별 국제기구의 탄생근거 규범인 헌장에 의해 비로소 인정되는 것인가? 하는 어려운 문제가 남는다. 만약 전자의 입장이라면 국제기구의 체약능력에는 제한이 없게 된다. 그러나 후자의 입장이라면 국제기구의 체약능력은 헌장에 규정된 내용으로 한정되게 될 것이다.

1986년의 '국가와 국제기구 또는 국제기구 상호간의 조약법에 관한 비엔나협약(Vienna Convention on the Law of Treaties Between States and International Organizations or Between International Organizations)'도 일반 보편성을 지향하여 국제기구의 전반적인 체약능력을 인정하는 방향이 온당하다는 결론을 내린 바가 있다. 동 조약은 서문에서 국제기구는 기구의 기능과 목적을 달성하는데 필요한 협약을 체결할 능력을 가지며 그러한 능력은 국제법의 일반원칙에서 유래함을 전제로 했다.[90] 물론 동 조약에 의하는 경우에도 국제기구의 체약능력은 기구의 기능과 목적에 의한 내재적 제한이 뒤따를 수 있음은 명백하다. 하지만 헌장의 명시적 규정이 없는 경우에도 일반적으로 국제기구의 체약능력을 인정할 수 있다고 본다는 점에서 매우 진일보한 것으로 국제기구의 발달에 기여한 바가 크다고 할 수 있다.

한편 비엔나 협약 제6조는 국제기구가 조약을 체결할 수 있는 구체적인 능력은 해당 국제기구의 헌장에 따른다고 명시하고 있다.[91] 그러므로 추상적인 체약

89) South West Africa cases (Ethiopia v. South Africa; Liberia v. South Africa) preliminary objections, (1962) ICJ Reports, 319, pp. 495.

90) Karl Zemanek, "The United Nations Conference on the Law of Treaties Between States and International Organizations: The Unrecorded History of its General Agreement", in Karl-Heinz Böckstiegel et al.(eds); *See* Finn Seyersted, "Treaty-making Capacity of Intergovernmental Organizations: Article 6 of the International Law Commission's Draft Articles on the law of Treaties between States and International Organizations or between International Organizations"(1983).

능력(권리능력)은 일반 국제법에 의해 인정되지만 구체적인 체결능력(행위능력)은 해당 국제기구의 헌장 등의 규범에 따르게 된다. 결국 국제기구의 헌장에 명시적으로 조약 체결에 대한 규정이 없는 경우에도 국제기구는 협약 체결에 대한 소위 묵시적 권한(implied power)을 가지고 있다고 할 수 있게 되었다. 또한 논리의 당연한 귀결로 기능과 목적 범위 내인 한 헌장에 규정이 없다고 하여 국제기구가 기왕에 대외적으로 체결한 협약을 당연 무효라고 주장할 수도 없게 된다.

2) 외교사절을 파견하고 영접할 수 있는 능력 (right to send and receive legations)

일반적으로 국제기구가 외교사절을 파견하고 접견할 능력(*jus missionis*)을에 대해 오늘날 이를 부인하는 견해는 거의 찾아보기 어렵다. 대개의 국제기구는 회원국을 포함한 대(對) 국가관계에 있어서 거의 영속적인 임무를 수행한다. 주권 국가의 국제기구에 대한 관계도 역시 지속적인 경우가 태반이다. 1995년 12월 기준으로 세계 125개 국가가 유럽공동체(European Community)에 외교신임사절을 파견했다. 물론 유럽공동체도 제네바, 동경 그리고 미국의 워싱턴 등지에 대표를 파견했다. 한편 국제기구에 임무를 가지고 있는 것은 국가만이 아니다. ICJ가 1988년에 선고한 것처럼 국가 이외의 국제법적 실체들도 국제기구에 임무를 가질 수 있다. 카슈(Casu) 사건에서 ICJ는 팔레스타인해방기구(Palestine Liberation Organization)는 UN에 옵서버로 참가할 자격이 있다고 결정하였다.[92] 오늘날 UN은 회원국에 대한 신임장(credential)을 접수한다. 역사적으로도 UN은 적지 않은 회원국가의 회원자격 교체의 어려운 고비에서 외교사절을 영접할 때 사용하는 신임장 접수 방법으로 회원 교체 문제를 해결한 바가 있다. 1971년 UN 안전보장이사회의 결의에 의해 신임장(credentials)을 회수하는 방법으로 타이완 정부의 대표성을 상실케 하였다. 총회도 2/3의 다수결로 타이완 정부에 대한 신임을 회수하였고 중국 본토 정부를 China의 대표자로 결의하였다. 동일한 경험과 논리의 연장선에서 1970년대와 1980년대에 UN

---

91) 1986년 국가와국제기구또는국제기구상호간의조약법에관한비엔나협약, Article 6: The capacity of an international organization to conclude treaties is governed by the rules of that organization. 동 조약은 아직 미 발효 중이다. 부록 참조.

92) ICJ Reports 12(1988). 카슈 사건은 1947년 6월 26일 UN 본부를 미국에 설립하고 업무 편의를 도모하고 지원하기 위해 미국과 UN 사이에 체결된 UN 본부협약(United Nations Headquarters Agreement)에 따라서 미국이 UN 자체와의 중재재판에 응할 의무가 있는지를 결정한 사건이다.

총회는 다수의 아프리카 국가들의 신임장을 접수하지 않았다. 결과적으로 남아프리카공화국(South Africa)은 UN 총회에 참석할 수 없었다. [93)]

3) 법적 청구를 수수(授受)할 수 있는 권리 (right to bring and receive claims)

후술할 1949년 UN의 배상금 사건에서 ICJ는 국제기구는 국제분쟁에 대한 법적청구를 제기할 능력을 가지고 있다고 판결했다. 더 나아가 그러한 능력은 국제기구의 임무수행과 연관된 내재적인 성격이라고 결론지었다. 국제기구의 헌장 상에 일정한 대외적인 임무가 명시되어 있고, 앞서 본 두 가지의 인식 지표가 인정되는 국제기구의 경우에는 임무수행과 연관된 법률문제에 대하여 법적청구를 할 수도 있고 받을 수도 있는 권리가 있다. 오늘날 각국은 국제기구로부터 제소당하거나 국제기구를 상대로 제소하는 것이 보편적인 현상이 되었다. 정식적인 사법심사 기구, 즉 재판기구 이외에도 국제중재기구(arbitral tribunals)의 이용이 매우 빈번하다. 물론 개별 사법기구가 국제기구의 소송 청구권을 제약할 수도 있다. 예컨대 ICJ 절차 규정 제34조는 오직 주권국가만이 사건 당사자가 될 수 있다(only states may be parties in cases before the Court)고 명정하고 있다. 여하튼 국제기구가 법적 청구를 하고 받을 수 있는 능력은 법인격 주체성을 당연히 전제로 하는 문제로서 법인격 주체성과 직결된 쟁점이다.

제3항 UN 직원의 임무 수행과정에서 입은 손상에 대한 보상사건

I. 서 언

이 사건은 1949년 4월 11일 발령된 ICJ의 권고적 의견이다.[94)]UN 직원의 임무 수행에서 입은 손상에 대한 보상사건으로 레퍼레이션 사건으로 불린다. 사건

---

93) Nagendra Singh, Termination of Membership of International Organizations (London, 1958) p. 146.

94) ICJ 결정문 원문은 동 결정문을 인용할 경우에는 다음과 같이 인용하도록 요구하고 있다. "Reparation for injuries suffered in the service of the United Nations, Advisory Opinion : I. C. J. Reports 1949, p. 174." 온라인상으로는 전문을 http://www.icj-cij.org/docket/files/4/1835. pdf에서 이용할 수 있다.

은 ICJ가 국제기구의 법인격 문제를 최초로 논의하여 결론내린 기념비적인 결정으로 간주된다. 이 사건 결정 이후 유럽연합(EU)의 법인격 주체성을 비롯하여 50년이 지난 오늘날에도 국제기구의 법인격 문제를 논의함에 있어서 주춧돌과 같은 기준으로 원용된다.[95] 공식 명칭은 "REPARATION FOR INJURIES SUFFERED IN THE SERVICE OF THE UNITED NATIONS (Advisory Opinion of 11 April 1949)"이다.

II. UN 보상사건 개관

1. 사실관계

1948년 제1차 중동전쟁 당시 UN 조정관으로 팔레스타인 분쟁을 해결하기 위해 중동 현지에서 임무를 수행 중이던 스웨덴 출신의 베르나도테(Bernadotte) 백작과 프랑스 출신 UN 감시 장교인 세롯 대령(Colonel Andr Serot)이 이스라엘 시오니스트(Jewish Zionists) 과격분자인 레위 그룹(Lehi group)[96]에 의해 살해당하는 축격적인 사건이 발생했다.[97] 국제사회가 경악한 사건의 후속조치로 UN에서는 사망 사건에 따라 발생한 손해배상청구권을 가해국인 이스라엘에 대하여 청구하기로 했다. 문제는 UN이 직접 청구할 수 있는가?로, 소송주체가 현실적인 법적 쟁점이 대두되었다. 이에 UN 총회는 1948년 12월 3일 직원보호를 확실히 하고 법적 책임을 묻고자 UN이 이스라엘을 상대로 그 같은 국제적 쟁송청구를 제기할 법률능력이 있는지와 이스라엘이 피 청구 당사자가 될 수 있는 지에 대하여 ICJ에 권고적 의견을 구하였다. 왜냐하면 이스라엘은 당시

95) Philippe Gautier, The Reparation for injuries Cases Revisited: The Personality of the European Union, Max Planck Yearbook of United Nations Law, pp. 331-361.

96) 레위 그룹은 이스라엘 자유 수호 투사(Fighters for the Freedom of Israel)를 자처하며 일명 "Stern Gang"으로도 알려져 있는 시오니스트 지하 무장단체(armed underground Zionist)들이다. Heller, J. (1995). The Stern Gang. Frank Cass &, http://tripatlas.com/LEHII.

97) 상세는 GENERAL LUNDSTROM GIVES EYEWITNESS ACCOUNT OF BERNADOTTE'S DEATH, UNITED NATIONS Department of Public Information, Press and Publications Bureau (Press Release PAL/298, 18 September 1948), *available at*, http://domino.un.org/UNISPAL.NSF/9a798adbf322aff38525617b 006d88d7/23e5f866fe7393b585256a680061b348!OpenDocument. 한편 김정건 외 3인, 국제법 주요 판례집(Major Cases in International Law), 연세대학교 출판부, 64면에서는 피해자들이 "팔레스타인 과격분자에 의해 살해되는 사건"이라고 소개하여 가해 당사자를 팔레스타인으로 이해하고 있으나, 이것은 잘못이다. 그 경우에는 팔레스타인의 주권국가성과 관련하여 쟁점이 달라질 수 있다. 당시 가해 당사자는 UN의 멤버가 아닌 이스라엘이고 (김대순, *Id*, p, 274), 구체적으로는 시오니스트 과격분자들이었다. Mark W. Janis & John E. Noyes, INTERNATIONAL LAW cases and commentary, Thomson/west,2006, p. 481.

UN 회원국이 아니었을 뿐만이 아니라, UN 헌장도 UN의 법인격에 대해서 명문 규정을 가지고 있지 않았기 때문에 회원국들 사이에 논란과 법적인 의문이 있었기 때문이다. 이에 UN 총회는 결의로 ICJ에 다음의 질문을 의뢰했다.[98)]

A. UN 직원이 임무수행 중에 국가책임이 동반되는 손해를 당했을 경우에 UN은 국제기구로서 사실상 또는 법률상 책임이 있는 국가를 상대로,
① UN 자체의 손해(to the United Nations)와,
② 피해자나 그 유족이 입은 손해에 대하여 국제소송(international claim)을 제기할 능력이 있는가?

B. 전항 A②에 대한 대답이 긍정적이라면 UN의 손해배상청구권은 피해자 국적국가의 외교적 권리와 어떻게 조화되는가?

2. 쟁점(Issues)

이 사건의 법적 쟁점은 크게 두 가지로 구분된다. 첫 번째는 UN 직원이 임무수행 중에 국가책임을 수반하는 손해를 당하였을 경우에, 법률상 또는 사실상 배상문제의 원인이 되는 불법행위를 행한 국가나 단체를 상대로 하여, UN이라는 국제기구 자체가 입은 손해와 또한 UN 직원인 희생자들이 입은 손해에 대하여 보상 청구를 할 수 있는가? 라는 문제이다. 그런데 그것은 바로 UN이 단순한 회원국들의 집합체가 아닌 독자적인 법인격 주체인지 여부에 대한 문제가 전제되는 것이다. 그러므로 대표적인 국제기구인 UN의 법인격 주체성이 정면으로 다루어질 쟁점이다. 두 번째는 만약에 UN이 국제법적으로 법인격 주체임이 인정되어 독자적으로 위 2가지 손해에 대하여 모두 보상청구를 할 수 있다고 하는 경우에도 그러한 UN의 법적 청구권은, 희생자들의 국적국가인 스웨덴과 프랑스의 자국민에 대한 외교적 보호권과는 어떻게 조화를 이룰 수 있는가? 하는 문제이다.

---

98) 다만 UN은 헌장 제104조에서 "UN은 그 임무의 수행과 목적의 달성을 위하여 필요한 법적 능력을 각 회원국의 영역 안에서 향유한다."라고 규정하고 있다. 이것은 후술할 국제기구의 국내법적 법인격에 대한 대표적인 명문규정이다. 원문은 다음과 같다. Article 104 : The Organization shall enjoy in the territory of each of its Members such legal capacity as may be necessary for the exercise of its functions and the fulfillment of its purposes.

그러므로 ICJ 보상사건은 단순하게 UN이라는 국제기구의 법인격 주체성만이 쟁점이 되었던 것은 아니었다. 국제기구가 법인격 주체로 인정된다고 하는 경우에도 그것을 바탕으로 구체적인 청구권 행사의 방법과 또한 피해자 국적국의 외교 보호권과의 조화의 문제가 함께 논의된 사건이었다.

3. ICJ의 권고적 의견(Advisory opinion)

1) 결 정

ICJ는 총회의 첫 번째 질문(A), 즉 UN 자체의 손해(to the United Nations)인가라는 문제에 대해서는 모두 '그렇다'라고 긍정했다. 하지만 손해배상에 대한 책임이 있는 상대방에 대해서는 UN의 회원국인가 아니면 회원국이 아닌가에 따라서 재판관들의 의견이 나뉘었다. 먼저 UN이라는 국제기구 자체에 발생한 손해에 대하여는 "만장일치"로 어떤 경우에도 따라서 가해국이 UN 회원국인지 불문하고 그 어떤 나라를 상대로 한 UN의 독자적인 법적 청구권을 인정하였다. 그러나 피해자나 그 유족이 입은 손해에 대한 UN의 대위청구 문제에 대하여는 "11-4"의 의견으로 유책 국가가 UN의 회원국이 아닌 경우에도 가해 국가를 상대로 국제소송을 제기할 수 있다고 결정했다.[99] 다만 4명의 반대 의견은 가해국이 UN 회원국이 아니면 청구권이 존재하지 않는다고 주장했다. 다음으로 B항의 문제에 대하여 ICJ는 10-5의 의견으로 UN은 국제기구로서 UN의 손해배상 청구권은 개별 피해자 국적국가의 외교 보호권과는 별개라고 결정했다. 그러므로 UN은 가해국의 UN에 대한 의무위배를 이유로 직접 청구할 수 있다고 결정했다.

2) 결정이유(추론)

ICJ는 판단의 전제로 UN이라는 국제기구에 있어서의 분쟁에 대한 법적 청구를 제기하거나 받을 수 있는 국제적 청구능력(capacity to bring an international claim)에 대한 검토를 했다. 당시까지 그 동안의 국제법의 대 원칙은 국제분쟁에 대한 쟁송능력은 국가가 가지는 것으로만 생각했었다. 하지만 그 동안에도 주권국가의 국제책임 행위에 대한 청구권을 국제기구도 가지는 것일까? 라는 점에 대해서는 의문이 있었다. 그런데 이 사건에서 불가피하게 국제

99) ICJ, Reparation case, p. 187.

기구의 법적 청구권이라는 쟁점이 어떤 국제기구가 국제적 법인격(international personality)을 갖는가? 하는 본질적인 문제와 직결되어 다루어지게 되었다.

원래 UN 헌장에는 UN의 국제적 법인격 문제에 대한 명시적인 규정이 없다. 그러므로 ICJ는 먼저 UN 헌장이 UN에 어떠한 성격을 부여하려고 하였을까? 하는 창설자의 의도(intention)를 분석했다. 이것이 소위 후술하는 바와 같이 국제기구의 법인격 인식을 위한 의지(意志)이론(will theory)으로 귀결된다. 검토 결과 ICJ는 국제공동체의 대다수 구성원을 대표하는 50개[100] 국가들은 국제법에 따라 단지 그들 회원국들에 의해 승인된 권리 의무뿐만이 아니라 회원국들의 권리나 의무와는 명백히 다른 여러 가지 권리와 의무를 UN 자체에 부여하였음을 인정했다. 더 나아가 UN은 UN 자체의 국제평화와 안전의 유지(maintenance of international peace and security)라는 정치적으로 중요한 독자적인 임무가 있음을 강조했다. 논리의 당연한 귀결로 UN은 비록 초(超)국가(super-state)는 아니지만 기구 자체로 독자적인 권리와 의무를 가지고 있는 국제적 법인격체라고 결론지었다.[101] 이처럼 UN의 국제법적 법인격을 긍정한 ICJ는 첫 번째 쟁점에 대해서는 가해국이 회원인지에 불문하고 UN은 발생한 손해에 대한 국제적 청구를 할 수 있음을 인정했다. 다음으로 두 번째 쟁점을 다루면서 국적국가의 외교적 보호특권(rights of diplomatic protection of nationals)과의 충돌 문제를 감안했다. ICJ는 원칙적으로 정의와 형평을 지향하는 법의 일반원칙상, 가해국가가 국제기구에 어떤 의무를 부담하고 따라서 그 의무를 위배한 것에 기초하여서만 국제기구는 해당 국가를 상대로 법적 청구권을 가진다고 판단했다.

한편 현안의 경우에는 피해자들의 국적국가인 스웨덴이나 프랑스는 오히려 가해국가인 이스라엘에 대해 의무위반을 직접 주장할 수는 없음을 감안했다. 왜냐하면 이 사건에 있어서는 피해자들이 수행한 업무는 UN의 고유한 임무인 것으로 가해국인 이스라엘이 부담하는 의무는 오직 UN에 대한 것이었기 때문이었다. 더불어서 ICJ는 주권국가의 해외에서의 자국민에 대한 외교적 보호는 국

100) 여기에서 50개 국가는 1945년 UN 헌장을 기초한 샌프란시스코 회의에 참석한 UN의 창설멤버 즉 Original member States를 말한다.

101) ICJ, Ibid, Reparation case, pp. 178-180.

적국가라는 이유만으로 당연히 발생하는 것은 아니라고 지적했다. ICJ의 이 같은 결정이 소위 자국민을 위한 외교보호(diplomatic protection)와 국제기구의 기능적 직무보호(functional protection)의 조화의 문제이기도 하다.[102)]

사실 이 사건에서 피해자는 국제기구인 UN의 직원일 뿐 UN과 국적 관계를 갖는 것은 아니다. 이것은 많은 국제기구들이 창설된 이후의 국제사회에서의 전혀 새로운 국면인 것이다. 결론적으로 국제기구의 직원 보호 권능은 국제기구의 임무수행을 위해 필수적인 기능적 직무보호권으로 헌장에서 유래된 필연적인 것으로 간주되어야 한다고 ICJ는 결론지었다.[103)]

4. ICJ 결정에 대한 평가와 현대적 재조명

1) 국제기구 법인격에 대한 보편적 논의의 시금석

이 후부터 이 사건에서 인정된 UN의 법인격 주체성에 대한 추론은 국제기구의 일반적인 법인격 주체성 논의의 시금석이 되었다. UN의 법인격 주체성이 전제되는 한 UN 자신에 발생한 손해는 직접 그리고 국제기구 직원에게 발생한 손해는 국제기구가 대위하여 청구할 수 있다는 결론은 청구권 행사의 방법으로 문제될 것은 없다고 보인다. 다만 피청구인이 국제기구의 회원이 아니라는 사실이 장애요소가 될 수 있으나 그것은 UN의 기능적 직무보호 문제와 연결된 것으로 ICJ의적절한 추론에 따른 합당한 결론이라고 보인다.

2) 주권국가의 외교보호권과 국제기구의 기능적 직무보호권 문제

가. 주권국가 외교보호권과 국제기구 기능적 직무보호권의 조화

이 사건에서 UN이 피해자를 대위하여 소송 청구권을 인정하는 것은 개별적으로는 약자일 수밖에 없는 국제기구 직원들을 유용하게 보호하기 위한 첩경이 된다. 설령 국제기구 직원의 국적국가가 직원에 대한 외교보호권을 갖는다고 하는 경우에도 직원이 반드시 충분히 보장된다고 볼 수 없다. 왜냐하면 직원 국적국가(이 사건에서는 스웨덴과 프랑스)와 가해국가(이 사건에서는 이스라엘) 사이의 정치·외교 관계에 입각한 또 다른 이해관계를 극복해야 할 경우가 있을 수 있기 때문이다. 그러므로 UN의 직무보호권(right of functional

102) 김대순, *op, cit*, p. 275.
103) ICJ, *Id*, p. 186.

protection)과 국적국가의 외교보호권(right of diplomatic protection)의 조화의 문제는 현실적으로 중요하다. 이 사건에서 ICJ는 UN의 직원들에 대한 독자적인 직무보호권을 인정한 것이다. 사실 국제기구에 직무보호권에 기초한 대위청구권을 인정하는 것은 국제적인 임무를 수행하는 국제기구 직원들이 임무를 잘 수행하도록 도와주는 두터운 길이 된다. 그러므로 ICJ가 UN은 직원에 대한 기능적 보호를 위한 법적 능력을 가졌음을 인정하는 결론에 도달하였음을 이해할 수 있다.

사실 이러한 결론은 가해국가가가 UN의 회원국인 경우에는 상대적으로 명백하다. 왜냐하면 회원국들은 UN의 헌장 준수 의무를 포함한 다양한 의무를 부담하기로 약속하고 UN에 가입하였기 때문이다. 그러나 이 사건처럼 가해국인 이스라엘이 아직 회원국이 아닌 경우에는 의문이 있을 수 있는 것도 사실이다.[104] 그러나 ICJ가 적절히 지적한 바와 같이 UN 그리고 오늘날 대다수의 국제기구는 단지 회원국들에 의해서만 인식되는 단순한 회원국들 모임으로서의 집합체에 지나지 않는 것은 아니다. 특히 UN의 경우는 국제사회의 평화와 안전 그리고 인권의 보호와 증진을 위한 목적을 가진 전 인류 모든 국가에게 공개된 국제기구로서, 비 회원국들도 UN의 목적과 관련된 일정한 의무를 부담한다고 할 수 있다. 그러므로 UN은 인류를 향한 조직으로 전반적인 국제적 법인격을 가진 객관적 실체라고 할 수 있다. 따라서 ICJ는 질의 A의 ①항과 ②항에 대한 긍정적 답변의 논리적 연장선에서 B의 질문에 대해서도 UN의 독자적인 기능적 직무보호권을 인정했다. 결론적으로이러한 결정은 합리적이고 온당한 결론이라고 할 것이다.

나. 주권국가 외교보호권과 국제기구 기능적 직무보호권의 경합

한편 ICJ는 피해자 국적국가의 자국민 외교보호 권리와 국제기구의 직원에 대한 기능적 직무보호권이 경합하는 경우에는 어느 것이 우선하는 것인가? 라고 하는 문제에 대하여는 판단하지 않았다. 법 이론적으로는 양자의 청구원인(bases of the claim)은 별개이다. 또한 국적국가의 외교보호권과 UN의 직무보

104) ICJ의 권고적 의견에 따라 UN 총회는 이스라엘에 구체적인 액수의 손해배상을 청구할 권한을 사무총장에게 부여하였다(G.A. Res. 365(IV) (1949). 한편 이스라엘은 위 권고적 의견이 결정된 직후인 1949년 5월 11일 UN에 가입했고, 1950년 Bernadotte와 Serot의 사망 사고에 대한 배상으로 5만 달러($)를 배상했다. Mark W. Janis & John E. Noyes, *op, cit,*, p. 481.

호권이 경합하는 경우에도 어느 한쪽에 우선권이 인정된다는 법원칙은 사실 존재하지 않는다.[105] 그러나 ICJ는 예컨대 국적국가와 UN 사이에 보호권의 행사가 충돌되는 경우에도 선의(good will)와 양식(common senses)에 의하여 해결책을 찾을 수 있을 것이며, 각 사건에서 개별적인 협정을 체결하거나 일반적인 협약을 체결하여 해결할 수 있을 것이기 때문에 큰 문제는 없다고 하였다.

한편 본 건에서는 UN의 기능적 직무보호권만이 발동되는 것으로 그 경우의 UN의 청구는 가해국가의 UN에 대한 의무위배 사실에 기초한다. 그것이 이 사건 배상청구의 직접적인 청구원인을 이룰 뿐만이 아니라, 그럴 경우에만 국제기구의 배상청구와 피해자 국적국의 자국민에 대한 보호 의무에 기초한 청구가 서로 청구원인을 달리하여 충돌하지 않게 된다. 결국 ICJ의 본 결정은 미묘한 법리적 문제를 적절히 조화한 합리적인 결정이라고 판단된다.

3) ICJ 결정에 대한 일부 비판과 결어

그러나 ICJ의 위와 같은 결정에 대하여는 일부 국가 특히 사회주의 국가들은 자국민에 대한 주권국가들의 권위를 훼손시킨 위험스러운 선례라고 비판했다.[106] 대표적으로 핵워스(Hackworth) 재판관의 반대의견이 있었다. 핵워스는 법리적으로 국제기구의 경우 명시되지 않은 권한은 임의로 내재된 것으로 볼 수 없다(Powers not expressed cannot freely be implied) 라고 말하면서 다음과 같은 이유를 들어 반대의견을 개진했다.[107]

① 현재까지의 국제관행상 국가만이 국제적 청구를 제기할 권한이 있다.
② UN의 국제적 청구권에 대한 법적 근거는 헌장 어디에도 없다.
③ 회원국이 UN에 허용한 권한은 UN헌장이나 혹은 회원국들의 명시된 합의에 규정되어 있다. 따라서 배상에 대한 청구권 같은 명시적으로 위임되지 않은 권한을 UN에 묵시적 위임한 것으로 추정해서는 안 된다.
④ UN 직원은 그 국적국가의 국민이며, 그들 국민들에 대한 청구는 국제법

105) ICJ, *Id*, pp. 185-186, 원문은 다음과 같다. " ~ there is no rule of law of which assigns priority to the one or to the others, or which compels either the States or the Organizations refrain from bring an international claim. The Court sees no reason why the parties concerned should not find solutions inspired by goodwill and common senses ~".

106) 김대순, *op, cit*, p. 277.

107) Mark W. Janis & John E. Noyes, *op, cit*, pp. 481-482.

또는 국제관습법에 의해 여전히 해결가능하다.

그러나 이러한 비판적인 견해는 국제기구의 왕성한 활동이 전개되지 않았던 1940년대 국제법적 수준의 논의에 기초한 것으로서, 주권국가가 아닌 국제기구 법인격 논의의 어려움과 그러한 논의가 형성되지 못한 역사적 이유를 매우 잘 추론할 수 있게 해준다는 의의가 있다고 할 수는 있다. 하지만 국제기구의 법인격과 기능적 직무보호권에 대한 이와 같은 반대 견해는 오늘날 눈부시게 발달한 국제기구의 실질적인 역할에 비추어 또 다른 비판을 면할 수 없다고 보인다. 논리적으로도 UN의 법인격 주체성을 인정하고 개별적 사건에서 피해자의 원 소속 국가 이외에 UN이라는 국제기구의 고유한 법인격 주체성에 기초한 독자적인 배상 청구권을 인정한, 앞서 본 논거를 제압할 정도의 이유라고 보기는 어렵다고 할 것이다. ICJ가 적절하게 지적한 것처럼 UN은 고유한 목적을 위한 국제법인격을 가지고 그 목적 달성을 위해 국제적 차원에서 행동할 능력을 전제로 하지 않으면 설명할 수 없는 여러 가지의 임무를 가지고 있는 존재이다. 현실적으로도 UN의 법인격 그리고 국제분쟁에 대한 독자적인 청구권은 인정되어야 할 것이다.

비록 UN에 대한 것이었기는 하지만 ICJ의 이 사건 결정에 따라서 오늘날 다른 많은 국제기구에 대하여도 비록 헌장에 명문규정이 없더라도 그 임무수행 상 불가결하다면 목적 수행을 위한 권능을 가지고 따라서 동 국제기구는 국제법적인 법인격을 갖는 것으로 인정된다고 할 수 있는 논리의 지평이 열렸다. 이 사건에서 인정된 UN의 법인격 주체성에 대한 추론은 국제기구의 일반적인 법인격 주체성 논의의 시금석이 되어 UN보다 훨씬 느슨한 결합 형태인 유럽연합(European Union)의 국제법적 법인격 주체성도 이 사건 ICJ의 권고 결정의 논리에 의해 인정된다는 것이 다수설이다.[108] 예컨대 필리페 고티어(Philippe Gautier)는 이 사건 ICJ의 권고적 의견에 나타난 국제기구 법인격 주체성 논리를 그대로 응용하여 일반적으로 행정적 연합체(administrative unions)로 인식되는 유럽연합(EU)의 법인격을 직접적으로 추론했다.[109] 다만 일부에서는 유럽

108) Philippe Gautier, The Reparation for injuries Cases Revisited: The Personality of the European Union, Max Planck Yearbook of United Nations Law, (2000). pp. 347 - 354.

109) 본 ICJ 권고적 의견의 유럽연합에의 적용에 대한 전반적인 논평은 *id*, pp. 338- 341 상단 참조.

연합의 경우에 Union(연합)이라는 개념은 국가들이 만들었다는 사실적인 수식어로 국제기구법상의 용어는 아닌 것으로 EU의 법인격 주체성은 소위 내재적 법인격(implicit personality)이라거나 또는 추정적 법인격(presumptive personality)이라는 완곡한 표현을 사용하여 인정하는 경우도 있다.[110]

국제기구는 그 목적 달성을 위한 임무를 수행함에 있어서, 때로 무질서한 세계 도처의 위험지역에 직원들을 파견하고 배치하게 된다. 더욱이 오늘날은 국제테러, 국제조직범죄 그리고 대량살상무기 위협 같은 초국가적 위협세력이 발호하는 상황이다. 오늘날의 이 같은 국제 상황은 위 ICJ 권고결정이 있던 1949년도 보다, 훨씬 더 커다란 위험에 노출된 해당 국제기구의 직원들이 실효성 있고 체계적인 국제법적인 보호를 받을 수 있어야 한다는 실천적인 측면이 더욱 요청되는 현실이라고 할 수 있다. 그러므로 국제기구의 법인격 주체성 문제는 오늘날에는 더 중요하게 구체적인 국제분쟁의 평화적인 해결의 전제가 될 것으로서, 국제정치적으로도 그 현실적인 의미가 크다고 할 것이다.

제4항 국제기구의 국제법적 법인격

I. 개 관

국제기구의 국제법적 법인격도 국내에서의 법인격 문제와 마찬가지로 창설조약인 헌장에 따르게 됨이 원칙이다. 문제는 비회원국과의 관계의 경우인데 앞서 본 UN 배상사건에서 ICJ는 당시는 비회원국인 이스라엘에 대한 관계에서도 UN의 법인격이 있음을 전제하였다. 원래 국제기구의 국제법적 법인격 문제는 전통적으로 열띤 논쟁거리로서 그에 대해서는 주요한 2개의 학설이 있다. 하나는 법인격에 대한 의지 이론(will theory) 또는 주관 이론(subjective theory)이고, 다른 하나는 객관 이론(objective theory)이다.

II. 국제기구의 국제법적 법인격에 대한 이론

UN 배상사건에서 국제기구의 국제법적 법인격에 대한 이론적인 논의가 있었

110) Jan Klabbers, "Presumptive Personality: The Europe Union in International Law", in Philippe Gautier, *op, cit*, p. 331.

다. 심리과정에서 ICJ는 대략 미묘한 2가지 상황, 즉 먼저 UN 헌장은 UN의 법인격 문제에 대해 어떤 언급도 하지 않고 있다는 상황, 다음으로는 당시에 이스라엘은 UN 회원국이 아니라는 상황에서 UN이라는 국제기구의 법인격 문제를 긍정적으로 결론 내렸다. 이러한 결론은 UN이라는 국제기구 자체의 그 어떠한 속성에 기인한 것이라고 할 수 있다. 그에 대한 이해로 ICJ는 UN은 국제법적으로 명백하게 법인격을 가진 객관적인 실체로 인류를 위한 세계평화와 안전의 유지, 국제사회의 발전 그리고 인권의 보호와 증진이라는 그 고유하고도 중대한 임무에 비추어, 비회원국을 상대로 하여도 법적 청구를 할 수 있는 법인격을 보유하였다고 결론지었던 것이다. 이러한 ICJ의 결정을 이론적으로 뒷받침하는 학설에는 2가지 이론이 있다.[111]

1. 의지 이론(will theory)

1) 의 의

국제기구의 법인격은 창설자의 의지(意志)에 의해 결정된다는 것으로 오늘날 국제기구법학자들의 다수설이다.[112] 그러므로 창설자가 국제법적으로 해당 국제기구에 대한 법인격을 부여할 것을 의도한 것이 명시적 또는 묵시적으로 나타나면 법인격을 갖게 된다고 본다. 반대의 경우에는 그렇지 않을 것이고 결국 국제기구의 법인격 문제는 창설자의 의도(intention)의 문제로 귀결된다는 견해이다.

2) 장 점

의지 이론의 장점은 국가 간의 약속인 성문규정, 즉 조약에 충실할 수 있다는 점이다. 그러므로 국제기구를 창설한 창설 국가들의 의지를 그대로 인정하는 것은 무엇보다 우선되어야 하는데, 의지 이론은 주권국가의 합의 준수 원칙(pacta sunt servanda)[113]이라는 국제법의 원칙에 충실할 수 있다.

---

111) Jan Klabbers, pp. 52-57. United Nations Juridical Yearbook: UNJY, (1990), pp. 276-277.

112) Jan Klabbers, *op, cit*, p. 53.

113) 합의(약속)는 지켜져야 한다는 이 원칙은 Vienna Convention on the Law of Treaties, Article 26조에도 명정되어 있다. 원문은 다음과 같다. Article 26 Pacta sunt servanda: Every treaty in force is binding upon the parties to it and must be performed by them in good faith.

3) 문제점

그러나 문제는 대다수 국제기구의 헌장이 조직 자체의 법인격에 대해 명확한 규정을 하고 있지 않는 경우가 많다는 점이다. UN도 사실 국제법적 법인격에 대한 조항을 두고 있지 않다. 주지하다시피 UN 헌장 초안 작성 당시에 소위원회는 UN 조직의 법인격 문제에 대한 논의를 하였다. 하지만 회원국 국내에서의 법적 성격을 규정한 헌장 제104조 이외에 일반적인 UN의 국제법적 법인격 조항을 별도로 규정하는 것에 대해 의견 일치를 보지 못하고 결국 조문화를 유보했었다.[114] 의지 이론의 또 다른 맹점은 그렇다면 국제기구의 법인격은 기능이나 임무에 대한 실체가 없는데, 창설 회원국들이 법인격을 부여하기로 의욕(意慾)하기만 하면 자동적으로 국제기구의 법인격이 인정되어야 하고 과연 그것이 온당한 일인가라는 비판이 있을 수 있다. 의지 이론을 남용하면 결국 당사국들이 합의하기만 하면 모든 국제기구들이 법인격을 가지게 된다는 것으로, 오히려 국제기구의 법인격을 공허하고 맹목적인 것으로 형해화시킬 수도 있다고 할 것이다. 따라서 그에 대한 보완으로 의지 이론 주장자들도 제3의 기관에 의한 당사자의 의지(意志), 즉 주관적 의사에 대한 객관적인 판단이 필요하다고 본다.[115] 그러나 그것은 또한 창설자의 의지나 의도가 제3자의 판단에 의해 변형될 수 있다는 위험성이 여전히 따르게 된다. 이에 객관 이론이 등장한다.

2. 객관 이론(objective theory)

1) 의 의

국제기구 법인격에 대한 객관 이론은 1960년대 초 노르웨이 국제 변호사인 핀 요하네스 시어스터드(Finn Johannes Seyersted)가 주창했다.[116] 그는 국제기구의 법인격은 주권국가의 법인격이 승인되는 절차와 유사하다고 보았다. 어떤 실체가 국제법의 요건을 갖추고 존재하게 되면 동 실체는 창설자의 의도라는 주관적 요소와는 무관하게 조직 자체의 객관적 구성요소와 고유한 목적과 임무 수행이라는 자체 동력에 의해 자연스럽게 국제법적인 법인격을 가지게 된다고

114) Jan Klabbers, *op, cit*, p. 53.

115) Jan Klabbers, *op, cit*, p. 54. H.F. Köck, 'Questions Related to the Recognition of the European Communities' (1977) 2 ARIEL, pp. 49-68.

116) Jan Klabbers, *op, cit*, p. 55. Finn Seyersted, Objective International Personality of Intergovernmental Organizations: Do their Capacities Really Depend on the Conventions Establishing them? (Copenhagen, 1963) p. 47.

설명했다.[117] 사실 이러한 법인격 인정의 절차는 주권국가가 국가성(statehood)을 갖게 되는 것과 똑 같은 이치이다. 시어스테드는 국가가 국가성(statehood)을 갖는 것을 국제기구가 국제기구성(organizationhood)을 갖게 되는 방식으로 원용한 것이다.[118] 객관 이론의 당연한 결과로 창설자의 의도는 국제기구의 법인격 인정에 결정적인 요인이 되지는 못한다.

2) 비판과 문제점

그러나 문제는 여전히 국제기구성(organizationhood)을 갖기 위한 국제법적인 요구조건은 과연 무엇인가? 라는 의문이다. 그것은 국제기구성은 국제기구 창설 회원국의 의도와 결코 절연될 수 없다는 시원적 연결고리가 있기 때문이다. 또한 근본적인 의문으로 객관 이론은 국제법적으로 무엇보다 존중되어야 하는 창설자인 주권국가의 의도가 명백하게 무시될 수 있는 위험성을 가지고 있다는 점이다. 거꾸로 생각하여 만약 국가 간 합의에 의해 어떤 국제기구를 창설한 주권국가들이 자신들이 창설한 국제기구가 국제법적으로 법인격까지 보지(保持)하기를 원하지 않는 것으로 명백히 하였음에도 불구하고, 객관 이론은 창설국가들의 의도를 무시하고 실체 존재의 자동화 과정을 통해 객관적인 법인격을 인정할 수 있다는 결론에 이르게 되는데, 그것은 오히려 국가 간 합의에 의해서 이루어지는 국제법 질서를 위태롭게 할 수 있다는 불합리하고 위험한 결론에 이르게 된다.

3) 결 어 – 절충론

앞서 본 쟁점의 비판적 인식에서 알 수 있듯이 주권국가 사이의 특정한 목적을 전제로 하여 성립한 국제기구의 경우에, 창설자, 즉 회원국의 창설의도를 전적으로 무시할 수 없음은 명백하다. 그러나 오늘날 어떠한 연유에서든지 적법절차를 거쳐 설립되어 정당한 국제적 기능을 수행하는 국제기구가 온전히 창설 회원국들의 전유물, 따라서 창설 국가의 의지에만 종속되어야만 하다고 주장할 수도 없다고 할 것이다. 그것은 바꾸어 말하면 국제기구는 별개의 객관적 능력과

117) Jan Klabbers *op, cit.* 비교적 최근에 시어스테드(Seyersted)의 객관이론에 동의하는 견해가 있다. Nigel D. White, The Law of International Organizations (Manchester, 1996).
118) Finn Seyersted, *op, cit.* p. 47.

존재 가치를 가지는 것으로서, 결코 창설국가의 기능적 도구로 전락할 위험성을 수반할 여지를 남기는 것은 바람직하지 않다는 실용적 입장에서도 객관 이론은 일면 합당한 견해라고 할 것이다. 그러므로 국제기구의 국제법적인 법인격 논의는 의지 이론을 주된 바탕으로 하고, 창설자의 의사를 확인할 수 없거나 명백하지 않는 경우에는 국제기구 창설의 배경, 목적, 구조 그리고 임무 등을 종합적으로 판단하여 객관적인 법인격 주체성을 인정함이 국제기구의 국제사회에서의 비중에 걸맞고 더불어 국제사회의 책임을 다하게 하는 온당한 길이 될 것이다.[119]

제5항 국제기구의 국내법상에서의 법인격

I. 문제의 제기

1. 머리말

국제기구가 국제법적으로 법인격 주체성이 인정된다고 하는 경우에도, 구체적인 분쟁이 발생한 경우 그 종국적인 해결을 위해서는 외교적 협상이나 국제 중재 같은 국제 분쟁해결 방법으로 해결되지 않는 이상, 특정한 주권국가의 영내에서 해당 사법체계에 따른 구체적인 법적 절차를 밟게 되는 문제는 여전히 남게 된다. 그러므로 어떤 주권국가의 국내법 체계에서의 국제기구의 법인격 문제는 발생한 법률분쟁을 최종적으로 해결한다는 의미에서 중요성을 가지게 된다.

통상 국내법적으로는 해당 법체계의 요구조건을 충족하는 한 어떤 조직이나 조합이나 단체도 법인격을 허용 받을 수 있는 것이 일반적이다.[120] 그때의 요구사항은 법률체계마다 다를 수 있고 따라서 개별국가마다 다르게 된다. 이것은 법인격 주체성에도 여러 가지가 있을 수 있다는 것을 의미한다. 하지만 법인격 주체성을 인정하는 기준이 다른 경우에도, 어느 한 국가에서 적법하게 법인격을 인정받은 실체인 경우에는 다른 나라에서도 법인격을 인정받는 것이 국제법의

---

119) Mark W. Janis & John E. Noyes, *op, cit*, pp. 474, 481. 그리고 EU의 법인격 주체성을 논한 Philippe Gautier, *op, cit*, pp. 347-358.

120) 대한민국 민법 제3장 (法人) 그리고 상법 제3편은 공익법인과 법인격을 갖는 합명회사, 합자회사, 유한회사 그리고, 주식회사에 대해 상세하게 규정하고 있다.

일반원칙이다. 예컨대 X 국가에서 법인격을 인정받은 실체는 Y 국가에서도 법인격을 인정받게 되는 것이 일반원칙이다. 이것은 일종의 국제 예양(禮讓, comity)에 따른 것이다.[121]

2. 아랍통화기금 사건

이러한 논리에 따른 대표적인 사건으로 아랍통화기금(AMF)이 동 기구의 운영 책임자였던 하심 등을 상대로 제기한 사건(Arab Monetary Fund v. Hashim and others)이 있다.[122] 아랍통화기금(AMF)은 1976년 22개국의 아랍국가와 팔레스타인해방기구를 회원으로 하여 창설되었다. 그런데 책임자였던 하심부부는 통화기금의 자산을 몰래 가로채었다. 이에 아랍통화기금(AMF)은 하심 부부가 횡령한 재산이 소재하고 있던 영국 국내법원에 책임자인 하심과 일단의 책임 있는 사람들을 상대로 통화기금의 유용 등 운영 잘못으로 인한 손해를 배상해 달라는 소송을 제기했다.[123] 이에 대해 피고들은 국제기구인 아랍통화기금(AMF)은 영국법에 따른 소송을 제기할 법인격이 없다고 항변했다. 그러나 영국 귀족원(House of Lords)은 아랍통화기금(AMF)이 영국법원에 소송을 제기할 능력이 있다고 판결했다. 영국 내에서의 법인격을 인정한 것이다. 그 이유는 아랍통화기금(AMF)은 본부 소재지가 있는 아랍에미리트연합국에서 법인격을 부여받고 있는 바,[124] 어느 국가에서 법인격을 인정받는 국제기구는 원칙적으로 다른 나라에서도 법인격을 인정받아야 한다는 국제 예양(comity)의 원칙상 영국법에 의해서도 법인격을 인정받아야 한다는 논리였다.[125]

---

121) Jan Klabbers, *op, cit*, p. 49.

122) House of Lords Judgment of 21.2.91: Arab Monetary Fund (Appellants) v. Hashim and Others (Respondents), Arab Law Quarterly, BRILL, Volume 6, Number 1, 1991, pp, 90-111. 항소심 판결 원문의 당사자 관계이다. Arab Monetary Fund(Plaintiff/Appellee), *v.* Jafar Hashim and Maryam Hashim,(husband and wife, Defendants/Appellants) In The Court of Appeals, State of Arizona, Division One(1 CA-CV 07-0550).

123) 영국 판결문에 나타난 하심 박사의 재산 유용 내용이다. Dr. Hashim purchased a condominium called Suite 801 in Hashim''s name in 1983, and the transfer to Hashim was completed in September 1984. Dr. and Mrs. Hashim purchased the Uxbridge Farm in 1985 and transferred it to their son for a nominal fee in 1986. 2 Hashim received $90,000 from his mother in December 1988.

124) AMF 본부(Headquarter)는 아랍에미리트공화국(United Arab Emirates)의 수도인 아부 다비(Abu Dhabi)에 있다. 공식 인터넷 사이트, http://www.amf.org.ae/pages/page.aspx.

125) Geoffrey Marston, "The Personality of International Organizations in English Law(1977), pp. 98-103.

II. 국제기구의 국내법적 법인격에 대한 국제기구 헌장에의 규정

그러나 국제기구에 따라서는 재판과 같은 우회적인 방법으로 세계 여러 나라에서 법인격을 인정받는 방법 대신에, 회원국의 국내법 체계에서는 당연히 법인격을 가진다는 헌장 조항을 구비하는 경우가 있다. 예컨대 UN 헌장 제104조는 UN은 각 회원국의 영토 내에서 그 임무를 수행하고 목적을 달성하기 위한 법적 능력을 향유할 것임을 명시하고 있다.[126] 동 조항의 기준을 소위 법인격을 부여받기 위한 **"기능적 조건(functional necessity)"**이라고 한다. 이러한 유사한 조항은 유럽공동체를 포함한 다른 국제기구에도 존재한다. 하지만 그러한 명문의 규정에도 불구하고 그리고 국제예양의 입장에도 불구하고 원칙적으로는 그러한 국제조약은 타인들 간에 행해진 사항(*res inter alios acta*)으로서 국제기구의 회원국에 대해서만 적용된다고 할 것이다. 그러므로 예컨대 유럽연합(EU)의 법인격 규정이 회원국이 아닌 에티오피아에서도 적용되어 에티오피아 국내법원이 유럽연합에 대해 당연히 법인격을 인정하여야 하는 것은 아닌 것이다. 에티오피아가 자국 내에서 유럽연합의 법인격을 인정할 것인지의 문제는 어디까지나 에티오피아 국내법에 달려 있는 문제로, 예컨대 유럽연합이 에티오피아 법원에서 에티오피아 국민을 상대로 소송을 제기할 능력이 있는지는 에티오피아가 자국법의 기준에 따라서 판단하게 된다. 이러한 원칙은 1969년 조약법에대한비엔나협약 제34조가 명백히 선언한 국제법의 대원칙이다. 그것은 어느 나라건 제3국의 동의 없이는 제3국에 대한 권리와 의무를 창설할 수는 없는 것이기 때문이다.

III. 국제기구의 국내법적 법인격 인정을 위한 영국(UK)의 기준

국제기구의 국내법적 법인격 쟁점도 이처럼 간단한 문제가 아니다. 그런데 국제기구의 국내법적 법인격 인정문제와 관련하여 영국(UK)의 기준은 국제기구에게 시사하는 바가 크다. 영국 국내법은 어떤 국제기구의 법인격을 영국 국내에서도 인정해 줄 것인지와 관련하여 4가지 유형으로 분류하고 있다.[127]

---

126) Charter of the United Nations, Article 104.

127) Geoffrey Marston, "The Personality of International Organizations in English Law"(1997) 2 Hofstra Law & Policy Symposium, pp. 98-103.

A. UK가 회원국이고 국내입법도 준비된 경우에는 국제기구의 영국 내에서의 법인격을 인정한다.
B. UK가 회원국이지만 국제기구는 행정부 차원에서만 인정되는 경우에도 영국에서의 법인격을 인정한다.
C. UK가 회원국이 아니지만 국제기구가 UK법에 의해 승인된 다른 국가들에 의해 법인격(legal personality)이 인정되는 경우에는 국제법상의 예양(comity)의 원칙에 입각하여 영국에서의 법인격을 인정한다.
D. UK가 회원국이 아니고, 어떤 국내입법도 없고 UK는 법인격을 인정하기 위한 어떤 행정적인 조치도 취하지 않았고, UK가 승인한 어느 나라들에 의해서도 법인격(legal personality)이 인정되지 않는 경우에는, 동 국제기구의 영국에서의 법인격은 인정되지 않는다.

한편 국제기구의 국내법적인 법인격은 국제기구 그 자체에 대해서 뿐만이 아니라 해당 국제기구의 개별기관이나 부속조직에도 허여된다.[128] 이러한 법리에 기초하여 UN 법무담당실(Office of Legal Affairs)은 UN 산하의 유엔개발계획(UN Development Programme : UNDP)의 책임자는 필요한 국제계약을 완결할 법적 권리능력이 있다고 회신했고 그에 따라 개별기관인 UNDP가 국제계약을 체결한 사례가 있다.[129]

제6항 마무리

이상에서 살펴본 바와 같이 국제기구의 법인격은 어떤 경우에도 원칙적으로 창설 헌장을 고려하여야 한다. 먼저 국내법적인 관점은 국제기구의 법인격은 원칙적으로 개별 국가의 국내법에 의해 규율된다. 그리고 국제법적으로는 창설자의 의도를 기초로 하고 국제기구의 설립목적과 기능과 같은 다양한 조건을 고려하여 국제기구의 법인격 주체성이 실천적으로 인식된다고 할 수 있다. 그러므로

128) Jan Klabbers, *op, cit*, p. 51.
129) UNJY (1990), pp. 276-277, 유사한 법률회신 사례들로는 UN Council for Namibia in municipal law (UNJY, 1982), The Institute de Droit International (UNJY, 1976).

해당 국제기구 헌장에 법인격에 대한 아무런 언급이 없고 국제기구도 법인격 문제와 관련된 활동을 하지 않는 기구라면 굳이 법인격 문제가 대두될 이유는 없다. 그렇지만 헌장에 명시적 규정이 없다는 이유만으로 현실 국제무대에서 다양한 형태의 법률행위 그리고 준 법률행위를 하는 국제기구의 법인격 문제가 해결될 것으로 기대할 수도 없다. 특히 헌장에 국제법적인 법인격을 부여하는 명시적인 규정이 없는 유럽연합(EU)의 눈부신 법률 활동은 시사하는 바가 크다.

유럽연합은 주권국가를 포함한 다른 국제법 주체들과 정치·경제·사회·환경 문제에 대한 다양한 합의를 하고 외교사절을 파견하고 접수한다. 또한 유럽연합은 회원인 주권 회원국들에게 법적 구속력이 있는 공약을 제시하고 유고슬라비아 위기로 황폐화된 보스니아의 중요한 도시인 모스타(Mostar)를 직접 통치하기도 하였다.[130] 이러한 모든 활동은 유럽연합의 국제법적인 법인격을 전제하지 않으면 설명되지 않는 일들이다. 이것이 국제법의 주체인 국제기구가 법인격 문제와 관련된 어떤 행동을 수행하면 동 국제기구의 법인격이 당연히 가정된다는 소위 **추정적 법인격(presumptive personality)**의 논의이기도 하다.

국제사회의 발달에 따라서 그리고 소위 연대성(solidarity)을 바탕으로 한 제3세대 인권의 주창에 따라서, 세계의 또 다른 지역에서 유럽연합 같은 국제기구의 역할이 필요할지도 모를 오늘날, 국제기구의 법인격 주체성은 정확히 인식해야 할 중요한 쟁점이다. 국제기구의 법인격 문제는 사전에 법인격 문제가 해결되는 국내법에서의 권리의무 주체와 달라서, 현실적으로는 어떤 국제기구가 국제법적인 관계에 참가하기 위한 필수적 전제조건은 아니라는 점에서 간과하기 쉽다. 다만 법인격의 문제가 명확하지 않은 어떤 국제기구도 먼저 국제법적인 문제에 개재되고 연후에 해당 국제기구의 국제법적 법인격이 가급적 유효하다고 해석되는 방향으로 논의되어 온 것이 국제법적인 현실이었다. 이것은 베더만(Berderman)이 적절하게 지적한 바와 같이 국제기구를 단지 어떤 권리의무 주체가 되는 인위적인 법인격 주체자로서가 아니라, 국제기구는 어떤 문제가 생기면 주권국가 그리고 다른 국제기구 그리고 해당 국제기구의 여러 기관(organs)들과 함께 국제 공동체(communities)의 자연스러운 일원이라는 것을 잊지 말아야 한다는 것을 말해 주는 것이라고 할 수 있다.[131]

---

130) Jan Klabbers, *op, cit*, p. 58. Philippe Gautier, *op, cit*, pp. 338- 341.
131) David J. Bederman, *op, cit*, p. 371.

제4장 국제기구의 권한과 국제기구 상호간의 관계

제1항 국제기구의 권한

I. 서 언

주권국가들 상호간의 합의의 산물인 국제기구는 법적 권한의 기초 위에서만 활동할 수 있다. 국제기구가 자신에게 부여된 권한을 초월하여 활동한다면 현실적인 효과와 영향력은 별도로 하고, 법 이론적으로는 그러한 행위는 무효가 된다. 간단한 예로 금융 국제기구인 IMF가 헌장에서 정한 목적범위를 초과한 것임이 명백한 군사협정을 체결한다면 그런 행위는 도저히 유효하다고 볼 수는 없을 것으로 IMF의 그러한 행위는 당연 무효라고 해야 할 것이다.

이것은 결국 국제기구의 권한과 기능의 한계 문제로 국제기구의 권한은 과연 어디에서 유래되는가? 라고 하는 근본적인 의문을 제기한다. 전통적으로 국제기구의 권한에 대한 깊은 법률적인 천착 없이 그것은 일단 탄생한 국제기구의 사실상의 활동의 문제로 파악하고 국제기구의 권한은 단지 회원국들이 위임한 것으로만 이해하기도 했다.[132] 따라서 국제기구의 권한은 회원국인 주권국가의 합의에 의해 그 틀과 범위가 명백히 정해지는 것으로 보고, 그러므로 국제기구의 권한 문제에 대해서는 현상에 대한 이해 이외에 권한의 원천이나 권한의 성격 등에 대한 이론적으로 깊은 연구가 없었던 것이 사실이다. 다만 국제기구의 현실적인 활동이 문제가 된 경우에 헌장의 해석문제로 생각했고 해결해 왔었다.

물론 국제기구의 헌장에 해당 국제기구의 권한을 명시적으로 규정한 경우에는, 그 권한을 인식하는 것은 그다지 어렵지 않다. 국제기구가 대외적으로 어떤 일을 할 수 있는 능력인 권한문제, 바꾸어 말하면 국제기구의 권리와 의무는 원칙적으로 헌장에서 유래하는 것이기 때문이다. 그러나 국제기구의 권한은 헌장

132) Bruno de Witte, "Sovereignty and European Integration: The Weight of Tradition", Anne-Marie Slaughter et al, (eds), The European Court & National Courts: Doctrine and Jurisprudence (Oxford, 1998), pp. 277-304.

에서만 유래하는 것인가? 다른 원천은 없는 것인가? 그 경우에 과연 어떤 내용의 권한을 가질 수 있는 것인가? 등등의 문제를 헌장 해석에만 의존할 수는 없다. 왜냐하면 오늘날 대부분의 국제기구는 과학기술이 발달하고 국제 정치적으로 격동하는 국제현실에서 출범 당시의 헌장의 규정과는 별개로, 때로는 출범 때와는 동떨어져서 여러 가지 권한을 행사하는 경우가 적지 않기 때문이다. 그런 경우에도 헌장 개정에 의해 임무 범위를 새롭게 할 수 있다면 확실하겠지만, 시간상 제약이나 회원국들의 의사의 합치의 어려움 등으로 반드시 그럴 수만은 없기 때문에, 헌장 이외의 권한의 원천에 대한 의문이 제기된다.

국제기구의 그러한 현상에 대해 국제 정치학적으로는 조직이론이나 국제 관계론의 이론으로 접근하여 국제기구의 필요성과 존재가치를 연구하는 방법을 시도할 수도 있다.[133] 그러한 접근은 국제기구의 일정한 지향과 또 다른 국제기구의 필요성을 일깨워 준다는 점에서는 의의가 있다. 그러나 그러한 접근은 자칫 국제기구의 현상적 활동을 중심으로 이론적 천착에 집중됨으로써 국제기구의 근본적인 존재근거인 주권국가 사이의 합의의 권위를 저해하거나 왜곡할 수 있을 뿐 아니라, 결국은 국제기구 자체의 발전을 위해서도 바람직하지 못한 영향을 미칠 수도 있다. 그러므로 아직까지 그 틀이 확고하지 않은 국제기구에 대한 고증은 처음부터 마지막까지, 가급적 헌장 중심적으로 따라서 국제 규범적으로 이루어지는 것이 바람직하다고 할 것이다. 그러나 또한 국제기구는 국내·외 법적으로 법인격체, 즉 살아있는 생명체와 같은 존재라는 이유를 감안하면, 헌장에 모든 권리와 의무를 빠짐없이 나열하는 것도 어렵다는 점을 염두에 두어야 한다. 아래에서 국제기구의 권한 일반과 기능, 한계 및 국제기구 상호간의 관계에 대해서 살펴본다.

Ⅱ. 국제기구의 권한에 대한 논의

1. 국제기구 권한의 내용

법인격을 갖는 국제기구는 명시적 또는 암시적으로 여러 가지 권한을 가진다. 국제기구의 권한을 크게 대별하면 다음과 같이 정리할 수 있다.

133) 소위 조직이론과 국제정치론에서 주장되는 다양한 조직 관계론을 국제기구의 이론에 접목하는 노력은, 박재영, *op. cit.* pp. 52-133. 국제기구 이론.

① 법률 분쟁에 대한 소송 제기 권한
② 조약 체결권
③ 목적 범위 내의 임무 수행에 필요한 다른 기구를 창설할 수 있는 권한
④ 외교적 면책특권

2. 국제기구의 개별적 권한에 대한 검토

1) 국제법적인 권한 - 국제기구의 대외적 권한

국제기구는 국제법적으로는 관련 분쟁에 대해 사법기구에 제소하고 제소 당할 수 있는 권리가 있다. 분쟁을 평화적으로 해결하기 위한 중재협상에 참가할 권한도 있다. 국제기구는 주권국가처럼 조약이나 협약을 체결할 수 있는 권한도 가지며 기존의 조약에 참가하기 위하여 서명하는 권한 그리고 외교적 면책특권을 주장할 수도 있다. 국제기구는 필요한 물건을 점유하거나 소유하고 해당 물건과 부설 기관에 대한 통제권도 가진다. 또한 국제기구는 다른 국제기구의 멤버가 될 수도 있으며 국제회의를 소집하고 국제회의에 참석할 권한도 가진다. 심지어 UN이나 NATO 같은 국제기구의 경우에는 병력을 동원하여 군대를 훈련하며 군사 공격을 포함한 군사작전을 수행할 수 있는 권한 ,즉 무력 사용권도 가지고 있다. 초(超) 국제기구인 EU 같은 경우에는 회원국들의 사법체계에도 직접적인 영향을 미칠 수 있는 포괄적인 입법권과 사법권도 가지고 있다.

2) 비 국제법적 수준의 권한 - 대내적 권한

국제기구는 비 국제법적 수준, 즉 국제기구 내부적 차원에서는 자체적인 징계절차 같은 행정절차를 구축할 수 있고 징계를 실시하기도 한다. 임무 수행에 필요한 동산 또는 부동산을 대상으로 계약을 체결하여 구매하고 보유할 수 있다.[134] IMF나 IBRD 같은 금융 국제기구들은 대부(loan)를 할 수도 있고 예탁금을 받을 수도 있으며 신용계약을 체결할 수도 있다.

---

134) UN 헌장 제104조는 이러한 권한을 포괄적으로 명시하고 있다. "The Organization shall enjoy in the territory of each of its Members such legal capacity as may be necessary for the exercise of its functions and the fulfillment of its purposes."

3) 국제기구 권한의 확장적 이해

그러나 객관적인 법인격체로서의 국제기구의 권리와 의무는 이론적으로는 제한적인 가운데 인정되는 이런 헌장 중심적인 모든 권리·의무보다 훨씬 더 큰 능력을 가진다. 왜냐하면 어떤 목적을 위해 탄생한 객관적인 법인격체로서의 국제기구가 목적 범위라는 제약 이외에 굳이 한정된 능력만을 가졌다고 제한할 합리적인 이유는 사실 없기 때문이다.[135] 그것은 일반적인 사법체계에서 무제한의 완전한 권리·의무의 주체가 되는 자연인이나 일반 법인격체에 대비해 볼 때에도, 객관적인 법인격체로 인정되는 국제기구의 권리·의무를 제한해야 한다는 결론은 도출되지 않기 때문이다.

4) 국제기구 권한의 불가피한 제약

반면에 불가피하게 국제기구의 권한의 한계를 생각하면, 국제기구가 아무리 조약 체결권이 있다고 해도 그것은 헌장의 목적달성을 위한 일반적인 내용에 대한 합의나 조약체결권한이 있다고 해야 할 것이지, 국제기구 자신의 임무 범위를 벗어난 내용에 대한 조약체결권한까지 포괄할 수 없을 것임은 자명하다. 또한 예컨대 UN의 경우에 기능 중의 하나로 되어 있는 신탁통치 기능을 가지고 있지만, UN은 그 자신 자체를 다른 주권국가나 국제기구에 위임하여 신탁통치 시킬 권한을 가질 수는 없다. 결국 국제기구의 권한 문제는 대부분의 경우에 헌장의 해석과 관련되어 있음을 알 수 있다. 그러므로 법 규범적으로 국제기구의 권한 범위를 설정한다면 국제기구는 그 성격에 따라서 헌장에서 속성적(attributed)으로 명시된 내용은 물론이고, 탄생 근거인 헌장의 자연적인 성격을 변경하는 것이 아닌 한도에서는 명시되어 있지 않는 경우에도 목적 수행을 위한 기능수행을 위해 필요한 암시된(implied) 권한도 모두 보유한다고 할 수 있다. "UN은 기능을 수행하고 목적을 달성하기 위해 필요한 모든 법적 능력"을 향유할 수 있음을 명시한 UN 헌장 제104조는 국제기구의 권한과 능력범위 일반을 잘 설명해 주고 있는 것이다.

135) C. F. Amerasinghe, *id*, p. 100.

3. 국제노동기구(International Labour Organization) 사건

1) 서언과 사실관계

국제기구의 권한과 관련하여 그 권한은 어디에서 유래되고 어떤 범위까지 인정되는가? 는 이론적으로 뿐만이 아니라 규범적으로도 매우 중요한 문제이다. 앞서 본 국제기구 권한의 방대한 범위에서 알 수 있는 바와 같이, 국제기구는 어떤 권한은 스스로 획득한다. 반면에 또 다른 권한은 내재적으로 인정받거나 암시적으로 허용된다. 그 동안 국제기구의 권한에 대한 깊은 학문적 연구와 자료는 부족했었다. 국제기구 권한의 원천과 권한의 범위에 대한 쟁점 문제가 1922년 상설국제사법재판소(Permanent Court of International Justice)에 처음 제기되었었고, 그에 따른 유익한 결정이 있었다. 탄생 시초에는 산업분야의 노동문제를 규율하기 위해 탄생한 국제노동기구(ILO)의 경우에, 동 기구의 권한이 일반 산업분야가 아닌 농업분야의 노동력 문제에 대해서까지도 미치는지에 대하여 의문이 제기되었던 것이다. 이에 대해 국제노동기구는 상설국제사법재판소에 권고적 의견을 요청했다. 이 사건은 국제노동기구를 떠나서 일반적으로 국제기구의 권한의 범위와 근거를 이해하는 매우 좋은 자료가 된다.[136]

2) 쟁 점

쟁점은 국제노동기구가 일반 산업분야 뿐 아니라, 농업분야의 노동문제에 대해서도 담당할 수 있는 능력 적격(competence)이 있는지의 문제이다. 즉 제조업이나 서비스 산업과 같은 일반적인 근로 현장에서의 노동력 문제를 주안으로 탄생한 것으로 이해되는 ILO가 농업분야 종사자들에 대한 근로조건에 대해서도 그를 규율할 관할권이 있는지의 문제가 쟁점이 되었다.

3) 결정(Holding)

이 문제에 대해 국제연맹 상설국제사법재판소는 국제노동기구는 일반 산업(industrial) 분야에 대해서 뿐만이 아니라, 농업분야에서의 노동조건도 규율할 권한을 가지고 있다고 결정했다. 다만 상설국제사법재판소는 그에 대한 추론을

---

136) *Competence of the ILO to Regulate the Conditions of Labour of Persons Employed in Agriculture,* advisory opinion, (1922) Publ. PCIJ, Series B, nos, 2&3.

국제노동기구 헌장의 해석문제로 판단했고, 그 논리를 다음과 같이 설명했다.

"국제노동기구(ILO)의 권한은 주권국가가 유보한 권리와 연관이 있다. 그러므로 국제기구의 능력범위는 해당 국제조약의 합리적인 해석 범위를 벗어나서 인정되어서는 안 된다."

그러므로 ILO는 농업분야에 대한 ILO의 규율은 합리적인 해석범위를 벗어나는 것은 아니라고 보고 국제노동기구는 일반 산업(industrial) 분야에 대해서 뿐만이 아니라, 농업분야에서의 노동조건도 규율할 권한을 가지고 있다고 결정했던 것이다. 이처럼 결국 당시만 해도 국제기구의 권한문제는 해당 국제기구 창설 조약, 즉 헌장의 해석문제로 간주했었다. 그러나 결과적으로 상설국제재판소는 헌장에 명백하지는 않지만 헌장에 대한 합리적인 확장해석을 통하여 ILO의 권한능력을 실질적으로는 헌장의 범위를 벗어나서 인정한 결론에 도달한 것이었다. 이처럼 ILO의 권한이 농업분야의 노동력 통제의 문제에까지 미칠 것인가의 문제에 대하여, 긍정하는 결론에 도달한 것은 결론적으로 국제기구가 헌장에 명백하지 않아도 그 권한을 암시적으로도 인정받음을 잘 보여주는 대표적인 사례였다.

제2항 국제기구 권한 이론의 전개

오늘날 국제기구의 권한의 문제가 헌장의 해석문제와 연관되어 있는 점을 부인하지는 않지만 그것이 단지 헌장의 해석문제로만 간주되지는 않는다. 국제기구는 법인격체라고 하는 특유한 성격으로 인하여, 어떤 자체 동력에 기인하여 앞서 본 바와 같은 다양한 권한을 갖는 것으로 인정되는 실체이다. 국제사법재판소(ICJ)는 말할 것도 없고 ILO 권한의 문제를 원칙적으로 헌장 해석의 문제로 해결했던 상설국제사법재판소도 국제기구의 권한의 문제를 매번 헌장의 해석문제로 해결할 수는 없고, 어떠한 보편적인 원리가 있다고 판단했다. 그것은 바로 국제기구의 그러한 권한은 어디에서 기초하는 것인가? 라고 하는 의문에 대한 해답으로, 그에 대한 이론적 근거로 말해지는 것이 첫 번째, 속성적 권한의 원리, 둘째, 내재적 권한의 원리 그리고 세 번째로 암시적 권한의 원리이다.

오늘날 국제기구의 권한은 헌장에만 바탕을 두어야 한다는 헌장 절대설의 입장은 찾아보기 어렵다. 이들 3가지 이론은 모두 국제기구의 권한은 헌장에 명시된 것 이상으로 인정될 수 있다는 점에서는 의견을 같이 한다. 다만 이들 이론들은 국제기구의 권한을 헌장을 벗어나서 인정한다고 하는 경우에 어떠한 방법으로 어떻게 인정할 것인가에 의견의 차이가 있는 것이다.

원래 일반 국제법적에서의 내재적(implied) 권한은 주권국가 권한의 특질이다. 반면에 속성적(attributed) 권한은 국제기구의 탄생 근거인 조약에 유보되어 있는 경우에 해당 국제기구의 권한의 기초로 이야기된다. 한편 국제기구 권한에 대한 위의 3가지 이론들은 상호 배척하는 관계는 아니다. 이들은 국제기구의 권한을 합리적인 범위 내에서 인정하기 위해서 상호 보완적으로 작용할 수도 있다. 이하에서 살펴본다.

Ⅰ. 속성적 권한의 원리(Doctrine of attributed powers)

1. 의 의

속성적 권한의 원리는 국제기구의 권한을 헌장 해석에 입각하되, 헌장을 벗어나서 인정하는 경우에도 국제기구의 내용적 속성에 기초하여 가급적 한정적으로 인정하는 입장이다. 그러므로 국제기구의 권한은 탄생 근거인 헌장에 기초하여 목적 달성을 위한 기능적 임무 수행과 관련한 일들인 경우에만 권한을 가진다고 본다. 속성적 권한의 원리는 특별 권한설(principle of speciality)이라고도 한다. 이 견해는 국제기구의 권한이 헌장의 기계적·문면적 해석만으로 한정되는 것은 아니라고 본다. 원칙적으로 헌장을 중심으로 하되 다만 헌장의 속성적 내용으로 보이는 범위까지는 권한이 될 수 있다는 견해이다. 그러므로 속성적 권한의 원리에 의하면 국제기구는 명시적인 헌장 규정에 바탕을 두는 한, 그 목적달성을 위해 필요한 고유한 권한을 어느 정도까지는 갖는다. 그 경우의 권한은 물론 명시적인 규정이 그를 제한하지 않는 한 그리고 그 국제기구의 속성에 반하지 않는 한은, 목적달성을 위해 최대한도(full extent)까지 인정된다고 본다. 그러나 속성적 권한의 원리를 다른 방향에서 보면 헌장을 벗어나서 국제기구 그 자체의 성격이나 특질에서 연유하는 권한은 가질 수 없다는 결론에 도달한다. 그러므로 속성적 권한의 원리는 역시 헌장 중심적인 견해로 국제기구의 권한을 협소하게 인정하는 결론에 이르게 된다. 상설국제사법재판소(PCIJ)는 위 ILO 사건 약 1년 반 후에 유럽공동체(EC)에 대해 다음과 같은 결정을 하였다.

"유럽공동체(EC)는 국가는 아니지만 특별한 목적을 가지고 탄생한 국제기구이다. 그러므로 그 목적을 충실히 달성하기 위한 명백한 법규(Definitive Statute)에 기초하여 부여받은 기능을 가지고 있다. 그러나 법규가 제한하지 않은 한 EC는 기구의 목적을 최대한도로 달성할 수 있는 다른 권한도 가졌다."

이 결정이 소위 국제기구의 속성적 권한이론의 단초를 제공한 것으로 간주된다. 그것은 국제기구는 기본적으로는 명백한 법규(definitive statute)에 기초하여 부여받은 기능을 가진다. 하지만 국제기구의 헌장 등 명백한 법규로서 제한하지 않는 경우에는 헌장의 속성적 내용이라고 볼 수 있는 한도에서는, 한정적이기는 하지만 국제기구에 부여된 임무수행과 관련한 권한을 보지(保持)한다고 본다. 그러므로 원칙적으로 그 권한에 제한이 있을 수 없는 주권국가의 경우와 달리 국제기구의 권한은 헌장 중심적으로 매우 제한적인 것이 된다.

2. 속성적 권한의 원리에 대한 비판

속성적 권한의 원리처럼 헌장 중심적인 속성적 권한만을 고집하면, 그렇다면 국제기구는 회원국들의 충실한 대변인이나 도구 이외에 아무것도 아니라는 비판이 제기된다. 이것은 국제기구는 결과적으로 헌장에 명시된 한도 내에서만 권한을 갖고 일을 하게 되므로, 회원국들만을 위하고 그들을 대변하는 단순한 기계장치에 지나지 않고, 객관적인 법인격체로서의 국제기구에 고유한 어떤 별도의 특질적인 의도나 국제기구 자신만의 별개의지(distinct will)를 전혀 고려하지 못한다는 비판이다. 그러나 국제기구 창설자는 절대로 미래를 모두 예측하여 포괄하지는 못한다. 또한 국제기구 헌장 초안 작성자는 가능한 모든 우발적인 사건이나 사태를 예견하고 헌장을 작성하지도 못한다. 게다가 국제질서의 다이내믹함은 국제기구를 창설당시에는 예측할 수 없는 다방면으로 이끌거나 유도할 수 있다. 더불어서 국제기구는 일정한 한도에서는 자체로 유연성을 가진 것으로 인정되어야 한다. 암시적 권한의 필요성이 대두되는 이유이다.

II. 암시적 권한의 원리(doctrine of implied power)

1. 의 의

암시적 권한의 원리는 함축적 권한의 원리라고도 한다. 이것은 국제기구의 목적 달성을 위한 헌장에 바탕을 둔 헌장 내용의 어떤 속성에 기초하지 않은 경우에도 따라서 헌장에 명시되지 않는 경우에도 국제기구의 목적과 기능에 비추어 일정한 한도의 권한이 인정된다는 견해이다. 속성적 권한의 원리가 국제기구의 권한을 헌장 규정을 근거로 한정적으로 인정하는 것에 반하여 암시적 권한의 원리는 헌장 규정에서 어느 정도 자유로운 비 제약적인 입장이라고 할 수 있다.

쉽게 말하면,헌장의 내용적 속성이라고 할 수는 없는 경우에도, 헌장이 암시한 것으로 보이는 것만으로 국제기구의 독자적인 권한을 인정할 수 있다는 견해인 것이다. 분명히 **"속성"**과 **"암시"** 그리고 후술하는 **"내재된 것으로의 추론"**은 설정범위가 다른 것이다. 하지만 원래 국제기구의 경우에 명시되지 않는 권한이 그 속성이라고도 볼 수 없는데 자유롭게 암시된다고 할 수는 더욱 없다. 그러므로 암시적인 권한이라고 해도 그것은 명시적인 권한에서 비로소 유래할 수 있을 뿐이다. 예를 들어 UN이나 NATO 같은 경우에는 병력을 동원하고 훈련하며 공격을 포함한 군사작전을 수행할 수 있는 권한, 즉 무력을 사용할 권한을 명시적으로 가지고 있다. 그러나 UN이나 NATO가 갖는 그러한 무력사용 권한은 유사한 임무를 수행하는 다른 국제기구의 경우에는 그 개별 국제기구의 헌장에 권한이 명시되어 있지 않음에도, 암시적으로 인정될 수 있는 성격의 권한이라고 할 수는 없다.

암시적 권한의 원리에 따르면 이처럼 명시적 그리고 외형적으로는 권한이 규정되어 있지 않는 경우에도 헌장에 명백히 인정된 목적 수행을 위해 필요한 권한은 인정되어야 한다고 본다. 이러한 암시적 권한이론의 당연한 결과로, 국제기구는 헌장에 명시되어 있지 않는 경우에도 그리고 헌장의 속성적 내용으로는 인정되기 어려운 경우에도, 임무 수행을 위해 필요한 한도에서는 암시에 따른 권한을 인정받을 수 있게 된다.

2. 암시적 권한의 인정 논리

사실 국제기구가 획기적으로 발전한 대표적인 이유 중의 하나가 암시적 권한의 원리에 기인한 바가 적지 않았다. 왜냐하면 암시적 권한의 논거에 이르러서 비로소 국제기구는 주권국가들의 창설의지와는 별개의 의지를 가진 어떤 객관적인 실체로서 인정받는 단초가 되기 때문이다. 원래 암시적 권한의 원리는 연방국가에서 중앙정부와 주정부 사이의 권한 배분의 권력투쟁(power struggles)에서 기인했다. 중앙정부는 주정부가 명시적으로 위임하지 않은 사무도, 궁극적으로는 주정부와 연방정부의 원활하고도 유기적인 협조를 통해 연방정부의 목적을 달성하기 위해 암시적으로 인정되어야 한다고 주장해왔다. 한편 국제기구로 하여금 목적 수행을 위한 암시적 권한 또는 함축적 권한을 인정하자는 논리에는 조약 유효성의 원리에 기인한 암시적 권한의 인정 방법과 임무수행의 객관적 필요성에 기인하여 암시적 권한을 인정하는 두 가지 방법이 있다.

3. 조약 유효성의 원리에 기인한 암시적 권한의 인정 방법

1) 의의와 추론

조약 유효성의 원리에 기인한 암시적 권한의 인정론은 국제조약 해석의 원칙인 조약은 원칙적으로 유효하게 해석되어야 한다는 유효성의 원리에 입각하여, 가급적 무효화나 무기력을 막기 위해서 해당 국제기구에 명시되지 않은 권한도 암시적으로 인정될 수 있다는 논리이다. 가급적 조약은 무력화되지 않고 유효화되도록 해야 한다는 소위 국제조약 유효성의 원칙에 입각한 암시적 권한의 원리는 이미 상설국제사법재판소의 1928년의 권고적 의견에서 언급되었다.

2) 구체적인 사례

가. 중재권한과 중재의뢰권한

1926년 12월 1일 체결된 그리스-터키 협정(Greco-Turkish Agreement)의 해석에서 상설국제사법재판소(PCIJ)는 암시적 권한 원리의 단초가 되는 의견을 제시했다. 그리스-터키 협정(Greco-Turkish Agreement)은 양국이 관여하는 복합위원회(Mixed Commission)를 창설했고, 임무 수행 중에 위원회가 합의에 이르지 못하는 사항은 중재에 맡기기로 했었다. 그런데 협정이 명확하지 않아서, 중재를 의뢰하는 주체는 누구인지가 명확하지 않았다. 중재를 의뢰할 수 있는 주체가 개별 국가 단독인지 또는 양 당사국 합동으로 해야 하는지 아니면 복합위원회 그 자체가 될 것인지에 대한 의문이 제기되었다. 이에 상설국제사법재판소(PCIJ)는 중재 의뢰권한이 조약에 명시되어 있지는 않지만, 자연적인 추론의 암시적 원리로 복합위원회에 귀속된다고 판단했다. 즉 국제기구는 헌장 규정이라는 명시적인 권한의 존재 속에서 나타나는 "중재권한"에 부수되는 "중재제기권한"은 당연히 암시적으로 인정될 것으로, 주체 인정의 불명확성 때문에 중재권한 자체까지 위태롭게 될 수는 없다는 추론에서 결론을 도출했던 것이다. 그러면서 상설국제사법재판소(PCIJ)는 명백하게 조약은 때때로 암시적인 조항(implied clauses)을 포함하기도 한다고 설명했다.[137]

나. 시장통제권과 가격결정권한

유럽 사법재판소(ECJ)의 유럽석탄철강공동체(European Community for Coal and Steel)의 헌장 해석사례도 있다. 원래 유럽석탄철강공동체 헌장에는 "시장통제권"에 대한 규정은 있었지만 석탄이나 철강과 같은 개별 품목에 대한 "가격 설정권한"을 규정한 조항은 찾아볼 수 없었다. 그 결과 유럽석탄철강공동체가 헌장에 명시되어 있지 않는 석탄과 철에 대한 고정가격을 부여할 수 있는 결정 권한이 있는지? 가 쟁점이 된 사건에서 유럽사법재판소(ECJ)도 유사한 추론을 했다. 청원인들은 유럽석탄철강공동체를 탄생시킨 조약 어디에도 그러한 권한을 명시하지 않고 있기 때문에, 석탄과 철에 대한 가격을 직접 결정할 권한은 존재하지 않는다고 주장했다. 그러나 법원은 조약 해석에 대한 국제법의 일반 원칙인 유효성의 원리에 입각하여, 공동체가 "시장을 규율할 수 있는 권한"을 인정한 헌장상의 명시적인 내용은 당연히 시장에서 가장 중요한 품목인 석탄과 철강에 대한 개별가격을 고정할 수 있는 권한도 가지고 있음을 암시한 것이라고 판결했다. 즉 공동체 집행부가 적절한 공급통제 등으로 석탄과 철강 시장

---

137) Permanent Court of International Justice Advisory Opinion № 16, Interpretation of the Greco-Turkish Agreement of December 1st, 1926. (Final Protocol, Article IV). August 28th, 1928, Fourteenth Session (Ordinary). 그리고 Publications of the Permanent Court of International Justice Series B - No. 16; Collection of Advisory Opinions, A.W. Sijthoff's Publishing Company, Leyden 참고

을 규율(power to regulate the market)할 수 있다는, 헌장상의 명시적인 권한에 비추어 보면, 공동체는 석탄과 철에 대한 고정가격을 결정할 수 있는 권한도 있다고 추론한 것이었다. 왜냐하면 유럽석탄철강공동체에게 가장 중요한 석탄과 철에 대한 가격 통제권을 인정하지 않으면 유럽석탄철강공동체의 시장 통제권(regulatory power)은 사실상 무의미한 것으로 무효화될 것이기 때문이라는 것이다.[138)]

4. 임무수행의 객관적 필요성에 기인한 암시적 권한의 인정

1) 의의와 추론

국제기구의 속성적 권한을 넘어선 암시적 권한론의 또 다른 논리는 국제기구의 암시적인 권한은 객관적인 관람자 또는 구경꾼(spectator)의 관점에서 인정될 수 있다는 것이다. 결국 해당 국제기구의 궁극적인 임무수행을 위한 필수적인 요청(essential to the performance of its duties)에 의한 권한은 불가피하게 인정된다는 논리이다. 물론 이 경우에 누가 그것이 국제기구의 임무수행에 수반되는 권한인지에 대한 객관적인 관람자를 결정하고, 그 결과 누가 판정자가 되는지에 대한 의문은 남게 된다. 최종 판단은 사법기관의 결정에 따르겠지만, 일반적으로는 합리적인 사람(reasonable person)의 관점에서 판단될 것이라고 본다.

2) 구체적 사례 - 분쟁해결권한과 행정재판소 설치권한

UN 총회(GA)가 구속력 있는 결정을 할 행정재판소(administrative tribunal)를 설치할 권한이 있는가? 라는 문제가 쟁점이 된 1954년의 직원보상사건(Awards of Compensation)이 국제기구 임무수행의 객관적 필요성에 기인한 암시적 권한을 인정한 대표적인 사례로 간주된다. 결론적으로 동 사건에서 국제사법재판소(ICJ)는 UN 헌장 규정 어디에도 없고 그것이 헌장 규정의 속성으로 인정될 것 같지 않음에도, UN 총회는 그 고유한 기능에 비추어 구속력 있는 행정재판소를 산하에 설치하는 것이 가능하다고 결정했다.[139)] 국제사법재판

138) Case 8/55, *F d ration Charbonni re de Belgique v. High Authority* (1954-6) ECR 292.

139) Effect of Awards of Compensation Made by the United Nations Administrative Tribunal (1954) ICJ Reports 47.

소는 UN 헌장에 규정된 임무수행을 위한 객관적 필요성의 진의 해석의 문제로 UN 총회(GA)의 행정재판소 설치권한을 긍정했던 것이다. 국제사법재판소 결정의 구체적인 추론은 다음과 같이 요약할 수 있다.

"UN은 국제사회의 모든 방면에서 자유와 정의를 신장할 권한과 의무가 있다. 그것은 UN 직원들의 경우도 동일하여 세계 정의를 실현하고자 하는 UN에서 근무하는 직원들의 경우에도 정의가 왜곡되어서는 안 된다. 그런데 UN 직원들은 자신들이 UN과의 관계에서 분쟁이 발생한 경우에는 UN은 외교적 면책특권을 갖기 때문에 특정국가의 사법체계에 UN을 상대로 법적 절차를 밟을 수는 없게 된다. 결국 UN으로부터 부당한 대우를 받은 UN 직원은 정의가 왜곡된 그들 문제를 어떤 국내법원에 제소할 수도 없는 불합리에 이르게 된다. 그러므로 그러한 문제를 다룰 행정재판소는 UN 기구와 직원들 사이의 정의(justice)를 실현할 명백한 필요성에서 기인하는 것으로 따라서 UN 총회(GA)는 설치 권한을 갖는다."

5. 속성적 권한론과 암시적 권한론의 조화

속성적 권한론과 암시적 권한론 양자 사이에 일정한 긴장관계가 있을 것임은 명백하다. 속성적 권한의 원리는 그 타당성이 궁극적으로 창설자의 명백한 의도(will)에 기초한다. 국제기구 창설자, 즉 창설 회원국들은 해당 국제기구에 일정한 권한을 부여하는 것은 필요하다고 생각하고 그러한 권한을 부여했던 것으로, 따라서 창설자들의 그러한 의지 또는 의도는 존중해 주어야 한다는 것이 속성적 권한의 이론이 기대는 논거이다. 결국 속성적 권한론은 국제공동체 관점보다는 주권국가의 입장을 고려한 이론이다.[140] 그러므로 명확하게 국제기구의 권한으로 규정되어 있지 않은 권한은 그것 또한 창설자의 의도인 것으로, 권한으로 명백하게 규정하지 않은 그러한 창설자의 의사는 오히려 존중되어져야 한다는 것이 속성적 권한론의 입장이다. 결국 국제기구의 권한은 헌장에 규정되어 있거나 속성적으로 인정되는 것으로 한정되고, 국제기구의 어떤 권한을 암시적인 추론으로 인정할 수는 없다는 결론에 도달하게 된다.[141] 그러나 속성적 권한 원리는

140) *Id*, p. 73.
141) *Id*, 소위 "What you see is what you get."이라는 결론에 도달한다.

내용 자체로 국제공동체(international community)의 이익보다 회원 주권국가의 입장만을 앞세운 것이라는 비판이 불가피하다.

여기에서 암시적 권한의 이론이 등장했던 것이다. 암시적 권한론자들은 국제기구 창설자들은 결코 모든 것을 예지할 만큼 전지전능하지 못함을 전제한다. 따라서 국제기구는 그 원활한 기능 수행을 위해서는 명시되지 않은 권한도 인정할 필요가 현실적으로 발생하는 것을 직시해야 한다고 역설한다. 따라서 국제기구는 기능 수행의 필요성(necessity)에 기초한 권한은 국제기구 창설 당시에 이미 암시된 것으로 볼 수 있다는 것이다. 더 나아가 그러한 암시는 국제기구의 원활한 임무수행을 도모하고자 하는 것으로서 창설자들의 의지(will)나 의도(intention)와 결코 배척되거나 무시하는 것도 아니라는 것이다. 현실적으로도 국제기구는 단지 회원국들의 대변인으로 그들만을 위한 존재가 아니라 국제공동체를 위해 역할 하는 그 객관적인 기능과 임무를 인정해야 하고 따라서 헌장에 명시되지 않은 권한이라고 해도 그것도 단순한 속성의 범위를 넘어서서, 필요하다면 암시된 권한으로까지 인정하는 것이 오히려 합리적이라고 주장한다. 그러면서 이러한 추론이야말로 오히려 해당 국제기구를 창설한 창설자들의 의도에 실질적으로 충실한 견해라고 할 것이다.[142)]

6. 암시적 권한 원리에 대한 평가와 비판

이상에서 살펴본 바와 같이 국제기구의 암시적 권한에 대한 사법부의 입장은, 헌장 규정이나 헌장 규정의 속성과 무관하게 해당 국제기구의 목적달성과 연결되어 있다면 그 필요성이 인정된다고 매우 포괄적으로 국제기구의 권한을 인정했다고 볼 수 있다. 이것은 앞서 본 속성적 권한의 원리가 회원국인 주권국가의 주권성이 우월하게 반영되어 국제기구의 권한은 속성이 아닌 한 인정되지 않는 원칙적으로 제한적 입장인 것에 대비된다. 그에 반해 암시적 권한의 원리는 개별 주권국가의 입장이 아니라 국제주의적 원리가 강조되어 **국제기구 그 자체의 입장**이 강조되어, 제약이 아닌 것이면 암시된 것을 바탕으로 권한을 확장하려는 원리라고 할 수 있다. 그러나 암시적 권한 원리는 소위 "암시"라고 하는 그 불명확한 개념 때문에 국제기구 창설자인 회원국들의 의사를 지나치게 도외시하고 "자의"나 "독단"에 이를 수 있다는 비판이 불가피하게 따를 수 있다. 대표적으로

142) Jan Klabbers., *op. cit.* p. 74.

니겔 화이트(Nigel White)는 암시적 권한의 이론(implied power doctrine)을 '엉터리 또는 위선(sham)'이라고 혹평하면서 암시적 근거를 찾는 것은 성가신 것이고 또한 결코 확정적으로 납득시킬 암시적 내용은 찾기 어렵다고도 주장했다.[143)]

Ⅲ. 고유한 내재적 권한(doctrine of Inherent Powers)의 원리

1. 개 관

내재적 권한의 원리는 너무나 엄격하고 한정적인 입장이라는 비난이 따르는 속성적 권한의 원리, 반면에 너무 관대하여 제한의 끝을 예상하기 어려워 오히려 혼란을 야기할 수 있다는 비판을 받는 암시적 권한의 원리의, 양 이론의 단점을 극복하기 위한 이론으로 국제기구 권한 인정의 근거로서 1960년대에 대두된 이론이다.[144)] 이 경우의 고유의 내재적 권한이라고 함은 해당 국제기구의 목적 달성을 위해 필요한 것으로 조직에 내재적으로 부여되었다고 볼 수 있는 권한만을 말한다. 국제기구의 권한은 헌장이나 헌장 속성에 비추어 한정적으로만 권한이 인정되는 것도 아니지만 또한 암시되었다는 이유만으로 헌장을 떠나 광범위하게 인정할 수는 없다고 본다. 그것은 가급적 국제기구 자체의 기능과 밀접한 연관이 있어서 객관적인 권한을 인정함이 자연스러운 내용들은 국제기구 고유의 권한으로 인정될 것이라는 견해이다. 그러므로 내재적 권한을 인정받기 위해 헌장상의 명시적인 규정이나 창설자의 명확한 의도가 필요하지는 않다는 결론에 도달한다.

2. 내재적 권한 이론의 경과

1960년대에 국제법 학자 핀 시예스테드(Finn Seyersted)는 자신의 국제기구 법인격 문제에 대한 소위 객관적 이론(objective theory)의 연장선에서 내재적 권한론을 제기했다. 동인은 국제기구는 일단 창설되면 헌장에 바탕을 둔 속성적이거나 헌장을 벗어난 암시적인 권한을 갖는 활동체가 아니라, 명백한 법적 조

---

143) Nigel White, "Constitutional Issues." The word "sham" appears in the article's abstract.
144) Jan Klabbers, *op, cit,* p. 75.

직체로서 소위 국제기구성(organizationhood)이라는 객관성을 바탕으로 임무 수행에 필요한 내재적 권한을 불가피하게 소유한다고 주장했다.[145] 그런데 1960년대 제기된 내재적 권한의 원리는 이론적으로 커다란 반향을 가져오지는 않았다. 그러다가 UN과 EC의 헌장 해석과 관련하여 새롭게 그 필요성과 중요성이 부각되었던 것이다. 예컨대 UN의 경우를 살펴보면 내재적 권한의 원리는 속성적 권한의 원리의 한정성을 극복하고 더불어서 암시적 권한의 원리의 불명확성으로 인한 문제해결의 어려움으로 인해 그 중요성과 필요성이 새롭게 대두되었다.

3. 내재적 관한 이론의 효용

내재적 권한 이론은 국제기구의 목적 달성을 위한 활동에 대한 것으로 헌장에 명시적으로 제한되지 않는 경우라는 한계가 있지만,[146] 다음과 같은 효용과 장점을 가진다.

첫째, 국제기구가 애매한 헌장 용어에 의한 장애를 받지 않고 헌장 조항을 초월하여 국제기구 자체의 객관적인 목적 수행에 매진할 수 있다.

둘째, 국제기구의 임무가 명확해짐으로 인해서 일정한 법인격체로 객관화된 국제기구에 대한 법적 통제를 용이하게 해준다.

셋째, 법적 통제의 용이함에도 불구하고 불필요한 사실적인 다수의 통제를 완화해 준다.

Ⅳ. 이론의 조화와 소결어

살아있는 생물체와 같은 국제기구에 대하여 헌장의 명시적인 규정만으로 모든 권리와 의무를 한정적으로 나열할 수는 사실 없다. 그러나 어떤 경우에도 국제기구의 권리와 의무를 포함한 능력범위는 헌장의 명시적인 규정 그리고 기능의 원활한 수행과 목적달성이라는 외연은 존중되어야 한다. 그러한 외연을 불명확한 암시로 초월할 수는 없고 기능적 통제는 수반되어야 할 것이다. 왜냐하면

---

145) Finn Seyersted, *Objective International Personality of International Organizations: Do Their Capacities Really Depend upon the Conventions Establishing Them?* (Copenhagen, 1963). p. 28.

146) Jan Klabbers, *op, cit,* p. 76.

해당 국제기구의 헌장은 탄생의 기초이자 존립의 근거로 모태이기 때문이다.

하지만 국제기구 권한의 이론적 근거로서의 속성적 권한의 원리, 암시적 권한의 원리 그리고 내재적 권한의 원리는 상호 배척적인 논리라고 할 수는 없다. 개별 이론들은 1990년대 들어 국제기구가 점증하고 세계적 역할이 막중해지면서, 눈부시게 발전하는 과정에 발맞추어 헌장의 해석문제와 함께 시차별로 대두되면서 서로의 발전에 바탕이 된 이론들이다.

처음에는 회원국가인 주권 국가 우월의 입장에서 국제기구는 그 속성에 비추어 헌장 규정에 근거해서만 한정적으로 권한을 인정하려는 입장 즉 "속성적 권한의 원리"가 대두되었으나, 연후에 다방면에 걸쳐 증대되는 역할에 비추어 확대되어 가는 국제기구의 독자적인 역할을 인정할 현실적인 필요성이 대두되었고 따라서 헌장에 명시되지 않았거나 국제기구의 속성만으로는 이해할 수 없는 일이라도 암시되고 합리적으로 기대되는 역할에 비추어 필요한 권한을 인정하는 "암시적 권한의 원리"가 대두되었다. 그러나 암시적 이론은 국제기구의 권한을 상당히 확대하는 데 이바지했지만 근본적으로 속성적 원리나, 암시적 원리의 양 이론은 여전히 국제기구를 회원국인 주권국가와 별개의 독립된 인격체의 관점에서가 아니라 헌장의 해석에 초점을 맞추어 그리하여 헌장을 창출한 회원국들이 통제가 가능한 국제기구상(象)을 고려한 이론이라는 한계가 있었다.

이러한 반성에서 어떤 면에서는 개별 주권국가보다도 훨씬 더 커다란 역할을 수행하는 국제기구 그 자체를 객관적인 법인격체로 전제하여 내재적인 고유의 권한을 인정하는 것이 더욱 합리적이라는 입장이 대두되었고 그것이 바로 국제기구의 권한 인정의 근거에 대한 오늘날의 다수설로 인정되는 **"내재적 권한의 이론"**이다. 결국 이상의 이론들은 오늘날 증대되는 국제기구의 권한 인정을 위해 모두 필요한 역할을 다한 합리적인 근거들이었다. 그러므로 명시되지 않아 불명확한 국제기구의 권한을 이해할 경우에 3가지 이론은 모두 차근차근 고려할 가치가 있는 이론들로 동일 평면에서 대비되어 따라서 배척관계를 형성하는 이론이라고 할 수는 없다.

제3항 국제기구의 기능과 한계

I. 국제기구의 기능

국제사회의 불가결한 요청에 따른 합의의 산물인 국제기구는 다양한 권한을 가지면서 국제사회에서 헌장에 규정된 목적 달성을 위한 여러 가지 기능을 수행한다. 국제기구는 헌장 임무수행이라는 기능 이외에도 유기적인 창조물로서 국제 사회의 정치·경제·사회·문화의 제반 영역에서 다음과 같은 기능을 수행한다.

1. 정보기능(Informational function)

국제기구는 다수 회원국과 준 회원국, 옵서버 그리고 유관 NGO들의 집합체로서 1개 회원국의 힘(power)으로는 획득할 수 없는 국제사회의 다양한 정보를 수집하고 교류하는 기능을 수행한다. 오늘날 환경과 인권 그리고 금융 국제기구의 다양한 조기경보 기능은 정확한 사전 정보 없이는 어려운 일로서 국제기구는 해당 영역에서 글로벌 정보수집과 전파의 중추적 역할을 수행한다.

2. 규범 창출 기능(Norm and rule - creating function)

국제기구는 국제법의 또 다른 영역을 형성하는 규범이나 규칙의 부단한 생산창고로 기능한다. 특히 중앙집권의 세계정부가 존재하지 않는 분권화된 국제사회에서 현재까지 얼마 되지 않는 국제법만으로는 다양한 글로벌 문제에 대한 접근에 규범적 정당성을 지원하기에는 역부족인 경우가 적지 않다. 이 경우에 국제기구는 해당 영역에서 회원국들과의 합의를 거쳐 필요한 국제 규범이나 규칙을 창출하고 이것은 또한 국제법의 발전에 기여하게 된다.

3. 규칙 감시 기능(rule-supervisory function)

국제기구는 기능적인 업무 수행의 불가피한 속성으로 규칙의 준수 여부를 확인하게 된다. 더 나아가서 다수 회원국의 집합체인 국제기구는 기존 국제질서를 위반하는 사례에 대해서는 제재까지 발동함으로써 규칙의 규범력을 확보해 주는 기능도 수행하게 된다.

4. 토론의 장(forum) 형성 기능

국제기구는 헌장 목적범위 내의 문제에 대해 주권국가들이 그들의 이익과 우려를 표명하고 공통 이익을 집약하여 도출하는 합법적 토론의 장을 제공함으로써 국제문제의 생산적 해결을 도모하는 기능을 수행한다. 이러한 토론의 장에서 형성된 의견이 총회와 같은 전권기구에서 정식 의제로 채택되어 토론에 참가하지 않은 회원국들에게도 구속력을 미칠 수 있는 결의안을 도출할 수도 있다. 그러한 결의안은 또한 국제사회의 새로운 규범으로 기능하게 된다. 그러므로 국제기구의 토론의 장으로서의 기능은 세계 정부가 없는 국제사회에서 집단적 정당성(collective legitimacy)을 추구할 수 있는 교섭의 장으로 국제기구가 사회화의 역할을 담당함에 있어 불가결한 요건이 된다.[147]

II. 국제기구의 한계

그러나 한편 글로벌 국제문제에 해결에 국제기구가 만능적 역할을 수행할 것으로 보고 낙관하거나 기대해서는 안 된다. 이미 갈라로티(Gallarotti, Giulio M)가 적절히 지적한 바와 같이, 제대로 관리되지 않은 국제기구가 국제사회에서 오히려 해가 될 수 있는 것처럼, 국제기구의 과도함 역시 해를 미칠 수 있음도 유념해야 한다.[148] 전통적으로 국제사회에 대한 관계에 있어서 국제기구의 다중 관리에 대해서는 낙관론이 대부분이었다. 그러나 가장 크게는 국제연맹을 비롯하여 적지 않은 국제기구의 실패는 국제기구 운용에 대한 실패의 우려와 위험성도 제기했다. 이러한 경향을 사회학적으로 분석하여 갈라로티는 국제기구가 실패할 수 있는 다음과 같은 4가지 유형을 분석했다.

첫째, 국제기구가 복잡하고 엄격한 이중 관리 체계를 구축하는 경우
(when it attempts to manage complex, tightly couples systems)
둘째, 국제기구가 일시적인 대체수단으로 채택되었을 때

147) 상세는 박재영, *op. cit.* pp. 409-422. 참조

148) Gallarotti, Giulio M, "The limits of international organization: systematic failure in the management of international relations," International Organization, Vol. 45. No. 2 (Spring 1991), pp. 183-220.

(when it serves as a substitute for more substantive and long-term resolutions to international problems)

셋째, 국제기구가 국제분쟁을 심화시킬 때

(when it intensifies international disputes)

넷째, 국제기구가 도덕적 해이를 야기할 때

(when it generates moral hazard).

이러한 국제 사회학적 문제 이외에도 국제기구가 권한 범위 내의 임무와 관련된 사태에 대해서도 적절한 해결책을 제시하는 등으로 성공하지 못하고 실망감을 주는 대부분의 경우는 후술하는 국제기구의 제한된 재정문제와 회원국의 정치적 이해계산인 경우가 적지 않다. 특히 2009년 4월 5일 북한의 장거리 로켓 발사 문제에 대한 UN 안전보장이사회의 지지부진한 논의는 특히 상임이사국의 정치적 계산에 따라서 의제 자체의 합의에도 이르지 못하는 모습을 보여주어, 세계 평화와 안전을 담당하는 주무기구인 안전보장이사회의 무기력을 드러내고 따라서 UN의 한계를 나타내는 사건이라는 비판이 따르기도 했다.[149]

제4항 국제기구 상호간의 관계

I. 서 언

국제사회의 다양한 방면에서 국제기구의 수가 증가하면서 국제기구들 상호간의 영향도 늘어나고 있다. 이러한 국제기구 상호간의 영향은 해당 국제기구에 영향을 미칠 뿐만 아니라 주권국가의 행동과 국제관계에 다양한 영향을 미친다. 국제기구의 숫자가 증가하면서 유사 임무를 수행하는 기구 상호간에는 보완적 협력이 이루어지기도 하고 때로 경쟁과 경합관계가 발생하기도 한다. 국제기구들 사이의 이러한 보완과 협조 그리고 경쟁과 갈등이 국제정치에 미치는 영향을 소위 **'국제기구 사이의 정치(inter-organizational politics)'**라고 한다.[150] 국

149) 아시아 투데이(Asia Today), 안보리 '결의안'-'성명' 줄다리기 - '북 발사 1718호 위반 여부' 최대 쟁점, http://www.asiatoday.co.kr/news/view.asp?seq=230623.

150) Mark Kessler, *The Interorganizational Politics of Legal Activit*, Law & Social Inquiry,(2006.

제기구에 대한 정확한 이해를 위해서는 국제기구 사이의 상호관계에 대한 이해도 중요한 일 가운데 하나이다. 아래에서는 오늘날 국제기구의 가장 중요한 중심축을 형성하는 UN을 중심으로 국제기구 상호관계의 문제를 검토한다.

II. UN과 전문기구의 관계

1. UN 전문기구의 의의와 UN 헌장 규정

UN 전문기구는 국제사회의 특정한 이슈를 담당하기 위해 창설된 국제기구 가운데에서 UN의 경제적·사회적 그리고 국제협력의 목적을 달성하기 위해서 UN과 협정을 체결하여 제휴관계를 가진 국제조직이다. 현재 UN은 UN을 대신하여 다양한 임무를 수행하는 15개 전문기구를 가지고 있다.[151] UN은 UN과는 별도로 정부간 협정에 의하여 설치되고 경제·사회·문화·교육·보건 분야 및 관련분야에 있어서 동 조직의 헌장에 정한대로 광범위한 국제적 책임을 지는 각종 전문기구의 존재를 설정하고 있다. ILO처럼 어떤 UN 전문기구는 UN보다 먼저 창설되기도 했다. UN은 이들 개별적인 영역에서의 특수임무를 위해 창설된 독자적인 법인격을 갖는 국제기구들과 제휴관계를 설정하도록 했다. UN과 제휴관계를 맺은 이들 국제기구를 UN 전문기구(specialized agencies) 라고 한다(UN 헌장 제57조). 구체적인 협정과 관련해서는 경제사회이사회가 총회의 승인을 받아 UN과 제휴관계를 설정하는 조건을 규정하는 협정을 체결하게 된다.

2. 전문기구의 위상과 관계의 성격

UN과 전문기구의 법적 관계에 대해서는 여러 가지 견해가 있다. 원칙적으로 상호간에 평등한 제휴관계라는 주장에서부터, 전문기구는 일정한 범위 내에서

7.28) Volume 11 Issue 1, pp. 1 – 30.

151) 2009년을 기준으로 15개 UN 전문기구는 다음과 같다. 1. FAO(Food and Agriculture Organization of the UN), 2. ICAO(International Civil Aviation Organization), 3. IFAD (International Fund for Agricultural Development), 4. ILO(International Labour Organization), 5. IMF(International Monetary Fund), 6. IMO(International Maritime Organization), 7. ITU(International Telecommunication Union), 8. UNESCO(UN Educational, Scientific and Cultural Organization), 9. UNIDO(UN Industrial Development Organization), 10. UPU(Universal Postal Union), 11. WHO(World Health Organization), 12. WIPO(World Intellectual Property Organization), 13. World Bank Group, 14. WMO(World Meteorological Organization), 15. WTO(World Tourism Organization).

UN 총회와 경제사회이사회의 통제에 복종한다든가, 전문기구의 행동은 최종적으로는 UN에서 다수의 의사에 통제된다는 견해도 있다. 또한 전문기구는 UN에 대해서 종속(subordination)이 아니라 제휴(coordination)관계에 있다는 견해도 있고 전문기구는 UN의 감독을 받는다고 보는 견해도 있다. 이처럼 UN과 전문기구 사이의 법적 관계에 대해서는 여러 가지 의견이 있지만, IMF나 IBRD처럼 거의 독자성을 구가하는 등으로 실제 현상적인 모습은 별도의 문제로 하고 UN과 전문기구의 탄생 근거인 UN 헌정 규정의 해석에 의하는 한 UN과 UN 전문기구와의 관계는 **계약적 제휴관계**라고 할 것이다.

사실 UN 헌장은 UN과 전문기구의 관계를 매우 느슨하게 규정하고 있다. UN은 전문기구와 제휴관계 협정을 통해서 국제사회의 공동 임무를 완수함을 추구하고 있다. 그것은 양자의 관계가 계약관계임을 말해 준다. 바꾸어 말하면 명백하게 상하관계를 보였던 국제연맹(LN)과 국제연맹 전문기구의 관계와 달리 UN은 전문기구의 독자성을 존중하면서 다만 한 차원 높은 단계에서 UN이 조정자로서의 임무를 수행하고자 하는 것이다. 한편 국제법적으로도 이들 UN 전문기구들은 주요기관의 보조기관(subsidiary agencies)과 달리 독립된 헌장 체제와 예산과 인력을 운영하며 독자적인 법인격 주체로서 자율성을 확보하고 있다.

3. 제휴협정에 의한 관계의 구체화

UN 헌장 규정에 따라서 UN과 전문기구는 제휴협정에 의해서 비로소 그 관계가 설정된다. 1946년 12월 14일 가장 먼저 국제노동기구(ILO)와의 제휴협정을 시작으로 15개 전문기구들은 UN 헌장의 요청대로 경제사회이사회(ECOSOC)와 제휴협정을 체결했다. 사실 전문기구로서는 제한된 수의 회원국으로 인해 임무수행에 한계가 있을 수 있고, 충분한 재정을 확보하는 것이 쉽지 않았던 현실적인 문제로 인해서, UN이라고 하는 보편적인 국제기구가 가질 수 있는 든든한 영향력이 필요하기도 했다. UN과 전문기구의 제휴협정은 상호성의 원칙(principle of reciprocity)에 입각하고 특정목적 수행에 필요한 일련의 특권과 의무를 상호 인정하고 있다. 또한 경쟁적이거나 중첩되는 기구의 설립과 운영을 피하는 것이 바람직하다는 공통의 인식을 전제로 하고 있다.

4. UN에 의한 조종활동

UN은 전문기구의 정책과 활동을 조정하기 위해 권고할 권한이 있다(UN 헌장 제58조). 또한 UN의 주요기구로 UN 전문기구에 대한 주무기구인 경제사회이사회(ECOSOC)는 경제·사회·문화·교육·보건 분야 및 관련 국제사항에 대해 UN 전문기구에 권고할 수 있다(UN 헌장 제62조). 이처럼 UN은 전문기구와의 협의, 전문기구에 대한 권고 등을 통하여 UN 전문기구의 활동을 조종한다. 또한 UN 총회는 전문기구의 행정예산(administrative budgets)에 대해 감독 권한을 갖는다. 구체적으로 UN 총회는 전문기구의 재정약정(financial arrangements)과 예산약정(budgetary arrangements)을 심의하고 승인하며 검사할 수 있다. 현실적으로 전문기구에 대한 조종은 총회와 경제사회이사회는 물론이고 사무국에 의해서도 이루어진다. 구체적으로 살펴보면 UN 총회 행정·예산문제자문위원회(Advisory Committee on Administrative and Budgetary Question: ACABQ)와 합동감사단(Joint Inspection Unit : JIU), 경제사회이사회의 계획조종위원회(Committee for Programme and Coordination : CPC), UN 사무국 행정조종위원회(Administrative Committee on Coordination)가 UN 전문기구에 대한 조종역할을 수행한다.

III. UN과 지역기구의 관계

1. 서 언

전술한 바와 같이 지역기구는 폐쇄적 국제기구로서 지리적 여건으로 가입 회원국이 한정되는 국제조직이다. 대표적인 지역기구로 아랍국가연맹(League of Arab State s: LAS), 미주기구(OAS), 유럽연합(EU), 북대서양조약기구(NATO), 동남아국가연합(ASEAN) 등이 있다. UN은 이들 지역기구와 UN의 관계를 헌장에 명정함으로써 국제사회에서의 활동에 있어서 중복과 불필요한 경쟁을 회피하고 협조와 지원관계를 구축하고, 필요하다면 서로의 보완된 역량으로 국제사회의 쉽지 않은 문제를 해결하려고 한다.

오늘날 국제사회의 다양한 문제는 UN과 같은 보편적 국제기구의 출현에도 불구하고 지역기구의 탄생을 불가피하게 요청한다. 그러한 현상을 인정하면서도 원래 UN 출범 초기에 미국은 보편주의(universalism)의 입장에서 지역기구에 대한 UN의 우월성을 명백히 하려고 했다. 그러나 중남미 국가들과 아프리카 국가들은 지역의 자율성을 강조하며 지역주의(regionalism)를 강조했고 결국 UN 헌장은 보편주의와 지역주의의 견해를 조화하는 타협의 묘를 발휘했다.

2. UN 헌장 규정

UN과 지역기구의 관계는 UN 헌장 제8장에 규정되어 있다. UN 헌장은 지역기구가 UN의 목적과 원칙에 일치하는 것을 조건으로 국제평화와 안전의 유지에 관한 사항으로서 지역적 조치에 적합한 사항을 처리하기 위하여 지역적 약정 또는 지역적 기관이 존재하는 것을 배제하지 아니함을 명백히 선언하고 있다(제52조 제1항). 그러나 지역기구는 안전보장이사회의 허가 없이는 어떠한 강제조치를 독자적으로 취할 수는 없음을 명백히 함으로써 국제평화와 안전에 대해 UN을 중심으로 한 통일된 행동이 취해져야 함을 또한 명확히 하였다(제53조 제1항 단서). 한편 회원국들은 지역적 분쟁을 안전보장이사회에 회부하기 전에 지역적 약정 또는 지역적 기관에 의하여 그 분쟁의 평화적 해결을 성취하기 위한 노력을 다하고(동조 제2항), 안전보장이사회는 관계국가의 발의에 의하거나 안전보장이사회의 회부에 의하여 그러한 지역적 약정 또는 지역적 기관에 의한 지역 분쟁의 평화적 해결의 발달을 장려한다(동조 제3항).

한편 안전보장이사회는 그 권위 하에서 취해지는 강제조치를 위하여 적절한 경우에는 그러한 지역적 약정 또는 지역적 기관을 이용한다(제53조 제1항). 그리고 안전보장이사회는 국제평화와 안전의 유지를 위하여 지역적 약정 또는 지역적 기관에 의하여 착수되었거나 또는 계획되고 있는 활동에 대하여 항상 충분히 통보받는다(제54조). 이처럼 UN과 지역기구는 세계평화와 안전을 위협하는 분쟁에 대한 무력사용을 위해 상호 필요한 관계를 형성할 뿐 아니라 평화적 해결을 위해서도 지역기구 또는 지역적 약정을 활용할 수 있음도 물론이다(제33조).

3. 현실적 협조

1991년 1월 31일 UN 사무총장은 평화를 위한 제안에서 지역기구의 중요한 역할을 강조하면서 다음과 같이 말했다. “안전보장이사회는 UN 헌장에 기초하여 변함없이 세계 평화와 안전에 대한 임무를 수행할 것이다. 그러나 지역적 활동은 중앙 집중화되지 않은 자발적 협조이고 UN에의 대표파견이나 협조에 의한 지원은 안전보장이사회의 부담을 덜어 줄 뿐만 아니라, 국제문제에 대한 자발적 참여와 민주적 참가를 보여주는 길이 될 것이다. 그러므로 또한 안전보장이사회도 해당 지역에서의 분쟁에 대해서는 먼저 지역기구에 의한 해결 방책을 선택해야 할 것이다."[152] 한편 지역기구의 UN에의 구체적인 협조는 다음과 같은 방법으로 이루어진다.[153]

① 자문 또는 상담(Consultation)

자문의 목적은 UN과 지역기구가 진행 중인 분쟁에 대한 서로간의 전망 의견을 교환하는 것으로 지역기구는 지속적으로 관련 보고서를 UN에 제출하고 특히 UN 사무총장은 지역기구 책임자와 정기적인 회합을 가지면서 의견을 교환한다.

② 외교적 지원(Diplomatic Support)

지역기구는 예컨대 그 지역에 주둔하여 활동하는 UN 평화유지군에게 해당 지역에서 필요한 제반 외교적 지원을 제공한다. 예컨대 미주기구(OAS), 아랍국가연맹(League of Arab States : LAS), 이슬람국제기구(Organization of the Islamic Conference : OIC)들은 UN 평화유지군의 소말리아에서의 활동에 제반 외교적 지원을 다해 주었다.

③ 작전지원(Operational Support)

작전 지원은 UN 평화유지군의 실제 군사행동을 지역기구가 간접 후방 지원하는 것이다. 예컨대 유고 사태에서의 NATO 군의 UN 평화수호군(United Nations Protection Force : UNPROFOR) 지원이 대표적이다.

---

152) A/47/277-S/24111, paras 63-65.

153) COOPERATION BETWEEN THE UNITED NATIONS AND REGIONAL ORGANIZATIONS /ARRANGEMENTS IN A PEACEKEEPING ENVIRONMENT : *Suggested Principles And Mechanisms*, (March 1999), Department of Peacekeeping Operations United Nations, pp. 7-8.

④ 공동작전 수행(Co-deployment)

지역 기구가 UN과 함께 평화수호 작전을 공동 책임으로 직접 수행하는 것이다. 공동작전은 군사작전 이외에 경찰력에 의한 치안유지활동에도 적용된다. 또한 UN은 인권 침해에 대한 모니터링을 지역기구와 함께 수행하기도 한다. 그동안 시에라리온(Sierra Leon), 라이베리아(Liberia), 보스니아(Bosnia), 헤르체고비나(Hercegovina) 등 수많은 세계 분쟁지역에서 UN과 지역기구의 공동과업 수행이 있어 왔다.

⑤ 합동임무수행(Joint Operations)

예컨대 아이티(Haiti) 공화국에서 UN과 미구기구(OAS)는 직원과 재정문제 그리고 전략적 아이디어의 공유처럼 제반 분야에서 아이티 공화국의 인권상황을 공동 점검하는 국제 민간 아이티 지원(International Civilian Mission in Haiti) 임무를 합동으로 수행했다. UN과 지역기구의 이러한 공동과업수행은 정확한 영향 평가와 함께 향후에도 지속되어야 할 과제이다.

4. UN과 지역기구의 관계의 확장필요성

현행 UN 헌장 규정상으로는 지역기구와 UN의 관계는 국제평화와 안전의 유지, 즉 주로 분쟁해결과 평화유지 활동에 국한되어 있다. 그러므로 경제적·사회적·문화적 그리고 환경·보건 같은 또 다른 중요한 문제에 대해 UN은 지역기구와의 연결통로를 구축하지 못하고 있다. 또한 UN과 지역기구의 관계에서는 일반적인 UN 헌장 제8장의 규정 이외에 달리 앞서 본 UN과 전문기구의 관계에서 보았던 제휴협정 체결은 헌장에 예정되어 있지 않다.

그러나 오늘날 유럽연합(EU)의 팽창적 확대에서 알 수 있는 바와 같이 지역기구는 경제·사회·문화 예술의 다방면에 걸쳐 중요성을 더하고 그것은 결국 어떤 형태로든지 세계평화와 인류의 안전에 연결될 수밖에 없다. UN과 지역기구의 명백한 관계설정은 지역기구의 발전을 위해서도 그리고 전 세계기구로서의 UN의 지속적인 권위확보를 위해서도 매우 중요한 일로서 UN과 지역기구의 공동 협조는 현재에도 부단히 진행 중이다. 그를 위해 UN과 지역기구의 정기적 회합과 의견교환 그리고 효율성과 신뢰성에 대한 주기적인 평가가 수반되어 지속적으로 공존적 발전을 도모하도록 해야 할 것이다.

제5장 국제기구 회원자격(membership)

제1항 서 언

국제기구의 회원 자격과 관련된 쟁점에는 여러 가지가 있다. 그 중에서도 국제기구에의 가입자격 문제, 회원의 권한 정지문제, 회원 자격 종료문제, 회원 자격 승계문제가 중요한 쟁점이다. 이러한 쟁점들은 거의 모든 국제기구에서 발생할 수 있는 문제들이다. 그런데 이러한 쟁점에 대하여 모든 국제기구에 두루 적용할 수 있는 보편적인 기준을 천착하는 것은 결코 쉬운 문제가 아니다. 오히려 개별 국제기구의 실천적인 경험이 국제기구 회원 쟁점에 대하여 좋은 시사점을 주는 경우가 적지 않다. 이 같은 국제기구의 회원자격과 관련된 쟁점은 기본적으로 국제기구의 창설 헌장 규정과 개별 국제기구의 관행에 달려있다. 대개 국제기구의 헌장은 어떤 자격을 가진 누가, 어떤 조건으로 그리고 어떠한 절차에 따라서 해당 국제기구에 가입할 수 있는지를 규정하고 있는 것이 일반적이다. 아래에서 국제기구 회원자격 쟁점을 이론적 측면과 실제 사례를 통해서 살펴본다.

제2항 국제기구 회원자격의 분류

I. 회원자격 시점에 따른 분류

국제기구의 회원은 가장 간단하게 회원이 된 시점을 기준으로 구분할 수 있다. 창립멤버(original members)와 후속 멤버로 분류하는 것이다.

1. 창립회원

국제기구를 최초로 창설한 회원이다. 창립회원은 법률적으로는 특정한 목적을 가진 국제기구의 창설에 동의하여 해당 국제기구의 헌장이 공식적으로 발효되기 전에 이미 국제기구의 목적과 수행 조건에 기속될 의사를 표명한 시원적

(始原的) 가맹국들이다. **창설회원(founder members)**이라고도 한다. 창립회원들은 헌장을 작성하며 해당 국제기구를 창설한 자들로 아무런 조건 없이 자동으로 회원자격을 취득한다.[154] 창립회원은 누구로부터의 입회심사 없이 해당 헌장을 비준하고 서명하는 것만으로 해당 국제기구의 회원자격을 원초적으로 취득하게 된다. UN 헌장 제3조는 UN의 창립회원으로 UN 헌장의 작성에 참여하여 서명하고 비준한 국가와 1942년 1월의 UN 창설 선포에 서명한 국가 그리고 추후에 UN 헌장에 서명하고 비준한 국가라고 규정하고 있다.[155]

2. 후속회원

국제기구가 탄생한 연후에 해당 국제기구의 설립 취지에 공감하여 헌장의 목적을 순수하게 따를 것을 다짐하고, 헌장에 규정된 절차에 따라 심사를 거쳐 가입한 회원을 말한다. **가입회원 또는 정상회원(normal members)**이라고도 한다. 일단 국제기구가 탄생하고 난 연후에는 해당 국제기구가 아무리 개방형 성격의 국제기구라고 하는 경우에도, 자격을 갖춘 회원 지망국은 해당 국제기구의 하나 또는 그 이상 기관의 심사를 거쳐 입회를 허락받게 된다. 역사적으로 1848년과 1947년 사이에 만국우편연합(Universal Postal Union)의 경우에는 단순하게 지지(adherence)하는 것만으로 회원자격을 획득하게 한 경우도 있었다.[156] 한편 창설회원인 경우에도 일단 탈퇴한 연후에 다시 회원이 되려면, 재입회 신청을 하여 절차에 따른 심사를 거쳐 후속회원이 된다. 후술하는 바와 같이 ILO의 창설회원이었던 미국이 탈퇴하였다가 추후에 다시 회원자격을 신청하여 입회한

---

154) C. F. Amerasinghe, *op, cit*, p. 105.

155) 후속회원과 오해할 수 있는 UN 헌장 제3조 창립회원의 마지막 조건은 사실상 UN의 창설회원이면서도 샌프란시스코에서의 UN 헌장 교섭회담에 참석하지 못한 폴란드(Poland)를 배려한 조건이다. Jan Klabbers, *op cit*, p. 104. 유엔헌장 제3조의 창립회원에 대한 규정 원문은 다음과 같다. Article 3 : The original Members of the United Nations shall be the states which, having participated in the United Nations Conference on International Organization at San Francisco, or having previously signed the Declaration by United Nations of 1 January 1942, sign the present Charter and ratify it in accordance with Article 110.

156) Coding, The Universal Postal Union (1964) p. 80. 만국우편연합(UPU)의 최초 조약은 행정합의에 의해 회원이 되도록 했었다. 그 후 1878년 총회는 본부가 있는 스위스 정부에 가입에 대한 일방적인 단독 선언과 통지(unilateral declaration and communication)로 회원이 될 수 있다고 결정했다. 그러나 이러한 일방통지 회원제도는 1947년의 파리회의에서 개정되어 오직 주권국가만이 회원자격을 신청할 수 있고 스위스 정부의 심사를 거쳐 최종 승인은 모든 회원국의 2/3의 다수결에 따르게 하였다. The Universal Postal Union (UPU) Membership, *available at*, http://www.nationsencyclopedia.com/United-Nations-Related-Agencies/The-Universal-Postal-Union-UPU-MEMBERSHIP.html.

전례가 있다. 영국과 독일의 UNESCO에의 재입회 사례도 있었다.157)

3. 비 고

창립회원과 후속회원은 국제기구의 창설에의 공헌 등 회원자격에 현실적인 차이가 있음에도 불구하고, 국제기구법적 측면에서 양자 사이에 권리와 의무에 특별한 구별이 있는 것은 아니다. 법률적으로 가장 중요한 차이점은 창립회원은 가입신청을 할 필요가 없다는 점이다. 창립회원은 경우에 따라서 엄격한 심사를 거칠지도 모르는 가입절차에서 배제된다. 그러나 후속회원은 어떤 경우에도 헌장의 가입절차를 밟아야 하고 필요한 심사도 거치게 된다. 한편 창립회원은 후속회원은 갖지 않는 해당 국제기구가 정식출범하기까지 신의성실의 원칙에 입각하여 해당 국제기구의 출범을 저해하거나 그 목적에 배치되는 행동을 하지 않을 후속회원은 갖지 않는 특수한 의무를 부담한다.

II. 권리의 범위에 따른 분류

국제기구 회원자격에 대해서는 UN을 비롯한 개별 국제기구들이 각자 고유한 규정과 관행을 가지고 있다. 원래 국제기구는 헌장에 규정된 모든 권리와 의무를 갖는 한 가지 종류의 회원권을 예상하는 것이 보편적이지만, 실제의 운영과 국제사회의 현실에 따라서 권리의 행사 범위가 서로 상이한 몇 가지를 회원 종류로 분류될 수 있다. 대표적으로 정상회원(normal membership), 준회원(associate membership), 부분회원(partial membership) 그리고 옵서버로 분류할 수 있다.

1. 정상회원

창립회원이건 후속회원이건 회원자격을 획득한 시기와 절차에 무관하게 해당 국제기구의 정식회원으로 헌장에 규정된 모든 권리와 의무를 가지는 정상적인 보통의 회원을 말한다.158)

---

157) C. F. Amerasinghe, *op, cit*, p. 106.

158) 예컨대 IMF는 정상회원의 자격을 다음과 같이 규정하고 있다. Article II - Membership Section 1. Original members: The original members of the Fund shall be those of the countries represented at the United Nations Monetary and Financial Conference whose governments accept membership before December 31, 1945.

2. 준회원(associate membership)

국제기구 헌장이 규정한 모든 권한이 아닌 몇 가지 한정된 권한만을 가진 회원을 말한다. 준회원은 보통 일정한 기간이 경과되면 모든 권한을 가진 정상회원이 될 것으로 예상되는 지위의 회원이다. 준회원이 정상회원에 비하여 제한되는 대표적인 권한은 투표권이다. 다음과 같은 구체적인 사례가 있다. UN의 경우에 1960년대 말과 1970년대 초반에 국제사회에 다수의 신생 주권국가가 탄생했다. 이들 신생국가들 대부분이 UN에 회원 가입신청을 했다. 그러나 미국은 이들 소위 미니 국가(mini-states, 또는 micro-states)의 UN 가입신청에 대해 투표권 등을 제한한 "준회원" 자격만을 부여하자고 제안했다. 반면에 영국은 투표권을 포함한 일정한 권리는 포기하는 "조건부 정상회원" 지위를 주자고 제안했다.[159] 미국과 영국의 제안은 UN 총회에서 모두 거부되었다. 미국과 영국의 그러한 제안의 내용이 국제기구의 준회원 지위의 속성이라고 할 수 있다. 한편 국제기구에 따라서는 원활한 임무수행을 위하여 특정한 필요지역(territories)이나 어떤 단체(entities)에게 준회원 자격을 부여하기도 한다.[160] 또한 UN의 경우를 보면 창설멤버였음에도 비독립국가인 경우에는 투표권이 없는 준회원 자격을 부여한 경우도 적지 않았다.

3. 부분회원(partial membership)

어떤 국제기구에 있어서 모(母) 기구의 회원은 아니지만, 산하기관(organ)에서는 회원 지위를 부여받은 경우의 회원이다. 예컨대 영구 중립 국가를 표방하

Section 2. Other members: Membership shall be open to other countries at such times and in accordance with such terms as may be prescribed by the Board of Governors. ……
이 경우에 1항의 창설멤버나 2항의 후속멤버가 모두 IMF의 정상회원이 된다.

159) Stephen M. Schwebel, *"Mini-states and a More Effective United Nations,"* International Law (Cambridge, 1994), pp. 326-336.

160) 예컨대 국제연합식량농업기구(FAO), Article II Membership and Associate Membership : "3. ....**any regional economic integration organization** meeting the criteria set out in paragraph 4 of this Article, which has submitted an application for membership and a declaration made in a formal instrument that it will accept the obligations of the Constitution as in force at the time of admission.
또한 세계보건기구(WHO)헌장 제8조 : "**Territories or groups of territories** which are not responsible for the conduct of their international relations may be admitted as Associate Members by the Health Assembly .... The nature and extent of the rights and obligations of Associate Members shall be determined by the Health Assembly."

는 스위스(Switzerland)는 2002년 9월 10일까지 UN 회원국은 아니었다. 그러나 스위스는 UN 산하의 주요 기관인 경제사회이사회(ECOSOC)의 멤버였다. 또한 또 다른 UN의 주요기관인 국제사법재판소(ICJ)의 당사자이기도 하였다. 한편 스위스는 모 기구인 UN에는 옵서버 자격을 부여받았었다.

4. 옵서버(Observer) - 방청자

국제기구에 따라서는 특정 국가나 단체에게 옵서버 자격을 부여하기도 한다. 옵서버는 방청자를 의미한다. 그러나 이 경우에 통상 입회자 또는 방청자를 의미하는 옵서버는 국제기구에 따라서 그 성격이 일치하지는 않는다. 어떤 국제기구에서는 정식회원이 되기 위한 출발점으로 옵서버 자격이 부여되는 경우도 있고, 또 다른 국제기구의 경우에는 국가(states)는 아니기 때문에 영원히 정식멤버는 될 수 없지만 협조를 유도하여 국제기구의 임무수행에 필요한 경우에 옵서버 자격을 부여하기도 한다. 1970년대부터 UN의 옵서버 자격을 가진 팔레스타인해방기구(Palestine Liberation Organization : PLO)의 경우가 전자의 경우이다. 팔레스타인해방기구는 현재까지도 국제법적으로 국가 자격을 부여받지는 못했지만 중동 지역의 일정한 국제기구에서는 정식멤버로 활동한다.

이처럼 해당 당사자를 정식회원으로 인정하기에는 정치적인 이해관계로 난관이 있지만 국제기구의 영향력 안에 두는 것이 오히려 현실적으로 필요하기 때문에 정치적 이해관계에 입각하여 유연하게 옵서버 지위를 부여하기도 한다. 그러나 옵서버가 경우에 따라서는 정치적 이해관계의 충돌로 국제기구의 목적 실현에 장애를 초래할 수도 있다.[161)]

한편 옵서버는 정식 회원은 아니기 때문에 분담금 등의 의무에서는 면제되면서도 실질적으로는 옵서버를 후원하는, 즉 입장을 대변하는 정식 회원국의 지원에 의해 사실상 모든 권리를 향유한다는 관점에서 소위 무임승차자(free rider)로 호칭된다. 옵서버에게 제한되는 권한에는 옵서버는 보통 투표권이 없고 해당 국제기구의 문서를 공식적으로 회람할 권한도 제한 받는다. 그러나 수이(Suy)가 적절하게 지적한 바와 같이 특히 UN의 옵서버는 통상 리셉션과 칵테일 파티에 초대를 받고 그러한 비공식적인 기회를 통하여, 국제기구의 의사결정에 사실상 중요한 역할을 할 수 있다.[162)] 게다가 UN의 옵서버는 보통 정치적으로 중요

161) Jan Klabbers, *op cit,* p.113.

한 주권국가에 비견될 실체에게 부여되기 때문에 정식 회원국에 주어지는 것과 같은 수준의 면책특권이 부여되기도 한다.[163] 현재 유엔은 193국의 정식 회원국가 이외에 많은 국제기관(international agencies), 실체(entities) 그리고 비회원국(non-member state)을 옵서버로 초청하고 있다. UN 옵서버 자격은 UN 총회의 결의로 주어진다. 이들 옵서버는 UN 총회에서 투표권은 주어지지 않지만 연설할 권리(right to speak)가 주어진다. 1974년 11월 옵서버인 PLO의 아라파트 의장이 UN 총회에서 연설한 것은 주권국가가 아닌 특정한 정치단체의 국제적 지위가 인정된 것으로 획기적인 일이었다.

UN 옵서버 자격에는 다음과 같은 몇 가지 방법이 있다. ① 정식 의석을 갖지 않은 나라가 옵서버로서 회의장에 출석하거나 UN 활동에 참가하는 경우, ② UN 미가맹국이 UN 조직과 관계를 갖는 경우, ③ UN의 정식멤버이지만 안전보장이사회처럼[164] 의석이 한정되기 때문에 해당 기관의 정식멤버는 아니지만 사안에 따라 일종의 참고인으로 해당 기관에 초청받는 경우, ④ 미가맹국이 옵서버 자격으로 총회나 안전보장이사회에의 출석을 요청받는 경우에 임시적인 옵서버 자격을 부여받는 경우이다. 옵서버 중에는 독립주권국가인 경우도 있다. 그 경우 옵서버가 정식회원을 신청하는 것은 그 나라의 자유이다. 예컨대 스위스는 1948년부터 2002년까지 UN의 옵서버였다가 2002년 10월 10일 정식 회원국가가 되었다. 현재 로마 교황청(Holy See)이 독립주권국가이지만 1964년 이래로 UN의 영구 옵서버(permanent observer)로 존재한다.[165]

한편 어느 한 국제기구 자체가 다른 국제기구의 옵서버 자격을 허여 받기도 하여, 많은 국제기구가 UN의 옵서버로 활동한다. 2006년 12월 4일 옵서버 자격을 획득한 인도해(海)위원회(Indian Ocean Commission : COI)[166], 석유수출국기구 국제개발기금(OPEC Fund for International Development : OFID)[167], 동남아시아 국가연합(東南亞細亞國家聯合) 즉 아세안(Association of

162) Suy, "*The Status of Observers,*" p.119.

163) 특히 남서아프리카 인민기구(South West Africa People's Organization : SWAPO)와 PLO에 대하여는 유엔 법무실(United Nations Office of Legal Affairs : OLA)이 발간하는 유엔 법률연감(United Nations Juridical Yearbook) 곳곳에 이러한 취지가 잘 나타나 있다. UNJY(1983) p. 227, UNJY(1979) pp. 169-170.

164) 현재 안전보장이사회는 상임이사국 5개국을 포함하여 총 15개국이다.

165) 로마 교황청은 2004년 7월 1일 투표권을 제외한 UN의 모든 권한을 획득하였다. A/RES/58/314.

166) 2006년 12월 4일 UN 결의안 (A/RES/61/43).

167) 2006년 12월 4일 UN 결의안 (A/RES/61/42).

Southeast Asian Nations : ASEAN)[168]과 가장 최근인 2007년 옵서버 자격을 획득한 이슬람개발은행(Islamic Development Bank Group)[169]을 비롯한 약 63개의 기구나 단체가 현재 UN의 옵서버이다.[170]

제3항 국제기구의 회원가입

국제기구 회원가입 문제는 원칙적으로 개별 국제기구 헌장 규정과 입회 관행에 달려 있다. 아래에서는 대표적으로 UN에의 회원가입 문제와 그 동안 제기되었던 법률적 쟁점 그리고 다른 몇 개 국제기구의 회원가입 문제를 살펴본다.

I. UN 회원 자격

제2장 국제기구 헌장의 해석에서 간략하게 살펴 본 바와 같이 UN 헌장 제4조는 UN의 회원자격(membership)은 UN 헌장에 규정된 의무를 받아들이고(accept the obligations contained in the present Charter) UN의 판단으로 헌장에 규정된 의무를 수행할 능력과 의사가 있는(able and willing to carry out these obligations), 평화를 사랑하는 모든 국가(peace-loving states)에 개방되어 있다고 선언하고 있다. 이하에서 먼저 UN에의 가입자격 조건에 대해 하나하나 살펴보고 실제적으로 문제가 되었던 사례를 국제사법재판소(ICJ)의 결정 사례를 통하여 구체적으로 이해해 보기로 한다.

1. 주권국가일 것(statehood)

오직 주권국가(states)만이 UN에 회원으로 가입할 자격을 가진다. 그러므로

168) 2006년 12월 4일 UN 결의안 (A/RES/61/44).

169) 2007년 3월 28일 UN 결의안 (A/RES/61/259).

170) 그 밖에 UN의 대표적인 옵서버로는 African Union, Asian Development Bank, Caribbean Community, European Union, International Committee of the Red Cross, International Criminal Court, International Criminal Police Organization (Interpol), International Organization for Migration, Latin American Parliament, League of Arab States, Palestine Liberation Organization(팔레스타인해방기구는 1974년 11월 22일 UN 결의안 (A/RES/3237 (XXIX))에 의해 옵서버 자격을 획득한 후에 1988년 12월 9일 팔레스타인(Palestine)으로 명명되었고, 1988년 직접 당사국들과 의견을 교환할 수 있는 권리 그리고 1998년 7월 7일 일반적인 토의권을 부여받았다), Permanent Court of Arbitration, Shanghai Cooperation Organization, World Customs Organization (예전의 Customs Cooperation Council) 등이 있다.

국제기구나 단체 또는 단순한 영토 그리고 비독립국가는 UN에 정식회원으로 가입할 적격이 없다. 그러나 역사적으로는 UN 창설 멤버들 가운데는 당시 아직까지는 독립된 주권국가가 아닌 경우도 있었다. 예컨대 소비에트 공화국의 일원이었던 벨라루스(Belarus)나 우크라이나(Ukraina) 그리고 영국의 식민지 통치를 받은 인도는 당시에는 독립된 주권국가는 아니었다. 또한 레바논(Lebanon), 시리아(Syria) 그리고 필리핀(Philippines)의 경우에도 아직 국가독립의 문제가 완전히 해결된 상태가 아니었다.[171] 하지만 UN 창설멤버의 경우에는 회원국의 자격요건으로서의 "주권국가"가 엄격하게 적용되지는 않았다. 그것은 전후에 새롭게 생성중인 국제질서의 와중에서 국제기구 창설 자체를 위하여 모든 가입요건을 엄격하게 따질 수 없다는 현실이 반영되었던 것이다. 그러나 51개 창설멤버들의 합의에 의해 UN이 창설된 이후에 신규 가입요건으로 **"주권국가"**일 것은 헌장 제4조에 명시된 바와 같이 필수적인 조건이다.

그러므로 UN의 문호는 비독립국가와 국제기구들에게는 개방되어 있지 않고, 필요하다면 심사를 거쳐 옵서버 자격을 부여할 뿐이다. 하지만 정확하게 UN 헌장 제4조가 말하는 주권국가란 무엇인가? 라는 의문이 남는다. 그러나 UN 헌장은 주권국가에 대해 별도로 개념정의하고 있지 않다. 그러므로 UN이 말하는 주권국가도 일반 국제법에 의해 정의된 개념을 따르게 된다. 현재까지 국제법에서도 주권국가성(Statehood)에 대해 명확하게 개념정의하고 있지 않지만, 일반적으로 어느 국가가 유효한 정부(effective government)를 가지고, 명백히 고정된 영토(defined territory)와 상주하는 인구(permanent population) 그리고 외교관계를 수립할 능력(Capacity to enter into international relations)을 구비하고 있다면 주권국가라고 간주된다.[172]

그러나 UN 이외의 다른 국제기구들은 "국제기구"에게도 회원가입 자격을 부여하기도 한다. 예컨대 유럽공동체(European Community, 오늘날의 유럽연합 EU)

---

171) Beng Broms, '*The Doctrine of Equality of States as Applied to International Organizations*' (Helsinki, 1959), pp. 126-129, 172-179.

172) 이러한 국제법 원칙은 19개 국가가 서명하고 브라질, 페루 그리고 미국이 정식 비준하지 않아 보편적인 성문 국제규범으로 인정받지는 못하지만 국제관습법으로 인식되는 1933년의 몬테비데오 협약(Montevideo Convention on the Rights and Duties of States)이 정하고 있는 요건으로 주권국가성을 논하는 출발점으로 간주된다. 몬테비데오 협약의 원문은 다음과 같다. ARTICLE 1: The state as a person of international law should possess the following qualifications: a) a permanent population; b) a defined territory ; c) government; and d) capacity to enter into relations with the other states.

는 국제식량농업기구(International Food and Agriculture Organization : FAO)의 정식회원이다. 이러한 회원가입 자격은 세계기상기구(World Meteorological Organization: WMO)와 세계무역기구(World Trade Organization: WTO)의 경우도 마찬가지이다.[173]

2. 평화를 사랑하는 국가일 것

UN 회원국이 되기 위한 두 번째 요건은 평화를 사랑하는 국가이다. 그러나 현실적으로는 **"평화를 사랑하는(peace loving)"** 이라는 요건은 UN 가입의 실질적으로 중대한 조건으로 간주되지는 않는다. 급변하는 국제정치 질서에서 누가 어떻게 "평화를 사랑하는지"를 최종 판단할 수 있을 만큼 확정적인 개념이 아니기 때문이다. 그러나 현상적으로 자국이 평화를 사랑하는 국가라는 것을 보여줄 수 있는 길은 UN에 적대적인 나라의 협조 요구에 응하지 않는 것이 보통 한 가지 기준이 된다. 그러나 실리적인 측면에서는 평화를 사랑하지 않는 호전적인 국가라고 하여 UN의 가입을 제한하고 국제 규범 영역 밖에 방치하는 것보다는, 차라리 UN에 가입시켜 국제평화와 안전의 유지, 국가 간의 선린 우호관계의 증진과 개발 그리고 인권의 보호와 증진을 목적으로 하는 UN의 각종 의무에 기속되게 하는 것이 평화를 사랑하지 않는 잘못을 치유하여 올바른 국제사회의 일원이 되게 하는 실속 있는 온당한 방안이라고 할 수 있다.[174]

3. UN 헌장의 의무를 수용할 것

UN 회원이 되기 위한 세 번째 요건으로 UN 회원국 지망자는 헌장이 규정한 제반 의무를 준수하여야 한다. 사실 UN 헌장에는 일반적인 유보(reservations)에 대한 명문 규정이 없다. 그러므로 UN 헌장의 의무조항을 유보하고 UN에 가입하려는 회원 지망국가는 일단 이 조건을 충족한 것이라고 할 수 없다.[175] 물론 일반적인 국제법 원칙으로는 1951년의 제노사이드 금지협약에 대한 국제사법재판소(ICJ)의 판결이 있었지만 조약에의 유보가 해당 국제기구의 목적을 해

173) Asif H. Qureshi, *'The World Trade Organization: Implementing International Trade Norms'*. (Manchester, 1996), p. 8.

174) Jan Klabbers, *op cit*, p. 106.

175) 비슷한 취지의 결정으로 1994년 7월 12일 Federal Constitutional Court in the International Military Operations(German participation) 결정, 106 ILR 319.

치고 방해하는 것으로 간주되지는 않는다.[176] 그러나 UN 헌장은 제4조에 회원의 수용 조건으로 UN의 의무 수용을 명정하고 있으므로 의무 규정을 유보한 채 UN의 회원이 될 수는 없다고 할 것이고, 따라서 UN 헌장의 유보는 불허된다.

4. UN 헌장의 의무를 수행할 능력과 의사가 있을 것

오늘날 UN 가입을 위한 이 마지막 요건은 크게 문제되지는 않는다. UN 헌장의 의무를 수행할 능력과 의사가 문제되어 UN 가입이 거절된 사례는 많지 않다. 하지만 1920년대 미니 국가인 리히텐슈타인 공국(Liechtenstein)이 본 요건의 결여로 인하여 UN의 전신인 국제연맹(League of Nations)에의 가입이 거절된 바가 있었다.[177] 당시 리히텐슈타인 공국은 인구가 채 4만이 안 되는 초미니국가로서 국방과 외교권을 스위스가 가지고 있었기 때문에 국제연맹 헌장이 정하는 의무를 수행할 의사와 능력이 있는 것으로 간주되지 못했던 것이다. 사실 엄격하게 동일한 기준이 적용된다면 전후 독일과 일본의 경우에도 UN 가입이 상당히 지연될 수 있었다고 보아야 할 것이다.[178] 왜냐하면 전후 독일과 일본은 군사 활동을 부정하는 소위 평화헌법을 채택했기 때문이다. 그들 국가의 평화헌법을 UN의 본 가입요건에 엄격히 대비하여 분석한다면, 사실 독일과 일본은 세계평화와 안전을 위한 경우라고 하더라도 UN의 무력을 수반하는 집단적 군사 활동에 참여할 의사가 없음을 이미 명시적으로 표명한 것으로 보아야 할 것이기 때문이다. 그러나 독일의 경우에는 이러한 쟁점이 법률적으로 문제가 되어 1994년 연방최고재판소의 결정으로 규범적으로 해결하였다. 독일 연방최고재판소는 1994년 세계 평화와 안전을 위한 군사 활동을 포함한 국제적 집단안보조치(collective security measures)에의 참가는 독일 연방이 지향하는 평화헌법에 저촉되는 것은 아니라고 판결했다.[179]

---

176) Reservations to the Genocide Convention on the Prevention and Punishment of the Crime of Genocide (Advisory opinion) 1951, ICJ Reports 15.

177) 리히텐슈타인 공국은 스위스와 오스트리아와 국경을 접하며 외교권과 국방권은 스위스가 가지고 있다. 남북으로 25킬로미터, 동서로 6킬로미터로 세계에서 6번째로 작은 나라이다. 독일의 슈베비슈 알프스의 연장선상에 있으며 국토의 대부분이 산이다. 국경의 길이는 77.9킬로미터이다. 2017년 7월 기준으로 인구는 약 37,937명이다. 1990년에 비로서 국제 연합에 가입하였다. CIA, *'The Worls Fact Book', available at*, https://www.cia.gov/library/publications/the-world -factbook/ geos/ls. html.

178) Jan Klabbers, *op cit*, p. 107.

179) Federal Constitutional Court in the International Military Operations (German participation), 1994. 7.12. 106 ILR 319.

실제적으로 UN 헌장의 의무를 수행할 능력과 의사가 있을 것과 관련된 법적 사례는 1955년도에 있었다. 영세중립국가인 오스트리아(Austria)가 UN 가입을 신청하였을 때, 과연 영세중립국가(permanent neutrality)가 UN의 회원국이 될 수 있을까? 라는 의문이 제기되었다. 물론 쟁점은 영세중립국가가 UN 헌장에 규정된 집단안보와 평화유지활동을 위한 무력 사용의 의무를 수행할 수 있을 것인가? 의 문제였다. 그러나 결국 오스트리아는 1955년 12월 4일 UN 회원국이 되었고 오스트리아는 UN의 사이프러스(Cyprus) 평화유지 활동에 병력을 파병하였었다.[180] 그러나 오늘날 "UN 헌장의 의무를 수행할 능력과 의사가 있을 것" 이라는 요건은 엄격한 법률적 잣대의 필수 요건으로 평가되지는 않고 실용적인 관점에서 고려되는 것이 현실이다. 위와 같이 중립국가인 오스트리아도 UN 가입을 종국적으로는 허가 받았고,[181] 리히텐슈타인 공국은 오늘날에도 여전히 미니 국가로 대외업무의 대부분이 스위스에 의해 담당되지만 1990년 9월 18일 UN 가입에 성공했던 것이다. 이러한 완화된 관점에서 아직도 평화헌법을 가지고 있는 일본은 UN 안전보장 상임이사국으로 진출하려는 지속적인 노력을 경주하고 있는 것이다.[182]

II. UN 가입과 관련한 법률 분쟁 사례

UN 헌장 제4조[183]가 규정한 이상의 회원가입 요건과 관련하여 발생한 법률 분쟁을 살펴보고 이해하는 것은 국제기구 회원가입의 국제 정치적 현실 관계를 엿볼 수 있게 하는 것으로 실천적으로 많은 도움이 된다. UN 가입자격과 관련한 국제사법재판소(ICJ) 결정에는 대표적인 두 가지가 있다.

---

180) C. F. Amerasinghe, *op, cit*, p. 109.
181) 중립국가인 오스트리아의 UN 가입에 대한 논쟁은 Broms, '*Equality of States*', pp. 208-213.
182) UN 안전보장이사회개혁 쟁점, http://www.globalpolicy.org/security/reform/ cluster1index.htm.
183) 유엔 헌장 Article 4 ;

1. Membership in the United Nations is open to all other peace-loving states which accept the obligations contained in the present Charter and, in the judgment of the Organization, are able and willing to carry out these obligations.
2. The admission of any such state to membership in the United Nations will be effected by a decision of the General Assembly upon the recommendation of the Security Council.

1. 제1차 가맹 승인 사건(First Admission Case)

UN 회원 가입과 관련한 제1차 가맹 승인사건의 핵심 쟁점은 회원 가입 신청국이 UN 헌장 제4조의 요건을 모두 충족하고 있음에도 불구하고, 기존의 회원국들은 헌장 제4조에는 없는 또 다른 요건을 이유로 회원 가입 신청을 거절할 수 있는가? 하는 문제이다. 전술한 바와 같이 UN은 대표적인 개방형 국제기구이기 때문에 헌장에 미리 규정되어 있는 회원 가입 요건만 갖춘다면, 원칙적으로 누구에게나 문호가 개방되어 있다. 하지만 역사적으로 회원 입회 결정권을 가진 총회(GA)에서 기존 회원국들은 신규 가입 신청국들이 2차 세계대전 당시 독일 편을 들었다는 이유로 입회 신청에 강력한 거부감을 가졌다. 이러한 쟁점은 결국 총회의 결의에 의해 국제사법재판소의 사법심사에 회부되었다. 이러한 쟁점에 대해 국제사법재판소(ICJ)는 UN 헌장 제4조에 규정된 회원 가입 요건은 나열적인 것이 아닌 한정적(exhaustive)인 것으로 헌장에 명시되어 있지 않는 또 다른 요건을 추가할 수는 없다고 명백히 했다.[184)]

결국 1948년의 ICJ의 권고적 의견에 따라서 비록 2차 세계대전에 독일을 지지하였음이 문제가 되었던 알바니아, 아일랜드, 몽골인민공화국, 포르투갈 등도 1955년에 이르러 소위 패키지 차원(package basis)에서 일괄하여 UN에의 가입이 승인되었다. 그러나 현실적으로는 여전히 콘포티(Conforti)가 적절하게 지적한 바와 같이 국제기구와 회원국들의 회원자격에 대한 긴장은 언제나 발생할 수 있는 내재적인 문제로, 국제기구가 회원가입을 심사하는 것은 기존 회원국들의 자유의지로 한계가 있을 수 없다. 다만 미리 정해진 일정한 기준이 있다면 헌장상의 요건을 신의성실의 원칙(in good faith)에 따라 해석하여야 한다는 의무가 있을 뿐이다.[185)]

2. 제2차 가맹 승인 사건(Second Admission Case)

한편 UN 헌장 제4조 제2항은 UN 회원가입의 승인 절차를 규정하고 있다. 그에 따르면 회원 가입에 대한 승인은 “안전보장이사회의 추천을 받아 총회의 결

---

184) ICJ advisory opinion Reports(1948) '*Conditions of Admission of a State Membership in the United Nations (Article of the Charter)*' p. 157.

185) Jan Klabbers, *op cit*, p. 109.

의(by a decision of the General Assembly upon the recommendation of the Security Council)"로 이루어진다.[186] 이렇듯 명백해 보이는 회원가입 승인과 관련한 법적 문제가 ICJ의 사법적 심사의 대상이 되었다.[187] 쟁점은 안전보장이사회 "추천(recommendation)"의 의미에 대한 문제였다. 동 조항의 해석에 대하여 UN 총회는 회원 가입과 관련한 안전보장이사회의 권한은 기속력 있는 결정권한이 아니라 단지 "추천권"이기 때문에 총회는 안전보장이사회의 추천을 얻지 못한 입회 신청국가는 물론이고, 심지어는 안전보장이사회가 입회를 거부한 국가에 대해서도 총회의 결정으로 회원자격을 부여할 수 있다고 주장했다. 회원 가입에 대한 안전보장이사회의 추천은 기속력이 없는 요식적인 절차라는 주장이었다. 물론 총회의 이러한 의견에 대해 안전보장이사회는 반대했다.

결론적으로 ICJ의 법적인 판단은 총회의 견해를 배척하는 결론이었다. ICJ의 법리는 "균형론"에 입각한 것으로 만약 안전보장이사회가 회원으로 추천하지 않았다면 총회가 결정할 전제인 추천권의 결여로 총회가 결의할 근거가 애당초부터 없다는 것이 그 주된 논거였다.[188] 이러한 논리에 입각한 ICJ의 입장은 UN 헌장은 총회와 안전보장이사회라는 양대 기관이 신규 회원가입이라는 중요한 문제에 대해 권한을 양분하여 소위 "균형론"의 입장에서 헌장 규정이 조문화되었다고 판단한 것이었다. ICJ는 총회나 안전보장이사회 어느 한 기관이 독자적으로 회원가입을 결정할 수는 없다고 본 것으로서 안전보장이사회의 추천은 총회 결정의 전제조건(condition precedent)으로 판단한 것이다.[189]

하지만 이 같은 ICJ 법률적 결정의 현실적 반영은 사실상 안전보장이사회의 상임이사국이 거부권(veto) 행사를 통하여 실질적으로 UN 회원 입회 심사권한을 종국적으로 좌지우지할 수 있다는 불합리한 결론에 도달할 수 있고, 따라서 총회와의 균형의 추는 상실될 수 있는 위험성이 제기된다. 안전보장이사회가 신규 회원가입 신청을 좌우하는 결과로 나타났던 것이다. 실제로 안전보장이사회

186) UN 헌장 제4조
1. 국제연합의 회원국 지위는 이 헌장에 규정된 의무를 수락하고, 이러한 의무를 이행할 능력과 의사가 있다고 기구가 판단하는 그 밖의 평화애호국가 모두에 개방된다.
2. 그러한 국가의 국제연합회원국으로의 승인은 안전보장이사회의 권고에 따라 총회의 결정에 의하여 이루어진다.

187) Competence of the General Assembly for the Admission of a State to the United Nations, advisory opinion, (1959) ICJ Reports 4.

188) The Second Admission Case, 1950 ICJ Reports p. 10.

189) Jan Klabbers, *op cit,* p. 110.

상임이사국인 미국은 1975년 2개의 베트남(Vietnam)에 대한 입회를 거부했었고 한국의 경우에도 안전보장이사회 상임이사국인 소비에트 공화국과 중국의 비토권(veto power) 행사로 UN 총회에 바로 상정되었더라면 일찍이 UN회원국이 되었을 것임에도 1991년도까지 UN에 가입할 수 없었던 것이다.[190)]

III. 기타 국제기구의 회원 자격

전술한 바와 같이 개별 국제기구의 회원가입은 헌장 규정과 관행에 달려 있다. 예컨대 국제노동기구(ILO)의 경우에는 공식적인 특별한 요건은 없이 모든 UN 회원국들과 ILO의 회원이 되려고 하는 국가들에게 문호가 개방되어 있다.[191)] 또한 국제식량농업기구(FAO)는 창설회원에 이어서 회원가입을 희망하는 국가는 헌장상의 의무를 수용할 것을 선언하면 2/3 다수결로 회원가입이 승인된다.[192)] 한편 세계보건기구(WHO) 헌장은 WHO는 모든 국가에게 개방되어 있다(be open to all States)고 선언하고 있다.[193)]

유럽연합의 경우에는 조금 복잡하다. 1992년 2월 7일, 네덜란드 마스트리흐트에서 서명하고 1993년 11월 1일부터 발효한 유럽연합 출범의 기초가 된 마스트리흐트 조약(Maastricht Treaty), 공식적으로는 유럽연합에 관한 조약(Treaty on European Union : TEU) 제49조는 유럽연합의 회원 가입 승인은 위원회(Commission)의 자문을 거쳐 유럽연합 의회(European Parliament)의 동의를 받아 유럽연합 이사회(Council)에서 만장일치로 결정한다고 명정하고 있다.[194)] 그러나 아직 당시에는 현실적으로는 헌장 규정에 명시되어 있는 요건

---

190) Conforti, '*The United Nations*' pp. 33-37.

191) 다만 UN 비회원국은 ILO 회원국의 2/3 지지를 받으면 되고, 회원국은 회원가입을 교신하는 것으로 족하다. *See,* Ebere Osieke, '*Constitutional Law and Practice in the International Labour Organization*', (Dordrecht, 1985), p. 17.

192) FAO Constitution Article II, para. 2.

193) WHO Constitution Article 3.

194) 영어 원문, Article 49 : Any European State which respects the principles set out in Article 6(1) may apply to become a member of the Union. It shall address its application to the Council, which shall act unanimously after consulting the Commission and after receiving the assent of the European Parliament, which shall act by an absolute majority of its component members. The conditions of admission and the adjustments to the Treaties on which the Union is founded, which such admission entails, shall be the subject of an agreement between the Member States and the applicant State. This agreement shall be submitted for ratification by all the contracting States in accordance with their respective constitutional requirements.

은 아니고 1999년 암스테르담(Amsterdam) 수정안 이후에 비로소 추가된 **자유(liberty), 인권(human rights), 민주주의(democracy) 그리고 법의 지배(rule of law)**에 대한 존경과 수호의지가 회원가입을 위한 일반적인 요건으로 심의되었고, 구체적으로는 유럽연합의 기존 회원국들과 가입신청 국가의 가입 합의(accession agreement)에 의해 최종 회원가입 승인이 이루어진다.[195] 한편 국제기구에 따라서는 서로간의 긴밀도가 매우 밀착되어 있기 때문에 어느 국제기구의 멤버십을 획득하려면 다른 국제기구의 멤버가 될 것이 선행조건인 경우도 있다. 예컨대 세계은행(World Bank)의 회원자격은 오직 국제통화기금(International Monetary Fund : IMF) 회원국에만 개방되어 있고 ILO의 회원자격은 모 기구인 UN 회원국에게는 자동가입 장치가 되어 있지만, UN 비 회원국에는 별도의 입회 절차가 필요하게 된다.

제4항 국가승계와 회원지위

I. 서 언

국제기구의 회원자격 문제와 관련한 또 다른 쟁점은 국가가 분리되거나, 합병 또는 통합되어 국가 소멸과 독립 그리고 탄생이 혼재된 경우에 회원 자격은 자동적으로 박탈되는가? 그렇지 않고 승계되는가? 승계된다고 하는 경우에도 누가 정당한 회원자격을 승계할 것인가? 그리고 전임국가에 의해 발생한 의무는 어떻게 되는가? 하는 쉽지 않은 문제가 제기된다. 먼저 국가 의무에 대해서는 국제관습법의 일반원칙으로는 승계국가는 전임국가의 의무를 원칙적으로 준수할 의무가 있다. 한편 승계국가라고 하여 회원권 지위의 연속성을 당연히 보장받지는 않는다. 오히려 승계국가라는 성격은 신생국가와 유사한 것으로 처음 회원 가입을 신청하는 것과 같은 입장이라고 할 수 있다. 신생 독립국가들의 경우에도, 일면 독립 전 국가에 대한 승계적인 측면이 있는 것이지만, 신생 독립국가들은 독립과 관련되었던 어떤 관련 국가의 의무도 승계하지는 않는다.

국가승계의 경우에 국제기구의 회원 자격 문제와 관련하여서는 모든 국제기구를 관통하는 일반원칙은 없다. 그에 대한 처리는 개별 국제기구의 개별적인

195) Jan Klabbers, *op cit,* p. 110.

문제라고 할 수 있다. 그러데 대부분의 국제기구가 이에 대한 명시적인 규정을 가지고 있지는 않고 있어서 적지 않게 쟁점이 되었다.[196]

국제기구의 헌장에 국가승계에 대해 명확하게 규정하지 않는 현상에는 두 가지 이유가 있다. 첫 번째, 국가승계 쟁점은 흔한 일은 아닌 것이고 또한 오늘날 대부분 국제기구가 헌장을 제정할 당시에는 국가독립의 문제는 이미 거의 없던 시기였던 것도 이유가 된다.[197] 두 번째, 국가승계는 개별 사안별로 그 독특한 정치적 그리고 법적 성격을 달리하는 것이기 때문에, 일반적인 규칙으로 정립하기는 어렵다는 속성상의 문제 때문이기도 하다. 이하에서 몇 가지 개별 사안별로 역사적인 사례를 중심으로 살펴본다.

II. 두 개의 국가가 합병하여 새로운 주권국가가 탄생한 경우

이 경우에는 특별하게 어려운 회원권 쟁점은 없다. 양 국가를 모두 이어받은 신생 주권국가가 전임 2개 국가의 회원지위를 이어받고, 필요하다면 국가 명칭 변경만 이루면 될 것이기 때문이다. 신생 국가는 국가 탄생의 성격이 승계인가 탄생인가와 무관하게 원칙적으로 회원 지위를 승계한다. 하지만 회원지위에 따른 의무 승계와 관련해서는 법적 논쟁이 있을 수 있다. 동독과 서독이 합병하여 통일독일을 탄생시킨 것에 대한 법률적 성격에 대해서, 주된 학설은 그것은 본질적으로 상속이나 승계(succession)가 아니라, 새로운 취득(accession) 또는 탄생인 것으로서 따라서 신생 통일 독일은 사라진 양 국가의 기존 의무를 이어받지 않는다고 주장했다.[198] 실제로 통일독일은 동독(GDR)의 재정부채와 관련하여 이 같은 입장을 UN에 전달했었다.[199]

구체적인 사건으로, 신생 통일독일은 ILO가 후원하여 동독이 당사자가 된 국제노동규약의 준수를 두 가지 법률 논거를 제시하며 거부했다. 첫 번째는 먼저 통일독일의 탄생은 합병에 의한 국가 승계가 아니라, 영토 취득에 의한 새로운 탄생이라고 주장했다. 그런데 영토취득의 경우에 전임 국가의 의무를 모두 포괄

---

196) 상세는 Konrad G. B hler, State Succession and Membership in International Organizations: Legal Theories versus Political Pragmatism (The Hague, 2001).

197) 대부분의 신생독립국가는 대부분의 국제기구가 이미 헌장(constituent documents) 제정을 마친 1960년대에 이르러 발생했다.

198) Jan Klabbers, *op cit,* p. 114.

199), Klabbers & Martti Koskenniemi, 'Succession in Respect of State Property, Archives and Debts, and Nationality"(The Hague, 1999), pp. 118-145.

적으로 승계한다는 국제법의 원칙은 없기 때문에, 통일독일은 동독이 기왕에 체결하여 부담한 의무에 대한 계승 책임은 없다고 주장했다. 두 번째는 국제법상 인정되는 사정변경의 원칙(*rebus sic stantibus*)이 적용될 수 있다고 주장했다. 사정변경의 원칙은 국제조약법의 보편적인 한 원리이다. 그것은 조약의 기초가 된 사정이 예견하지 못한 또는 예견할 수 없었던 중대한 변경(fundamental change of circumstances)을 하였다면 또한 그로 인하여 당초에 정해진 행위의 효과를 그대로 유지하거나 강제하는 것이 대단히 부당한 결과가 생기는 경우에는, 조약상의 의무를 배제하고 벗어날 수 있다는 원리를 말한다.[200] 그런데 동독과 서독의 통일은 ILO가 동독을 후원하여 노동 규약을 체결할 때는 예견하지 못했던 중대한 사정변경인 것으로 그러므로 통일독일은 동독이 당사자였던 국제 노동규약의 의무를 이행할 의무가 없다는 논리를 주장했다.[201]

Ⅲ. 국가 소멸(state dissolve)의 경우

국가 소멸의 경우는 앞서 본 합병(merger)이나 취득(accession)보다 훨씬 어려운 국제법적 쟁점을 제공한다. 이러한 경우 국제기구들은 각자의 입장에서 개별적으로 해결했고 전례가 일응 고려의 대상은 될 수 있지만 당연히 다른 국제기구에 그대로 적용된다는 원칙은 없다.[202] 다만 기본적인 원칙은 만약 예전 회원국에 대한 계승자(continuator)가 인식되고 인정될 수 있다면, 그 계승국가가 기존의 회원자격을 이어받을 수 있다는 점이다. 이때 누구를 계승자로 볼 것인가? 의 인식과 인정은 해당 국제기구 회원국들의 합의 또는 투표에 따르게 되는 것이 일반적이다. 이 경우에 사라지는 연방국가 구성원들의 의사의 합치는 중요한 고려사항이 될 수 있다. 대표적인 사례인 소비에트사회주의공화국연방

---

200) Vienna Convention on the Law of Treaties Article 62 Fundamental change of circumstances ;
1. A fundamental change of circumstances which has occurred with regard to those existing at the time of the conclusion of a treaty, and which was not foreseen by the parties, may not be invoked as a ground for terminating or withdrawing from the treaty unless :
(a) the existence of those circumstances constituted an essential basis of the consent of the parties to be bound by the treaty ; and
(b) the effect of the change is radically to transform the extent of obligations still to be performed under the treaty.

201) 한편 이 같은 논리에 대해서는 사정변경 원칙의 연혁적 의미를 지나치게 확장 해석하여 조약의 의무를 일반적으로 무력화할 수 있는 위험성이 있다는 일부 비판도 있다. Jan Klabbers, *op cit*, p. 116.

202) C. F. Amerasinghe, *op, cit*, p. 111.

(Union of Soviet Socialist Republics : USSR)[203]과 유고슬라비아사회주의연방공화국(Socialist Federal Republic of Yugoslavia : SFRY), 체코슬로바키아의 경우 그리고 인도와 파키스탄의 경우를 살펴본다.

1. 소비에트사회주의공화국연방(社會主義共和國聯邦) 사례

소비에트사회주의공화국연방(Union of Soviet Socialist Republics : USSR), 약칭하여 소련(蘇聯)은 1922년부터 1991년까지 유라시아 대륙 북부에 존재하였던 사회주의 국가로서 오늘날 러시아(Russia) 연방의 전신국(前身國)이다.[204] 국제기구의 회원권 승계와 그로 인한 권리의무의 문제에 있어서 소련의 경우는 비교적 간명했다. 왜냐하면 구 소비에트공화국연방 구성원들은 만장일치로 러시아를 소련의 합법적인 승계자로 결정했고, 국제기구들도 이러한 합의를 존중하였기 때문이다. 결과적으로 러시아는 소련이 가입한 국제기구에서 그대로 회원 지위를 승계했다. 반면에 분리 독립한 다른 구 소비에트연방공화국의 구성원 국가들은 단지 신생국가의 지위로 국제기구에 개별적인 입회 신청을 하였다. 결과적으로 러시아는 약간의 논쟁이 있었지만 UN 안전보장이사회의 상임이사국 자리도 소련을 승계하여 그대로 차지했다.[205] ILO의 경우에도 소련을 포함한 선진 10개 산업국가가 집행기구를 구성하고 있었던 바, 러시아가 논쟁 끝에 최종적으로 소련의 집행이사회 지위를 그대로 승계했다.[206]

203) 소비에트 사회주의 공화국 연방이라는 명칭은 소비에트(Soviet)에서 유래한다. 노동자 조직인 소비에트는 평의회 (評議會)를 뜻한다. 한편 소비에트연방 국기의 붉은색은 혁명을, 금색의 낫과 망치는 각각 농민과 노동자를 상징했고, 그 위의 오광성 (五光星)은 5 대륙 노동자의 단결을 의미했다.

204) 1922년 12월 러시아, 벨라루스, 우크라이나, 자카프카스(1922-1936) 4개 국가가 연합하여 소비에트연방(USSR)이 탄생했다. 1956년도까지 Armenian(아르메니아), Azerbaijan(아제르바이잔), Byelorussian(벨라루스), Estonian(에스토니아), Georgian(그루지야), Kazakh(카자흐스탄), Kirghiz(키르기스스탄), Latvian(라트비아), Lithuanian(리투아니아), Moldovian(몰도바), Russian(러시아), Tajik(타지키스탄), Turkmen(투르크메니스탄), Ukrainian(우크라이나) 그리고 Uzbek(우즈베키스탄)의 총 15개 사회주의 공화국으로 결성되었었다. (참고: ( ) 안의 국명은 오늘날 독립국가의 명칭임).

205) Mauno Koivisto, Witness to History (London 1997), p. 75.

206) Schermers & Blokker, International Institutional Law, p. 75.

2. 유고슬라비아 사회주의연방공화국(SFRY) 사례

1) 국가 변천 경과

유고슬라비아 사회주의연방공화국(Socialist Federal Republic of Yugoslavia)은 1945년에서 1992년까지 발칸 반도에 존재했던 국가이다. "신유고연방"과 대비하여 "구유고연방" 또는 "유고슬라비아"로 호칭되기도 한다.[207] 1945년 11월 티토를 수반으로 하여 6개 국가의 연방국으로 독립했고, 1963년 "유고슬라비아사회주의연방공화국(SFRY)"으로 개칭했다.[208] 티토가 1980년 사망한 이후 잠재되어 있던 민족 갈등이 악화되어 구성원인 연방 국가들이 차례로 분리 독립했다. 특히 1989년 동유럽을 휩쓴 공산정권 붕괴의 소용돌이에서 연방을 구성했던 6개 공화국 중에서 크로아티아, 슬로베니아, 마케도니아 그리고 보스니아-헤르체고비나 4개 국가가 독립하여 구유고연방(SFRY)은 사실상 해체되었다. 1992년 남은 두 개 국가인 세르비아와 몬테네그로가 "신유고연방"을 결성했다. 한편 몬테네그로의 독립요구가 커지자 유럽연합의 중재 하에 2003년 "신유고연방"이라는 명칭은 사용하지 않을 것임을 합의하고 "세르비아-몬테네그로"라는 이름을 채택했다. 2006년 세르비아-몬테네그로도 몬테네그로가 자주독립을 선언함으로써 신유고연방의 흔적도 완전히 사라졌다.

2) 구유고연방(SFRY)승계의 문제

구유고연방의 경우에 국가승계와 관련하여 6개 구성원 국가 가운데서 누가 적법한 승계자일까? 더 근본적으로는 정당한 계승자(continuator)가 있기는 한 것인가? 하는 법적인 문제가 제기되었다. 구유고연방 해체과정에서 잔류했던 두 공화국, 즉 세르비아(Serbia)와 몬테네그로(Motenegro)는 다른 4개국(슬로베니아, 크로아티아, 마케도니아, 보스니아-헤르체고비나)은 모두 구유고연방(SFRY)을 탈퇴하고 떠났고, 그들 두 나라만이 남아서 신유고연방을 결성했던 것이므로 자신들이 신유고연방이 적법한 승계자라고 주장했다.

---

207) 유고 연방은 1918년 세르비아, 크로아티아, 슬로베니아 왕국으로 출발하여 1929년 유고슬로비아 왕국으로 개명하였다. 2차 세계대전 후 세르비아, 몬테네그로, 마케도니아, 보스니아-헤르체코비나, 크로아티아 그리고 슬로베니아의 6개 국가가 유고슬라비아사회주의연방공화국(SFRY)을 결성했다.

208) SFRY는 바르샤바 조약에 가입하지 않았고 북대서양 조약기구에도 가입하지 않은 채 티토의 지도 아래 비동맹 운동 노선을 걸어 티토의 자주적인 정치노선을 티토주의라고 부른다.

한편 먼저 떠났던 위 4개 국가들은 모두 구유고연방(SFRY)의 후계자임을 주장하지 않고, 개별 국제기구에 신입회원 자격으로 가입했다. 한편 세르비아와 몬테네그로로 구성된 신유고연방의 이러한 주장은 논리적으로는 앞서 본 1991년의 러시아의 사례에 비추어 일리가 있는 주장으로 생각되었다. 그러나 국제사회는 이러한 세르비아-몬테네그로, 즉 신유고연방의 주장을 인정하지 않았다. 따라서 그들도 회원이 되기를 원하면 새롭게 회원가입 신청을 하고 헌장상의 일정한 기준에 따른 심사를 받았다. 한편 일반적인 법 이론이나 원칙과 무관하게 UN 총회는 구유고연방(SFRY) 해체 후에도 UN 본부에 소멸한 구유고연방공화국의 명칭 그대로 사무실을 유지하도록 하고, UN의 공문서를 받아 볼 수 있도록 배려했었다. 국기도 예전 깃발 그대로를 사용할 수 있다고 결의했었다.[209)]

3. 체코슬로바키아의 경우

1) 국가변천 경과

체코슬로바키아(Czechoslovakia)는 유럽의 중앙내륙에 있던 연방제 사회주의공화국이다. 공산주의 국가들 중 최고의 생활수준과 높은 문화를 유지한 공업국가로 1939년 나치 독일이 불법 점령하기 이전에는 유럽에서 민주주의가 가장 발전된 나라 중의 하나였다. 1960년대에 들어와 경제파탄이 초래되었고 국민들의 민주화와 자유화 열망에 따라 두브체크 공산당 제1서기를 중심으로 이른바 '프라하의 봄'을 실현했다. 하지만 1968년 8월 20일 소련을 비롯한 바르샤바 동맹 5개국의 무력개입으로 자유화의 꿈은 좌절되었고 소련 공산주의 체제에 충실한 일원으로 복귀했다. 1993년 1월 1일 체코슬로바키아는 체코와 슬로바키아 2개 공화국으로 분리·독립되며 연방이 해체되었다.

2) 국가 승계의 문제

체코슬로바키아 연방공화국이 해체되면서 유일한 승계국가가 인정되지 않았다. 따라서 체코공화국(Czech Republic)과 슬로바키아(Slovakia) 공화국 양자가, 대부분의 국제기구에 회원 가입 신청을 별도로 했다. 그러나 일부 국제기구의 경우에 체코와 슬로바키아는 서로 그들 국가 중의 하나가 체코슬로바키아의 승계자 역할을 하기로 합의했었다. 그러나 그러한 합의 주장은 국제사회에서 받

209) General Assembly, Resolution 47/1.

아들여지지 않았다. 따라서 그들의 합의에도 불구하고 양 국가는 대부분의 국제기구에서 모두 신생국가로 간주되었고, 그들의 의사와 무관하게 그들은 어느 국제기구에서도 체코슬로바키아의 단일 승계국가로 인정받지는 못했다.

4. 인도(India). 파키스탄(Pakistan)의 사례

1947년 8월 15일 (구)인도, 즉 통일인도는 오늘날의 인도와 파키스탄으로 분리되었다. 그런데 인도와 파키스탄의 경우에는 새로 분리된 오늘날의 인도가 (구)인도가 가입했던 모든 국제기구에서 유일한 계승자로 인정받아 회원자격을 자동승계 받았다. 반면에 파키스탄은 신생 독립국가로 취급되어 개별 국제기구의 회원가입 절차를 밟아 회원국이 되었다.[210]

5. 기 타

1958년 이집트(Egypt)와 시리아(Syria)가 합병하여 아랍연합공화국(United Arab Republic)이 되었을 때와 1964년 탕가니카(Tanganyika)와 잔지바르(Zanzibar)가 합병하여 탄자니아연합공화국(United Republic of Tanzania)이 되었을 때 새롭게 탄생한 합중국이 계승자로 인정되었다. 한편 합병이나 승계로 다수의 국가가 새로 탄생한 경우에 원칙적으로 집단승계(collective succession)는 인정되지 않는다. 왜냐하면 회원자격은 소위 주관적인 성격, 즉 권리주체를 기준으로 표현한다면 대인적(personal)인 속성을 가진 것이기 때문에 회원권의 집단계승은 회원권의 개인적인 속성과 친하지 않기 때문이다. 그러나 국제 금융기구의 경우에는 예외가 있다. 예컨대 구유고슬라비아와 체코슬로바키아는 IMF와 세계은행(World Bank)의 자산을 보존받기 위하여 동 기구가 제시하는 분배의 원칙을 받아들인다는 조건 하에서 집단승계가 허용되었었다.[211]

---

210) C. F. Amerasinghe, *op, cit*, p. 112.
211) *Id.*

제5항 회원 자격과 대표권(Representation)

I. 의의와 필요성

어떤 국제기구에서의 회원자격은 국제정치 현실에서 외교 신임의 문제에 의해서도 회원지위에 변화가 초래될 수도 있다. 원래 신임장은 (信任狀, credential)은 어떤 나라에 파견되는 외교사절이 정당한 자격과 능력 및 권위를 가졌음을 기재한 국가의 문서로, 파견하는 나라의 국가원수(元首)가, 받아들이는 나라의 최고 통수권자 앞으로 보내는 외교문서이다. 그것은 대사(大使)·공사(公使) 등의 외교사절을 파견할 때 파견국 국가원수가 접수국 국가원수에 대하여 외교관으로 임명하였다는 것을 통고하고, 당해 외교관을 신용하여 부디 받아주기 바란다는 의미로 제출하는 일종의 신분증명서이다. 신임장의 제출과 수리에 의하여 외교사절로서의 직무가 정식으로 시작된다.[212)]

그러므로 외교적 신임은 신임장을 소지한 갑(甲)이라는 사람이 그가 대표하는 국가를 - 그 국가가 국제법적으로 정당한 주권국가로 인정되는 지와는 무관하게 - 적법하게 대표한다는 것을 증명하는 것일 뿐이다. 따라서 법 이론적으로는 외교사절에 대한 불신임이 해당 주권국가의 정통성의 문제로 직접 이어지는 것은 아닌 것이다. 그렇지만 또 다른 국제 외교무대의 장인 국제기구에서는 회원국가의 대표를 인정하는 신임장 제정의 방법이 사실상 누구를 회원국으로 인식하고 따라서 진정한 회원국으로 인정하는 방법으로 사용되는 것이 현실이다. 그것은 관련국가의 회원자격 문제를 직접적으로 거론한 것이 아니고 따라서 비록 신임이 거부되었다고 하여도 단지 외교사절 신임의 문제로, 외형상으로는 어디까지나 잠정적으로 회원자격을 정지시킨다는 점에서도 정치적 이해관계가 첨예한 국제정치의 현실에서 현명한 중용의 길(middle way)로도 이해된다.[213)]

---

212) 신임장에는 정본(正本)과 부본(副本)이 있다. 부본은 접수국 외무장관에게 보내어 자신이 도착하였음을 정식으로 알리고, 정본은 뒤에 직접 접수국 원수에게 제출한다. 국가원수가 바뀐 경우에도 원수의 변경이 합법적이냐 비합법적이냐에 관계없이 신임장은 개정되어야 한다. 구체적인 신임 제정 절차는*http://www.mofat.go.kr/state/beforejustice/former/20070724/1_139.jsp*?TabMenu =TabMenu4.

213) Rosalyn Higgins, '*The Development of International Law through the Political Organs of the United Nations*', (Oxford, 1963), p. 159.

Ⅱ. 구체적 사례

대표권 인정으로 회원국 지위에 변동을 초래한 역사적으로 중요한 전례가 있다. 중국(China)을 대표하는 정부가 본토 정부(government of mainland China)인지 아니면 대만 정부(Taiwan)인지가 문제된 사안에서 UN은 국가 신임의 문제로 해결했다.[214] 사실 이 경우의 회원권 쟁점은 엄밀하게 따지면 법적 문제라기보다는 정치적인 문제라고 할 수 있다. 위 어려운 문제에 대해 1971년 UN 안전보장이사회의 결의에 의해 신임장(credentials)을 회수하는 방법으로 타이완 정부는 대표성을 상실했다. UN 총회는 2/3의 다수결로 타이완 정부에 대한 신임을 회수했고 중국 본토 정부인 차이나(China)를 중국의 대표자로 결의했다. 그 결의는 현재까지 이어지고 있다. 동일한 경험과 논리의 연장선에서 1970년대와 1980년대에 UN 총회는 다수의 아프리카 국가들의 신임장을 접수하지 않았다. 결과적으로 남아프리카공화국(South Africa)은 UN 총회에 참석할 수 없었다.

Ⅲ. 소결어

한 가지 유념할 점은 어떤 국제기구의 총회에서의 외교신임에 대한 결의가 다른 국제기구나 국제기관에 당연히 강제적 효력을 미치지는 않는다는 점이다.[215] 이처럼 국제정치 질서에서 외교적 정부 신임의 방법을 통한 실질적인 대표성 부여는 국제기구에 있어서 누가 실질적인 회원이 될 것인가를 결정하는 의미가 있고 그것은 합리적인 정치적 해결방법의 하나로 간주된다.[216] 앞서 본 바와 같이 UN 헌장 제4조의 회원가입 요건은 한정적인 것임에도 불구하고 외교신임의 방법을 통해서 사실상 회원권을 박탈하거나 정지시키는 효력을 발휘할 수 있는 것이다. 그러나 외교신임에 의한 회원지위의 변화는 그야말로 임시적인 중용의 길이 되어야 할 뿐이다. 신임장의 불수령이 주권국가의 성격이나 지위에 종국적인 변화를 초래하는 것은 아니다. 그것은 해당 당사국이 비록 현재는 신

---

214) Nagendra Singh, '*Termination of Membership of International Organizations*', (London, 1958) p. 146.

215) UNJY (1985), pp. 128–130.

216) Jan Klabbers, *op cit*, p. 120.

임을 받지 못한 경우에도, 추후의 사정변경을 고려하여 관련 국가가 국제기구를 완전히 등지지 않고 따라서 국제기구는 일정한 협조를 계속 기대하거나 또는 사실상 협조하도록 할 수도 있는 온건한 방법이 될 수 있는 것이다.

예컨대 1970년대와 1980년대에 남아프리카공화국은 국제사회에서 비인도적인 것으로 지탄받는 인종 차별정책인 아파르트헤이트(apartheid) 정책을 포기하지 않는 한, 회원자격이 인정되지 않아 국제기구에 참가할 수 없었다.[217] 국제사회에서 인권유린국가로 낙인찍힌 것이다. 이에 UN은 남아프리카공화국의 외교 신임장을 접수하지 않아 UN에서 활동을 할 수 없게 하였다. 하지만 남아프리카공화국을 UN 멤버에서 공식적으로 축출하지는 않았다. 만약에 UN이 남아프리카공화국을 UN에서 완전히 축출시켰더라면 오히려 협조를 받을 수 없을 문제에 대해서도 일정하게 포용하며 끌고 갔다는 점에서 일시적인 회원자격의 정지문제로 신임장 접수가 잘 활용된 사례라고 할 수 있다.[218]

제6항 국제기구 회원국의 영향력

I. 머리말

다양한 방법으로 일단 국제기구의 회원국이 되면 회원 국가는 해당 국제기구가 헌장에서 정한 바를 기초로 하여 여러 가지 권리의무를 갖게 된다. 더 나아가 회원국으로 당연히 예정된 권한 이외에 여러 가지 영향력(influence)을 행사하게 된다. 그러므로 한국처럼 천연자원, 인구, 국력의 여러 가지 면에서 국제무대에서의 역할에 일정한 한계가 불가피한 나라인 경우에는 국제기구는 주권국가의 영향력을 극대화할 수 있는 좋은 무대가 된다. 과학문명이 발달하고 세계가 자유무역을 바탕으로 공동 경제권역을 형성하게 되는 등으로 국제세계가 가까운 이웃이 되면 될수록, 국제기구를 통한 영향력의 행사는 중요한 문제로 대두될 것이다. 회원국으로서의 영향력을 간략히 살펴본다.

---

217) 남아프리카공화국은 원래 UN의 창설멤버로 1945년 11월 7일 회원자격을 획득했고, 회원자격 취득지위에는 변함이 없다. United Nations Member States, http://www.un.org/members/list.shtml.

218) Jan Klabbers, *op cit*, pp. 120 -121.

2. 회원국의 역할과 영향력

1) 제안자(initiator)

정식회원국은 옵서버 같은 한정 회원국과 달리 공식적으로 의제를 형성할 권한을 갖는다. 글로벌 인권문제, 환경문제, 군사문제, 경제문제처럼 국제사회에서 강력한 영향력을 가질 수 있는 제안을 할 수 있다는 것은 그 자체로서 뿐만이 아니라 다른 쟁점에 대한 협상카드로서도 매우 유용할 수 있다. 또한 제안이 의제로 채택이 되면 제안국은 정책형성의 주도적 역할을 담당함으로써 더욱 영향력을 제고할 수 있게 된다.

2) 거부권자(vetoer)

회원국은 국제기구 내에서의 표결에 의한 의사결정 절차에서 반대 의사를 표명함으로써 국제사회에 강력한 영향력을 미칠 수 있다. 회원국가의 제안자로서의 영향력을 긍정적(positive) 영향력이라고 한다면, 거부권자로서의 영향력은 부정적(negative) 영향력이라고 할 수 있다. 또한 UN 안전보장이사회 상임이사국처럼 거부권이 의사형성의 필수적 요건인 경우에는 거부권은 실질적으로 안건채택에서부터 내용결정에 있어서까지 절대적인 영향력을 미치게 된다.

3) 중개자(broker)

회원국은 미묘한 정치적 함수가 작용하여 찬성과 반대가 나타날 수밖에 없는 국제무대에서 중개인으로 기능하며 의사형성의 촉진자로서의 역할도 하게 된다. 후술할 국제기구의 의사형성 과정에서 구체적으로 다양한 내용을 살펴보겠지만, 국제기구에서는 보통 의제가 공식화되기 전에 비공식적인 이면 협상과정을 통해서 의견이 조율되는데, 이때 중개자의 역할은 매우 중요하다.

4) 통제자(controller)

국제기구의 영향력 있는 회원국은 그 존재 자체로 통제자 또는 일정한 통솔자의 역할을 하게 됨을 부인할 수 없다. 특히 국력이 강대한 경우뿐만이 아니라 국제기구에의 재정분담금이 상당한 경우에는 다른 회원국은 물론이고 국제기구 자체도 그러한 회원국의 통제적 영향력을 의식하지 않을 수 없게 된다. 이처럼 통제자로서의 영향력은 다른 행위자의 인식에 사실상 주는 영향력이다.

제7항 회원자격의 종료(Termination of membership)

I. 서 언

국제기구 회원자격의 종료는 헌장규정이 있는 경우에는 헌장에 따르게 된다. 그러나 모든 국제기구가 반드시 회원자격의 종료에 대한 명시적인 규정을 가지고 있는 것은 아니다. 또한 규정을 가지고 있는 경우에도 회원자격을 종료할 수 있는 모든 방법을 망라하는 것도 아니다. 실제적으로 국제기구의 회원자격이 종료되는 길에는 다양한 방법이 있다. 일반적으로 회원자격의 종료에는 제명, 국제기구의 해산, 회원국 스스로의 탈퇴, 국제기구 헌장이 수정된 경우 그를 수용하지 않음으로 인한 회원자격의 종결, 주권국가인 회원국가가 국제사회에서 소멸한 경우 등이 있을 수 있다. 헌장에 이렇게 다양한 방법이 규정되어 있지 않는 경우에도 회원권이 소멸될 것인가에 대한 논의가 있을 수 있으나 대체로 다음에서 설명하는 방법에 의한 회원권의 소멸 방법은 불가피한 것으로 인정된다.

II. 헌장에 규정된 이외의 방법에 의한 회원자격의 종료

헌장에 회원제명이나 자격정지와 같은 명시적인 규정이 없는 경우에도 회원제명이나 투표권을 포함한 권한을 정지할 권능이 국제기구에 있는 것인지에 대해서는 견해의 대립이 있다.

1. 불가능설

헌장에 회원제명이나 자격정지에 대한 명시적인 규정이 없는 한, 국제기구는 국제기구 총회의 결의형식으로라도 회원국을 제재할 수 없다는 입장이다. 왜냐하면 창설 규범인 헌장은 참가 회원국의 의사의 합치인데, 창설 당시 제재규정이 없는 것에 대한 참가 회원들의 의사의 합치가 있었던 것이므로, 어떤 경우에도 제재는 회원국의 동의 없이는 창설될 수 없다는 것이다.[219]

---

219) Sing, *'Termination of Membership'*, pp. 79-80. 같은 견해로, UNJY(1982), "The opinion of the legal advisor of the ITU" pp. 214-217.

2. 가능설

국제기구의 헌장 자체에 제재에 대한 명시적인 규정이 없는 경우에도, 해당 국제기구의 목적을 저해하거나 국제기구의 근간인 이념이나 원리에 대한 중대하고 지속적인 의무 위배를 한 회원에 대해서는 명문의 규정에 불구하고 자격정지는 물론이고 필요하다면 제명조치도 할 수 있다는 견해이다. 동 견해는 국제기구 권한 이론에 대한 소위 암시적 권한이론(implied power theory)에 기초하여 헌장은 처음에는 창설자에 의해서 예견되지 못한 경우에 대해서도, 국제기구 자체와 다수의 회원들에게 봉사하는 살아있는 생물체와 같은 것으로서, 상황에 따른 변모가 가능하다는 것을 이유로 삼는다. 따라서 동 견해는 암시적 권한이론에 따라서 헌장에 명문의 규정이 없는 여타 권한도 인정될 수 있다면, 왜 권한을 정지하거나 심지어 제명할 권능을 갖지 못할 것인가 라고 반문한다. 회원 축출에 대한 다수설의 입장이다.[220]

III. 권한 정지 – 의무 위배의 경우에 제명 이외의 방법

1. 회원 권한 정지일반

회원국 상호간의 신의성실에 입각한 의무 준수를 전제로 하여 성립하는 국제기구의 경우에, 헌장상의 의무위배는 존립과 목표달성에 연관되는 중대한 문제로서, 지속적이고 중대한 의무 위배의 경우에는 앞서 본 바와 같은 강제 축출인 회원제명을 원칙으로 한다. 다만 현실적으로 주권국가는 회원제명을 당하기 전에 자의적으로 강제적 자진탈퇴(compulsory withdrawal)의 방법을 택하기도 한다. 그러나 또 다른 한편으로 주권국가 사이의 쉽지 않은 합의로 성립한 국제기구는 회원국의 의무위배가 있는 경우에도 회원제명이 능사는 아니므로 다른 온건한 제재 방법으로 대체되기도 한다. 예컨대 UN 헌장 제5조[221]는 회원특권

220) Jan Klabbers, *op cit*, pp. 123-124.

221) Article 5: A member of the United Nations against which preventive or enforcement action has been taken by the Security Council may be suspended from the exercise of the rights and privileges of membership by the General Assembly upon the recommendation of the Security Council. The exercise of these rights and privileges may be restored by the Security Council.

과 권리의 정지(suspension of rights and privileges of membership) 조항을 두고 있다. 그 경우에 헌장 규정 본문에는 제한되는 특권과 권리가 무엇인지 명시되어 있지는 않지만 통상은 투표권(voting power)이 그 대상이 된다.

최근의 국제기구의 추세는 가입 회원국이 중대한 의무위배를 한 경우에 어떤 권리와 의무가 제한을 받을 것인지를 헌장에 명시하는 경우가 많다. 예컨대 화학무기금지조약(Chemical Weapons Convention)[222]에 의해 탄생한 화학무기금지기구(Organization for the Prohibition of Chemical Weapons : OPCW)는 중대한 의무위배의 경우에, 제명의 방법은 배제하고 UN 안전보장이사회의 강제적 제재에 회부하도록 하고 있다.[223] 2007년 9월 7일 UN은 총회 결의에 의해 화학무기금지기구(OPCW)와 상호 협조 협약을 공식적으로 체결하여 화학무기금지기구(OPCW) 회원국들의 의무이행을 담보하고 있다.[224] 또 다른 예로는 1992년 2월 7일 서명하고 1993년 11월 1일부터 발효하여 오늘날 유럽연합(EU)의 기초가 된 마스트리흐트 조약(Maastricht Treaty)의 사례가 있다. 동 조약 제6조와 제7조는 유럽연합 가입 회원국이 조약의 근간으로 간주되는 자유(liberty), 민주주의(democracy), 인권(human rights) 그리고 법의 지배(rule of law)의 이념을 위배한 경우에 투표권을 포함한 회원자격에 수반되는 특권과 권리가 정지됨을 명시하고 있다.[225]

---

222) 정식 명칭은 "화학무기의 개발·생산·비축·사용금지 및 폐기에 관한 협약"(Convention on the Prohibition of the Development Production Stockpiling and Use of Chemical Weapons and on Their Destruction)이다. CWC의 서명식은 1993년 1월 13일 파리에서 유엔사무총장에 의해 개최되었고, 130개국이 서명했다. 1996년 10월 31일, 헝가리가 65번째 국가가 되어서 협약이 발효조건을 갖추게 되었고, 1997년 4월 29일에 발효되었다.

223) CWC, Article VIII, 제2항. 2. All States Parties to this Convention shall be members of the Organization. A State Party shall not be deprived of its membership in the Organization. 그러므로 중대한 의무 위배를 한 회원국의 경우에도 제명되지 않고 안전보장이사회에 의한 강력한 제재를 받을 수 있다. Jan Klabbers, *op cit,* p. 122.

224) Resolution adopted by the General Assembly, 55/283. Cooperation between the United Nations and the Organization for the Prohibition of Chemical Weapons.

225) TEU, Article 6 ; 1. The Union is founded on the principles of liberty, democracy, respect for human rights and fundamental freedoms, and the rule of law, principles which are common to the Member States.
Article 7(2) ; 1. On a reasoned proposal by one third of the Member States, by the European Parliament or by the Commission, the Council, acting by a majority of four fifths of its members after obtaining the assent of the European Parliament, may determine that there is a clear risk of a serious breach by a Member State of principles mentioned in Article 6(1), and address appropriate recommendations to that State.......
3. .... The obligations of the Member State in question under this Treaty shall in any case continue to be binding on that State.

2. UN 분담금 연체의 경우의 권한 제한

UN 헌장 제19조는 일정한 경우에 특정한 권한을 제한하는 규정을 구고 있다. 회원국이 분담금을 연체한 경우에 총회에서 투표권이 제한될 수 있다.[226] 역사적으로는 1963년 아이티(Haiti)와 1968년 도미니카 공화국(Dominican Republic)이 분담금을 연체하여 일시적으로 총회에서 투표권이 제한된 바가 있다.[227] 한편 동 투표권 정지 조항은 표현상으로는 "shall have no vote"라는 형식상 요건이 구비되면 자동적으로 투표권이 제한되는 당연조항인 것처럼 되어 있다. 하지만 실제 적용에 있어서는 투표권 제한 조치는 총회의 결의로 행해진다. 국제기구는 회원국의 집합체로 어떠한 경우에도 제재는 신중해야 한다는 현실적인 필요성의 반영이라고 볼 수 있다. 한편 주의할 점은 19조 상의 자격정지는 투표권이라는 권리의 정지일 뿐이다. 회원국의 의무까지 정지되는 것은 아니다. 그러므로 아무리 권한정지 기간일지라도 의무는 여전히 부과되고 회원국은 해당 의무를 성실히 이행해야 한다.[228]

Ⅳ. 국제기구 회원 자격 종료의 구체적 방법

1. 회원 제명(expulsion)

국제기구에서 회원 제명은 보통 헌장상의 의무를 지속적으로 그리고 중대하게 위반하는 회원국을 일정한 절차를 밟아거 그 회원자격을 종국적으로 박탈하는 조치이다. 국제연맹의 경우와 마찬가지로 국제엽합(UN)은 헌장 제6조에 회원국의 제명(expulsion)에 대해 명시적으로 규정하고 있다.[229] 회원국이 지속

---

226) UN Charter, Article 19: A Member of the United Nations which is in arrears in the payment of its financial contributions to the Organization shall have no vote in the General Assembly if the amount of its arrears equals or exceeds the amount of the contributions due from it for the preceding two full years. The General Assembly may, nevertheless, permit such a Member to vote if it is satisfied that the failure to pay is due to conditions beyond the control of the Member.

227) Jan Klabbers, *op cit*, p. 123.

228) *Id.*

229) The Charter of the United Nations Article 6; A Member of the United Nations which has persistently violated the Principles contained in the present Charter may be expelled from the Organization by the General Assembly upon the recommendation of the Security Council.

적으로 헌장의 원칙을 위배하면 총회는 안전보장이사회의 권고를 받아 회원국을 축출할 수 있다. 그러나 그러한 회원 제명에 대한 UN의 명시적인 규정에도 불구하고 실제적으로 회원 제명은 결코 간단한 일이 아니다. 아무리 UN 헌장의 원칙을 지속적으로 어긴 국가라고 하는 경우에도 UN에서 축출되려면 먼저 거부권(veto power)을 가진 안전보장이사회 상임이사국이 일치된 의견으로 총회에 축출을 권고하여야 한다. 그런데 그것은 상임이사국 어느 한 나라의 거부권 행사로 간단히 좌절될 수 있다. 또한 안전보장이사회 상임이사국이 모두 동의하여 안전보장이사회의 결의를 통과한 경우라고 하여도 총회에서의 회원국 축출은 헌장 제18조상의 중대한 문제로 간주되어 회원국 2/3 이상의 동의를 필요로 하는 문제이다. 그런데 총회에서 실제 2/3 이상의 결의를 달성하기는 결코 쉬운 일이 아니다.

한편 UN이라는 국제기구 자체의 입장에서도 헌장 의무위배를 이유로 회원국을 축출하는 것만이 능사는 아니다. 왜냐하면 국제기구가 어떤 국가를 축출시키면 또한 그 나라에 대한 전반적인 통솔권을 상실한다는 현실적인 의미가 있기 때문이다. 그러므로 UN의 경우는 해당 국가를 퇴출시키는 것보다는 회원자격은 유지시키면서도 해당 국가의 행위가 국제사회에서 통용될 수 없다는 것을 인식시켜 해당 국가의 국가정책 방향을 변화하도록 유도하는 것이 오히려 바람직한 방법이다.[230] 하지만 오늘날 국제기구에서 회원국의 축출을 명시적으로 규정한 경우는 적지 않고 축출 위협이나 실제 축출은 가끔 발생한다. 예컨대 유럽평의회(Council of Europe)는 식민 통치체제인 1960년대 말의 그리스의 심각한 국내적 인권유린 문제에 대하여 심대한 우려를 나타내면서 여러 번 축출위협을 하였다. 결국 그리스는 유럽평의회에 의해 강제로 축출당하기 직전에 스스로 자진 탈퇴라는 수순을 밟았다.[231]

2. 국제기구의 해산(dissolution)

국제기구의 경우에 회원 자격의 제명이 회원권을 박탈하는 가장 극적인 방법이기는 하지만 유일한 방법은 아니다. 흔한 일은 아니지만 국제기구의 해산도

230) Jerzy Makarczyk, "*Legal Basis for Suspension and Expulsion of a State from an International Organization*" (1982) 25 GYIL, pp. 476-489, 그리고 Jan Klabbers, *op cit,* pp. 120.

231) Magliverras, '*Exclusion from Participation*', pp. 74-75.

회원자격이 상실되는 또 다른 방법이 된다. 국제기구 역사적으로는 1946년 4월 국제연맹 총회에서 공식적으로 국제연맹 해산 결의를 한 사례가 있다. 비교적 최근 사례로는 바르샤바 조약기구(Warsaw Pact)와 경제상호원조회의, 일명 코메콘(Comecon) 해산 사례가 있다. 바르샤바 조약 기구는 흐루시초프의 제안에 의해 1955년 3월 14일 동유럽 8개국이 바르샤바에 모여서 결성한 군사조약으로 냉전의 종식과 함께 1991년 7월 1일 프라하 모임에서 공식적으로 해체가 선언되었다.[232] 한편 소비에트 연방공화국이 주도한 경제상호원조회의인 코메콘(The Council for Mutual Economic Assistance : COMECON)은 공산주의 국가들의 경제모임으로 소위 동유럽 경제공동체를 형성한 국제기구였다. 그러나 이 또한 소비에트연방의 해체와 더불어 1991년 해산되었다.[233]

3. 탈퇴(withdraw)

1) 서 언

국제기구의 회원자격은 물론 회원국의 자발적인 탈퇴로 종료될 수 있다. 개별 회원국들은 주권성(sovereignty)에 터 잡아 당연히 국제기구에서의 탈퇴 권한이 있다는 견해도 있다.[234] 일부 국제기구는 일정한 기간 동안 다른 회원국에 대한 탈퇴의사 고지기간을 설정하고 그리고 분담금과 같은 국제기구에 대한 의무이행 완수를 조건으로 탈퇴권한을 인정한다. 고지기간의 설정은 일종의 숙려기간으로서 다시 한 번 심사숙고하여 탈퇴의사를 번복할 시간적 여유를 주기 위한 것으로 이해된다.[235] 한편 헌장에 탈퇴에 대한 명시적인 규정이 없는 경우

232) 회원국은 당시 소비에트연방, 폴란드, 체코슬로바키아, 동독, 헝가리, 루마니아, 불가리아, 알바니아였고, 1968년 9월 알바니아가 탈퇴했다. 1985년 4월 26일 유효기간을 20년 더 연장하였으나, 1990년 10월 독일이 통일하면서 동독이 탈퇴하였고 1991년 소비에트연방의 해체와 더불어 유명무실해졌다. 참고, Modern History Sourcebook, The Warsaw Pact, 1955, Soviet News, No. 3165 (May 16, 1955), pp. 1-2.

233) 1947년 미국이 제안한 마셜 플랜(유럽부흥계획)으로 동유럽 여러 나라가 동요하자, 동요를 막고 서방세계의 마셜 플랜에 대항하기 위해 소련 주도 하에 1949년 1월 불가리아·헝가리·폴란드·루마니아·체코 등 6개국이 참가하여 경제통합 조직을 창립하였다. 1960년대 이후 코메콘은 유럽경제공동체(EEC)에 대항하여 경제협력 차원을 넘어서서 경제통합으로 활동형태를 바꾸었다. 그러나 1989년 동유럽의 민주화 변혁은 코메콘의 체제를 근본적으로 뒤흔들어 1990년 1월 불가리아의 소피아에서 개최된 코메콘 10개국 지도자 회의는 종래의 엄격한 중앙경제계획에서 시장중심의 무역체제로의 전환을 결의하였다. 1991년 6월 제46차 총회에서 모든 조약과 문서를 취소시키고 기구해체 의정서에 서명함으로써 공식 해산되었다.

234) Sing, *'Termination of Membership'*, p. 93.

235) 역사적으로는 1928년 스페인이 국제연맹에서 탈퇴할 것을 공표하였다가 숙려기간 동안 철회한 사례가 있다. Broms, *'Equality of States'*, p. 133.

에도 앞서 살펴본 바와 같이 국제법의 일반원칙에 입각하여 탈퇴할 수 있다고 할 것이다. 그러나 어떤 회원국이 국제기구에서 탈퇴하려고 하는 경우에 잔류하도록 설득하여 국제기구에 협조하도록 하는 것은 국제기구의 본래 임무는 아니다.[236)]

한편 국가 간의 이해관계가 대립하는 국제기구에 있어서 앞서 살펴본, 일종의 국제적 그리고 역사적 망신이라고 할 수 있는 축출을 피하기 위해 일반적인 탈퇴와 축출의 중간 방법으로 소위 강제적 탈퇴(compulsory withdrawal)의 방법을 사용하기도 한다. 예컨대 국제통화기금(IMF)은 축출의 세련된 도피방법으로 헌장인 IMF 합의문(Agreement) 제26조 제2항에 의무위반 회원국을 당장 축출시키지는 않지만 IMF 기금을 사용할 자격을 제한함으로써(ineligible to use the general resources of the Fund) 탈퇴를 압박하는 소위 강제탈퇴 조항을 두고 있다.[237)] 실제로 IMF가 정한 이러한 강제탈퇴 방법으로 1954년 체코슬로바키아(Czechoslovakia)의 회원자격이 종료된 전례가 있다.[238)]

2) 문제된 사례

회원국의 탈퇴와 관련해서는 UN을 비롯한 국제기구에서 문제가 된 몇 가지 사례가 있다. 이것을 살펴보는 것은 국제기구에서의 탈퇴의 쟁점에 대한 이해에 많은 도움이 된다. 1965년 1월 인도네시아는 UN에서의 탈퇴의사를 공표하였다. 그러나 다른 회원국들은 인도네시아 탈퇴 의사 수용에 대한 의사표명 없이 아무런 대응도 하지 않았다. 한편 인도네시아는 탈퇴의사를 표명한 이후에 실제로 UN의 활동에 소극적으로 협조하지 않았다 하지만 소극적 불협조 이외에 별다른 일은 야기되지 않았다. 그 후 인도네시아는 1966년에 이르러 UN에 전폭적으로 협조하겠다는 의사를 다시 표명했다. 이러한 인도네시아의 의견표명은 논쟁없이 수용되었다. 국제기구법 학자들은 결과적으로 1965년의 인도네시아의 탈퇴 의사표명은 단지 인도네시아가 약 1년 기간 동안 UN의 활동에 참가하지 않았던 것으로 간주한다. UN 사무총장도 인도네시아의 불참을 탈퇴가 아니라 일

236) Sing, *'Termination of Membership'*, p. 93.

237) Articles of Agreement of the IMF; Article XXVI, Section 2. Compulsory withdrawal

(a) If a member fails to fulfill any of its obligations under this Agreement, the Fund may declare the member ineligible to use the general resources of the Fund. Nothing in this Section shall be deemed to limit the provisions of Article V, Section 5 or Article VI, Section 1.

238) 한편 체코슬로바키아는 1990년에 다시 입회가 허가되었다.

시적인 "협조 중단(cessation of co-operation)"이라고 표현했었다.[239)]

그러므로 인도네시아는 UN 회원국이 되기 위해 새로운 가입신청 절차를 밟을 필요가 없고 실제로도 그렇게 하였다. 더불어서 인도네시아는 협조 중단 기간 동안 회원자격을 유지하였더라면 납부하였을 분담금의 10%만을 납부할 것을 인정받고 그 액수만을 완납했다. 그러나 UN 내부적으로는 1965년 한 해 동안 인도네시아 케이스가 법적으로 명료했던 것은 아닌 것으로, UN 연감은 1965년에 인도네시아를 회원국으로 등재하지 않았었고, 다수의 위원회에서 인도네시아는 다른 회원국으로 교체되었었다.[240)] 1950년대 소비에트 블록(Soviet bloc)이 집단으로 세계보건기구(WHO)에서 탈퇴의사를 표명했었다. 그러나 그것 역시 정식 탈퇴가 아닌 일정기간의 비협조로 간주되었다. 또한 폴란드와 헝가리 그리고 체코슬로바키아가 1954년과 1963년도에 UNESCO에서 탈퇴의사를 표명한 사례에 대해서도 일시적인 비협조로 간주되었고 정식 탈퇴로 인정되지는 않았다.[241)] 한편 정식 탈퇴로 인정된 경우도 적지 않다. 예컨대 1956년도의 남아프리카공화국이 UNESCO에서 정식 탈퇴하였고, 남아프리카공화국은 1964년도에는 ILO에서도 공식 탈퇴했다. 한편 미국도 1977년 ILO를 공식적으로 탈퇴했다가 1980년도에 재입회한 사례가 있다.

국제기구에서 정식탈퇴인가 아닌가는 추후 해당 국가들의 진정한 협조의사가 반영되어 케이스별로 결정되었음을 보여준다. 여하튼 주권국가가 진정으로 탈퇴의사를 종국적으로 명백하게 한 경우에는 몇 년 후에 그 의사를 변경한다고 하는 경우에도 이미 공식 탈퇴한 것으로서, 국제기구에 참여하기 위해서는 원칙적으로는 새롭게 회원자격 신청의 절차를 거쳐야 한다.

탈퇴와 관련된 또 다른 현저한 쟁점을 보여주는 사례로는 프랑스가 북대서양 조약 기구(NATO)에서 부분탈퇴를 선언한 경우가 있다.[242)] 프랑스는 NATO의 회원국으로는 남으면서 NATO의 부속기구로 NATO의 일부를 구성하는 군사조

---

239) Jan Klabbers, *op cit,* p. 125. UNJY(1966), pp. 222-223.

240) 이러한 연유로 Conforti는 1965년도의 인도네시아 케이스를 재 허가된 탈퇴사례로 본다. Conforti, *'The United Nations',* p. 38.

241) UNJY(1966), pp. 267-269.

242) 북대서양 조약 기구(北大西洋條約機構, North Atlantic Treaty Organisation: NATO)는 1949년 4월 4일에 제2차 세계대전 후 동유럽에 주둔하고 있던 소련군과 군사적 균형을 맞추기 위하여 유럽의 여러 국가와 미국 및 캐나다 사이에 체결된 군사 방위 조직이다. 나토는 1989년 까지 소련 및 동유럽 공산주의 국가들의 방위 체제인 바르샤바 조약 기구와 군사, 정치적 균형을 이루는 데 공헌한 것으로 평가되고 있다.

직에의 참여만을 거부했다. 프랑스는 그러한 행위를 국제법적 관점에서 원 조약(original treaty)과 조약에 의해 창설된 부설기구를 분리한다는 법 이론에 근거하여 정당성을 주장했다. 그래서 프랑스는 창설조약의 멤버로는 남지만, 뒤에 조직된 기구에는 참가하지 않겠다는 입장이었다.[243] 상세는 후술한다.

4. 국제기구 헌장의 수정(amendment)

많지는 않지만 국제기구의 회원자격이 상실되는 또는 상실시키는 또 다른 특별한 경우로는 기술적인 방법으로 국제기구 헌장의 수정을 통해서도 이루어진다. 어떤 국제기구들은 창설 헌장을 수정하면서 만약 회원국이 수정된 헌장을 비준하지 않으면 회원자격 상실조항을 규정하는 경우가 있다. 역사적으로 국제연맹 제2조 제2항이 수정된 헌장을 비준할지 여부는 회원국의 자유재량으로 하고, 비준하지 않는 경우에는 국제연맹의 회원자격을 자동적으로 상실한다고 규정했던 것이 대표적이다.[244]

5. 회원국의 소멸(cease to exist)

마지막으로 국제기구의 회원자격이 종료되는 사유로는 극히 이례적인 경우이기는 하지만 주권국가가 소멸하는 경우를 들 수 있다. 국가소멸에 의한 회원자격 상실의 가장 오래된 사례로는 1958년 단기간이기는 하였지만 이집트(Egypt)와 시리아(Syria)가 통합되어 시리아가 소멸됨으로 인하여 시리아의 UN 회원자격이 소멸된 사례가 있었다. 추후 시리아는 다시 독립국가로 분리되어 신규 가입 절차에 의해 UN에 재가입하였다.[245] 가장 명백한 경우는 소비에트연방(USSR)과 유고슬라비아의 해체에 따라 "연방" 자체가 회원자격을 상실한 경우로 그들 "연방"은 종국적으로 해체됨으로써 UN을 비롯한 제반 국제기구에서 회원자격을 영구히 상실했다. 한편 1990년 이라크(Iraq)가 쿠웨이트(Kuwait)를 침공하여 쿠웨이트를 멸망시켰을 때 물리적으로는 쿠웨이트가 소멸했음이 명백했다. 그러나 국제기구에서의 평가는 달랐었다. 국제기구는 쿠웨이트가 이라크

---

243) Vignes, *'La participation'*, p. 82. 한편 프랑스는 1992년 NATO 통합군에 재 가입했다.

244) The Covenant of the League of Nations, ARTICLE 26:

2항. No such amendments shall bind any Member of the League which signifies its dissent therefrom, but in that case it shall cease to be a Member of the League.

245) Conforti, *'The United Nations'*, p. 38. Broms, *'Equality of States'*, p. 150.

에 정복되어 부속국가가 되어 주권을 상실하고 따라서 본질적으로 국가성격이 변모되었다는 이유로 회원자격이 종료되었다고 간주하지 않았다.[246] 그에 대한 논리는 쿠웨이트를 점령한 이라크는 적국 세력(enemy power)으로 이라크는 침략전쟁을 부인하는 UN 헌장에 위배하여 주권국가인 쿠웨이트를 침공한 것으로서 그러한 불법적이고 부정당한 행위에 대해서는 세계평화와 안전을 목적으로 하는 UN의 이념 아래에 국제사회가 집단 안보권을 행사하는 정당한 이유가 되는 것으로서, 따라서 쿠웨이트의 상황은 "잠정적이고 일시적인 부정의의 상태" 일 뿐인 것으로 결코 주권국가성을 소멸한 것이 아니라는 것이다. 그러므로 쿠웨이트가 일시적으로 국제기구에서 회원으로서의 특권과 지위를 향유할 수 없었다고 해도 그것 때문에 국제기구에서의 지위에 변화가 초래된 것은 아니라고 본 것이다.

이처럼 주권국가의 소멸에 따른 회원자격 상실의 문제는 일반적으로 가급적 국가성(statehood)이 유지되는 쪽으로 해석하는 것이 국제법의 일반 원칙이다.[247] 소말리아(Somalia)의 경우도 그러하다. 사실 소말리아는 1990년대를 비롯하여 현재까지 국제적으로 대표적으로 실패한 국가(failed state)로서 효율적인 주권통치가 이루어지지 않고 있는 국가이다. 그러나 국제사회에서 소말리아를 주권국가성을 상실한 것을 이유로 회원자격을 소멸시키는 방향으로 조치시키지는 않았다. UN의 소말리아에 대한 활동은 효율적인 정부의 재구축 방향으로 집중되고 있다.

6. 맺음말

그런데 국제기구에서의 앞서 본 것과 같은 법적 그리고 사실적 다양한 회원자격의 종료(termination of membership) 방법에 따라서 적지 않은 여러 가지 문제들이 발생한다. 예컨대 파견된 상임 대표단(permanent delegation)은 어떻게 되는가? 회원 자격이 종료되는 나라 출신의 해당 국제기구 직원의 직무자격은 어떻게 되는가? 회원 자격이 종료되는 나라에 소재하는 국제기구는 어떻게 처리할 것인가? 회원 자격이 종료되는 나라가 국제금융기구에서 융자나 차관 같은 스폰서십을 계속 받을 수 있는가? 기왕의 대여금은 어떻게 할 것인가?

246) C. F. Amerasinghe, *op, cit,* p. 125.
247) Jan Klabbers, *op cit,* p. 126.

부채를 단기간에 완제해야 하는가? 아니면 존속하는 회원국들이 양해할 수 있는 문제인가?라는 의문이 이어진다. 역시 법률문제이다. 실제적으로 남아프리카공화국이 부채를 완제하지 않고 1964년 ILO를 탈퇴한 경우에 이 같은 문제에 대한 논의가 있었다.[248] 이러한 여러 가지 문제들은 케이스별로 해결될 것이다. 다만 일부 국제기구는 예컨대 해당 국제기구의 직원은 회원국적을 보유한 자로 한정한다는 명시적인 규정을 가진 경우도 있다.[249]

국제기구의 회원자격과 관련한 앞서 본 다양한 관점에서의 논의에서 유추할 수 있는 바와 같이 국제기구의 회원자격 쟁점은 한편으로는 주권국가가 자발적으로 일정한 기속을 받는 조건으로 회원이 되었다는 종속적 측면과 다른 한편으로는 그럼에도 불구하고 국제기구의 회원인 주권국가는 자신은 물론이고 국제기구에 대한 통제의 끈도 역시 가지고 있다는 주체적 측면이라는 이중의 측면 가운데 어떠한 색깔이 더욱 강조되는가에 따라서 회원자격의 상실 방법이 결정될 것이라고 할 수 있다.

---

248) Osieke, '*The International Labour Organization*', p. 35.
249) UNJY(1985), pp. 156-183.

제6장 국제기구의 재정

제1항 국제기구 예산 개관

I. 머리말

국제기구의 활동에는 많은 비용이 소요된다. 이에 재정(finance) 문제는 국제기구 기능의 심장부라고 일컬어진다. 재정은 국제기구 존립과 활동의 근거로서 국제기구는 운영비용에 충당할 재원을 마땅히 발굴해야 한다. 국제기구가 많은 예산을 확보할 수 있다면, 더욱 강력한 힘을 가질 수 있을 것으로서 예산은 인체의 피와 같은 존재이다. 국제기구는 재정이 없이는 제 기능을 할 수 없고 독립적인 존재로서 자율성을 유지할 수도 없기 때문이다.

UN에 대한 국제사회에 만연한 공공연한 불평 가운데 하나가 UN은 출범 당시의 인류와의 약속을 현실적으로 이행하지 못한다는 비난이다. UN은 후손들에게 또 다시 두 차례 세계대전과 같은 참사를 안겨 주지 않기 위해 세계 평화와 안전의 수호 그리고 인권의 보호와 증진을 목적으로 출범했다. 그러나 UN은 그 약속을 너무나 자주 지키지 못했다는. 마땅히 출현했어야 할 세계 비극의 현장에 제때 또는 아예 나타나지 못하고, 나타나는 경우에도 너무 늦게 나타나거나 기대치에 못 미치는 임무를 수행한다는 비판을 받았다. 그런 비판에 대한 UN의 해명 가운데 하나가 필요한 돈이 없기 때문이라는 것이다. 재정문제 때문이라는 것이다. 회원국들이 협조적으로 더 많은 분담금을 납부하여 충분한 재정만 있다면 더 빨리 그리고 가능한 더 많은 임무를 수행했을 것이라는 주장을 되풀이해왔다. 1960년대 초에 싱어(Singer)가 이미 다음과 같이 지적했다. "UN의 해당기관에 예산이 배정될 때까지는, 아무리 비극적 참상으로 급박하다고 하는 경우에도, UN은 아프리카 토고(Togo)를 방문해서 토고의 자치정부 수립을 지원할 수 없고, 중동에 평화유지군은 물론이고 관측관을 파견할 수도 없고, 한국에서 전쟁복구 활동을 시작할 수도 없으며, 남미 산티아고(Santiago)에서 신생정부의 행정조언 업무도 수행할 수 없다."[250] 이처럼 적정규모의 재정이 없으면 국제기구의 심장은 마비되고 심장이 마비된 국제기구는 임무 수행을 할 수 없다. 따라서 국제기구의 목적은 달성될 수 없다.

일반적으로 가계부터 국가까지 일반적인 경제주체는 재정수입을 계산하고 이를 기초로 지출을 결정한다. 그러나 국제기구의 경우에는 반대로 지출 금액을 먼저 결정하고, 충당할 수입을 결정한다. 회원국들이 국제기구의 활동에 필요한 비용에 대해 먼저 합의를 한 후에 그에 따른 재정을 분담 비율에 따라 할당한다. 그러므로 국제기구 회원국들은 원칙적으로 분담금을 납부할 의무가 있다. 회원국이 그러한 분담금을 납부하지 않는다면 그것은 회원자격에 따르는 의무를 불이행한 것으로 헌장에 규정된 제재를 받을 수 있다. 강제 분담금 이외에도 회원국들의 자발적 기부금도 중요한 재원이 된다. 유럽연합은 자체 재원창구를 가지고 있다.

이렇게 조달되는 재정은 대부분 해당 국제기구를 유지하기 위한 최소비용, 즉 적극적인 운영비용이 아닌 행정비용에 지나지 않는 경우가 대부분이다. UN의 경우 예산의 약 85%는 행정비용이다. 또한 산하 특별기구의 경우에도 약 90%의 예산은 단순한 유지비용이다.[251] 한편 국제기구의 재정지출은 부분적으로는 인플레이션의 영향 때문이기는 하지만, 국제사회의 다양한 글로벌적 문제 증대로 그 임무가 확산됨에 따라서 연년세세 증가하여 왔다. 그만큼 국제기구의 예산 문제에 대한 이해는 그 중요성을 더해간다.

II. 예산편성 과정

1. 개 관

국제기구의 예산 채택은 구속력 있는 법률행위이다. 일반적인 예산 작성 흐름을 총괄적으로 보면 개산적인 수입과 지출을 전제로 한 예산안은 예산담당 실무 기관이 연 단위로 산출하여 예산서 초안을 작성한다. 이후 예산서 초안은 유관기관의 조언과 지적을 받아 다른 소요 내용도 반영하여 최종안이 확정된다. 사무국 차원에서 작성된 예산 최종안은 국제기구 최고 의사결정기구인 총회

250) J. David Singer, Financing International Organization : The United Nations Budget Process(The Hague, 1961), vii.

251) C. F. Amerasinghe, Principles of the Institutional Law of International Organizations, p. 353.

(plenary body)에 상정되어 최종 확정 절차를 거친다.

이러한 예산안 작성 과정에서 법률적으로 가장 중요한 요체는 국제기구의 예산이 권한을 가진 해당 기관에서, 규정된 절차에 따라서 확정되었는가하는 점이다. 통상 예산에 대한 해당 기관과 작성 및 확정 절차는 헌장에 규정되어 있다. 그러나 헌장에 규정되는 경우에도 예산안 과정에 대한 상세한 내용을 헌장에 모두 규정하지는 않는다. 그래서 구체적인 재정(財政)관련 절차는 내부 규범을 별도로 제정하여 운영하는 경우가 적지 않다. 예컨대 UN은 재무규제(financial regulations)와 재무절차(financial rules)라는 별도의 예산규정을 가지고 있다. 물론 최종적으로 UN의 예산은 총회에서 확정된다.[252] 재무규제와 재무절차 규정은 예산 지출에 대한 감사절차도 정하고 있다. 또한 예산과 관련된 문제에 대한 유권해석을 내릴 기관도 설정하고 있다. 이러한 UN의 재무규제와 재무절차는 다른 국제기구의 예산 문제에 대한 모델이 된다.

2. UN의 예산 절차

UN의 경우 예산안 편성권한은 1차적으로 사무총장이 수반인 사무국의 임무이다. UN 사무총장은 **견적 예산(budget estimate)**을 작성할 권한과 책임이 있다. 사무국의 다양한 부문은 그들 각자 담당의 활동과 관련한 예산 제안을 사무국 예산 작성 주무부서에 제기한다. 소요를 제출받은 사무국 예산 작성 주무부서는 사무총장 책임 아래에 예산 개산서 초안을 작성한다. 예산 초안은 사무국의 예산 자문기관인 '계획과 예산 위원회(programme planning and budgeting board)'의 검토를 거쳐 확정된다.

사무국 차원에서 일차 완성된 예산안은 UN 총회 산하의 행정·예산문제자문위원회(Advisory Committee on Administrative and Budgetary Questions)의 심의를 거친다. 이후 총회 제5위원회(Fifth Committee of the General Assembly)에 회부되어 최종 내부 검토를 거친다. 제5위원회의 검토를 거친 예산안은 UN 총회에서 2/3의 다수결로 가결되면 확정된다.

사무국이 수립한 예산안을 검토하는 UN 총회의 행정·예산문제자문위원회와 제5위원회는 기능이 중복되는 면이 있다. 그래서 보통 행정·예산문제자문위원회

252) UN Doc 57/SGB Financial Rules/1/Rev 2/1978.

는 제5위원회의 축소판(Fifth Committee in microcosm)이라고 불리기도 한다.[253] 그러나 상설 기구인 UN 총회 산하의 행정·예산문제자문위원회는 적은 규모에도 불구하고 예산안의 마지막 관문인 제5위원회보다 기능적으로 더욱 세세하게 예산안을 점검한다.

3. 예산안의 개산(概算)

사무국이 준비하는 예산안에는 해당 기관의 임무수행과 관련하여, 해당 회계연도에 소요될 비용을 내용으로 하는 최초의 **예측 예산**(original estimates)이 포함된다. 그리고 추가된 임무 수행을 완수하는 데 필요한 **개정 예산**(revised budget estimates)도 포함된다. 마지막으로 미리 예측하지 못했거나 **특별한 비용**(unforseen or extraordinary expenses)도 포함된다. 이들 최초의 예측 예산, 필요한 개정 예산 그리고 특별한 비용이라는 3가지 측면의 재정문제 모두를 사무국이 예산안으로 획정하여 총회의 최종 의결을 받게 된다.

Ⅲ. 국제기구 예산의 정치성

국제기구의 예산은 주권국가와 국제기구 사이의 절묘한 정치적 타협의 곡예를 넘은 소위 정치적 산물이라고 평가된다. 왜냐하면 국제기구의 예산은 결국 회원국의 정치적 의견을 전제로 한 결의 과정을 거치기 때문이다. 회원국의 정치적 의견이 예산에 반영되는 방법은 매우 다양하다.

1. 예산권 결정기관의 정치적 결단

국제기구의 예산에 대해 가장 처음 부딪치는 문제는, 어떤 기관이 해당 문제에 대한 예산 획정권(power of purse)을 가질 것인가, 즉 예산권을 어느 기관에 부여할 것인가로부터 시작된다. 예컨대 UN의 경우를 보면 이 문제가 헌장 초안 작성단계에서 매우 격렬한 논의를 거쳤던 것으로, 총회가 예산에 대한 전속적 권한을 갖도록 하는 것이 과연 타당한가라는 논쟁이 있었고 안전보장이사회도 예산 권한을 가져야 하는 것은 아닌가라는 의견이 제기되었었다.

예산에 대한 권한 다툼은 UN의 전신인 국제연맹(LN)에서 이미 경험했던 것

---

253) Financial Regulations 13.1 그리고 2 각 참조.

으로, 국제연맹은 헌장에서 어떤 기관이 예산권을 갖는가에 대해 규정하지 않고 공백으로 두었었다. 결국 1930년도에 이르러 총회가 최종 권한을 가진 것으로 정리되기는 하였지만 그 동안 총회와 안전보장이사회 양대 기관 사이에 심각한 권력투쟁(power struggles)을 거쳤던 경험이 있었다.[254)]

2. 예산안 결정의 정치성

국제기구 예산의 정치성 문제는 예산안을 어떻게 그리고 어떤 방법으로 채택할 것인가의 투표방법을 결정함에도 잘 나타난다. 예컨대 1944년 UN 헌장을 준비하면서 일부 국가에서 예산안 확정과 배분에 가중 투표권 제도를 도입할 것을 제안하여 심각한 논쟁이 벌어졌다. 회원국들이 분담하는 분담금에 비례하여 투표권에 가중치를 부여하자는 주장이었다. 물론 그러한 가중치 투표권의 주장은 채택되지 않았고 오늘날과 같은 1회원국 1투표권 원칙을 채택했다. 한편 IMF와 IBRD 같은 국제 금융기구는 투표권의 가중치 제도를 채택하고 있다.[255)]

그러나 UN의 경우에도 이 같은 투표권의 가중치 문제는 여전히 오늘날에도 논란의 소지로 남고 UN 개혁의 한 가지 쟁점으로 논의된다. 예컨대 미국 의회는 1985년 상원 의원 낸시 카세바움(Nancy Kassebaum)이 제안한 소위 카세바움 수정 결의안을 통하여 UN 총회의 예산안 결정에 가중 투표권(weighted voting)의 아이디어를 도입할 것을 채택하기도 했다.[256)]

3. 예산안 편성 주체의 정치성

예산안의 준비와 집행을 국제기구의 어떤 기관에 일임할 것인가를 결정하는 문제, 역시 매우 어려운 정치적 결단의 문제이다. 예산 편성의 1차적 권한 주체의 문제는 회원국들 사이에 이해관계가 대립될 수 있는 예산안을 자국에 유리하게 반영될 수 있도록 하는 데에 직접 영향력을 가질 수 있기 때문에, 국제기구 자체와 회원국 양자 모두에게 매우 중요한 문제이다.

이 문제는 결국 국제기구의 예산안 편성권한을 예컨대 총회나 그 산하 기관처럼 정치적 이해관계가 직접 걸려있는 기관에 부여할 것인가 아니면 사무국처럼

254) J.D. Singer, Financing International Organization, pp. 2-3.
255) Jan Klabbers, *op cit,* p. 129.
256) UN financial crisis, US Department of State Bulletin, Oct, 1986.

비교적 비정치적이고 행정적인 기관에 부여할 것인가의 문제이기도 하다. UN의 경우에 창설 후 1차 UN 총회 회기에서 프랑스는 예산편성 권한을 총회 산하의 행정·예산문제자문위원회(Advisory Committee on Administrative and Budgetary Questions)에 부여하자고 제안했다. 그러한 제안에 대한 격렬한 논쟁 끝에 예산편성권은 정치적인 영향을 덜 받는 비교적 중립적인 UN 사무국에 귀속시키는 결론에 도달했다.[257)]

4. 예산안 편성 기술의 정치성

국제기구 예산의 편성 기술 또한 정치적 함의를 가진다. 국제기구의 예산안 편성은 그 자체로 회원국들의 정치적 이해관계가 걸린 문제일 뿐만 아니라, 예산안 편성 기술을 잘 활용하여 또 다른 정치적 내용을 반영할 예산안을 마련할 수 있기 때문이다. 대표적인 것이 회원국들 사이에 논란이 많은 사업을 소위 은닉예산 형태로 편성하는 것과 예산기간을 변경하는 것 그리고 예산을 대항목으로 편성하는 방법이 있다.

1) 은닉예산(budgetary concealment)

은닉예산은 명확한 주제를 가진 어떤 단일예산에 그 실체를 드러내는 것이 아니라 여러 가지 이름으로 일견 매우 필요하고 모든 회원국들에게 긴요한 것처럼 보이는 다양한 항목에 예산을 배치시키는 기법이다. 국내 예산의 경우에 국가정보기구의 예산을 다양한 부처의 예산에 배치시켜 놓는 것에 비교될 수 있다.

2) 예산기간 변경 기법

다음으로 정치성을 가진 예산을 일단 편성한 후에, 최초 예산 산정 시에 기준이었던 예산기간을 변경하는 기법도 애용된다.[258)] 예산기간의 변경은 어떤 예산을 장기적으로 확보할 수 있다는 이점 이외에도, 기간의 장기화에 따라 예산안 사용의 목적이나 평가의 의미도 달라질 수 있기 때문에 예산의 정치성을 무마시킬 수 있는 방법도 된다.

---

257) Jan Klabbers, *op cit*, p. 130.

258) Thomas M. Frank, *National against Nations : What Happened to the UN Dream and What the US Can Do about it* (Oxford, 1985), p. 257.

3) 예산의 대항목 편성

예산항목을 명료하게 세분화할 것인가 아니면 대(大) 항목으로 예산을 편성할 것인가 자체가 정치적 문제가 된다. 원래 예산 항목을 구체적으로 세분하는 것은 국제기구 예산의 정치성을 그래도 배제할 수 있는 방법이 된다. 예컨대 UN 사무국 예산을 단일항목으로 하는 것보다, 사무국의 어느 기관, 어느 부처, 어떤 비용에 대한 예산이 얼마인지를 세분하여 구체화하는 것은 UN 사무총장의 자유재량을 보다 제한할 것임은 명백하다.

제2항 국제기구의 재원(財源, Sources of income)

I. 머리말

국제기구의 주요 수입원은 통상 정규 분담금이 중심이 된다. 그러나 국제기구는 강제적 납부의무가 부과되는 강제 분담금(compulsory contributions)이외에 상당한 부분의 예산은 자발적 기여금(voluntary contributions)에 의해 충당한다. 또한 금융국제기구의 경우의 대부금에 대한 이자수입, 심지어는 국제기구가 채권을 발행하여 재정에 충당하는 경우도 있다. 사실 국제기구의 효율적인 운용을 위해 재원은 매우 중요한 아킬레스 건으로 다양한 방법의 재원 조달은 공개적으로는 말할 수 없지만 국제사회에서 대부분의 국제기구의 중요한 현안이다. 아래에서 검토한다.

II. 강제 분담금(Compulsory contributions)

1. 의 의

국제기구의 강제 분담금 또는 재정 분담금은 총회에서 납부하도록 할당 결정되는 정규 회원국들의 부담금으로 일종의 회비(會費)라고 할 수 있다. 재정 분담금은 원칙적으로 강제적 납부의무가 부가된다. 국제기구에 있어서 법적 납부의무가 따르는 강제적 분담금(obligatory contributions)이 국제기구 모든 재정의 거의 90% 이상을 차지한다.

2. 분담금 산정 방식

일반적으로 국제기구에서 강제 분담금을 결정하는 방법에는 3가지가 있다.

1) 균등분담(equal contributions)의 원칙

주권평등의 원칙을 엄격하게 적용하여 지불능력 차이 등을 고려하지 않고, 모든 회원국에게 동일한 분담금을 부과하는 방법이다.

2) 선택적 납부(optional class of contributions)의 원칙

분담액수의 등급을 설정한 후에 회원국 스스로가 원하는 등급을 선택하도록 함으로써 납부금을 스스로 결정하도록 하는 방법이다. 과거의 국제연맹, 현재의 만국우편연합(UPU), 국제전기통신연합(ITU)[259], 세계지적재산권기구(WIPO)에서 채택하고 있는 방식이다. 그러나 회원국으로 하여금 등급을 선택하도록 하는 경우 회원국들은 가급적 낮은 등급을 택하는 경향이 있기 때문에 다른 수입원이 없으면 재정부실을 초래할 위험성이 있다.

3) 사정(assessment)에 기초한 할당의 원칙

분담금을 일정한 기준에 의해 산정함으로써 회원국별로 차등적으로 납부하도록 하는 방법이다. 분담금에 대한 할당원칙은 UN을 비롯하여 대부분의 국제기구가 애용하는 보편적인 방법이다.

3. UN의 재정 분담금의 결정

1) 예산의 결정

UN 예산안은 총회가 심의하고 승인한다. 회원국이 분담할 예산 할당도 총회의 권한이다.[260] 총회는 2/3의 결정으로 어느 국가가 얼마만큼 납부할지 예산 분담금을 결정한다.[261] 총회의 예산 결정은 구속력 있는 법률행위로 회원국은 그 결정을 준수해야 한다.

---

259) 예산의 등급 설정에 대한 설명은 http://www.itu.int/net/about/budget/2008.aspx.
260) UN 헌장 제17조.
261) UN 헌장 제18조.

2) 할당 원칙(scale of assessment principle)

UN 총회는 회원국 각자의 지불할 능력에 따라서, 분담금을 결정하는 할당 원칙을 채택하고 있다. 지불할 능력, 즉 분담능력은 총 국민소득(gross national income: GNI)을 기준으로 하고, 1인당 국민소득(GDP), 외채 그리고 개발 정도 등을 감안한 부담 능력이다. 그렇게 산정된 분담능력에 기초하여 회원국의 분담금을 각국의 형편에 맞게 조절하는 것이 할당원칙이다. 1981년 UN 총회가 결정한 고려 요소들은 국내 총생산이나 1인당 국민 소득 이외에, 개발 국가와 개발도상국가의 경제적 불균형 정도, 납부 능력에 부정적인 영향을 끼칠 수 있는 정치적・사회적 그리고 경제적 제반 조건, 특정한 물품에의 지나친 의존정도, 해외 자본의 확보 능력, 축적된 국부의 정도와 각국별로 상이한 회계 기준 등을 고려하도록 했다.[262] 이렇게 다양한 요소를 고려한 지불할 능력을 감안한 할당규모는 주기적으로 심의를 거쳐 회원국의 경제적 발전 그리고 회원국 수의 추이도 감안하여 변경된다. UN은 사정된 분담율의 급격한 상승과 하락을 막아 국가 예산 편성과정의 불안정성의 부담을 줄여주기 위해 일단 정해진 할당율은 원칙적으로 3년을 최소 기준 연수로 하여 그 기간 동안은 동일 요율을 적용한다.[263] 그러나 실제에 있어서는 UN 총회는 매년 할당 기준을 재검토한다.[264]이처럼 원칙적으로 할당원칙에 입각하지만 UN 예산획정의 어떠한 결정도 궁극적으로는 각국의 사정과 외교관계를 고려한 정치적 결정이 된다.

3) UN의 재정 분담금 변천

가. 2006년 이전 재정 분담금

UN의 할당원칙에 의할 때 1946년의 지불능력만을 기준으로 하여 분담금을 사정한 결과 미국이 UN 전체 예산의 49.89%를 분담하게 되었었다. 그러나 미국은 개별 회원국이 분담금의 1/3이상을 지불해서는 안 된다고 강력히 주장했다. 미국의 주장이 일부 수용되어 1948년에 미국의 분담율은 39.89%로 결정되었다. 그 후 UN 총회는 결의안을 통해 분담금 상한을 30%로 1972년도에는 다시 25%로 떨어뜨렸다. 그 동안 미국이 25%로 유일하게 상한을 부담했고 2위

---

262) GA Rs. 36/231 A. 1981. 12.18.

263) GA Rules of Procedure, Ruke 160.

264) United Nations, *UN Repertory of Practice*, Vol. I p. 537.

일본이 19. 468%의 분담금을 부담했다. 그런데 미국 상원은 1999년 6월 UN 정규 예산 분담율을 25%에서 20%로 그리고 평화유지활동 경비 분담율을 31%에서 25%로 다시 떨어뜨리는 법안을 일방적으로 통과시켰다. 또한 2000년 10월 말 당시 15억 8천 6백만 달러의 UN 연체금을 지렛대로 체납액의 지불을 조건으로 UN과 협상하여 정규 예산 분담율 상한을 25%에서 22%로 그리고 평화유지활동 경비 분담율 상한을 31%에서 27%로 떨어뜨리는 데 UN과 합의했다. 한편 UN은 최소 분담 비율도 정하여 UN 예산의 0.001%로 조정했다. 2016년 기준으로 대한민국의 분담금은 2.039%로 세계 13위 수준(PKO 예산은 세계 12위)이다.[265]2017년 현재 유엔의 연간 예산은 대략 41억 9천만 미국 달러에 준한다.

나. 2006년 이후 현재의 각국 재정분담금

20157년 12월 231일 UN 총회 결의에 의해 할당된 2017-2018년의 대표적 국가의 재정분담 비율은 다음과 같다.[266] 미국이 유일하게 최고 분담금인 22%를 부담한다. 일본 9.680%, 중국 7.921%, 독일 6.389%, 프랑스 4.859%, 영국 4.463%, 이탈리아 3.748%, 러시아 3.088%, 캐나다 2.921%, 스페인 2.443%, 한국 2.039%, 멕시코 1.435%, 스위스 1.140%를 할당받았다. 북한은 0.005%를 분담 받았다. 반면에 옵서버인 팔레스타인 해방기구도 0.007%를 할당받았다. 최고 22% 최소분담률은 0.001%로 결의 했다.

4) UN 평화유지활동 분담금

가. 평화유지활동 예산의 할당 방법

UN 평화유지활동비용도 회원국에게 강제적 납부의무가 있는 재정 분담금에 속한다. 평화유지활동 분담비율은 역시 정규예산 분담률과 연계지어 할당한다. 그러나 UN은 평화유지활동(PKO) 비용을 정규예산 이외의 특별계정(special account)으로 운영하고 있다.

---

265) 유엔정규분담금 분담률, http://www.index.go.kr/potal/main/EachDtlPageDetail.do? idx_cd=1686.

266) Resolution adopted by the General Assembly on 23 December 2015, http://www.un.org/ga/search/view_doc.asp?symbol=A/RES/70/245.

나. 그룹(Group)별 분담률 할당

UN은 현재 회원국을 4개의 그룹으로 나누어 그룹별로 평화유지활동 분담률을 획정하고 있다. 2007년 평화유지활동 비용은 약 50억 달러로 이것은 UN 정규예산의 2.5배에 달하는 금액이다.

A 그룹: 정규예산 분담율 + 보충 분담율로 안전보장이사회 5개 상임이사국이 분담한다.
B 그룹: 정규예산 분담율과 동일한 분담율로 서방 선진국이 해당된다.
C 그룹: 정규예산 분담율의 20%로 개발도상국이 이에 속한다.
D 그룹: 정규예산 분담율의 10%로 최저개발국이 이에 속한다.

5) UN에서의 한국의 재정분담금

가. 정규 분담금

한국은 1991년 UN에 가입할 당시에는 0.69%의 분담율을 할당받았었다. 1997년에 이르러 정규예산 분담율이 0.82%로 상승했다. 그러나 미국은 한국의 분담금은 경제력에 훨씬 미치지 못한다면서 분담율 인상을 강력하게 촉구했다. 미국의 압력은 물론 어느 정도는 자국의 분담율을 감소시키려는 의도에서 비롯된 것이었다. 이후 한국의 분담율은 지속적으로 상승하여 전술한 바와 같이 2017년 현재 2.0393%를 분담하고 있다.

나. 평화유지활동분담금

한국은 1991년 UN에 가입할 당시에는 C그룹에 속하여 정규예산 분담율의 20%인 0.138%를 할당받았었다. 그러나 미국은 한국이 1996년도에 경제협력개발기구(OECD)에 가입한 것을 계기로 그룹 C에서 그룹 B로 상승해야한다고 강력히 주장했다. 이에 한국은 점진적이고 자발적인 이동을 약속했다가 1997년도의 IMF 외환 위기로 그 시행이 일시 지연되었다. 그러나 한국은 2005년부터 B그룹으로 이동하여 정규예산 분담율과 동일한 분담율로 평화유지활동분담금을 할당받고 있다.

4. 기타 국제기구의 경우

가. 균등분담 또는 선택적 분담제도의 채택

오늘날 균등 분담의 원칙을 따르는 국제기구는 석유수출국기구(OPEC)[267]와 라인 강(江) 항해 중앙위원회(Central Commission for Navigation on the Rhine : CCNR) 두 군데뿐이다.[268] 회원국의 선택적 분담제도를 채용하는 국제기구에는 과거의 국제연맹, 현재의 만국우편연합(UPU), 국제전기통신연합(ITU)[269] 그리고 세계지적재산권기구(WIPO)가 있다.[270] 한편 UN 산하기구로 현존하는 국제기구 중에서 두 번째로 오랜 역사를 가지는 국제전기통신연합(ITU)은 회원국들에게 예산 기여에 대한 다양한 옵션을 제공하고 선택권을 부여 한다. 그리하여 ITU 회원국들은 스위스 정부와 자신이 선택한 분담금 종류에 대한 계약을 체결한다.[271]

나. UN 할당 원칙의 채용

UN 할당 원칙은 UN 산하의 전문기구를 포함한 대부분의 국제기구가 애호하는 예산획정 방식이다. 지역 기구 가운데에서도 UN의 할당원칙을 따르는 국제기구가 적지 않다. 특히 미주기구(OAS), 아프리카연합(AU) 그리고 유럽자유무역연합(European Free Trade Association : EFTA)[272]은 기구의 예산 확정에

---

267) OPEC Statute, 제37조 제C항 ;
Budget appropriations shall be apportioned on an equal basis among all Member Countries, after taking into consideration the annual subscriptions of the Associate Members.

268) C. F. Amerasinghe, *op, cit,* p. 359.

269) 예산의 등급 설정에 대한 설명은 http://www.itu.int/net/about/budget/2008.aspx.

270) Convention Establishing the World Intellectual Property Organization, 제11조 제4(a) For the purpose of establishing its contribution towards the budget of the Conference, each State party to this Convention not member of any of the Unions shall belong to a class, and shall pay its annual contributions on the basis of a number of units fixed as follows2 :

Class A 10
Class B 3
Class C 1

271) C. F. Amerasinghe, "Financing", p. 318.

272) 유럽경제공동체(EEC, 현재의 EU)에 가입되어 있지 않던 유럽의 7개의 나라가 EEC에 대항하기 위해서 영국이 중심이 되어 1960년에 설립한 기구였다. 현재는 아이슬란드

있어서 모두 UN의 할당원칙을 따른다. 한편 국제기구에 따라서는 UN이 산정하는 지불능력에 더하여 다른 요소를 참작하기도 하고, 분담능력을 다른 기준으로 인정한다. 예컨대 국제해사기구(IMO)는 등록되어 있는 선박의 총 톤수를 기준으로 분담금을 할당한다. 또한 국제포경위원회(International Whaling Commission : IWC)는 일정한 고정 분담금에 더하여 해당 체약국이 소유하고 있는 포경모선의 개수, 포획고래 처리 작업장 수, 전년도 포획실적, 회기 참석 대표단의 숫자 등을 기초로 분담 가산액을 산정한다.

5. 재정 분담금의 상한과 하한

1) 상한 비율(ceiling rate)

국제기구가 소수의 대국(大國)에게 경비를 크게 의존한다면 국제기구의 독립성은 확보되기 어렵다. 그러므로 UN 예산이 일부 국가의 분담금에 크게 의존할 경우 UN의 독립을 저해할 수도 있다는 논리에 의거하여 UN은 1972년도에 분담금의 상한 비율 제도를 도입했다. 그리하여 원칙적으로 한 회원국이 경상 경비 총액의 25%를 초과 분담할 수 없도록 상한선을 설정했었다.[273] 2000년 12월 UN 총회는 25% 상한 부담을 22%로 하향 조정했다. 오늘날 미국이 유일한 22% 상한 분담률 부담 국가이다.[274]

2) 하한 비율(floor rate)

아무리 약소국이라고 하더라도 UN의 경우 1국 1표제를 채택하는 주권평등의 원칙상 국력과 무관하게 동일 가치의 투표권이 인정된다면, UN에 최소한의 재정적 기여는 해야 한다. 이러한 견지에서 분담금의 하한 문제도 논의되어 UN 총회는 1946년에 최초로 하한을 0.04%로 결정했다. 그러나 이 하한액수는 1980년 인구 12만 명의 카리브 해 섬나라인 세인트 빈센트 그레나딘(Saint Vincent and the Grenadines)을 배려하여 회원국의 최소 분담금은 0.001%로 더욱 낮아졌다.[275] 오늘날 UN 전문기구인 국제노동기구(ILO), 식량농업기구

공화국, 노르웨이, 스위스 연방, 리히텐슈타인 공국 총 4개의 국가가 회원으로 이들은 모두 유럽연합(EU)에는 가입하지 않았다.

273) GA Rs. 2961B(XXVII). 1972. 12.13.

274) http://www.un.org/ga/search/view_doc.asp?symbol=A/RES/70/245.

275) *Id.*

(FAO), 유네스코(UNESCO), 세계보건기구(WHO), 국제원자력기구(IAEA)도 UN의 하한율을 따르고 있다.

6. 분담금 납부통화

국제기구는 본부가 소재하는 국가에서 대부분의 비용을 사용하기 때문에, 분담금을 받을 때 소재국의 통화로 납부 받는다. 물론 본부 소재지 국가 밖에서의 활동을 위해서 다른 통화가 필요하기도 하다. 오늘날 대부분의 국제기구는 미국 뉴욕과 스위스 제네바 그리고 오스트리아의 비인에 있다. 소재지가 뉴욕에 있는 국제기구는 미국 달러, 제네바의 경우에는 스위스 프랑으로 납부할 것을 요청한다. 비인의 경우는 과거 오스트리아의 실링 화를 사용했으나 유럽연합(EU)의 영향으로 2002년 1월부터 유로화를 요청한다. UN은 달러화로 지불하는 것을 원칙으로 하나, 미국 달러화의 지불이 곤란한 회원국의 경우에는 UN 재무관의 결정에 의해서 다른 통화로의 납부가 허용된다.

III. 자발적 기여금(voluntary contribution)

1. 의의와 중요성

오늘날 대부분의 국제기구에서 정규 분담금만으로 예산이 모두 충족되는 경우는 거의 없다. 그러므로 정규 예산의 보충으로 자발적 기여금은 매우 중요하다. 어떤 국제기구의 경우는 헌장에 명시적으로 자발적 기부금에 대한 규정을 두고 있는 경우도 있다. 대표적으로 핵에너지를 군사적인 목적으로 이용하는 것을 막고 평화적인 목적의 이용을 장려하기 위해 1957년 7월 9일에 UN과 별도로 설립된 국제원자력기구(International Atomic Energy Agency : IAEA)는 헌장 제14조 제F항에 자발적 기부금을 명시하고 있다.[276] 또한 세계보건기구(WHO) 헌장 제56조도 회원국들로부터의 선물과 현물의 유증(bequest)을 규정

---

276) STATUTE OF THE IAEA (INTERNATIONAL ATOMIC ENERGY AGENCY), ARTICLE XIV : F항: Any excess of revenues referred to in paragraph E over the expenses and costs there referred to, and any voluntary contributions to the Agency, shall be placed in a general fund which may be used as the Board of Governors, with the approval of the General Conference, may determine.

하여 자발적인 기부금을 예정하고 있다.[277] UN의 경우에도 자발적 기여금은 특히 "프로그램(Program)"이나 "펀드(Fund)"라는 명칭을 갖는 보조기관의 중요한 재원이 된다.

2. 자발적 기부자

세계보건기구 헌장이 예정한 것처럼 자발적인 기부는 회원국을 포함한 국가뿐만이 아니라 일반 자연인도 할 수 있다. 예컨대 가장 유명한 자연인 기부는 미국 언론 재벌로 CNN의 창설자인 테드 터너(Ted Turner)의 UN에 대한 기부가 있었다. 그는 1997년 9월 18일 UN에 십억 달러를 기부하여 "지구를 구한 자선가"라는 애칭을 받았다.[278] 터너는 더 나아가 1998년도에 또 다시 십억 달러 기부를 약속하고 자신의 기부금을 포함하여 다른 여러 기부금을 관리할 UN 재단(United Nations Foundation)을 창설했다. 2006년도에 UN 재단은 터너가 기부한 6억 달러와 일반인을 포함한 일반 대중의 기부금으로 마련된 4억 달러 등 도합 10억 달러를 UN에 헌납했다.[279] 한편 공개하지는 않았지만 UN은 1987년 사무총장의 전속사용을 조건으로 고급 리무진을 제공받은 일도 있다.[280] 국제기구에 따라서는 글로벌적인 공정한 업무 수행을 위해 선물 제공을 제한하는 경우도 있다. 예컨대 UN 법무실(Office of Legal Affairs)은 UN 특별기구인 UN 산업개발기구(UNIDO)의 경우를 특정하여, 어떤 선물의 기부를 받을 수는 있지만, 그것이 동 기구의 지속적인 재원으로 되는 경우에는 수령이 제한된다는 법률자문 의견을 제시했다.[281] 한편 UN의 회원국이 아닌 로마 교황청(Holy See)이 2007년 10,004달러를 기부하기도 했다.[282]

---

277) Jan Klabbers, *op cit*, p. 140. CONSTITUTION OF THE WORLD HEALTH ORGANIZATION, 제57조, The Health Assembly or the Board acting on behalf of the Health Assembly <u>may accept and administer gifts and bequests</u> made to the Organization provided that the conditions attached to such gifts or bequests are acceptable to the Health Assembly or the Board and are consistent with the objective and policies of the Organization.

278) Ted Turner "Saves World ... and Taxes", *The Economist*, 27 September 1997, p. 53. 상세한 내용은 http://www.unfoundation.org/about-unf/the-turner-gift.html.

279) United Nations Foundation, *available at*, http://www.unfoundation.org/about-unf/.

280) UNJY (1987), p. 170.

281) UNJY(1974), pp. 174-175.

282) Status of Contributions as at 31 January 2007 (January 31, 2007)

3. 자발적 기부의 법적 성격

자발적 기부는 어떤 법적인 의무 없이 해당 당사자의 단독 의사표시로 이루어지는 일방적인 의사표시에 해당한다. 그러나 일단 국제기구가 자발적 기부를 수락하면 이제는 그에 따른 법적인 의무가 창설된다. 일단 기부금 약정이 이루어지고, 동 기부금이 국제기구의 예산 내역으로 편성되면 약정자는 국제법적인 납부의무를 부담하게 된다. 물론 이 경우의 법적인 의무는 헌장에서 유래되는 의무는 아니고, 신의성실의 원칙과 금반언의 일반 원칙에서 발생한다고 할 것이다.[283)]

4. 자발적 기부의 영향력과 부작용

자발적인 기부는 자연인도 가능하지만 회원국가가 하는 경우도 적지 않다. 문제는 그러한 경우에 기부를 하는 회원국은 기부를 통해서 해당 국제기구에 상당한 정치적 영향력을 행사할 수 있는 이점을 얻게 되는 것을 부인할 수 없다는 점이다. 그들은 기부금으로 이루어지는 특별한 프로젝트에 다른 회원국들의 참여를 배제한 채, 국제기구와 해당 프로젝트를 통하여 다른 나라에도 지속적인 영향력을 행사할 수도 있게 된다. 이처럼 자발적 기여금제도는 자신이 원하는 프로그램에만 재정적인 지원을 할 수 있기 때문에 참여자에게도 그의 진의에 따른 만족감을 줄 수 있다. 그러나 이러한 경우에 사실 많지 않은 기부금으로 훨씬 커다란 영향력을 행사할 수도 있고, 그것은 결국 해당 국제기구의 기능을 내부에서부터 좀먹는 부작용을 초래할 수 있다는 위험성이 제기된다.[284)] 또한 자발적 기여금제는 참여자의 자발적인 의사에 의존하기 때문에, 어느 정도의 기금이 확보될 수 있는가에 대한 예측이 어려워 구체적인 활동 계획을 수립하기가 쉽지 않다. 이런 이유로 국제기구들은 2000년도부터 3년을 단위로 하는 '다년도 자금 조달틀(multi year funding framework : MYFF)'을 실시하고 있다.

ST/ADM/SER.B/709. p. 244.

283) Jan Klabbers, *op cit,* p. 140.

284) Jan Klabbers, *op cit,* p. 141.

IV. 자체 재원의 확보 – EU의 경우

1. 개 관

유럽연합(EU)의 경우에는 지속적으로 자금을 조달할 수 있는 자체 재원을 가져 많은 국제기구의 부러움을 자아낸다. 초창기 유럽공동체(European Community) 시절부터 유럽연합은 단순한 회원국의 자발적 분담 회비만으로는 기구의 운영이 어렵다는 것을 직시했다. 예컨대 초창기 유럽공동체 임무의 중요한 부분을 차지한 유럽연합의 공통농업정책(Common Agricultural Policy : CAP)은 상당한 예산이 지출되는 분야였다. 공통농업정책은 유럽연합 국가들에게 농업 보조금을 지급해 주는 시스템으로, 소요된 예산은 2005년 기준으로 약 4300억 유로였다. 그 금액은 유럽연합 전체 예산의 약 44%를 차지하는 방대한 예산이다. 이 같은 유럽연합의 공통농업정책은 사회적 변화에 따라서, 식품의 안전이나 환경 보호, 채산성, 대체 연료 등의 중요성에 꾸준히 관심을 더해가고 따라서 비용지출은 계속 증대될 것이 예상된다.[285] 이러한 상황에서 유럽연합 회원국들은 회원국들의 분담금만으로는 재원 조달에 한계가 있다고 보고, EU의 자체 재원(own resources) 체계를 구상하게 되었고, 그러한 구상은 여러 단계를 거쳐서 지속적으로 확충되어, 오늘날 자체 독립 채산시스템에 이르게 되었다. 그 가운데 하나가 1970년 유럽공동체 이사회의 결의로 이루어진 3가지 재원이다.

2. 재원의 종류

재원의 첫 번째는, 유럽공동체 관세의 창설이다. 그것은 유럽공동체 밖에서 유입되는 물품에 대해서는 유럽공동체 관세가 부과되고 그것은 직접 유럽공동체의 재원이 된다. 물론 구체적인 관세 부과는 회원국 각자가 그들 관세 공무원들을 통해서 수행하지만 그렇게 부과된 관세는 회원국가의 수입이 아니라 직접

285) EU 공통농업정책은 최소 가격 보장과 가격 보조 계획을 통해 곡물과 경작지에 대해 직접 보조금을 제공하는 것으로, 목적은 EU 국가 농가들에게는 적절한 생활수준을 보장해 주고, 소비자에게는 적정한 가격으로 품질 좋은 식품을 제공하며, 더 나아가 EU 국가 내에서의 농업 문화유산을 보호하려는 데에 있다.

유럽공동체의 수입으로 이체된다. 두 번째는, 유럽연합에서 생산되는 농산품에 대한 세금이다. 세 번째가 역내에서 이루어지는 물품거래에 대한 1% 부가가치세(Valued Added Tax : VAT)의 부과이다. 세율은 수시로 조정된다.

제3항 국제기구의 기타 재정과 확충 노력

I. 국제기구 재정의 기타 재원

1. 서비스의 제공과 물품 판매

법정 분담금과 자발적 기부금 이외에 국제기구는 상업적 관점에서의 용역이나 상품판매를 통하여 예산을 조달하기도 한다. 예컨대 IMF나 세계은행 같은 금융기구는 국제적인 금융 서비스를 제공하고 수입을 얻는다. 또한 전문적인 과학기술 분야인 핵(核) 분야의 경우에 국제원자력기구(IAEA)는 제공하는 시설과 용역에 대한 필요비용을 받는다. 전 세계 굶주리는 어린이를 위해 긴급 구호, 영양, 예방 접종, 식수와 환경 개선, 기초 교육과 어머니를 돕기 위한 UN 아동기금(United Nations Children's Fund : UNICEF)은 연하장 판매로 상당한 기금을 조성한다. 또한 만국우편연합은 주기적으로 기념우표를 발행하여 자금을 조달한다. 일부 국제기구는 출판물의 판매를 통해서도 상당한 자금을 확보하기도 한다.

2. 기채(起債)와 차입

국제기구는 재원 부족을 극복하기 위해 채권(債券, bonds)을 발행하여 자금을 조달하기도 한다. 예컨대 UN은 1960년대 자금위기 때 비록 1억 6천 9백만 달러만이 판매되기는 하였지만 약 2억 달러 규모의 채권(bonds)을 발행하기도 했다.[286] 또한 세계은행(IBRD)은 세계은행 채권을 발행하여 자금의 대부분을 조달하며 각국의 중앙은행으로부터 차입을 하기도 한다.

286) Mills, "The Financing of UN Peacekeeping Operations", p. 97.

3. 특허료, 이자, 배당수입

인류의 창조적 지적활동을 증진하고 전 세계를 통하여 지적재산권의 보호를 도모하기 위해 1967년도에 창설된 UN 15개 전문기구 가운데 하나인 세계지적재산권기구(World Intellectual Property Organization : WIPO)는 개인의 특허, 상표, 산업 디자인 등록에 따른 수수료가 예산의 상당부분을 차지한다.[287] 한편 IMF와 같은 금융 국제기구의 경우에는 대부금과 투자에 대한 이자와 배당수익이 재정의 상당한 부분을 차지한다.

4. 국제기구 명칭과 엠블럼 대여료 문제

한편 UN의 경우 상업적 목적으로 "United Nations" 또는 "UN"이라는 명칭과 엠블럼이나 변형 도안을 사용하여 재원 조달을 도모하려 했다. 그러나 사무국 산하의 법무실은 상업목적의 UN 명칭 사용을 적극적으로 반대했다. 법무실의 입장은 만약 UN이 그러한 상업적 목적으로의 명칭과 엠블럼 사용을 허용한다면, 그것은 그러한 생산품에 대해 인류에게 UN과의 연관성이 있는 것으로 오도하여 잘못된 수요를 유발할 수도 있고, UN과의 비정상적인 유대관계를 호도할 수도 있게 하여, 전 세계 인류의 보편적 가치를 지향하는 UN의 지향과는 양립될 수 없음을 지적했다.[288] 법무실의 견해는 상업적 그리고 재정적 목적을 넘어서는 전 세계 인류를 향한 UN의 이념과 가치는 그와 같은 상업적 연관이 이루어지는 경우에 명예에 손상을 받지 않을 수 없을 것이라는 것이다. 하지만 예외가 없는 것도 아니어서, UN 법무실도 세계 장애인을 위한 행사의 물품에 UN 명칭과 엠블럼을 사용한 것을 반대하지는 않았었다.[289]

Ⅱ. 국제기구의 재원 확충 논의

1. 개 관

유럽공동체의 자체 재원확보는 다른 국제기구에게도 매우 매력적인 것으로

287) Schermers & Blokker, *International Institutional law*, p. 663.
288) 구체적으로 UNJY(1987), p. 171.
289) *Id.*

훼손된다. 사실 이러한 국제기구의 독립성과 영속성 확보를 위한 자체 재원의 발상은 UN의 경우에도 1950년대와 1960년대 예산 위기의 상황에서 있었다. 가장 잘 알려진 제안은 예일 대학교 경제학 교수였던 토빈(James Tobin)이 1972년에 처음으로 제안한 금전거래에 대한 세금, 즉 통화거래(currency exchange tax) 세금을 부과하자는 의견이었다. 동인의 이름을 본떠서 토빈 세(Tobin Tax)라고도 한다. 한편 UN은 자체 재원에 대한 오래된 아이디어로 국제 여행, 항공 운송, 우편 서비스, 북극과 남극 탐사, 해저자원 개발 그리고 우주 개발에 대한 세금부과를 논의해 왔다. UN 복권(lottery)의 창설 논의도 있었다. 또한 무기거래에 대한 세금, 담배 거래세금, 쓰레기와 폐기물 투기와 같은 환경 협약 위반과 이산화탄소 배출에 대한 환경오염 분담금(environmental taxes)이 새로운 아이디어로 제시되기도 했다.[290]

2. 비판 의견

이 같은 전 세계 차원의 세금 징수 제안에 대해서는 국가주권의 훼손을 우려하는 전통적인 국가주의자들의 강한 반대가 있다. 특히 미국을 비롯하여 국제기구의 분담금을 적절한 정치적 지렛대로 사용하기도 하는 분담금 상위 국가들은 어떤 종류의 세계적인 과세도 반대해 왔다. 그러나 개발도상국가들은 국제적인 세금과 부과금이 현재의 분담금 체제와 양립하다가 궁극적으로 대체할 것을 제안하고 있다. 특히 스웨덴, 호주, 오스트리아, 말레이시아, 캐나다 그리고 네덜란드 등은 대체 재원을 적극 지지하고 있다. 또한 적지 않은 학자들이나 국제기구 연구물에서도 예컨대 무기감소를 위한 '경제전문가 연합(Economist Allied for Arms Reduction : ECAAR)'은 국제 무기거래세를 포함한 대체재정에 대한 제안을 고려한 바가 있었다. 한편 반대의견의 저변에는 국제기구 자체의 지나친 재정 독립성은 통제 불능을 초래하여 국제기구의 활동이 주권국가의 이해와 상충되면 오히려 손해가 생길수도 있다는 유익한 반대주장도 있지만, 환경, 금융거래와 무기거래, 우주, 남극 개발에 대한 개발비 등 대체세의 성격상 주로 선진국들에 대한 부담이 적지 않은 것으로 정치적 이유에 의한 반대가 주요한 이유였던 것이 사실이다. 그러나 UN을 비롯한 국제기구에 재정위기가 도래하면

290) Jan Klabbers, *op cit,* p. 143.

대체재정 문제는 언제라도 논의될 수 있는 사안이고 점진적으로 국제기구 자체의 독자적인 재원 확보는 성취되어야할 길이라고 할 것이다.

제4항 국제기구의 지출

I. 개 요

국제기구의 지출 비용은 국제기구의 존속 목적과 연관되어 있다. 사무실 임대비용, 직원 봉급과 해외출장 등의 활동비용, 관련자들의 초청비용, 국제회의 개최비용, 사무용품과 도서 구입비용 등과 같이 기구운영의 고정비용은 상시적인 예산 지출내용이다. 때로 국제기구는 경제사정이 넉넉하지 않은 회원국 대표자들의 국제회의에의 초청비용의 전부나 일부를 부담하기도 한다. 이처럼 국제기구의 예산은 국제기구가 존립하기 위해 필수 불가결한 요소이다.

한편 국제기구는 단순한 존속만을 위한 실체는 아닌 것으로, 일정한 임무수행에 수반된 활동비용의 지출도 수반된다. 예컨대 UN은 세계 도처의 분쟁지역에서의 평화유지활동을 수행하고, 특별 보고관(special rapporteurs), 사실 확인 파견단, 선거 모니터링 팀의 파견과 같은 다양한 활동을 수행한다. 따라서 그에 수반되는 비용의 지출은 불가결해진다. 또한 예컨대 UN의 기상학(날씨와 기후) 전문 기구로, 1950년 기상 관측을 위한 세계의 협력을 목적으로 설립된, 세계기상기구(World Meteorological Organization, WMO)는 회원국들의 기상 장비의 현대화와 관측능력을 배양하는 지원활동을 수행한다.

UN 산하의 전문기구로 국제 항공 운송에 필요한 원칙과 기술 및 안전에 대해 연구하는 국제민간항공기구(International Civil Aviation Organization : ICAO)는 회원국들에 운송항공에 긴요한 최신 기술과 장비를 보급하는 활동을 수행한다. 또한 국제 민간 항공에 관한 원칙과 기술을 개발하며, 항공 산업 발달을 도모하고, 국제 민간 항공에 있어서의 항공관제, 불법 간섭의 방지, 월경 방법에 관한 표준과 추천하는 방법을 심의하고, 각국의 운수 안전 당국의 준거가 되는, 항공기 사고 조사에 관한 조약을 정하고 기술지원도 한다. 그러한 비용은 모두 국제민간항공기구의 적극적인 임무수행에 수반되는 불가결한 활동비용으로 예산안에 반영된다.

한편 IMF의 구제 금융처럼 국제 금융기구들은 재정지원을 필요로 하는 회원국들에게 필요한 자금을 조달해 주기도 한다. 이처럼 국제기구들은 전 세계에 필연적으로 비용지출을 수반하는 다양한 형태의 서비스를 제공한다. 이러한 경우에 문제되는 가장 중요한 법적인 문제점은 국제기구의 그러한 지출비용이 과연 국제기구의 목적범위 내(within scope of object and purpose)의 지출인가 아니면 해당 국제기구의 임무범위를 벗어난 비용지출인가의 법률 쟁점이다. 더불어서 관련된 쟁점으로 그러한 경우에 누가 발생한 비용을 부담할 것인가의 문제도 쉽지 않은 쟁점이 된다. 그 같은 쟁점은 결국 회원국의 정당한 분담금 납부 거부권과 연결되게 된다. 상세는 아래에서 1962년 ICJ 결정에 나타난 UN의 구체적인 사례를 통해서 살펴보기로 한다.

II. 행정경비(administrative expenses)

1. 인건비

국제기구 행정경비의 상당부분은 인건비이다. 인건비는 국제기구의 정규예산에서 지불된다. 오늘날 인건비 부담의 축소를 위해 UN의 경우에는 개혁 차원에서 사무국 직원들을 줄이고 있다.

2. 회의비

국제기구의 회의비에는 회의 개최 준비나 인쇄물 비용뿐만이 아니라 국제적이라는 성격상 통역비용도 상당하다. 또한 회의가 본부 밖에서 개최되는 경우의 이동비도 적지 않고, 특별 초청경비도 소요된다.

3. 건물 건축비와 유지비

국제기구의 건물 증·개축비용 그리고 보안이나 유지비용도 국제기구의 정규예산에서 지출된다.

4. 시설비와 도서와 기자재비

국제기구는 일상적인 활동은 물론이고 회의를 위해 제반 고정시설이 필요하다. 또한 대부분의 국제기구는 도서관을 갖추고 있다. 그에 따른 시설비와 제반 기자재 설비 그리고 도서구입비와 통계 작성비 그리고 출판비도 정규예산에서 지출된다. 또한 과학적 임무 수행을 위한 국제기구의 경우에는 실험실습이나 탐구를 위한 고가의 과학적 기자재가 필요하기도 한다.

III. 활동경비

1. 개발원조(development assistance) 비용

국제기구의 역할에 맞는 개발원조의 제공은 특히 UN과 해당 전문기구의 중요한 활동이다. 그에 수반되는 개발원조 비용은 정규 예산에서 지불되어야 하나 여력이 많지 않은 경우가 대부분으로 자발적 기여금에 의존하는 경우가 많다.

2. 평화유지활동 비용

UN의 경우 평화유지활동 비용은 냉전 이후 세계 많은 지역에서 발생한 분쟁의 횟수와 그 적지 않은 규모 등으로 재정의 상당부분을 차지하고 있다. 그러므로 또한 국제기구의 재정 위기의 주요한 원인이 되고 있다. UN은 1973년 이래 정규예산과는 별도의 특별 계정(special account)을 설치하여 별도의 예산으로 운영하고 있다. 2006년 UN 평화유지활동비용은 약 55억 6천만 달러에 달했다.

제5항 국제기구 예산안 관련 쟁점

아래에서는 국제기구의 예산안 관련한 다양한 쟁점을 구체적으로는 UN의 사례와 ICJ의 판결을 통해서 살펴보기로 한다.

I. 재정 분담금 연체의 문제

1. 분담금의 연체

회원국 분담금은 법적 납부의무가 수반되는 강제적 재정 부담이다. 그러므로 분담금을 연체하는 경우에는 어떤 법적인 제재가 따르게 된다. UN의 경우에는 헌장 제19조에 연체에 대한 효과를 명문으로 규정하고 있다.[291] 분담금을 연체한 회원국은 연체금액이 그때까지의 만 2년간 지불하였어야 할 분담금의 금액과 같거나 또는 초과하는 경우에는 총회에서 투표권을 가지지 못한다. 그러나 총회는 그 불이행이 회원국이 제어할 수 없는 불가피한 사정에 의한 것임이 인정되는 경우에는 제재를 면제해 줄 수 있다.이 경우에 총회의 의결은 중요한 사항에 대한 의결로 2/3의 다수결에 의하게 된다(헌장 제18조 제2항).

2. 분담금 연체의 효과

연체금의 액수가 지난 2년간의 분담금 총액을 초과하는 경우에는 회원국은 총회에서 투표권이 정지된다(shall have no vote in the General Assembly). 이러한 분담금 연체의 효과에 대해서는 두 가지 의문이 있다.

1) 투표권 정지의 범위에 대한 문제

먼저 투표권의 정지는 헌장이 규정한 대로 유엔의 다른 기관, 즉 안전보장이사회나 경제사회이사회에서는 무관하게 오로지 **"총회"**에서의 투표권의 정지를 의미한다는 점에서는 의문이 없다. 그러나 총회의 하부기관이나 하부 위원회(sub-committee)나 소위원회에도 영향을 미치는가? 에 대해서는 의문이 있다.

가. 긍정설

UN 헌장 제17조의 총회에는 당연히 총회의 하부기관이나 소위원회는 물론이고 총회의 의결로 긴급히 구성된 특별위원회도 모두 포함되는 개념이라는 견해이다. 그러므로 분담금을 연체한 회원국은 총회 산하의 모든 기관이나 위원회에서 투표권이 정지된다는 입장이다.

---

291) UN 헌장 제19조. A Member of the United Nations which is in arrears in the payment of its financial contributions to the Organization **shall have no vote in the General Assembly** if the amount of its arrears equals or exceeds the amount of the contributions due from it for the preceding two full years. The General Assembly may, nevertheless, permit such a Member to vote if it is satisfied that the failure to pay is due to conditions beyond the control of the Member.

나. 부정설

UN 헌장 제17조가 말하는 UN 총회는, 총회의 구성을 정한 UN 헌장 제9조가 말하는 총회로서, 따라서 본 조항의 총회는 모든 회원국들로 구성되는 회원국 전체회의로서의 총회만을 말하는 것이고, 그러므로 총회의 하부기관이나 위원회는 포함되지 않는다는 견해이다. 따라서 회원국은 분담금 연체에도 불구하고 총회 하부기관이나 유관 위원회에서의 투표권은 상실하지 않는다고 주장한다.

다. 결 어

일반적으로 국제기구의 하부기관이나 소위원회는 그룹 대표성을 인정하여 전체 회원국들로 이루어지는 총회와는 별도로 구성되는 것으로 반드시 총회의 지향과 일치하는 것은 아니다. 그러므로 총회에서의 투표권이 정지되었음을 이유로 하부기관이나 관련 위원회에서의 투표권을 정지하게 하면, 그것은 연체 해당 국가에 대한 제재로 유관기관 자체의 활동에 제약을 가하는 부작용을 낳게 된다. 결국 해당 국가가 포함된 전체 그룹의 예상치 않은 불이익으로 귀결될 위험성이 따른다. 그러므로 오늘날 학설은 분담금 연체에 따른 투표권의 정지는 모든 회원국들로 구성된 총회에서의 투표권의 정지로 한정 해석하는 데 의견이 일치되어 있고, 그것은 타당한 견해로 판단된다.[292]

2) 투표권이 정지된 회원국의 정족수에의 포함 문제

분담금 연체로 총회에서의 투표권이 배제된 회원국도 정족수의 산정에 있어서는 회원국 수로 산정될 것인가의 문제에 대해서도 학설은 일치하여 투표권의 정지는 일시적인 것으로 정족수 산정에는 효과를 미치지 못한다고 본다.[293]

3) 투표권 정지의 자동성 문제

다음으로 분담금 연체의 효과를 정한 제19조의 형식과 관련하여 회원국 투표권의 정지가 자동적인 것인가에 대해서도 의문이 있다. 학설은 크게 두 가지로 나뉜다.

---

292) Jan Klabbers, *op cit,* p. 138.
293) *Id.*

가. 투표권 자동 정지설

분담금의 연체의 경우에 뒤따르는 투표권 정지의 효과는 UN 총회의 별도 조치가 필요 없이 당연히 수반되는 자동효(自動效)라는 주장이다. 특히 콘포티(Conforti)는 UN 헌장 제19조의 투표권 정지는 자동적인 것으로서, 총회의 어떤 결정에 좌우되지 않는 것이라고 주장한다.[294)]

나. 별도 조치 필요설

헌장 제19조 후단이 회원국의 불가항력적인 사유로 인한 연체의 경우에는, 총회가 2/3의 의결로 투표권의 정지를 회피할 수 있는 길을 열어놓은 규정의 형식으로 보아 분담금 연체의 경우에도 실질적인 내용을 파악하여 총회의 결정으로 투표권 정지가 필요한 것이지, 무조건 분담금이 연체되었다고 하여 자동적으로 회원국의 가장 중요한 권리인 총회에서의 투표권이 상실되는 것은 아니라는 주장이다.

다. 결 어

국제기구의 경우에 회원국의 투표권은 회원으로 참여한 본질적인 요소로서 가장 중요한 것임에는 틀림없다. 그러나 국제기구의 분담금은 국제기구 존립의 중요한 요체로서 회원자격이 성립되기 위한 또 다른 전제요건이라고 할 수 있는 기본적인 요소이다. 그러므로 일정한 사유가 발생한 경우에는 투표권의 영구적인 상실이 아닌 연체 상황이 해소될 때까지 일정한 기간 동안 투표권을 정지할 수는 있다고 보아야 할 것이다. UN 헌장 제19조의 규정 형식상으로도 불가항력적인 사유로 분담금을 납부하지 못하는 사유를 입증하면 총회의 의결로 (이미 자동적으로 효과를 발휘한) 투표권 정지를 다수결로 해제해 줄 수 있다고 해석하는 것이 합리적으로 판단된다. 그러므로 일응 투표권의 자동정지설이 타당하다고 보인다.

3. 분담금의 연체와 관련된 실제 사례

그러나 현실 국제사회의 의사결정구조는 이러한 법 논리적 결론의 결과를 뒤

---

294) Benedetto Conforti, The Law and Practice of the United Nations(The Hague, 1997), p. 39.

집고 정치적 타협을 이룰 수 있음도 물론이다. 결과적으로 다음에서 보는 사례처럼 분담금의 연체가 회원국의 투표권의 정지로 귀결된 실제의 사례는 아직까지는 발생하지 않았다.

1) 1960년대 UN 위기의 경우

1960년대 UN 다수의 회원국들이 중동 지방과 콩고에서의 UN 총회가 주도한 평화유지활동에 반대하며 분담금을 연체했다. 그 결과 연체금 총액이 지난 2년간의 분담금 총액을 초과하는 회원국이 적지 않게 발생했다. 그러한 현실적인 사례는 제19조의 자동성을 테스트해 볼 수 있는 매우 좋은 기회였다. 그러나 절묘하게도 1964년도에는 UN 총회 회기를 열지 않았다.[295]총회 회기가 열리지 않았으므로 투표기회는 발생하지 않았고 그러므로 연기되거나 정지될 투표권의 쟁점도 발생하지 않았다.

2) 미국의 UN 분담금 연체 문제

가장 최근에 이르기까지 UN 분담금 연체의 악명 높은 사례는 미국의 경우이다. 미국은 UN 예산이 약 20억불 수준인 경우에 많은 경우 그 연체금의 총액이 약 13억불($ 1.3 billion)에 달하기도 하였다. 미국이 UN의 가장 커다란 예산 기여자임을 모르는 회원국은 아무도 없다. 미국은 UN 예산의 25%(현재는 최고 상한이 22%로 하향됨)를 분담하는 유일한 국가였다. 그러나 미국은 UN의 예산이 반드시 미국의 국가이익과 양립되는 방향으로의 활동에 사용되는 것도 아니고 일부 회원국들은 UN에서의 지나친 권한 행사에 비하여 너무나 적은 기여를 한다고 생각하고 의도적으로 분담금을 연체해 왔다. 그러한 연유로 미국 의회는 UN이 상당한 액수의 분담금을 납부하는 미국의 주권을 최대한 존중해 줄 것, UN은 상설 군대를 보유하지 않을 것, 미국에게 UN 예산위원회에 상임위원 자격을 부여할 것 그리고 연체금에 지연이자를 부과하지 말 것이라는 조건을 제시하며 연체금의 완납을 하겠다고 제안하기도 했다.[296]

그러나 국제기구인 UN에 대한 미국의 이러한 요구는 적지 않은 법적인 문제를 야기하는 내용으로 국제기구인 UN도 그 자체로 수용하기 어려운 내용이었

---

295) Jan Klabbers, *op cit,* p. 133.
296) Jan Klabbers, *op cit,* p. 137.

다. 먼저 UN이 그러한 미국의 요구를 수용할 수 있는 능력이 되는가부터, 누가 어떻게 그 조건을 수용할지의 문제 그리고 결국은 UN의 공동 창설자인 미국은 자신이 제안한 내용에 대해 상대방으로 동의해야 한다는(국내법적으로는 소위 법률행위의 쌍방대리) 문제에 이르기까지 적지 않은 법률문제가 뒤따른다. 일부 학자는 미국의 그러한 제안은 미국이 재정문제로 압박을 받는 UN에게 부당하게 압력을 행사한 소위 강압 또는 강박에 의한 법률행위가 될 수도 있음을 경고하기도 했다.[297]그러나 미국은 연체금 총액이 지난 2년간의 분담금 총액을 초과하지 않도록 잘 관리하면서, 총회에서의 투표권의 시비에 휩싸이지 않도록 노력했다. 그래서 예컨대 1998년에는 투표권 정지의 위기를 모면하고자 일시에 1억9천7백만 달러($197 million)를 납부하기도 했다.[298]

4. 기타 국제기구의 분담금 연체에 대한 제재

일반적으로 국제기구는 재정의 문제를 회원권 자격과 연관 짓는 경우가 적지 않다. 정치적으로 대의 민주제, 경제적으로는 자유시장을 원칙으로 하는 선진국들이 회원으로 참여하여, 경제성장, 무역 확대를 목표로 하는 경제협력개발기구(OECD)는 신임 회원국에게 위원회의 결정에 따른 회비를 받는다. 그러나 경제협력개발기구는 미납의 경우의 제재에 대해서는 언급이 없다.[299] 아프리카연합(OAU)은 UN의 할당원칙처럼 회원국의 납부 능력에 따라 비용을 분담하도록 하고, 총회는 분담금을 연체하는 회원국에 대한 제재를 결의한다. 사안에 따라서 회의에서의 발언권의 정지, 투표권의 정지 그리고 일정한 직위에의 대표자 취임 거부나 후보입회 거절 같은 제재를 받을 수 있다.[300]

국제노동기구(ILO)는 UN의 형식을 거의 모방하여 분담금을 연체하는 회원국은 회의, 집행부 그리고 위원회에서의 투표권을 상실하도록 했다.[301] UN의 경

297) Michael P. Scharf, "Dead Beat Dead End: A Critique of the New US Plan for Payment of UN Arrears" (2006) 6 New England International &Comparative Law Annual, 1-4. Jan Klabbers, *op cit,* p. 137.

298) Scharf & Shaw, "International Institutions", p. 569. 2006년 말까지 한국도 UN에 1억1천만 달러에 달하는 분담금 연체가 있었다. 그것을 반기문 전 외교통상부 장관이 UN 사무총장으로 진출하면서, 국제사회의 비난을 의식하여 2007년도에 체납액 전부를 완납했다.

299) Convention on the Organization for Economic Co-operation and Development, Article 20.

300) Constitutive Act of the African Union, Article 23.

우 총회에서의 투표권만을 제한하는 것에 비하여 제한되는 투표권의 범위가 더 넓게 되어있다. WHO의 경우에도 분담금 연체의 경우에 제재가 따르지만 제재는 자동적이지 않다. WHO 총회는 연체한 회원국의 투표권과 일정한 서비스 제공을 거부할 수 있다.[302] 다만 18차 WHO 총회에서 총회 결의로 제재를 해제할 수 있는 결의안(WHA 18.48)을 채택했다.[303] 또한 UN 산하의 전문기구로 국제항공 운송에 필요한 원칙과 기술 및 안전에 대해 연구하여, 세계 여러 나라들의 일상에 매우 중요한 이해관계가 있는 국제민간항공기구(ICAO) 헌장 역시 합리적인 기간 내에도 잘못이 시정되지 않는 경우에 투표권의 정지라는 제재 규정을 두고 있지만 제재는 자동적인 것으로 하지는 않았다.[304]

분담금의 체납을 막기 위한 방식의 하나로 체납액에 이자를 부과하는 국제기구도 있다. 대표적으로 만국우편연합(UPU)의 경우 연체금에 연 5%의 지연이자를 부과한다. 또한 국제전기통신연합(ITU)은 연체 6개월까지는 연 3%, 7개월 이상은 연 6%의 이자를 부과한다. 그런데 이자를 부과하는 이들 국제기구의 분담금 연체는 UN보다 훨씬 적다. 이것은 지연이자 부과 장치가 국제기구의 분담금 방지책으로 잘 기능함을 보여 주는 것이라고 할 수 있다.[305]

오늘날 국제기구의 분담금 연체의 대표적인 모델은 물론 UN이지만, 이처럼

---

301) Constitution of ILO, Article 13조 제4항: 4. A Member of the Organization which is in arrears in the payment of its financial contribution to the Organization **shall have no vote in the Conference, in the Governing Body, in any committee, or in the elections of members of the Governing Body,**

302) CONSTITUTION OF THE WORLD HEALTH ORGANIZATION, Article 7. If a Member fails to meet its financial obligations to the Organization or in other exceptional circumstances, the Health Assembly may, on such conditions as it thinks proper, suspend the voting privileges and services to which a Member is entitled.

303) 참고, WHO Constitution, *available at*, http://www.who.int/ governance/eb/ who_constitution_en.pdf.

304) Convention on International Civil Aviation, Article 62, *Suspension of voting power;* The Assembly may suspend the voting power in the Assembly and in the Council of any contracting State that fails to discharge within a reasonable period its financial obligations to the Organization.

305) Kevin Baumert, *Global Taxes and Fees: Recent Developments and Overcoming Obstacles*, Global Policy Forum (May 1998), *available at, http://www. global policy. org/socecon/glotax/baumert. htm;* Ruben P. Mendez, "Financing the United Nations and the International Public Sector : Problems and Reform,"Global Governance, Vol. 3, No. 3 (Sept-Dec. 1997), p. 295.

분담금 연체의 경우의 제재 내용과 효과는 개별 국제기구별로 차이가 있다.

II. Certain Expenses Cases of ICJ – 예산의 목적범위 내의 쟁점

1. 개 관

국제기구의 예산과 관련된 가장 중요하고도 어려운 문제 중의 하나가 편성된 예산이 과연 해당 국제기구 또는 해당 기관의 목적범위 내의 임무와 관련된 것인지에 대한 정당성의 문제이다. 일부 회원국은 해당 지출비용이 본래 예정된 목적범위 내의 활동이 아니라는 이유로 분담금 납부를 거부할 수도 있기 때문에 예산이 국제기구의 목적범위 내의 것인지의 문제는 현실적으로 매우 민감하고 중요하다. 국제사법재판소의 UN에 대한 구체적인 사건을 통해서 그 내용을 살펴본다. UN의 어떤 비용사건(Certain Expenses Cases)은 이러한 정치적 또는 경제적 이해관계의 상충에 따른 대립을 방지하고, 평화유지군의 원만한 운영을 위하여 UN 총회가 ICJ에 판단을 요청한 권고적 의견으로, 표면적인 비용분담의 문제 외에도 간접적으로 평화유지군 창설의 합법성과 재정문제에 관한 권한의 소재를 언급한 중요한 결정이다(ICJ가 결정문에서 요구하는 공식적인 인용명칭은 "Certain expenses of the United Nations (Article 17, paragraph 2, of the Charter), Advisory Opinion of 20 July 1962 : I.C.J. Reports 1962, p. I~I.)"이다.[306]

2. 사건의 개요

UN은 창설된 이후 꾸준히 분쟁지역에 UN 평화유지군을 파견했다. 하지만 이러한 평화유지군은 평화유지라는 본래의 목적을 달성한 사례도 많았지만, 반면에 이해관계의 상충으로 인한 실패 역시 많았다. UN의 어떤 비용사건(Expenses Cases)의 발단은 1950년대 후반과 1960년대 중동지방과 콩고에서 세계 평화와 안전을 위협하는 국지적 분쟁과 대규모 인권 유린 사태가 발생한 국제사회의 비극에 대하여, 국제사회의 평화와 안전에 대해 직접적인 책임을 부

---

306) *Certain expenses of the United Nations (Article 17, paragraph 2, of the Charter), Advisory Opinion* of 20 July 1962 : ICJ . Reports 1962, p. 3.

담하는 안전보장이사회의 정치적 이해관계에 따른 무기력증에서 비롯되었다.

UN 총회는 정치적 이해타산으로 언제나 우유부단한 안전보장이사회의 결정을 기다리지 않고 총회의 결의로 1956년의 중동에서의 UN 평화유지활동(UNEF)[307]과 1960년의 콩고 평화유지활동(ONUC)[308]을 결의했다. UNEF와 ONUC는 UN 최초의 대규모 평화유지활동으로서 많은 경비가 소요되었고, 이러한 비용의 증가는 각국이 부담하는 재정 분담금의 증가로 이어졌다. 중동에서의 UN 긴급군(UNEF)의 과정을 간략히 살펴보면 다음과 같다.

평화유지군 파병의 발단이 된 수에즈 위기(Suez Crisis) 또는 제2차 중동전쟁은 수에즈 운하를 둘러싸고 이집트와 이스라엘, 영국, 프랑스 사이에 일어난 전쟁이었다. 1952년 7월 이집트에서는 혁명이 발발하여 친(親) 서구의 왕제가 붕괴되고 공화제가 실시되었다. 1956년 초대 대통령에 취임한 G.A.나세르는 그해 7월 26일 수에즈 운하를 국유화하여 이스라엘로 향하는 선박의 통항을 금지하고 티란 해협을 봉쇄했다. 큰 타격을 입게 된 영국과 프랑스는 1956년 10월 29일 수에즈 운하를 공동으로 공격했다. UN은 긴급총회를 소집해 영국, 프랑스, 이스라엘 군의 즉시 철수와 UN군 파견 결의를 채택하고, 정전(停戰)과 감시를 위한 약 6천명 규모의 UN 긴급군을 파견했다. 이 긴급군인 UN 평화유지군대의 경비는 UN 가맹국들에게 할당되었다. 이때에 파견된 UN의 군대가 최초의 유엔평화유지군(United Nations Emergency Force : UNEF)으로 UN 총회 결의 제1001 (ES-I)에 의해 창설되었었다.[309]

---

307) 1956년 11월 7일 유엔 총회 결의 제1001 (ES-I)에 의해 창설된 수에즈 파견 국제연합긴급군(United Nations Emergency Force: UNEF).

308) UN 콩고 평화유지활동군(United Nations peacekeeping force in Congo)은 콩고위기에 대처하기 위해 1960년 7월 14일 유엔총회 결의안 제 143호에 의해 창설되었다. 콩고 위기(Congo Crisis, 1960-1966)는 1960년 6월 30일 벨기에로부터 독립을 쟁취한 콩고 공화국의 여러 지역에서의 극심한 내전기간으로 궁극적으로는 조셉 모부투(Joseph Mobutu)가 권력을 쟁취했다. 콩고 위기는 반식민지 저항이라고 볼 수 있었다. 특히 카탄가(Katanga) 지역에서의 분규는 대단히 치열하고 많은 사상자를 야기했다. 배후에는 냉전시대의 거두인 미국과 소련의 대립이 있었다. 약 10만 명의 사상자가 발생하고 당시 총리 루뭄바(Lumumba)에 대한 암살도 자행되었다. ONUC(Operation des Nations Unies-Congo : 국제연합콩고평화유지활동)는 1960년 콩고사태(Congo Crisis)로부터 외부세력의 개입을 배제하기 위해 펼쳤던 활동으로, UN군이 콩고 내정에 깊숙이 간섭했다는 점과 2만 명에 이르는 대병력의 과다한 예산 등이 역기능으로 지적되었으나, 강대국의 개입 없이 중앙정부가 회복된 점을 성과로 꼽는다.

309) 당시 평화유지군은 스웨덴 정치가 출신으로 제2대 UN 사무총장이었던 다그 함마르셸드(Dag Hjalmar Agne Carl Hammarskj ld)와 캐나다 외무부장관 레스터 볼스

3. 쟁점(Issues)

미국과 소비에트공화국이라는 UN 안전보장이사회의 냉전시대 두 거두는, 총회가 안전보장이사회의 전속적인 역할인 세계 평화와 안전에 대한 문제에 깊숙이 개입하여 수에즈 사태에 군대까지 파견하여 UN 긴급군 활동(UNEF) 그리고 콩고 평화유지활동(ONUC)을 하는 것을 매우 못마땅하게 생각했다. 더 나아가 소비에트공화국과 프랑스는 안전보장이사회가 배제되고 총회에 의해 결의된 평화유지 활동에 따른 비용 분담을 거절했다. 논거는 평화유지 활동은 UN 헌장상 마땅히 안전보장이사회의 전권인데, 해당 활동은 총회 주도로 이루어진 것이므로 따라서 헌장 위반이고 회원국은 불법적인 활동에 비용을 납부할 의무는 없다는 것이었다. 이에 UN 총회는 ICJ에 자문의견을 구했다. UN 총회의 질문의 요지는 총회가 평화유지활동 목적으로 승인한 UN의 비용지출이 헌장 제17조에서 말하는 비용(expenses)에 포함되는지에 대한 질문이었다.[310]

4. ICJ의 추론(Reasoning)

ICJ는 분담금의 할당의 적정성에 대한 문제는 요청된 쟁점이 아니라고 전제했다. 다만 판단이 필요한 쟁점은 UN 총회에 의해 승인된 평화유지활동 비용이 UN 헌장 제17조가 정한 일반적인 비용에 포함되고 따라서 헌장에서 말하는 일상적인 예산(regular budget)에 해당되는 것인지? 아니면 이 사건 평화유지활동으로 발생한 비용은 별도의 절차가 필요한 임시비용(extraordinary) 또는 긴급비용(emergency expenses)인 것인지에 대한 질문이라고 쟁점을 한정시켰다.

ICJ는 또한 추상적이고 개념적인 접근을 경계하여 이 사건은 "비용(expenses)"에 대한 일반적인 개념정의를 요구하는 것이 아니라, 이번 사건에 소요된 "구체적인 비용에 대한 문제"라고 한정했다. 그러므로 이 사건 추론을 UN 헌장에서 규정한 비용 일반에 대한 준칙으로 확대하는 것을 경계했다.

이러한 전제 아래에서 ICJ는 먼저 UN 헌장상의 비용지출을 일반적인 행정비

피어슨(Lester Pearson)의 제안에 따른 것이었다. UN 총회는 사무총장이 제안한 대로 이스라엘과 이집트 양쪽에 군대를 배치하는 안을 승인했다.

310) whether expenditures authorized by the Assembly for peace-keeping purposes constituted 'expenses of the Organization' within the meaning of Article 17 of the Charter. Frank, *Nation against Nation*, p. 259.

용(administrative expenses)과 활동비용(operational expenses)의 2가지로 구분하자는 주장은 UN 창설 당시부터 있어 왔지만, UN 헌장 초안 작성 당시부터 그러한 개념 구분은 이미 거절되었었음을 상기시켰다. 그러므로 총회의 권한으로 규정한 헌장 제17조 상의 예산은 행정비용과 활동비용에 대한 구분이 없다고 해석했다. 바꾸어 말하면 총회는 UN의 활동비용에 대해서도 UN이라는 국제기구의 예산의 범주에서 결정할 권한을 갖는다는 것을 암시했다. 하지만 그러한 ICJ의 추론으로 당연히 총회가 이사건에서의 평화유지활동을 결정할 권한이 있고 따라서 그에 수반되는 비용의 결정과 더 나아가 회원국들에 대한 개별적인 분담금을 획정할 권한이 당연히 수반된다는 논리는 도출되지 않는다. ICJ도 UN의 권한 체계상으로 총회는 원칙적으로 평화와 분쟁해결에 대한 권한을 부여받지 못했음을 확인했다. 그러나 평화유지활동은 UN의 근본적인 임무로서 그에 수반되는 재원은 헌장 제43조의 규정에 따라서 회원국들과 상의하여 결정될 수도 있음을 또한 확인했다.[311]비록 세계 평화와 안전은 기본적으로 안전보장이사회의 책무임이 명백하지만[312]그것이 안전보장이사회의 전속적인 임무는 아니라고 인식한 것이다. 그러므로 해당 기관(이 사건에서는 안전보장이사회)이 책무를 다하지 못하는 경우에는 최고 의사결정기구인 총회가 또한 세계 평화와 안전에 대한 문제를 논의하고 개입할 수 있음을 확인했던 것이다. 다만 세계평화와 안전에 대한 문제에 대한 총회의 논의는 안전보장이사회의 결정과 달리 회원국들에 대해 기속력이 없음은 인정했다.

---

311) UN 헌장 제43조는 다음과 같다.

1. All Members of the United Nations, in order to contribute to the maintenance of international peace and security, undertake to make available to the Security Council, on its call and in accordance with a special agreement or agreements, armed forces, assistance, and facilities, including rights of passage, necessary for the purpose of maintaining international peace and security.
2. Such agreement or agreements shall govern the numbers and types of forces, their degree of readiness and general location, and the nature of the facilities and assistance to be provided.
3. The agreement or agreements shall be negotiated as soon as possible on the initiative of the Security Council. They shall be concluded between the Security Council and Members or between the Security Council and groups of Members and shall be subject to ratification by the signatory states in accordance with their respective constitutional processes.

312) 헌장 제24조.

5. 결정(Holding)

1) 평화유지비용(peace-keeping expenses)

ICJ는 먼저 총회는 한정된 범위에서 국제평화와 안전에 대한 문제에 대해 권한을 가지고 따라서 그러한 범위에서 발생하는 비용은 UN의 적법한 비용이 된다고 결정했다. 한편 총회는 평화유지 비용을 일반비용으로 계상할 수 있지만, 그러한 비용에 대한 결정은 회원국들을 강제할 수는 없고, 강제력 있는 결정을 할 수 있는 권한은 여전히 안전보장이사회의 임무임도 확인했다. 문제는 그러한 경우에도 이 사건에서의 중동과 콩고에서의 활동이 UN의 평화유지활동으로 인정될 수 있을 것인가의 문제이다. UN 헌장은 총회가 주도하는 평화유지활동의 범위와 내용에 대해 어떤 규정도 가지고 있지 않기 때문이다. 이에 ICJ는 이 사건에 대해서 문제가 되는 비용 지출에 대해 몇 가지 기준을 제시했다.

2) 목적 테스트(purpose test)

ICJ는 어떤 활동을 평화유지활동으로 인정할 수 있을 것인가에 대한 가장 중요한 쟁점은 총회가 결정한 그러한 활동이 UN의 목적에 부합하는 임무범위 내인가의 문제라고 했다. 그러므로 UN의 목적범위 내의 활동이 아니라면, 아무리 총회가 결정한 임무라고 하더라도 그에 수반되는 비용은 UN의 정당한 비용지출이 되지 않는다고 판단했다. 그런데 제반 사정을 고려하면 이 사건에서의 총회가 결정한 중동과 콩고에서의 활동내용은 궁극적으로 세계 평화와 안전을 도모하기 위한 것으로서, UN의 목적범위 내의 활동이라고 결정했다.[313] 그러므로 이 사건에서 비록 헌장 상으로는 권한이 없는 총회가 평화유지군대의 파견이라는 안전보장이사회의 원칙적이고 기본적인 권한을 침범하여, 즉 월권(ultra vires)하여 결정했지만 그에 수반되는 비용지출이 정규 예산을 벗어나는 것은 아니라고 결정했다.

3) 현장(現場) 항변의 원칙

그렇지만 이러한 논리만으로는 총회가 평화유지활동을 결정할 수 있다고 하

313) Certain Expenses, p. 167.

더라도 총회는 원칙적으로 권한을 가진 기관(이 경우에는 안전보장이사회)으로 하여금 의무를 실행할 것을 먼저 촉구하고 따라서 순리대로 처리되도록 유도하는 것이 정도(正道)일 것이라는 이의가 있을 수 있음도 고려하지 않을 수 없었다. 그러므로 총회가 더 나아가서 평화유지군대를 분쟁지역에 파견하는 구체적이고 개별적인 활동을 수행하는 것은 UN 헌장에 명시되어 있는 총회의 임무는 아닌 것으로서, 불법적이라는 일부 반대 회원국들의 항변이 있음도 고려하여 구체적인 상황에 대한 판단을 하였다. 즉 ICJ는 총회에서 중동지역과 콩고에 평화유지군을 파병하자는 논의가 회의장에서 한창 진행 중일 때, 안전보장이사회 상임이사국을 포함한 회원국 누구도 당시에 반대 의견을 표명하지 않았다는 구체적인 정황은, 총회가 총 분담금과 분담금 내역을 결정할 수 있는 정당한 이유가 된다고 결정했다. ICJ는 만약 비용지출이 당연히 수반되는 분쟁지역에의 총회의 상당한 규모의 파병결정이 부당하다고 판단되었다면, 논쟁의 현장에서 이의가 있는 회원국들은 당연히 이의신청을 했었어야 한다는 논리였다.[314] 논의 현장 당시에 이의가 없었다는 것은 국제법의 일반 원칙에 따라서 회원국 모두가 묵인하였음이 추정된다고 ICJ는 판결했다.[315]

6. ICJ 결정의 현대적 의의와 구체화 노력

1) 현대적 의의

약 40년이 지난 오늘날에도 UN 평화유지활동의 구체적인 비용지출 문제는 매우 논쟁거리이다. 그러한 경우에 위 ICJ의 결정은 커다란 지침으로 작용한다. 위 ICJ 결정의 중요한 결정은 일정한 평화유지활동 비용은 UN 헌장 제17조상의 비용의 개념에 명백하게 포함되므로, 따라서 UN의 예산을 결정할 권한을 가진 총회는 당연히 그에 대한 비용 규모에 대한 결정권한을 갖는다는 것이다. 물론 이러한 ICJ의 추론이 그 속성상 미래를 예측할 수 없는 평화유지활동 자체에 대한 일반적인 결정권한이 전반적으로 총회에 있다거나 그에 수반되는 비용지출이 당연히 정규예산(regular budget)에 포함된다는 결론은 아니다.[316]

---

314) Jan Klabbers, *op cit,* p. 135.

315) 이러한 논리는 국제법의 일반적인 법 원칙이기도 하다. Jan Klabbers, *op cit,* p. 135.

316) Susan R. Mills, "The Financing of UN Peacekeeping Operations: The Need for a Sound Financial Basis", (Houndmills, 1990),91-110. William J. Durch, "Paying the Tab: Financial Crisis,"*The Evolution of UN Peacekeeping ; Case Studies and*

그러므로 현재까지 UN의 모든 평화유지활동 비용을 포괄적인 어떤 단일 예산으로 편성하려는 시도는 성공하지 못했다.[317] 하지만 어떤 비용사건에 대한 ICJ의 결정은 주무기관인 안전보장이사회의 정치적 이해관계에 따른 우유부단을 상당부분 제어할 수 있는 기능이 있음을 부인할 수 없고, 그러한 역할은 매번 안전보장이사회의 개편 논의가 있었지만 성공하지 못하는 UN의 경우에는 일견 바람직한 방향이라고 할 수 있다. 한편 ICJ 추론의 반대해석상 안전보장이사회가 아닌 총회에서의 평화유지활동의 결의에 있어서는 그러한 활동에 반대하는 회원 국가는 논의의 현장에서 명백한 의사표시로 분담금 납부를 거절하면 비용 분담의 의무는 발생하지 않고 따라서 연체로 인한 불이익의 문제는 없다고 주장할 수 있는 길이 열렸다고 할 수 있다.

2) 구체적 기준 작성 노력

ICJ의 결정에 따라서 UN 총회도 평화유지활동 비용에 대한 개략적인 기준을 제시했다. UN 총회는 결정 제3101호(XXVIII)로 회원을 4그룹으로 구분하여 평화유지 활동에 수반되는 비용에 대한 일반적인 분담 원칙을 설정했다.

① 안전보장이사회 상임이사회 그룹
② 선진 개발국가(developed nations) 그룹
③ 덜 개발된 국가(less developed members) 그룹
④ 특별히 덜 개발된 국가들(specifically named less developed members)

이러한 4개 그룹분류에 따라 마지막 그룹은 UN 평화유지 활동에의 참여의 명목으로 회원국 모두가 총 0.05%만 분담하도록 했다. 반면에 첫 번째 그룹인 안전보장이사회 상임이사국은 총 비용의 60%를 분담하기로 결의했다. 물론 해당 당사국들의 불만이 뒤따랐다. 이것이 앞서 본 오늘날의 평화유지활동 분담금의 분배 원칙으로 정립되었다. 한편 UN 총회는 평화유지활동비용 확보의 장기적인 해결책의 하나로 1993년 1월 1일 평화유지활동 자금으로 UN의 다른 재원

Comparative Analysis (New York, 1993), pp. 39-58.
317) Jan Klabbers, *op cit,* p. 136.

을 전용하는 것과 그리고 약 1억5천만 달러 규모의 평화유지활동 준비금(Peace-Keeping Reserve Funds) 창설을 결의했다.[318]

Ⅲ. 납부할 의무의 법적 성격

1. 개 관

중동에서의 UN 평화유지활동(UNEF)과 콩고 평화유지활동(ONUC) 사태 그리고 그에 수반된 ICJ의 어떤 비용사건의 결정 이후에, 회원국들은 그들이 할당받은 분담금을 이의 없이 납부해야 하는 것인가 아니면 법적으로 납부를 보류할 어떤 권한이 있는가라는 일반적인 논의가 뒤따랐다.

이러한 논쟁은 UN뿐만이 아니라 다른 국제기구의 재정에도 영향을 끼쳐 국제연합교육과학문화기구(UNESCO)와 ILO의 경우에는 일부 회원국들이 그들 국제기구가 전개하는 활동은 헌장이 정한 목적범위 내의 임무수행이 아님을 이유로 분담금 납부를 거절하여 재정확보에 어려움을 겪는 사례가 있었기 때문에 실천적으로도 중요성을 가진다.[319] UN 평화유지활동(UNEF)과 콩고 평화유지활동(ONUC) 사태에서 ICJ가 정당성을 결정하고, 또한 ICJ의 결정이 총회에서 정식 결의안으로 채택되었음에도 불구하고 소비에트공화국과 프랑스가 총회의 결정은 월권이라고 주장하면서 분담금 납부를 거절했던 사실(추후에 납부하기는 했다)도 그 심각성을 잘 보여준다. 한편 ICJ의 결정을 수긍하고 회원국들은 납부의무가 있다는 입장을 견지했던 미국도 UN이 WHO에서의 팔레스타인해방기구(PLO) 지위에 대한 결정에 반대하여 분담금 납부를 연계하여 거부하기도 했다.[320]

2. 논 의

이미 언급한 바와 같이 정당한 결정 주체에 의한 분담금의 결정은 구속력 있는 의무 창설적 법률행위이다. 그러므로 국제기구에 있어서 회원국의 분담금 납

318) GA Res. 47/217.
319) C. F. Amerasinghe, *op. cit.* p. 375.
320) Kirgis, "Admission of Palestine as a Member of a Specialized Agency and Withholding the Payment of Assessments in Response", 84 AJIL(1990), p. 218.

부의무는 어떤 제재라는 법적효과가 수반되는 법적 의무라고 할 것임은 명백하다.[321] ICJ의 어떤 비용사건에서 피츠모리(Fitzmaurice) 재판관도 별개의 독립 의견에서 분담금의 이 같은 법적 성격을 설명했다. 그는 더 나아가 참고할 만한 주목할 만한 의견을 제시했다. 즉 국제기구의 결정에 수반되는 비용은 강제적 납부의무가 수반된다고 했다. 하지만 권고(recommendations) 결정에 의해 수반되는 비용의 경우는 사례별로 납부의 법적 의무가 다를 것이라고 설명했다. 피츠모리는 국제기구의 권고 결정을 UN의 경우를 예로 들어 다음과 같이 4가지 범주로 대별했다. 그 4가지 권고결정은 다음과 같다.

① 평화유지활동처럼 UN의 본질적인 임무와 관련된 권고결정,
② 고통 받는 국가나 단체에 대한 재난 구호나 지원 결의처럼 재정적 부조를 목적으로 하는 권고결정,
③ 사회적 또는 경제적 활동처럼 필요하기는 하지만, 그다지 중요하지 않은 활동에 대한 권고결정,
④ 본질적으로 중요한 활동에 수반되어 필요한 것으로 간주되는 활동에 대한 권고결정

피츠모리는 첫 번째와 네 번째의 권고결정에 따른 비용분담은 회원국가가 찬성했는지 반대했는지와 무관하게 당연히 법적 납부의무가 있다고 주장했다. 그러나 두 번째와 세 번째의 경우에는 법적 납부의무는 없는 일반적인 부담이 될 것이라고 설명했다. 물론 그 경우에도 투표에 참여한 경우에는 현장에서의 반대 의사의 표명은 중요한 요소임을 지적했다. 그러나 피츠모리 자신도 본질적(essential) 임무와 비본질적(non-essential) 임무에 대한 명확한 개념구분이 쉽지 않을 것임을 지적했다.[322] 한편 UN에 대한 이러한 논의는 다른 국제기구의 분담금의 법적 성격에 대한 논의에도 적용될 수 있음은 물론이다.[323]

---

321) Alvarez, *op. cit,* note, p. 7.
322) 1962 ICJ Reports, p. 213.
323) C. F. Amerasinghe, *op. cit.* p. 378.

Ⅳ. 국가 승계의 경우의 분담금 문제

1. 연방 해체의 경우

회원국의 승계의 경우에 분담금의 이전 문제 역시 명료하지 않다. 전 장(章)의 회원자격에서 살펴 본 것처럼, 일반적으로 연방국가가 분리하여 여러 개의 주권국가로 나뉜 경우에 새로 탄생한 국가는 국제기구에 신입 회원 가입신청을 하는 것이 원칙이다. 그러나 소비에트 사회주의 연방공화국(USSR)의 해체의 경우에, 분리 독립국가들 모두가 러시아를 당연한 승계국가로 만장일치로 결의하였기 때문에, 오늘날의 러시아가 구소련의 모든 권리의 양수와 더불어 분담금 의무를 승계하는 것에 아무런 문제가 없었다. 그런데 당시 벨라루스(Belarus)공화국과 우크라이나(Ukraine)의 경우에는 신생 독립국가로 간주되어 UN 총회는 예산에 대한 평가를 다시 하려고 했다. 그러나 그들에 대해서는 이미 소비에트 공화국 당시에 개별적으로 예산 평가가 있었고, 연방공화국의 해체는 불가항력적인 것으로 그들은 결코 UN을 떠난 바가 없었다는 이유로 UN 법률 자문실도 기존 회원국으로 간주했던 전례가 있다.[324)]

2. 국가 통일의 경우

국가통일의 경우는 원칙적으로 신생독립국가로 간주되는 연방 해체의 경우보다 문제가 조금 더 복잡하다. UN은 독일민주공화국(GDR)이 독일연방공화국(Federal Republic of Germany : FRG)에 흡수합병 되었음을 전제로, 구(舊)동독의 모든 재정적 의무는 국가승계의 일반원칙에 따라서 당연히 통일독일(FRG)에게 부담책임이 있다고 간주했다. 그러나 통일독일의 입장은 달랐다. UN의 입장에서는 단지 기존 하나의 회원국, 즉 독일민주공화국(GDR)을 잃어버린 것에 지나지 않는다는 것이다. 따라서 회원자격이 상실된 구동독과의 채권·채무 문제는 그 자체로 종결되어야 한다는 입장이었다. 그러므로 통일독일은 예전 독일민주공화국의 미납 분담금 등을 승계할 수 없다는 논리를 주장했다. 이러한 법리적 논쟁은 결국 정치적 타협으로 마무리되었다. 즉 통일독일은 어떤 법적인

---

324) Jan Klabbers, *op cit*, p. 138. C. F. Amerasinghe, *op. cit.* p. 376.

의무부담으로서가 아니라 기부금의 형식으로 일정 금액을 부담하기로 하고 논쟁을 종결했다.[325] 남·북 통일을 예상하는 우리의 경우에도 여러 국제기구에서의 법적 분쟁 해결에 대한 좋은 선례로서 잘 참고할 필요가 있다.

V. 마무리

소위 지갑에 대한 권리로 불리는 예산권은 국내적으로도 매우 중요한 것처럼, 국제기구의 경우에도 똑같이 중요하다. 그러므로 분담금의 납부와 납부금 약정의 철회 위협은 국제기구에 대한 정치적 영향력 행사의 중요한 수단이 되기도 한다. 이러한 정치적 중요성 때문에 국제기구의 예산관련 규범은 예정되어 있던 규범력을 다 발휘하지 못하는 사례가 적지 않다. 비록 국제기구의 예산은 다양한 관점에서 정치적 특성을 보지(保持)하고 있지만, 회원국과 국제기구의 미묘한 관계는 국제기구 예산의 그 같은 정치적 성격을 뚜렷이 드러나게 하고, 따라서 예산관련 규범의 불확실성을 더욱 고조시키게 된다. 특별히 국제기구의 정기예산이 아닌 평화유지 활동과 같은 활동예산(operational budget)의 경우에는 회원국의 첨예한 이해관계가 더욱 대립될 수 있고, 따라서 그에 수반되는 예산에 대해서는 분담책임을 회피할 가능성이 더욱 농후하여, 심지어 국제기구의 존립을 위태롭게 할 수 있는 상황이 초래될 수도 있다.

결국 국제기구 예산은 복잡한 국제사회의 현실에서 다양한 활동에 수반되는 필수요건이라는 그 필연적인 내재적 성격으로 회원국의 만족과 불만족이 극명하게 교차될 수 있는 접점이라는 것을 바로 직시하는 것은 차라리 국제기구의 투명한 활동을 위해서도 필요한 일로 사료된다.

한편 유럽연합(EU)의 사례처럼 예산의 자급 원천을 갖는다는 것은 국제기구의 자생력을 도모하는 것으로 매우 매력적인 일로 보이지만, 그 이면의 이해관계는 사실 겉보기와 달리 간단하지는 않다. 먼저 회원국들은 국제기구가 자족적인 독립기구가 되는 것을 진정성에 있어서는 반대할 수 있음을 부인할 수 없다. 왜냐하면 국제기구의 독립성 확보에 비례하여 회원국은 국제기구에 대한 통제력을 상실하게 될 것이기 때문이다. 한편 자체 재원의 확보라고 하는 경우에도 궁극적인 집행과 징구(徵求)는 모두 회원국들이 담당하게 된다. 예컨대 유럽연

---

325) Jan Klabbers, *op cit*, p. 139.

합 독자적인 세관이나 세무공무원은 없다. 모두 회원국들이 그 나라의 자체 세금 집행 기구를 통해서 징구한 재원을 유럽연합의 회계 장부로 이체하는 과정을 거치게 된다. 이것은 UN이 관광세금이나 항공세금을 도입하는 경우에도 똑같은 방법을 취할 수밖에 없다. 결국 어떠한 경우에도 개별 회원국의 도움이나 협조 없이는 국제기구의 예산이 그 자체로 독립적 완결성을 획득하는 것은 간단한 문제가 아니라는 것을 말해 주는 것이다. 역사적으로도 유럽공동체의 자체 세금 부과 시스템에 대하여, 그러한 시스템으로부터 얻는 이득보다 자국의 경제력에 주는 부담을 비롯하여 잃는 피해가 더 크다고 생각한 영국의 거부감으로 1985년 유럽공동체에 대한 영국의 부가가치세 부담이 재조정되는 경험이 있었다. 이것은 국제기구의 자체 조달 재원은 회원국의 입장에서는 국제기구가 얻는 이득만큼 회원국은 손해를 본다는 소위 제로섬 게임의 산물이라는 인식을 회원국들은 강하게 가짐을 잘 보여주는 사례였다.

결국 주권국가 상호간 그리고 주권국가와 국제기구 사이에 미묘한 이해관계가 걸려 있는 국제사회에서, 국제기구의 이해관계와 회원국의 이해관계가 항상 일치할 수는 없기 때문에 필연적인 결과라고 할 수도 있다. 그에 대해 일부에서는 회원국들의 정규 분담금 납부의무는 법적의무인 것으로 회원국들이 그 같은 기본적인 의무만 잘 이행한다면, 국제기구는 자체 재원 시스템을 추구할 이유가 없다고 주장하기도 한다. 결국 국제기구의 재원의 문제는 인체의 혈액에 비유되는 그 중요성에도 불구하고 간단하게 답할 수 없는 미묘한 이해관계가 지속적으로 상존하고, 따라서 일반적으로 쉽게 적용할 수 있는 보편적 규범을 도출하는 것도 쉽지 않다.

사실 국제기구의 예산 문제는 회원국의 정치·경제적 그리고 외교·안보적 이해관계가 걸린 문제인 경우가 적지 않다. 그러므로 알바레즈(Alvarez)가 언급한 것처럼 보편적인 일반원칙으로 보면 너무나 당연할 것처럼 보이는 결론도 상황에 따라서는 그 정당성이 쉽게 바뀔 수 있고 전혀 다른 결론에 다다를 수도 있다는 사실을 유념할 필요가 있다. 그런데 이러한 논리가 전혀 다르게 원용되기도 하는 것이 현실이다. 예컨대 어떤 회원국들은 자신들이 국제기구의 분담금을 납부하지 않고 보류하는 것이 비록 그것이 외형상으로는 해당 국제기구의 헌장을 위배하는 것처럼 보일 수도 있지만, 오히려 국제기구가 올바르게 나가도록 하는 데 도움을 주는 것이라고 생각할 수도 있다. 또한 만약 재정적으로 독립한 국제기구가 마땅히 해서는 안 될 일을 마음대로 하려는 경우에, 그에 반대하는 회원국의 분담금의 납부 보류는 국제기구 자체를 구제해 줄 수도 있다는 논리(강변?)도 성립할 수도 있다.[326)]

326) Jose' E. Alvarez, "Multilateralism and its Discontents"(2000) 11 EJIL, pp. 406-407. http://207.57.19.226/journal/Vol11/No2/110393.pdf.

제7장 국제기구의 면책과 특권

제1항 머리말

주권국가와 주권국가의 지도자 그리고 국가를 대표하는 외교사절에 대한 면책과 특권의 법리는 국가면제(國家免除)라는 이름으로 논의되어 온 국제법의 가장 오래된 영역 가운데 하나이다. 주권국가의 외교적 면책특권은 주권국가 상호 존중의 입장에서 원칙적으로 인정되는 국제법의 법리이다. 그러므로 외교사절은 신임(信任) 받은 상대방 국가 내에서는 면책특권을 포기하지 않는 이상 제소를 당하지도 않고, 세금문제나 공공의 모든 부담에서 면제된다. 더불어 주권국가의 정당한 외교임무는 어떠한 경우에도 부당한 간섭을 받지 않는다. 또한 임무수행을 위해서 필요한 외교 공관건물을 포함한 부속 지역은 비록 초청국가의 사실상의 영토 내에 소재하고 있음에도 불구하고 불가침의 영역으로 간주된다.

이러한 외교사절의 면책특권에 대한 전통적인 국제법의 법리는 외교관 면책특권 없이는 주권국가의 외교사절이 그 임무를 원활하게 수행할 수 없다는 단순한 이유만으로도 잘 설명된다. 만약 외교사절이 신임 받고 파견된 국가에서 손쉽게 제소당하거나, 사소한 일로 체포된다면, 주권국가의 정상적인 외교 임무수행은 기대하기 어렵고, 국가 사이의 상호신뢰 관계를 기초로 하는 국제관계는 정상적으로 유지될 수 없을 것이라는 것이다. 한편 외교관 면책특권은 신임장을 주고받은 정식 외교관뿐만이 아니라 주권국가 그 자체나 국가 지도자들에게도 특권(privileges)과 면책(immunities)의 이름으로 인정된다.

한편 오늘날 국제관계에서는 전통적인 권력적 · 비권력적 기준만으로는 설명하기 어려운 중간영역이 증가하고 있다. 예컨대 국가 또는 정부기관과 외국 민간기업 사이에 이루어지는 이른바 국가계약(state contract)이 급격히 늘어나고 있다. 국가계약은 주체적으로 보면 권력적이지만, 내용적으로는 권력적 그리고 비권력적 요소가 혼재되는 경우가 적지 않다. 그런데 이 같은 국가계약의 증가는 개발도상국가들이 정부의 강력한 주도 아래에 경제개발을 추진하고자 하는 데서 많이 볼 수 있다. 또한 자유경제 체제 하의 선진국에서도 특정분야에서의 자국의 이익을 도모하기 위하여 국가계약을 통해 특정분야의 통상활동을 증대하는 방편으로도 원용되기도 한다. 사회주의국가나 중앙통제경제국가에서는 국가관리 하의 통상활동이 거의 이러한 국가계약에 의하여 이루어지고 있다. 그런데 이러한 국가계약에서도 권력적・비권력적 요소를 명백히 구분하지 않고 모두 면책특권을 이유로 국내 재판권의 제약이 뒤따르게 되어, 타방 국가는 주권국가임을 이유로 하여 타국의 재판에도 응소하지 않는 경우가 적지 않게 발생한다. 그것은 국제법상 주권국가는 상호평등이므로 원칙적으로 어떤 국가든 타국에 대하여 민사・형사상의 재판 관할권을 행사할 수 없다는 보편적인 국제법의 원칙이 있기 때문이다.

주권국가의 국가계약을 포함하여 면책특권이 인정되는 범위에 대해서 전통적인 외교관 면책특권의 법리는 비권력적으로 상업적 또는 사법적(私法的)인 행위(*acta jure gestionis*)가 아니라, 주권국가를 대표로 하는 권력관계에 따른 공적인 행위(*acta jure imperii*)인 이상에는 외국 법정에서 제소를 당하지 않음을 본질로 한다. 그러나 이 경우에 공적인 것, 즉 권력적인 것과 상업적인 것, 즉 비권력적인 것의 구분이 반드시 명료한 것은 아니다. 그 구별은 문제된 국가의 국내법의 기준에 따르는 것이 원칙인 것으로, 일반적으로는 활동의 주된 목적이 무엇이었는가의 소위 우월성 테스트(domain test)에 따르게 된다.[327] 그리고 구별이 어려운 내용에 대해서는 주권 면제특권 포기조항(Waiver of Sovereign Immunity)을 사전에 약정함으로써 면책특권의 항변을 제한할 수도 있다.

그런데 이와 같이 주권국가나 주권국가의 외교사절이 면책특권을 향유하는 것과 유사한 방법으로 국제기구나 그 스탭들도 외교관 특권과 동일한 수준의 면책특권을 향유할 수 있는가의 문제가 제기되어 왔다. 결론적으로 오늘날 국제법적으로 국제기구는 사실상 외교관 면책특권과 동일한 수준의 면책특권이 인정된다. 더 나아가 국제기구 자체뿐만이 아니라 국제기구에서 일하는 직원들과 전문가 그룹 그리고 국제기구에 의해 신임장이 제정된 국제기구 회원국 대표자들도 초청국가의 외교관계와 별도로, 외교관 면책특권과 유사한 법리에 의해 면책특권을 인정할 것인가의 문제가 대두된다.

327) Jan Klabbers, *op. cit*, p. 146.

제2항 국제기구 면책과 특권의 이론적 기초

국제기구의 면책특권에 대한 이론적 근거에 대해서는 3가지 학설이 있다. 아래에서는 먼저 3가지 이론을 살펴보고 오늘날 다수설인 기능적 필요성설에 대해 항을 달리하여 검토한다.

Ⅰ. 국제기구 면책특권에 대한 이론적 기초

1. 영토확장설(extraterritoriality)= 치외법권설

영토확장설은 전통적으로 주권국가 외교관 면책특권의 이론적 근거로 주장되었던 이론이다. 영토확장설은 외교사절 등에게 외교적 특권과 면책이 주어지는 것은 정당한 외교사절은 주권국가의 대표자로, 그들이 진출하는 국가, 즉 신임장을 받아준 상대방 국가에까지 본국의 영토가 확장되는 것이라는 견해이다. 명료한 주장이기는 하지만 일반 주권국가와는 달리 국제기구는 자체적인 영토가 없고 본부가 소재할 일부 토지를 초청국가로부터 빌려 쓸 뿐이라는 점에서 영토확장설로는 국제기구의 면책특권의 법리를 설명하는 데 한계가 따른다.

2. 주권 존엄성설(Sovereign dignity)

국가나 어떤 실체가 갖는 자주적인 주권이나 통치권의 존엄성이나 주체성은 마땅히 존중되어야 하고, 외교관계에서의 면책과 특권은 이 같은 존엄한 주권성에 마땅히 수반되는 권리라는 견해이다. 그러나 이 경우에도 여전히 과연 국제기구가 주권국가와 동일한 수준의 주권성(sovereignty)을 갖는 실체인가? 에 대한 의문이 제기된다. 오늘날 국제기구가 독립된 법인격을 가지고 그러므로 일정한 주권성을 가질 수 있음은 인정된다. 하지만 그 경우에도 국제기구가 자체적인 권리로 대외 관계적으로 면책과 특권을 향유할 전제인 주권국가 수준의 독립적인 통치권(sovereign power)을 겸유하였는지는 명확하지 않다. 예컨대 유럽공동체 법원(EC Court)이 유럽공동체(EC)가 주권(sovereign rights)을 가진다고 판결[328]한 바가 있지만, 판결에 나타난 유럽공동체의 주권성이 반드시 독

328) The EC Court, 26/62, 1963.

립주권국가의 통치권과 동일한 성격의 주권인가에 대해서는 의문이 있다.[329)]

3. 기능적 필요설(functional necessity)

국제기구는 그들의 임무를 효율적으로 수행하고 목적을 달성하기 위한, 어떤 기능적인 필요성의 관점에서 일정한 특권과 면책이 필요하다는 견해로 오늘날의 다수설이다. 국제기구 면책특권의 기능적 필요설은 명확한 이론적 기초에 의한 것이기 보다는 그 현실적인 필요성 때문에 국제기구의 경우에는 목적 달성을 위한 임무수행을 위해서 외부로부터의 부당한 간섭을 배제하는 것이 무엇보다 중요하기 때문에, 결과적으로 그 필요성이 인정된다는 당위적 결론으로 지지되는 것이라고 할 수 있다.[330)]

II. 기능적 필요설(functional necessity)의 구체적 검토

1. 기능적 필요설을 뒷받침하는 규범적 근거

1) UN 헌장의 규정

국제기구 면책특권에 대한 기능적 필요설을 뒷받침하는 다수의 국제협약과 국제기구의 헌장이 있다. 예컨대 UN 헌장 제105조 제1항은 UN은 개별 회원국의 영토에서 UN의 목적달성을 위해 필요한 특권과 면책을 향유할 것이라고 명정하고 있다. 더 나아가 제2항은 UN 대표자와 UN 직원(스탭)들도 UN과 관련된 임무의 독립적인 수행을 위해서 유사한 특권과 면책을 향유할 것임을 규정하고 있다.[331)]세계 최대의 대표적 국제기구인 UN에 대한 이러한 면책과 특권의 정신은 후술할 UN과 미국의 본부 합의에도 잘 나타난다.

---

329) Jan Klabbers, *op. cit*, p. 148.

330) *Id*.

331) UN 헌장 제105조.

1. The Organization shall enjoy **in the territory of each of its Members** such privileges and immunities as are necessary for the fulfillment of its purposes.
2. Representatives of the Members of the United Nations and officials of the Organization shall similarly enjoy such privileges and immunities as are necessary for the independent exercise of their functions in connection with the Organization.

2) 개별 국가의 판결

개별국가와 국제사법기구의 국내 판결 또는 국제 판결에서도 국제기구는 국제기구의 원활한 임무수행을 위해 일정한 특권과 면책이 필요하다는 판결이 여럿 있었다. 특히 유명한 판결로 1969년의 이탈리아 법원의 판례가 있다.

국제기구의 직원이 국제기구가 소재하는 이탈리아 국내법원에 해고무효를 다툰 Giovanni Porru v. FAO. 사건[332]에서 이탈리아 법원은 UN 식량농업기구(Food and Agriculture Organization : FAO)는 기구의 특별한 목적달성을 위한 임무수행과 관련하여 제소당하지 않을 면책특권이 있다고 판결했다. 이탈리아 법원은 먼저 주권국가 절대 면책에 대한 국제관습법이 국제기구에 당연히 연장되는 것은 아님을 전제했다. 그러나 이탈리아에 소재하는 국제기구는 상업적 목적을 본질로 하는 거래에서는 그렇지 않지만, 국제기구가 지향하는 국제적 목적을 위해 필요한 한도에서는 일정한 특권과 면책을 가질 수 있음을 인정했다. 한편 로마법원(Rome Court)은 Giovanni Porru v. FAO 사건에서 UN 식량농업기구(FAO)의 전직 피용자가 FAO를 상대로 제기한 면직에 따른 보상청구에 대해서 이탈리아 법원은 관할권을 가지고 있지 않다는 이유로 청구를 기각했다. 즉 UN 식량농업기구(FAO)에 대하여 제소를 당하지 않을 면책특권을 인정한 것이다. 그러나 로마법원은 본안 심리에서 주권국가를 비롯한 국제법 주체가 그 활동에 대해 일반적으로 당연히 다른 주권국가의 사법심사에서 배제된다는 국제관습법은 없다고 전제했다. 또한 그러한 주권국가의 면책특권은 오직 공법적 활동(public law activities)에 연결될 때만 그리고 국제기구의 경우에는 헌장상의 목적수행과 연결된 활동(*jure imperii*)일 경우에만 인정되는 것이지, 사법적 활동(private law activities), 그리고 국제기구가 일반인, 즉 사적 자연인과 같은 입장(*jure gestionis* : equal footing with private individuals)에서의 활동인 경우에는 인정되지 않음을 명백히 했다.

이 같은 전제에서 이탈리아 법원은 FAO가 내부 구조조정으로 인력을 재배치한 것은 의심할 여지없이 동 국제기구 헌장상의 목적 달성을 위한 필요에서 단행한 조치로 평가된다고 결정했다. 그러므로 FAO는 이탈리아 내에서도 제소를 당하지 않을 특권과 면책을 향유하고 따라서 이탈리아 법원은 FAO 직원의 해고 관련 소송에 대해서는 관할권이 없다고 판결했다.

---

332) 71 ILR 240, P. 241, 1969. 6.25.

한편 구조조정으로 실직한 국제기구의 전직 고용자가 소송을 제기한 1973년 7월 7일의 또 다른 사건인 Mrs. C. v. Intergovernmental Committee for European Migration: ICEM) 사건에서, 법원은 국제기구는 공적활동과 사적활동 구분 없이 전반적인 외교적 면책특권을 향유한다는 유럽 국제이주기구(ICEM)의 주장을 배척하고 국제기구의 공법적 활동(public law functions)과 사법적 활동(private law activities)을 구분하는 입장을 여전히 견지했다. 법원은 양자를 구분하는 입장에서 헌장상의 목적 달성을 위해 단행한 내부 구조조정과 규칙의 제·개정은 명백하게 국제기구의 공법적인 활동에 해당하는 것으로 국내법에서도 면책특권을 향유한다고 판결했다.[333] 이러한 판결들은 국제기구의 특권과 면책은 동 국제기구에게 주어진 목적 달성을 위한 일정한 "기능적 필요성"에서 인정되는 특권임을 일응 명백히 한 것이라고 할 수 있다.

2. 기능적 필요설의 한계

앞서 본 이탈리아 법원의 판결들에서도 유추할 수 있지만 국제기구의 면책특권에 대한 기능적 필요설에는 다음과 같은 불가피한 약점이 있다.

1) 국제기구 특권과 면책은 현실적인 타협의 산물

첫 번째는, 궁극적으로 국제기구의 특권과 면책의 범위는 일반적으로 국제기구의 목적과 같은 어떤 추상적인 청사진에서 유래되는 것이 아니라는 점이다. 그것은 현실적으로 해당 국제기구와 초청국가(host state), 즉 본부 소재지 국가 사이의 약속, 구체적으로는 본부 협정(Headquarter Agreement)에 의하게 되는 타협의 산물이라는 사실이다. 바꾸어 말해 국제기구이기 때문에 특권과 면책을 위한 협상이 당연히 전제되는 것이 아니고, 협상의 결과 일정한 특권과 면책 범위가 결정되는 것이 국제사회의 현실이다. 그러므로 현실적으로는 당장의 이해관계가 걸려 있는 국제기구의 입장 그리고 초청국가 측의 제반 협상요소, 다른 국제기구의 선례, 이해관계가 있을 수 있는 제3국의 입장, 가능하다면 재정을 더 확보해야 하는 초청국가의 과세담당 부서의 입장 등, 제반 요소를 고려

333) Dr. Georg Kodek, Immunity of International Organizations and Alternative Remedies against the United Nations, Vienna University International Law, Seminar on State Immunity Summer Semester 2006, Peter Neumann(0164200), pp. 5-7.

하여 국제기구의 면책과 특권의 범위는 결정되게 된다. 바꾸어 말하면 국제기구의 면책특권은 이해당사자의 협상력에 의해 특권과 면책의 범위가 결정될 수 있다는 것을 의미한다.

2) 기능적 필요성(functional necessity) 개념의 추상성

두 번째의 약점은 "기능적 필요성"이라는 용어의 추상성이다. 조금만 더 생각해 보면 사실 무엇이 해당 국제기구의 '기능적 필요성'일 것인지를 판단하는 것은 쉽지 않다. 국제기구의 기능적 필요성은 본질적으로 논쟁적인 개념이다. 구체적인 사례로 미국 통신법(Communications Act of 1934)에 따라 국제통신을 규제할 목적으로 1934년도에 창설된 독립 연방 정부기관인 연방통신위원회(Federal Communications Commission)가 관장한 1953년 사건이 있다.[334)]

동 사건은 세계은행(World Bank)과 IMF가 미국 전역의 케이블 통신회사들을 상대로, 그들 국제기구가 지불해야 하는 공식적인 통신비용의 요금에 대한 세율을 하향 조정해 달라는 청원에 대한 것이었다. 금융국제기구의 통신세율 하향 쟁점에 대하여 청원인인 세계은행 그리고 IMF, 피청원인인 미국 케이블 회사는 공교롭게도 모두 국제기구인 세계은행이나 IMF의 임무수행을 위한 "기능적 필요성"에 기초하여 논리와 반박논리를 전개했다. 즉 청원인인 세계은행과 IMF는 국제기구의 특권과 면책을 인정하는 것은 해당 국제기구의 목적달성을 위한 합법적인 기능이 재정문제로 손상되어서는 안 될 것으로 고요율의 통신 요금을 포함하여 예기치 않은 외부적 방해요소로부터 보호하기 위한 것이라고 주장하며 통신요율의 인하를 청원했다.

반면에 피청원인인 통신회사들은 세계은행이나 IMF가 그들의 기능을 수행하기 위해 왜 통신요율을 하향해야 한다는 것인지에 대한 입증을 다하지 못했다고 반박했다. 즉 요율인하가 금융국제기구의 기능적 필요성과 구체적으로 어떤 연관이 있는지를 합리적으로 납득시키지 못한다고 항변했다. 결과적으로 연방통신위원회(FCC)는 세계은행과 IMF의 기능적 필요성에 따른 요율인하 논리를 받아들였지만, 이 사건에서 알 수 있는 바와 같이 동일한 사안에 대한 "기능적 필

---

334) 1953년 3월 23일 결정, *Re International Bank for Reconstruction and Development and International Monetary Fund v. All America Cables & Radio, Ind, and other cable companies.* 사건(ILR 705-712).

요성"에 대해서도 극단적으로 상반된 의견이 가능할 정도로 기능적 필요성은 추상적이고 논쟁적인 개념임을 알 수 있다.

3) 소재지 국가 규범과의 충돌 위험성

국제기구 규범과 소재지 국가 규범 충돌은 오늘날 적지 않게 발생하는 사례이다. 또한 기능적 필요성을 이유로 국제기구의 권한남용의 위험성이 제기된다. 국제기구의 기능적 필요성의 남용은 소재지 국가의 공중의 질서를 위배하거나, 심지어는 해당 국제기구 내부에서의 인권 유린의 사례로도 나타난다. 예컨대 어떤 국제기구의 고용정책은 반드시 소재지 국가의 노동정책이나 근로관계법에 기속되는 것은 아니다. 이것은 만약 해당 국가가 고용에서의 성차별을 인정하고 성희롱(sexual harassment)에 관대한 경우라면 그와 달리 엄격한 기준을 가진 국제기구의 피용인들은 해당국가에서 상당한 역차별을 받는 셈이다. 그 반대의 경우라면 불평등이 존재하게 된다. 그러한 내용은 결국 해당 국가의 공공질서나 근로정책 그리고 관계 법령과 배치되는 현상을 초래할 수도 있게 된다.

4) 소결론

이상의 추론에서 알 수 있는 바와 같이, 현재까지 국제기구의 특권과 면책을 인정함에 가장 논리적이고 적합한 법 이론적인 근거는 '기능적 필요성'에 기인한다고 설명함이 가장 합리적이기는 하다. 그러나 주권국가와 달리 국제기구의 특권과 면책은 "국제기구"이기 때문에 당연히 인정될 수는 없다. 더 나아가 국제기구의 "기능적 필요성"이라는 요청 때문에 당연히 특권이 인정되는 것도 아니다. 여하튼 현재까지 기능적 필요설은 국제기구의 특권과 면책을 인정함에 있어서 가장 합리적인 이론으로 간주된다.

제3항 국제기구 특권과 면책의 근거

국제기구의 면책특권이 인정되는 방법에는 4가지 길이 있다. 첫 번째는 국제법을 형성하는 국제 조약(treaty)이나 협약(convention)에 의하는 것이다. 두 번째는 국제기구 소재지 국가, 즉 초청국가의 국내법에 의하는 것이다. 세 번째는 국제기구와 초청국가의 협약, 즉 본부협약(Headquarters Agreement)에 면책특권이 규정되기도 한다. 네 번째는 국제관습법에 의하는 방법이 있다. 이들 네 가지는 모두 국제기구 면책특권의 법원(法源)이 된다. 아래에서 살펴본다.

I. 일반 국제법

UN의 면책특권에 대한 가장 중요한 문서는 1946년의 UN 특권과 면책에 대한 국제협약(Convention on the Privileges and Immunities of the United Nations, 이하 'UN 면책특권협약'이라고 한다)이다. 오늘날 대부분의 국제기구는 이 UN 면책특권협약을 모델로 삼아 면책특권을 규율한다. 또한 UN 면책특권협약을 본받은 1947년 UN 전문기구에 대한 협약(Specialized Agencies Convention)은 UN 산하의 15개 전문기구의 면책특권에 대한 중요한 규범이다. 이들은 모두 UN과 UN 전문기구에 대해서 명백하게 국제기구의 면책특권에 대한 성문 국제법을 형성한다. 이에 EU를 비롯한 적지 않은 국제기구는 UN 면책특권협약과 UN 전문기구에 대한 협약이라는 대표적인 양자의 내용을 본받은 자체 협약을 마련하기도 한다. 한편 UN 면책특권협약은 면책특권을 주체를 기준으로 ① UN이라는 국제기구 자체의 면책특권, ② UN 회원국 대표자의 면책특권, ③ UN 직원(officials)의 면책특권 마지막으로 ④ UN 임무수행을 위한 전문가 등의 면책특권의 4가지로 분류한다. 그 면책특권은 영역별로는 ① 사법관할권으로부터의 면책, ② 건물을 포함한 일정한 영역의 불가침성, ③ 금융특권 그리고 통신특권으로 분류하고 있다. 상세는 후술한다.

II. 국제관습법

1. 국제관습법(customary international law)의 의의

국제관습법은 국가 간의 묵시적인 합의에 의하여 일반적으로 승인된 국제관행을 말한다. 그 경우에 국제관행이 국제관습법으로 성립하려면 다음과 같은 요건을 구비해야 한다. ① 실질적 요소로서 국제사회의 각 국가 간에 일정한 행위가 반복됨으로써 형성되는 관행이 존재해야 한다. 즉 일정한 사항에 대하여 국가 간에 동일한 내용의 행위가 반복·계속된다는 사실이 있어야 한다. ② 다음에 그러한 관행을 각 국가가 장래에 있어서도 준수할 것을 승인함으로써, 그 관행이 하나의 규범이 되어야 한다. 즉 이러한 관행이 단순한 사실적인 습관적 행위가 아니고, 법에 준거(準據)하는 의무로서의 행위라는 **법적 확신**을 각 국가가 가져야만 한다. 원래 오늘날 현대국가는 제반 분야에 있어서 성문입법을 거의 구비하고 있고, 필요한 입법은 신속하게 제정할 수 있는 제도적 장치가 되어 있다. 따라서 성문규범에 비해서 명확성이 떨어지는 관습법은 법률체계에서는 예외적인 지위를 차지하고, 성문법이 압도적인 지위를 차지한다.

그러나 국제사회는 아직 주권국가에 비한다면 충분히 성숙한 법단체가 아니고 또 조직적인 입법기관도 없으므로 국제관습은 국내법상의 관습에 비해 중요한 지위를 차지하고 있는 것이 현실이다. 물론 국제사회에서도 관습법의 불명확성을 배제하기 위하여 성문법주의를 택하는 경향이 있으나, 현실을 신속히 반영하기 위하여 또한 성문법이 가지지 못하는 탄력성 등의 장점도 있기 때문에, 성문법주의가 아무리 발달되어도 국제 관습법의 필요성은 인정된다.

2. 국제관습법에 의한 국제기구의 면책특권의 인정 문제

이러한 중요성과 필요성을 갖는 국제관습법에 의해서도 국제기구의 면책특권이 과연 인정될 수 있을까라는 문제는 국내법의 소송 관할권 배제와도 직결되는 문제라는 점에서 대단히 중요하다. 그것은 바꾸어 말하면 현재까지 성문 국제법이나 본부협약과 같이 성문규범으로 인정되는 국제기구의 면책특권이 전부이고 또 다른 형태나 내용의 면책특권은 절대로 인정되지 않을 것인가의 문제이기도 하다. 오늘날 국가 사이의 일정한 관행이 법적확신에 까지 이른 국제관습법에 의해서도 국제기구의 면책특권이 인정된다는 점에서는 의견이 거의 일치되어 있다.[335] 결론적으로 국제관습법에 의한 국제기구의 면책특권은 인정된다.

면책특권에 대해서 성문의 협약이나 앞서 본 UN 면책특권협약을 따른다는 규정이 헌장에 없고 또한 본부협약이 없는 경우에도, 국제기구의 목적 달성을 위해 수행되는 임무수행에 따른 면책특권은 국제관습법에 따라서 합리적인 범위에서 인정된다고 할 것이다. 이와 같은 이치에서 국제기구의 면책특권에 대해 국제관습법이 형성되어 있다고 보는 대표적인 분야가 고용과 관련된 부분이다.

---

335) C . F. Amerasinghe, *op. cit.* p. 345.

원래 국내 또는 국제 성문법의 경우에도 국제기구 면책특권의 기초는 국제기구의 기능적 측면에 대한 고려이다. 이 같은 결론은 국제관습법의 경우에도 동일하게 유추될 수 있다. 그러므로 국제관습법에 의한 국제기구의 면책특권은 어떤 외부적 간섭 없이 그 책무를 독립적이고 효율적으로 수행할 수 있도록 하기 위해 개별 국가의 관할권으로부터의 면책, 금융통제로부터의 면책 그리고 각종 세금과 의무에서의 면책을 포함하여 국제기구의 목적달성을 위하여 필요한 내용들이라면 성문법에 규정되어 있지 않다 하더라도 인정된다고 할 것이다.[336)]

3. 국제관습법에 의해 국제기구의 면책특권을 인정한 구체적 사례

Branno v. Ministry of War 사건에서 이탈리아 최고재판소(Italian Court of Cassation)는 성문 국제 규범이 없는 경우라고 하더라도 국제기구의 기능적 면책을 인정하는 국제관습법이 있다고 명백하게 선고했다.[337)] 이탈리아 법원은 국제관습법에 의한 국제기구 면책특권 인정의 원칙을 재확인하여 Food and Agriculture Organization v. Colagrossi 사건에서 국제관습법은 국제기구의 면책특권에 대한 법원(法源)이 된다고 또한 명백히 선언했다.[338)] 동일한 논리에서 스위스 노동법원(Swiss Labor Court)은 Z.M. v. Permanent Delegation of the League of Arab States to the UN 사건에서 국제관습법은 국제기구가 전세계적인 것인지 지역적인 기구인지에 무관하게 소재지 주권국가의 소송 관할권으로부터의 면책특권이 있음을 인정했다.[339)] 스위스 노동법원은 그러한 특권은 어떤 명문의 규정에 의해서가 아니라 국제기구에 부과된 목적과 기능에서 유래되는 것으로 국제기구는 소재지 국가의 국내 공권력의 검열과 통제에서 벗어나 있어야만 국제기구는 그러한 목적을 달성할 수 있기 때문이라고 추론했다.

---

336) *Id.* p. 346 Third Restatement of the Law: The Foreign Relations of the United States (1987) vol. I. Section 467(i).

337) Branno v. Ministry of War, 22 I.L.R. 756, 757 (It. Cass. 1954). *See also* Waite and Kennedy v. Germany, 116 I.L.R. 121, 134 (1999).

338) Food and Agriculture Organization v. Colagrossi, 101 I.L.R. 386, 387 (It. Cass. 1992). *See also* Mendaro v. World Bank, 717 F.2d 610, 615-617(D.C. Cir. 1984); Waite and Kennedy v. Germany, 116 I.L.R. 121, 134 (Ger. 1999).

339) Z.M. v. Permanent Delegation of the League of Arab States to the United Nations, 116 I.L.R. 643, 647 (Switz. 1993).

Ⅲ. 본부협약(Headquarter Agreement)

본부협약은 국제기구와 국제기구 소재지 국가, 즉 초청국가 사이에 국제기구의 소재지 설정, 면책특권, 전력과 통신 등 국제기구의 존속과 운영에 필요한 각종 서비스의 공급 등을 규율하기 위하여 체결하는 국제협약이다. 여러 국제기구들은 이 같은 본부협약을 체결함에 있어서, 그 모범으로 삼는 UN 면책특권협약에 없는 내용을 따로 정하는 경우가 적지 않다.

UN의 경우 UN은 1947년 미국(USA)과 본부협약을 체결했다. 특히 UN-USA 본부협약(이하 본부협약)은 1946년의 UN 면책특권협약의 정신과 배경을 전제로 하고 있음을 명백히 하고 있다. 그에 따라서 오늘날 UN 본부 건물은 미국 뉴욕시의 UN 구역(Headquarter District)이라고 불리는 특별 행정구역에 위치한다. 미국의 연방법, 주법 그리고 지역법은 원칙적으로 동 UN 특별구역에서도 여전히 유효하다. UN 면책특권협약 제7조도 본부협약에서 별도로 정하고 있지 않는 이상 미국 법원이 UN 특별 행정구역에 대한 관할권을 가지고 있음을 명백히 하고 있다.[340] 이것은 바꾸어 말하면 UN의 면책특권은 태생적으로 시원적인 것이 아니라 미국 관할권의 예외로 간주된다는 것을 의미하고, 면책특권의 내용은 엄격한 제한적 해석을 통해 인정된다는 것을 뜻한다고 할 수 있다.

그러나 본부협약에 따라서 UN 구역은 불가침의 지역이다. 본부협약 제9조는 미국 공권력은 UN 사무총장의 승인 없이는 동 구역에 진입할 수 없음을 명정하고 있다. 또한 승인을 받아 진입한 경우에도 UN 사무총장이 정한 조건에 따라서 행동해야 한다. 한편 UN은 본부 구역이 체포를 피하기 위한 무분별한 피난처가 되는 것을 방지할 의무가 있다. UN 본부협약 제11조는 미국은 UN 회원국 대표자, UN 직원과 전문가, UN이 인정한 비정부기구(NGO) 대표자, 언론사 관계자 등의 출입국을 보장하도록 하고 있다. 그리고 이러한 사람들에 대한 통행권의 보장은 해당 국가와 미국의 정치적 이해관계와 무관하게 적용된다(제12조). 그러므로 미국은 그들이 설사 자국과 공식적인 외교관계가 없는 국가의 사람이라고 하더라도 외교적 면책특권을 보장해야 한다. 한편 면책특권 보장의 지역적 범위와 관련해서는 일반적으로 미국과 외교관계가 있는 국가로부터의 대

340) Jan Klabbers, *op. cit.* p. 161.

표자는 미국 전역에서 국제기구 면책특권이 인정된다. 그러나 미국과 외교관계가 없는 국가의 대표자는 오직 본부구역과 그들이 생활하는 거주지와 사무실 그리고 통행 구역 내에서만 면책특권이 인정된다.341)

Ⅳ. 국내법

국내법은 다양한 방법으로 국제기구 면책특권의 인정에서 중요한 기준을 제시한다. 첫 번째 방법은 해당 국제기구와 규범을 국내법의 일부로 편입하는 방법이다. 미국은 국제연합(UN)과 체결한 UN-USA 본부 협약을 아예 미국의 국내법으로 제정하였다(PUBLIC LAW 80-357). 다른 방법은 의회나 대통령이 입법명령이나 행정명령을 발령하여 해당 국제기구가 면책특권을 부여받았음을 선언하는 방식이 있다. 물론 사전에 국제기구와 조율을 하게 된다. 그러나 이 경우의 입법명령이나 대통령의 행정명령이 국제기구의 면책특권을 창설하는 것은 아니다. 다만 국제기구의 면책특권의 범위를 포함하여 국내에서의 국제기구의 법적 위상을 특정한 것이라고 할 것이다.342)본부협약을 별도로 체결하지 않은 경우에는 이러한 국내 입법명령이나 대통령의 행정명령이 본부협약을 대체한 것으로 간주되기도 한다. 1969년 영국 런던에 본부가 있는 정부간해사기구(Intergovernmental Maritime Consultative Organization : IMCO)의 사례가 대표적이다.343) 경우에 따라서는 국내법으로 국제기구의 면책특권을 직접 인정하기도 한다. 예컨대 오스트리아는 국내입법으로 UN이 인정하는 국제 비정부기구(NGO) 활동에 대한 면책특권을 인정하고 있다.

---

341) UNITED STATES HEADQUARTERS AGREEMENT, PUBLIC LAW 80-357, SECTION 15, (4) .... In the case of Members whose governments are not recognized by the United States, such privileges and immunities need be extended to such representatives, or persons on the staffs of such representatives, only within the headquarters district, at their residences and offices outside the district, in transit between the district and such residences and offices, and in transit on official business to or from foreign countries.

342) Jan Klabbers, *op. cit.* p. 166.

343) *Id.* 한편 IMCO는 기구의 기능과 역할을 강화하기 위하여 1982. 5. 22일 국제해사기구(IMO : International Maritime Organization)로 변경했다. 국제해사기구의 목적은 국제항해에 종사하는 해운에 영향을 미치는 모든 기술사항에 관한 정부 간 협력을 촉진시키고 해상안전, 항해의 효율성, 해양오염방지 및 통제를 위한 실질적인 기준을 채택하도록 하는 것에 있다. 현재 대한민국의 임기택 사무총장이 총장직을 역임하고 있다.

제4항 국제기구 특권과 면책의 내용

국제기구의 면책특권은 국제기구 자체에 인정되는 특권과 면책 및 국제기구에 종사하는 사람들의 특권과 면책으로 구분해 볼 수 있다.

I. 국제기구 자체의 특권과 면책

국제기구 자체의 특권과 면책은 4가지로 분류할 수 있다. 첫 번째는, 재판권으로부터의 면책이다. 두 번째는 국제기구 재산과 문서의 불가침성이다. 세 번째는 재정 · 금융특권이다. 네 번째는 통신에 대한 특권이 있다. 이상은 국제기구의 목적과 기능을 수행하기 위한 불가결한 요소들로 국제기구의 특권과 면책 가운데에서도 보편적으로 인정되는 내용들이다.[344)]

1. 재판권(jurisdiction)으로부터의 면책 - 각종 소송으로부터의 면책

UN 면책특권협약 제2조 제2항은 "UN은 다만 명백하게 면책특권을 포기하지 않은 이상, **어디에 있거나 그리고 누가 관리하는 것과 무관하게** UN의 부동산과 동산을 포함한 자산은 소송을 포함한 어떤 형태의 법적인 절차에서도 면책된다(shall enjoy immunity from every form of legal process.....)." 라고 일반적인 소송 면책특권을 규정하고 있다. 이 같은 국제기구의 재판권 면제(주로 소재지 국가의 국내법원에서의 소송면책)는 크게 두 가지 경우로 나누어 볼 수 있다. 하나는 국제금융기구의 경우에 많이 나타나는 대부금(loan)과 같은 금전관련 상업적 거래 소송인 경우이고, 두 번째는 고용관계의 경우의 문제이다.

1) 상업적 거래와 관련된 소송 면책의 문제

세계은행이나 IMF 같은 국제금융기구는 UN의 일반적인 면책특권 규정을 이어받아 각종 소송으로부터의 면책을 광범위하게 정하고 있다. 국제금융기구의 경우에는 재판으로부터의 면책은 본안 소송은 물론이고 재산에 대한 압류와 가처분 소송으로부터의 면책을 포함한다.[345)]

---

344) C. F. Amerasinghe, *op. cit.* p. 320.
345) *Id,* p. 321.

이 같은 국제기구의 소송 면책특권과 관련된 쉽지 않은 쟁점이 있다. 앞서 살펴 본 바와 같이 주권국가의 주권면제 특권과 관련하여 20세기 중반에 등장한 이론에 따른 쟁점이다. 그것은 국가의 행위를 권력적 행위(*acta jure imperii*)와 비권력적 행위(*acta jure gestionis*), 즉 관리행위(상업행위)로 구분하여 전자에 대해서만 관할권 면제를 부여해야 한다는 주장을 국제기구의 경우에도 그대로 적용해야할 것인가 그리고 그것이 과연 타당할 것인가의 문제이다.

그러나 결론적으로 오늘날까지 국제기구 면책특권에 대한 일반적인 UN 면책특권협약, UN 특별기구 협약 그리고 이들을 원용하는 국제기구의 헌장에서도 국제기구의 활동을 권력적 행위(공적행위)와 비권력적 행위(사법적 또는 상업적 행위)로 분류하는 성문의 규정은 찾아보기 어렵다.

가. 한정설 : 주권국가 면책이론과 동일설의 입장

앞서 본 바와 같이 이탈리아 법원은 Giovanni Porru v. FAO 사건에서, 국제기구의 면책특권도 주권국가의 주권면제이론에 근거하여 판단을 한다고 전제하여 국제기구의 경우에도 주권국가의 외교적 특권과 마찬가지로 헌장상의 목적수행과 연결된 활동(*jure imperii*)일 경우에만 면책특권이 인정되는 것이지, 사법적 활동(private law activities), 예컨대 국제기구가 일반 사적 자연인(equal footing with private individuals)과 같은 입장(*jure gestionis*)에서 활동하는 경우에는 면책특권이 인정되지 않음을 명백히 했었다.

또한 Branno v. Ministry of War 사건에서도 이탈리아 최고법원(Supreme Court of Cassation)은 이 사건의 소송물은 사적(私的)인 계약에 대한 문제이므로 이탈리아 법원도 NATO에 대해 관할권이 있다고 판결했다. 왜냐하면 본건에서 NATO는 권력적 행위(*jure imperii*) 주체로서가 아니라 비권력적 행위(*jure gestionis*), 즉 관리행위(상업행위)의 주체자로 역할 한 것이기 때문이라는 취지였다.[346)]

미국 연방 법원도 빌딩 건축과 관련된 Dupree Associates Inc. v. OAS 사건에서 국제기구는 한정된 면책특권만을 가지는 실체로, 미주기구(Organization of American States : OAS)가 입찰계약 당사자로 문제가 되는 본건은 비권력적 상업행위(*jure gestionis*)를 주된 내용으로 하는 계약이므로 미국 법원은 당

---

346) 1955, 22 ILR p. 756, 설명은 C. F. Amerasinghe, *op. cit.* p. 322.

연히 관할권이 있다고 판결했다.[347] 이처럼 개별국가의 법원 판례는 헌장에 면책특권에 대해 명백하지 않은 국제기구의 경우에는, 일반적으로 주권국가에 대한 주권 면제 이론을 적용하여 권력적 행위와 비권력적 행위로 구분하여 전자의 활동인 경우에 한해서만 한정적으로 면책특권을 인정해 왔다.[348]

나. 전반적 면책설

이것은 면책특권에 대한 UN 면책특권 협약을 적용하는 UN이나 UN 산하 특별 국제기구 그리고 그러한 내용을 헌장에 담은 국제기구는 물론이고, 일반적인 국제기구의 경우에도 사법(私法)적 주체로서 인지 공법(公法)적 주체인지의 구분과 무관하게 국제기구의 경우에는 원활한 임무 수행을 위하여 국내법원에서의 관할권에서는 전반적으로 면책되어야 한다는 견해이다. 1992년 이탈리아 최고법원(Italian Court of Cassation)은 1969년도 Giovanni Porru v. FAO 사건에의 판례의 입장을 변경하여 UN식량농업기구(FAO)는 국내법원에 관한한 절대적 그리고 전반적으로 면책특권이 인정된다고 선고했다.[349]

다. 결 어

그 동안 주권국가 면책특권에 대한 이해와 인식은 국제기구의 경우에도 그대로 적용되는 것으로 간주되어 국제기구의 업무와 활동을 권력관계(공법적 관계)와 비 권력관계(사법적 관계)로 구분해 왔던 것이 사실이다. 그러나 국제기구는 법인격 주체성이 인정된다고 하는 경우에도 영속적이고 물리적인 영토와 국민 그리고 주권을 3대 기본 요소로 하는 주권국가와는 본질적으로 다른 속성을 가진 별개의 국제법 주체이다. 따라서 주권국가와 본질적으로 속성을 달리하는 국제기구의 경우에 면책특권이 인정될지 여부는 국제기구의 목적달성을 위한 임무수행과 관련된 기능적 필요성의 관점에서 결정되어야 함이 온당하다고 할 것이다. 그러므로 국제기구가 권력적 행위자로 역할 하였는지(acting jure imperii) 아니면 비권력적 행위, 즉 관리행위(상업행위)의 주체자로 역할 한 것인지는 사실 국제기구의 소송면책과 관련되는 한 무관하다고 할 것이다. 그럼에

---

347) 1977, 63 ILR p. 92.

348) C. F. Amerasinghe, *op. cit.* p. 322.

349) *Id.*

도 오늘날까지 보편적인 국제기구법의 법리가 발달하지 않았고, 국제기구법에 대한 인식이 부족한 결과로 국제기구의 면책특권과 관련한 개별국가의 적지 않은 판결사례는 국제기구의 활동을 권력적 활동과 비권력적 활동으로 구분하여 면책특권 인정 여부를 고려함이 현실이었다.

2) 고용과 관련된 소송에서의 면책의 문제

대다수 국내법원의 판례도 일찍부터 국제기구의 고용관련 사례에 있어서는 국제기구의 입장에서 광범위하게 소송 면책특권을 인정했었다. 그러나 이것에도 또한 예외가 없지는 않다.

가. 원칙적 면책

프랑스 행정법원은 일찍이 1928년 국제기구(Inter-Allied Commission)의 직원이었던 원고가 동 국제기구를 상대로 제기한 급료지급 청구 소송에서, 프랑스 법원은 국제기구의 급료지급관련 소송에 대해서는 관할권이 없다고 판결했다.[350] 또한 1931년 국제기구에서 해고당한 피용자가 해당 국제기구가 소재하는 이탈리아에서 동 국제기구를 상대로 제소한 *International Institute of Agriculture v. Profili* 사건에서, 이탈리아 최고법원(Italian Court of Cassation)은 국제기구의 손을 들어 주었다. 이탈리아 최고법원은 국제기구는 자율적 단체(autonomous union)로서, 임금과 같은 내부적 자치의 문제에 대해서는 소재지 주권국가의 법적 관할에서 간섭을 받지 않는다고 판결했다. 국제기구의 고용 문제에 대해 면책특권을 인정하는 이러한 국내법원의 판결은 최근의 미국 판례를 비롯하여, 독일, 아르헨티나, 멕시코, 칠레, 콜롬비아, 이집트, 인디아, 룩셈부르크 그리고 필리핀의 판결에서도 나타난다.[351]

나. 국내관할이 인정된 사례

그러나 국제기구의 고용 문제에 대해서도 국내법원의 관할권을 인정하고 실체 판단에 들어가, 자국의 고용정책이나 고용관련 법령에 배치되어 위법하다고 국제기구에 불리하게 선고된 사례도 있다. 그것은 주로 중동국가에서 이루어진

350) Recueil de Arrets du Conseil d'Etat(1928). p. 764.
351) C. F. Amerasinghe, *op. cit.* p. 325.

판결들로 레바논, 요르단, 시리아 국내법원의 몇몇 판례가 있다.

특히 레바논 국내 노동 법원은 *W.* v. *UNRWA* 사건에서 외교 분쟁을 초래할 수 있는 것으로 국제기구에 대한 내정간섭이 될 수 있다는 우려에 따른 외무부의 반대의견에도 불구하고 유엔팔레스타인난민구호사업기구(United Nations Relief and Works Agency : UNRWA)를 상대로 한 고용관계 소송에 있어서, 레바논 법원의 관할권을 인정했다.[352] 물론 이들 중동 국가들도 특정한 개별 국제기구에 대해서만 소송면책을 부인하는 것인지 아니면 모든 국제기구에 대하여 전반적으로 소송면책 특권을 부인하려는 것인지는 명백하지 않다.

다. 결 어

이처럼 국제기구에 대한 소송면책의 문제는 개별 국내법원의 태도에 따라서 일정하지 않다. 국제법적으로 법인격성을 인정하는 법 이론과 별개로, 주권국가와의 상관관계에서 구체적인 법률관계가 논의되는 국제기구의 현실에서, 사실 국제기구의 헌장에 소송면책에 대한 명시적이 규정이 있는지와 무관하게 언제 그리고 어떠한 조건에서 소송면책이 인정될 수 있는지 또는 없는지를 판단하는 것은 쉬운 일이 아니다. 그것은 현재 존재하는 국제기구의 수만큼이나 다양한 국제기구의 목적과 성격에서 불가피하게 제기되는 연유이기도 하다. 하지만 국제기구의 특권을 빙자한 남용의 문제를 개별 국내법원의 개별적인 사정에 맞게 제어하려는 국내법원의 태도도 있기 때문이라고 할 것이다. 결국 국제기구 소송면책의 해결 기준은 공평과 정의에 입각한 사건의 개별화라고 할 수 있다. 그러나 그러한 개별국가의 판결이 오늘날 눈부신 역할을 하는 국제기구의 목적을 저해하는 방향으로 전개되어서는 결코 안 될 것이다.

한편 국제기구 고용의 문제에 있어서도 다양한 형태 그리고 복합적 형태의 고용관계가 출현하여 국제기구가 권력적 행위자로 역할 하였는지(*jure imperii*) 아니면 비권력적 행위, 즉 관리행위(상업행위)의 주체자로 역할(*jure gestionis*) 한 것인지가 불투명한 사례가 빈발하는 오늘날, 양자의 구분은 그 중요성이 저감되었다고 할 수 있다. 결국 국제기구의 경우에 면책특권이 인정될지 여부는 국제기구의 목적달성을 위한 임무수행과 관련된 기능적 필요성의 관점에서 결정되어야 할 것이다.[353]

352) *Id.* p. 326.

2. 재산과 문서의 불가침성

1) 현금 등 자산(Property, assets & currency) 관련 특권

UN 면책특권협약을 비롯한 대부분의 국제금융기구의 헌장은 국제기구의 소유권(property)과 자산(assets)은 모든 형태의 사법절차에서 면책됨을 규정하고 있다. 이것은 단순하게 소송에서 면책만을 뜻하는 것이 아니라, 해당 국제기구의 소유권과 자산에 대한 매우 광범위한 보호를 목적으로 하는 것이다. 내용적으로는 재산에 대한 수색(search), 징발(requisition), 몰수(confiscation), 수용(expropriation)을 비롯한 제반 형태로부터의 간섭을 받지 않는 것을 의미한다. 주체적으로도 법원을 비롯한 사법기구에서 뿐만이 아니라, 행정부 그리고 입법부 등 제반 국가 공권력으로부터의 면책을 의미한다(UN 면책특권협약 제3조). 또한 이러한 소극적 불간섭뿐만이 아니라 국제기구의 자산관련 특권에는 외환거래 불적용의 특권도 있다. 따라서 국제기구는 임무수행과 관련하여 필요하다면 상당한 자산을 소재지 국가의 외환규제를 받지 않고 다른 나라로 송금할 수도 있다.[354] 그러므로 UN은 미국의 외환정책이나 금융 통제(controls), 규제(regulations), 지불유예(moratoria) 등과 무관하게, 다양한 형태의 펀드(funds), 금 그리고 세계 여러 나라의 각종 현금을 보유할 수 있고(UN 면책특권협약 제5조 (a)), 보유하는 자산을 자유롭게 타국에 송금하거나 다른 통화수단으로 변경할 수도 있다(제5조 (b항)).

2) 건물과 문서 불가침성의 원칙(Principle of inviolability)

국제기구의 건물과 문서에 대한 간섭을 배제하는 불가침성의 원칙은 국제기구 면책특권과 관련하여 거의 모든 관련된 합의에 나타나는 기본적인 사항이다.

가) 소유 부동산(Premises)의 불가침성

UN 면책특권협약 제3조는 UN 부동산은 불가침임을 명백히 하고 있다.[355]

---

353) *Id.* p. 328.

354) C. F. Amerasinghe, *op. cit.* p. 329.

355) SECTION 3. The premises of the United Nations shall be inviolable.
.........여기에서 말하는 premises는 일반적으로 땅(land)과 건물(buildings)을 함께 포괄하는 용어이다. 법적으로는 땅과 건물은 함께 재산이나 자산 또는 소유권을 의미하는

소유 부동산의 불가침이란 외교관계에서의 건물과 부속 대지의 불가침성처럼, 어떤 국가의 공권력, 특별히 초청 국가의 공권력은 범죄자의 체포나 영장집행을 위해 필요한 경우라고 하더라도, 국제기구 행정 최고책임자의 허가 없이는 국제기구의 건물을 포함한 영내에 임의로 진입할 수 없음을 의미한다.[356] 더 나아가 초청국가의 공권력으로부터의 불가침만이 아니라 국제기구로부터 허가받지 않은 모든 사람의 부당한 침입으로부터의 배제를 의미한다.

그러므로 초청국가 공권력은 일반 자국민을 포함한 누구로부터도 국제기구 소유 부동산의 불가침성이 유지되도록 노력할 성실의무를 부담한다. 그러나 이 같은 불가침 원칙의 현실적인 적용에는 적지 않은 문제가 뒤따른다. 왜냐하면 국제기구는 그들의 건물이 소재하는 초청국가의 영토에 대한 실질적인 지배력을 갖춘 전반적인 통솔권이 없다. 국제기구는 다만 질서유지를 위한 통제권과 내부 문제에 대한 행정결정과 같은 자체 관할권을 가질 뿐이다.

원래 국제기구는 임무의 원활한 수행을 위하여 본부 소재지 영내에서의 질서유지를 위한 행정명령이나 규제를 발령할 수는 있다. 하지만 국제기구는 외부 제3자에 대한 그러한 행정명령이나 규제를 집행하거나 건물을 포함한 영내에서 발생한 민사상 위반행위나 또는 형사상의 범죄 등에 대하여 단속하고 위법을 규율할 수 있는 초청국가의 행정력을 대신할 현실적인 법집행 기구나 능력이 없다. 현실적으로 할 수 있다면 자체 경호력으로 침입자를 축출하거나 초청국가의 법집행 당국에 요청하여 침입자를 조치해 줄 것을 요구할 수 있을 뿐이다.

그러므로 국제기구의 영내에서 발생한 범죄도 일반적으로 초청국가의 소재지 법원에 의한 재판을 거치게 된다. 한편 국제기구와 초청국가는 소위 본부협약에서 국제기구의 건물과 부속대지가 체포를 회피하거나 법적 의무를 면탈하려는 사람들을 위한 피난처가 되도록 해서는 안 된다는 의무조항을 규정한다.[357] 이러한 의무조항이 있는 경우에는 초청국가의 공권력이 최소한의 범위에서 국제기구의 양해 아래 실행될 수도 있게 된다. 그러나 국제기구의 경우에는 인도적

---

property를 형성한다. 일반적으로 Premises는 앞서 한 말, 즉 전제(즉 "placed before"를 뜻하는 라틴어 prae-missus에서 유래한 말로 "the aforementioned ; what this document is about"를 의미했다. 그래서 재산 소유자의 입장에서 계약서와 같은 문서에 서두에 적시한 목적물을 본문에서 재차 언급하면서 Premises를 사용하게 됨으로써, 자연스럽게 "앞서 언급한" 이라는 의미로 사용했던 Premises가 재산을 의미하게 되었다.

356) C. F. Amerasinghe, *op. cit.* p. 330.

357) 예컨대, UN-USA Headquarters Agreement 제7조.

견지에서 원칙적으로 특별히 피난처화 금지의 합의에 위반되지 않는 사항에 대해서는 비호인을 수용하고 인정할 권리(right to grant asylum)가 있고, 때로 본부 합의에서 그러한 조항을 오히려 명문화하기도 한다.[358)]

나) 서류(Archives)의 경우

일반적으로 국제기구의 문서는 특별한 형태의 보호만을 받는 건물, 부동산, 금전 같은 자산과 달리 전면적인 불가침의 특혜를 받는다. 예컨대 아시아개발은행(Asian Development Bank), 캐러비안개발은행(Caribbean Development Bank) 아프리카개발은행(African Development Bank) 협약서는 국제기구 서류의 불가침 원칙을 명백히 하여, 해당 국제기구가 보유하는 모든 서류는 누구의 소유인지와 무관하게 절대적으로 불가침이라고 규정하고 있다.[359)]

서류에 대한 확고한 불가침성의 원칙은 의사결정 과정과 구체적인 내용이 다양한 서류에 나타날 수 있는데, 그것을 철저히 보장해 줌으로써 국제기구의 임무를 수행함에 있어서 이해관계나 후유증에 대한 고려 없이 확고한 입장에서 업무를 수행하도록 함이라고 할 수 있다. 그러나 이 같은 국제기구 문서의 불가침성 문제, 즉 비공개특권 쟁점은 이론적인 것과 달리 간단하지가 않았다.

특히 영국 항소심 법원은 Maclaine Watson & Co. Ltd v. ITC(No. 2) 사건에서 중재판정의 실효성 확보를 위해서 국제무역위원회(International Trade Commission : ITC)의 제반 서류를 포함한 자산은 어디에 있는지를 불문하고, 공개되어야 한다고 선고했다. 법원은 심리에서 그러한 명령은 국제기구 서류의 불가침성에 위배된다는 항변과 또한 국제기구 서류의 불가침을 정한 법규에도 불구하고 제반 서류가 공개되어야 한다고 결정했었다.

그러나 영국 법원도 국제기구 서류에 대한 불가침 원칙은 주권국가를 전제로 했던 전통적인 외교특권의 연장선에서 유래된 것임을 인정했다. 그래서 그 목적은 확실한 업무 수행의 보장과 서류의 물리적인 훼손이나 압수로부터의 배제를 의미하는 물리적인 온전함의 확보뿐만이 아니라, 국제기구의 동의 없는 무단 사용이나 임의 해석 주장을 뒷받침하기 위한 원용 등에서의 배제를 의미하는 중요성이 있다고 함에는 이론이 없다고 보았다.[360)]

---

358) Jenks, International Immunities (1962) pp. 51-52.

359) C. F. Amerasinghe, *op. cit.* p. 331.

한편 서류의 종류를 불문하고 국제기구가 보유하는 한 원칙적이고 전반적인 서류 불가침의 원칙에 대해 반대하는 의견도 있다. 반대의견은 국제기구의 면책의 대상이 되는 서류의 범위에 대하여 국제기구 일방만이 보유하고 있는 서류에 대해서만 외교적 면책특권이 인정되는 것이 타당하다고 주장한다. 왜냐하면 국제기구가 회원국이나 초청국가 등과 같이 제3자에게 송부하여 그 내용이 이미 공표되었고 사실상 공동으로 소유하고 있는 서류에 대해서는 보호할 가치가 이미 없기 때문에 대상에서 제외되어야 한다고 주장한다.[361]

그러나 국제기구 서류에 대한 불가침 원칙은 단순한 물리적 손상에서의 배제나 내용의 비밀성 담보만을 목적으로 하는 것이 아니다. 작성되고 유통되는 서류에 대한 전반적인 안전성을 확보함으로써 국제기구의 확실한 업무 수행을 위한 여건을 마련해 준다는 측면도 있는 것이다. 또한 절차적으로 어떤 서류가 제3자에게 이미 공유되고 있는지 등을 제대로 파악하는 것도 간단한 문제가 아닌 것이다. 그러므로 국제기구 서류 전반에 대한 불가침이 원칙이라는 기존의 견해가 타당하다고 사료된다.

3. 재정(fiscal matters) 특권

국제기구의 재정특권은 국제기구는 자산과 수입 그리고 소유권에 대하여 직접세(direct tax)를 부담하지도 않고, 모든 관세에서 면제되며, 국제기구 자체가 세금을 포함한 어떤 납부금의 징수 의무를 부담하지 않는 것을 의미한다.[362]

예컨대 UN 면책특권협약 제7조 (a)항은 UN은 그 자산, 수입 그리고 소유권에 대하여, 공중의 복지를 위한 일반적인 부담 이외의 모든 직접세금(direct taxes)에서 면제된다고 규정하고, (b)항과 (c)항에서 모든 관세로부터의 면제와 공적 사용의 필요성에 의해 수입하고 수출하는 제반 물품에 대한 수출·입 규제를 받지 않음을 천명하고 있다. 출판물에 대해서도 마찬가지이다.

이 같은 UN 면책특권협약의 국제기구 재정특권은 금융 국제기구를 포함한 여러 국제기구의 헌장 그리고 본부 협약에서도 규정하고 있다.

---

360) *Id,* p. 334.
361) *Id.*
362) *Id.* p. 335.

4. 통신(communications) 특권

국제기구의 통신특권은 업무 수행을 위해서 필요한 공적 통신에 대한 사전 검열이나 도청을 당하지 않는 것을 내용으로 한다. 통신의 순수성을 보장함으로써 국제기구 업무수행의 원활함을 보장하기 위한 것이다. 그 이외에도 암호문을 사용할 수 있는 권리, 일반 외교관이 사용하는 외교급사(courier)나 외교행낭(bags 또는 pouch)을 사용할 수 있는 권리도 통신특권의 내용을 구성한다.

또한 초청국가가 다른 주권국가들에게 적용하는 것과 동일한 수준의 통신 요금의 특혜 요율과 세금을 인정받을 권리 역시 통신 특권에 포함된다(UN 면책특권협약 제 9조, 제10조). 과다한 통신요금은 국제기구 운영의 제약을 가져와서, 결국 국제기구 임무수행에 부담으로 작용할 것이기 때문에 국제기구의 입장에서는 비용 부담 없는 연락수단의 확보는 매우 중요한 일이다. 통신에는 우편, 무선전보(radiogram), 전송사진(telephotos), 전화(telephones) 유선 케이블, 전신 그리고 다른 모든 통화수단을 포함한다.

한편 UN-USA 본부 협약(Headquarters Agreement)은 UN이 방송국을 운영하는 것과 UN의 선박과 항공기에 UN 표시를 달고 운항할 권리도 부여하고 있다. 한편 금융국제기구인 세계은행(IBRD)과 IMF의 통신 특권의 하나인 특혜요율에 대한 쟁점은 앞서 기능적 필요성의 이론에서 살펴본 바와 같이 통신특권의 원칙도 사례에 따라서 미묘한 법적 분쟁을 초래하기도 한다.

Ⅱ. 국제기구 종사자들의 특권과 면책

국제기구 종사자들이나 특정한 업무 유관자들에게는 일반적인 외교관 유사의 특권과 면책이 인정된다. 그 경우의 중요한 전제는 그러한 특권은 해당 개인의 이득을 위한 것이 아니라, 전적으로 국제기구의 원활한 임무수행을 위하여 직원 개인에게 주어지는 특혜라는 점이다. 이러한 취지는 UN 면책특권협약을 비롯한 적지 않은 국제협약에 명시되어 있다. 국제기구의 인적 특권 문제는 회원국들 대표, 공무 담당자들 그리고 특정임무 수행을 위한 전문가와 같은 기타 관계자 면책특권의 3가지 종류로 대별할 수 있다.

한편 이러한 인적 면책특권은 해당 당사자들 뿐 아니라 합리적인 범위에서 배우자, 자녀 그리고 친인척 같은 생활상의 이해관계자에게도 인정된다. 생활상의 이해관계자에 대한 면책특권의 입장을 대별하면, 일시 방문의 경우가 대부분인 회원국 대표자의 경우에는 본인과 동반하는 배우자에게 특권이 인정된다. 그러나 특정한 임무 수행을 목적으로 하는 전문가의 경우에는 가족은 제외하고 전문가 본인에게만 특권이 인정되는 경우가 대부분이다. 그러나 국제기구의 정식 상근 직원으로 가족들과 함께 임기까지 생활하는 것이 예상되는 공무 담당자들의 경우에는 본인뿐만이 아니라 배우자 그리고 부양책임이 있는 친척에게도 일정한 특권이 인정된다.363)

1. 회원국 대표자의 면책 특권

1) 의 의

회원국 대표자의 면책특권은 일반적인 외교관 면책특권과 매우 유사하다. 원래 국제기구에 파견되는 국가 대표자는 국제기구 소재지 국가의 외교 신임장을 받는 것은 아니다. 다만 국제기구의 총회에의 참석처럼 국제기구의 초청을 받은 것으로 국제기구의 신임을 받은 사람이라고 할 수 있다. 그러므로 이들 회원국 대표자에 대한 면책특권은 주로 국제기구의 임무수행이라는 기능적 측면이 강조된다.364) 회원국 대표자 면책특권의 구체적인 내용은 국제협약과 본부협약에 따라서 그 범위와 내용이 달라질 수 있다. 일반적으로는 대표자로서의 행위인 한, 예컨대 그 발언에 명예 훼손적 내용이 포함되었다고 하더라도, 구두 또는 서면상의 표현에 대한 소송을 당하지 않는 것과 같은 법적면책, 체포와 구금으로부터의 면책, 개인적 수하물이라도 압수당하지 않을 권리, 출입국 규제로부터의 특권, 초청국가의 제반 시민 봉사의무로부터의 면제, 서류의 불가침 특권, 암호 사용을 포함한 통신특권, 특사와 밀봉행낭을 사용할 수 있는 특권 그리고 소지품에 대한 관세특권 등이 모두 포함된다. 한편 특별히 국제기구의 헌장이나 본부협약 등에 달리 규정하지 않는 한, 국제기구 초청국가와 정식 외교관계가

363) 예컨대 UN 면책특권협약 제18조 (f) Be given, together with their spouses and relatives dependent on them,.............

364) UN 면책특권협약 제4조 참조, SECTION 14. Privileges and immunities are accorded to the representatives of Members not for the personal benefit of the individuals themselves, but in order to safeguard the independent exercise of their functions in connection with the United Nations.

없는 국가로부터의 회원국 대표자라고 하더라도 이 같은 면책특권이 원칙적으로는 모두 인정된다고 할 것이다. 즉 원칙적 면책특권의 인정, 예외적 불인정이라고 할 것이다. 왜냐하면 국가 대표자의 면책특권은 국제기구에서 공식적인 주권국가의 임무 수행을 위한 국가의 대표자라는 인적 신분에 수반되는 배려이기 때문이다. 그러므로 또한 임무수행과 관련되는 한 국제기구 소재지 국가와의 외교관계의 유·무에 불문하고 국제기구의 영내에서 뿐만이 아니라 초청국가의 전역에서 면책특권이 인정됨이 원칙이라고 할 것이다.[365] 물론 협약에 다라 범위가 달라질 수는 있다. 그래서 예컨대 UN -USA 본부협약은 미국과 외교관계가 없는 국가의 대표자인 경우에는 UN 본부 소재 지역인 UN 구역 그리고 본부 소재지와 떨어져 있는 경우에의 그 거주지와 사무실 및 그 떨어진 거주지와 사무실에서 UN 본부로 통근하는 영역에 한해서만 면책특권을 인정하고 있다.[366]

이 같은 정부대표의 면책과 특권과 관련해서는 그 대표가 당연히 파견 국가 "정부"의 대표로 한정되는 것은 아니다. 예컨대 정부 대표, 사용자 대표 그리고 근로자 대표의 삼두(三頭) 대표 체제를 근간으로 하는 국제노동기구(ILO)의 경우에 ILO에 파견되는 파견국가의 2인의 정부 대표자 이외에 사용자(employer) 대표와 근로자(worker) 대표 역시, 이 같은 국제기구의 면책특권이 인정된다.[367] 그러나 정부대표가 아닌 이들 사용자 대표나 근로자 대표들은 암호 사용을 포함한 통신특권, 특사와 밀봉행낭을 사용할 수 있는 특권처럼 정부대표에게 필요성이 있는 특권은 인정되지 않는다.

2) 구체적 사례

구체적인 사례를 보면 *Friedberg v. Santa Cruz* 사건에서 주 UN 칠레대사의 부인은 자신의 운전 부주의로 인한 사고에 대해 외교관 면책특권을 주장하여 인정받았다.[368] *City of New Rochelle v. Page-Sharp* 사건에서 뉴욕법원은 UN 사무총장의 교통 과속에 대해 면책특권을 인정했다.[369] *People v. Von Otter* 사건에서 뉴욕법원은 스웨덴 대표 보좌관 부인의 불법 주차에 대해 면책

365) C. F. Amerasinghe, *op. cit.* p. 338.
366) *Id.* p. 339.
367) *Id.*
368) (1948), 15 AD p. 312.
369) (1949), 16 AD p. 298.

특권을 인정했다.[370] *Tsiang v. Tsiang* 사건에서 멕시코 출신의 부인으로부터 이혼소송을 제소당한 주(駐) UN 중국 대사는 이혼소송 면책특권을 인정받았다. *Arcaya v. Paez* 명예훼손 사건에서 베네수엘라 UN 대표는 소송 면책특권을 인정받았다. *Knockley Corporation* 사건에서 아프가니스탄 UN 대표는 과세에 대한 면세특권을 인정받았다. *Pisani Balestra di Mottola* 사건에서 이탈리아 최고 재판소(Italian Court of Cassation)는 국제식량농업기구(FAO)와 이탈리아의 본부 협정(FAO-Italy Headquarters Agreement)을 적용하여 코스타리카 대표자 아들의 절도 행위에 대해 면책특권을 인정했다.[371]

2. 국제기구 직원들의 면책 특권

일반적으로 국제기구 직원들은 공적 임무 수행과 관련하여 일정한 면책특권이 주어진다. UN의 경우 사무총장은 면책특권이 주어지는 직원의 범위를 특정하고 수시로 그 내용을 회원국들에게 통보한다(UN 면책특권협약 제17조). 면책특권의 내용은 앞서 본 회원국 대표자의 면책특권과 유사하다. 문서와 구두 발언을 포함한 공적 임무수행과 관련한 표현에 대한 소송 면책특권, 급여와 기타 상여금에 대한 과세 특권, 일반 국민의 의무로부터의 면제, 각종 출입국 규제로부터의 면제, 생활 가구의 수입에 대한 면세특권 등이 인정된다. 한편 UN은 직원들에게 통행허가증(Laissez-Passer)을 발급해 줄 수 있다. 회원국들은 UN이 발급한 통행 허가증(Laissez-Passer)을 유효한 통행과 여행 서류로 인정하고 별도의 비자가 없는 경우에도 그것을 수용해야 한다(동 제24조).

국제기구 직원의 면책특권의 구체적인 내용과 범위는 개별 국제기구와 초청국가의 본부 협약에 의해서도 결정된다. 필리핀 최고법원은 필리핀과 WHO의 본부 협약에 따라서 제3자가 소지하고 있던 WHO 공무원의 서류 상자에 대한 압수·수색영장에 대해 면책특권을 인정했다.[372] 반면에 미국 법원은 UN 사무총장 개인의 운전사가 사무총장의 명을 받아 UN의 공무 수행 중에 과속운행 한 사건에서 면책특권을 인정하지 않았다.[373] 하지만 이 판결은 국제기구의 면책특권을 오해한 잘못된 판결이라는 비판을 받았다.[374]한편 Curran 사건에서 뉴

370) (1952), 19 ILR p. 382.
371) C. F. Amerasinghe, *op. cit.* pp. 340-341.
372) WHO & Verstuyft v. Aqino & Others (1972), 52 ILR p. 389.
373) Westchester County on Complaint of Donnely v. Ranollo (1946), 13 AD p. 168.

욕 법원은 토지와 지역권을 양도한 문제에 대해 UN 사무총장의 소송 면책특권을 인정했다.[375)]

3. 기타 관계자들의 면책 특권

1) 내 용

국제기구의 자문관(consultants), 전문가(experts), 특사, 사법 경찰관(judicial officers) 그리고 UN과 기타 국제기구의 공적 군대와 같이 국제기구의 일정한 관련자들에 대해서도 면책특권이 인정된다. 이러한 특별 관계자들에 대한 면책특권의 주된 내용은 국제협약이나 본부협약의 특별조항에 의해 인정된다. 예를 들어 UN 면책특권협약 제22조는 UN의 특정 임무 전문가들에 대해, 그들의 독립적인 임무수행의 순수성을 담보해 주기 위해서 그들의 임기 중에 임무수행과 관련한 면책특권을 규정하고 있다. 국제기구 관련자들의 면책특권 내용은 전술한 회원국 대표자나 국제기구 직원들의 그것과 유사하다. 체포와 구금으로부터의 특권, 개인적인 소지품에 대한 압수・수색의 면제, 의사표현에 대한 명예훼손 소송 등으로부터의 소송특권, 문서와 각종 자료의 불가침성, 암호문 사용, 밀사와 밀봉행낭 사용과 같은 통신특권 등이 대표적이다.

한편 명예 훼손적 소송에서의 면책과 같은 의사표현에 대한 소송특권은 임무가 종료된 후에도 지속된다(동 (b)항). 이러한 특권은 전문가 개인의 이익을 위해서가 아니라 UN이라는 국제기구의 이익을 위함에 근본 목적이 있다(동 제 23조). 한편 세계은행(IBRD)처럼 국제기구에 따라서는 이들 자문관이나 전문가를 아예 한정 임기의 직원으로 임명하기도 한다. 그 같은 경우의 자문관이나 전문가의 면책특권은 국제기구 일반 직원의 면책특권의 예에 따르게 된다.[376)]

2) 임무수행에 대한 국제사법재판소(ICJ) 결정사례

한편 국제기구 자문관이나 전문가는 국제기구의 임무 수행(performing missions)에 있어서 면책특권이 인정된다. 여기에서 "임무 수행"이란 과연 무엇을 의미하는지의 판단의 문제는 간단하지 않다. 물론 그 동안 ICJ는 많은 사례

374) C. F. Amerasinghe, *op. cit.* p. 342.
375) (1947), 14 AD p. 154.
376) Jan Klabbers, *op. cit.* p. 159, 각주 58 참조.

에서 전문가 등의 "임무수행(on mission)"이 무엇인지에 대해 판단을 하여 개별적인 사례는 적지 않다. 특별히 전문가의 임무수행에 대해 중요한 의미를 가지는 ICJ의 1989년 전문가의 임무수행의 개념과 범위에 대한 권고적 의견을 살펴본다.

가. 사실관계

1984년 루마니아인 두미트루 마지루(Dumitru Mazilu)는 루마니아 자국 정부로부터 UN 차별금지와 소수자 보호 소위원회의 대표자로 위촉되어, UN 산하 경제사회이사회(ECOSOC)의 전문가로 일하게 되었다. 마지루는 UN에 의해 1987년까지 3년 임기로 소위원회 공식 전문가로 임명되었고 1987년도에 이르러는 아동인권에 대한 보고서를 제출하라는 임무를 새롭게 부여받았다. 그런데 UN 전문가인 마지루는 루마니아 정부의 기대와 그리고 루마니아 정부의 입장과는 배치되는 아동인권에 대한 전향적인 입장을 견지했다. 이에 루마니아 정부는 마지루가 중대한 병에 걸렸고 정신적으로 UN의 임무수행을 하기가 곤란하다고 UN 소위원회에 통보했고 마지루에 대해 국외여행 제한 조치를 내렸다.

나. 쟁 점

이에 경제사회이사회(ECOSOC)는 1989년도에 이르러 UN 소위원회의 전문가인 마지루에 대한 면책특권과 관련된 일련의 의문에 대해 국제사법재판소(ICJ)에 자문의견을 요청하였다. 쟁점은 UN에 의해 인권관련 의견을 제출하도록 의뢰받은 사람이 UN 면책특권 협약상의 '전문가'로서 UN 면책특권협약의 보호대상자가 되는지? 와 그러한 업무가 동 국제기구 헌장상의 "임무"를 구성하는지에 대한 질문이었다.

다. 결 정

이러한 쟁점에 대하여 ICJ는 명백하게 마지루는 UN의 직원도 아니고 루마니아 정부대표도 아니지만, UN 면책특권 협약상의 '전문가'로 일정한 특권을 가진다고 결정했다. 또한 동인이 수행한 그러한 업무는 분명히 면책특권을 부여받을 수 있는 '임무'에 해당한다고 권고적 의견을 발령했다. ICJ는 부연하여 UN 평화유지군(peace-keeping force), 기술지원자, 위원회 구성원들도 모두 UN 면책특권협약 제22조 소정의 전문가에 해당한다고 결정했다. 그러므로 마지루는 소위원회 3년 임기가 종료되었다고 하여도, 아동인권에 대한 보고서를 작성하는 한에 있어서는 UN의 임무를 수행하는 것으로 국제기구 전문가로서의 면책특권을 향유한다고 결정했다. 따라서 동인은 아동인권에 대한 전향적인 의견을 표명했다고 하여 자국인 루마니아에서도 체포나 구금 그리고 임무수행과 관련한 어떠한 소송으로부터도 면책된다고 결정했다.[377)]

3) 공적활동의 원칙과 공적임무 수행에 대한 결정 주체

가. 사실관계와 쟁점

국제기구 전문가들의 면책특권은 공적인 임무수행(official acts)과 관련된 문제에 한정된다. 여기에서 어디까지가 공적인 임무수행이고, 그렇다면 과연 공적인 임무수행인지 여부는 과연 누가 결정할 것인가의 의문이 있다. 이러한 쟁점에 대해서도 ICJ의 권고적 의견이 있었다. 말레이시아 사법기구의 독립성에 대한 보고서 제출 임무를 부여받았던 UN 특별 보고관(special rapporteur)으로 일하던 말레이시아인 쿠마라스와미(Cumaraswamy) 씨는 일련의 인터뷰와 관련하여, 본국인 말레이시아 법정에서 명예훼손으로 제소 당했다. 쟁점은 특별보고관인 동인이 기자회견 중에 표명한 의견이 임무수행 중의 일로 간주될 것인지와 그것은 누가 결정할 것인지 바꾸어 말하면 임무수행 여부에 대한 판단 권한이 말레이시아 법원에게 있는지 아니면 임무를 부여한 해당 국제기구의 행정 총책임자 그러므로 본건의 경우에는 UN 사무총장에게 있는지가 쟁점이었다.[378)] 전통적으로 UN의 입장은 이러한 문제에 대한 최종적인 결정권한은 UN 사무총장이 갖는다는 것이었다. 논거는 만약 개별 회원국 법원이 국제기구 임무수행 여부에 대한 결정권을 갖는다면, 회원국 상호간에도 여러 가지 상반된 결론이 가능하고 근본적으로는 국제기구의 면책특권 자체를 부인하게 될 우려가 있다는 위험성이 있기 때문에 UN이 가져야 한다는 논리에 따른 것이다.

---

377) *Applicability of Article VI, Section 22, of the Convention on the Privileges and Immunities of the United Nations (Mazilu)*, 권고적 의견 (1989) ICJ Reports 177.

378) Difference relating to immunity from legal process of a special rapporteur of the Commission of Human Rights(Cumaraswamy), 1999. 4.29. ICJ 권고적 의견.

나. ICJ의 결정

ICJ도 UN 사무총장은 UN의 최고 행정책임자로서 UN이 임명하고 지명한 전문가들의 공적인 임무범위와 과연 그것이 임무수행 중이었는지를 결정할 최종 권한과 책임이 있다고 결정했다. 그러므로 회원국 국내법원은 국제기구 임무수행자의 면책특권에 대한 쟁점이 발생한 경우에는 해당 국제기구에 즉시 사건을 통보하고 의견을 구해야 한다는 결론에 이르게 된다.

제5항 국제기구의 면책특권 관련 특수 문제

I. 면책특권의 주장과 포기(Claiming immunity & Waiver)

국제기구의 면책특권의 현실적인 반영 기제(基劑)와 관련해서는 의문이 있다. 면책특권이 실제 재판과정에서 반영되는 모습에 있어서 당사자의 주장과 무관하게 실체적 그리고 법원에 의해 직권적으로 인정되어야 하는 사항인가 아니면 당사자의 주장이 있어야 비로소 인정되는 절차적인 임의고려 사항인가의 문제이다. 바꾸어 말하면 국제기구의 면책특권은 주장되어야만 고려되는가의 문제이다. 그 연장선상에서 국제기구의 면책특권은 포기하지 않으면 당연히 존재하는가의 의문이 제기된다. 결론적으로 면책특권은 향유하고자 하는 이해당사자가 구체적으로 주장해야 비로소 법원에 의해 내용이 반영될 소극적 소송조건이다. 그러므로 면책특권은 주장되지 않으면 포기한 것으로 간주되는 조건적 권리이다.[379] 따라서 아무리 국제기구의 면책특권을 향유할 위치에 있는 경우라고 하더라도 소송의 적정한 시점까지 면책특권이 주장되지 않으면 결과적으로 면책특권은 포기한 것으로 간주된다. 일반적으로 국제기구는 주권국가와 마찬가지로 명시적 또는 묵시적으로 관련된 면책특권을 포기할 수 있다.

예컨대 UN 면책특권협약은 면책특권의 포기를 명시하고 있다. 그에 따르면 UN 사무총장은 자신의 판단으로 소속 직원들과 전문가들의 면책특권을 인정하는 것이 정의(正義)에 반하고, 그러한 포기가 또한 UN의 이익을 해하는 것이 아니라고 인정되면 면책특권을 포기할 권리와 동시에 의무가 있다(동 제20조, 22조). 한편 UN 사무총장 자신의 면책특권은 안전보장이사회가 포기할 권리를 유

---

379) C. F. Amerasinghe, *op. cit.* p. 349.

보한다(제20조). 그러나 회원국들 대표자의 면책특권의 포기는 회원국에게 유보되어 있다(제14조).

Ⅱ. 면책특권의 남용(Abuse)

면책특권은 남용의 가능성이 존재하는 원칙적인 측면과 예외적인 측면을 모두 갖는 특별한 권리이다. 사실 국제기구 면책특권은 어떤 개인의 이득이 아니라 국제기구의 이득을 목적으로 한다는 출발점의 인식에서 이미 남용의 위험성을 내포하고 있는 어떤 특별한 권리라고 할 수 있다. 물론 면책특권을 주장하는 것 자체는 결코 남용이 아니고 권리행사임에는 틀림없다. 여기에서 남용이라고 함은 예컨대, 공식적으로 검역 없이 물건을 통관할 수 있는 무관세 통관 특권을 이용하여 상당한 이득을 얻을 수 있는 마약 거래에 개입하는 것처럼, 면책특권의 내용을 국제기구의 이득을 위해서가 아니라 개인의 사적인 이득을 위하여 악용하는 것을 의미한다. 그러나 과연 무엇이 면책특권의 남용인가의 문제는 본질적으로 판단이 쉽지 않은 논쟁적인 문제이다.

일례로 필리핀 최고 법원은 자국의 WHO 직원이 와인 120병을 반입한 것에 대해서, 일반 행정청이 면책특권의 남용이라고 결정했던 것에 대한 반론으로 제기되었던 *WHO and Verstuyft v. Aquino and others* 사건에서, 그 정도 수량의 와인 반입은 외교적으로 관례적인 것으로 면책특권의 남용이 아니라고 결정했다.[380] 여하튼 국제기구의 면책특권의 남용은 주권국가의 경우와 마찬가지로 권리 남용(*abus de droit*)으로서 국제법 위배로 간주된다. 그러므로 면책특권의 남용으로 인정되면 국제법상의 보복의 원칙(law of reprisal)이 적용되어 행정적 그리고 사법적 절차에서 면책특권은 인정되지 않게 된다.

Ⅲ. 국적 차별의 원칙 (principle of nationality discrimination)

국제기구의 면책특권의 인정에 있어서 중요한 원칙의 하나로 국적 차별의 원칙이 있다. 이것은 회원국 대표자(representative)가 국제기구 초청국가, 즉 소재지 국가의 국적을 가진 경우에는 자국민 신분 우선의 원칙에 따라 면책특권은 인정되지 않는다는 원칙이다. 그러므로 자국법인 초청국가의 국내법에 의해 규

380) 1972. 11.29. 52 ILR 389, p. 392. note 2.

율된다. UN 면책특권협약 제15조는 국적 차별의 원칙을 명시하고 있다.[381)]

문제는 국제기구의 일반 직원에 대한 국적차별 원칙의 적용문제이다. UN 면책특권협약은 일반 직원에 대해서는 회원국 대표자의 경우와 같은 국적 차별의 원칙에 대한 규정이 없다.[382)] 그러므로 국제기구의 일반 직원들은 원칙적으로 국적국가 소재지의 국제기구에서 근무하는 경우에도 국제기구의 직원으로서 향유할 수 있는 면책특권이 배제되지는 않는다고 할 것이다. 왜냐하면 그들은 자국을 위해서가 아니라 국제기구를 위해서 봉사하는 국제공무원 신분이기 때문이다. 그러나 이러한 경우에도 국제기구는 전술한 면책특권의 포기(waive)의 정신에 따라서, 국내법 질서를 문란하게 하는 것과 같이 정의에 반하는 경우에는 해당 직원에 대한 면책특권을 포기할 수 있음은 물론이다.

제6항 마무리

국제기구법의 다른 분야도 그러하지만 특히 국제기구의 면책특권 분야는, 그 현실적인 법적 쟁점화로 인하여 국제기구와 회원국들 사이에 상당한 긴장관계가 형성되어 있는 분야이다. 전통적으로 국제기구는 회원국들의 필요성에 의해서 창설된 인위적 피조물이라는 입장도 있어 왔다. 하지만 오늘날 국제기구는 창설멤버인 회원국들과는 별개의 권리와 의무를 갖는 독립된 법인격체라는 것에 대해서 의문이 없다. 그러므로 국제기구의 면책특권은 그러한 독립된 법인격체의 목적 달성을 위해 필요한 이상 인정되어야 할 것임은 국제기구의 법인격성을 형해화시키지 않기 위해서도 필요하다고 할 것이다.

또 다른 한편으로는 국제기구의 면책특권이 국제기구의 기능적 필요성에 의해서 인정된다고 하는 것이 오늘날의 다수설의 입장이다. 기능적 필요성의 범위와 한계에 대해서는 국제기구와 회원국의 견해에 차이가 있을 수 있고 따라서 기능적 필요를 위해서 인정되는 면책특권의 내용에 대해서도 이견이 있을 수 있다. 결국 국제기구와 회원국의 긴장관계는 계속되는 것이다.

---

381) UN 면책특권 협약 제15조. The provisions of Sections 11, 12 and 13 are not applicable as between a representative and the authorities of the state of which he is a national or of which he is or has been the representative.

382) UN 면책특권 협약 Article V.

제8장 국제기구의 조직(Institutional Structures)

제1항 머리말

대부분의 국제기구들은 단일조직으로 구성되지 않는다. 여러 기관을 가지고 있다. 기관의 복수성은 국제기구가 창설 규범인 헌장의 임무를 제대로 수행하기 위해서이기도 하고 더불어서 기관 간의 적절한 세력 균형을 갖추기 위해서도 그 필요성이 있다. 유럽연합(EU)의 경우 기관 사이의 세력균형을 이루어 권한을 적절하게 분배하는 것은 조직 구성의 중요한 기준가치를 형성했다.[383] UN의 경우에도 기관 사이의 견제와 균형(check and balance)은 조직 구성의 중요한 전제였다. 그것은 마티 코스켄니엠의 다음과 같은 언급에서 잘 나타난다.

> 안전보장이사회(SC)는 필요한 명령(order)을 발령할 수 있어야 한다. 총회(GA)는 안전보장이사회가 발령한 명령이 회원국들에게 수용가능할지 여부를 취급하도록 해야 한다. 양 기관은 서로 견제를 하도록 해야 한다. 한편 안전보장이사회는 모든 회원국이 참가함으로 인해서 회원국 사이에 합의 도출이 어려워 무질서를 야기할 수 있는 총회의 비효율성을 제어할 수 있도록 되어야 한다. 반면에 총회는 안전보장이사회의 무소불위의 권한으로 UN이 또 다른 제국주의로 흐를 수 있는 위험성을 제어하고 안전보장이사회가 발령한 방침이나 정책이 인류를 위해 이득이 되도록 논의할 수 있는 구조가 되도록 해야 한다.[384]

주권국가의 공조직이 국가 체계(machinery of states)를 구성하고 국가의 이름으로 임무를 수행하는 것처럼, 국제기구의 기관들은 해당 국제기구의 이름으로 임무를 수행한다. 통상 국제기구의 개별 기관은 법인격 주체성이 결여되어 있기 때문에 기관 자체적으로는 독립적인 행위주체로 인정되는 데에는 어려움이 있다.[385] 국제기구 개별 기관은 개별적인 국제법적 주체가 아니지만 그러나

---

383) Jan Klabbers, *op. cit,* p. 169.

384) Martti Koskenniemi, 'The Police in the Temple. Order, Justice and the UN: A Dialectical View'(1995) 6 EJIL, 325-348, p. 339.

385) Jan Klabbers, *op. cit,* p. 169.

개별 기관의 행위는 국제기구 자체의 행위로 간주된다.

국제기구는 기본적으로 3개의 조직을 갖는다. 전체 회원국으로 구성되어 총회(總會)라는 이름으로 불리는 최고 심의기관이 있다. 두 번째는 일부 회원국으로 구성되는 집행기관으로 보통 이사회(理事會) 또는 집행부(執行部)로 불리는 기관이 있다. 세 번째는 회원국의 대표가 아닌 국제공무원으로 채용된 독립된 직원으로 구성되어 국제기구가 그 목적을 달성할 수 있도록 준비하고 행정실무를 담당하는 사무국(事務局)이 있다. 이들 3개 기관을 일컬어 국제기구의 3대 기관이라고 한다고 함은 이미 살펴본 바 있다. 이들 3대 기관에 더하여 국제기구에 따라서는 독자적인 사법기관을 두기도 한다. 별도 사법기관을 두지 않는 경우에는 세계법원(world court)이라는 별명을 가지는 국제사법재판소(ICJ)를 이용하기도 한다. 그 이외에 드물기는 하지만 유럽연합(EU)처럼 회원국들의 국민들이 직접 선출하는 대표자로 구성되는 의회 조직을 갖는 경우도 있다.

국제기구의 기관과 관련된 대표적인 법적 쟁점에는 몇 가지가 있다. 첫 번째는 개별 기관이 또 다른 기관을 창설할 수 있는가? 그것이 가능하다면 어떤 조건에서 가능한가의 문제이다. 두 번째는 회원국의 국제기구에서의 위상은 무엇인가라고 하는 문제이다. 구체적으로 회원국은 국제기구의 기관 창설자로만 간주되는가 아니면 그 자체로 어떤 기관으로 인정되는가의 의문이다. 나아가서 기관 사이의 서열 관계도 문제이다. 아래에서 순차적으로 검토해 보기로 한다.

제2항 국제기구 조직 일반

I. 정규 기관(Regular organs)

국제기구는 보편적으로 전권기관으로서의 심의기관 그리고 집행기관 다음으로 행정기관의 3가지로 조직된다. 아래에서는 UN을 기준으로 일반적으로 국제기구라고 하면 갖추어야 할 정규기관들에 대하여 검토한다.

1. 전권 심의기관(legislative body) - 총회

1) 명 칭

어떤 국제기구나 회원국가 전부로 구성되는 전권기구(plenary body)로서 총회(general assembly)를 가진다. 총회를 단순하게 Conference라고 호칭하기도 한다. 총회의 명칭은 국제기구별로 여러 가지로 표기된다. 보통 "General Assembly" 또는 "General Conference" 라는 용어를 많이 사용한다. **유럽연합(EU)은 각료위원회(Council of Ministers)**, 만국우편연합(UPU)은 4년마다 회합하는 "Congress", 국제전기통신연합(ITU)은 "Plenipotentiary Conference (전권기구)", 세계은행(IBRD)과 국제통화기금(IMF)은 "Board of Governors"라고 부른다. 국제해사기구(IMO)는 국제연맹처럼 "Assembly"라고 호칭한다.

2) 총회의 구성과 지위

국제기구의 총회는 모든 회원국들이 구성원이 된다. 총회에는 모든 회원국이 참여하기 때문에 소수의 회원국만이 참여하는 후술할 이사회에 대비하여 총회를 "**대중 민주주의형 기관**"이라고 한다. 회원국들은 1년에 1회나 2-3회처럼 정기적으로 회합을 갖는다. 그 밖에도 UN처럼 특별총회나 임시긴급총회를 개최하기도 한다.[386] 대체로 총회를 구성하는 회원국의 대표자는 그 나라 정부의 대표자이다. 그러나 국제노동기구(ILO)처럼 2인의 정부 대표와 사용자 대표 그리고 노동자 대표의 삼두체제로 총회가 구성되는 경우도 있다. 이에 국제노동기구(ILO)의 총회는 정부 대표가 과반수이고 나머지 과반수는 사용자 대표와 노동자 대표로 구성된다.[387] 이 경우에 사용자 대표와 노동자 대표는 그들 정부와 독립하여 독자적인 지위에서 그 나라의 사용자 단체와 노동자 단체를 대표한다.

대중 민주주의형 기구로서의 총회는 주권평등의 원칙이 유지되며 국가들은 대등함에 기초하여 총회에 참여한다. 따라서 각 회원국은 통상적으로 1국 1표제(one nation one vote system)에 기초하여 투표권을 가진다. 전권기구로서의 총회는 자체 결의에 의해서 실질적인 수족으로 역할 할 수 있는 여러 보조기관(subsidiary organ)을 설치하는 경우가 많다.[388]

386) UN 헌장 제20조, 총회는 연례정기회기 및 필요한 경우에는 특별회기를 소집한다. 특별회기는 안전보장이사회의 요청 또는 회원국 과반수의 요청에 따라 사무총장이 소집한다.

387) Article 3, para. 1 ILO.

388) UN 헌장 제22조.

3) 임무와 권한

총회는 국제기구 최고의 심의기관으로 해당 기구의 모든 업무를 관장한다. 또한 다른 기관으로부터 보고를 받고 안건을 심의하여 최종 결정을 한다. 예컨대 UN 총회는 헌장에 의 해 창설된 모든 기관의 권한 및 임무에 관한 어떠한 문제 또는 어떠한 사항도 토의할 수 있다.[389] 안전보장이사회도 연례보고 한다. 필요한 경우에는 특별보고를 하고 총회의 심의를 받는다.[390] 총회는 또한 해당 기구의 예산의 결정이나 운영에 관한 권한도 가진다. 전권기구인 총회는 또한 내부적으로는 회원국 모두에게 공통적으로 적용될 일반적인 운영기준과 대외적인 영향력을 갖는 명령이나 지침의 제정 같은 입법기능을 가진다. 예컨대 **유럽연합 각료위원회(Council of Ministers)**는 공동체의 내・외적인 문제 전반에 대한 입법권을 가지고 있다. 반면에 UN 총회는 규칙 제정과 같은 일정한 입법기능을 담당하지만 예산의 확정・배분과 같은 주로 UN 내부적인 기능에 대한 결정권을 가진다. 대외적 문제에 대한 결정은 안전보장이사회가 담당하기 때문에 엄밀히 말하면 UN 총회의 경우는 전권기구로서의 입법권은 결여되어 있다고 할 수 있다. 한편 예산에 대한 것처럼 총회의 결정이 구속력을 가지는 경우도 있지만 대개의 경우 총회의 결정은 법적 구속력을 갖지 못한다. 그러나 법적 구속력이 없는 경우에도 총회의 결정은 전체 회원국의 의사와 의지의 반영으로 국제사회의 명령이라는 점에서 그 영향력을 결코 무시할 수는 없다.

2. 집행기관(executive body) - 이사회

1) 명 칭

국제기구는 영향력 있는 일부 회원국으로 구성되는 이사회라는 명칭의 집행기관을 가진다. 이사회는 통상 "Council" 또는 "Executive Council" 이라고 표기된다. 그 밖에도 국제통화기금(IMF)과 UNESCO는 "Executive Board"라고 부르고, 국제원자력기구의 경우에는 "Board of Governors"라고 한다. 그밖에도 "Board of Director"나, "Administrative Council" 또는 "Council of Governors"라고도 한다.

---

389) UN 헌장 제10조.

390) UN 헌장 제24조 제3항.

2) 지위와 구성

국제기구의 이사회는 일부 소수의 회원국으로 구성되어 해당 국제기구가 추구하는 목적을 구체적으로 실현하기 위해 설립되는 기관이다. 통상적으로 이사회는 제한된 회원국만 참가하는 이유로 대중 민주주의형인 총회에 대비되어 '**엘리트형 기구**'라고 불린다. 국제기구에는 통상 1개의 이사회가 있지만 UN처럼 방대한 국제기구의 경우에는 필요한 임무와 영역별로 여러 개의 이사회를 설치하기도 한다. 여러 가지 목적 또는 포괄적인 목적을 가지고 있는 경우에는 구체적인 목적별로 이사회가 설립된다. 참고로 UN은 국제평화와 안전을 주된 목적으로 하는 안전보장이사회(SC)를 비롯하여, 경제와 사회의 발전 및 인류 생활수준의 향상, 문화와 교육 및 보건 분야에서의 국제적 협력 그리고 기본적 인권의 준수와 증진을 도모함을 목적으로 하는 경제사회이사회(ECOSOC), 현재 구체적인 임무가 없어서 기능이 정지되어 있지만 신탁통치 지역 주민의 독립을 촉진시키고 주권국가로의 성장을 도와주는 신탁통치이사회(TC)의 3개 이사회가 있다.

집행기구인 이사회에 있어서의 주된 쟁점은 국제기구의 집행기관을 어떻게 구성할 것인가의 문제, 즉 집행기관인 이사회의 회원 자격의 문제이다. 물론 과거 GATT처럼 원하는 회원국가 모두에게 집행기관의 자격을 부여한 간편한 방법을 채택한 사례도 있었지만, 대부분의 국제기구는 여러 형태의 대표성 기준에 따라서 집행기관을 구성한다. 이 경우에 이사회 구성국은 통상적으로 총회에서 결정하여 선출된다. 전 지구적 국제기구의 경우 총회는 기구에의 공헌과 지리적 배분을 고려하여 이사국을 선출한다. 예컨대 UN 안전보장이사회는 15개 회원국으로 구성되는데, 헌장에 의해 중국, 프랑스, 러시아, 영국 및 미국 5개국은 상임이사국으로 고정되어 있다. 나머지 2년 임기의 10개 비상임이사국에 대해서는 총회(GA)가 국제평화와 안전의 유지 및 UN의 목적에 대한 회원국의 공헌과 또한 공평한 지리적 배분을 고려하여 선출하도록 하고 있다.[391] 현재는 아프리카와 아시아 그룹에서 5개국, 동 유럽에서 1개국, 라틴 아메리카와 카리브 해에서 2개국 그리고 서 유럽에서 2개국, 기타 캐나다와 오스트레일리아처럼 지역별 대표자들로 구성된다.

금융 국제기구인 IMF의 이사회(Executive Board)는 22개 회원국으로 구성된다. 그 중 5개 국가는 IMF에의 투자를 기준으로 하여 가장 지분이 많은 국가

391) UN 헌장 제23조.

순서별로 결정된다. 그들 5개국에 포함되지 않는다면 사후에라도 IMF에 가장 많은 대여(loan)를 한 국가 가운데서 2개국이 집행기관에 포함된다. 그래서 1990년 중반까지 IMF 집행 이사회 국가는 미국, 영국, 프랑스, 독일, 일본 그리고 사우디아라비아였다.[392] 나머지 8개 국가는 별도로 형성된 국가 그룹을 대표하는 조건으로 총회에서 선출된다. 그래서 예컨대 이탈리아는 이탈리아를 대표할 뿐만 아니라 그리스, 포르투갈, 말타 그리고 산 마리노 국가 그룹을 대표하여 IMF의 집행 이사국으로 역할 했다.[393] 한편 경제협력개발기구(OECD)의 경우에는 회원국의 각료들로 구성되는 각료 이사회와 상주 대표로 구성되는 일반 이사회의 두 가지가 있다.

국제기구의 이사회는 역시 총회와 마찬가지로 임무 수행을 위해서 각종 보조기관(subsidiary organ)을 설치할 수 있다.[394] 이사회는 또한 필요한 경우 다른 국제기구와 협정을 체결하여 협력을 구하기도 한다. 한편 이사회 이사국들은 의장국을 스스로 선출하지만 총회가 이사회 구성국을 선출하면서 대표국가를 이사회의 의장국으로 선출하기도 한다. UN 안전보장이사회의 경우는 15개 이사국이 알파벳순으로 한 달씩 순차 의장국이 된다.[395]

3) 이사회의 의사결정과 회의 개최

국제기구 이사회는 통상적으로 총회와 마찬가지로 주권평등의 원칙에 입각하여 1국 1표제(one nation one vote system)에 기초한 다수결제도를 채택한다.[396] 그러나 국제통화기금(IMF)이나 세계은행(IBRD) 같은 금융 국제기구의 경우에는 가중투표제(weighted voting system)를 채택하기도 한다. 또한 그 엘리트형의 기관으로서의 성격에 더하여 UN 안전보장이사회 상임이사국의 경우처럼 초(超) 절대적 권리로서의 거부권(veto)을 부여 받기도 한다.

이사회는 보통 정기총회를 가진다. 일반적으로 총회는 1년에 1회 소집되는 것에 비하여 이사회는 더 자주 개최되어 전형적으로는 연 4회 또는 수시 개최되는

---

392) H. G. Schermers & Niels M. Blokker, *International Institutional Law* (3rd edn, The Hague, 1995), p. 212.

393) *Id.*

394) UN 안전보장이사회의 경우는 헌장 제29조.

395) UN 안전보장이사회 비상임이사국이던 한국은 1997년 5월 한 달 동안 안보리 의장국을 맡은 바가 있었다.

396) 다수결에는 단순 다수결, 절대 다수결 그리고 특정다수결을 사안별로 적용하기도 한다.

모습을 보인다. 예컨대 UN 안전보장이사회가 2006년 10월의 북한 핵실험이나 2017년 5차 핵실험 직후에 즉시 개최된 것처럼 긴급한 사안에 대한 긴급 이사회의 소집도 적지 않다. 특히 UN 안전보장이사회는 계속적으로 임무를 수행할 수 있도록 조직되었다. 그래서 필요에 따라 수시로 개최되어야 하므로 헌장에 각 이사국은 기구의 소재지에 항상 대표를 두도록 하고 있다.[397] 또한 UN 안전보장이사회는 그 사업을 가장 쉽게 할 수 있다고 판단되는 기구의 소재지 외의 장소에서 회의를 개최할 수 있다.[398] 금융 국제기구의 이사회는 그 업무 성격상 거의 매주 개최된다. 경제협력개발기구(OECD)의 경우 각료 이사회는 매년 1회 개최되고 일반 이사회는 매달 두 번째와 네 번째 목요일 2차례 개최된다.

4) 권한과 임무

이사회의 권한도 원칙적으로 헌장에 규정된 바에 따르게 된다. 이사회는 기구에 부여된 목적의 구체적인 실현을 위한 기관이기 때문에 목적에 상응한 강력한 권한을 가진다. 일반적으로 총회의 권한은 해당 국제기구의 목적 전반에 걸쳐 있다. 하지만 이사회의 권한과 기능은 영역별로 제한된다. 물론 UN 안전보장이사회는 후술할 서열문제에서 살펴보듯이 총회와 마찬가지로 대등한 일반적인 권한을 가진 것으로 인정된다.

국제기구의 경우 통상 총회는 의결로 이사회의 임무와 그 범위를 지정할 수도 있다. 이사회의 임무에는 전권기구인 총회에서 결정된 정책을 집행하는 것도 포함된다. 또한 총회에서 대체적인 방향만 설정된 프로그램이나 사업에 대해서는 자체적으로 구체적으로 계획하고 집행하는 임무도 포함된다.

이사회 임무의 구체적인 시행은 산하 보조기관과 행정기관인 사무국에 의해서 다른 사업프로그램과 함께 이루어진다. 이사회는 또한 자체 운영과 의사결정을 위한 의사규칙을 제정할 수 있다.[399] 적지 않은 국제기구는 이들 집행기관인 이사회의 결정에 구속력을 부여한다. 예컨대 UN 안전보장이사회는 UN의 다른 기구와 달리 헌장 제25조에 규정된 바와 같이 모든 회원국에 대해 법적 구속력을 지닌 결정을 내릴 수 있다.[400] 국제민간항공기구(ICAO)나 국제노동기구

397) UN 헌장 제28조 제1항.
398) 동 제3항.
399) UN 안전보장이사회 경우는 헌장 제30조. "안전보장이사회는 의장 선출방식을 포함한 그 자체의 의사규칙을 채택한다."라고 명정하고 있다.

(ILO) 이사회의 결정도 구속력이 인정된다.

3. 행정기관(administrative body) - 사무국

1) 개 관

국제기구의 세 번째 주요 기구에는 행정기구로서의 사무국이 있다. 국제기구의 사무국은 국가 대표성을 갖지는 않는다. 그것은 총회나 이사회가 국가 대표로 구성되는 것에 반하여, 사무국의 경우 수장인 사무총장을 비롯한 직원들은 중립적이고 불편부당한 입장에서 전적으로 국제기구의 그 자체의 이익을 위해서 일하는 것으로 간주되기 때문이다. 사무국 직원을 출신국과 별개의 독립적인 지위를 갖는 **국제공무원(international servants)**이라고 호칭하는 이유이다. 그래서 UN 헌장 제100조는 "**UN 직원(staff)은 오로지 UN에만 책임이 있다**"라고 명정하고 있다. 물론 이탈리아의 1927년도 법처럼 이탈리아 국제기구의 행정직원을 지망하는 사람들에 대해서는 이탈리아 법에 따른 신원조회 기준을 통과해야 하고 그렇지 않으면 임용되지 않도록 한 적도 있었다.[401] 또한 UN 사무국 직원의 임명에 있어서도 원래 소비에트 공화국은 자국 정부의 승인을 받은 사람에 한하도록 하자고 주장했었다. 정부 입장에 배치되는 견해를 가진 사람이 정부의 뜻과 다르게 UN에서 근무할 수 없도록 하여, 해당 국가가 곤혹스러운 입장에 빠지게 되는 일은 없도록 하자는 취지였었다. 그러나 소비에트 공화국의 이 같은 제안은 채택되지 않았다.[402] 구성원의 이러한 성격상 국제기구 사무총장은 엄격하게 규율된 업무만을 취급하는 **"수동적 제왕"** 또는 **"무관의 제왕"**이라는 애칭을 갖기도 한다. 그러나 UN 사무총장은 UN의 그 특별한 위상으로 인하여 다른 국제기구의 사무총장과는 또 다른 특별한 위상을 갖는다.

먼저 UN 헌장 제99조는 사무총장에 대해 안전보장이사회에 의제를 상정할 권한을 부여하였다. 또한 UN 사무총장은 세계 각 지역의 회원국들 사이의 정치적 분쟁에 대해 직접 중재자로 활동할 수 있는 것처럼 국제 정치적 역할을 담당

---

400) 원문은 다음과 같다. UN 헌장 제25조. "The Members of the United Nations agree to accept and carry out the decisions of the Security Council in accordance with the present Charter(국제연합회원국은 안전보장이사회의 결정을 이 헌장에 따라 수락하고 이행할 것에 동의한다).

401) Jan Klabbers, *op. cit,* p. 173.

402) Kurt Jansson, 'The United Nations Before and Now", in Kimmo Kiljunen (ed.), *Finns in the United Nations* (Helsinki, 1996), 33-60, p. 35.

한다. UN 사무총장의 이러한 정치적 역할은 명문의 규정이 없는 경우에도 오늘날은 국제관습으로 인정되고, 경우에 따라서는 총회나 안전보장이사회의 결의 그리고 분쟁 당사국의 요청으로도 임무가 부여될 수 있다고 간주된다.[403]

한편 사무국 직원들 또한 적당한 지역적 안배를 고려하면서도 특별한 중립적 기준에 의해 선발되는 것을 원칙으로 한다. UN 헌장 제101조 제3항은 직원 선발과 임무 부여의 가장 중요한 기준은 **효율성(efficiency), 능력(competence) 그리고 성실(integrity)**이라고 못 박고 있다. 물론 UN의 경우에도 지역적 안배는 고려된다.[404] 그래서 가끔 능력과 지역 안배 문제 사이에 긴장관계가 형성되기도 한다. 한때 국제기구의 직원이 되고자 하는 유능한 사람들이 지역 안배 문제를 회피하고자 국적을 변경함으로써 발생하는 두뇌유출(brain drain)의 문제가 심각하게 논의된 적도 있었다.[405] 그럼에도 UN의 경우에 사무국 직원 선발은 사무총장의 전권인 것으로, 타국민의 임용에 대한 다른 회원국의 이의 제기는 받아들여지지 않는다.[406] 그러나 또한 어느 정도까지는 직원 임명에 최종 권한을 가지는 고위 책임자의 입장이 국제기구 직원의 임명에 커다란 영향을 미치는 것을 부인하기는 어렵다. 예컨대 1947년 창설된 UN 전문기구인 UN교육과학문화기구(UNESCO)[407]의 초대 사무국장 줄리안 헉슬리(Julian Huxley)는 2차 세계대전 후 동 기구의 세계 지향적 활동을 위해서는 유색인종이 태부족함을 절감하고 유색인종인 아이티(haitian) 출신 교사들을 직원으로 많이 채용했다. 후일 헉슬리는 회고록에서 신생 독립국가가 많이 태어난 오늘날, 적지 않은 유색직원들은 UNESCO의 자랑이라고 언급했다.[408]

2) 국제기구의 엽관제도(International spoils system)

원래 엽관제도(獵官制度)는 선거에 의하여 정권을 잡은 사람이나 정당이, 관

---

403) Jan Klabbers, *op. cit,* p. 174.

404) 그러나 성별에 대한 기준은 강조되고 있지 않다. Hilary Charlesworth & Christine Chinkin, *The Boundaries of International Law: A Feminist Analysis* (Manchester, 2000), esp. ch. 6.

405) UNJY (1969), pp. 228-229.

406) UNJY (1983), p. 203.

407) 본부를 프랑스 파리에 두고 있는 유네스코(UNESCO)는 UN 헌장에서 선언된 기본적 자유와 인권 그리고 법의 지배, 더욱 보편적인 정의의 구현을 위하여 교육, 과학, 그리고 문화를 통한 국제 협력을 촉진함으로써 평화와 안전에 기여함을 목적으로 한다.

408) Julian Huxley, *Memories II* (Harmondsworth, 1973), p. 19.

직을 독점적으로 지배하는 정치적 관행이다.[409] 그런데 국제기구의 직원채용에 있어서도 앞서 본 지역적 안배나 능률위주의 선발이라고 하는 일정한 대표성 기준에도 불구하고, 현실 정치 역학의 냉혹한 반영인 국제기구 직원 채용에도 특정국가가 자국민의 지분을 계속 확대해 가려는 국제적 엽관제도 현상이 적지 않다. 그래서 클라우데(Claude)가 적절하게 지적한 바와 같이 국제기구에서 지리적 안배라는 기준은 정치적 필요성에 양보하기 마련이다.[410]

예컨대 국제노동기구(ILO)는 2차 세계대전 후 독일로부터의 난민인 유대인들을 대거 채용했다. 대표적인 인물이 철학자이자 노동운동에 대한 정치적 이론가로 후일 프린스턴 대학교 교수를 역임한 한나 아렌트(Hannah Arendt)였다.[411] 한편 1950년대 소위 반공산주의 이념이 매카시즘(Mccarthyism) 선풍의 시대에 기왕의 UNESCO 직원 가운데 미국에서 근무하는 사람이 사상적인 문제로 재임용되지 않기도 했다. 이 같은 국제적 엽관제도 현상에 따라서 힘이 있는 각국은 국제기구에 자국의 국가이익을 도모하고 영향력을 확대하려고 그 방편의 하나로 자국민의 직원 수를 늘리려고 노력해 온 것이 사실이다.

그러나 역설적으로 이러한 국제기구 직원 채용의 엽관제적 현상은 미묘하고 치열한 국제 경쟁의 무대에서, 국제기구의 입장에서도 회원국들의 협조를 얻어 원활한 임무 수행이라는 정치적 측면에서 그리고 안정된 분담금의 확보라는 행정적인 관점에서도 바람직할 수도 있는 것이 사실이다. 오늘날 국제기구의 직원 채용에서 이 같은 정치적 고려라는 기준은 지역안배라는 기준보다 훨씬 더 심각하게 침습되어 있는 것이 사실이라고 한다.[412]

4. 기타 기관

국제기구는 그 원활한 임무 수행을 위해서 대개 위와 같이 입법, 집행, 행정의 3개 조직 체제를 기본으로 갖춘다. 그러나 경우에 따라서 위 3개 기본 조직

---

409) 엽관제도는 지지자들을 발탁하여 공약을 실현한다는 민주적 성격을 가진 반면, 정실(情實)에 따라 관직이 좌우되어 공정하고 능률적인 행정이 이루어지기 어렵다는 단점도 있다.

410) Claude, *Swords into Plowshares,* p. 197.

411) Elisabeth Young-Bruehl, Hannah Arendt : For Love of the World(New Haven, 1982), p. 107. 그는 다음과 같은 표현을 사용했다. *Hannah Arendt enjoyed a brief secretarial spell at th ILO.*

412) 전술처럼 한국의 경우도 UN 분담금 연체를 반기문 사무총장이 확정된 후 완납하였다.

체계 이외에 그들과 병렬의 별개 조직을 갖기도 한다. 이들은 기본 기구와 병렬적인 존재인 것으로 다음에서 살펴볼 기본조직의 하부기관인 보조기관과는 성격이 다르다. 국제기구의 사치(luxury)라고도 불리는 이러한 병렬적 별개기관의 대표적인 것이 사법심사 기구와 총회와는 별개의 입법기구로서의 의회이다.

1) 사법기구(judicial body)

사법기구에는 UN의 국제사법재판소(ICJ)처럼 회원국 상호간의 분쟁을 해결하기 위한 조직도 있고 국제기구의 행정 재판소(administrative tribunals)처럼 국제기구와 직원 사이의 법적 문제를 담당하기 위한 기구도 있다. 유럽연합 법원은 양자의 기능이 혼합되어 있다.[413)]

그런데 국제기구 사법조직의 구성 또한 매우 복잡하고 미묘한 문제를 야기한다. 물론 ICJ 법 제12조는 재판관은 국적과 무관하게 높은 도덕적 기준을 가지고 회원 각국의 기준으로는, 그 나라 최고 법원이나 저명한 사법적 국제기구에 임명될 자격이 있는 사람 가운데서 선발된 9년 임기의 독립적인 15명의 재판관으로 구성하도록 하고 있다.[414)] 하지만 현재까지 UN 안전보장상임이사회 5개국은 당연직 재판관 몫을 확보하고 있다. 또한 ICJ 재판관이 국적과 무관하다고 하지만 ICJ는 문명국가 법체계를 대표하는 것으로 간주되므로 법문화가 발달하지 않은 국가 출신이 ICJ의 재판관으로 임명되기는 쉽지 않다고 할 수 있다. 한편 UN 안전보장 상임이사국은 특별 재판소의 임시 재판관으로 지명될 가능성도 높다.[415)] 세계법원으로 불리는 ICJ의 경우에도 재판관 임명의 대표성에 있어서는 불가피하게 국제 정치적 역학구도의 영향을 받지 않을 수 없게 된다.

다른 국제기구들을 보면, 국제통화기금(IMF), 미주개발은행(IDB), 세계은행(IBRD)이 각각 자체 행정재판소(Administrative Tribunal)를 가지고 있다. 유럽연합은 유럽연합 사법재판소(EU Court of Justice)를 가지고 있다. 국제노동기구(ILO)도 ILO 행정재판소(ILO Administrative Tribunal)를 가지고 있다.

---

413) Jan Klabbers, *op. cit,* p. 177.

414) 국제사법재판소법 Article 2:
The Court shall be composed of a body of independent judges, elected regardless of their nationality from among persons of high moral character, who possess the qualifications required in their respective countries for appointment to the highest judicial offices, or are jurisconsults of recognized competence in international law.

415) Jan Klabbers, *op. cit,* p. 177.

그런데 ILO 이외의 다른 국제기구들도 ILO의 관할권을 인정하고 ILO가 이를 승인하면 ILO 행정재판소를 이용할 수 있다. 현재 ILO 행정재판소 관할권 선언을 하고 ILO가 이를 승인한 국제기구에는 식량농업기구(FAO), 국제원자력기구(IAEA), 국제농업개발기금(IFAD), 국제전기통신연합(ITU), UN교육과학문화기구(UNESCO), 국제형사재판소(ICC), 만국우편연합(UPU), 세계지적재산권기구(WIPO), 세계기상기구(WMO), 세계보건기구(WHO), 세계무역기구(WTO) 등이 있다. 상세는 분쟁해결 편에서 다시 한 번 살펴본다.

2) 입법기구(parliamentary body)

몇몇 국제기구는 회원국 전원으로 구성되어 최종 의사결정을 하며 규범 제정 등 전문 입법 활동을 하는 총회와는 별개의 입법조직을 구비하기도 한다. 대표적인 것이 유럽연합의 유럽의회(European Parliament)이다. 유럽의회(EP)는 유럽연합(EU) 전체의 의회로 28개 유럽연합 회원국 시민들에 의해 5년마다 직접선거로 선출된다. 이렇게 선출된 유럽의회 의원들은 약 5억 2천만 명 유럽공동체 시민의 대표자들인 셈이다.[416] 유럽의회 의원들은 직접민주정치의 구현으로 1979년 이래 시민들에 의해 직접 선출되고 있다. 총 인원은 751명으로 최대규모의 동시 국제 선거이다. 가장 최근에는 2014년 6월에 선거가 실시됐다. 회원국 간 의석수는 회원국 인구비례에 따라 배정하는 것을 원칙으로 하고 있으나 인구가 적은 국가의 경우 엄격한 비례수보다 약간 많이 배정되었다. 유럽 의회는 여러 개의 정당과 정치그룹으로 구성된다. 소속은 의원이 선택하고 바꿀 수 있다.2017년 현재 유럽인민당(EPP), 사회민주진보동맹(S&D), 유럽자유민주동맹(ALDE), 유럽 보수와 개혁 연합(ECR), 유럽 연합 좌파-북유럽 녹색 좌파(GUE-NGL), 유럽 녹색당-자유 동맹(Greens-EFA), 자유와 직접민주주의 유럽(EFDD), 국가와 자유의 유럽(ENF) 소속 등이 있다. 무소속의원들도 있다. 오늘날 EU의 주요한 입법기능은 유럽연합이사회(Council of the European Union)가 주로 행사하지만, 유럽연합에 관한 조약, 즉 마스트리흐트 조약(Maastricht Treat) 이후로는 시민을 직접 대표하는 유럽의회의 입법기능과 정치적 영향력이 점차 강화되고 있다. 유럽의회는 주도적으로 입법을 할 수는 없

416) 정확하게는 515,052,778 (July 2016 est), https://www.cia.gov/library/publications/resources/the-world-factbook/geos/print_ee.html.

지만 유럽연합의 많은 정책 영역에서 수정요구나 거부권을 행사할 수 있고 특정 정책에 대해 조언할 수도 있다. 또한 유럽연합 집행기구인 유럽위원회(European Commission)를 감독하고, 집행위원 임명에 대한 동의를 하며 불신임 투표를 통해 집행위원을 해임할 수도 있다. 또한 유럽연합(EU)에 대한 전반적인 예산 감독권을 가진다.[417] 국제기구의 의회 조직에 있어서 이처럼 유럽의회는 유럽 시민에 의해서 직접 선출되고 유럽연합 이사회와 별개의 입법기능을 수행한다.

그러나 통상적으로 총회와는 별개의 입법기구를 가지는 다른 국제기구의 경우에 있어서의 의회 조직은 대개 자문기구로 기능한다.[418] 그것은 회원국 전체로 구성되는 총회나 이사회가 그들의 권한을 손쉽게 별개의 기구에 양보할 이유는 없기 때문이다. 비슷한 이유로 북대서양조약기구(North Atlantic Treaty Organization : NATO)의 경우에도 나토 의원 총회(NATO Parliamentary Assembly: NATO-PA)라고 하는 의회 조직이 있지만 그것은 NATO의 공식적인 조직은 아니다.[419] 나토 의원총회는 회원국 상호간의 국가안보 문제에 대한 입법적 쟁점을 제기하는 회원국 사이의 의회 협력 조직이다. 오늘날 나토 의원총회는 비록 NATO와 완전히 독립되어 있지만 NATO와 NATO 회원국 의회 사이의 연결 고리로 작용하여 회원국 상호간의 협력 정책 지원과 국민적 공감대를 구축하는 역할을 담당한다.

II. 보조기관(subsidiary organs)

1. 개 관

국제기구의 보조기관은 하부기관(subordinate body), 특별기관(special organs) 또는 위원회 조직(commissions 또는 committees) 등으로 불린다. 국제기구 보조기관은 헌장상의 주요기관을 보조하여 주요기관이 그 기능을 원활하게 수행하도록 함으로써 결국 국제기구의 발전을 위해 역할 한다. 국제기구는

417) 유럽의회(European Parliament), http://www.europarl.europa.eu/parliament. do?language=en.

418) Jan Klabbers, *op. cit*, p. 178.

419) The NATO Parliamentary Assembly, http://www.nato.int/issues/npa/index.html.

대개 원활한 임무수행을 위하여 기본적인 주요기관(principal organs) 이외에 보조기관(subsidiary organs)을 설치한다.

UN의 경우에도 주요기관과 대치되는 보조기관 개념은 헌장에 이미 예정되어 있다. 즉 총회와 안전보장이사회는 필요한 경우 보조기관을 설치할 수 있다고 명정하고 있다.[420] 다른 국제기구도 헌장에 직접 보조기관을 예정하는 경우는 적지 않다.[421] 주요기관은 국제기구의 헌장에 의해 직접 창설된다. 반면에 보조기관은 헌장에 창설이 예정되어 있으면 헌장에 의거하여 창설되지만, 주요기관의 권한 내에서 사후에 창설되기도 한다.[422] 헌장에 명시되지 않은 경우에도 주요기관이 보조기관을 창설할 수 있을 것인가에 대해서는 논의가 있지만, 제4장에서 살펴본 국제기구의 암시적 권한이론에 의해서, 오늘날 국제기구의 주요기관은 헌장에 반대적으로 명시되어 있지 않는 한 오히려 임무 수행을 위해서 필요한 보조기관을 창설할 적극적인 권한이 있다는 일반 원칙이 확립되어 있다.[423]왜냐하면 국제기구는 헌장에 규정된 특정한 임무수행이 존재 가치이고 존재목적인 것으로서, 그러한 임무수행을 위해 필요하다면 헌장 체약 시에 예상하지 못한 보조기관의 창설은 당연한 필요성이 인정될 것이기 때문이다.

예컨대 UN 총회는 UN무역개발기구(United Nations Conference on Trade and Development : UNCTAD), 법률위원회(Legal Committee), 행정・예산위원회(Administrative and Budgetary Committee)를 비롯한 후속의 많은 보조기관을 가지고 있다. 또한 유럽연합은 말할 것도 없고 금융 국제기구도 많은 보조기관을 가지고 있다. 경우에 따라서 그러한 보조기관은 2-3개 주요 기관의 합동으로 창설되기도 한다. 이 경우에 해당 국제기구 헌장의 수정이나 별도의 결의안(resolutions) 채택이나 유권적 결정(decisions)에 의해서 창설된 보조기관의 업무 범위를 명백히 하게도 한다.

이러한 여러가지 점에서 UN 보조기관은 조약에 의해서 창설되고 독립된 예산체제를 갖는 등으로 독립된 법인격을 누리는 UN 전문기구와 구별된다. 한편

---

420) Charter of the UN, 제7조, 8조, 22조, 29조.

421) 국제해사기구(IMO) 제29조, UN 산업개발기구(UNIDO) 제7조, 미주기구(OAS) 제51, 74, 75, 83, 91조.

422) C. F. Amerasinghe, *op. cit.* p. 139.

423) *Id,* p. 140. 유엔헌장 Article 7조 제2항.

2. Such subsidiary organs as may be found necessary may be established in accordance with the present Charter.

보조기관은 주요기관과 달리 회원국 대표자가 아니라 업무의 속성상 특정한 분야에 대한 전문가로 구성된다.

2. 보조기관 임무의 한계

그러나 보조기관은 그 기능적 속성상 임무의 한계를 갖는다. 먼저 보조기관은 국제기구 권한에 대한 암시적 이론의 대표적인 수혜자로 간주되지만, 어떠한 경우에도 헌장에서 암시된 국제기구 자체의 목적 범위를 벗어난 임무를 부여받거나 수행할 수는 없다. 두 번째로 보조기관은 창설해 준 주요기관의 임무와 권한에 종속된다는 직접적인 한계가 있다. 즉 여하한 경우에도 보조기관은 주요기관의 임무 범위를 업무한계로 한다는 외연적 한계가 전제된다. 이러한 한계 내에서 주요기관은 헌장에 규정된 그들의 임무 가운데, 일부를 보조기관에 위임할 수 있다. 물론 어떠한 경우에도 주요기관은 그들의 권한을 넘어서는 권한을 보조기관에 위임할 수는 없다. 가진 것 이상으로 줄 수는 없기 때문이다. 세 번째로 동일한 논리의 연장선으로 보조기관은 그들의 임무 수행에 대해서 관련된 주요기관의 감독과 통제를 받게 된다. 따라서 보조기관의 결정이나 보조기관이 채택한 결정이 주요기관을 구속할 수는 없고 오히려 주요기관은 보조기관의 결과를 참조하여 다른 결론에 이를 수도 있다. 그러므로 UN 총회의 경우에 총회는 산하 다수 위원회의 결정을 따르지 않는 허다한 사례가 있다.

3. 보조기관 존속 만료

보조기관의 종료와 해산은 헌장 규정이 있으면 그에 따르면 되지만, 보조기관의 주요기관에 대한 종속성의 결과로 보조기관은 해당 주요기관의 결정에 의해 해산된다.[424] 동일한 이치로 보조기관 임무의 일부 수정이나 조직의 변경은 주요기관의 결정에 의해 이루어질 수 있다.

4. 기타 – 독립적 보조기관

한편 위와 같은 보조기관의 주요기관 종속의 원칙에도 불구하고 국제기구의 주요기관은 보조기관을 창설하고 변경하고 해산할 수 있는 그 전권적인 권한의

---

424) C. F. Amerasinghe, *op. cit.* p. 141.

성격으로 종속적이지 않은 독립적인 보조기관을 창설할 수도 있다. 그러한 경우에 창설된 보조적 독립기관 또는 독립적 보조기관에 대해서는 아무리 주요기관이라고 하는 경우에도 업무 통제와 감독권한이 배제된다.[425)]

그러한 독립적 보조기관에는 주로 사법적 기구인 경우가 많다. 대표적인 경우가 후술할 국제사법재판소(ICJ)의 *Effect of Awards Case*에서 명백하게 규정된 것처럼 국제행정법원(International Administrative Tribunal : IAT)의 사례이다. 이 경우에 보조기관으로 창설된 사법기구의 결정은 주요기구도 따라야 하는 기속력을 가진다.

Ⅲ. 전문기구

한편 UN의 경우에는 UN은 특별한 임무를 수행하는 다른 국제기구와 특별협정을 체결하여 특별한 협력체계를 구축하고 있다. 전술한 바와 같이 이들을 UN의 전문기구라고 하는 바 현재 15개의 UN 전문기구가 있다. 이들 UN 전문기구는 모두 독립된 헌장에 의해 창설된 독자적 법인격 주체성을 갖는다. 전문기구는 예산과 인사를 독자적으로 결정할 수 있고 UN 본부와 대등한 지위에 있으며 전문기구의 수장은 UN 사무총장과 동격이다.[426)] 그러므로 전문기구는 UN과의 별도의 헌장(charter), 별도의 본부, 별도의 독립된 예산 체제 그리고 별도의 회원국을 가지는 독립된 기구인 것이다. 이들 15개 전문기구와 UN 그리고 다른 UN 기구들을 통칭하여 **국제연합체제(United Nations System)** 또는 **국제연합가족(United Nations Family)**이라고 한다.

Ⅳ. 국제기구의 위원회 풍년 현상 – 소위 Comitology

위원회(委員會, commission, committee, board)는 특정한 목적을 수행하기 위해서 다수의 위원으로 구성된 합의체 조직을 말한다. 위원회는 자체적으로 독자적인 임무를 수행하는 경우도 있지만 정규 조직의 정책수립이나 정책결정을 도와주기 위해 창설된다. 또한 위원회는 정책 수립 단계에서 다양한 이익단체의 이익을 대변하여 정책에 반영하기도 한다. 그러나 경직된 정규 조직의 대안이나

---

425) *Id.* p. 142.
426) 박재영, *op. cit.* pp. 13-14.

보완책으로 간주되어 일정한 규모 이상 조직의 불가피한 측면으로 간주되는 위원회는 또한 적지 않은 불합리도 가진다. 회기 연장으로 인한 불필요한 지연, 합치점을 찾기 위한 바람직하지 않은 타협, 집단 사고의 오류, 바쁜 일정의 다수 위원들이 한 자리에 모이기의 어려움 등의 불합리가 그것이다. 그래서 조직 원리의 자괴적 유머로 "**일반 대중이 좋아하지 않을 정책을 만들기를 원하면 그 문제를 연구할 위원회를 창설하라.**"라는 말도 있다.

오늘날 국제기구는 정규 조직 이외에 다수의 위원회를 가지고 있다. 특히 유럽연합(EU)의 경우는 대단히 많은 수의 위원회 조직이 있다. 이러한 유럽연합의 위원회 풍년 또는 위원회 천국의 현상을 빗대어 위원회 체계(committee system)를 의미하는 용어로 **『Comitology』**라는 용어까지 탄생했다.

그러나 국제기구에서의 이러한 위원회 조직의 창설은 앞서 본 바와 같은 불합리 이외에 적지 않은 중요한 법적 문제를 야기한다. 첫 번째 의문은 다수 위원회의 창설은 국제기구의 기관 상호간의 견제와 균형(checks & balance)를 고려하여 기관을 조직한 창설자(founding fathers)들의 의도를 손상시키는 것은 아닌가하는 의문이다. 두 번째 문제는 국제기구의 민주성과 투명성으로 이어지는 문제이다. 그것은 어떤 정책결정이 일반 공중의 시각에서 멀리 떨어져 있는 위원회에서 이루어진다면, 어떤 형태의 통제나 감시도 실현되기 어렵다는 것이다. 세 번째 문제는 특히 자문위원회의 경우에 많이 나타나는데 위원회가 사실상 특정한 이익집단의 대변자로 기능하고 그러므로 자문 역할을 넘어서서 실질적으로 정책 결정에 영향을 미치게 된다는 점이다.

물론 위원회가 다수의 전문가들로 구성되어 실질적으로 전문성을 가지고 일할 수 있게 한다면, 국제기구의 목적을 달성하는데 오히려 정규조직으로는 달성할 수 없는 일도 실현 가능하다는 측면에서 불가피하게 위원회가 증가하는 것은 이해할 수 있다. 그러나 주권국가에서의 위원회처럼 적지 않은 국제기구의 위원회가 조직만 되고 활동은 없는 것이 현실인 경우도 적지 않다. 아무튼 주권국가 정부조직의 경우도 그러하지만, 위원회 조직의 위와 같은 양면적 장・단점을 고려하여 국제기구의 조직 운영의 묘를 살려야 할 것이다.

제3항 기관의 창설

Ⅰ. 머리말

국제기구 기관 창설의 제1의 기준 헌장 조약(constituent treaty)이다. 그러므로 새로운 정규기관을 창설하려면 헌장 조약의 수정을 통해서 이루어진다. 예컨대 UN은 1945년 6월 26일 창설 이래로 오늘날까지 6대 주요기관 체제를 유지하고 있지만,[427] 예컨대 유럽연합(EU)의 경우는 1993년 헌장 조약인 유럽연합에 관한 조약, 즉 마스트리흐트 조약(Maastricht Treat)의 발효를 통해서 1975년도에 창설되었던 회계감사원(Court of Auditors)을 15번째 정규 기관으로 받아들였다. 기관의 창설을 이처럼 까다로운 헌장 조약의 수정 절차를 통해서 하도록 하는 것에는 물론 이유가 있다. 왜냐하면 동일한 서열을 갖는 기관을 사후에 자유롭게 창설할 수 있다면 그것은 유・불리를 떠나 원래의 국제기구의 모습을 보고 참가한 회원국들에게는 조직구조나 활동이나 재정 등의 제반 측면에서 기왕의 예상을 벗어나는 것으로서, 그랬다면 가입했을 것인가를 포함하여 상호간의 신뢰나 협조 확보 등에서 적지 않은 문제를 야기할 것이기 때문이다.

특별히 회원국은 국가 정책에 반하는 일이 됨으로써 자국의 주권성을 침해할지도 모를 그 같은 기관 창설의 위험성을 받아들이려고 하지 않을 것이다. 그러나 앞서 본 바와 같이, 국제기구의 주요기관이 그 임무와 권한의 한도에서 보조기관이나 하부기관을 창설하는 것은 당연한 일로 간주된다. 국제기구의 기관 창설과 관련하여 국제법적으로 논의되었던 중요한 2가지 사례를 살펴본다.

Ⅱ. 독립적 보조기관의 창설 – The Effect of Awards Case

1. 사건의 개요와 쟁점

1949년 UN 총회는 UN에 근무하는 직원들과 UN 사이에 발생하는 분쟁을 해

---

427) UN 헌장 제7조 제1항.
There are established as the principal organs of the United Nations : a General Assembly, a Security Council, an Economic and Social Council, a Trusteeship Council, an International Court of Justice, and a Secretariat.

결하기 위해 국제연합행정법원(United Nations Administrative Tribunal : UNAT)을 창설했다.[428] 처음에는 별 문제가 없었는데 UN 행정법원(UNAT)이 몇 사건에서 청원인들 주장의 타당성을 인정하고 배상을 결정하면서 문제가 제기되었다. UN에서 해고된 직원들이 UN 행정법원(UNAT)에 제소한 것에서 발단했다. 이러한 청원에 대해 UN 행정법원(UNAT)은 청원인들의 주장이 타당하다고 보고 따라서 UN의 면직결정은 잘못되었음을 인정하고 배상을 결정했다. 이에 UN 사무총장은 배상 판결금에 대한 지불 준비금을 총회에 요구했다.

그러나 총회에서 일부 회원국들은 총회는 총회가 창설한 피조물인 UN 행정법원(UNAT)의 결정에 기속될 이유가 없다면서 지불 준비금 조성에 반대했다. 총회는 이 당혹스러운 사태를 결정하기 어려웠고 결국 국제사법재판소(ICJ)에 자문의견을 요청했다. 질의의 요지는 총회가 자신들이 창설한 UN 행정법원(UNAT)이 배상을 명령한 사건의 효력을 거부할 권한이 있는가의 문제였다.[429]

2. ICJ의 추론

ICJ는 먼저 UN 행정법원(UNAT)의 근거 규범을 정독했다. UN 총회가 행정법원(UNAT)을 통해서 무엇을 목적하였는지를 검토하기 위함이었다. 이를 통해서 ICJ는 총회가 행정법원(AT) 창설을 결의한 창설 규범이자 활동 규범인 UN 행정법원법(Statute)은 전문적인 사법기구에서 사용되는 법원(Tribunal) 그리고 판결(Judgment)이라는 용어를 사용했고, 법 제10조는 법원의 결정은 "이의를 제기할 수 없는 없는 최종적(final and without appeal)"인 것이라고 명백히 규정했음을 발견했다. 그러므로 ICJ는 UN 총회가 단순한 자문기관이 아닌 어떤 특별한 사법기관을 창설했음을 인식했다.

한편 ICJ는 일반 법리적으로 사법기구의 결정은 분쟁 당사자를 기속하는 기판력(*res judicata*)이 있음을 전제했다. 다음으로 ICJ는 행정법원의 구체적인 당사자가 누구인지를 특정했다. 한쪽 당사자는 해고당한 직원으로 그것은 청구자체로 명백했다. 다른 당사자, 즉 청원인으로부터 제소당한 불평의 당사자가 구체적으로 누가 될 것인지에 대해서는 약간의 의문이 있었지만, ICJ는 국제연

428) 1949년 11월 24일 결의안 351 A(IV). UNAT은 국적을 달리하는 7명의 재판관으로 구성되어 있다. 재판관은 4년 임기로 총회에서 임명되고 재임이 가능하다.

429) *Effects of Awards made by the United Nations Administrative Tribunal*, advisory opinion of the ICJ, 13 July 1954 (1954) ICJ Reports 47.

합(UN) 자체가 당사자이고 사무총장은 행정최고 책임자로서 소송을 대표하는 것으로 결론지었다. 그러므로 법규가 정한 바에 따라서 UN이 행정법원의 결정에 기속된다면 UN의 주요기관인 총회도 마땅히 행정법원의 결정에 따라야 한다는 결론에 도달했다.

물론 ICJ의 심리에서 가장 강력한 반박 논거는 UN 행정법원(UNAT)은 총회가 창설한 2차적인 하부 보조기관으로, 창설자인 총회를 기속할 수는 없다는 주장이었다.[430] 이에 대해서 ICJ는 그 같은 주장은 총회가 오직 총회 자체만의 임무 가운데 일부를 위해서 보조기관을 창설한 것에 근거한 주장이지만, 이 건에 있어서 총회는 총회 자체의 구체적인 권한이 아니라 UN 헌장이 상정하여 UN이 원활하게 기능할 수 있도록 해야 할 전반적인 필요성의 일부를 위해 행정특별법원을 창설할 것이라고 논증했다.[431]

3. 소결어

결국 ICJ는 행정법원법에 대한 분석을 통해서 UN 행정법원(UNAT)은 총회의 통제를 받는 총회의 보조기관일 뿐만이 아니라 구속력 있는 결정을 하는 UN의 독립기관임을 인정한 것이다. 그러므로 UN 행정법원의 구속력 있는 결정은 UN과 UN 산하 주요기관인 총회를 구속하게 된다는 논리였다. 이 같은 결정의 중요성은 설령 동 법원의 법규가 총회 결정으로 개정이나 수정될 수 있고 그러므로 법원 자체가 폐지될 수 있다고 하여도, 그것은 별개의 문제로 행정법원 그리고 그 결정의 성격을 바꿀 수는 없다고 할 것이라는 점에 있다.

명백하게 UN 헌장에 총회가 행정법원을 창설할 수 있다는 것이 나타나 있지는 않지만 총회의 그러한 특별법원 창설권한은 그 임무의 원활한 수행을 위한 기능적 필요성에서 이미 나타나 있는 암시적 권한(implied powers)이라 할 것이고, 행정법원 결정의 구속력도 그러한 암시적 권한 내의 것으로 유효하다고 할 것이다. 한편 해고된 직원에 대한 배상 준비금에 대한 행정법원의 결정은 총회의 예산권(budgetary powers)을 침해할 수 있다는 우려에 대해서도 ICJ는 총회의 예산권이 비용지출을 승인하고 거절할 절대적인 권한을 의미하는 것은 아니고, UN이라는 기구 자체에 의해 이미 지불의무가 발생한 비용에 대해서는

430) Jan Klabbers, *op. cit,* p. 182.
431) *Id.*

총회라고 해도 선택권이 없고, 따라서 그러한 UN의 책무를 존중해야 할 것이라고 추론했다. ICJ의 추론은 역시 총회의 예산권의 한계를 적절하게 지적한 타당한 결론이라고 할 것이다.

Ⅲ. 국제기구 기관 창설의 한계 – The Tadic Case

1. 사건의 개요와 쟁점

앞서 본 보상금 사건(awards case)에서 독립적 보조기관의 창설 가능성은 결정되었지만, 그 사건에서 국제기구 보조기관 창설의 제한이나 한계의 문제는 잘 나타나지 않았다. 그 같은 쟁점은 한참 뒤인 1995년 10월 유고슬라비아 전범재판을 위한 구(舊) 유고슬라비아 국제형사재판소(International Criminal Tribunal for the Former Yugoslavia : ICTY) 창설과 관련되어 논의되었다.

원래 ICTY는 UN 안전보장이사회 결의 제827호에 의해 1993년 5월 25일, UN 헌장 제 29조에 따른 비군사적 조치의 일환으로 안전보장이사회의 보조기관으로 창설되었다. 정식 명칭은 "1991년 이후 구유고슬라비아 영역 내에서 행해진 국제인도법에 대한 중대한 위반에 대하여 책임을 지는 행위에 대한 소추를 위한 국제재판소"이다. 설립 목적은 1991년 이후의 구(舊)유고슬라비아 영역 내에서 행해진 민족정화나 집단강간 등의 심각한 국제인도법 위반에 대해 책임을 지는 사람을 소추・처벌하여 구유고슬라비아의 화해를 촉진하고 평화를 재건함을 목적으로 한다. 재판소는 네덜란드 헤이그에 소재하고 사형을 제외한 모든 구금형을 부과할 수 있으며, 국내 재판소보다 우월한 지위를 갖도록 했다.[432)]

유고 전범으로 체포되어 기소된 세르비아인 타딕(Tadic)은 자신을 재판하는 이 사건 유고 국제형사재판소는 국내법 그리고 국제법적으로 불법이라고 주장했다. 원래 타딕(Dusko Tadic)은 보스니아 세르비아인으로 세르비아 민주당(Serbian Democratic Party : SDS)의 지도자였다. 그는 민간인 학살을 주도한

432) 한편 2005년 12월 8일 델 폰테 주임 검사는 150명 이상의 세르비아인을 죽여 집단학살죄와 인도에 대한 죄로 소추되고 있던 크로아티아의 안테 고트비아 전(前) 장군을 12월 7일(스페인 현재 시간), 카나리아 제도의 한 호텔에서 체포하여 재판에 회부했다. 한편 주된 유고 전범의 가장 중요한 범죄자로 재판을 받고 수감 중이던 피고인 유고슬라비아 대통령 슬로보단 밀로세비치가 2006년 3월 11일 옥중에서 사망했다.

준군사조직(paramilitary forces)의 일원이었다. 타딕은 의도적인 계획 살인(Wilful killing)과 고문 또는 비인도적 행위(torture or inhuman treatment)와 고의적인 심각한 신체상해를 주도했다는 이유로 1949년 제네바 협약 제2조 등을 심각하게 위배한 죄로 체포되어 기소되었다.

그러나 타딕은 1심 재판에서 자신을 재판하는 이 사건 유고 국제형사재판소는 창설권한이 없이 창설된 불법기구라고 주장했다. 구체적으로는 UN 안전보장이사회는 이 같은 특별형사재판소를 창설할 권한이 없다는 것이 타딕의 주장이었다. 하지만 1심 법원은 특별법원의 창설문제를 심리할 관할권이 법원 자체에는 없음을 이유로 타딕의 이의신청을 각하했다.

2. 항소심 법원의 결정과 추론

타딕의 주장에 대해 1심 법원은 각하결정을 했다 그러나 각하 결정을 받은 타딕은 다시 항소심 법원(Appeals Chamber of the Tribunal)에 UN 안전보장이사회가 이 같은 국제 형사특별 법원을 창설할 권한이 있는지? 그것이 월권(越權, ultravires)은 아닌지? 판단해 줄 것을 재차 주장하며 항소했다.[433]

항소심 법원은 각하하지 않고 본안 심리에 들어갔다. 그러나 항소심 법원도 다음과 같은 추론을 통해 타딕(Tadic)의 주장은 이의 없다고 기각했다. 항소심 법원은 먼저 UN 헌장 제39조에 따라서 안전보장이사회는 세계 평화의 파괴, 평화에의 위협 또는 침략행위가 있었는지를 결정하고, 국제평화와 안전을 유지하거나 이를 회복하기 위하여 권고하거나 또는 UN 헌장 제41조 및 제42조에 따라서 어떠한 조치(what measures)를 취할 것인지를 결정할 광범위한 재량적인 권한이 있음을 명백히 했다.

한편 항소심법원은 안전보장이사회의 그 같은 권한은 상당히 방대한 권한으로 거의 무제한일 것 같지만 그러나 헌장 제24조 제2항에 따라 안전보장이사회는 그러한 권한을 헌장의 목적과 원칙 범위 내에 사용되어야 함은 인정했다. 그러면서도 항소심 법원은 UN 안전보장이사회는 제40조의 사태회복을 위한 어떤 잠정조치(provisional measures)와 제42조에 따라서 심지어 무력까지 사용할 수 있는 권한이 있음을 재인식시켰다.

---

433) *Prosecutor v. Dusko Tadic*, 35 ILM(1996) 32.

결국 UN 안전보장 이사회는 세계 평화와 안전 그리고 평화의 파괴와 침략행위를 방지하고 제기하기 위하여, 헌장 제39조에 의한 약한 수준의 권고 결정부터 제42조에 의한 실제 행동으로의 무력사용까지 필요한 제반 조치를 취할 수 있음을 확인하고 본건과 같은 국제 특별 형사재판소의 창설은 안전보장이사회의 정당한 권한범위 내의 일이라고 결정했다.

그리고 UN 헌장 제41조를 재판소 창설의 가장 가까운 직접적인 근거 규정으로 삼았다. 그러면서 법원은 UN 헌장 제41조[434]에 나열된 어떠한 조치(what measures)는 제한적 열거(exhaustive enumeration)가 아니라 예시적 사유라고 설명했다. 또한 법원은 안전보장이사회는 본건과 같은 국제특별형사재판소는 평화의 복원과 향후 세계평화의 확보와 유지에 이바지할 것으로 생각한 것으로서, 그러므로 본 구(舊) 유고슬라비아 국제형사재판소(ICTY)는 월권적인 무효의 재판소가 절대로 아니고 청구인의 신청은 이유없다고 결정했다.

3. 항소심 재판부의 판단주체 적격의 문제

아래에서 항을 달리하여 살펴볼 국제기구 기관 상호간의 서열 또는 기관 능력의 문제이기는 하지만, 사실 이 사건에서 항소심 재판부가 자신의 존재 근거이자 전제인 구(舊)유고슬라비아 국제형사재판소(ICTY)의 적법성 문제를 자판(自判)한 조치에 대해서는 비판과 의문이 있을 수 있다. 사실 구(舊)유고슬라비아 국제형사재판소(ICTY) 법은 그 업무와 관할을, 먼저 시기적으로는 1991년 이후의 범죄, 지역적으로는 구유고슬라비아 영토 내의 범죄 그리고 실체적 재판 대상, 즉 소송물(訴訟物)은 국제인도법에 대한 중대한 침해 범죄(serious violations of international humanitarian law)라고 명백히 한정짓고 있다. 그러므로 항소심 재판부가 판단한 구(舊)유고슬라비아 국제형사재판소(ICTY) 자체의 적법성과 유효성 문제는, 사실 항소심 재판소의 판단 대상은 아니라는 주장과 비판이 가능하다.[435]

---

434) UN 헌장 제41조.

The Security Council may decide <u>what measures</u> not involving the use of armed force are to be employed to give effect to its decisions, and it may call upon the Members of the United Nations to apply such measures. These may include complete or partial interruption of economic relations and of rail, sea, air, postal, telegraphic, radio, and other means of communication, and the severance of diplomatic relations.

물론 항소심 재판부도 구(舊)유고슬라비아 국제형사재판소(ICTY) 법이 이 문제에 대해서 침묵하고 있음을 잘 알고 있었지만 재판소는 재판의 전제적인 문제에 대해서는 당연히 그리고 무제한으로 당사자 법원이 심리할 권한과 책무가 있다는 결론 하에 스스로의 절차를 창설하여 이 사건 심리를 진행한 것이었다.[436)]

사실 항소심 재판부는 타딕의 재판소 무효 항변을 무시하고 기소된 사건에 대한 실체적인 내용에 대해서만 재판할 수도 있었을 것이다. 하지만 그 경우에는 판결 후에도 국제적으로 더 커다란 부작용을 초래할 수도 있었을 것으로 무효 항변에 대한 본안 심리를 전개하여 여러 추론 끝에 피고인 타딕의 무효 주장을 배척한 결정은 타당하다고 판단된다.

그러나 이 같은 문제에 봉착했을 때 항소심 법원이 스스로 재판하지 않고 UN 국제사법재판소(ICJ)에 자문의견을 요청했으면 좋았을 것이라는 아쉬움이 남는다. 잔 클라버가 적절하게 지적한 바와 같이 이 문제가 ICJ에 제기되었다고 하더라도 UN 안전보장이사회의 세계 평화에 대한 광범위한 권한에 비추어 결론은 항소심 재판부의 자판(自判)과 동일했을 것이라는 점에 대해서는 의문이 없다. 그러나 동일한 결론이라고 하더라도 국제사법재판소(ICJ)의 결정은 직접 재판 당사자인 항소심 재판부의 결정에 비해 국제법적으로 훨씬 더 커다란 적법성과 권위를 가졌을 것이기 때문이다.[437)]

4. 소결어

타딕의 월권주장 항소를 기각한 항소심 법원의 추론과 결론은 타당하다고 보인다. UN 헌장상 안전보장이사회는 세계 평화의 파괴, 평화에의 위협 또는 침략행위의 문제에 대해서는 시대상황은 물론이고, 개별 분쟁현장에 적합하고 사태 해결에 필요한 적절한 조치를 취할 광범위하고 재량적인 권한을 가지고 있기 때문이다. 한편 항소심 법원이 판결에서 적절히 지적한 바와 같이 그럼에도 불구하고 안전보장이사회가 재량적으로 채택한 정책적인 조치가 효과가 없었다거나 결과적으로 실패하였다는 평가는 그러한 정책결정의 적법성이나 유효성을 탄핵할 정당한 논거가 될 수는 없다.[438)]

---

435) Jan Klabbers, *op. cit,* p. 186.
436) *Tadic* case, para.6.
437) Jan Klabbers, *op. cit,* p. 187.
438) *Tadic* case, para. 39.

결론적으로 국제기구의 기관 창설의 문제에 있어서 가장 중요한 원칙은 보조기관 창설을 금지한다는 내용이 헌장조약에 존재하지 않는 이상은 주요기관들은 임무수행을 위하여 필요한 보조기관을 창설할 수 있다는 사실이다. 다만 보조기관 창설의 한계는 헌장이 정한 목적과 임무 범위내로 한정된다.[439] 그러므로 신의와 성실의 원칙에 입각해 창설된 이상, 보조기관의 적법성이나 유효성에 대한 도전은 허용되지 않는다고 할 수 있다. 국제기구에 있어서 보조기관 창설의 유일한 도전은 회원국이 다수결로 허용하지 않는 방법인 것이다.

제4항 국제기구 기관 사이의 서열 쟁점

I. 국제기관 서열 문제 개관

국제기구 기관 사이의 서열의 문제는 그 동안 잘 논의되지 않는 비밀의 문제였다. 그러나 예컨대 만약 UN 안전보장이사회가 월권을 행사했다면, 그러한 월권적 행위에 대해서 어떤 조치가 가능할 것인지? 국제기구의 월권적 행위는 당연히 무효화되는 것인지? 무효화 선언이 있기까지는 유효한 것인지? 그렇다면, 누가, 즉 어느 기관이 무슨 기준을 근거로 무효화 선언을 할 수 있을 것인지? 등의 문제가 제기된다. 이 같은 논의는 특히 최근에 이르러 UN 안전보장이사회가 이라크, 유고슬라비아, 르완다 등지에서 평화유지 활동을 증대하면서 그 중요성이 인식되었다. 그러한 의문의 저변에는 직접적으로 국제기구의 어느 기관이 서열적으로 상위의 입장에서 다른 기관을 통제할 수 있는가? 라는 쟁점이 내재되어 있다고 할 수 있다. 이러한 기관 사이의 서열문제에 대한 법리는 기본적으로 주요기관들은 헌장 조약에 의해 창설되었기 때문에 헌장의 규정에 의하는 것이 원칙이라는 것이다.[440] 아래에서 UN과 EU를 비롯한 기타 국제기구의 경우를 나누어서 살펴보도록 한다.

439) Jan Klabbers, *op. cit,* p. 185.
440) C. F. Amerasinghe, *op. cit.* p. 142.

II. 개별 국제기구에서의 기관 사이의 서열

1. UN의 경우

UN은 6개 주요 기관으로 총회(General Assembly), 안전보장이사회(Security Council), 경제 · 사회이사회(Economic and Social Council), 신탁통치이사회(Trusteeship Council), 국제사법재판소(International Court of Justice) 그리고 사무국(Secretariat)을 창설했다(헌장 제7조1항).

1) 신탁통치이사회와 경제 · 사회이사회의 위상

헌장은 이들 6대 주요기관 사이의 서열에 대해 명문의 규정을 두고 있지 않지만 신탁통치이사회가 총회의 감독과 통제를 받으며 업무를 수행한다는 점은 명확하다(헌장 제87조). 신탁통치이사회의 경우처럼 명백하지는 않지만 경제 · 사회이사회(ECOSOC)도 또한 총회의 감독과 통제에 따라야 한다는 점 또한 인정된다(헌장 제 66조). 따라서 이들 기관에 대해 총회가 상위에 있음은 명백하다.

2) 사무국(Secretariat)의 위상

UN 헌장 상 사무국이 공식적인 6대 주요기관다. 사무국 총 책임자인 사무총장(Secretary- General)은 UN의 주요기관은 아니다. 그러나 사무국의 위상은 실질적인 행위자로 수장인 사무총장의 역할로 나타난다. 그런데 UN 헌장 상 사무총장의 역할은 일반적인 것으로 보조적이고 보충적인 것이 대부분이다. 물론 사무총장도 민감한 국제 정치적인 문제에 대해서 안전보장이사회에 정식 안건으로 제기할 권한이 있다(제99조). 그러한 권한은 대단히 중요하지만 그것이 안전보장이사회와 사무국 사이에 어떤 서열의 문제를 가져오는 것은 아니다. 결국 일반적이고 전반적인 행정적 업무를 주된 내용으로 하는 사무국 그리고 사무총장과 총회나 안전보장이사회 같은 다른 주요기관 사이의 서열이 문제되는 경우는 거의 없다.[441]

---

441) Jan Klabbers, *op. cit*, p. 188.

3) 총회와 안전보장이사회의 관계

문제는 나머지 3대 주요기관인 총회(GA)와 안전보장이사회(SC) 그리고 국제사법재판소(ICJ) 사이의 서열 문제이다. 특히 총회와 안전보장이사회의 서열 문제에 대해서는 국제법적으로는 구체적인 사건에서 많이 논의되었었다. 구체적인 사건을 통해 양자의 관계와 그에 대한 ICJ의 입장을 살펴본다. 특히 회원가입과 평화유지활동과 관련하여 총회와 안전보장이사회의 관계에 대해 ICJ는 여러 번 판단을 하게 된 바 있다.

가. 1950년 2차 회원가입 사건(Second Admission Case) 판단

1950년 2차 회원가입 사건(Second Admission Case)은 "회원 가입은 안전보장이사회의 권고에 따라서(upon the recommendation of the SC)" 이루어진다고 규정된 UN 헌장 제4조 제2항의 해석과 관련하여 문제이다. ICJ는 2차 회원가입사건에서 총회(GA)와 안전보장이사회(SC) 양자는 모두 UN의 주요기관(principal organs)으로 총회가 모든 회원국으로 이루어지는 전권기구(plenary body)이고 안전보장이사회가 몇몇 국가만 회원인 한정기관이라고 하여 안전보장이사회가 총회에 복속되는 것은 아니라고 명백히 결정했다.[442)]

원래 이 사건에서 안전보장이사회가 정치적 이해관계로 회원 가입에 대한 권고를 하지 못하자 총회는 동 조항을 안전보장이사회의 권고는 필수적이고 전제적인 것은 아니라는 입장에서 그리고 더 나아가서는 총회는 전권기구로서, 안전보장이사회의 반대 입장에도 불구하고 회원가입을 승인할 수 있다는 입장을 취했었다. 그러나 이에 대해서 ICJ는 UN 회원 가입을 위해서는 헌장상 안전보장이사회와 총회가 서로 독립적이며 별개의 권한을 확보하고 있는 것으로서, 궁극적으로는 총회가 회원가입 승인을 결정하지만, 그 전제로 되어있는 안전보장이사회의 권고 역시 필수적이라고 결정했던 것이다. ICJ의 이러한 결정은 국제기구의 기관 상호간에 기능이 서로 겹치는 경우에 좋은 해결 사례로 여겨진다.[443)]

나. 1962년 어느 비용사건(Certain Expenses case)에서의 판단

1962년의 어느 비용사건(Certain Expenses case)에서 살펴보았듯이, 회원국

---

442) 1950 ICJ Reports, pp. 8-10.

443) C. F. Amerasinghe, *op. cit.* p. 145.

전체로 구성된 총회는 안전보장이사회의 일정한 권한에 대해서도 안전보장이사회가 침묵하는 경우에는 대신 나설 수 있는 권한이 있음은 인정되었다. 그러나 그 경우에도 UN 헌장 규정상 총회의 결정은 안전보장이사회의 결정과는 달리 구속력이 없다는 한계가 뒤따른다. 그래서 그 사건에서 총회는 중동(UNEF)과 콩고(ONUC)에의 평화유지군의 파병을 결정하고도 군대의 결성을 위해서는 가담국 사이의 별도 참가협약이 필요했고, 필요한 비용 문제에 대해서도 소련과 프랑스는 총회의 행위는 월권적이라고 주장했다. 그리고 총회에 의해 독자적으로 그렇게 결정된 분담금은 총회의 정당한 권한으로서의 정규 예산(regular budget)의 범위안에 해당하는 것이 아니라는 이유로 지불을 거절했다. 물론 ICJ의 최종 판단으로 동 평화 유지비용도 헌장 제7조 상의 예산에 포함되었다고 함은 앞서 살펴본 바와 같다. 그런데 이 사건에서 ICJ는 총회와 안전보장이사회 사이의 서열을 구분하는 것을 배척했다.[444] 즉 총회가 중동과 콩고 지역에서의 분쟁문제에 개입한 것은 안전보장이사회의 직무 태만을 비난하거나 감독하는 차원에서 직접 개입한 것이 아니라, 헌장 규정상 세계 평화와 안전의 문제에 대해 안전보장이사회는 1차적으로 주된(primary)책무를 부담하지만, 그것은 독점적인 책무는 아닌 것임과 총회의 개입은 보충적인 것임을 확인했다. 그럼으로써 총회와 안전보장이사회의 서열 문제를 회피했던 것이다.

4) 국제사법재판소(ICJ)의 위상

가. 개 관

국내법 질서 체계 속에서는 국가의 법질서 체계 정립을 위해서 입법적인 활동이건 행정부의 집행행위에 대해서건 국민들의 권리와 의무에 관련된 제반 문제에 대해서는 사법적인 최종결정을 하는 사법심사기구를 설치하는 것이 보통이다. 대한민국의 경우에는 헌법질서 관련 문제에 대해서는 헌법재판소가 그 이외의 제반 법률문제에 대해서는 입법적·행정적 문제를 포함하여 대법원이 최고의 사법 재판기관으로 기능한다. 그러나 세계 국제법 질서를 아우를 수 있는 UN에서는 그러한 인식과 논의가 없었던 것은 아니지만 유감스럽게도 채택되지 않았다. 즉 UN 헌장 초안 작성 시에 국제사법재판소(ICJ)에 UN 헌장을 해석할 최종적인 권한을 부여하자는 주장이 있었지만 그러한 주장은 채택되지 않았다.

---

444) Jan Klabbers, *op. cit*, p. 189.

다만 국제사법재판소(ICJ)는 당사자가 승복을 전제하지 않은 이상 기속력 없는 자문의견(advisory opinion)만을 줄 수 있는 것으로 결론지어졌다.[445] 그러므로 UN의 주요기관들이나 보조기관들도 먼저 임무 범위, 즉 관할권을 스스로 해석하고 결론 내리게 된다. 물론 그러한 자체 결론은 최종적인 것은 아니고 관련된 다른 기관이나 국제사법재판소(ICJ)의 판단의견이 뒤따를 수는 있다.

그래서 알바레즈(Alvarez)가 적절히 지적한 바와 같이 안전보장이사회 활동에 대한 적법성의 문제가 국제사법재판소(ICJ)에 제기된 경우에도 순수한 법적인 측면에서의 국제사법재판소(ICJ)의 결정을 기대하기는 어렵고 또한 국제사법재판소(ICJ)만이 유일하게 안전보장이사회 활동의 적법성 여부를 거론할 수 있는 기관도 아니다.[446] 한편 아래의 로커비 사건은 UN 안전보장이사회와 국제사법재판소의 관계와 상호 위상을 알 수 있는 매우 좋은 사건이다.

나. 1992년 로커비 사건(Lockerbie Case)[447]

A. 사실관계와 사건의 진행

① 비행기 공중 폭발사고의 발생

1988년 12월 21일 영국 런던 공항을 이륙하여 뉴욕 존 에프 케네디 공항을 향해 비행하던 팬 아메리카(Pan American) 소속 103호기(Flight 103호)가 남 스코틀랜드 로커비(Lockerbie) 마을 상공에서 공중 폭발하여 승객 259명과 일부 로커비 마을 사람들이 사망하는 대형 항공기 테러사건이 발생했다. 수사 결과 리비아 사람 2명의 범행으로 밝혀졌다.[448]

② 미국과 영국의 범인 인도요구

이에 미국과 영국은 리비아 당국에게, 두 사람의 신병을 미국이나 영국에 인도해 줄 것을 강력히 요구했다. 그러나 리비아 당국은 자국민 보호의 원칙을 내

---

445) *Id.*

446) Alvarez, 'Judging the Security Council'. Jan Klabbers, *op. cit,* p. 187.

447) 상세는 The Lockerbie Incident Cases : Judicial Review By The ICJ, Aditya Krishnamurthy – 5th year Symbiosis Societies Law College, *available at,* http://www.legalserviceindia.com/articles/lock.htm.

448) 한편 1989년 9월 19일 프랑스 여객기도 남동 니제르(Niger) 상공에서 폭발하여 171명이 사망하는 사고가 발생했다. 당시 이슬람 지하드는 자신들의 범행이라고 주장했지만 조사 결과 그 폭발도 역시 리비아 사람이 자금을 조달하여 실행한 것으로 밝혀졌다.

세워 자국에서의 재판이나 아니면 중립적인 제 3국에서의 재판을 주장하면서 미국과 영국의 인도 요청을 거절했다. 1991년 11월 14일 미국은 여객기 공중폭파 범인으로 리비아 사람인 알-메그라이(Abdel Basse Ali Al-Megrahi)와 칼리파 피마흐(Lamen Khalifa Fhimah)를 기소했다. 스코틀랜드 법원도 역시 광범위한 증거를 바탕으로 두 명에 대한 체포영장을 발부했다. 그에 그치지 않고 미국과 영국은 UN 안전보장이사회를 소집하여 리비아가 세계 항공안전 질서를 어지럽힘으로써 세계 평화를 위협한다는 이유로 리비아에 대한 제재 결의안을 채택했다.

③ 안전보장이사회의 결의안(Security Council Resolutions)

리비아의 인도 거절에 대해 안전보장이사회는 1992년 순차적으로 제731호와 제748호, 2개의 결의안을 채택하여 리비아를 압박했다.

a. 결의안 제731호(Resolution 731)

결의안 제731호는 리비아는 테러와 단절하고 두 사람에 대한 제반 정보를 제공할 것과 그들에 대한 미국과 영국의 범인 인도 요구를 수용하라고 결정했다. 사실 특정국가에게 그 나라가 테러를 지원하였음을 인정하고 향후에 테러행위와 결별하라는 내용과 더 나아가 특정국가의 국민을 다른 나라에 인도하라는 형식과 내용의 UN 안전보장이사회 결의안은 이것이 최초의 사례였다.

b. 결의안 제748호(Resolution 748)

하지만 리비아는 결의안 제731호를 따르지 않았다. 이에 안전보장이사회는 무력사용을 규정한 UN 헌장 제7장(VII)에 의거하여, 리비아가 제소하여 국제사법재판소(ICJ)가 이 사건을 심리 중인 가운데 결의안 제748호를 다시 채택했다. 그것은 리비아에 대한 강제적 제재를 내용으로 하는 것이었다. 안전보장이사회는 리비아에게 다시 한 번 2명의 범인 인도와 납득할 수 있는 조치를 포함하여 리비아 국가차원의 국제 테러행위 금지의지를 국제사회에 천명할 것을 강력히 요구했고 그럼에도 리비아가 안전보장이사회 결의안을 따르지 않으면 항공기 운항 금지 그리고 군수품을 포함한 일정한 물품의 판매와 공급 제한 조치 등을 취할 것을 결의했다.

B. 쟁 점

① 리비아의 항변

그러나 UN 안전보장이사회의 이러한 강력한 조치는 오히려 리비아의 반발을 초래했다. 리비아는 UN 안전보장이사회에 의한 이러한 제반 조치를 거절하고 미국과 영국을 국제사법재판소(ICJ)에 제소하는 전략으로 맞섰다. 리비아는 국제사법재판소(ICJ)에 제소하면서 몇 가지 이해득실을 고려했다. 먼저 미국과 영국이 지목한 자국민 두 사람을 미국이나 영국에 인도하는 것은 자국의 테러 범행을 인정하는 것으로 그것은 국제사회에서 테러 후원국이라는 공식적인 오명을 받을 것으로 리비아 정부가 가장 받아들이기 어려운 것이었다. 두 번째는 국제사법재판소(ICJ)의 재판을 거치면서 시간을 벌고 국제사회의 관심을 돌릴 수 있을 것으로 생각했을 수 있다. 세 번째는 리비아 국내법에 의하면 자국민을 처벌받을 우려가 명백한 국가에로의 추방을 금지하고 있기 때문에, 리비아 외무부장관은 중립적인 제3국에서의 중립적인 재판을 제안했다. 한편 리비아는 자국의 국제사법재판소(ICJ)에 대한 제소의 청구원인을 항공기 사고에 대한 조사와 처벌을 규정한 몬트리올 협정(Montreal Convention)에서 찾았다.

리비아는 미국과 영국 그리고 안전보장이사회의 강권은 항공운항 사고에 대해 주권국가 자체의 조사와 처벌을 규정한 몬트리올 협정을 위배하는 잘못된 주장이라고 국제사법재판소(ICJ)에 항변했다. 특히 리비아는 몬트리올 협정 제14조에 근거하여 항공분쟁 사고는 관계 국가의 협의에 의해 해결 노력을 하고 여의치 않으면 중재를 거치고 그리고 중재 신청을 했지만 6개월 내에 해결되지 않을 경우에는 국제사법재판소(ICJ)에 제소할 수 있음을 이유로 국제사법재판소(ICJ)에 본건을 제소했던 것이다.[449] 더 나아가 리비아는 미국과 영국은 몬트리올 협약을 위반했음을 지적하고 ICJ에게 안전보장이사회의 제재 결의안을 저지할 잠정조치(provisional measures)[450]를 취해 줄 것을 요청했다.

---

449) Montreal Convention 제14조 :

Any dispute between two or more Contracting States concerning the interpretation or application of this Convention which cannot be settled through negotiation, shall, at the request of one of them, be submitted to arbitration. If within six months from the date of the request for arbitration the Parties are unable to agree on the organization of the arbitration, any one of those Parties may refer the dispute to the ICJ by request in conformity with the Statute of the Court.

450) ICJ에 의한 잠정조치(provisional measures)는 시간이 걸리는 사건에 대한 최종

그러나 기본적으로 안전보장이사회는 헌장 제VII장에 따라 정당하게 결의가 이루어진 이 사건이 국제사법재판소(ICJ)의 재판 대상이 된다는 것을 인정하지 않았다. 오히려 안전보장이사회는 국제사법재판소(ICJ) 심리 중에 또 다른 결의안을 채택하며 2명의 범인 인도와 더불어서 다양한 제재 조치를 추가적으로 결의했다. 결국 문제는 국제사법재판소(ICJ)가 이 사건을 심리할 관할권이 있는지와 더 나아가 국제사법재판소(ICJ)가 리비아가 요청한 잠정조치를 받아들일 수 있는지가 1차적인 쟁점이 되었다. 연후에 국제사법재판소(ICJ) 스스로가 안전보장이사회 결의안의 불법성을 인정한다면, 안전보장이사회(SC)의 결의안을 무효화시킬 수도 있을 것인가가 쟁점이 되었다. 국제사법재판소(ICJ)는 이러한 쉽지 않은 문제에 대답을 해야 했다.

② UN 안전보장이사회의 항변

안전보장이사회는 안전보장이사회가 최종적이고 확정적인 결정을 할 수 있음을 결의한 1993년도 결의안 제883호를 근거로 하여 국제사법재판소(ICJ)는 이 사건에 대해 관할권이 없다고 항변했다.[451] 또한 안전보장이사회는 이 사건에 대한 국제사법재판소(ICJ)의 구두변론(oral arguments)으로 시간이 지체됨에 따라서 심리 중간에 리비아에 대한 구체적인 제재를 내용으로 하는 결의안 제748호를 다시 채택했고 미국은 1992년 3월 2일 국제사법재판소(ICJ)에 결의안 제748호를 서면 제출했다. 미국은 국제사법재판소(ICJ)에 제출한 서면에서 안전보장이사회가 이 같은 결의안을 추가적으로 채택한 것은 리비아가 주장하는 그 어떤 잠정적인 조치를 부정하고 국제사법재판소(ICJ)는 리비아의 주장을 받아들여서는 안 되는 것임을 명백히 한 것이라고 밝혔다.

C. 국제사법재판소(ICJ)의 결정

마침내 국제사법재판소(ICJ)는 1992년 3월 14일 리비아가 요구한 잠정조치(provisional measures)를 11:5의 견해로 배척했다. 그러나 국제사법재판소(ICJ)는 안전보장이사회가 주장하는 결의안 제748호와 제883호는 리비아가 이

결정전에 당사국의 심각한 손해를 방지하기 위해서 중간적으로 이루어지는 제반 피해 예방 조치를 말한다.

451) Jan Klabbers, *op. cit,* p. 191.

사건을 제소한 이후에 이루어진 것으로 이 사건에는 적용될 수 없다면서 안전보장이사회의 무(無)관할권 항변도 배척했다. 하지만 국제사법재판소(ICJ)는 리비아를 직접 당사자로 한 안전보장이사회의 제731호 그리고 제748호 2개 결의안의 구체적인 내용은 헌장에 따른 적법한 것임을 명백히 했다. 그리고 UN 헌장은 국제협약 가운데 가장 최고의 규범(supreme)으로 국내법에 우선 적용될 것임은 말할 나위도 없고, 안전보장이사회의 결의가 국제법상 최고의 규범인 UN 헌장에 따라 적법절차를 거쳐 이루어진 이상, 이 사건에서 문제가 되는 몬트리올 협약을 포함하여 다른 국제 규범에 일부 배치된다고 하여도 그 적법성이 부인되는 것은 아니라고 결정했다.

따라서 안전보장이사회가 UN 헌장 제7장에 따라서 강제적인 조치를 결의한 것이므로 국제사법재판소(ICJ)는 안전보장이사회의 결의를 무력화시킬 수 있는 리비아가 요구하는 어떤 잠정조치를 발령할 수는 없다고 결정했다. 그럼에도 불구하고 안전보장이사회의 견해와 달리 국제사법재판소(ICJ)는 안전보장이사회 결의안의 적법성을 심사할 권한이 있음은 이 사건의 본안 심리를 실행함으로써 국제사법재판소(ICJ) 역할의 실천적성을 일깨워 주었던 것이다.

한편 이 사건 추론에서 국제사법재판소(ICJ)는 리비아가 요청한 잠정적인 조치로 안전보장이사회 결의안 제748호를 무효화하거나 배제시킬 수 없음을 다음과 같은 이유를 들어 명백히 했다. 첫 번째는 UN 헌장 제25조에 의하면 리비아, 미국 그리고 다른 모든 회원국들은 안전보장이사회의 구속력 있는 결의안은 준수해야 한다. 두 번째 최소한 외형적(*prima facie*)으로는 안전보장이사회 결의안 제748호는 구속력 있는 결의안이다. 세 번째로 UN 헌장 제25조와 제7장에 근거하는 의무는 몬트리올 협약상의 의무에 우선한다. 네 번째로, 그러므로 리비아가 몬트리올 협약에 근거하는 리비아 자국의 권리로 결의안 제748호의 효력을 무력화시킬 수 있는 잠정조치를 요구할 수는 없다. 다섯 번째로, 오히려 결의안 제748호를 무력화시키는 잠정조치는 미국의 권리를 침해할 수 있다. 또한 국제사법재판소(ICJ)는 리비아가 주장하는 안전보장이사회의 구속력 있는 결의안을 무효화하고 배제시킬 수 있는 잠정조치의 주장은 대단히 중요한 실체적 내용에 대한 것으로 재판의 예비적 단계(preliminary stage)에서 판단할 수는 없는 문제인 것으로 국제사법재판소(ICJ)는 그 판단에 대한 관할권이 없다고 선고했다.

D. 리비아의 반응

리비아는 국제사법재판소(ICJ)가 자국이 주장한 잠정조치 수용을 거절했지만 국제사법재판소(ICJ)가 안전보장이사회의 결의안에 대한 심리도 할 수 있다는 결정을 한 것에 대하여 정의의 승리(victory for justice)라고 칭송하면서 대 환영의 뜻을 표명했다.[452] 특히 주 UN 리비아 대사 오마 도르다(Abuzed Omar Dorda)는 국제사법재판소(ICJ)의 결정은 궁극적으로는 안전보장이사회의 제재 결의가 무효임을 전제하는 것이라고 주장하면서, 리비아에 대한 안전보장이사회의 일련의 제재는 해제되어야 한다고 주장했다.

E. 그 후의 진행

사실 UN은 현재까지 창설된 국제기구 가운데서 가장 강력한 글로벌적 기구이다. 2003년 9월 10일 리비아는 미국 그리고 영국을 상대로 국제사법재판소(ICJ)에 제소하였던 이 사건 2개의 로커비 사건을 최종적으로 철회(withdraw)했다. 소송철회로 그 동안 최종결정은 하지 못했지만 국제사법재판소(ICJ)는 아마 UN의 기관 상호간의 권한 문제에 대해서 가장 미묘하고 논쟁적일 문제에 대한 국제사법재판소(ICJ) 자신의 법률 판단을 가질 최종적인 기회를 잃어버리게 되었다. 사실 국제사법재판소(ICJ)의 결정에 따라서는 UN 안전보장이사회 중심의 집단안전보장 체계의 성격을 변화시킬 수도 있었을 것이다. 그 동안 냉전 이후에 지구 각지에서 세계 평화를 위협하고 무참한 인권유린 사태가 발생함으로써 그러한 다양한 분쟁문제에 대해 안전보장이사회는 그 역할과 권한을 확대해 왔다. 그에 발맞추어 국제사법재판소(ICJ)도 그 동안 어느 정도 안전보장이사회의 평화유지 활동을 지지해 온 것이 사실이다.

로커비 사건에서 국제사법재판소(ICJ)가 비록 오늘날의 국제법 질서에서 안전보장이사회의 결의안을 포함한 제반 문제에 대해 사법심사(judicial review) 권한이 있는지의 문제에 대한 최종적인 결론에 도달하지는 못했지만 안전보장이사회의 결의안의 명백한 존재에도 불구하고 미국과 영국의 각하 항변을 배척하고 주권국가의 위상과 관련한 실체적 심리를 한 것은 평가할 만하다.

사실 국제사법재판소(ICJ)나 안전보장이사회는 양자 모두 회원국들이 UN 헌

---

452) 1998. 3. 1, Libya hails decision on Lockerbie case, *available at*, http://www.indianexpress.com/ie/daily/19980301/06050094.html.

장을 준수하도록 하는 공동의 임무를 가진다. 국제사법재판소(ICJ)는 사법심사라는 수단으로 그리고 안전보장이사회는 제재를 포함한 구속력 있는 결의안을 통해서, 국제질서의 유지와 국제 규범의 실효성을 확보한다. 로커비 사건에서도 국제사법재판소(ICJ)는 안전보장이사회 결의안에 대한 실체 판단을 회피했지만 오늘날까지 국제사법재판소(ICJ)가 총회나 안전보장이사회의 권한에 대한 사법심사의 기준을 제시한 결정도 없다. 그럼에도 불구하고 일정한 한도의 국제사법재판소(ICJ)의 사법심사는 가능하고 필요함을 이 사건은 보여주었다고 할 수 있고 국제법 질서 속에서도 궁극적으로 기관 권한의 적법한 행사 문제는 사법심사의 대상이 될 수도 있음을 알려주었다. 하지만 국제사법재판소(ICJ)와 안전보장이사회의 서열(hierarchy) 쟁점은 여전히 미해결의 공개된 문제로 남겨졌다.

2. 기타 국제기구의 경우

UN 이외의 다른 국제기구의 경우에는 UN처럼 기관 상호간의 미묘한 계급관계는 잘 문제가 되지 않고 기관 상호간의 위상은 비교적 헌장에 명백히 규정되어 있다. 유럽연합(EU)의 경우 유럽연합 사법재판소(Court of Justice)가 최고이자 궁극적인 적법성의 수호자로 지정되어 있다. 유럽연합(EU) 조약법 제220조(예전의 164조)는 최고법원은 조약의 해석과 적용에 있어서 법이 준수되도록 할 책무가 부여되어 있음을 규정하고 있다. 하지만 이렇게 유럽연합(EU) 사법재판소에 조약법의 해석과 적용에 관한 최상의 지위를 부여하였음에도 불구하고 현실적으로 유럽연합(EU) 사법재판소가 유럽연합의 제반 활동에 대한 감독자로 기능하지는 못한다. 예컨대 유럽연합 재판소는 유럽연합의 대외 정책과 안보정책 같은 문제에 대해서 특별한 업무적 연관관계를 가졌다고 보기는 어렵다. 또한 유럽연합(EU) 사법재판소를 적법성 판단의 최고기관 지위를 부여받았다고 해도 유럽연합(EU) 이사회(Council), 유럽연합(EU) 위원회(Commission) 그리고 유럽연합(EU) 의회(Parliament) 등은 유럽연합(EU) 사법재판소가 넘볼 수 없는 정치적 영역에 있어서 독자적인 위상을 견지한다.

제5항 회원국의 국제기구에서의 위상

회원국은 국제기구 창설의 당사자로 국제기구는 회원국 없이는 존재할 수 없는 국제사회의 피조물인 점에 대해서는 의문의 여지가 없다. 그러나 회원국은 국제기구를 탄생시킨 창설자로서만 기능하고 그 이외의 역할은 없는 것인가라는 의문이 제기된다, 바꾸어 말하면 회원국의 국제기구에서의 위상은 무엇인가라고 하는 의문이 제기된다. 구체적으로 회원국은 국제기구의 기관 창설자로만 간주되는가 아니면 그 자체로 기관으로 인정되는가의 쟁점이다.

현실적으로 대부분의 국제기구는 한정된 자산과 인적자원을 가지고 있을 뿐이다. 그들 국제기구의 직원들 대부분은 국제회의 주선, 의제 발굴, 의사진행 같은 행정적인 업무에 종사하지 국제기구가 결정한 구체적인 정책을 대외적으로 집행하고 수행하는 직원은 많지 않다. 이러한 현상을 간략히 표현하면 UN 안전보장이사회는 무력사용을 승인하지만 자체적인 UN 군대는 존재하지 않는다. 또한 유럽연합(EU)은 대외 거래에 대한 거래 세금징수를 결정할 수 있지만 유럽연합 전역에서 세금징수 업무를 직접 담당할 유럽연합의 직원은 존재하지 않는다. 결국 UN의 군대나 세금징수원은 회원국의 별도 협조로 완성되게 된다. 이렇듯 국제기구의 업무 수행에 있어서 회원국은 단순한 기구 창설자의 범위를 넘어서서 국제기구의 궁극적인 정책의 실행자로 역할 한다는 이중적인 지위를 형성한다. 그렇다면 국제기구에서 회원국의 정확한 지위는 과연 무엇인가라는 쉽지 않은 쟁점에 대해 의구심이 제기된다.

회원국이 현상적으로는 국제기구가 결정한 정책을 직접 담당함으로써 국제기구의 기능이 수행된다는 것은 어렵지 않게 알 수 있지만, 어떻게 창설자인 회원국이 동시에 자신들에 의한 피조물인 국제기구의 기관성(性)을 함께 가질 수 있는가라는 근본적인 의문을 제기한다. 현실적으로도 회원국들은 국제기구의 일반적인 기관들과는 성격상 다를 수밖에 없고 또 그러한 기관이 구비한 임무와 권한 지침 그리고 조직을 갖지 못한다. 한편 적지 않은 국제기구의 경우 창설자인 회원국은 오히려 부분적으로는 국제기구의 결정에 복속해야 한다. 그러므로 국제기구의 구속력 있는 결정은 개별 회원국의 동의 여부에 무관하게 국가가 협조할 의무 소위 공동체의 일체성(community solidarity)의 의무가 있다.[453)]

이러한 여러 현상을 종합하여 오늘날 "회원국"은 국제기구와의 그 불가분적 연관성으로 인해서 **"국제기구의 또 다른 기관(organs of the organization)"**으로 간주된다.[454] 그러므로 회원국이 국제기구의 결정을 수행하는 역할은 창설자로서의 지위에서가 아니라 국제기구의 기관의 자격으로 수행하는 것이라고 할 수 있다. 이것을 회원국의 국제기구에서의 이중적 기능이라고 한다.

제6항 개별 국제기구들의 조직 일반 개관

아래에서는 위에서 설명한 바를 바탕으로 전체적인 조망을 위해, 대표적인 국제기구의 조직 일반을 개관해 본다. 개별 국제기구에 대한 목적과 기능 등에 대한 상세한 검토는 각론 편에서 다시 살펴보기로 한다.

I. 국제 연합(國際聯合, United Nations)

1. 개 관

UN은 세계평화와 안전, 경제 개발 협력 증진, 인권의 보호와 증진을 목적으로 하는 글로벌 국제기구이다. 1945년 제2차 세계대전 이후 발족됐으며, 또 다른 세계 대전의 참상을 막고자 무력한 국제연맹을 대체하여 탄생하였다. UN은 국제연맹과 달리 군사력을 동원할 수 있는 등 구체적인 힘도 가지게 되었다. UN 본부는 미국 뉴욕에 있고 산하 기구는 유럽 빈, 제네바, 아프리카 나이로비 등지에 있다. 공식 언어는 영어, 에스파니아어, 프랑스어, 중국어, 아랍어, 러시아어의 6개 국어이다.

2. UN 조직 체계(United Nations System)

UN의 6대 주요기관은 총회(GA), 안전보장이사회(SC), 경제사회이사회(ECOSOC), 신탁통치이사회[455], 사무국 그리고 국제사법재판소(ICJ)이다. 이들

---

453) Article 3 OECD, Article 3 Council of Europe Statute, UN Charter 제2조 제2항, Article 10, TEU.

454) Jan Klabbers, *op. cit,* p. 195.

455) 자립능력이 없는 국가의 독립을 지원하기 위한 신탁통치에 관한 임무를 수행한다.

6대 주요 기관은 출범 초기부터의 시원적인 기관으로 그 동안 UN이 창설한 보조기관, 각종 조약과 협약을 아우르는 UN의 모든 네트워크를 의미하는 UN 체계의 근간을 형성한다.

1) 총회(General Assembly)

총회 산하에는 총회 의장을 포함하여 다수의 보조기관이 있다. 이들 보조기관은 영역별로 다수의 위원회들 Committees(31개), Commissions(7개), Boards(6개), Councils & Panels(5개) 그리고 워킹그룹, Working Groups & Others(10개) 등이 있다.[456)]

가. 총회 의장(General Assembly Secretariat)
나. Committee on Information(정보위원회)
다. UN Human Rights Council (UN 인권이사회 : UNHRC)
라. Board of Auditors(UN 회계감사위원회)
마. United Nations Administrative Tribunal(UN 행정재판소 : UNAT)

2) 안전보장이사회(Security Council)와 그 보조기관

가. Standing Committees(상설위원회)

① SC Committee of Experts
② SC Committee on Admission of New Members
③ SC Committee on Council meetings away from Headquarters

나. Ad Hoc Committees(특별위원회)

① Compensation Commission(1991)
② Counter-Terrorism Committee(2001)

1994년 마지막 신탁통치국가인 팔라우가 독립을 하여 현재는 휴회 상태이고 향후 필요가 있을 때에 열릴 예정이다. 2005년 3월 코피 아난 UN 사무총장은 유엔 개혁을 위해 신탁통치이사회의 폐지를 제안했다. 그러나 1994년 임무 종료로 당연히 폐지된 것은 아니다. 폐지를 위해서는 UN 헌장의 개정이 필요하다.

456) 총회 보조기관에 대한 설명은 *available at*, http://www.un.org/ga/about/subsidiary_organs.shtml.

③ Committee established pursuant to resolution 1540(2004)

다. Sanctions Committees(제재위원회)

① Somalia Committee(1992)

② Rwanda Committee(1994)

③ Sierra Leone Committee (1997)

④ Al Qaeda & the Taliban Committee(1999)

⑤ SC Resolution 1518 Committee(2003)

⑥ Liberia Committee(2003)

⑦ Congo Committee (2004)

⑧ Côte d'Ivoire Committee (2004)

⑨ Sudan Committee(2005)

⑩ SC Resolution 1636 Committee(2005)

⑪ SC Resolution 1718 Committee(2006)

라. Working Groups(워킹 그룹)

① Working Group on Peacekeeping Operations

② Ad Hoc Working Group on Conflict Prevention and Resolution in Africa

③ Working Group established pursuant to resolution 1566 (2004)

④ Working Group on Children and Armed Conflict

⑤ Informal Working Group on General Issues of Sanctions

⑥ Informal Working Group on Documentation & Procedural Questions

마. Peacekeeping Operations(평화유지활동)

UN은 1948년 이래 63건의 평화유지활동을 전개했고 현재 전 세계 각지에서 16건의 평화유지 활동이 진행 중이다. 현재 안전보장이사회 보조기관 형태로 진행 중인 내용은 다음과 같다.

① UNTSO (Truce Supervision Organization)

② UNMOGIP Military Observer Group in India and Pakistan)

③ UNFICYP(Peacekeeping Force in Cyprus)

④ UNDOF(Disengagement Observer Force)

⑤ UNIFIL(Interim Force in Lebanon)

⑥ MINURSO(Mission for the Referendum in Western Sahara)

⑦ UNOMIG(Observer Mission in Georgia)

⑧ UNMIK(Interim Administration Mission in Kosovo)

⑨ MONUC(Organization Mission in the Democratic Republic of the Congo)

⑩ UNMIL(Mission in Liberia)

⑪ UNOCI(Operation in C te d'Ivoire)

⑫ MINUSTAH(Stabilization Mission in Haiti)

⑬ UNMIS(Mission in the Sudan)

⑭ UNMIT(Integrated Mission in Timor-Leste)

⑮ UNAMID(African Union/United Nations Hybrid operation in Darfur)

⑯ MINURCAT(Mission in the Central African Republic and Chad)

바. 국제재판소(International Tribunals)

① International Criminal Tribunal for the Former Yugoslavia(ICTY)

② International Criminal Tribunal/ Rwanda

3) 경제사회이사회(Economic and Social Council)와 그 보조기관

가. ECOSOC Functional Commissions(기능위원회)

① Statistical Commission

② Commission on Population and Development

③ Commission for Social Development

④ Commission on the Status of Women

⑤ Commission on Narcotic Drugs

⑥ Commission on Crime Prevention and Criminal Justice

⑦ Commission on Science and Technology for Development
⑧ Commission on Sustainable Development
⑨ United Nations Forum on Forests

나. ECOSOC Regional Commissions(지역위원회)
① Economic Commission for Africa (ECA)
② Economic and Social Commission for Asia and the Pacific (ESCAP)
③ Economic Commission for Europe (ECE)
④ Economic Commission for Latin America and the Caribbean (ECLAC)
⑤ Economic and Social Commission for Western Asia (ESCWA)

다. ECOSOC Standing Committees(상설위원회)
① Committee for Programme and Coordination
② Committee on Non-Governmental Organizations(NGO 담당)
③ Committee on Negotiations with Intergovernmental Agencies

라. ECOSOC Ad hoc bodies(특별위원회)
① Ad hoc open-ended intergovernmental group of experts on energy and sustainable development
② Ad hoc Open-ended Working Group on Informatics

마. Expert bodies composed of governmental experts
① Committee of Experts on the Transport of Dangerous Goods & on the Globally Harmonized System of Classification & labelling of Chemicals
② UN Group of Experts on Geographical Names

바. Expert bodies composed of members serving in their

personal capacity

① Committee for Development Policy

② Committee of Experts on Public Administration

③ Committee of Experts on International Cooperation in Tax Matters

④ Committee on Economic, Social and Cultural Rights

⑤ Permanent Forum on Indigenous Issues

사. 기타 기관

① International Narcotics Control Board

② Board of Trustees of the International Research and Training Institute for the Advancement of Women

4) 신탁통치이사회(Trusteeship Council) : 현재 활동정지

5) 사무국(Secretariat)

UN 사무국은 사무총장이 수장이며 UN 직원들이 일하는 곳이다. 사무국 직원들은 세계 시민에게 봉사한다는 의미로 "international civil servants"라 불리며 국제공무원이다.

① OSG3 : Office of the Secretary-General

② OIOS : Office of Internal Oversight Services

③ OLA : Office of Legal Affairs

④ DPA : Department of Political Affars

⑤ UNODA : Office for Disarmament Affairs

⑥ DPKO : Department of Peacekeeping Operations

⑦ DFS4 : Department of Field Support

⑧ OCHA : Office for the Coordination of Humanitarian Affairs

⑨ DESA : Department of Economic and Social Affairs

⑩ DGACM : Department for General Assembly and Conference Management

⑪ DPI : Department of Public Information

⑫ DM : Department of Management
⑬ UN-OHRLLS : Office of the High Representative for the Least Developed Countries, Landlocked Developing Countries and small Island Developing States
⑭ OHCHR : Office of the United Nations High Commissioner for Human Rights
⑮ UNODC : United Nations Office on Drugs and Crime
⑯ DSS : Department of Safety and Security
⑰ UNOG : UN Office at Geneva
⑱ UNOV: UN Office at Vienna
⑲ UNON : UN Office at Nairobi

6) 국제사법재판소(International Court of Justice)

국제사법재판소(ICJ)조직은 크게 재판부(Chambers)와 위원회(Committees) 그리고 행정업무를 담당하는 서기국(Registry)으로 구성되어 있다.

가. 재판부(Chambers)

나. 위원회(Committees)

① Budgetary and Administrative Committee
② Library Committee
③ Rules Committee

다. 서기국(The Registry)

서기국은 법률문제(Legal Matter), 언어문제(Linguistic Matters) 그리고 정보(Information)의 3부문으로 구성되어 있다. 그 밖에도 인사. 행정관리, 재정, 출판, 도서관, IT 담당, 속기 등 다수의 기술적 지원부서가 있다. 현재 약 100명의 직원이 근무한다.

3. UN 전문기구(specialized agency)

UN 헌장은 개별 주요기관은 그 임무수행을 위하여 다양한 특별한 전문기구를 창설할 수 있음을 명정하고 있다. 전문기구는 UN 헌장을 바탕으로 UN 주요 기관에 의해 창설된 국제기구이다. UN 전문기구는 특정한 주제를 목적으로 한 국제기구로 국제법적으로는 UN과 별개의 독립된 국제기구이다. 다만 목적의 원활한 수행을 위해 UN에 협력하며 UN 경제사회이사회의 조정을 받는다. 그러므로 UN 전문기구 모두가 **UN 체계(system)**를 형성하여 세계 평화와 안전 그리고 인권보호와 증진이라는 인류의 공통된 목표 달성을 위해서 노력하는 것이다. 현재 UN은 15개의 전문기구(specialized agencies)를 가지고 있다.[457)]

1) 국제노동기구(ILO : International Labor Organization)
2) 유엔 식량농업기구(FAO : Food and Agriculture Organization)
3) 유엔교육과학문화기구(UNESCO : UN Educational, Scientific and Cultural Organization)
4) 세계보건기구(WHO : World Health Organization)
5) 세계은행 그룹(WBG : World Bank Group)
   ① 국제부흥개발은행(IBRD : International Bank for Reconstruction and Development)
   ② 국제개발협회(IDA : International Development Association)
   ③ 국제금융공사(IFC : International Finance Corporation)
   ④ 국제다자간투자보증기구(MIGA : Multilateral Investment Guarantee Agency)
   ⑤ 국제투자분쟁해결기구(ICSID : International Center for Settlement of Investment Disputes)
6) 국제통화기금(IMF : International Monetary Fund)
7) 국제민간항공기구(ICAO : International Civil Aviation Organization)
8) 국제해사기구(IMO : International Maritime Organization)
9) 국제전기통신연합(ITU : International Telecommunication Union)
10) 만국우편연합(UPU : Universal Postal Union)
11) 세계기상기구(WMO : World Meteorological Organization)

457) UN 공식 사이트의 UN체계에 공식적으로 표시되는 전문기구는 2009년 현재 15개이다.

12) 세계지적재산권기구(WIPO : World Intellectual Property Organization)

13) 국제농업개발기금(IFAD : International Fund for Agricultural Development)

14) 유엔산업개발기구(UNIDO : UN Industrial Development Organization)

15) 세계관광기구(UNWTO : World Tourism Organization)

II. 유럽연합(유럽聯合, European Union)

유럽연합(EU)은 유럽에 위치한 28개 나라의 연합이다. 구주연합(歐州聯合)이라고도 한다. 2016년 7월 기준으로 총 인구가 515,052,778명이다.[458] 전 세계 국내 총생산 23% 정도를 차지한다. 공용어는 24개이며 러시아어, 아랍어도 일부 사용된다. 2012년에는 노벨 평화상을 수상하였다. 기존의 유럽경제공동체(EEC) 체제가 단일화폐, 단일시장의 경제 분야 이외에 유럽의 정치・사회적 통합도 함께 실현하기 위해서 1993년 11월 1일의 마스트리흐트 조약에 의해 유럽 단일 국가를 지향하는 유럽연합으로 더욱 밀접하게 단결된 국가연합 조직이다. 그동안 회원국도 꾸준히 증가하였으나 2016년 영국의 브렉시트 결정이 있었다. 유럽연합(EU)은 미국처럼 연방 국가는 아니다. 하지만 그것은 또한 UN처럼 국가 간의 협조를 도모하는 단순한 국제기구도 아니다. 유럽연합(EU)은 국제기구로서의 측면과 연방 국가의 일면을 겸비하는 독특한 조직체이다. 유럽연합을 구성하는 주권 회원국들은 더 커다란 공동체적 번영과 이익을 위해 그들 국가의 주권 일부를 자발적으로 유럽연합 공동체에 위탁했다고 할 수 있다. 유럽연합 주요기관에는 유럽의회(European Parliament: EP), 의사 결정기구인 유럽연합 이사회(EU Council), 이사회 의장(Presidency of the Council), 유럽연합위원회(European Commission), 유럽연합 재판소(Court of Justice), 유럽연합 회계감사원(Court of Auditors)의 6대 기구가 있다. 그 외에 다수의 전문기관과 보조기구가 있다. 이들 기관은 다음과 같이 체계적으로 분류해 볼 수 있다.

458) CIA World Factbook, https://www.cia.gov/library/publications/the-world-factbook/geos/ee.html.

A. 전체적인 조직 개관

1. 행정부(Executive branch)

1) 행정 수반 : EU위원회 의장(President of the European Commission)
2) 내각(cabinet) : 유럽연합 위원회(European Commission)

2. 입법부(Legislative branch) : 유럽연합의 입법부는 2개가 있다.

1) 유럽연합 이사회(Council of the European Union)
2) 유럽연합 의회(European Parliament)

3. 사법부(Judicial branch)

유럽연합 사법재판소(Court of Justice of the European Communities)

4. 회계 감독기구: 유럽연합 회계 감사원(European Court of Auditors)

5. 자문기구(Consultative bodies)

1) European Economic and Social Committee
2) Committee of the Regions(CoR)

지역 위원회 산하에는 6개의 위원회가 있다.

① Commission for Territorial Cohesion Policy (COTER)
② Commission for Economic and Social Policy (ECOS)
③ Commission for Sustainable Development (DEVE)
④ Commission for Culture and Education (EDUC)
⑤ Commission for Constitutional Affairs and European Governance (CONST)
⑥ Commission for External Relations (RELEX).

6. 금융기구(Financial bodies)

1) European Investment Bank

2) European Investment Fund

3) European Central Bank (ECB)

7. 유럽연합 기관 간 기구(Interinstitutional bodies)

1) Office for Official Publications of the European Communities.

유럽연합의 공식적인 간행물 출간업무를 담당한다.

2) European Personnel Selection Office (EPSO)

직원 채용을 위한 시험 출제 등을 담당한다.

3) European Administrative School: 직원 훈련 기관이다.

8. 유럽연합 보조기관(Agencies of the EU)

많은 수의 전문적 그리고 분권적인 유럽연합 보조기관(EU agencies)들이 회원국들과 유럽연합 시민들을 위해 봉사한다. 이들은 대별하여 다음과 같이 영역별로 나누어 볼 수 있다.

1) 지역기관(Community agencies)

지역 기관에는 다음과 같은 기관들이 있다. 이들은 유럽연합 개별 입법에 의해 창설되어 유럽연합 제1기둥(first pillar)을 형성한다.

① Community Fisheries Control Agency (CFCA)

② Community Plant Variety Office (CPVO)

③ European Agency for Safety and Health at Work (EU-OSHA)

④ European Agency for the Management of Operational Cooperation at the External Borders (FRONTEX)

⑤ European Aviation Safety Agency (EASA)

⑥ European Centre for Disease Prevention and Control (ECDC)

⑦ European Centre for the Development of Vocational Training (Cedefop)

⑧ European Chemicals Agency (ECHA)

⑨ European Environment Agency (EEA)

⑩ European Food Safety Authority (EFSA)

⑪ European Foundation for the Improvement of Living and Working Conditions (EUROFOUND)
⑫ European Fundamental Rights Agency (FRA) – previously EUMC
⑬ European GNSS Supervisory Authority (GSA)
⑭ European Institute for Gender Equality (under preparation)
⑮ European Maritime Safety Agency (EMSA)
⑯ European Medicines Agency (EMEA)
⑰ European Monitoring Centre for Drugs and Drug Addiction (EMCDDA)
⑱ European Network and Information Security Agency (ENISA)
⑲ European Railway Agency (ERA)
⑳ European Training Foundation (ETF)
ⓐ Office for Harmonisation in the Internal Market (Trade Marks and Designs) (OHIM)
ⓑ Translation Centre for the Bodies of the European Union (CdT)

2) Common Foreign and Security Policy agencies(CFSP)

매우 특별한 과학적 그리고 기술적 임무와 관리업무를 수행하는 기관으로 유럽연합의 제2기둥(second pillar)을 지탱한다. 산하에 다음의 3 기관이 있다.

① European Defence Agency (EDA)
② European Union Institute for Security Studies (ISS)
③ European Union Satellite Centre (EUSC)

3) Police and judicial cooperation in criminal matters agencies

EU 회원국들의 국제조직범죄(organised international crime)와의 전쟁을 지원하기 위한 기관으로, 유럽연합의 제3의 기둥(third pillar)을 지탱한다. 현재 산하에 다음의 3개 기관이 있다.

① European Police College (CEPOL)
② European Police Office (EUROPOL, 유러폴)

③ The European Union's Judicial Cooperation Unit (EUROJUST)

4) 집행기관(Executive agencies)

집행기관은 유럽연합의 공통 프로그램의 수행을 관리 감독하기 위해 한정된 임기로 탄생하는 기관이다. 현재 다음의 6개 집행기관이 활동하고 있다.

① Education, Audiovisual and Culture Executive Agency (EACEA)

② European Research Council Executive Agency (ERC)

③ Executive Agency for Competitiveness and Innovation (EACI)

④ Executive Agency for Health and Consumers (EAHC)

⑤ Research Executive Agency (REA)

⑥ Trans-European Transport Network Executive Agency (TEN- T EA)

5) EURATOM Agencies

유라톰(EURATOM)은 유럽 원자에너지 공동체 조약(European Atomic Energy Community Treaty : EURATOM)의 이행을 지원하기 위해 창설된 원자력 에너지의 평화적 이용을 담보하고 증진하는 것을 목적으로 하는 기구이다. 현재 ① EURATOM Supply Agency, ② Fusion for Energy 2개 기관이 있다.

6) European Institute of Innovation and Technology (EIT)

7) European Ombudsman

8) European Data Protection Supervisor

9. 유럽연합정당(Political parties)

1) Confederal Group of the European United Left-Nordic Green Lef (EUL/NGL)

2) European People's Party-European Democrats(EPP-ED)

3) Group of the Alliance of Liberals and Democrats for Europe(ALDE)

4) Group of Greens/European Free Alliance(Greens/EFA)

5) Identity, Tradition, Sovereignty Group(ITS)

6) Independence/Democracy Group(IND/DEM)
7) Socialist Group in the European Parliament(PES)
8) Union for Europe of the Nations Group(UEN)

B. 주요 기관에 대한 검토

1. EU 의회(European Parliament : EP)

유럽연합 지역 시민들을 대표하는 유럽연합(EU)의 의회로 28개 유럽연합 회원국의 시민들에 의해 매 5년마다 직접선거로 선출된다. 의회 건물은 프랑스 스트라스부르에 있다.

2. EU 이사회(Council of the European Union)

유럽연합(EU)의 입법기관이다. 1국 1대표자 원칙에 따라 EU 회원국 수에 따라 총 정원은 28명이다. 이사회 회원국들의 각료 1명씩으로 구성된 집단체로서 회원 각국의 국익을 직접적으로 표현하고 대변하는 정부 간 기구이다. 원칙적으로 입법기관이지만 회원국 대표인 각료들의 모임이라는 성격에서 유럽연합의 주요한 정책도 결정한다.

이사회의 구성원은 다루는 주제(외무, 농무, 재무 등)에 따라 달라진다. 일반적 사항을 다룰 때는 보통 각국의 외무장관으로 구성되고, 전문적 사항을 다룰 때만 소관 업무의 담당 장관들로 구성된다. 일부 유럽연합 공식 문서에서는 그냥 이사회(Council)나 각료이사회(Council of Ministers)라고 표기되기도 하고, 줄여서 컨실리움(Consilium)이라고 부르기도 한다.

본부는 벨기에의 브뤼셀에 있다. 하지만 4월, 6월 및 11월에 개최되는 각료급 회담은 룩셈부르크의 수도인 룩셈부르크 시에서 열린다. 같은 유럽연합 내의 기구이지만 **"유럽연합(EU) 이사회"**는 EU 위원회 위원장과 국가수반이 구성원이 되는 **"유럽 이사회(European Council)"**와는 전혀 다른 기관이다. 또한 유럽연합(EU) 이사회는 유럽연합(EU)과는 전혀 다른 조직인 "유럽평의회(Council of Europe)"와도 별개의 전혀 기관이다.

3. EU 위원회(European Commission)

유럽연합(EU) 위원회는 유럽연합 전체의 행정부라고 할 수 있는 집행기구이다. 유럽연합(EU) 회원국의 동의에 의해 4년 임기로 임명되는 위원들로 구성된 독립 기구이다. EU 위원회는 회원국 개별국가의 이익을 초월한 유럽연합의 보편적 이익을 대변하는 초국가적 기구이다. 그러므로 유럽연합(EU) 위원회는 유럽연합이라는 공동체의 집행기관으로서 심장 역할을 한다. 그런 역할로 EU 위원회는 EU에 필요한 제반 법령을 발의한다. 이 같은 "EU 위원회"의 권한은 회원국 정부의 대표들로 구성된 "EU 이사회(Council of the European Union)"의 권한에 대비하여 유럽연합 공동체 전체의 균형을 형성한다. 현실적으로 EU 이사회(Council of the European Union), 즉 각료이사회의 법령 의결 및 제정은 "EU 위원회"의 발의를 바탕으로 하도록 되어 있다.

공동체 조약의 수호자인 EU 위원회는 회원국들의 조약 이행을 감시하는 역할도 맡고 있다. 또한 유럽연합 이사회로부터 공동체 법령의 실행 그리고 특히 공동 정책과 통합 단일 시장의 실현을 위한 개별적이고 구체적인 임무를 위임받고 있다. EU 위원회는 유럽연합 공동체 예산을 편성하고 재정을 형성하고 배당된 구조기금을 관리하는 임무도 수행한다.

오늘날 단일 유럽법에 의해 집행기구인 EU 위원회의 집행권이 강화되었다. EU 위원회 본부는 벨기에의 브뤼셀에 있으며, 산하에 2만여 명에 이르는 유럽 공무원들과 23개의 전문 사무국을 두고 있다. EU 위원회는 장래 유럽연합이 단일 헌법 체제로 정치적 통합을 완성하는 경우에 유럽 정부의 모태로서, 통합 행정부가 될 공동체적 기구이다. 산하에 사무국과 다수의 이사회가 존재한다.

1) 총사무국

EU 위원회 총사무국, 약칭하여 총사무국은 의장국을 보좌하며, 공동 외교 안보 정책(CFSP), 범죄 문제의 사법 협력(PJCC)의 분야에서 중요한 역할을 담당하고 있다.

2) 위원회 산하 이사회의 종류

EU 위원회 산하에는 다수의 위원회가 정책분야별로 존재하며 회원국 관계

장관들로 구성된다.

① 총무·대외관계이사회 (General Affairs and External Relations GAERC) 회원국 외무장관으로 구성되는 유럽연합 이사회의 핵심적인 이사회이다.
② 경제금융이사회 (Economic and Financial Affairs Ecofin)
③ 사법내무이사회 (Justice and Home Affairs JHA)
④ 경쟁력이사회 (Competitiveness) : 회원국 과학 연구 담당 장관으로 구성된다.
⑤ 운수통신에너지이사회 (Transport, Telecommunications and Energy)
⑥ 환경이사회 (Environment)
⑦ 교육청소년문화이사회 (Education, Youth and Culture EYC)
⑧ 농업어업이사회 (Agriculture and Fisheries)
⑨ 고용사회정책보건소비자이사회 (Employment, Social Policy, Health and Consumer Affairs Council : EPSCO)

4. EU 사법재판소(European Court of Justice)

EU 사법재판소(ECJ)는 유럽연합(EU) 최고 재판소이다. 영어 정식명칭은 유럽공동체사법재판소(Court of Justice of the European Communities)로 룩셈부르크의 수도인 룩셈부르크 시에 위치해 있다.

5. EU 경제사회위원회

EU 경제사회위원회(European Economic and Social Committee : EESC)는 EU 이사회와 EU 위원회를 보조하는 자문기구이다. 경제계와 고용주, 노동조합원, 농업 종사자 그리고 그 밖의 이익집단 같은 유럽연합 사회 각계를 대표하는 위원으로 구성되어 있으며, 위원 임명은 회원국들이 제출한 명단에 따라 각료이사회가 만장일치로 결정한다. 유럽연합조약(TEU)에 규정된 몇몇 경우에는 EU 이사회와 EU 위원회는 의무적으로 경제사회위원회의 자문을 받아야 한다. 경제사회위원회는 유럽연합공동체에서 사회·직업 분야의 연합을 가능하게 했으며, 공동체 차원의 인식이 형성되도록 하는 데 지대한 공헌을 하고 있다.

6. EU 제1심 재판소(Court of First Instance)

EU 제1심 재판소는 1989년 창설된 유럽연합 공동체 전체의 1심 재판소이다. 유럽연합이 경제적 · 정치적 통합뿐만 아니라, 사법적 통합도 지향함을 보여주는 유럽연합 지역 내의 일반 시민들을 위한 사법 재판소이다. 1심 재판소에 불복하면 유럽연합 최고 재판소인 EU 사법재판소(European Court of Justice : ECJ)에 상소할 수 있다. 제1심 재판소는 EU 사법재판소(ECJ)와 함께, 유럽연합공동체를 형성하는 제반 규범의 해석과 적용 그리고 그에 따른 분쟁을 해결함을 목적으로 설립되었다.

7. 유럽연합 사법 기구(Eurojust)

네덜란드 헤이그에 설치되어 있는 사법 협력을 담당하는 유럽연합(EU)의 형사사법기관이다. 목적은 국경을 넘은 조직범죄의 수사와 각국 당국 간의 협력으로 EU내의 범죄율 하락이 목표이다.

8. 유럽연합 형사 경찰 기구 - 유로폴

유럽형사경찰기구(European Police Office) 또는 유로폴(Europol)은 1992년의 마스트리흐트 조약에서 합의되어 1994년 1월 3일 창설된 유럽연합(EU)의 범죄 대책 기구이다. 본부는 네덜란드의 헤이그에 있다. 유로폴의 목적은 각국 경찰 기관이 서로 정보를 공유해서 중대한 국제 범죄를 대처하는 것이다. 유로폴 자체에는 수사 권한이나 체포 권한 등의 큰 권한은 없고, 각국 경찰 기관을 지원하는 것이 중심 업무이다. 지원하는 방법으로는 정보 교환이나 정보분석, 전문 기술의 제공이나 훈련 지원 등이 있다.

9. 유럽연합 환경청(European Environment Agency: EEA)

유럽연합 환경청은 유럽 환경을 감시하기 위한 감시망을 구축하는 유럽연합의 기관이다. 본부는 덴마크의 코펜하겐에 위치해 있다.

10. 유럽연합 우주국(European Space Agency: ESA)

유럽연합 우주국은 유럽 각국이 공동으로 설립한 우주개발연구기관이다.

1975년 5월에 설립되었으며, 설립 참가국은 10개국이었으나 현재는 18개국이 참가하고 있다. 유럽연합 우주국은 인공위성 발사용 로켓인 아리안(Ariane)을 개발했으며, 세계 최대의 위성 발사 용역업체인 프랑스의 아리안 스페이스(Arianespace)사는 전 세계 민간 위성 발사 실적의 약 절반을 수행하고 있다.

11. 유럽연합 중앙은행(European Central Bank)

유럽연합 중앙은행(ECB)은 유럽연합 지역, 소위 유로존(eurozone)의 중앙은행으로 유로화를 채택한 국가의 통화 정책 업무를 관장한다. 1998년 창설되었고 프랑크푸르트에 위치하고 있다. 유럽연합 중앙은행은 모든 유럽연합 회원국의 국책은행을 포함한 유럽연합 은행의 구심점으로 기능한다.

12. 유럽 이사회(European Council)

유럽 이사회는 유럽연합의 최고 정치적 기구로 **유럽정상회의**(European Summit) 또는 **유럽수뇌회의**라고도 한다. EU 28개 회원국 국가수반(heads of government)과 EU 위원회 의장을 포함한 도합 29인으로 구성된다. 앞서 본 회원국 각료들로 구성된 **유럽연합 이사회(Council of the European Union)**와 그리고 EU와는 전혀 별개 조직인 **유럽평의회(Council of Europe)**와 다른 조직이다. 회원국 국가수반의 모임인 "유럽 이사회"는 유럽연합(EU)의 중요하고 시급한 문제를 논의하고 최종 결정을 내리고 그 결정은 유럽연합(EU) 전체의 지침으로 기능한다. 유럽 이사회(European Council)는 매년 2번씩 회합을 가진다.

사실 국가수반의 모임인 유럽 이사회는 유럽연합 조약에 "유럽연합에 그 발전을 위해 필요한 동력을 제공할 것(shall provide the Union with the necessary impetus for its development" 이라고 언급되어 있지만, 구체적인 집행권이나 입법권을 갖는 유럽연합(EU)의 공식적인 조직은 아니다. 그러나 "유럽 이사회"는 유럽연합을 구성하는 회원국들의 최고 국가 정상들의 회의체라는 점에서 유럽연합의 정책을 설정하고, 정치적 가이드라인을 제시하여, 유럽연합 통합의 견인차로 역할 한다.

III. 유럽평의회(評議會, Council of Europe : CoE)

1. 개 관

1949년도에 설립된 유럽평의회는 유럽연합(EU)과는 전혀 별개의 국제기구이다. 유럽평의회는 러시아를 포함하여 유럽 대부분의 국가를 회원으로 하는 매우 오래된 국제기구이다. 본부는 프랑스 스트라스부르그에 있다. 유럽평의회는 유럽평의회 규정(the Statute of the Council of Europe)을 바탕으로 벨기에, 덴마크, 프랑스, 아일랜드, 이탈리아, 룩셈부르크, 네덜란드, 노르웨이, 스웨덴, 영국 등 10개 나라에 의해 창설되었다.

유럽평의회의 설립 목적은 인권과 민주주의 수호, 법치주의 가치 실현을 비롯하여 중동부 유럽 지역에 대한 지원, 지역 민주주의와 교육 · 문화 · 환경에 대한 전문성 공유였다. 유럽의 경제· 사회적 발전을 촉진하기 위해 가맹국의 긴밀한 협조에 의한 공동의 이상과 원칙을 옹호함과 유럽의 점진적 통합을 목적으로 하지만, 국방(군사)문제는 다루지 않음을 원칙으로 한다. 2007년 11월 몬테네그로(Montenegro)가 합류하여 현재 가맹국은 유럽연합(EU) 가입국 28개국 전부를 포함하여 러시아, 중동부 유럽 국가 등 모두 47개국이다. 미국, 캐나다, 일본, 멕시코, 바티칸시국 등 5개 나라는 옵서버 지위를 갖고 있으며 이들 국가는 각료 위원회 등 모든 정부 간 위원회에 참여하고 있다.

2. 조직(Institutions)

유럽평의회의 조직은 각료위원회, 자문위원회, 유럽평의회의회(지방자치단체 협의회), 사무국 등으로 이루어졌고, 유럽인권위원회와 유럽인권재판소 그리고 인권판무관 등의 독립기구를 두고 있다.

1) 사무국(Secretariat)

사무국은 사무총장과 부(副)사무총장 그리고 필요한 다른 직원들로 구성된다.[459] 임기 5년의 사무총장은 사무국을 지휘하고, 각료위원회의 추천으로 의

459) Statute of the Council of Europe, London, 5.V.1949, 제6장 36조. The Secretariat

원 총회(Parliamentary Assembly)에서 선출된다.

2) 각료위원회(Committee of Ministers)

주로 47개 회원국들의 외무장관으로 이루어진다. 집행기구인 각료위원회는 매년 1번 회의를 열고 조약이나 협정, 권고의 채택, 예산승인, 각종 운영위원회 설치 등을 맡는다.

3) 의원총회(Parliamentary Assembly of the Council of Europe : PACE)

회원국들 의회 대표자들로 구성되는 유럽 지역의 국회의원 총회이다. 회원국들은 자국의 의회 대표단을 파견함에 있어서 자국의 정치적 지형을 반영하여야 한다. 그러므로 의회 대표단에는 여당과 야당 국회의원도 포함되어야 한다. 유럽연합 시민들을 직접 대표하여 상당한 권한을 갖는 EU 의회(European Parliament : EP)와 달리 결의된 특정한 사안에 대한 조사(investigate), 권고(recommend) 그리고 자문(advise) 권한만을 가진다.

4) 유럽평의회의회(Congress of the Council of Europe)

1994년 창설된 유럽평의회의회는, 모든 회원국들의 약 20만 고장(local)과 지역을 대표하는 선출직 의원(일부는 정치적으로 임명)으로 구성된 풀뿌리 민주주의의 반영체이다.[460] 유럽 방방곡곡의 목소리와 경험을 대변하여 유럽 지역 전역에서의 고른 발전을 도모함을 목적으로 한다. 회원국들은 지방자치단체협의회라고도 한다.

5) 유럽인권재판소(European Court of Human Rights)

유럽인권재판소(ECtHR)는 1950년 유럽인권협약(European Convention on Human Rights : ECHR)에 의해 창설되었다. 본부는 프랑스 북동부의 스트라

---

shall consist of a Secretary General, a Deputy Secretary General and such other staff as may be required.

460) 헌장(Charter of the Congress adopted on 2 May 2007 by the Committee of Ministers) 규정상, 영국, 프랑스, 독일, 이탈리아, 러시아가 가장 많은 각 18명의 의원으로 정원은 총 318명이다.

스부르(Strasbourg)에 있다. 유럽인권재판소는 유럽인권의 상징으로 간주된다. 유럽인권협약(Convention for the Protection of Human Rights and Fundamental Freedoms)은 유럽평의회가 채택한 협약 중에서 가장 중요한 문서로 유럽인권재판소는 그 인권 협약에 의해 탄생한 사법부이다. 유럽평의회 회원국 47개국 모두는 동 인권협약의 당사자이다. 인권 협약 위반에 대해서는 국가이건 개인이건 유럽인권재판소에 제소될 수 있다.

6) 인권판무관(Commissioner for Human Rights Council of Europe)

유럽평의회 인권판무관은 UN의 인권고등판무관에 대비되는 제도로 각료위원회의 위임을 받아 의원총회(Parliamentary Assembly)에서 선출되어 회원국과 인권대화를 촉진하고 지역 내에서의 인권침해 방지와 인권증진을 위한 조언과 정보를 제공하는 임무를 담당한다.

7) 국제 NGO총회(Conference of INGOs)

8) 연락사무소(Information Offices of the Council of Europe)

회원국들에 소재하는 유럽평의회 지역 연락 사무소이다.

9) 기타 보조기관

보조기관들은 유럽평의회 체계(CoE system)를 형성하는 반(半) 자치적 구조이다. 일부 기구들은 비 회원국들에게도 개방되어 있다.

① Council of Europe Development Bank

② European Directorate for the Quality of Medicines with its European Pharmacopoeia

③ European Audiovisual Observatory

④ European Support Fund Eurimages for the co-production and distribution of films

⑤ Pompidou Group : 마약과의 전쟁과 인신납치에 대처하기 위한 조직이다.

⑥ European Commission for Democracy through Law: 법의 지배를 통한 수한 민주주의 발전을 도모하는 기구로 Venice Commission으로 더 잘

알려져 있다.

⑦ Group of States Against Corruption GRECO)
⑧ European and Mediterranean Major Hazards Agreement (EUR-OPA)
⑨ Enlarged Partial Agreement on Sport
⑩ North-South Centre of the Council of Europe in Lisbon (Portugal)
⑪ Centre for Modern Languages is in Graz (Austria)

3. 유럽평의회와 다른 국제기구와의 관계와 협조(Co-operation)

1) 유럽연합(EU)과의 관계

유럽평의회(Council of Europe)는 유럽연합의 공식 집행기구인 **EU 이사회 (Council of the European Union)**와는 전혀 별개의 기구이다. 그러나 유럽평의회와 유럽연합은 1980년대 이래로 유럽 통합이라는 공통의 기치 아래 협조해왔다. 유럽평의회와 유럽연합과의 협조는 최근에 이르러 문화, 교육 그리고 인권의 문제에서 더욱 각별해졌다. 오늘날 국제법적 법인격이 인정되는 유럽연합 자체가 유럽평의회의 멤버가 되는 것이 다수의 회원국에 의해 제안되어 있다.

2) 국제연합(UN)과의 관계

현재 유럽평의회(Council of Europe)는 UN의 옵서버 자격을 획득하여, UN 총회에 참석한다. 유럽평의회는 UN과 공조하여 특히 인권, 소수자 보호, 이민과 테러 분야에서 지역 국제회의를 주최해 오고 있다.

Ⅳ. 국제통화기금(International Monetary Fund : IMF)

1. 개 관

IMF는 1944년 7월 22일, 미국 뉴햄프셔 주의 브레턴우즈에서 UN 금융 · 재정회의에 따른 브레턴우즈 협정에 의해 전후 부흥책의 일환으로서 국제부흥개발은행(IBRD)과 함께 창설되었다. 국제통화기금은 1944년 12월 27일 첫 29개 참가국의 동의서와 함께 공식적으로 출범했다. IMF는 UN과 협정을 맺어 UN의 전문기구로 기능한다. 국제통화기금(IMF)은 UN을 통해서 환율과 국제수지를 감시함으로써 국제금융 체계를 감독하는 것을 전 세계 각국으로부터 위임받은 국제기구이다. 회원국의 요청이 있을 때는 기술 및 금융지원을 직접 제공한다. 본부는 워싱턴 D.C.에 있다. 현재 총 185개국으로 구성된 IMF는 국제통화 협력을 육성하고, 재정상황을 안정시키며, 국제무역을 촉진시키고, 높은 취업률과 견실한 경제성장을 진행하며 빈부격차를 줄이기 위해 노력하고 있다.

2. 조직(Organization)

IMF는 조직 관리팀(management team)과 17개의 부(department)로 구성되어 있다. IMF는 스스로 그 자체를 185개국 기구(an organization of 185 countries)라고 표현한다. 대표적인 조직으로 24개 회원국으로 구성된 집행위원회(24-member Executive Board)와 모든 회원국이 참가하는 집행위원회(Board of Governors)가 있다. IMF의 임무와 조직은 국제 금융 체계에서 구심적 역할을 충실히 할 수 있도록 글로벌 경제의 변화에 발맞추어 변경되어 왔다. 다음의 전반적인 조직도가 그 운영의 흐름을 보여준다.

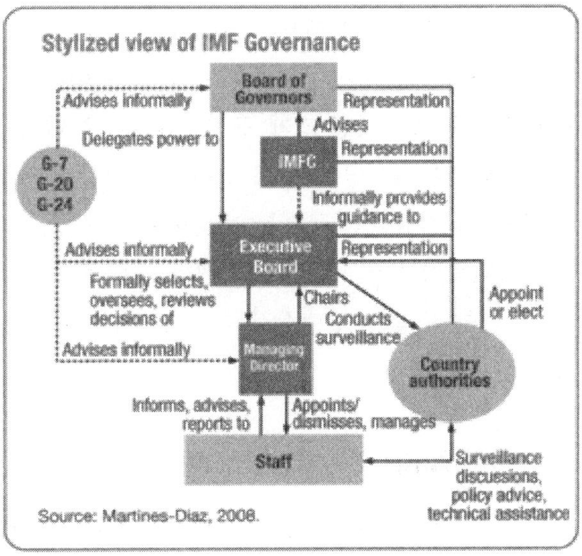

3. 집행위원회(Board of Governors)

집행위원회는 IMF의 최고 의사결정기구이다. 집행위원회는 1인의 최고 책임자와 각 회원국 대표자로 구성된다. 최고 책임자는 회원국에 의해 지명되는데 통상 재정부 장관이나 중앙은행 총재 가운데 임명된다. 집행위원회의 대부분의 권한은 직접 업무를 수행하는 집행부(IMF's Executive Board)에 위임되어 있지만, 할당량 증대와 특별인출권(SDR)의 할당, 신입 회원국의 가입 승인, 회원국의 강제 축출, 헌장 조약의 수정 등은 직접 결정한다.

4. 각료위원회(Ministerial Committees)

IMF 집행위원회(Board of Governors)는 2개의 자문기관을 가지고 있다. 국제통화·재정위원회(International Monetary and Financial Committee : IMFC와 개발위원회(Development Committee)가 그것이다.

5. 집행부(The Executive Board)

24명의 위원으로 구성된 IMF 집행부(24-member Executive Board)는 기구의 일상 업무를 수행한다. 이들 24명은 각자의 나라가 아니라 185개 회원국 모두를 대표한다. 미국이나 중국처럼 경제 규모가 매우 큰 나라는 각자의 대표를 가지지만, 대부분의 국가는 4개국 이상으로 구성된 그룹에 포함되어 대표된다. 집행부는 직원의 정례적 건강검진 문제를 비롯하여 글로벌 경제 문제까지 제반 문제를 토의한다. 정책결정은 원칙적으로 합의(consensus)에 의해 이루어진다. 그러나 경우에 따라서는 투표가 행해지기고 한다. 회의 논의는 요약(summing up)으로 정리된다.

V. 아프리카연합(African Union : AU)

아프리카연합(African Union)은 아프리카 대륙의 54개 국가 가운데 모로코 1개국을 제외한 53개 국가로 구성된 국제기구이다. 2002년 7월 9일 아프리카 경제공동체(AEC)와 아프리카 통일기구(OAU)를 통합하여 창설되었다. 본부는 에티오피아의 아디스아바바에 있다.

1. 총회(Assembly of the African Union)

총회는 아프리카연합 회원국가 수반(首班)들로 구성되어 있다. 총회는 아프리카연합의 최고 통치기관(Supreme governing body)이다. 총회에는 회의를 주재하는 의장이 있다. 오늘날 총회의 권한은 점차적으로 범 아프리카의회(Pan African Parliament)로 이양되어 가고 있다.

2. 집행이사회(Executive Council)

집행이사회(Executive Council)는 아프리카연합의 집행기구로 각료회의이다. 주로 회원국들의 외무부 장관이나 정부 수반에 의해 지목된 사람들이 각료회의 위원이 된다. 집행이사회는 아프리카연합의 대외무역, 사회안전, 식량과 농업 그리고 통신과 같은 제반 문제에 대해 결정한다. 집행이사회는 총회에 책임을 부담하고 총회가 승인할 의제와 토의할 안건을 준비한다.

3. 범 아프리카의회(Pan-African Parliament : PAP)

범 아프리카의회는 아프리카경제공동체(African Economic Community)를 창설한 조약에 의해 2004년 3월에 창설되었다. 범 아프리카의회는 풀뿌리 민주주의를 구현하려는 것으로 아프리카 전 인민들을 직접 대표하는 의회 의원들로 구성된다. 궁극적인 목적은 전 아프리카를 통하여 선거권을 갖는 아프리카 일반 시민들에 의해 직접 선출되어 아프리카연합에서의 입법 전권을 갖는 것이다. 본부는 남아프리카공화국 미드란드(Midrand)에 있다.

4. 아프리카연합재판소(African Court of Justice)

아프리카연합의 최고 법원이다. 아프리카연합 조약의 해석에 대한 분쟁을 최종 해석할 목적으로 2003년 창설 의정서가 제정되었다. 하지만 재판소 자체는 아직 발족하지 않았다. 궁극적으로는 2006년 출범한 아프리카인권재판소와 통합한 새로운 법원 체계를 구축할 것으로 예상된다.

5. 아프리카연합위원회(African Union Commission)

아프리카연합위원회는 아프리카연합의 사무국(Secretariat)이다. 사무국은 의장, 부의장 그리고 필요한 직원들로 구성된다. 사무국 조직 구성은 총회가 결정한다. 사무실은 에티오피아 아디스아바바(Addis Ababa)에 있다. EU위원회(European Commission)와 대칭되는 기구로 아프리카연합의 제반 행정적 업무를 수행하면서 아프리카연합의 활동과 회합을 주선하고 준비한다.

6. 상설대표위원회(Permanent Representatives Committee)

아프리카연합 상설대표위원회는 전권을 가진 위원들로 구성되어 집행이사회(Executive Council)의 지침에 따라서 일하면서 집행이사회가 수행할 업무를 준비하는 일을 수행한다. 필요하면 소위원회(sub-committees)나 워킹 그룹(working groups)을 구성할 수 있다.

7. 특별기술위원회(Specialized Technical Committees)

아프리카연합 각료들로 구성된 특별기술위원회에는 다음과 같은 다수의 조직이 있다. 총회에 자문 역할을 수행하고 집행이사회(Executive Council)에 책임을 진다. 총회는 필요하다고 판단되면 기존의 조직을 재편할 수 있고, 다른 위원회를 창설할 수도 있다.

① The Committee on Rural Economy and Agricultural Matters
② The Committee on Monetary and Financial Affairs
③ The Committee on Trade, Customs and Immigration Matters
④ The Committee on Industry, Science and Technology, Energy, Natural Resources and Environment
⑤ The Committee on Transport, Communications and Tourism
⑥ The Committee on Health, Labour and Social Affairs
⑦ The Committee on Education, Culture and Human Resources

8. 경제 · 사회 · 문화위원회(Economic, Social and Cultural Council : ECOSOCC)

전문가와 시민 대표자로 구성된 아프리카연합의 자문기구이다. 유럽연합경제사회위원회(European Economic and Social Committee)와 대칭된다.

9. 평화안보위원회(Peace and Security Council : PSC)

아프리카 지역의 각종 분쟁과 위기에 신속하고 효율적으로 대응하기 위해 2004년 창설되었다.

10. 아프리카연합경제기구(Financial Institutions)

아직 창설되지는 않았지만 창설을 목적으로 하는 아프리카연합경제기구에는 다음의 3가지가 있다. 아프리카연합은 궁극적으로는 유럽연합의 단일 통화인 유로(EURO)처럼 아프리카연합의 단일통화로 아프로(Afro)를 목적으로 한다.

① The African Central Bank

② The African Monetary Fund

③ The African Investment Bank

11. 아프리카연합인권위원회(African Commission on Human and Peoples' Rights)

아프리카연합 인권위원회는 1986년 이래 존속하고 있다. 아프리카연합에서 최고의 인권 수호기구로 회원국의 인권상황과 헌장 준수를 모니터링 한다. 2006년에는 아프리카연합인권법원(African Court on Human and Peoples' Rights)이 창설되었다. 그러나 인권 법원은 궁극적으로는 아프리카재판소(African Court of Justice)와 통합을 계획하고 있다.

Ⅵ. 석유수출국기구(Organization of the Petroleum Exporting Countries : OPEC)

석유수출국기구(OPEC)는 기구 가입국 간의 석유 정책을 조정하기 위해 1960년 9월 14일에 결성된 범국가 단체이다. 본부는 오스트리아의 빈에 있다. 석유수출국기구에는 총회(Conference)와 집행위원회(Board of Governors) 그리고 사무국(Secretariat) 이 있다.

1. 총회(Conference)

총회는 OPEC의 최고 의사 결정(supreme authority)기구이다(헌장 제10조).

총회는 회원국들의 대표자들로 구성된다(11조). 총회에는 의장(President)과 대체 의장(Alternate President)이 있다.

2. 집행위원회(Board of Governors)

석유수출국 기구의 집행기구이다. 집행위원회는 OPEC의 제반 업무를 집행하고 총회의 결정 사항을 수행한다. 집행위원회는 각 회원국이 지명하는 2년 임기의 위원(Governors)들로 구성된다. 기구의 예산안을 비롯한 총회에 상정할 각종 안건을 준비하여 총회에 제출한다.

3. 사무국(Secretariat)

사무국은 집행위원회(Board of Governors)의 지시에 따라서 제반 행정적 업무를 담당한다. 사무국은 사무총장(Secretary General)과 필요한 직원들로 구성된다(제26조). 사무총장은 법적으로 석유수출국기구를 대표한다(제27조).[461] 직원들은 국제공무원(international employees)의 지위를 가지며(제31조) 각자의 본국이 아니라 전적으로 기구를 위해 봉사한다. 사무국 산하에 다음과 같은 조직이 있다.

① The Division of Research

② The Administration and Human Resources Department

③ The Public Relations and Information Department

Ⅶ. 북대서양조약기구(North Atlantic Treaty Organisation)

북대서양조약기구(北大西洋條約機構, NATO)는 1949년 4월 4일에 유럽의 여러 국가와 미국 및 캐나다 사이에 체결된 군사 방위 조직이다. 나토는 1989년까지 소련 및 동유럽 공산주의 국가들의 방위 체제인 바르샤바조약기구와 군사·정치적 균형을 이루는 데 공헌한 것으로 평가되고 있다. NATO는 자체 웹 사이트에서 북대서양조약기구의 조직을 모두 본부에 직접 복속되는 정치적 조직(political structures)과 군사 조직(military structures) 그리고 그렇지 않은

461) 헌장 27조 제A항, The Secretary General shall be the legally-authorised representative of the Organization.

기관과 조직(agencies & organizations)으로 구분한다. 본부는 벨기에 브뤼셀(Brussels)에 위치한다.

1. 정치적 조직(Political structure)

NATO는 궁극적으로는 26개 회원국에 의해 통솔된다. 26개 각국은 그 대표자들은 벨기에 브뤼셀(Brussels)에 있는 NATO 본부에 파견한다. 정치적으로는 2개의 조직이 있다.

1) 상설대표자회의(Permanent Representative)

회원국이 파견하는 대사나 고위 공무원으로 구성되는 조직이다.

2) NATO 이사회(North Atlantic Council : NAC)

나토 협약 제9조에 의해 창설된 상급 정치적 집행기구로 1주에 두 차례의 정기 회합을 갖는다.

2. 나토 군사위원회(NATO Military Committee : MC)

회원국 대표들이 파견하는 국방 고위급 인사들로 구성된다. NATO의 군사 작전은 나토군사위원회 의장(Chairman of the NATO Military Committee)이 지휘한다.

3. 기관과 조직(agencies & organizations)

2008년 5월 기준으로 NATO에는 다수의 병참 기구를 포함한 43개의 조직과 5개 프로젝트 위원회(project committees/offices)가 있다.

① NATO Maintenance and Supply Agency

② Central European Pipeline System

③ NATO Pipeline System

④ NATO Eurofighter and Tornado Management Agency

⑤ NATO Standardization Agency

⑥ NATO ACCS Management Agency (NACMA)

⑦ NATO Programming Centre

⑧ NATO Airborne Early Warning & Control Programme Management Organization
⑨ NATO Consultation, Command and Control Agency (NC3A)
⑩ NATO Communications and Information Systems Operating and Support Agency (NACOSA)
⑪ NATO Consultation, Command and Control Agency (NC3A)
⑫ NATO Consultation, Command and Control Board (NC3B)
⑬ NATO Communications and Information Systems Agency (NCSA)
⑭ electronic warfare agency
⑮ Military Committee Meteorological Group (MCMG)
⑯ Military Oceanography (MILOC) Group
⑰ Research and Technology Agency (RTA)
⑱ NATO Research and Technology Organization (RTO)
⑲ NATO School and NATO Defence College
⑳ Alliance Ground Surveillance Capability Provisional Project Office(AGS/PPO)
Ⓐ Battlefield Information Collection and Exploitation System (BICES)
Ⓑ NATO Continuous Acquisition and Life Cycle Support Office (CALS)
Ⓒ NATO FORACS Office
Ⓓ Munitions Safety Information Analysis Center (MSIAC)

4. 나토 의원총회(NATO Parliamentary Assembly)

나토 의원총회는(NATO-PA)는 회원국 의회의 내적 의회 조직이다. 나토의원총회는 NATO 협약에 의해 창설된 것이 아닌 조직으로 비록 NATO의 지향 정책에 대해 논의하는 등으로 밀접한 관계를 갖지만 NATO의 공식 조직은 아니다.

VIII. 세계무역기구(World Trade Organization : WTO)

1. 의의와 개관

세계무역기구는 관세 및 무역에 관한 일반협정 체제를 대신하여 새로운 세계무역질서를 구축함을 목적으로 하는 우루과이라운드(Uruguay Round of Multinational Trade Negotiation) 협정의 이행을 감시하는 국제기구로 1995년 1월 1일 창설되었다. 모든 회원국은 "무조건 최혜국대우 공여원칙"을 지킬 것을 의무로 한다. 이는 하나의 회원국이 받는 특권이 모든 다른 국가에게도 적용되어야 한다는 것을 의미한다. 그러나 WTO는 1990년대 후반 반세계화 운동의 주요한 공격 대상이 되기도 했다.

WTO는 우루과이라운드(UR) 협정의 사법부 역할을 맡아 국가 간 경제분쟁에 대한 판결을 담당하고 그 판결의 강제집행권을 행사하는 기능을 수행한다. 또한 GATT에 없던 세계무역분쟁 조정, 관세인하 요구, 반덤핑 규제 등 준사법적 권한과 구속력을 행사한다. 더불어서 서비스, 지적재산권 등 새로운 교역과제를 포괄하고 회원국의 무역관련법·제도·관행 등을 제고하여 세계 자유무역을 증진함으로써 세계교역을 증진하는 데 역점을 둔다. WTO 설립은 산업·무역의 세계화와 함께 국경 없는 무한경쟁시대로 돌입하는 새로운 국제무역환경 기반을 조성하였다는 의미가 있다. 그러므로 경제 강대국인 미국 등 일부 국가가 쌍무압력을 넣거나 국내정책에 대해 일방적으로 강요하는 등의 부담은 약해지고 무역 거래에 있어서도 상호 협력과 존중을 전제로 하는 다자주의가 실현된 것이라고 할 수 있다. 또한 WTO 체제는 한국과 같은 대외 무역의존도가 높은 국가의 입장에서는 유럽연합(EU), 북미자유무역협정(North American Free Trade Agreement : NAFTA) 등 지역주의에 따른 불이익이나 선진국의 일방적인 무역보복조치의 피해를 줄일 수 있다는 장점이 있다. 2017년 현재 회원국은 159개국이며 본부는 스위스 제네바에 있다.

2. 조 직

WTO는 전적으로 회원국 정부에 의해 운영된다. 주요한 모든 결정은 사안별로 구성되는 회원국 대표자 회의에서 다수결이 아닌 전원 합의(consensus)로 결정된다. 이점에서 WTO는 권한이 상설 이사회나 집행 위원회에 위임되어 있는 IMF나 세계은행(World Bank) 조직과 매우 다르다. WTO는 각료회의(Ministerial Conference)를 정점으로, 일반 이사회, 분쟁해결기구, 무역정책검토기구 그리고 사무국의 조직이 있다. 세계무역기구는 여러 단계의 계층적 조직을 가진다.

1) 최고단계(Highest authority)–각료회의(Ministerial Conference)

세계무역기구의 최고의사결정기관은 각료회의이다. 각료회의는 최소한 2년에 한 번은 개최되는 비상설 기관이다. 각료회의는 모든 회원국을 대상으로 소집되며, 협정에서 발생하는 모든 문제에 대한 최고 권위의 결정을 내린다.

2) 2차 단계(Second level)

일반 이사회를 비롯하여 일반 이사회의 회합으로 이루어지는 분쟁해결기구와 무역정책 검사기구가 레벨 2의 2차 단계 조직을 형성한다. 그러므로 기능적으로는 아래와 같이 3개로 분리되지만 조직적으로는 일반이사회, 분쟁해결기구 그리고 무역정책 검사기구가 모두 동일한 레벨의 기구(일반 이사회)이다. 2차 단계에서의 결정은 물론 최고 단계인 각료회의에 보고서로 제출된다.

① 일반 이사회(General Council)

일반 이사회는 최고 수준의 의사결정기관으로 세계무역기구의 역할을 수행하기 위해 규칙적으로 소집된다. 이는 모든 회원국 정부가 파견한 대표(대개 대사나 동등한 직위)로 구성되며, 매 2년 개최되는 각료회의를 대신하여 직무를 행할 권리가 있다. 일반 이사회는 세계무역기구의 모든 사무를 각료회의를 대신하여 이행한다.

② 분쟁해결기구(Dispute Settlement Body)

분쟁해결기구(WTO DSB : WTO Dispute Settlement Body)는 일반 이사회의 회합으로 구성되는 조직이다. 분쟁해결기구는 모든 회원국의 대표(대사나 동등한 직위)로 구성된다. WTO 분쟁해결기구(DSB)는 WTO 설립협정의 해석과 적용에 관한 분쟁을 최종적으로 해결한다. WTO 일반 이사회가 분쟁해결기구로서의 의무를 수행하기 위하여 필요할 때마다 개최되면 그것이 WTO 분쟁해결기구(DSB)이다. 1차 결정에 대해서는 항소할 수 있다. WTO 항소기구는 7명으로 구성되어서 WTO 패널 보고서에 대한 항소를 심사한다.

③ 무역정책검사기구(Trade Policy Review Body)

일반 이사회는 또한 회원국의 무역 정책을 검사하기 위해 무역정책 검사기구를 구성한다. 무역정책기구는 모든 회원국에게 열려있다.

3) 3차 단계(Third level) : councils for each broad area of trade

일반 이사회 산하에 상품 이사회, 서비스 이사회, 무역관련 지적재산권 이사회의 3개의 이사회 조직으로 구성되어 있다. 3개 산하 이사회와는 별개로 무역, 개발, 환경, 지역무역협정, 가입 등의 문제에 대한 6개의 다른 기구가 있다.

① 상품 이사회(Council for Trade Goods)

Goods Council이라고도 한다. 상품의 국제 무역을 정의하는 관세 및 무역에 관한 일반협정(GATT)의 역할은 현재 상품 이사회 소관이다. 이는 모든 회원국의 대표로 구성된다.

② 무역관련 지적재산권 이사회(Council for Trade-Related Aspects of Intellectual Property Rights)

TRIPS Council 이라고 한다. 무역관련 지적재산권에 관한 모든 협정 및 이와 관련된 세계무역기구의 문제는 무역관련 지적재산권 이사회의 소관이다.

③ 서비스 이사회(Council for Trade in Services)

서비스 이사회(Services Council)는 서비스무역 관련 일반협정을 감독하는 역할을 수행한다. 모든 회원국에 열려 있다.

4) 4차 단계(Fourth level)

3차 상위급 위원회도 산하에 다수의 보조기관을 두고 있다. 예컨대 상품 이사회(Goods Council)는 농업, 시장 접근, 보조금, 반덤핑 등에 대한 11개 위원회를, 서비스 이사회(Services Council)는 재정 서비스, 국내 규제 그리고 GATT의 규칙을 다루는 보조기관을 산하에 두고 있다.

5) 수석대표(Heads of Delegations : HOD) 모임과 기타 조직

이들은 모두 비공식적 조직이다. 가급적 전원 합의(consensus)를 원칙으로 하는 WTO 결의의 속성상 공식적인 조직이외에 비공식적인 접촉 채널이 다수 가동된다. 회원국 정상들의 대리인들 즉 수석대표(HOD) 모임이 대표적이다. 이들은 공식적인 회합은 아니다. 합의의 도출은 예술이라고 간주되는 WTO에서 수석대표(HOD) 모임은 각종 위원회나 이사회에서 전원 합의를 도출하기 위한 예비 접촉으로 매우 중요한 기능을 수행한다.

6) 사무국(Secretariat)

WTO 사무국은 사무국장(Director-General)이 통솔한다. 사무국장을 보좌하는 4명의 사무 부국장(Deputy Director-General)이 있다.

① 사무국장 직속 기관

a. 사무국장실(Office of the Director-General : 행정 항소심 담당)

b. Council and Trade Negotiations Committee Division

c. DDA Special Duties Division

d. Human Resources Division

e. Information and Media Relations Division

② 제1 사무부국장 산하기관

a. Accessions Division : WTO 가입에 대한 협상 담당

b. Economic Research and Statistics Division

c. Legal Affairs Division : 분쟁해결

d. Rules Division : 반덤핑, 보조금, 긴급 수입 제한 조처(safeguards), 국가무역, 민강 항공 등에 대한 규칙 담당

③ 제2 사무부국장 산하기관

a. Development Division

b. External Relations Division

c. Technical Cooperation Audit

d. Trade and Finance and Trade Facilitation Division

e. Training and Technical Cooperation Institute

④ 제3 사무부국장 산하기관

a. Agriculture and Commodities Division

b. Trade and Environment Division

c. Trade in Services Division

⑤ 제4 사무부국장 산하기관

a. Administration and General Services Division

b. Market Access Division

c. Informatics Division

d. Intellectual Property Division

e. Language Services and Documentation Division

f. Trade Policies Review Division

3. 직무 수행

세계무역기구는 두개의 기본적인 임무를 가지고 있다. 하나는 새로이 도입되었거나 혹은 기존에 존재하는 무역 규약을 의논하기 위한 협상의 장으로의 임무이다. 다른 하나는 무역 분쟁이 발생했을 때 이를 진정시키는 임무이다. 한편 세계무역기구의 심의는 다음과 같은 무역의 기본 원리를 따라서 행한다.

① 무역 체계는 차별이 없어야 한다. 국가는 다른 국가에 대해 우월적 권리를 행사하거나 외국 상품이나 서비스를 차별해서는 안 된다.

② 무역 체계는 자유로워야 한다. 관세이든 비관세이든 최소한의 무역장벽만을 유지해야 한다.

③ 무역 체계는 예상할 수 있어야 한다. 외국 기업이나 정부는 무역장벽

이 갑작스럽게 높아지지 않으리라는 것과 시장은 그대로 열려 있을 것을 보장받아야 한다.

④ 무역 체계는 보다 경쟁적이 되어야 한다.

⑤ 무역 체계는 후진국들을 고려해야한다. 유예기간, 유연성 등을 보장해주어야 한다.

제7항 마무리

국제기구의 조직은 기본적으로 창설 규범인 헌장 조약에 의해 형성된다. 동일한 논리로 국제기구 기관 상호간에 서열을 부여할지 기관 상호간의 서열을 어떻게 할지는 헌장조약에 의해 정해지는 것이 원칙이다. 또한 헌장 조약에 대한 사후의 개정과 보완을 통해서도 국제기구의 조직 내용과 서열은 변경을 가져올 수 있다. 그런데 국제기구 헌장 조약은 결국 회원국들의 합의에 의해 형성되는 성문 국제법이다. 그러므로 헌장 조약의 지배자인 회원국들은 기존의 권한 배분에 개의치 않고 조직을 재구성할 수 있고 서열을 재정립할 수도 있다.

결국 국제기구 조직의 구성과 위상 문제는 엄밀히 따지면 법적인 합리성의 문제가 아니라 정치적인 이해관계의 결정의 문제라는 결론에 이르게 된다. 따라서 아무리 국제사법재판소(ICJ)가 그 사법결정을 통해서 다른 주요기관보다 우월하다고 주장한다 해도 그러한 결정으로 별 소득이 없을 수 있다.

그러므로 국제기구의 경우에 유일하고 최선의 사법적 심사의 모델이 오직 한 가지로 제시되기는 곤란하고, 이러한 관점에서 로커비(Lockerbie) 사건에서의 국제사법재판소(ICJ)의 권고 결정은 예양(禮讓)을 갖추며 기관 사이의 분쟁을 회피한 절묘한 조화점을 찾은 결과라고 할 수 있다.

제9장 분쟁해결(Dispute Settlement)

제1항 머리말

I. 국제기구 분쟁해결 기구의 필요성과 방향

공동체적 활동으로 인해서 규범적 질서가 요청되는 거의 모든 법적 체계가 분쟁해결 시스템을 필요로 하듯이, 대부분의 국제기구들에 있어서도 분쟁해결 체계는 필수적이고 또한 필연적이다. 분쟁해결 방법에 있어서도 일반 사회와 국가에서 화해·조정·중재·알선 그리고 강제적 재판의 다양한 모습이 존재하듯이 국제기구의 경우에도 여러 가지 형태의 분쟁해결 모드가 있다.

국제기구와 관련된 분쟁에 대한 결정의 기속력에 있어서도 유럽연합(EU)과 같이 그 결정에 최고의 권위가 부여되는 강제적 재판형태를 비롯해서 GATT의 경우처럼 매우 유연한 분쟁해결 모델도 있다. 그러나 국제기구의 분쟁해결 체계는 주권국가의 사법체계처럼 엄격한 자격을 가진 재판관에 의한 고정된 심급절차를 가지고 재판 진행의 경우에도 매우 규격화된 절차가 준수되는 수준의 그러한 정형적이고 엄격한 모습을 구비하지는 않는 것이 보통이다. 왜냐하면 국제기구의 경우에는 아무리 방대하다고 해도 대부분 한정된 회원국과 직원들을 전제로 하는 한계가 있기 때문이다. 또한 지나치게 엄격한 사법 절차는 지속적인 발전을 추구하여 자연스러운 협조관계를 전제로 해야 하는 국제기구에서 바람직한 모습은 아닐 수 있기 때문이다.

공동체 분위기를 고조해야 하는 국제기구에서 승자와 패자, 가해자 측과 피해자 그리고 범죄와 처벌 같은 이분법적인 모습은 결코 승자에게도 그리고 무엇보다 국제기구 자체를 위해서 바람직하지는 않다. 이러한 연유로 공식적인 재판절차에 의한 판결이나 결정 이외에 권고적 의견(advisory opinion)이 국제기구 분쟁해결의 모델로 각광을 받고 애용된다.[462] 그래서 국제사법재판소(ICJ)의 경우에도 대부분 권고적 의견이 많고 구속력 있는 법적 판결은 국가 간의 분쟁

462) Kenneth J. Keith, *The Extent of the Advisory Jurisdiction of the International Court of Justice*(Leiden, 1971), pp. 16-18.

에서가 아니라 개인과 기업의 권리를 보호하는 사건에서 주로 이루어졌다.

Ⅱ. 국제기구의 분쟁 형태

국제기구의 분쟁 형태는 국제기구 별로 다양하다. 국제기구 분쟁 형태는 크게 5가지로 구분할 수 있다. 첫 번째는 국제기구 분쟁 해결 메커니즘 가운데 가장 중요한 것으로 회원국들 사이의 분쟁이다. 두 번째는 회원국과 국제기구 자체의 분쟁이다. 이에는 회원국과 국제기구 개별기관(organs)과의 분쟁도 있다. 세 번째는 오늘날 자주 발생하는 분쟁으로 국제기구와 직원(staffs)들 사이의 분쟁이다. 네 번째는 내부적인 것으로 국제기구 기관 사이의 분쟁이다. 특히 유럽연합의 경우에는 개별기관 사이의 분쟁이 적지 않다. 마지막으로 국제기구 사이의 분쟁과 국제기구와 제3자의 분쟁이 있다.

국제기구의 분쟁에 있어서 국제기구 자신이 분쟁에 한 축이 되었을 때, 헌장 조약에 규정된 통상적인 분쟁해결 방법은 잘 이용할 수 없는 경우가 많다. 예컨대 UN 자체는 ICJ의 당사자가 되지 못한다.[463]

한편 국제기구를 상대로 한 국내법원에의 제소는 전술한 국제기구의 면책특권으로 인한 무(無) 관할, 즉 관할권이 없다는 항변에 봉착할 수 있다. 그러므로 국제기구 자체가 분쟁의 중심에 있을 경우에는, 그렇다면 장수 자신은 과연 누가 보호해 줄 것인가?(*Quis Custodiet Ipos Custodes* : Who will guard the guards themselves)라는 관점에서 중재(arbitration) 제도나 클레임 위원회(claims commissions)가 별도로 구성되는 경우도 적지 않다.[464] 물론 이 경우에도 국제기구의 동의가 있어야 분쟁해결 조직의 구성에 착수할 수 있게 된다.

제2항 UN의 법적 분쟁 해결 체계

UN 헌장은 제33조에 국내법원에서 인정되는 바와 같은 다양한 형태의 법적 분쟁 해결 방안을 예시하고 있다. 예를 들어 회원국들은 법적 의문과 분쟁에 대해서, 평화적인 협상(negotiations), 화해(conciliation), 알선(good offices),

463) Jan Klabbers, *op. cit,* p. 255.

464) Mahnoush H. Arsanjani, 'Claims against International Organizations: *Quis Custodiet Ipos Custodes'* (1981) 7 Yale Journal of World Public Order, 131-176, esp. pp. 161-163.

조정(mediation), 중재(arbitration) 그리고 사법적 해결(judicial settlement) 같은 방법을 사용할 수 있다. UN 헌장은 이 경우에 회원국들이 어떤 방법을 사용해야 하는지를 정하지는 않았다. UN은 단지 회원국들에게 분쟁의 평화적 해결의무만을 규정하고 있다. 하지만 UN 회원국으로 가입한다는 것은 일단 위와 같은 분쟁해결 방법을 포함한 UN 헌장에 규정된 분쟁해결 모델을 승낙한 것이 된다. 오늘날 분쟁의 평화적 해결은 국제법의 매우 중요한 원칙이다.[465] UN은 이러한 내용적인 분쟁해결 방법 이외에도 분쟁 해결을 위한 주요기관으로 국제사법재판소(ICJ)를 가지고 있다. 또한 개별 주요기구가 창설한 다른 재판소도 구비하고 있다. 아래에서 순차로 살펴본다.

I. 국제사법재판소(International Court of Justice)

1. 개 관

1) 의 의

국제사법재판소(國際司法裁判所, International Court of Justice : ICJ)는 UN의 6대 주요 기관 중의 하나로서 국가 간의 법률적 분쟁을 사법 재판을 통해 해결하기 위해 설립된 국제사법기관(principal judicial organ)이다. **세계 법원 (world court)** 또는 **평화의 법원(peace court)**이라고도 불린다. ICJ는 UN 헌장에 기초하여 1945년도에 창설되어 1946년 4월부터 업무를 시작했다. 본부는 네덜란드 헤이그에 소재하는 평화의 전당(Peace Palace)에 위치하고 있다. UN의 6대 주요기관 중에서 유일하게 뉴욕에 본부가 없는 기관이다.

ICJ의 역할은 국제법에 입각하여 주권국가들이 제기하는 법적 분쟁을 해결하고 해당 법률문제에 대해 문의 자격이 있는 UN의 각종기관과 특별한 기관들의 질의에 대한 권고적 의견(advisory opinions)을 발령하는 기능을 수행한다. ICJ는 정치적 분규를 포함한 국제법의 모든 분야를 담당하는 국제적 상설 사법재판소로서 또 다른 국제재판소인 상설중재재판소나 국제해양법재판소 그리고 국제형사재판소(ICC)와는 별개의 사법기관이다.

그러나 세계 평화의 법원이라고 불리는 ICJ의 별칭에서 알 수 있듯이, 오늘날

465) J. G. Merrills, *International Dispute Settlement* (2nd edn, Cambridge, 1991).

ICJ는 UN의 주요기관으로만 기능하는 것은 아니다. 또한 ICJ는 주권국가만을 대상으로 하는 것도 아니다. 그 권고적 관할권으로 인해서 국제사회의 여러 국제기구들에게도 매우 중요한 분쟁해결 수단이자 모델이 되어 있다.

2) 국제사법재판소(ICJ)의 재판관

ICJ는 총회와 안전보장이사회에서 선출되는 임기 9년의 15명의 재판관으로 구성된다. 2명 이상이 같은 나라 사람이어서는 안 된다. 재판관은 연임이 가능하고 연임제한이 없기에 이론적으로는 종신직이 가능하다. 3년마다 재판관 5명씩을 재(再)선출한다. ICJ 법 제12조는 재판관은 국적과 무관하게, 높은 도덕적 기준을 가지고 회원 각국의 기준으로 그 나라 최고 법원이나 저명한 사법적 국제기구에 임명될 자격이 있는 사람 가운데서 선발된 9년 임기의 독립적인 15명의 재판관으로 구성하도록 하고 있다. 하지만 전술한 바와 같이 현재까지 UN 안전보장 상임이사회 5개국은 당연직 재판관 몫을 확보하고 있다.

한편 ICJ 재판소 규정에 달리 명문의 규정이 있는 경우를 제외하고는 재판소는 전원이 출석하여 개정한다. 재판소를 구성하는 데 충분한 재판관의 정족수는 9인이다. 모든 문제는 출석한 재판관의 과반수로 결정된다. 가부동수인 경우에는 재판소장 또는 재판소장을 대리하는 재판관이 결정 투표권을 가진다. ICJ는 산하에 행정지원기관으로 서기국(Registry)을 가지고 있다.

3) 당사자 적격과 관할권

ICJ는 UN 가입국은 물론이고 UN 헌장의 일부를 형성하는 국제사법재판소법 규정만을 비준한 국가도 회원국으로 한다. 그러나 회원국 일방이 제소할 수는 없다. 양 당사국이 합의하여 ICJ에 법적 분쟁해결을 요청한 때에 관할권을 가진다. 이처럼 ICJ의 재판 관할권은 국가들의 동의에 기초하고 있기는 하지만 ICJ 규정 제36조 6항은 "ICJ가 재판 관할권을 가지는가? 에 관해 분쟁이 있을 때에는 이 문제는 재판소의 결정으로 해결한다."고 규정하고 있다. 한편 ICJ 재판소 규정은 회원국이 아닌 경우에도 활용을 완전히 봉쇄하지는 않고 있다. 결과적으로 여러 국제기구들도 ICJ의 관할권을 수용하고 있어서 ICJ는 세계의 법원으로 기능한다. 이렇게 세계의 법원으로 기능하는 ICJ는 계쟁(재판)관할권과 권고적 관할권이라고 하는 이중의 관할권(dual jurisdiction)을 갖는다.

2. ICJ의 계쟁(또는 재판) 관할권(Contentious Jurisdiction)

1) 계쟁 관할권의 의의

국가들이 제소한 법적 쟁송을 대상으로 하는 재판관할이다. ICJ의 소송물인 국제법적 분쟁(international legal dispute)은 법 또는 사실 그리고 어떤 분규에 대한 의견의 불일치 및 법적 견해나 의견의 충돌을 말한다.[466] 계쟁(係爭)관할 사건에 대해 ICJ는 국제법에 따라 법률적 판단으로 결정한다. 계쟁관할의 경우에는 **오직 국가(States)**만이 제소할 수 있다. 개인이나 NGO, 단체들의 집합 그리고 국제기구라고 해도 당사자 적격이 없다. 그러므로 UN의 개별 기관들도 계쟁관할의 당사자 적격이 없다.

2) 제소권이 있는 국가(States Entitled to Appear before the Court)

UN 헌장 제93조에 의해 오늘날 193개 UN 회원국 모두는 자동적으로 제소권이 있다(ipso facto parties). ICJ에 제소권이 있는 국가는 다음과 같이 3가지로 분류할 수 있다.

① UN 회원국(States, Members of the United Nations)
② UN 회원국은 아니지만 ICJ 협약 당사국(States, not Members of the United Nations, Parties to the Statute)
③ ICJ가 허용한 국가(States, not Parties to the Statute, to which the Court may be open)

이처럼 UN 헌장과 국제사법재판소규정(Statute)에 의해서 일정한 조건을 충족하면 UN 회원국이 아닌 경우에도 ICJ에 제소권이 있다. UN 비회원국이 ICJ에 제소권을 가졌던 예는, 주로 UN에 정식 회원으로 가입하기 위한 경우에 발생하였다. 1948년 비회원국인 스위스(Switzerland)가 제소한 UN 회원국 자격을 판단한 경우와, 1988년 비회원국인 나우루(Nauru)가 제소한 경우가 있었다. 한편 제소권이 있어서 일단 ICJ의 소송절차에 참가한 이상, 사후에 회원 자격이 상실되었다고 하여도 당사자 적격에는 문제가 없다.[467]

466) ICJ, *Contentious Jurisdiction*, http://www.icj-cij.org/jurisdiction/index.php?p1=5&p2=1. 참고

3) 관할권의 원칙

ICJ 관할권의 대원칙은 당사자의 동의(consent)에 기초한다는 것이다. ICJ 재판소 규정 제36조는 이 같은 동의 관할권의 기초를 규정하고 있다. 그러므로 당사자 적격이 있고 제소권을 행사하는 주권국가의 재판 청구에 대한 동의(consent of the States)가 있으면 ICJ의 관할권이 발생한다.[468] 이처럼 당사자의 동의가 ICJ 관할권의 기초를 이루고, ICJ는 당사자의 동의에 기초하여 다음과 같은 형식으로 사건에 대한 다양한 관할권을 가지게 된다.

가. 특별합의(Special agreement)

가장 보편적인 방법으로 양당사자의 합의에 의해 법률문제를 ICJ에 제소하는 것이다(재판소 규정 제36조, 제40조).

나. 다른 협약에 의한 관할사건(Cases provided for in treaties and conventions)

ICJ의 세계 법원으로서의 성격을 보여 주는 것으로 다른 국제조약에 법적분쟁을 ICJ의 결정에 따르기로 하는 경우에도 ICJ의 관할권이 인정된다. 현재 적지 않은 국제 조약의 경우에 분쟁해결 방법으로 ICJ의 관할권을 규정하고 있다. 그 경우에 조약에서 주어진 절차에 따라서 ICJ에 서면 신청하면 ICJ는 관할권을 갖는다(제36조 제1항, 제38조, 제40조 제1항). ICJ의 계쟁 관할권을 인정한 다른 국제조약이나 협약 목록이 ICJ의 "Treaties and Other Documents"이다.

---

467) *Id.*

468) STATUTE OF THE INTERNATIONAL COURT OF JUSTICE, 제36조.

1. The jurisdiction of the Court comprises all cases which the parties refer to it and all matters specially provided for in the Charter of the United Nations or in treaties and conventions in force.
2. The states parties to the present Statute may at any time declare that they recognize as compulsory ipso facto and without special agreement, in relation to any other state accepting the same obligation, the jurisdiction of the Court in all legal disputes concerning:
   a. the interpretation of a treaty;
   b. any question of international law;
   c. the existence of any fact which, if established, would constitute a breach of an international obligation;
   d. the nature or extent of the reparation to be made for the breach of an international obligation.

다. 강제 관할권(Compulsory jurisdiction)

제소한 양 당사국가가 ICJ 결정의 기속력을 인정하고, 그에 따른 의무를 수용하기로 합의한 사건의 경우에는 ICJ의 결정이 강제력을 갖는다. 이처럼 당사자에게 구속력이 있는 관할권을 강제 관할권이라고 한다.

라. 확대 관할권(擴大管轄權, Forum prorogatum)

국내에는 응소 관할권 또는 확대 관할권(擴大管轄權)이라는 이름으로 소개되기도 한다.[469] 이는 ICJ 관할권의 유연한 확장의 한 모습이다. 원래는 관할권이 없어서 ICJ 재판에의 참가의무가 사전에 존재하지 않는 경우에도 관할권 있는 일방 당사국이 제소한 것에 대하여, 상대방이 거절 없이 응소하는 등으로 ICJ에서의 재판 진행을 명시적 또는 묵시적으로 수용함으로써 관할권이 성립되는 경우이다. ICJ는 "Forum prorogatum"을 다음과 같이 설명한다.

> **만약 일방이 타방을 상대로 ICJ에 제소하였으나, 상대방 국가가 처음에는 ICJ의 관할권을 인정하지 않는 경우에도, 추후 관할권을 인정할 가능성 즉 동의할 가능성은 남아 있다. 이 경우에 ICJ는 forum prorogatum의 역할로 인해 상대방 국가가 이를 수용한 날짜에 관할권을 갖는다.**

이 경우의 관할권은 응소자(respondent)가 명시적으로 ICJ의 관할권을 인정한 경우뿐만이 아니라, 단지 계쟁 사건에서 자신의 유리함을 즉 자신에게 유리하게 결정되어야 한다고 주장하는 것과 같은 묵시적 항변에 의해서도 관할권은 창설된다. 예컨대 영국이 알바니아를 상대로 제소한 Corfu Channel Case (UK v Albania, 1949) 사건에서, ICJ는 당시는 UN 회원국이 아니어서 당사자 적격이 없던 알바니아(Albania, 1955년 UN가입)가 자국을 옹호하는 서신을 ICJ에 보낸 것에 대해 그것으로 충분히 응소관할을 인정했던 사례가 있다.

응소관할의 최근의 사례로는 프랑스 재판관 버나드 보렐(Bernard Borrel)이 1995년 아프리카 지부티에서 사망한 사건에 대해서 아프리카 지부티공화국(Republic of Djibouti)은 자국이 수사할 것을 주장했다. 그러나 피해자의 국적

---

469) 연세대학교 법학연구소, 김정건, 조영제, 裁判付託合意條項'에 의한 ICJ의 管轄權 決定時 提訴國의 釋明範圍(1996.4). 법률 신문, 법률용어사전, 비호사건(庇護事件) 참조.

국가인 프랑스는 아프리카 지부티공화국의 수사를 반대했다. 그러자 지부티공화국은 프랑스를 상대로 ICJ에 제소했다. 2006년 원래는 관할권이 없는 프랑스가 서면 답변하자 ICJ가 공식적으로 사건의 심리를 선언한 바가 있다.[470]

마. 자판 관할권(Court itself decides any questions as to its jurisdiction)

ICJ에 관할권이 있는지 의문인 사항에 대해서는 ICJ가 관할권 문제에 대해 스스로 판단할 수 있다(제 36조 제6항).

바. 기판력에 대한 해석(Interpretation of a judgment)

ICJ는 결정한 사건의 효력 범위에 대해 당사자의 신청에 의해서 기판력의 범위와 내용에 대한 해석을 할 수 있다(제60조). 이 같은 결정에 대한 해석 요청은 물론 양 당사자의 합의에 의해서도 신청될 수 있다.

사. 판결 번복(Revision of a judgment)

ICJ는 판결의 번복, 즉 재심에 대한 관할권이 있다. 재심은 오직 새로운 사실의 발견이 된 경우에만 가능하다. 그리고 그 새로운 사실의 발견이 관련 당사국의 과실이 아닌 경우에만 가능하다.

4) 재판에의 적용 법률과 재판의 효력

앞서 살펴본 것처럼 ICJ 재판소 규정 제38조는 ICJ가 재판을 함에 있어서 국제법, 국제관습, 문명국가들이 인정한 법의 일반원칙(general principles of law recognized by civilized nations), 저명한 학자들의 학설 그리고 기존 판례들이 모두 ICJ의 법원(法源)임을 명백히 하고 있다. 한편 ICJ의 기존 결정례도 사건을 해결함에 있어서 참조하게 된다. 그러나 영미법계의 선례구속의 원칙(doctrine of stare decisis)과 같은 엄격한 판례법주의는 채택되어 있지 않다. ICJ 재판소 규정 제59조는 선례(precedent)에 대한 (영미법계의) 보통법 정신(common law notion)과 선례구속의 원칙은 적용되지 않는다고 명정하고 있다.

---

470) International Court of Justice Press Release(2006. 8.10), *The French Republic consents to the jurisdiction of the International Court of Justice to entertain an Application filed against France by the Republic of Djibouti, available at,* http://www.icj-cij.org/docket/files/136/11837.pdf.

그러므로 ICJ의 결정은 당해사건에 대해 원칙적으로 당사국들에게만 효과가 있다. 또한 당사자가 동의하면 정의와 공평(*ex aequo et bono*)의 이름으로 결정할 수 있다.[471]

한편 ICJ의 판결은 상소가 불가능한 단심재판이다. 재심은 가능하다. 재심청구는 새로운 사실을 발견한 때부터 늦어도 6월 이내에 이루어져야 한다. 그러나 판결일로부터 10년이 지난 후에는 재심청구를 할 수 없다. 재판비용은 별도로 결정하지 않는 한 재판 당사자들이 각자 부담한다. UN 출범이후 현재까지 ICJ는 약 130건의 계쟁 관할 사건을 담당했다.

3. 권고적 관할권(Advisory Jurisdiction)

1) 의의와 중요성

권고적 의견은 UN의 개별 기관이나 UN 전문기구 그리고 다른 국제기구들이 법적 문제에 대해 ICJ에 의견을 조회하여 그에 대해 법률판단으로 발령한 결정이다. 계쟁(재판) 관할의 경우에는 오직 주권국가만이 제소권을 가지고 있기 때문에, 아무리 법인격을 갖는 국제기구의 경우에도 재판사건의 당사자가 될 수는 없다. 그런데 ICJ의 권고적 관할권은 이러한 계쟁 관할권의 한계 그리고 주권국가 사이의 격렬한 논쟁을 보충하고 대체하기 위해 인정된 매우 중요한 사법 절차이다. 대표적으로 유엔 총회(GA)와 안전보장이사회(SC)는 법적 문제에 대해 ICJ에 권고적 의견을 조회할 수 있다(UN 헌장 제96조 제a항). UN의 다른 개별 기관들과 UN 전문기구(specialized agencies)는 총회의 승인을 받거나, 그 권한 범위에서 업무 수행 중에 발생하는 법적 의문에 대해, ICJ에 권고적 의견을 요청할 수 있다(제b항).[472] ICJ는 이에 따른 권고적 의견의 발령으로 사실상 UN이라는 국제기구 자체의 권위 있는 법률 보좌관으로 기능한다. 한편 일정한 계쟁 관할 사건이 구속력을 가짐에 반하여 권고적 의견은 구속력은 없다.

그러나 ICJ의 권고적 의견은 매우 중요하고 강력한 법적 의견으로 국제사회

---

471) Statute of the International Court of Justice, Article 38(2).

472) UN 헌장 제 Article 96:

a. The General Assembly or the Security Council may request the International Court of Justice to give an advisory opinion on any legal question.

b. Other organs of the United Nations and specialized agencies, which may at any time be so authorized by the General Assembly, may also request advisory opinions of the Court on legal questions arising within the scope of their activities

에서 법적 그리고 도덕적 권위를 가진다. 또한 권고적 의견은 국제법의 발전과 주권국가사이의 평화적 관계의 증진에도 커다란 기여를 한다.

2) 권고적 의견의 사례 경과

국제법 질서에서 권고적 의견이 발령된 최초의 사건은 ICJ의 전신인 상설국제사법재판소(PCIJ)[473]가 관할하였던, 러시아 공국과 핀란드를 당사자로 하여 핀란드가 점유하고 있던 Eastern Carelia 지역의 성격에 대한 Eastern Carelia Case 사건이었다.[474] 동 분쟁은 원래 국제연맹에 제기되었던 사건이다. 국제연맹 총회는 이를 상설국제사법재판소(PCIJ)에 자문 요청했다. 그러나 상설국제사법재판소(PCIJ)는 이 사건에 대해 자신이 결정하는 것은 궁극적으로 양 당사국의 영토분쟁에 대한 사법적인 결정을 하는 것이 된다고 설명하면서, 권고적 의견의 발령도 거절하며 분쟁에 개입함을 거부했었다. 재판 거절의 이유는 양 당사국 사이의 매우 치열한 분쟁이 있는 문제이고, 당사국의 일방은 상설국제사법재판소(PCIJ)의 관할권을 인정하지 않고 있고, 또한 국제연맹의 회원국도 아님을 이유로 들었다.[475] 이 같은 상설국제사법재판소(PCIJ)의 결정내용은 비록 강제력이 없지만 국제 사법 재판기구의 권고적 의견의 무시할 수 없는 효력을 알려 주는 것이고 또한 향후 국제사법재판소(ICJ)의 관할 원칙을 결정함에 좋은 참조가 되었다.

그러나 이후 스페인과 모로코가 당사자가 된 1975년의 Western Sahara 사건에서 보여주는 바와 같이 ICJ는 양 당사국가의 영토 소유권에 대한 매우 치열한 다툼이 있는 사건에 대해서도 권고적 의견을 발령하는 등으로 권고적 의견 발령은 증가했다.[476] 그것은 사건이 법적이기보다는 정치적 사건이라는 주장이 있는 경우에도 ICJ의 권고적 의견은 해당 당사국가에 대해 발령하는 것이 아니라 그 사건을 질의한 UN의 기관이나 국제기구에 발령하는 것이라는 인식도 권

---

473) 상설국제사법재판소(Permanent Court of International Justice : PCIJ)는 국제연맹 헌장에 의해 1922년 창설된 세계 최초의 상설 국제재판소였다. 오늘날 ICJ의 전신으로 국제법의 다양한 측면에 대한 성격 규명과 국제법 발전에 크게 기여했다. 그러나 국제연맹(LN)의 해산과 더불어 임무를 ICJ에 넘기고 1946년에 해산되었다.(ICJ의 PCIJ에 대한 설명 참조. http://www.icj-cij.org/pcij/index.php?p1=9.).

474) *Request for advisory opinion concerning the Status of Eastern Carelia,* 1923. 7. 23. (1923), Publ. PCIJ, Series B, no. 5.

475) Jan Klabbers, *op. cit,* p. 256.

476) Western Sahara advisory opinion (1975), ICJ Report 12.

고적 의견의 적극적 활용과 발령에 기여했다.

한편 ICJ가 현재까지 권고적 의견의 발령도 거절했던 단 하나의 사건은 세계보건기구(World Health Organization)가 의견을 조회한 핵무기 사용의 적법성(legality of the use of nuclear weapons) 문제에 대한 사건이었다. ICJ는 국제보건기구는 핵무기를 소관 업무로 하지 않는다는 것을 이유로 권고적 의견의 발령도 거절했다. 그러나 핵무기 사용의 적법성의 문제는 추후 질의 적격이 문제된 WHO를 대신한 UN 총회가 재차 ICJ에 질의함으로써 인류 역사상 최초로 핵무기에 대한 ICJ의 법적 결정이 이루어지기는 했다.[477]

3) 권고적 의견의 발령

한편 ICJ는 권고적 의견을 발령함에 있어서, 질문을 재구성하고 쟁점이 무엇인지를 명확히 할 권한을 가진다.[478] 물론 그러한 경우에 애당초 질문된 사항에 대해서는 답변을 회피하거나 답변이 없을 위험성도 있지만 ICJ는 사건의 법적 해결을 위해서 무엇이 과연 당사자가 의도하여 질의하고자 한 것으로 진정으로 쟁점인가? 를 고려하여 질문을 재구성해야 한다. 발령되는 권고적 의견에는 형식적으로는 다음의 두 가지가 있다. 내용적으로도 (기속력 없는) 권고적 의견과 기속력 있는 권고적 의견(binding advisory opinion)의 2가지이다.

가. UN 헌장과 ICJ 재판소 규정에 대한 해석

총회나 안전보장이사회가 자신들의 업무 범위 등에 대해서 질의하는 것처럼, 국제사법재판소(ICJ)가 UN 헌장과 ICJ 재판소 규정에 대한 문맥에 대한 해석의견을 발령하는 것이다. 물론 기속력은 없다.

나. 다른 국제 협약에 대한 권고적 의견의 발령

ICJ의 적지 않은 사건은 UN 헌장이나 재판소 규정에 대한 것이 아닌, 여러 국제조약 그리고 협약에 대한 의견인 경우가 많다. 예컨대 UN 면책특권협약 제30조는 UN과 회원국 사이의 면책과 특권 문제에 대한 법적 의문이 있는 경우

---

477) 핵무기 사용의 적법성에 대한 상세한 논의는, 필자, How hot? "Real hot"; Can we control North Korean nuclear weapons through the applicable international law? Hints from the I.C.J. advisory opinion (2009. Atoms for Peace), 참조.

478) Jan Klabbers, *op. cit,* p. 257.

ICJ에 권고적 의견을 요청할 수 있음을 명정했고, 당사자들은 ICJ의 권고적 의견에 기속된다고 명백하게 규정하고 있다.[479] 이러한 경우에는 비록 권고적 의견이지만 그것은 당사자에게는 최종적이고 구속력을 가지는 결정이 된다. 많은 국제협약이 이와 같은 방법으로 ICJ의 권고적 효력을 이용하고 그 효과를 정하고 있다. 이 경우에 ICJ 권고적 의견의 구속력은 쌍방의 합의에서 유래되는 것이라고 할 것이다.

II. UN 시스템에서의 다른 재판소

1. UN 행정재판소(Administrative Tribunals)

UN 행정재판소(UNAT)는 UN의 독립기관으로 UN 직원들의 근무에 있어서 발생하는 임용 계약의 만료, 직무소홀과 규정의 불 준수 문제 같은 내부 행정적인 문제에 대한 이의신청과 청원을 받고 결정을 내리는 재판소이다. UN은 면책특권의 법리상 개별 회원국의 국내 법원 관할권에 복속할 의무가 없기 때문에, 개별 국적을 갖는 UN 직원들에 의해 제기되는 행정문제와 민사문제에 대한, 내부적인 재판소를 창설할 필요성이 제기되었다. 이에 따라서 UN 행정재판소는 1949년 총회 결의에 의해 창설되었다.[480] 그 독립성을 유지하기 위하여 UN 직원은 재판관으로 임용되지 못한다. 재판소는 회원국들이 추천한 법관 가운데서 총회에서 임명되는 4년 임기의 7명의 재판관으로 구성된다. 또한 동일 국적 사람이 재판관이 될 수 없다. 재판관의 연임은 가능하다.

UN 행정재판소(UNAT)의 독립성에 대하여 어느 비용사건(Effect of Awards Case)에서 ICJ는 행정법원법(Statute of the Administrative Tribunal)에 대한 분석을 통해서 UN 행정재판소는 총회의 통제를 받는 총회의 단순한 보조기관이 아니라, 구속력 있는 결정을 하는 UN의 독립기관성이 인정되었다고 함은

---

479) UN의 특권과 면책에 대한 국제협약 제30조(SECTION 30)

All differences arising out of the interpretation or application of the present convention shall be referred to the international Court of Justice, unless in any case it is agreed by the parties to have recourse to another mode of settlement. If a difference arises between the United Nations on the one hand and a Member on the other hand, a request shall be made for an advisory opinion on any legal question involved in accordance with Article 96 of the Charter and Article 65 of the Statute of the Court. The opinion given by the Court shall be accepted as decisive by the parties. 참조.

480) GA, Resolution 351 A(IV), 1949.11.24.

앞서 살펴본 바와 같다. 그러므로 행정 재판소의 구속력 있는 결정은 UN과 창설자인 총회를 모두 구속하게 된다.

2. 준 사법기구로서의 각종 인권위원회(Human Rights Committee)

UN 헌장 자체도 인권조약이지만 UN 헌장과 세계인권선언에 기초한 다수의 국제 인권조약이 있다. 그들 인권조약들은 UN의 감독 아래에 자체적인 인권 감독기구를 갖추고 있다. 대표적으로 시민적·정치적 권리 협약(International Covenant on Civil and Political Rights : ICCPR, B 규약)과 경제적·사회적. 문화적 권리(International Covenant on Economic, Social, and Cultural Rights : ICESCR, A규약) 협약은 모두 협약에 기초한 인권위원회(Human Rights Committee)를 가지고 있다. 이들 구속력 없는 결정을 하는 인권위원회의 준사법기구로서의 성격에 대해서는 다툼이 있으나,[481] 오늘날 인권위원회의 결정과 조약 해석에 대해서는 누구도 거역하기 어려운 국제적 권위와 그리고 당사국에 대해서는 상당한 파괴력을 가지고 판례법(case-law)을 형성한다.

같은 맥락에서 고문방지위원회(Committee against Torture), 여성차별철폐위원회(Committee on the Elimination of Discrimination against Women), 인종차별철폐위원회(Committee on the Elimination of Racial Discrimination), 아동인권위원회(Committee on the Rights of the Child), 장애인과 이주 노동자들을 위한 인권위원회도 모두 그들 개별 인권협약에 기초한 자체 모니터링 기구로, 해당 영역에서의 인권문제를 점검하고 감독하는 판정기구이다. 일반적으로 이들 인권위원회들은 해당 협약에 가입한 회원국들로부터 협약상의 의무 이행 정도와 향후 계획에 대한 이행 점검과 약속 보고서를 제출받아 그 내용을 점검하는 방법으로 임무를 수행한다. 그러나 경우에 따라서는 국가나 개인으로부터의 개별 인권 침해 진정을 받고 그에 대해 조사한 후에 결정을 내릴 수도 있다.

3. UN 배상위원회(Compensation Commission)

UN 배상위원회(UNCCS)는 1991년 UN 안전보장이사회 보조기관(subsidiary organ)으로 창설되었다. 개인, 법인, 단체와 조직, 정부 그리고 국제기구도 청

481) Jan Klabbers, *op. cit,* p. 260.

원권을 가지도록 했다. 임무는 이라크의 1991년 쿠웨이트(Kuwait)에 대한 불법적인 침공과 점령에 따라서 쿠웨이트 국민들이 입은 손실과 피해의 배상 그리고 권리 주장을 재판하는 것이었다. UN 배상위원회는 사망, 상해, 재산권의 상실, 거래상의 손실과 환경 피해 등 약 270만 건에 걸친 US $ 352.5 billion(3,525억 달러)라는 천문학적인 손해배상의 청원을 제기 받아 해결했다.

4. 국제해양법재판소(International Tribunal for the Law of the Sea)

국제해양법재판소(ITLOS)는 1982년도에 발효된 154개 국가가 참가한 UN 해양법협약(UN Convention on the Law of the Sea)에 의해, 설립된 국제 재판소로 정부간국제기구이다. 유엔 해양법 협약의 적용과 해석 그리고 회원국들 사이의 해양과 관련한 문제에 대한 분쟁해결 권한을 가진다. 국제해양법재판소는 독립된 21명의 재판관으로 구성되고 본부는 독일 함부르크에 있다. 한시적 기구가 아닌 영구적 기구이다. 긴급한 사건 처리로서 잠정조치권과 선박과 선원의 신속한 석방 결정권한이 있다.

III. 특별 국제형사재판소(Ad hoc criminal tribunals)

1990년대 UN 안전보장이사회는 2개의 특별 형사재판소를 창설했다. 1993년도에 창설한 구유고 국제형사재판소(International Criminal Tribunal for the former Yugoslavia : ICTY)와 1994년도에 창설한 르완다 국제형사재판소(International Criminal Tribunal for Rwanda : ICTR)가 그것이다.

특별 국제형사재판소는 어떤 단일 국제협약을 근거나 대상으로 한 것은 아니고 여러 국제조약에 걸쳐 있는 중대하고 잔혹한 인권참상을 대상으로 하고, 판결에 구속력을 부여하였다는 점에 특색이 있다. 한편 이들 특별 국제형사재판소는 국내 재판소보다 우월한 지위를 갖는다.

특별 국제형사재판소의 물적 관할은 국제형사재판소(ICC)의 4대 관할 범죄인 대량학살범죄(genocide), 반인륜범죄(crimes against humanity), 전쟁범죄(war crimes) 그리고 침략범죄(aggression crime)를 주된 대상으로 한다. UN 안전보장이사회에 의한 이들 특별 국제형사재판소의 창설은 인류의 양심에 충격을 주는 중대한 범죄에 대해서는 회원국 당사자들의 동의는 그 중요성이 많이 감소하고 있음을 잘 보여준다. 한편 UN 안전보장이사회가 창설한 특별 국제형사재판소의 한계에 대한 논쟁은 앞서 본 타딕 사건(Tadic Case)에서 살펴본 바와 같이 UN 안전보장이사회는 세계 평화와 안전 그리고 평화의 파괴와 침략행위를 방지하고 제거하기 위하여 헌장 제39조에 의한 약한 수준의 권고결정부터, 제42조에 의한 실제 행동으로 무력사용까지 필요한 제반 조치를 취할 수 있는 정당한 권한을 가진다. 그러므로 안전보장이사회는 향후에도 평화의 복원과 향후 세계평화의 확보와 유지에 이바지할 것으로 생각되는 어떤 국제 특별형사재판소도 창설할 수 있다고 할 수 있다.

1. 구유고슬라비아 국제형사재판소 (International Criminal Tribunal for the former Yugoslavia)

구유고 국제형사재판소(ICTY)는 1993년 5월 UN 안전보장이사회 결의 제827호에 의해 창설된 국제형사재판소이다. 정식 명칭은 "1991년 이후 구유고슬라비아 영역 내에서 행해진 국제인도법에 대한 중대한 위반에 대하여 책임을 지는 것의 소추를 위한 국제재판소"이다. 즉 1991년 이후의 구(舊)유고슬라비아 영역 내에서 행해진 민족 정화나 집단 강간 등의 심각한 국제인도법 위반에 대해 책임을 가지는 사람을 소추, 처벌하고, 화해를 촉진해 국제평화 재건에 공헌하기 위해 창설되었다. 재판소 본부는 네덜란드 헤이그에 소재하고 있다. 최고형으로 사형은 배제되어 있다. 2005년 12월 7일 델 폰테 주임 검사는 150명 이상의 세르비아인을 죽여 집단 학살죄와 인도에 대한 죄로 소추되어 있던 크로아티아의 안테 고트비아 전(前) 장군을 카나리아 제도의 한 호텔에서 체포하여 기소했다. 한편 유고슬라비아 전 대통령이었던 피고인 슬로보단 밀로셰비치가 재판에서 실형을 선고받아 복역 중이던 2006년 3월 11일 옥중에서 사망했다.

2. 르완다 국제형사재판소 (International Criminal Tribunal for Rwanda)

르완다 국제형사재판소(ICTR)는 르완다 내전에서 자행된 각종 전쟁범죄 및 인권침해를 재판하기 위해 1994년 창설된 특별 국제형사재판소이다. 본부는 탄자니아 아루샤(Arusha, Tanzania)에 위치했다. 르완다 국제형사재판소(ICTR)도 대량학살(genocide), 반인륜범죄(crimes against humanity) 그리고 전쟁범죄(war crimes)에 대해 관할권을 가진다. 르완다 국제형사재판소는 1998년 9월 4일, 르완다 사태 당시 50만 명의 투치족을 학살한 혐의로 기소된 장 캄반다 전 르완다 총리를 투치족 대량학살 등 6개 항의 범죄행위에 대해 국제재판소의 최고 형량인 종신형을 선고했다.[482] 한편 르완다 정부도 르완다 국내법에 의한 재판을 실시하여 자체적으로 학살범들을 재판에 넘겨 1998년 4월 처음으로 22명에 대한 사형을 집행했다. 특별 국제형사재판소가 최고형으로 사형을 규정하지 않은 관계로 일반 국내 사형범죄자들보다 죄질이 더욱 무거움에도 불구하고 극형은 면했던 것을 국내재판으로 사형을 선고하고 집행한 것이었다.

제3항 유럽연합(European Union)의 분쟁해결 모델

I. 재판소의 구성

오늘날 유럽연합(EU)은 회원국의 개별 사법체계를 넘어선 세계 최초의 초국가적 사법체계(supranational law system)를 구축하고 있다. 유럽연합의 사법재판소는 개별 회원국의 법원 이외에도 제1심 재판소(Court of First Instance)와 사법재판소(ECJ)의 2개로 구성되어 있다.[483] 오늘날 유럽연합 인구 약 4억 9천만 명을 대상으로 하는 유럽연합(EU)의 다양한 법률문제는 EU 사법재판소(ECJ)에 의해 통솔된다.

---

482) 르완다 전 총리 캄반다는 1994년 4월 7일 당시 르완다 대통령 쥐베날 하비아리마나의 비행기가 격추된 뒤, 소수 민족인 투치족의 소행으로 몰고 투치족에 대한 대량 인종 학살을 시작했다. 이에 반세기 동안 잠자던 종족간의 갈등은 피비린내 나는 내전으로 폭발했다. 인간 도살은 90일간 계속되었으며, 광적인 종족학살로 일부 온건한 후투족을 포함해 투치족 50만 명이 숨졌다. 국제사회는 이 야만적인 인간도살에 경악했다. 결국 후투족의 캄반다 정권은 90일 만에 오히려 결사항전한 투치족 반군에 의해 쫓겨났다. 국외 도피한 캄반다는 1997년 케냐의 나이로비에서 붙잡힌 뒤 재판을 받아 왔다.

483) 한편 유럽연합의 형사사건 공조체제는 크게 1)유럽연합 사법기구(유로저스트, Eurojust)와 유럽연합 형사경찰기구(European Police Office), 즉 유로폴(Europol)에 의해 이루어진다. 유로저스트는 네덜란드 헤이그에 설치되어 있는 사법 협력을 담당하는 기관이다. 목적은 국경을 넘은 조직범죄의 수사와 각국 당국 간의 협력으로 EU 내의 범죄율 하락을 목표로 한다. 한편 유로폴(Europol)은 1992년의 마스트리흐트 조약에서 합의되어 1994년 1월 3일 창설된 EU의 범죄대책기구이다. 본부는 네덜란드의 헤이그에 있다. 유로폴의 목적은 회원국 경찰 등 수사기관의 정보를 공유해서, 국경을 넘나드는 중대한 국제범죄에 효율적으로 대처하는 것이다. 유로폴 자체에는 수사권한이나 체포권한은 없고, 정보교환이나 정보분석, 전문기술의 제공이나 훈련지원 등 회원국 각 경찰기관을 지원하는 것이 중심이다.

1. EU 1심 재판소(Court of First Instance)

EU 제1심 재판소는 1989년 창설된 유럽연합의 1심 재판소로 EU 사법재판소(ECJ)의 하급심 법원이다. 유럽연합이 경제적 · 정치적 통합뿐만 아니라 사법적 통합도 지향함을 보여주는 유럽연합 지역 내의 일반 시민들을 위한 법원이다. 재판부는 임기 6년으로 28개 회원국으로부터 각 1명씩 총 28명의 재판관으로 구성된다. 주요 관할(jurisdiction)은 상표권(trademarks) 분쟁과 국가보조금 쟁점(state aid issues) 사건이다. 개인도 제소가 가능하다. 현재 유럽연합 특허법원(European patent tribunal)의 창설이 논의되지만, 아직까지 개인이 제기하는 특허 사건은 EU 제1심 재판소가 담당한다. 유럽연합 제1심 재판소의 판결에 불복하면 최고 재판소인 EU 사법재판소(ECJ)에 상소할 수 있다. 그러나 상소는 법률적인 쟁점에 한한다. 이처럼 EU 제1심 재판소는 EU 사법재판소(ECJ)와 함께 유럽연합 공동체를 형성하는 제반 규범의 해석과 적용 그리고 그에 따른 분쟁을 해결함을 목적으로 한다.

2. EU 사법재판소(European Court of Justice : ECJ)

EU 사법재판소(ECJ)는 유럽연합(EU)의 최고재판소이다. 영어 정식명칭은 유럽공동체 사법재판소(Court of Justice of the European Communities)로 유럽연합의 다른 주요기구들과 달리 룩셈부르크의 수도인 룩셈부르크(Luxemburg) 시에 위치해 있다. EU 사법재판소(ECJ)는 유럽연합의 최고 법원으로 유럽연합 전역에서 유럽연합 조약의 통일된 해석과 적용을 담보하는 책임과 권한이 있다. 더불어 유럽연합 기구 사이의 권한에 대한 최종 결정을 내린다. EU 사법재판소(ECJ)는 6년 임기로 28개 회원국으로부터의 각 1명씩 도합 28명의 재판관으로 구성된다. 다만 재판의 효율을 위하여 28명 재판관 전원으로 구성된 전원 재판부 이외에 13명의 재판관으로 구성된 대(大) 재판부(Grand Chamber)를 운영한다. 각국의 국내법원도 EU 사법재판소(ECJ)에 사건을 의뢰할 수 있다. EU 사법재판소(ECJ)는 또한 유럽연합에 권고적 의견을 발령할 수도 있다. EU 사법재판소(ECJ)의 3가지 주요 관할은 ① 유럽연합법의 올바른 적용 문제, ② 유럽연합의 권한 초과 문제, ③ 회원국 국내법원이 의뢰한 사건이다. 그러나 어느 경우에도 EU 사법재판소(ECJ)는 사실판단이 아니라 유럽연합법의 원칙을 해석하여 재판한다. 한편 개인은 EU 사법재판소(ECJ)에 직접 제소할 수는 없고 EU 제1심 재판소(Court of First Instance)를 거쳐야 한다.

II. 관할권과 현실적 운용

유럽연합 공동체에서 EU 사법재판소(ECJ)는 매우 중요한 역할을 담당한다. EU 사법재판소(ECJ)는 유럽연합 전역에서의 EU 조약의 통일적인 해석과 적용을 통해 유럽연합법의 효력을 담보하기 때문이다. 여러 번의 수정을 거친 현재의 유럽연합 조약(Treaty on the European Union : TEU)의 사법 체계를 조문으로 살펴보는 것도 적지 않게 복잡하고 어렵게 되어 있다. 유럽연합 사법체계에 대해서는 가장 최근 버전인 THE TREATY ON EUROPEAN UNION AND OF THE TREATY ESTABLISHING THE EUROPEAN COMMUNITY[484)]에 있다. 구체적으로는 동 조약 제2편에 해당하는 THE TREATY ESTABLISHING THE EUROPEAN COMMUNITY의 제4부(SECTION 4)에 규정되어 있다. EU 사법재판소(ECJ)에 대한 법조문은 제220조(Article 220 (*)부터 제 245조(Article 245 (*)까지의 26개 조문과 그리고 총 64개 조문으로 되어있는 유럽연합 사법재판소 의정서(PROTOCOL ON THE STATUTE OF THE COURT OF JUSTICE)에 상세하게 규정되어 있다.

1. EU 사법재판소(ECJ)의 권한과 관할권 일반

1) EU 위원회의 회원국에의 의무이행의 기회부여와 재판회부

모든 분쟁의 엄격한 사법적 절차의 해결에 앞서서 공동체적 해결을 위한 사전노력을 위해 EU 위원회는 먼저 회원국에게 EU 조약상의 의무를 준수할 것을 촉구하는 합리적인 의견을 표명한다. 그러나 회원국이 EU 위원회의 촉구에도 불구하고 주어진 기간 내에 EU 위원회가 제시한 의견에 따르지 않는 경우에는 EU 위원회는 사건을 EU 사법재판소(ECJ)에 회부할 수 있다. 이에 따라서 EU 사법재판소(ECJ)의 관할권이 생긴다(Article 226).[485)]

484) 니스 조약을 포함 여러 번의 수정을 거친 조약들을 통합한 최근 버전이 (2002/C 325/01) 이다.

485) 제 226조: If the Commission considers that a Member State has failed to fulfil an obligation under this Treaty, it shall deliver a reasoned opinion on the matter after giving the State concerned the opportunity to submit its observations. If the State concerned does not comply with the opinion within the period laid down by the Commission, the latter may bring the matter before the Court of Justice.

2) EU 기관의 활동과 권한에 대한 판정권(Article 230 (**)[486])

EU 사법재판소(ECJ)는 EU 의회와 EU 이사회, EU 위원회 그리고 EU 중앙은행(ECB)의 활동과 결정 등에 대한 사법심사(review) 권한을 가지고 그에 수반되는 법률분쟁에 대해 관할권이 있다. 유럽연합(EU) 회계감사원(Court of Auditors)과 유럽연합(EU)중앙은행(European Central Bank : ECB)의 권한 보호와 관련한 관할권도 가진다.

3) 유럽연합(EU)과 직원간의 분쟁에 대한 관할권(Article 236)[487]

EU 사법재판소(ECJ)는 유럽연합(EU)과 직원간의 어떤 분쟁에 대해서도 직원 복무규정(Staff Regulations)과 고용조건(Conditions of employment)에 따라서 해결할 권한이 있다.

4) EU 중앙은행 관련 분쟁 일반(Article 237)

EU 사법재판소(ECJ)는 회원국의 EU 중앙은행에 대한 의무이행 문제와 관련된 분쟁 그리고 EU 중앙은행 총재가 발령한 조치에 대한 분쟁 등에 대한 관할권을 가진다.

5) 중재 판정 권한(Article 238)

EU 사법재판소(ECJ)는 공법 또는 사법의 모든 계약에 대해, 동 계약상에 규정된 중재절차에 따른 판단을 할 권한을 가진다.

6) EU 회원국 상호간의 분쟁(Article 239)

유럽연합(EU) 사법재판소(ECJ)는 유럽연합 조약의 실체적인 문제에 대해 회원국들이 합의하여 해결을 요청한 경우에 회원국들 상호간의 분쟁에 대해 관할

---

486) 제230 (**)조: The Court of Justice shall review the legality of acts adopted jointly by the European Parliament and the Council, of acts of the Council, of the Commission and of the ECB, other than recommendations and opinions, and of acts of the European Parliament intended to produce legal effects vis-a-vis third parties.

....

The Court of Justice shall have jurisdiction under the same conditions in actions brought by the Court of Auditors and by the ECB for the purpose of protecting their prerogatives.

487) 제236조: The Court of Justice shall have jurisdiction in any dispute between the Community and its servants within the limits and under the conditions laid down in the Staff Regulations or the Conditions of employment.

권을 가진다.[488)]

7) 관할권의 한계와 효과

가. 회원국 국내법 절차의 활용

EU 사법재판소(ECJ)가 EU 공동체에 대한 제반 법률문제에 대해 관할권을 갖는 경우에도 회원국의 사법절차를 이용하는 것이 배제되지는 않는다. 당사자들은 EU 사법재판소(ECJ)의 재판과는 별도로 회원국가의 법원을 이용한 분쟁해결을 도모할 수 있다(Article 240).

나. 집행정지 효과의 부인

EU 사법재판소(ECJ)의 재판이 계속 진행되는 경우라고 하더라도 본안에 대한 집행정지의 효과는 원칙적으로 없다. 다만 EU 사법재판소(ECJ)는 필요한 경우 집행정지를 발령할 수는 있다(Article 242).

다. 중간조치 발령권한

EU 사법재판소(ECJ)는 재판진행 중인 사건에 대해 급박한 손해를 피하기 위한 긴급조치를 포함한 필요한 어떤 중간조치(interim measures)를 발령할 수 있다(Article 243)[489)]

2. 개별문제 검토

1) 회원국들 사이의 분쟁 문제

그러나 특이하게도 유럽연합 회원국 상호간의 법적 분쟁 사건은 거의 존재하지 않는다. 그에 대한 거의 유일한 사건이 어족 자원 보존과 관련하여 조약 해석에 대한 영국과 프랑스의 어업 분규 문제에 대한 사건이었다.[490)] EU 회원국 사이의 정식 재판이 없는 이유는 회원국 사이의 문제는 주로 유럽연합(EU)의 행정부라고 할 수 있는 EU 위원회(European Commission)에 회부되어 정치외

---

488) 제239조: The Court of Justice shall have jurisdiction in any dispute between Member States which relates to the subject matter of this Treaty if the dispute is submitted to it under a special agreement between the parties.

489) 제243조: The Court of Justice may in any cases before it prescribe any necessary interim measures.

490) Case 141/78, *France v. United Kingdom* (1979) ECR 2923.

교적으로 해결되는 것이 대부분이고 그것이 정식적인 사법 재판을 거치는 것보다 상호간에 후유증을 줄이고 또한 실효적이기 때문이다. 회원국들은 서로 간에 법적 쟁점에 대해 일체감을 손상시키고 승·패를 떠나 후유증도 남길 수 있는 직접적인 사법재판 대신에 유럽연합 공동체 전체의 입장에서 판단할 수 있는 EU 위원회의 정치적 결정에 맡기는 것이 공동체의 발전을 위해서 훨씬 바람직하다고 판단하는 것이다.

앞 장에서 살펴 본 것처럼 공동체 조약의 수호자인 유럽연합(EU) 위원회는 회원국들의 조약 이행을 감시하는 역할도 맡고 있다. 또한 EU (각료)이사회로부터 공동체 유럽연합법령의 실행 그리고 특히 공동 정책과 통합 단일 시장의 실현을 위한 개별적이고 구체적인 임무를 위임받고 있다. 이처럼 유럽연합이라는 공동체의 집행기관으로서 심장 역할을 하고 있는 EU 위원회는 유럽연합에 필요한 제반 법령을 발의한다. 이 같은 EU 위원회의 권한은 회원국 정부의 대표들로 구성된 EU 이사회(Council of the European Union) 권한에 대비하여, 유럽연합 공동체적 전체의 균형을 형성한다.

2) 유럽연합 기관 사이의 권한 쟁송

EU 사법재판소(ECJ)는 Article 230 (**)조에 의거해서 유럽연합 기관 사이의 권한쟁송 사건도 담당한다. 국내법적인 표현으로는 소위 기관 사이의 권한쟁의 사건으로 헌법에 의해 조직된 국가기관이 어떤 권한을 어느 정도까지 행사할 수 있는가? 의 문제에 대한 사건이다. 또한 권한을 행사함에 있어서 적법절차를 준수하였는가? 도 판단의 대상이다.[491]

3) 선결 재정(先決 裁定, preliminary rulings)

유럽연합 사법재판소(ECJ)의 가장 커다란 혁신적인 특징은 무엇보다 회원국 국내 법원이 일정한 사건(문제)을 EU 사법재판소(ECJ)에 의뢰할 수 있다는 초국가적 사법 시스템의 운용이다. 소위 "EU 사법재판소(ECJ)와 회원국 국내법원의 대화(dialogue between the EU Court and the courts of the member-states)"로 간주되는 공동체적 사법 시스템으로, 회원국 법원이나 특별 재판소는 선결적 문제, 즉 조약의 해석 그리고 공동체 기구들의 행위에 대한

491) Jan Klabbers, *op. cit,* p. 263.

해석과 유효성과 관련된 사건에 대하여 EC)에 재정(裁定)을 의뢰한다.[492]

4) 권고적 의견의 발령

EU 사법재판소(ECJ)는 유럽연합의 최고 법원으로서, 1심법원과 행정법원들에 대한 파기 자판(破棄 自判)기능의 수행 이외에 EU의 국제적 합의 문제에 대해 권고적 의견을 발령할 권한도 가지고 있다. 먼저 EU 의회, EU 이사회, EU 위원회 그리고 회원국들은 EU 사법재판소(ECJ)에 그들이 체결하려는 합의가 유럽연합 조약을 포함한 각종 법에 합치되는지에 대하여 자문 의견을 요청할 수 있고,[493] 이에 따라서 EU 사법재판소(ECJ)는 권고적 의견을 발령할 수 있다. EU 사법재판소(ECJ)의 권고적 의견은 근래에 들어 상당히 증가했다. 그러나 그것이 반드시 온당한 이유 때문에 그런 것은 아니었다. 즉 EU 기관들이 권한 확대를 위한 정치적 동기도 적지 않았다. 유럽연합(EU) 위원회가 당시의 유럽 공동체(European Community, EC)가 WTO 의 창설 멤버로 참가하는 것이 가능한 것인지? 에 대해 권고적 의견을 자문 요청한 Opinion 1/94[494] 사건이나, 유럽공동체(EC)가 유럽인권협약(European Convention on Human Rights : ECHR)의 결정에 따라야 하는지? 에 대한 권고적 의견을 자문 요청한 Opinion 2/94[495] 사건은 모두 법률적인 입장에서가 아니라 각 기관들의 정치적인 동기에서 연유한 것이었다.[496] 물론 EU 사법재판소(ECJ)는 유럽인권재판소는 EU 밖의 기구라는 이유로 동 인권협약이나 인권재판소의 결정에 EU가 순응할 이유는 없다고 결정했었다.[497]

---

492) EU TREATY (2002/C 325/01), 제234조: The Court of Justice shall have jurisdiction to give preliminary rulings concerning:
(a) the interpretation of this Treaty;
(b) the validity and interpretation of acts of the institutions of the Community and of the ECB;
(c) the interpretation of the statutes of bodies established by an act of the Council, where those statutes so provide.

493) EU TREATY (2002/C 325/01), 제300 (*)조 제6항: The European Parliament, the Council, the Commission or a Member State may obtain the opinion of the Court of Justice as to whether an agreement envisaged is compatible with the provisions of this Treaty. Where the opinion of the Court of Justice is adverse, the agreement may enter into force only in accordance with Article 48 of the Treaty on European Union.

494) Opinion 1/94 (WTO) (1994), ECR I-5267.

495) Opinion 2/94 (WTO) (1996), ECR I-1759.

496) Jan Klabbers, *op. cit,* p. 264.

497) 오늘날 EU의 유럽인권협약에의 순응을 역설하는 주장도 강력하게 제기된다. *Id.*

한편 EU 사법재판소(ECJ)의 권고적 의견이 기속력을 갖는 것인가? 에 대해서도 의문이 제기된다. 다수의 견해는 EU 공동체의 통일성 유지를 위해 기속력이 있다고 한다. 왜냐하면 EU법은 "만약 EU 사법재판소(ECJ)가 권고적 의견으로 유럽연합(EU)이 체결하려는 합의가 기존의 EU법에 반하는 것이라는 의견을 표명한 경우에는 그 합의는 오직 48조의 규정에 의거해서 EU법을 개정한 후에 진행되어야 한다(if a proposed treaty conflicts with the EC Treaty, the EC Treaty should be amended)" 라고 규정하고 있는 바, 동 규정에 대한 반대해석상, 즉 EU 사법재판소(ECJ)의 권고적 의견을 거역하려면 유럽연합(EU) 법을 개정한 후에 합의를 해야 한다는 것이므로 EU 사법재판소(ECJ)의 권고적 의견은 기속력이 인정된다고 판단된다. 그러므로 실무적으로는 헌장 개정을 하기보다는 EU 사법재판소(ECJ)의 권고적 의견에 따라서 재협상을 하게 된다.[498]

제4항 GATT와 WTO 분쟁 해결 모델

I. 분쟁해결 개관

1. 전체적 조망

점차적으로 발전한 GATT/WTO의 원칙적인 분쟁해결 모델은 다음과 같다.

1단계 : 상담(consult)
2단계 : 체약국(contracting parties)에의 의뢰
3단계 : 패널(panel) 회부 - 패널의 보고서 작성
4단계 : 패널 보고서의 체약국(contracting parties)에의 보고
- 보고서 채택은 만장일치(consensus)

WTO의 경우에도 기본적으로는 위와 동일한 정신과 절차에 의하지만 보다 더 공식화되었고 항소 체계도 갖추었다. 원래 대부분의 국제적 분쟁은 본질적으로 정치적 속성을 가지고 있고 따라서 분쟁해결 절차도 정치적 배려가 가미되어 있다고 할 수 있다. 그런데 분쟁해결에서 가급적 정치적 속성을 배제하려고 한 분

498) Jan Klabbers, *op. cit*, p. 265.

쟁해결 모델이 GATT/WTO 방식이다.

2. GATT 분쟁 모델의 발전

1) GATT의 일반적인 분쟁해결 방법

원래 GATT에서의 분쟁해결은 무역외교의 현장에서 발달해 나갔던 것으로 현실적인 실용주의적인 차원에서 발전해 왔다. 오늘날 WTO의 전신으로 1947년도에 창설된 GATT는 소위 '관세 및 무역에 관한 일반협정'으로 어떤 개별적인 국제기구는 아니다. GATT는 법적으로는 단순한 다자간 국제협정의 하나에 불과하며 법인격이 부여된 국제기구는 아닌 것이다. 따라서 GATT에 가입한 당사국들을 지칭하는 명칭도 가맹국이나 회원국을 의미하는 Member States가 아닌 체약국을 의미하는 "Contracting Parties"라는 용어를 사용했다. 그런데 이 체약 당사자들인 소위 "CONTRACTING PARTIES"가 GATT 분쟁해결의 최고 의사결정기구인 전권기구(plenary body)로 기능했다. 1940년 최초의 분쟁이 발생했을 때 "CONTRACTING PARTIES", 즉 체약국은 분쟁 문제를 보다 유연한 방법으로 해결하고자 했다. 이를 위해 실무적인 "특별조사위원회(Working Parties)"가 가동되었고 이것이 그 후 패널(panel)로 발전했다. 분쟁 조사를 위한 패널은 보통 3-5명으로 구성되어 사안을 검토하고 조사한 후에 자문 의견을 제출했다. 이러한 절차가 GATT의 일반적인 분쟁해결 모델이었다. 그래서 초창기에는 분쟁이 발생하면 당사국들은 먼저 협의절차를 거쳤다. 협의절차는 국제분쟁의 제소국과 피제소국 양당사국이 해결하는 절차이다. 그러한 협의가 실효가 없으면 당사국들은 "CONTRACTING PARTIES"의 소집을 요구했다. 소집된 "CONTRACTING PARTIES"는 패널을 구성했고 패널은 보고서를 작성하여 제출했다. 만약 패널의 보고서가 이사회의 승인을 받으면 "수용"된 것으로 간주되고, 패널의 조언이나 권고의견은 이사회 승인의 스탬프를 부여받았다. 그러나 이러한 실용적인 절차는 법적으로는 모호한 부분을 적지 않게 남겨 두었다.

2) GATT 모델의 문제점

먼저 패널의 보고서가 채택되었다고 하더라도 그 의견이 분쟁 당사국들에게 기속력이 있는가? 의 법적인 문제가 여전히 남는다. 실무적으로는 패널 보고서는 보통 상당한 시간이 경과되어 결론이 도출되는 바, 이사회에 의해 승인된 패널 보고서는 당사국들에게 기속력이 있는 것으로 간주되었다.[499] 예컨대 미국 조세법(tax laws) 사례의 경우에 이의 신청을 받은 미국은 패널 조사에 약 4년을 지체했고 이사회에서의 패널 보고서의 채택을 약 4-5년간 방어했었다. 그 결과 미국은 패널이 제출한 보고서에서 미국의 잘못을 지적한 지 약 9년이 경과한 끝에 결국 미국의 관련 조세법을 개정했던 것이다.[500] 두 번째로 만약 당사국이 패널 보고서의 수용이 어렵다고 보면 당사국은 단순하게 패널 보고서의 채택을 저지(block)할 수 있다. 이사회는 만장일치(consensus)로 의결되기 때문에 이사회 각 회원국들은 거부권(veto)을 가지고 있는 셈이므로 패널 보고서의 채택을 저지하는 것은 그리 어렵지 않은 일이었다. 세 번째로 패널 보고서가 당사자 이외의 제3자에게도 효력이 있는가? 의 쉽지 않은 문제가 제기된다. 의견은 나뉘지만 다수의 견해는 패널 보고서는 제3자에게는 효력이 없다고 본다. 그러나 실무적으로는 패널 보고서를 작성하는 경우에 기존의 패널 보고서는 매우 자주 선례로 인용된다. 오히려 후속하는 패널보고서가 만약 전례와 다른 결론을 제시하려고 할 경우에는 매우 많은 고민을 하게 된다.[501]

3. WTO 분쟁해결 모델

1) 개 관

GATT 체제 하의 위와 같은 분쟁해결에 관한 사항은 WTO 체제 운용에 있어서도 지침(guidance)으로 받아들여진다. WTO 협정의 부속서로서 성립된 "분쟁해결 규칙 및 절차에 관한 양해 (Dispute Settlement Understanding, 이하 "DSU')"는 그동안 GATT 체제 하에서 발전해 온 분쟁해결 절차를 수용하는 한편, 그간의 경험에 근거하여 구조적인 문제점으로 지적되어 오던 부분들에 대한 제도적인 정비를 마련했다. 이에 따라서 WTO 분쟁해결제도는 그 전신인 GATT 체제하의 분쟁해결 절차와 비교해 볼 때 절차상으로 보다 확고한 제도적 정비가 이루어졌을 뿐만 아니라 효과적인 기구상의 조직을 갖춘 것으로 평가된다. 가장 괄목할 만한 사항은 소위 후술할 역총의 제도로 패널 보고서의 채택 방지를 오히려 이사국의 만장일치로 하고 있다는 점이다.

---

499) Jan Klabbers, *op. cit*, p. 268.
500) *Id.*
501) *Id.*

2) 역총의(逆總意) 제도(reverse consensus system)

역총의 제도는 패널 보고서의 채택에 있어서 이사국 전부가 반대하지 않는 한 자동으로 채택되는 제도를 말한다. 앞서 본 바와 같이 이전의 GATT 체제에서는 패널 보고서가 작성되어도 분쟁의 양 당사국의 동의를 포함한 전부의 총의(consensus)에 의해서 패널보고서를 채택하였기 때문에 어느 한 국가만 반대해도 패널 보고서의 채택이 상당히 지연되거나 거부되는 경우가 많았다. 이를 시정하기 위해서 WTO에서는 체약국이 총의(consensus)로 패널 보고서를 거부하지 않는 한, 패널 보고서가 자동적으로 채택되도록 했다. 현재 WTO는 패널 설치, 패널 보고서 채택, 항소기구 보고서 채택을 역총의에 의하도록 하고 있다. 역총의 제도의 채택은 WTO가 성취한 가장 급진적인 개혁이라고 할 수 있다. 즉 WTO 분쟁해결기구(WTO Dispute Settlement Body : WTO DSB)가 패널 보고서를 채택하지 않는 것이 사실상 불가능하게 함으로써 분쟁해결의 최종결정권이 분쟁해결기구(DSB)에서 사실상 패널로 이전되었다고 할 수 있다.

3) 상소기구(Appellate Body)

WTO는 또한 패널 보고서를 법적인 쟁점에 대해 정사(精査)하는 상소기구를 설치했다. 상소기구는 GATT에는 없던 새로운 기구이다. 패널 보고서는 당사자의 이의 제기에 따른 상급심에서의 판단에 대비하여 실무적 그리고 무역 관행적인 검토이외에 법률적인 쟁점에 대해서도 심도 있는 연구와 검토를 하여 작성된다. 패널 보고서에 대한 상소의 구체적인 절차를 보면 분쟁당사국은 패널의 결정에 대해 상소를 하는 경우에 상설의 상소기구에 제기할 수 있다. 상소기구는 7인으로 구성되며 그 중에 3인이 특정한 사안을 심의한다.

상소는 패널보고서상의 법률문제 및 패널에서 제기된 법률해석에만 국한된다. 상소기구는 당사국에 의한 상소 의사의 공식 통보일로부터 60일 이내에 보고서에 의한 판정을 하여야 한다. 어떠한 경우에도 90일을 초과할 수 없다. 상소기구 판정보고서는 분쟁해결기구가 채택하지 아니할 것을 총의에 의하여 결정하지 아니하는 한 회원국들에게 배포된 후 30일 이내에 자동으로 채택된다. 이 경우 분쟁당사국은 동 보고서를 무조건 수락해야 한다.

4) 사법적 성격의 강화

WTO의 이러한 분쟁 해결절차는 GATT 시기부터 지속되어 온 분쟁해결 절차의 법제화 추세를 강화하여 제도적인 장치를 구비한 것이었다. 패널 보고서의 거의 자동적 채택, 보복조치의 자동적 승인, 각 단계마다 엄격한 시한을 설정함으로써 사실상 준 사법절차로 발전했다고 할 수 있다. 이러한 제반 절차들은 GATT의 분쟁해결 모형에 비해서 WTO 분쟁해결절차의 사법성(司法性)을 고양시켜 주었다. 그 결과 GATT 분쟁해결 절차의 만성적인 문제점이었던 정치적 판단에 따른 절차의 지연과 봉쇄에 따른 실효성 결여, 불확실성, 집행력의 결여 등은 상당부분 해소될 것으로 예상되고 있다.

제5항 국제형사재판소(International Criminal Court)

I. 개 관

ICC는 국제형사재판소 로마 규정(Rome Statute of the International Criminal Court)에 근거해서 2002년 7월 1일 설립된 국제범죄자에 대한 재판을 맡는 상설 국제재판소이다. 용인할 수 없는 반인륜범죄 등에 대한 인류의 지혜로 간주된다. 국제형사재판소 본부는 네덜란드의 헤이그에 있다. 하지만 형사재판절차는 세계 어느 곳에서나 진행될 수 있다. 공용어는 영어와 프랑스어이다. ICC는 국제사법재판소(ICJ)와 혼동되지만 국제사법재판소(ICJ)는 원칙적으로 국가 간의 법적 분쟁을 취급하는 UN의 6대 주요기구로 국제형사재판소(ICC)와 전혀 별개의 재판소이다. ICC는 국제형사재판소 전체 임무의 적절한 운영을 담당하는 재판소장(The Presidency), 구체적인 사건을 재판하는 재판부(Chamber) 및 조사를 담당하는 검찰국(OTP : Office of the Prosecutor) 그리고 서기국(The Registry)의 네 부문으로 조직되어 있다.

II. 관할 범죄

ICC의 관할은 개인 형사책임에 한정되며 국가의 형사 재판권을 보완한다(제1조). ICC는 주요 관할 범죄로 인류 공동체에 대한 가장 중대한 범죄를 대상으로 한다. 구체적으로는 집단살해범죄(crime of genocide), 인도(人道)에 반하는 범죄(crimes against humanity), 전쟁범죄(war crimes) 그리고 침략범죄(crime of aggression)의 4대 범죄를 관할로 설정하고 있다. 다만 침략범죄에 대해서는 그 정의가 명확히 정해지지 않아 현재는 ICC의 관할이 아니다. 이러한 4대 관할 범죄에 대해서 ICC는 공적 자격의 무관계성 원칙을 채택하여, 공직 자격에 관계없이 책임 있는 당사자 모두에게 평등하게 적용된다. 그러므로 국가원수나 의원 그리고 상명하복에 따르는 공무원이라 할지라도 개인적인 형사책임을 면제하지 아니한다(제27조). 적용할 수 있는 형벌은 30년 이하의 유기 구금형 또는 종신형으로 사형은 적용할 수 없다(77조)는 한계가 있다.

Ⅲ. 국제형사재판소의 재판과 수사

1. 검찰관의 수사 개시

ICC 검찰관은 재판소 관할범죄에 관한 정보에 근거하여 독자적으로 수사를 개시할 수 있다(제 15조 제1항). 검찰관은 수사 개시를 위해 다양한 방법으로 접수된 정보의 중대성을 분석한다. 이를 위해 검찰관은 국가, UN의 기관, 정부간 또는 비정부간 기구 또는 검찰관 스스로가 적절하다고 여기는 믿을 만한 출처로부터 추가 정보를 구할 수 있다. 검찰관은 수사를 진행시킬 만한 합리적인 근거가 있다고 판단하는 경우에는 수집된 증빙자료와 함께 수사허가 요청서를 전심 재판부에 제출한다(동 3항). 전심 재판부는 수사허가 요청서와 증빙자료를 검토한 후에 수사를 진행시킬 만한 합리적인 근거가 있고 당해 사건이 재판소의 관할권에 속한다고 판단하는 경우에 수사의 개시를 허가한다(동 4항). 다만 UN 안전보장이사회가 UN 헌장 제7장에 따라 채택하는 결의로 ICC 재판소에 수사 또는 기소의 연기를 요청하는 경우에는 검찰관은 12개월 동안 수사를 정지한다. UN 안전보장이사회의 이러한 요청은 동일조건 하에서 갱신될 수 있다(제16조).

2. 국제형사재판소(ICC)의 관할권

국제형사재판소(ICC)가 구체적으로 재판을 담당하는 방법에는 크게 다음의 3가지방법이 있다.[502]

502) 국제형사재판소규정(Rome Statute of the International Criminal Court), Article 13(Exercise of jurisdiction)

1) 체약 당사국의 요청에 의한(by a State Party) 관할권

당사국은 ICC 관할 범죄에 대하여 검찰관에게 수사를 요청할 수 있다. 이에 따라 기소된 사건에 대해 ICC는 관할권을 갖는다(제13조 제a항, 제14조).

2) UN 안전보장이사회의 요청에 의한 관할권

UN 안전보장이사회는 UN 헌장 제7장에 따라 ICC 검찰관에게 수사를 의뢰할 수 있다. 이에 따라 기소된 사건에 대해 ICC는 관할권을 갖는다(제 13조 b항).

3) ICC 검찰관 자체 기소에 의한 관할권

ICC는 필요한 경우에 관할 범죄에 대하여 ICC 검찰관은 소위 교황자의교서(教皇自意教書, *motu proprio*, 모투 프로프리오)라는 자연법의 요청에 의한 자신의 주도하에 수사를 자체적으로 개시할 수 있다. 이에 따라 ICC 검찰관이 재판에 회부한 사건에 대해 ICC는 관할권을 가진다(제13조 제c항, 제15조).[503]

3. ICC의 안건 분류

ICC가 취급하는 안건은 수사와 재판 상황에 따라 다음의 5가지로 분류된다.

1) 검토 안건

수사 여부에 대한 검토를 하는 안건이다.

The Court may exercise its jurisdiction with respect to a crime referred to in article 5 in accordance with the provisions of this Statute if:

(a) A situation in which one or more of such crimes appears to have been committed is referred to the Prosecutor by a State Party in accordance with article 14;

(b) A situation in which one or more of such crimes appears to have been committed is referred to the Prosecutor by the Security Council acting under Chapter VII of the Charter of the United Nations; or

(c) The Prosecutor has initiated an investigation in respect of such a crime in accordance with article 15.

503) 국제형사재판소규정, Article 15(Prosecutor),

1. The Prosecutor may initiate investigations ***proprio motu*** on the basis of information on crimes within the jurisdiction of the Court.

2) 부탁 안건

당사국이나 UN 안전보장이사회에 의해 의뢰되어 수사를 부탁(referred) 받는 안건이다. 우간다, 콩고민주공화국 그리고 중앙아프리카공화국의 3개국이 ICC 검찰관에게 수사를 요청했었다. 이 3개국은 모두 ICC 협정을 체결한 국가이다. 또한 UN 안전보장이사회는 수단의 다르푸르 사태에 대한 조사를 ICC 검찰관에게 수사 요청한 바가 있다.

3) 수사 안건

소추를 전제로 한 수사(investigation) 중인 사건이다.

4) 소추 안건(예심국면)

공판 직전의 예심단계에 있는 소추된 사건이다. 우간다의 악명 높은 군주 또는 상제 저항군(Lord's Resistance Army: LRA)[504] 간부에 대한 5건의 재판과 수단 다르푸르 사태에 대한 5건의 사건이 예심단계에 있다.

5) 공판 안건(1심 공판)

1심 공판(trial) 진행 중인 사건이다. 현재 2007년 1월 31일 기소된 콩고민주공화국 전 대통령 르반가를 비롯하여 10건의 재판이 진행 중이다.

Ⅳ. ICC의 피해자 신탁기금의 운영과 UN과의 관계

1. 피해자 신탁기금(Trust Fund for Victims) 제도

ICC는 피해자를 위해 피해자 신탁기금을 운영한다. ICC는 상당한 이유가 있을 때는 신탁기금을 통한 배상을 명령하여 피해자를 직접 구조할 수 있다. 신탁기금은 개인과 집단이 대상이다. 신탁기금은 유죄 판결을 받는 피의자에 의한 배상금만이 아니라 정부, 국제기구 그리고 개인의 기부금이 사용될 수도 있다.

---

504) Lord's Resistance Army, http://en.wikipedia.org/w/index.php?title=Lord%27s_ Resistance_ Army&oldid=296018106.

2. ICC와 UN과의 관계

UN 안전보장이사회는 다르푸르(Darfur) 사태에 대해 ICC 검찰관에게 수사를 의뢰했었다. UN 주요기구인 국제사법재판소(ICJ)와 달리 국제형사재판소(ICC)는 UN과는 법적으로 그리고 기능적으로 독립된 별개의 국제기구이다. 하지만 로마 규약(Rome Statute)은 ICC에 대한 UN 안전보장이사회의 특별한 권한을 인정하고 있다. UN과의 긴밀한 협조와 안전보장이사회의 협력은 ICC의 재판의 효력을 담보할 수 있는 가장 강력한 방법이기 때문이다. UN 안전보장이사회의 도움 없이는 ICC 재판의 효력은 담보되지 않고 재판소의 보편성과 권위는 유지되기 어렵다. 이에 로마 규약 제13조는 1개 또는 그 이상의 범죄가 범해진 것으로 보이는 사태에 대해 UN 안전보장이사회는 UN 헌장 제7장에 따라 행동하는 모습으로, 원칙적으로는 ICC 관할이 없을 사건에 대해서 ICC 검찰관에게 수사를 의뢰할 수 있고 따라서 ICC는 확장된 관할을 갖게 된다. 한편 로마 규약 제 16조는 UN 안전보장이사회가 ICC에게 12개월 동안의 재판과 수사의 연기를 요청할 권한도 부여하고 있다. 그밖에도 ICC는 UN과 정보의 교환, 위험지역에서의 활동의 경우에 병참 지원(logistical support) 같이 많은 다른 분야에서 협조하고 도움을 받는다. 또한 ICC는 그 활동상황에 대한 보고서를 UN에 제출한다. 또한 ICC 회원국 정상회의를 UN 회의장에서 개최한다. 이 같은 국제형사재판소(ICC)와 UN과의 긴밀한 협력은 양자 간의 합의인 "Relationship Agreement between the International Criminal Court and the United Nations"[505]에 의해 구체화되어 있다.

제6항 다른 국제기구의 분쟁해결

I. 다른 국제기구의 분쟁해결 모델

UN이나 EU 그리고 금융 국제기구처럼 정교하고 복잡하지는 않지만 일부 국제기구들의 경우에도 기구 운영과 관련한 다양한 분쟁이 발생하고 그를 해결할 필요성은 동일하다. 이러한 많은 다른 국제기구의 경우 분쟁해결은 다음과 같은

505) ICC-ASP/3/Res.1 발효일: 04/10/2004.

4가지 모델 가운데 하나를 따르는 것이 보통이다.

① **자체 사법기관의 구비(own judicial organ)**
② **국제사법재판소(ICJ)의 이용**
③ **협상과 타협**
④ **특별위원회(ad hoc committees)의 설치**
⑤ **분쟁해결을 위한 별도의 위원회 조직의 구축**

예컨대 안보 협력을 위해 유럽과 중앙아시아, 북아메리카 등의 56개 국가가 가입되어 세계에서 가장 큰 정부 간 협력기구인 유럽안보협력기구(Organization for Security and Co-operation in Europe : OSCE)[506], 서아프리카경제공동체(Economic Community of West African States : ECOWAS), 중미기구(Organization of Central American States : OCAS), 아랍석유수출국기구(Organization of Arab Petroleum Exporting Countries : OAPEC), 아프리카 최초로 무관세 자유무역지대(Free Trade Area)를 출범시킨 아프리카 최대 경제 공동시장인 동남부아프리카공동시장(Common Market for Eastern and Southern Africa : COMESA) 등처럼 적지 않은 국제기구들은 정교하지는 않지만 자체적인 사법심사기구를 가지고 있다.

한편 NATO의 경우의 정치적 분쟁처리 사례는 사법심사기구가 없는 국제기구의 분쟁처리에 시사점을 준다. NATO는 별도의 사법심사기구를 가지고 있지 않다. 이 경우 분쟁해결기구나 적용할 분쟁해결 규범이 없는 NATO는 정치적 해결, 따라서 타협을 위한 노력을 기울인다. 예컨대 1960년대에 프랑스 드골(de Gaulle)대통령은 NATO에서의 미국의 주도적 역할에 불만을 가졌고 NATO 회원국 자격은 유지하면서 NATO 조직 가운데 다만 군사체계(military structures)에서의 탈퇴를 선언했다. 그런데 NATO는 프랑스의 그러한 행위를

506) 유럽안보협력기구(OSCE)의 전신이었던 유럽안보협력회의(Conference on Security and Co-operation in Europe : CSCE)는 다른 국가에서 발생한 인권에 관한 개인적 사건이나 상황에 대해 특정국가가 외교적 채널을 통해 문제를 제기할 수 있는 인권장치를 구축했었다. 현재 OSCE는 민주제도. 인권사무국(Office for Democratic Institutions and Human Rights : ODIHR)을 구축하여 회원국의 선거 감시활동, 민주제도의 발전, 인권의 보호와 증진, 법치주의의 준수의 문제와 같은 공정한 선거, 인권보호 그리고 사법감시 활동을 수행하고 있고, 헤이그에는 소수민족고등판무관(High Commissioner on National Minorities)을 조직하고 있다. CSCE의 OSCE로의 변화에 대해서는 박찬운, 인권법, 한울(2008), pp. 209-212 참조.

승인할 기관도 없고 부문 탈퇴라고 할 수 있는 군사체계에서만 탈퇴한 경우에 다른 조직에서는 남아 있을 수 있는지? 더 나아가 그런 경우에도 NATO의 정책결정 과정에 참가할 수 있는지? 와 같은 민감한 내부 문제를 해결할 분쟁해결기구가 전혀 없었다. 한편 NATO 조약 헌장에는 회원국의 그러한 부분적 탈퇴 행위를 금지하는 규정도 사실은 없었다. 프랑스의 일방 탈퇴 행위는 일정한 정치적 조직인 NATO에서 군사부문에서의 프랑스의 독자성을 추구한 것으로, 프랑스는 1959년의 지중해 함대 철수를 시작으로 단계적으로 NATO 사령부에서 프랑스 병력을 철수시켰다. 1966년에는 프랑스는 통합사령부에서 스스로 철수했고 모든 외국 군대도 프랑스를 떠날 것을 요구하여 프랑스 파리에 있던 NATO 본부도 벨기에의 브뤼셀(Brussels)로 이전했다. 그러나 프랑스는 이러한 군사적 조치에도 불구하고 소비에트 블록의 서유럽 침공 시에는 NATO와 함께 방위와 공격을 할 것임은 확고히 했다. 프랑스는 그를 위해 서부 독일에 프랑스 병력은 계속 주둔시킬 것을 제안했다. NATO는 결국 프랑스의 이러한 정치적 타협안을 받아들였다. 한편 프랑스 니콜라스 사르코지(Nicolas Sarkozy) 대통령은 2009년 3월 11일 그 동안 프랑스가 1966년 탈퇴했던 NATO 군사조직에서의 공식적인 복귀를 선언했다.[507] 특별한 분쟁해결기구가 없는 적지 않은 국제기구의 경우에 이 같은 타협과 정치적 해결의 모색은 애용되는 방법 가운데 하나이다.

II. 국제기구의 자체 행정재판소 - ILO의 분쟁해결 기구

1. 서 언

통상 국제기구에 있어서의 분쟁이라고 하면 회원국 상호간의 이해충돌이나 회원국과 국제기구 자체의 문제로만 생각하기 쉽다. 그러나 전술한 바도 있지만 국제기구와 그곳에 근무하는 직원들 사이의 근로조건을 포함한 고용문제는 더 자주 그리고 더 많이 발생하는 문제로서 그 중요성을 간과할 수 없다. 이러한 중요성을 인식하고 일부 국제기구들은 국제기구와 직원 문제(staff issues)를 취급하기 위한 자체적인 행정재판기구를 설치하였다.

---

507) BBC News, France and Nato, http://news.bbc.co.uk/2/hi/europe/7938191.stm.(last visited, 2009/3/19). 한편 프랑스의 핵무기 실험성공과 보유는 NATO 군사부문에서의 탈퇴로 운신의 폭이 넓어진 가운데 이루어졌다고 볼 수 있다.

대표적으로 UN 총회가 설치한 UN 행정재판소(Administrative Tribunal)가 있다고 함은 앞서 살펴본 바 있다. 세계은행(World Bank), 국제통화기금(IMF), 국제노동기구(ILO) 그리고 미주개발은행(Inter-American Development Bank) 등이 각자 자체 행정재판소(Administrative Tribunals)를 가지고 있다. 지역기구로는 아랍연맹(League of Arab States)[508], 아시아개발은행(Asian Development Bank : ADB) 등이 자체 행정재판소를 가지고 있다.

한편 ILO를 포함한 이들 국제기구 행정재판소도 국제법 질서에 복속되어 있음은 물론이다. 그러므로 분규를 해결함에 있어서는 국제법의 일반원칙에 따라야 하고 국제사법재판소(ICJ) 규정 그리고 그 결정에도 기속된다.[509] 그러므로 적지 않은 경우에 이들 국제기구의 행정재판소도 ICJ에 권고적 의견을 요청하기도 한다. 이 경우에 발령되는 ICJ의 의견은 기속력 있는 것으로 간주된다.[510]

2. ILO 행정 재판소

1) 개 관

1919년 창설된 국제노동기구(ILO)는 창설 이후 국제연맹(LN)의 전문기구로 활동했을 뿐만 아니, 국제사회의 노동전문기구로 역할 했다. ILO는 해체되지 않고 2차 세계대전 후인 1946년 국제연맹을 대체하여 창설된 국제연합(UN)의 전문기구(specialized agency)가 되었다. 주지하다시피 ILO는 근로자의 권리를 정의하고 그를 보호하는 임무를 수행했다. 또한 ILO 산하의 행정재판소는 후술하는 바와 같이 ILO가 관할권이 있는 국제기구들의 피용자의 근로 보호 문제에 대한 법적 분쟁을 취급한다. ILO 행정재판소는 UN 산하의 특별전문기구로 편입되기 전에 이미 37건의 사건을 처리했다.

ILO 행정재판소는 각각 국적이 다른 임기 3년의 7명의 재판관으로 구성되어 있다. ILO 재판관은 ILO 집행부의 추천을 받아 총회(International Labour Conference)에서 임명된다. 재판부는 3주의 일정으로 1년에 두 차례 봄과 가을에 회의를 개최한다. 그때 그 동안 심리한 약 50여개의 사건에 대한 판결을 선

508) 아랍연맹은 1945년, 중동의 평화와 안전을 확보하고 아랍 제국의 주권과 독립을 수호하기 위하여 결성된 중동 지역 기구로, 2008년 현재 팔레스타인을 포함한 22개 나라가 가입해 있다.

509) Jan Klabbers, *op. cit*, p. 272.

510) 이것을 ICJ가 특별히 변형된 형태의 상소기구로 기능하는 것으로 이해되었다. 하지만 UN 총회는 1996년 이러한 가능성(즉 ICJ를 상소기구로 활용하는 것)을 봉쇄했다. Szase, "Adjudicating Staff Challenges", p. 715.

언한다. ILO 행정재판소 산하에 사건 접수를 포함하여 제반 행정업무를 담당하는 사무국(Registry)과 소규모의 법률 팀이 있다.

2) 다른 국제기구의 ILO 행정재판소의 이용

1949년 ILO 집행부는 ILO가 인정하는 일정한 국제기구들도 ILO 행정재판소를 활용할 수 있도록 했다(ILO Statute 제2조). 이처럼 ILO 행정재판소는 다른 국제기구에도 문호를 개방하고 있어서 분쟁해결 시스템이 없는 국제기구는 물론이고 분쟁해결 시스템을 갖춘 다른 국제기구도 ILO 행정재판소에 해결을 의뢰할 수 있다. 오늘날 ILO 행정재판소는 다른 국제기구의 행정재판소보다 근로문제에 관한 한 더 커다란 권위를 가지고 있다. 그래서 대표적으로 GATT, FAO, WHO 그리고 UNESCO가 ILO 행정재판소를 많이 활용했다.

그렇다면 자체적인 행정재판소를 가지고 있지 않는 경우나 또한 있는 경우에도 다른 국제기구들은 왜? 직원들 사이의 분쟁 사건을 ILO에 의뢰하는 것일까?에 대한 의문이 있을 수 있다. 그것은 ILO은 노동문제에 대한 전문가 집단이기 때문에 다른 국제기구들은 더 큰 권위의 확보를 위해 ILO 행정재판소를 이용할 것이다. 또한 노동관련 분쟁이 발생한 국제기구로서는 노동문제 전문기구인 ILO를 통한 해결을 통해서 다른 국제기구와의 형평성과 일관성을 구축할 수도 있고 권위도 확보할 수 있을 것이다. 더불어서 노동분쟁의 예방적 효과도 고양할 수 있다는 이점이 있을 수도 있다.

3) 대상 관할 회원기구

ILO의 인터넷 게시판에도 등재되어 있는 바와 같이 현재 공식적으로 ILO 행정재판소의 관할을 인정한 국제기구는 적지 않다. ILO 행정재판소의 관할을 인정하고 ILO 규정이 정하는 절차규정을 채택한다는 것을 선언한 후에, ILO가 이것을 승인하면 해당 국제기구 직원들이 직접 ILO에 제소할 수 있다. 현재 다수 국제기구들이 ILO의 관할권을 수용하고 있다.[511]

---

511) World Health Organization(WHO), Pan American Health Organization(PAHO) International Telecommunication Union(ITU), United Nations Educational, Scientific and Cultural Organization (UNESCO), World Meteorological Organization(WMO), Food and Agriculture Organization of the United Nations(FAO), World Food Programme(WFP) European Organization for Nuclear Research (CERN), World Trade Organization(WTO) International Atomic Energy Agency(IAEA), World Intellectual Property Organization(WIPO), European

4) 유엔 교육 과학 문화 기구(UNESCO) 고용문제 사건

1950년대 초에 적지 않은 수의 유네스코(UNESCO) 피용자들이 계약만료와 동시에 재임용됨이 없이 고용 종료되었다. 사실 유네스코(UNESCO) 총재는 그 이전에 직원들이 성실하게 근무하고 일정한 조건만 충족하면 고용관계는 갱신될 것이라는 양해각서(memorandum)를 발령한 바가 있었다.

그러자 해고에 불만을 가진 일부 직원들은 계약 갱신 거절은 당시 미국을 비롯한 일부 서구주의 사회에서 풍미하던 반공주의 (反共主義)정신, 즉 매카시즘(Mccarthyism) 선풍의 영향으로 그들을 좌익적 성향자로 판단하고 해고한 것이라고 생각했다. 직원들은 이 문제를 ILO 행정재판소에 제소했다. 제소를 받은 ILO은 피용자들의 손을 들어 주었다. 그러자 유네스코(UNESCO)는 ILO 행정재판소의 결정에 불복하고 사건을 국제사법재판소(ICJ)에 항소했다.[512] 그러

Organisation for the Safety of Air Navigation (Eurocontrol), Universal Postal Union(UPU), European Southern Observatory(ESO), Intergovernmental Council of Copper Exporting Countries(CIPEC), European Free Trade Association(EFTA), Inter-Parliamentary Union(IPU), European Molecular Biology Laboratory(EMBL), World Tourism Organization(UNWTO), European Patent Organisation(EPO), African Training and Research Centre in Administration for Development(CAFRAD), Intergovernmental Organisation for International Carriage by Rail(OTIF), International Center for the Registration of Serials(CIEPS), International Office of Epizootics(OIE), United Nations Industrial Development Organization(UNIDO), International Criminal Police Organization(Interpol), International Fund for Agricultural Development(IFAD), International Union for the Protection of New Varieties of Plants(UPOV), Customs Co-operation Council(CCC), Court of Justice of the European Free Trade Association(EFTA Court), Surveillance Authority of the European Free Trade Association(ESA), International Service for National Agricultural Research (ISNAR), International Organization for Migration(IOM), International Centre for Genetic Engineering and Biotechnology(ICGEB) Organisation for the Prohibition of Chemical Weapons(OPCW), International Hydrographic Organization(IHO), European and Mediterranean Plant Protection Organization(EPPO), International Plant Genetic Resources Institute(IPGRI), International Institute for Democracy and Electoral Assistance (International IDEA), International Criminal Court(ICC), International Olive Oil Council (IOOC), African, Caribbean and Pacific Group of States (ACP Group), Agency for International Trade Information and Cooperation(AITIC), European Telecommunications Satellite Organization (EUTELSAT), International Organization of Legal Metrology(OIML), International Organisation of Vine and Wine(OIV), Centre for the Development of Entreprise(CDE), Permanent Court of Arbitration (PCA), International Organisation for the Development of Fisheries in Central and Eastern Europe (EUROFISH), Technical Centre for Agricultural and Rural Cooperation ACP-EU(CTA), The International Bureau of Weights and Measures(BIPM). 상세는 TRIB, Administrative Tribunals, http://www.ilo.org/public/english/tribunal/membership/index.htm. 참조.

512) *Judgement of the Administrative Tribunal of the ILO upon Complaints Made Against the UNESCO*, advisory opinion, (1956) ICJ Reports 77.

나 ICJ도 계약의 갱신을 약속한 메모의 존재와 그 합의의 유효함을 인정하고 ILO 행정재판소의 판결을 지지했다.

III. 유럽인권재판소(European Court of Human Rights)

전편에서 살펴 본 바와 같이 유럽인권재판소(ECtHR)는 유럽 평의회(Council of Europe)의 주요기구로 1950년 유럽인권협약(European Convention on Human Rights : ECHR)에 의해 창설되었다. 유럽 인권의 상징인 유럽인권재판소는 프랑스 북동부의 스트라스부르(Strasbourg)에 있으며 재판관은 유럽인권협약의 당사국 수와 같은 47명이다.

유럽인권재판소의 관할 업무는 유럽인권협약에 상세히 규정되어 있다. 재판소는 유럽인권협약 및 의정서의 해석과 적용에 관한 모든 문제에 대하여 관할권을 가진다(동 32조). 재판소는 관할권이 있는지? 의 문제에 대해서도 자체 판단권이 있다. 회원국 상호간에도 협약 위반 사항에 대하여 제소할 수 있다(동 33조). 또한 회원국의 모든 사람, NGO 그리고 어떤 단체들도 인권 협약 또는 의정서에 규정된 권리를 체약국이 위반했음을 이유로 개별적으로 제소할 수 있다(동 34조). 다만 개별 제소의 경우에는 익명(匿名)의 제소는 불허되고 유럽인권재판소에 제소하기 이전에, 각 당사국의 국내 구제절차를 모두 소진(消盡)해야 한다. 또한 동일한 사건이 이미 심리 중이거나 다른 국제적인 절차가 진행 중인 경우 그리고 제소의 내용이 아무런 관련 정보를 가지고 있지 않은 사건인 경우에는 심리는 불허된다(동 35조).

한편 유럽인권재판소의 판결은 국제법상 구속력이 있고 각료위원회가 판결의 집행책임을 가진다. 구체적으로는 판결 집행국(執行局)이 집행업무를 담당한다. 한편 유럽인권재판소는 구속력 있는 판결과는 별도로 각료위원회(Committee of Ministers)의 요청에 따라서 협약 및 의정서의 해석에 대한 법적 문제에 관하여 권고적 의견(advisory opinion)도 발령할 수 있다(동 47조).

제7항 마무리 - 분쟁해결의 대안

국제기구와 회원국의 복잡하고 미묘한 관계는 분쟁해결 영역에서도 잘 나타난다. 원래 국제기구의 사법심사기관들은 그 성격상 독립성을 가지고 일정한 자격을 갖춘 전문 재판관들로 구성되며 독자적인 조직을 구축하고 있는 경우가 많다. 그러므로 국제기구의 기관을 국가의 대표들을 회원으로 하는 정부간 기관과 전문 국제기관으로 분류할 경우에, 사법기관은 전문 국제기관에 속하는 것으로서 회원국으로부터의 독립성을 확보하기 위해서 설립헌장에 특별한 규정을 두는 경우가 대부분이다. 이로 인해서 국제기구의 법률 분쟁 능력은 눈부시게 발달했다. 그 결과 EU 사법재판소(ECJ)나 국제형사재판소(ICC) 그리고 특별형사재판소처럼 개별 국가를 초월하는 관할권을 부여받은 국제기구의 재판소는 개별 회원국에게 커다란 지원과 힘이 되기도 한다. 반면에 회원국들은 전통적으로 그리고 오늘에 이르기까지 그들 국가의 주권의 우선성과 독점성을 침해받지 않고 보호하려고 적지 않게 노력하는 것도 사실이다. 그러한 결과 특별히 인권의 문제에 대해서는 국제기구들이 거의 모두 국내 사법절차를 소진한 연후에나 국제인권 재판소에 제소할 수 있도록 하고 있다. 이러한 국내 절차의 완전 소진이라는 전제적 절차의 요청은 국제기구의 인권재판소를 법적으로는 국내 법원에 대한 **상소 재판기구**로 기능하게 한다는 의미가 있다. 그러나 상당한 경우에 그것은 국제기구에의 제소를 어렵게 하는 장애요소로 작용되는 것이 사실이다. 결국 회원국의 주권을 보호하는 의미가 강하다고 할 수 있다.

한편 인권재판소처럼 일반 개인의 사적 권리에 대한 구제를 인정하는 국제 재판소의 경우에 판결의 구속력은 인정되지 않고, 경우에 따라서는 개인에 의한 제소를 허용하지 않는 국제기구도 적지 않다. 모두 **주권국가의 주권성**의 중요성을 고려한 조치라고 할 수 있다. 동일한 논리의 연장선에서 여러 곳에서 살펴보았듯이 구속력이 없는 권고적 의견(advisory opinion)의 활용이 가장 애용되는 국제분쟁해결 방법이 되는 경향이자 이유라고 할 수 있다.

마지막으로 오늘날 분쟁해결의 주류적 경향은 각 국제기구들은 가급적이면 자체적인 해결 시스템으로 문제를 해결하려고 한다는 점이다.[513] 이러한 경우

513) Jan Klabbers, *op. cit*, p. 274.

에 일반 국제법은 여전히 판단의 중요한 규범이 될 것이지만 대부분의 경우에 복무규정, 지침, 협약 같은 국제기구의 내부 기준이 우선적으로 적용되고 일반 국제법은 최후의 기준(last resort)으로 작용되게 된다. 개별 국제기구의 독자성 확보를 위한 개별화의 경향이라고 할 수 있다. 이처럼 국제기구의 분쟁해결 영역에서도 국제기구와 주권국가 그리고 국제기구 상호간의 대립과 긴장의 모습이 역력하게 나타나는 것이다.

제10장 국제공무원과 국제기구의 책임 (Responsibility)

제1항 머리말

일찍이 국제연맹의 상설국제사법재판소(PCIJ)가 소위 흐르죠 공장사건(工場事件, Chorzow Factory case)에서 판결한 것처럼 국제법 위반은 법적 책임을 발생시킨다. 주권국가라고 하여도 잘못된 행위에 대한 법적 책임을 진다는 것은 국제법적으로 널리 확립된 보편적인 원칙이다. 이를 국가의 "**국제책임**" 간단하게 "**국가책임의 원칙**"이라고 한다. 요약하면 국가의 국제책임의 원칙이란 주권국가의 경우에도 조약 위반을 포함한 국제법적으로 잘못된 행위에 대해서는 법적 책임을 부담한다는 원칙이다. 오늘날 국제법 위반이 배상의무를 야기하는 것은 국제법의 확립된 원칙이며 법의 일반개념인 것으로 이해된다.[514)]

그런데 주권국가에게 인정되는 이러한 국제책임의 일반원칙을 또 다른 국제법 주체인 국제기구에 대해서도 적용할 수 있을 것인가? 국제기구의 경우에도 잘못의 경우에는 일정한 책임을 인정해야 할 것 같고 또한 정의의 요청 상으로도 일견 인정해야 한다는 점에 대해서는 수긍할 것 같으면서도 국제기구의 책임에 대한 결론은 결코 간단한 문제는 아니다.

먼저 국제기구에게 책임을 부담시킬 수 있을까라는 근본적인 문제에서부터, 책임을 부담시킨다고 하는 경우에도 과연 누구의 어떠한 행위에 대해 국제기구는 책임을 져야 하고, 그러한 책임은 궁극적으로는 국제기구의 누구에게 부과되는 것일까라는 의문이 이어지게 된다. 왜냐하면 주권국가의 경우에는 그 자신이 독자적 행위주체(unitary actors)로 인정되지만, 국제기구는 결국은 주권 회원국의 합의에 의한 인위적인 창조물인 것으로서 크게는 국제기구와 회원국들 또한 국제기구 주요기구와 기관들 사이의 복층 구조물이기 때문이다. 그러므로 국제기구 책임 문제에 있어서는 소위 **기구의 베일(organizational veil)**이라는 구조 자체의 특성이 투영되어 회원국의 책임 문제도 병행되어 나타나게 된다.[515)]

---

514) 이한기, 국제법 강의, 박영사(2006), p. 587.

제2항 국제공무원

I. 국제공무원 또는 국제기구 직원

1. 국제공무원의 의의

UN 등 각종 국제기구에 소속되어 주어진 공무를 수행하는 직원을 국제기구 직원 또는 국제공무원(國際公務員 International Civil Servant)이라고 한다. 이들 국제기구 직원들은 직무를 수행하는 데 있어서 소속 기관장에 대해 책임을 지고 그 지위가 요구하는 독립성을 유지하여야 한다. 국제기구 직원은 국제법상 그 직무를 지장 없이 수행하는 데 필요한 여러 가지 특전이 인정된다.

현재 UN 사무국에 근무하는 총 인원은 약 4만 명이다. 1년 이상 계약자로 UN 시스템 전체로는 55,984명에 달한다. 이들 직원들은 UN 사무국에 29,173명, UNDP 6,530명, UNICEF 10,363명 그리고 근무지별로는 본부 소재지인 뉴욕, 제네바, 비엔나, 나이로비 등지에 약 11,687명(29.6%), PKO 활동 지역에 21,790명(55.2%), 지역위원회에 2,564명(6.5%), 국제재판소에 2,076명(5.3%) 그리고 기타 지역에 1,386명(3.5%)이 근무한다. 근무 직원을 1000명 이상 배출한 10개 국가를 보면, 콩고민주공화국, 프랑스, 아이티, 케냐, 아프가니스탄, 레바논, 라이베리아, 세르비아, 수단 그리고 미국이다. 미국은 2천636명으로 전체 4만1천81명의 사무국 직원 중 6.42%를 차지하고 있고, 중국은 461명이 진출해 있는 것으로 확인됐다. 한국은 반기문 전 유엔 사무총장을 비롯해 모두 146명의 직원이 진출했다. 북한 국적자 한 명도 포함돼 있는 것으로 알려졌다.[516] 일반적으로 국제기구들은 구체적인 국가별 진출 직원 수를 결정하는 데에 있어서 국제기구의 회원인지 여부를 기본으로 하고, 재정적인 기여도, 인구 지리적 분포를 기준으로 삼는 경우가 많다.[517]

---

515) Jan Klabbers, *op. cit,* p. 301.
516) http://www.nocutnews.co.kr/news/4641284.
517) 국제기구 직원의 국별 쿼터제도 상세는 박재영, *op. cit.* pp. 259-273.

2. 국제공무원의 종류

국제공무원에는 전문성을 가지고 조직 관리를 포함한 전문 분야에서 일하는 전문직원(Professional Staff)과 개발 원조 등의 경우에 원조를 받는 국가의 요청에 따라서 특정기술 분야의 전문가를 근무하는 현장 또는 필드 전문가(Technical Assistance Project Personnel) 그리고 기능직 업무를 담당하는 일반직 기능직원(General Service)이 있다. 국제공무원 채용에 있어서 국가별 쿼터 제도를 포함한 여러 가지 변수가 있지만 기본적으로는 지원하는 사람 스스로가 전문성을 비롯하여 요구되는 자격요건을 갖추어야 한다. UN 헌장 제101조는 직원의 채용과 근무조건의 결정에 있어서 가장 고려해야 할 요소로서, **최고 수준의 능률(efficiency), 능력(competence), 성실성(integrity)과 더불어서 광범위한 지리적 기초(geographical basis)**라고 규정하고 있다.[518)]

1) 전문직원(Professional Staff)

가. 조직운영 책임자

사무총장 (Secretary-General)

사무부총장 (Deputy-Secretary-General)

사무차장 (Under-Secretary-General)

사무차장보 (Assistant-Secretary-General)

나. 실무 책임자

D-2 (Directors) : 국장급

D-1 (Principal Officers) : 부국장급

다. 실무 담당자

P-5 (Senior Officers) : 과장

---

518) UN 헌장 제101조 제3항: The paramount consideration in the employment of the staff and in the determination of the conditions of service shall be the necessity of securing the highest standards of efficiency, competence, and integrity. Due regard shall be paid to the importance of recruiting the staff on as wide a geographical basis as possible.

P-4 (First Officers) : 과장급

P-3 (Second Officers) : 실무직원(서기관)

P-2 (Associate Officers) : 실무직원(사무관)

P-1 (Assistant Officers) : 실무직원(사무관보)

2) 현장 또는 필드전문가(Technical Assistance Project Personnel)

필드전문가는 해당 전문분야에 대한 전문적인 지식 및 경험을 보유한 사람이다. UN 등 각종 국제기구는 기술 원조사업의 일환으로 특정기술 분야의 전문가를 원조 요청국의 요청에 따라서 3개월에서 3년 정도 파견한다. 직급 및 급여가 전문직 직원과 차이가 있다. UN의 경우 Level 7 단계부터 Level 1 단계로 구분된다. L-7은 보통 전문직의 D-2에, L-6는 D-1에 해당한다.

3) 일반 기능직원 (General Service)

비서나, 타이피스트, 보안요원 그리고 운전수처럼 기능직 업무를 담당하는 직원으로 현지 채용의 원칙을 적용한다.

II. 국제공무원 제도 일반

1. 국제기구 인사제도의 특징

국제기구의 직원채용은 기존 직원의 사임, 기한부 임용 직원의 임기 종료, 다른 국제기구로의 전출, 새로운 보직의 창설 등에 따라서 공석이 발생할 경우처럼 부정기적으로 이루어진다. 또한 현장 전문가의 경우에는 원조 요청국의 요청에 따라 전문가를 모집한다. 한편 국제기구의 업무의 성격상 승진 기회가 없는 것은 아니지만, 정기적이고 신속한 승진 체계를 구축하는 것이 어려우므로 처음에 채용되는 직급이 매우 중요하다. 통상적으로 P-2에서 P-4까지는 직급 승진당 약 4-5년 정도 소요되며, P-4에서 P-5까지는 약 5-7년, P-5에서 D-1까지는 약 10년이 소요된다. 절대적인 기준은 아니지만 각 직급별로 필요한 학력 및 경력기준이 정해져 있는 경우가 많다. 한편 국제기구는 통상 2중 국적자를 인정하지 않으므로 2중 국적자는 임용 시 1개의 국적을 선택해야 한다.

2. 신분보장

국제기구 직원은 외교관 유사의 면책특권이 인정된다. 한편 국제공무원으로 채용되면 정년퇴직(62세) 시까지 신분을 보장 받는다. UN 직원처럼 국제공무원은 본국 여권과 국제기구여권을 모두 사용할 수 있다. 오늘날 UN 여권(Laissez-Passer)을 가지면 대개의 경우 전 세계 국가의 입·출국이 자유롭다.

3. 근무조건

1) 원 칙

국제공무원의 보수체계에는 소위 **노블메이어 원칙(Noblemaire Principle)**이 적용된다. 노블메이어 원칙은 전문직 이상 사무국 직원의 경우에 회원국 정부 중 가장 높은 보수를 받는 국가공무원에 상당하는 보수를 지급하는 것을 말한다. UN을 비롯하여 많은 국제기구가 사용하는 '노블메이어 원칙'은 전 세계에서 가장 역량 있는 직원을 뽑기 위해 가장 높은 수준의 '공무원 월급'수준으로 국제공무원을 대우하려는 취지이다. 현재 미국 연방정부 공무원의 월급이 전 세계에서 최고 수준이므로, 노블메이어 원칙을 채용하는 국제기구 직원의 월급체계는 미국 연방정부 공무원 보수체계에 맞추어져 있다.

국제공무원 보수는 기본 보수(base salary)를 중심으로 사후의 조종수당(post adjustment)과 각종수당으로 이루어진다. 국제공무원의 보수기준은 국제공무원위원회(International Civil Service Commission : ICSC)가 제반사항을 검토하여 작성하며 수시로 변동된다. 그밖에도 직원 복지를 위하여 공무여행이나 임지 변경으로 인한 전보 등의 경우에 이동에 따른 여행경비, 부임수당, 이사비용, 귀국휴가비용 그리고 가족방문 여행비용 등을 제공한다. 더불어서 각종 사회보장도 구비되어 건강 및 생명보험, 근무 중 사망·부상 및 질병에 대한 보상, 연금 등도 제공된다.

2) UN의 월급 체계

① 호 봉

UN 월급 체계는 '국제적으로 임용된 직원(Internationally Recruited Staff)'의 경우 근무지에 상관없이 전 세계에 동일하게 적용된다. 그러나 '지역에서 임용된 직원'의 경우에는 해당 지역의 정부 공무원 체계를 따르게 된다. 전문직원의 경우 최고위층인 사무차장(Under-Secretary-General)에서부터 말단 직원인 P-1까지 모두 9개 등급(level)으로 나누어져 있다. 각 등급은 또한 최대 15개의 호봉(steps)으로 구성되어 있다. 공석 공고에는 해당 직위의 등급(level)이 정해져 있고, 신규 직원이 채용되면 개개인의 경력과 전문성에 맞추어 상이한 호봉(steps)이 주어진다. 1년에 호봉이 하나씩 증가하며, 각 등급별로 최종 2~3개 호봉에서는 2년에 한 호봉이 증가한다.

② 세금 등

UN의 경우 면책특권에 의해 일반적인 소득세는 없다. 그러나 '세금'에 준하는 직원 분담금(Staff Assessment)이 있다. 국제공무원의 월급에는 원칙적으로 세금이 면제된다. 그러나 미국은 자국 국적의 UN 직원에게도 소득세를 부여하기 때문에 직원 상호간에 형평성의 문제가 발생하게 된다. 즉 어떤 국적의 UN 직원은 면세가 되지만 그렇지 않은 UN 직원은 세금을 낸 만큼 손해가 나기 때문이다. 이러한 불공평을 메워 주기 위해서 UN 전체적으로 직원 분담금을 걷어서 세금을 내야 하는 직원의 결손 분을 보전해 준다. 통상 월급 표에서 Gross는 세금 전의 월급 총액을 뜻하며, Staff Assessment를 제한 후의 실제 월급이 D(부양가족이 있을 때)와 S(독신일 때)로 나뉜다.[519)]

Ⅲ. 국제공무원 채용절차

1. 공석 충원(Vacancy Announcement : VA) 절차

① 공석 공고

국제기구 직원의 퇴직, 전출, 보직 신설 등으로 결원이 발생하고 내부에 적임자가 없는 경우에 국제적으로 공모한다. 공모 공고에는 필요한 보직의 직무내용, 자격요건을 구체적으로 서술한 직원모집 공고가 회원국 정부 및 관련기관에 배포된다.[520)]

---

519) UN 보수 및 복지혜택, http://www.un.org/Depts/OHRM/ salaries_ allowances/ index.html.

520) 때로 각국 정부에 직원모집 공고가 도착하기 전에 결원이 보충되는 경우도 있다. 이는 공고에 명시된 마감기일 이전에라도 적임자가 있으면 임용절차를 진행시키기 때문이다.

② 응 모

직원모집 공고에 맞는 조건을 소유한 사람은 회원국을 통하지 않고 응모요령과 절차에 따라서 해당기구에 직접 응모해야 한다. 직원모집 공고는 응모기한이 보통 4주 정도인 경우가 많으므로 직원 모집 정보를 접하면 가급적 신속히 응모를 해야 기회를 잡을 수 있다.

③ 서류전형

지원자의 응모서류가 국제기구에 제출되면, 해당 국제기구의 인사담당관에 의해 서면 심사가 이루어진다. 사전에 독자적인 후보자 등록제도(UN 인턴을 비롯해서 보통 인터넷 온라인상에 자신에 대한 제반 내용을 등재한다)를 가지고 있는 국제기구에서는 등록된 후보자를 중심으로 선발한다. 한편 서류심사에 합격하면 면접을 실시한다. 면접은 보통 해당 국제기구 사무국 본부 또는 지역사무소에서 행해지며, 관계부서 직원이 출장하는 출장면접도 있다. 면접은 후보자의 적격성의 평가와 고용에 관한 당사자 간의 협의라는 두 가지 성격을 가진다. 제출서류 기재사항, 특히 학력 및 경력을 중심으로 후보자의 상세한 설명을 듣는 형식으로 진행된다.

④ 신원조회 (Reference) 및 신체검사

면접이 끝나면 학교관계, 경력관계 및 응모서류에 신고 된 추천자에 관한 조회가 행해진다. 신체검사 합격은 채용의 조건이므로 후보자는 반드시 신체검사를 받아야 한다.

⑤ 선발위원회의 심의 및 사무총장의 승인

필수적인 법적 절차로 이것을 끝내면 채용이 내정된다.

⑥ 후보자에 대한 임용통지서 교부

후보자에 대한 법적수속에 기초한 채용의 의사표시로, 후보자가 수락하고 부임시기에 관해 후보자와 국제기구가 합의하면 후보자는 승낙서를 제출해야 한다. 승낙서를 국제기구가 수리하면 채용이 결정된다. 최근에는 전보 등에 의해 후보자에게 채용 내정 사실을 통보하고, 부임시기 등에 관해 전보 등으로 후보자의 의사표시를 구하고, 합의되면 임용통지서를 발송하는 예도 있다.

⑦ 부임선서 및 임용통지서 서명

부임시기가 확정되면 국제기구는 항공료를 송금한다. 이어서 필요한 부임 수속이 순차적으로 이루어진다. 피용 예정자는 근무지에 도착하면 당해 기구의 사무총장 또는 대리자의 앞에서 선서하며 직무내용, 고용조건을 명기한 임용통지서에 서명함으로써 근로계약을 완성하게 된다.

2. 국가별경쟁채용시험(NCRE)

국가별경쟁채용시험(National Competitive Recruitment Examination)은 특정회원국에만 직원채용의 기회를 부여하는 제도이다. UN이 운영하고 있는 UN 국가별경쟁채용시험이 대표적이다. UN은 회원국이 납부하는 정규예산 분담률 대비 "**적정진출 범위(desirable range)**"에 미달하는 경우에 다른 국가는 배제하고 오직 그 국가 사람들만을 대상으로 채용시험을 실시한다. 국가별경쟁채용시험은 과소 진출국(underrepresented country) 국민들을 위해 주로 P급 실무직원 채용증대를 위하여 실시한다. 매년 UN 사무국내 각 부서의 인력수요에 따라 시험분야가 정해진다. 최종 합격되면 채용후보자 명단에 등재되어 추후 공석이 발생할 경우 우선 채용 고려대상이 된다. 2003년 국가별경쟁채용시험의 1차 필기시험이 우리나라를 포함하여 전 세계 30여국에서 2003년 2월 4일과 5일 양일간 실시된 바 있었다. 우리나라는 2004년도에도 시험을 치른 바가 있다. 한국은 UN에 가입한 이후 정규예산 분담금이 지속적으로 상승하면서 한국 국적 직원의 쿼터가 늘어났음에도 그 동안 진출이 적었기 때문에 그동안 연이어 국가별경쟁채용시험(NCRE)이 실시되었다.

3. 연소자 전문가 프로그램(Young Professional Programme : YPP)

국제기구의 직원공석은 세계 각국의 후보자를 대상으로 공모하는 것이 원칙이다. 하지만 일부 국제기구에서는 현저히 과소진출(under-represented) 상태에 있는 회원국 국민의 채용을 촉진하기 위해 별도의 제도를 마련하기도 한다. 즉 국제기구가 해당국 정부가 추천한 사람에 대해 서류전형 및 면접을 실시해 젊은 전문가(Young Professional)를 선발하여, 이들은 일정기간 실무수습을 거친 후에, 근무실적에 따라 해당 국제기구의 정규직원으로 채용하는 방법이다. 이것이 적지 않은 국제기구가 시행하는 연소자 전문가 프로그램(YPP)으로 국제기구 진출의 좋은 경로가 된다. 현재 YPP 제도를 운영하고 있는 대표적인 국제기구로는 국제노동기구(ILO), 아시아개발은행(ADB), 유네스코(UNESCO), 경제협력개발기구(OECD) 국제연합개발계획(UNDP), 세계은행(IBRD) 등이다.

4. 초급 전문가(Junior Professional Officer : JPO)

회원 국가가 자국의 비용부담으로, 자국민을 국제기구 사무국에 수습 직원으로 파견시켜 정규직원과 동등한 조건으로 근무하도록 하는 제도이다. 결국 국제기구가 아니라 자국민의 국제기구 진출을 도모하려는 국가 후원의 국제공무원 양성 제도이다. 그러나 여하튼 초급 전문가(JPO)는 국제기구 사무국의 정규 직원과 동등한 조건의 실제 근무를 하게 된다. JPO는 국제기구에의 실제 근무를 통해서 국제기구 업무에 필요한 자질을 습득하고, 향후에 국제기구 사무국이 초청하는 정식 직원으로 진출함에 필요한 밑받침이 되고, 국제기구 활동에 대한 일반 국민의 인식을 제고함에 기여할 수 있기에 국제기구 진출을 위한 매우 중요한 제도이다. 또한 해당 국가는 국제기구에 인력제공을 함으로써 국제기구에 대한 기여를 하게도 된다. 한국은 1996년 제정한 JPO 파견 및 관리에 관한 예규(2006년 3월 3 일 최종개정)에 따라서 JPO 제도를 실시하고 있다.[521]

국제연합환경계획(UNEP), 국제연합공업개발기구(UNIDO), 국제연합인구기금(UNEPA), 국제연합아동기금(UNICEF), 유네스코(UNESCO), 국제연합난민고등판무관실(UNHCR), 식량농업기구(FAO) 등이 JPO 제도를 실시하고 있다.

---

521) 외교통상부(www.mofat.go.kr, 그리고 http://www.unrecruit.go.kr/ jpo/jpo_selection.asp.(국제기구채용정보)각 참조. 선발시험은 ① 1차 시험: 객관식 영어시험(TEPS), ② 2차 시험: 필수과목(75점)과 면접(30점), 영어작문(국제기구/국제현안에 관한 전문지식 평가, 25점) 영어인터뷰(20점), 추가배점 항목 UN 공용 제2외국어(8점) 학위(6점), 전문분야 자격증(변호사, 공인회계사 등 3점), 유관분야(정부간국제기구, 정부부처, 산하기관, 연구소 및 NGO 등에서 국제 분야 근무경력, 5점), 전국대학생모의유엔회의, 전국대학생유엔논문경연대회, 대학생국제법논문경연대회, 국제개발협력논문경연대회 입상, 3점) 그리고 국제정치, 국제법관련 국내외 논문상 수상자에 대해서 선발위원회 결정으로 최대 3점의 점수가 부여된다. 1차 시험 합격자는 영어시험(TEPS)의 930점 이상 취득자로 선발한다. 최종 합격자는 당해 연도 파견예정 인원을 고려하여 2차 시험의 고득점자 순으로 선발하되, 추가로 그 1배수를 후보자로 선발한다.

5. 후보자 등록제도(Roster)

일종의 인력 풀(Pool) 제도로, 국제기구가 온라인상으로 사전에 진출을 희망하는 사람으로 하여금 그들 리스트를 일정한 양식에 맞게 명부(roster)에 등록하도록 하고, 필요시에 수시로 심사를 거쳐 인재를 채용하는 방식이다. UN의 경우 정식 직원은 물론 인턴 지망자의 경우에도 세분화된 양식에 따라서 모든 정보를 등록하도록 하고 있다. 국제기구는 충원 필요성이 발생했으나 내부로부터 적임자를 찾지 못한 경우에 후보자 명단에 등록되어 있는 인적 자산 가운데 적임자를 살펴 접촉을 하여 채용에 이르게 된다.

6. 국제기구의 자원봉사자, 인턴 단기 컨설턴트 프로그램

이러한 것들은 공식적인 채용절차는 아니다. 대부분의 국제기구는 오히려 자원봉사자, 인턴 단기 컨설턴트 프로그램의 활동이 정식 직원 채용과 아무런 연관이 없음을 명백히 하는 경우가 적지 않다. 그러나 이러한 활동을 바탕으로 사실상의 인맥을 구축함으로써 국제기구 진출에 성공할 수 있음도 물론이다. 자원봉사자로서, 인턴으로서 또는 단기 계약직으로 근무하면서 조직에서 뛰어난 능력과 훌륭한 인격을 검증받은 경우 충원 시 호평과 우선 기회를 부여받을 수 있음은 당연하기 때문이다. 비정부기구(NGO) 활동가 가운데에서도 성실한 활동을 바탕으로 여러 위원회에 참가하기도 하고 따라서 정식 직원으로 채용되는 경우도 있다.

7. 정부 지원 하의 국제기구 고위직 진출

자국민을 국제기구에 진출시켜 국제기구에서의 영향력을 증대하고자 하는 노력은 회원국의 불가피한 선택이다. 오늘날 각국 정부는 영향력 있는 국제기구의 책임자가 임기 만료가 되는 등으로 공석이 되는 경우에 공무원, 기업인, 대학교수, 연구원 가운데에서 해당분야에 전문성을 가진 사람으로 국제기구에 진출시키려는 외교적 노력을 경쟁적으로 하고 있다.

8. 대한민국 외교통상부의 등록제도

대한민국 외교통상부 국제연합과는 우리 국민의 국제기구 진출확대를 위한 노력의 일환으로 "국제기구 진출희망자 등록제도"를 시행하고 있다. 이 등록제도는 국제기구와는 무관한 외교통상부의 고유한 지원업무이다. 이것은 일종의 인력 Pool 제도로서, 정부 차원의 국제기구 직원 추천 기회가 있을 경우에 등록된 사람들에게 관련 정보를 신속하게 제공하여, 많은 참여를 도모하고 더 나아가 적격자를 국제기구에 추천하는 제도이다. 자격요건으로는 24세 이상 50세 미만의 한국 사람으로, 석사학위 이상의 학력과 전공분야 실무경력 5년 이상인 자이다. 또한 직무 수행이 전혀 지장이 없을 정도의 영어 회화 및 작문 능력이 필수이다. 영어 이외에 불어, 스페인어, 중국어, 아랍어, 러시아어 등 UN 공용어 능통자는 우대한다.[522]

제3항 국가책임과 국제기구 책임

I. 국가책임(國家責任)

1. 의 의

국가의 국제책임(國際責任)은 주권국가의 국제 불법행위에 대한 국제법상의 책임을 말한다. 역사적으로 주권국가가 국가 사이의 관계에서 책임을 진다고 하는 것은 주권(sovereignty)의 개념에 모순된다는 견해가 있었으나, 국제책임의 원칙은 오늘날 확립된 국제법상의 기본원칙이다.

2. 국가책임의 기본원칙

1) 개별적 책임 추구의 원칙

분권적이고 주권국가의 합의인 국제법의 성질상, 어떠한 국가도 다른 국가에 대해 국제법의 감독자로서의 지위를 주장할 수는 없다. 그러므로 국가의 국제책임의 경우에는 권리침해를 당한 상대방 국가만이 불법행위 국가에 대하여 국제법상의 책임을 추궁할 수 있다.

522) 등록방법은 국제기구 채용정보 홈페이지 http://unrecruit.go.kr. 상기 자격요건에 해당되지 않고, 대학재학 이상의 등록자에게는 후일을 기약하도록 자료만 제공하고 있다.

2) 민사책임의 원칙

국내법적으로는 민사책임과 형사책임이 엄격히 구분된다. 하지만 국제법에서는 국제사회의 미숙한 발전단계를 반영하여 위법행위가 미분화 상태에 머무르고 있다. 이러한 연유로 국제법상의 위반행위는 민사문제 그리고 형사문제의 명확한 구분 없이 모두 국내 사법상의 불법행위에 유사한 것으로 취급된다. 그리고 그 법적 효과는 주로 민사상의 손해배상책임에 국한된다.[523] 그러나 오늘날의 추세는 그동안의 여러 형태의 국제범죄의 처단경험을 바탕으로 그리고 상설 국제형사재판소(ICC)의 출범과 더불어 국제법 위반행위는 바야흐로 민사법적 기반에서 형사법적 기반을 지향하고 있다고 할 수 있다.

3) 책임능력의 원칙

국제책임의 성립을 위해서는 국제법상의 위법행위능력을 갖는 국제법 주체의 위반행위가 있어야 한다. 이처럼 국제책임은 책임능력을 전제로 한다.

4) 위험책임의 대두

국내 행정법에서 인정되는 위험책임의 원칙은 국제법에서는 제도적 책임으로 도입된 것이라고 할 수 있다.[524] 최근에 이르러 원자력·해양오염·우주병기 등에 의한 손해와 같이 고도의 위험성을 내포한 활동으로부터 발생한 손해에 대해서는 그 원인행위의 위법성이나 고의·과실의 유무를 불문하고 관련국가의 책임을 전반적으로 인정하는 조약이 주로 환경 분야를 바탕으로 증가하고 있다.

3. 국가책임의 성립요건

주권국가의 국제책임이 성립하기 위해서는 세 가지 요건이 필요하다.[525]

① 국가의 국제법 위반행위가 발생할 것[526]

② 국제법 위반행위에 대한 책임귀속의 가능성이 국가에 있을 것

③ 국제위반행위로 인한 손해에 의하여 직접 또는 간접으로 다른 국가에 대한 손해가 발생한 사실이 있을 것

---

523) 이한기, 국제법 강의, 박영사(2006), pp. 574-575.

524) 한희원 신법학입문, 삼영사, 2015, p. 340.

525) *Id*, pp. 578-587.

526) 이 경우에 국가의 행위는 작위 또는 부작위 모두가 가능하다.

4. 국가책임의 해제

국제위법행위를 근거로 국가책임이 확정된 경우는 해당 국가는 피해국에 대하여 그 위법을 시정하며 그 결과를 제거할 의무를 진다. 이것을 국가책임의 해제라고 한다. 국가책임의 해제방법에는 국가의 국제책임을 성립케 한 국제위법행위가 행해지기 이전의 상태를 재현하는 것으로서, 원상회복이 기본적인 방법이다. 그러나 원상회복이 사실상 불가능하거나 또는 불충분한 경우에는 금전배상의 방법 그리고 정신적 손해에 대한 구제방법으로의 사죄(謝罪)도 행해진다.

Ⅱ. 국제기구의 책임

1. 국제기구의 책임에 대한 인식의 전개

한편 위와 같이 발달되어 있는 국가책임의 원칙과 달리 국제기구의 책임문제에 대해서는 1980년대 중반까지도 잘 인식되지 않았고 학문적인 연구도 미진했던 것이 사실이다. 1950년대 국제법학자인 이글턴(Clyde Eagleton)도 영토국가를 전제로 하는 국제법 질서에서, 국제기구의 직접적인 책임 부담 가능성은 인식하지 못했다. 왜냐하면 국제법에서는 인식 가능한 형태의 책임에 대해서만 국가가 책임이 있는 것으로, 국제기구는 어떤 물리적인 영토를 지배하지 않기 때문에 추상적이고 이론적인 책임은 국제법 질서에서는 가능하지 않다고 생각했던 것이다. 심지어 1969년 후반기의 콘라드 긴터(Konrad Ginther)의 연구에서도 가장 기초적인 문제, 즉 과연 국제기구 자체가 그의 활동과 관련한 책임을 부담할 수 있는가의 문제에 집중했었다.

2. 국제주석이사회(International Tin Council) 소송의 발단

1980년 중반에 이르러 국제주석이사회(ITC)의 붕괴와 더불어 많은 소송이 제기되었다. 이 소송이 국제기구의 책임을 명백히 하는 결정적인 계기가 되었다. 원래 국제주석이사회는 국제 거래시장에서의 주석 가격의 안정을 도모하기 위한 목적으로 1956년도에 설립된 국제기구로 유럽 경제공동체(EC)를 포함한 32개 국가가 회원이었다. 그러나 알루미늄 용기의 등장과 더불어 주석에 대한 수

요는 감소하여 1985년 국제주석이사회(ITC)는 국제 거래시장에서 그 가격을 도저히 맞출 수 없었고, 결국 모든 운용자금이 바닥이 나자 붕괴의 길을 걸었다. 그 결과 국제주석이사회(ITC) 운영과 관련한 소송이 잇따랐고 1990년대에 국제기구의 책임에 대한 다수의 연구 논문이 발표되었다.

일반 투자자가 국제기구인 국제주석이사회(ITC)에 투자 손실에 대한 소송을 제기한 일련의 사건에서 사건 해결을 어렵고 복잡하게 만든 커다란 요인 중의 하나는 국제주석이사회(ITC)의 헌장에 책임에 대한 명문조항이 없다는 것이 가장 큰 원인이었다. 오늘날에도 통상적으로 기구의 운영에 재정위험을 내포하고 있는 국제기구 같은 경우에만 회원국의 책임을 제한한다는 규정을 가지고 있는 경우가 많다. 대표적인 예로는 금융 국제기구(financial institutions), 상품거래소(commodity agreement) 그리고 인공위성의 활동(satellite activities)을 규율하는 기구들 같은 경우에 헌장에 책임 규정을 가지는 경우가 있다.[527)]

3. 국제주석이사회 소송(ITC Litigation)에서의 추론

1) 국제주석이사회 소송 추론 개관

그러데 국제주석이사회 소송(ITC Litigation, 이하 '국제주석소송'이라 한다)은 국제기구의 책임과 관련한 몇 가지 쟁점을 분명하게 부각시켰다. 결론적으로 국제기구의 법적 책임을 명백히 하게 되었다. 당시 국제주석이사회(ITC)의 본부가 영국 런던에 있었던 관계로 많은 소송이 영국 국내 법원에 제소되었다. 그들 다수의 사건들이 내포한 쟁점은 국제기구의 면책특권 문제, 국제기구의 책임문제, 국제기구의 국내 소송에 있어서 국제법과 국내법 가운데 어느 법을 우선 적용할 것인지의 문제였다. 이들 쟁점은 소송이 개별적으로 제기된 다수의 영국 개별 법원에서 심리되었다. 비록 판결이 법원마다 그리고 심급에 따라 다르기는 하였지만 결론적으로 국제기구의 운영에 따른 국제기구 자체의 책임과 회원국가의 책임이 명확하게 드러나게 되었다는 성과가 있었다.

2) 국제기구의 책임과 회원국의 책임

영국 법원의 여러 판결을 종합하면 다음과 같은 결론이 도출되었다.[528)]

---

527) Jan Klabbers, *op. cit,* pp. 301-302.

528) 이 사건에 대해서 최종심을 담당하는 영국 House of Lords는 원고 MacLaine

① 국제기구의 책임은 국내법에 따른 국내법적 책임과 국제법에 따른 국제법적 책임의 양자가 있다.

② 제소 주체에 따라서 회원국이 직접 제소하는 경우와 제3자, 즉 회원국이 아닌 제3국이나, 개인 투자자 등이 제소하는 경우로 구별된다. 결국 회원국 자체도 자신이 속하는 국제기구를 상대로 제소할 수 있음이 명백해졌다.

③ 국제기구 자체의 주된 책임과 국제기구의 활동에 따른 회원국의 보조적 잔여 책임(subsidiary responsibility)이 구별되었다. 독일 법학자 긴터(Konrad Ginther)는 이것을 독일어로 "Durchgriffshaftung"라고 표현하여 국제기구의 활동에 따른 회원국의 보조적 잔여 책임의 문제를 직시했다. 영어로 표현하면 'lifting the corporate veil' 또는 'piercing the corporate veil'로서 관통책임(see- through responsibility)이라고 할 수 있다. 법률용어로는 **"법인격 부인(disregarding the corporate entity)"**이라고 할 수 있다. 중요한 결론은 여하튼 회원국 국가책임은 보조적이라는 것이다. 따라서 회원국은 국제기구가 책임을 회피하거나 부담할 수 없는 경우에 예외적으로 책임을 부담한다. 그러나 일부 학자들은 회원국이 국제기구의 감독과 통솔을 소홀히 한 경우에는 감독에 대한 과실책임(responsible for negligence)으로 회원국의 직접책임을 면할 수 없다고 주장한다.[529)]

④ 국제기구는 책임이 없고 회원국만 책임이 있는 경우도 나타났다. 이 경우에도 잘못된 행동은 국제기구의 활동에 따라 발생한 것으로 국제기구의 잘못이라고 할 수 있지만 그러나 법적인 책임은 국제기구가 아닌 회원국이 부담해야 한다는 것이다. 통상의 예로 유럽연합(EU) 자신은 아니지만 유럽연합(EU)의 모든 회원 국가는 유럽인권협약의 당사국이다. 이 경우에 유럽연합(EU)이 회원국가로부터 어떤 임무를

Watson의 청구를 기각하면서, ITC는 회원국과 구분되는 별개의 법인격체로서 원칙적으로 ITC 자체가 배상책임을 부담하고 제3자는 물론이고 회원국도 본건에 대해서는 책임이 없다고 판결했다. 또한 국제법 원칙상 국제기구의 회원국들에 대해서는 영국 법원이 책임을 부과할 수 없다고 선고했다. 상세는 Jan Klabbers, *op. cit,* pp. 303-306.

529) Roman Sadurska & Christine M. Chinkin, 'The Collapse of the International Tin Council: A Case of State Responsibility?(1990) 30 VaJIL, pp. 845-890.

위임받아 활동을 하다가 유럽인권협약을 위반한 행동을 하였다면 그 책임은 협약 당사국이 아닌 유럽연합(EU)은 부담하지 않고 개별 회원국들이 부담하게 된다. 이 경우에 개별 회원국이 자신은 실행 책임을 유럽연합(EU)에 위임했다고 주장해도 그런 항변은 받아들여지지 않게 된다. 유사한 예로 다국적군으로 편성된 UN 평화유지군의 활동에 있어서의 불법행위로 인한 회원국의 책임이 거론되기도 한다.[530)]

제4항 국제기구 책임의 성립 요건

I. 객관적 요건

국제기구의 국제책임이 성립하기 위해서는 먼저 국제기구의 국제위반행위가 전제되어야 한다. 국제위반행위에 대해서는 다음과 같은 문제가 제기된다.

1. 활동 주체 요건(Whose behaviour?)

국제기구의 고의적인 잘못에 기인한 국제법 위반행위가 국제기구의 책임을 야기하는 행위임에는 의문이 없다. 그러나 문제는 국제기구는 아무리 법인격이 인정된다고 해도 본질적으로는 회원국의 인위적인 집합체인 것으로서, 국제기구 자체의 자연적인 활동 능력은 없다. 따라서 누구의 어떠한 행위가 언제 국제기구의 잘못으로 귀속되는 것인가의 의문이 여전히 남는다.

1) 국제기구의 업무를 특정국가가 대행하는 경우의 법률관계

어떤 국제기구의 업무를 지리적 문제 등으로 특정국가가 그 나라 소속 공무원을 통해서 대행하는 경우의 법률관계가 먼저 문제된다. 예컨대 유럽연합의 거래세 징수 규제에 따른 업무는 독일이 담당한다. 이 경우에 독일 세관원이 국경세관에서 외국에서 수입되는 정상적인 물품을, 업무책임에 위배하여 불법적으로 압수하여 상대국가에게 손해를 야기한 경우에 독일 세관징수원의 그러한 불법행위(illicit behaviour)에 대하여 유럽연합공동체가 직접 책임을 부담할 것인가의 문제가 대표적인 사례로 거론된다. 이에 대해서는 견해가 대립된다.

530) Jan Klabbers, *op. cit*, p. 303.

가. 국제기구 책임 긍정설

국제기구 책임 긍정설은 국제기구가 당연히 책임을 부담한다는 입장이다. 그것은 결국 독일의 세관 공무원이 유럽연합공동체를 위해서 공동체법에 있는 거래세 징수 업무를 수행하다가 발생한 것으로서 정상적인 활동의 경우의 이익의 귀속자인 국제기구가, 잘못된 경우의 책임도 부담해야 한다는 입장이다. 그러므로 실제 업무 집행자의 소속 국가인 독일은 책임이 없고, 실제 업무 집행자인 독일 세관 공무원은 유럽연합의 대리인(agent)으로 업무를 수행한 것으로서, 따라서 유럽연합은 독일 세관 공무원의 잘못된 행위에 대해서 피해국가에게 직접 책임을 부담한다는 입장이다.

나. 국제기구 책임 부정설

국제기구 책임 긍정론에 반대하는 입장이다. 사례의 경우에 유럽연합의 거래세 징수 업무를 대행하여 업무를 수행하는 경우에도 담당 공무원은 결국은 독일의 공무원이고 그는 독일 세관 당국의 감독을 받으면서 업무를 수행한 것이라는 것을 이유로 삼는다. 독일 세관원은 거래 물품을 어떻게 취급할 것인지에 대한 독일 세관 당국의 상세한 내부 지침에 따라서 업무를 수행하게 된다. 그러므로 그는 독일 당국의 내부지침에 의해 임무를 수행한 것으로서 그의 업무 잘못은 결국 독일 세관당국의 관리감독 소홀에 따른 귀결로서 그 책임은 전적으로 독일 세관당국이 부담해야 한다는 견해이다.

다. 소결어 – 절충론

이 경우에 해당 세관공무원은 1차적으로는 자국, 즉 독일의 일정한 감독과 지침에 따라서 근무를 한다. 하지만 그 효과는 유럽연합이라는 국제기구의 이득으로 귀속되는 것이다. 따라서 법적으로는 유럽연합의 책임을 부인할 수는 없다. 또한 해당 공무원의 국적국가의 경우에도 책임이 없을 수 없다. 왜냐하면 업무수행은 국제기구는 직접 관여할 수 없는 소속국가의 관할 영역 내에서 소속국가의 일정한 지침에 따라서 수행되는 것이기 때문이다. 그러므로 소속국가도 선량한 관리감독자의 책임을 면할 수는 없다고 할 것이다. 그러므로 국제기구와 국제기구의 업무를 대행하는 자연인인 공무원의 국적국가가 모두 법적인 책임을 부담한다고 봄이 타당하다고 할 것이다. 이 경우의 국제기구와 국적국가의 합동

책임의 법적 성격은 국내법에서의 부진정연대채무라고 할 것이다.[531] 한편 국가와 국제기구 그리고 국제기구 상호간의 책임 문제를 규정한 조약법에 대한 1986년 비엔나 협약(Vienna Convention on the law of Treaties)은 국제기구가 당사자가 된 조약의 중대한 위반의 경우에 국제기구도 잘못(wrongdoing)을 범할 수 있다는 전제하에 국제기구에게 직접 책임이 있음을 정하고 있다.[532]

2) 개별적인 행위자의 모습

국제기구의 책임을 불러오는 개별적인 행위자에는 여러 가지 모습이 있다.

가. 국제기구 기관 또는 소속 직원(staff)에 의한 불법행위

국제기구는 산하기관 또는 소속 직원의 불법행위에 대해 책임을 부담한다. 그 경우의 불법행위는 국제기구에 귀속책임이 있는 경우, 즉 그 비난가능성이 국제기구에 귀속될 수 있는 행위에 국한된다.[533] 하지만 산하기관 또는 소속직원의 불법행위로서 국제기구의 책임으로 돌릴 수 있는 행위라는 구분이 반드시 명백한 것은 아니다. 그러나 앞서 본 ICJ의 어느 비용사건(Certain Expenses)에서 암시된 바와 같이 내부적인 업무 권한을 넘어선 국제기구의 산하기관의 월권적 행위(*ultra vires*)에 대해서도 국제기구는 책임이 있다.

한편 소속 직원의 경우에는 국내법의 경우처럼 "공무 수행 중"이라는 요건이 적용된다. 그러므로 소속직원이 공적 자격(official capacity)으로 국제기구의 업무를 수행하다가 야기한 잘못에 대해서는 국제기구가 책임을 부담할 것이다. 그러나 예컨대 업무가 없는 토요일에 UN에서 일하는 이스라엘과 쿠웨이트 직원들이 이라크 대사관 앞에서 벌어진 데모에 참가하여 유리창에 투석을 하여 발생한 손해에 대해서는 그 반대해석상 UN은 책임이 없다. UN 법률 고문실은 일

---

531) Lawson *Het EVRM*, p.475. 로손은 이 경우에도 국적국가에 주된 책임이 있고, 국제기구도 합동책임을 부담하는지는 별개의 문제로서, 국제기구가 헌장에 대한 중대한 위반행위를 한 것인지의 또 다른 판단을 받아야 한다는 견해를 피력한다. 여하튼 동인도 국적국가와 국제기구 양자의 책임을 인정한다.

532) Vienna Convention on the Law of Treaties between States and International Organizations or Between International Organizations (VCLTIO) (1986) 25 ILM 543. Article 60: Termination or suspension of the operation of a treaty as a consequence of its breach.

533) Klabbers, *op. cit*, p. 308.

시적인 고용 운전사(chauffeurs)의 경우에도 그것이 "공적인 업무 수행" 중의 행위인 경우에는 UN에게 책임이 있음을 인정했다.[534]

나. 현지 고용인 또는 업무를 위임받은 사(私)기업체의 경우

전 세계를 통해서 임무를 수행하는 국제기구의 경우에 현지사정에 능통한 현지인이나 사기업체에 업무를 위임하는 경우도 적지 않다. 이러한 경우에 현지 고용인 또는 업무를 위임받은 사(私)기업체의 불법행위에 대한 책임을 국제기구가 부담해야 하는가의 문제가 발생한다. 결론적으로 국제기구는 일정한 책임을 부담한다고 볼 것이다. 예컨대 UN 평화유지군의 경우에는 현지 지리에 밝은 현지인을 운전사로 고용하여 작전을 수행하는 경우가 적지 않다. 그런데 고용된 운전사가 교통사고를 일으켜 민간인에 대한 손해를 야기한 경우에 UN의 책임은 어떻게 될 것인가의 문제가 발생한다. UN은 면책특권을 주장하여 손해배상 책임을 면할 수 있는 것은 아닌가라는 의문이 생긴다. 그러나 이 경우에 UN은 일정한 기준을 채택하고 있다. UN은 보험문제와 관련되는 한 현지 고용 운전사를 UN의 직접 피용자로 간주한다. 하지만 현지 고용인을 외교관계에서의 면책특권(immunity) 해당자로는 보지 않는다. 그러므로 해당 손해는 통상 UN이 가입한 보험으로써 처리한다.[535] 한편 업무를 위임받은 사기업체의 경우에는 국제기구의 책임도 있지만 경우에 따라서는 기업체가 소재하는 회원국가도 함께 책임을 부담할 수 있다.[536]

다. 평화유지군대에서의 파병 군인의 활동

전 세계 분쟁지역에서 평화유지활동을 전개하는 UN의 경우에 회원국들은 UN의 명령에 복속하도록 하고 자국 군인을 UN에 파병한다. 하지만 오늘날 평화유지군에 파병된 군인들의 불법행위에 대한 책임은 UN이 아니라, 파병 회원국에 있다는 것이 일반적으로 인정되어 있다. 파병국가 책임 우선 이라는 논리에 따른 사례들은 적지 않다. 그 이유는 파병 군인들은 여전히 파병국가의 정규 병력이고 따라서 자국의 훈련지침과 규율에 복속되는 병력이라는 것이다.[537]

---

534) UNJY (1975), pp. 186-188.

535) UNJY (1984), pp. 189-190.

536) Jan Klabbers, *op. cit,* p. 309.

537) 구체적인 판결 사례로는 Jennings v. Markley,(Indiana's Southern District Court,

그러므로 파병군인들이 평화유지활동 중에 국제인도법을 위배한 행위를 한 경우에는 원칙적으로 파병국가의 법에 따른 군사재판을 받게 된다.[538] 그러나 구체적인 사례에서는 오스트리아 군인의 국제인도법을 위배한 행위에 대해 UN의 직접 책임을 인정한 사례도 있다.[539]

2. 위험책임

오늘날 일정한 영역에서는 국제기구에 대해서도 국내법에서와 같은 위험책임의 법리가 적용된다. 국제기구는 국제법을 위반한 경우의 일반적인 책임뿐만이 아니라 국제법이 창설한 제도적 테두리(regime)에서 위험책임을 부담한다. 이것은 국제기구에게 주권국가의 합의로 인정된 위험영역에서의 책임을 소위 법정책임(法定責任)으로 명정한 것이다. 국제기구의 위험책임은 특히 우주법이나 환경법 분야에 있어서 두드러진다. 예컨대 국제우주조약(宇宙條約, Outer Space Treaty)은 일정한 위험책임을 우주를 탐사하고 활용하려는 국가뿐만이 아니라 천체 기구(celestial body)의 책임도 명백히 규정하고 있다.[540]

II. 주관적 요건

1. 쟁점

국제기구의 여러 가지 위법활동(wrongful act) 가운데에서도 어떠한 종류의 잘못된 행위에 대해서 국제기구의 책임을 인정할 것인가의 문제는 쉽지 않다. 국제기구의 고의적인 행위뿐만이 아니라 과실에 의한 위법행위에 대해서도 국제기구에게 책임을 부담시킬 것인가의 문제가 있다. 이것은 통상 국가책임의 경우에는 '주변적 귀책의 가능성(周邊的 歸責 可能性)' 문제로 논의된다.[541]

1960. 9.19), 32 ILR 367. 그리고 Attrony-General v. Nissan (House of Lords, 1969, 2.11) 44 ILR 359.

538) Jan Klabbers, *op. cit,* p. 309.

539) N.K v. Austria, 1979. 2.26. 77 ILR 470.

540) 정식명칭은 "달과 기타 천체를 포함한 외기권의 탐색과 이용에 있어서의 국가 활동을 규율하는 규칙에 관한 조약이다: Treaty on Principles Governing the Activities of States in the Exploration and Use of Outer Space, including the Moon and Other Celestial Bodies) 제6조.

541) 이한기, 국제법 강의, 박영사(2006), p. 585.

2. 국가책임의 주관적 요건

국가책임을 인정함에 있어서 고의 또는 과실을 요건으로 한다는 **과실책임 원칙**과 고의 또는 과실과 무관하게 국가의 절대책임을 인정해야 한다는 **무과실책임 원칙**이 대립한다. 과실책임 원칙 이론은 아무리 잘못된 행위라고 하여도 국가는 사고(accidents)나 전적인 과실, 예컨대 번역상의 잘못으로 인한 사고에 대해서는 책임을 져서는 안 된다는 입장이다. 반면에 무과실책임의 원칙은 국가의 의도(state's intent)와 무관하게 만약 상대 당사자가 손해를 입었다면 국가는 책임을 부담하여야 한다는 입장이다.[542] 그에 더하여 오늘날 무과실 책임이 인정되는 위험책임의 영역이 환경 분야와 우주분야를 넘어서서 점차 증가하고 있다고 함은 앞서 본 바와 같다.

3. 국제기구 책임의 주관적 요건

국가책임에 대한 이러한 원칙은 국제기구의 경우에도 동일하게 논의된다. 그 결과 국제기구의 경우에는 조약 등을 통한 국제제도의 틀 속에서 주권국가의 합의로 인정된 위험영역에서의 책임은 소위 법정책임(法定責任)이다. 그러나 국제기구의 경우에는 잘못된 행위의 모든 경우에 책임을 인정할 수는 없다. 국제기구의 책임을 물으려면 먼저 발생한 손해와 국제기구의 행위로 인정할 만한 행위 사이에 인과관계(*conditio sine qua non*)의 고리가 있어야 한다. 다음으로 국제기구는 국제기구가 책임을 질 수 있는 행위자들의 고의(*dolus*) 또는 과실(*culpa*) 있는 행위에 대해서만 책임이 있다고 할 것이다.[543]

왜냐하면 국제기구의 경우에는 책임발생의 연계 고리를 일정한 한도에서 차단하지 않으면 사실상의 또는 국제기구 제도의 취지에 반하는 국제 정책적인 불합리가 발생할 수 있기 때문이다. 국제기구의 경우에 과실책임에 입각하지 않고 무과실책임의 원칙을 확장한다면 다수의 회원국과 운영을 위한 다양한 기관 그

---

542) 국제법학자 안티롯티는 국가의 과실이란 사실상으로는 유추로부터 발생하는 불명료한 개념에 지나지 않으므로, 국가의 단순한 국제법상의 의무 불이행에 의하여 바로 국제책임이 성립한다고 주장한다. 한편 과실책임주의와 무과실책임주의의 절충적인 입장으로 국가기관의 작위에는 무과실책임을 그리고 부작위에는 과실책임을 인정할 것이라는 견해(슈트롭)도 있다. 이한기. *Id*, p. 586.

543) Jan Klabbers, *op. cit*, p. 311.

리고 허다한 개인 관여자를 포괄하는 국제기구의 경우에는 책임분쟁이 끊이지 않을 수 있다. 따라서 누가 선뜻 국제기구를 주도적으로 이끌려고 하지도 않을 것이고 결국 국제기구가 지향하는 본래의 목적도 달성하기 어려울 것이다.

Ⅲ. 간접 그리고 2차적 책임(Indirect and secondary R/p)

1. 서 언

국제기구의 책임에서 중요하고 어려운 쟁점은 앞서 본 주석사건(Tin Council Litigation)에서 이미 여러 번 표명된 바 있지만 국제기구의 책임이 성립하는 경우에 회원국의 책임은 어떻게 되는가의 문제이다. 이것은 국제기구의 본질을 어떻게 볼 것인가에 따라서 결론을 달리하게 된다. 국제기구의 경우에 발생하는 이러한 책임문제는 국가의 전면적인 국제책임에는 없는 내용이다.

2. 국제기구 책임의 성격

1) 국제기구 실체론의 입장

국제기구를 구성원인 회원국가와는 별개의 객관적인 독립적 실체로 보는 입장에서는 국제기구의 불법행위에 대한 주된 책임자는 어디까지나 국제기구라고 본다. 그러므로 구성원인 회원 국가는 2차적이고 부차적인 책임(residually 또는 subsidiary)만을 부담한다고 본다.

2) 국제기구 도구론의 관점

국제기구를 회원국들 합의의 기능적 도구로 보는 입장에서는 회원국들은 국제기구의 활동을 전반적으로 통솔할 것이고 따라서, 논리의 당연한 귀결로 회원국가의 책임이 더 크고 1차적인 것으로 판단하게 된다.

3) 결 어

앞서 본 국제주석이사회(Tin Council)의 여러 사건에서 추론된 것과 같이, 오늘날은 경우에 따라서 국제기구의 주된 책임이 인정된다고 함에는 이론이 없다. 그 경우에도 회원국의 부차적 책임이 따를 수 있음도 물론이다.

3. 국제기구의 주된 책임과 회원국의 부차적 책임의 성립

오늘날 국제기구의 주된 책임이 인정되는 경우에도 회원국의 국가책임도 인정되는 것은 널리 인정되고 있다. 다만 그 경우의 회원국의 책임은 통상 2가지의 모습으로 나타난다.

1) 부차책임 또는 잔여책임(residuary responsibility)의 원칙

이것은 국제기구의 불법행위에 대한 책임은 원칙적으로 국제기구 자체가 부담하지만 국제기구가 그 배상책임 이행에 실패한 경우에, 미 이행 부분에 대해서는 회원국이 국제기구가 다 하지 못한 책임을 부담하는 것을 말한다. 국제기구법학자 허쉬(Hirsch)는 이를 다음과 같이 설명한다.

> **"손해를 입은 당사자는 먼저 국제기구에 책임을 추궁한다. 그러나 국제기구가 적절한 배상을 하지 못한 경우에는 회원국을 상대로 책임을 추궁할 수 있다(The injured party is required to present its claim first to the international organization and then it would be entitled to proceed against the member only if the organization were to defaults in providing an adequate remedy)."**

국제기구의 활동에 대한 이러한 회원국의 잔여책임의 원칙은 전술한 주석사건(Tin Council Litigations)의 여러 의견에서 나타난 바가 있다. 아랍 4개국이 군수산업 발전을 위해 설립한 아랍산업기구(Arab Organization for Industrialization : AOI)가 1978년 헬리콥터 사업을 하다가 다음해 청산절차를 거치면서 발생한 손해 배상의 문제에 대한 Westland Helicopters 사건에서도 나타난다. 사건을 담당한 중재재판소는 손해를 입은 제3자는 회원국가에 대해서도 "직접 책임"을 추궁할 수 있다고 중재 결정했었다. 그러나 동 결정은 항소심인 Court of Justice of Geneva에서 번복되었다. 연방 최고 법원도 AOI는 전적으로 독립적인 법인격체라는 이유로 항소심 법원의 결정을 지지했다.[544] 즉 국제기구인 "AOI가 주된 책임"을 선행적으로 부담한다고 판결했다.

---

544) *Arab Organization for Industrialization and others v. Westland Helicopters Ltd,* 1988. 7.19, Federal Supreme Court(First Civil Court), 80 ILR 652.

2) 간접책임의 원칙

이것은 주로 재정적인 문제에 대해서 회원국이 국제기구가 주된 책임을 제대로 이행할 수 있도록 지원해 주는 책임을 의미한다. 예컨대 국제기구의 배상책임이 인정된 어떤 불법행위에 대해 국제기구가 배상능력이 부족한 경우에는 회원국들이 출자를 추가로 하는 방법으로 국제기구의 배상책임이 이행되도록 담보하는 방법이다. 그러나 주로 재정문제의 경우에 인정할 것이라는 이러한 간접책임에 대해서는 여러 가지 비판이 있다. 먼저 어떤 국제기구의 경우에도 본질적으로 거의 모든 문제는 금전문제라는 점이다. 또한 국제기구가 사실은 능력이 없어서가 아님에도 책임이행을 거절하는 경우에도 회원 국가는 국제기구가 책임을 이행하도록 어떠한 재정적 원조를 할 책임이 생기는데 그것은 매우 불분명하다는 것이다. 또한 간접책임도 결국은 고안된 책임으로 그렇다면 왜 솔직하게 회원국에게 손해를 입은 제 3자에 대한 직접적인 법적인 책임을 인정할 것이지 그렇게 하지 못할 이유는 무엇인가라는 비판이 제기된다.[545)]

제5항 국제기구 책임의 고려 요소

I. 정책적 고려(Policy arguments)

1. 책임제한 또는 책임자제의 논리

국제기구의 책임을 또 다른 국제법 주체인 국가와 개인 등의 책임과 동일한 수준과 내용으로 하게 하지 못하는 요인들 가운데에는 개별적인 불법행위의 성격 문제이외에도 정책적 고려의 문제가 있다. 국제 정책적인 관점에서 본다면 회원국의 책임을 제한하고 그리고 제한해야 할 중요한 이유 중의 하나는, 주권국가들로 하여금 국제기구에 적극적으로 참가를 유도할 필요성 때문이다. 가급적 국제기구의 책임을 제한함으로써 개별 주권국가가 참가하기를 주저하는 영역에 대해서도 국제기구는 활동이 가능하고 따라서 책임 부담이 덜해진 주권국가도 부담 없이 참가할 수 있을 것이기 때문이다.[546)]

545) Jan Klabbers, *op. cit*, p. 313.

546) C. F. Amerasinghe, Principles of the Institutional Law of International

이러한 논리는 국제기구의 창설이나 활용은 이득을 극대화하려는 주권국가의 합리적 결정의 소산이라는 소위 합리적 선택이론(rational choice theory)의 입장에서 잘 설명된다. 합리적 선택이론은 국제기구와 회원국 사이에 노동의 분화를 도모하여 국제기구는 주권국가가 단독으로 실행하기에는 부담스럽고 또는 불쾌하고 지저분한 일도 국제질서 관점에서 수행한다고 설명한다. 따라서 책임부담에서 어느 정도 자유로워진 주권국가도 국제기구에 부담 없이 참가하게 될 것이라는 것이다. 예컨대 IMF는 회원국 정부로부터 불쾌한 일을 떠맡아 회원국의 짐을 덜어주는 역할을 하기도 한다. IMF는 구제 금융을 제공할 때 구제금융 수용국가에게 국내적으로 인기 없는 가혹한 이행조건을 부과하곤 한다. 이러한 불쾌한 조치의 실행을 주권국가는 IMF가 부과한 정책이라서 어쩔 수 없이 실시해야만 한다고 발뺌할 수 있다.[547)]

그러나 다른 한편으로는 주권국가의 경우에는 아무리 제한책임이라고 하더라도 책임에 부담을 느끼고, 책임을 회피하기 위해서 또는 책임 부담 가능성을 빌미로 국제기구의 활동에 시시콜콜 관여할 소지나 위험성이 있음도 간과할 수 없다. 그것은 결국 회원국가와 별개의 법인격체인 국제기구의 독립적인 정체성을 위협할 수 있다. 이러한 추론의 연장선에서 소위 국내 상법상의 회사의 하나인 유한책임(limited liability corporation) 회사처럼 책임을 명백히 한정한 국제기구의 창설도 제안된다. 유한책임은 참가자의 책임을 투자액수에 한정함으로써 대형투자에 적합한 조직모델이기 때문이다.[548)]

이러한 모든 견해들은 결국 오늘날 국제기구 역할의 중요성을 인식하고 국제기구의 독립성을 존중해 주면서도 국제기구의 활동으로 피해를 입은 제3자의 입장도 고려하여 절충해 보려는 노력이다. 오늘날 국제기구로부터 회원국들이 받는 이득이나 혜택이 모두 동일한 것은 아니다. 그러나 글로벌적 핵심 질서로서의 국제기구의 가치는 점점 증대하고 있다. 따라서 국제기구는 역할을 회피할 수는 없다. 그러므로 국제기구의 활동으로 손해를 입은 피해국가도 인류의 더 큰 이익을 위해서 국제기구를 상대로 한 책임추궁은 자제하는 것이 서로 간에 윈-윈(win-win) 하는 길이 될 수 있음을 이해하는 것도 필요하다.

Organizations (Cambridge, 1966), pp. 283-287.

547) 박재영, 유엔과 국제기구, 법문사 2007, pp. 53-57.

548) Jan Klabbers, *op. cit,* p. 314.

2. 국제기구의 형사 불법행위 책임의 문제

오늘날 국제기구는 계약이나 합의 위반으로 인한 민사상의 배상책임 이외에 고문이나 심지어 국제범죄를 범할 수 있음도 인정된다. 예컨대 NATO의 코소보(KOSOVO)에 대한 무력개입은 불법이라는 논란이 한 예이다.[549] 그러나 이 경우의 책임 추궁과 관련해서는 최근에 국제범죄라는 개념이 등장하는 추세라고 할지라도 자연인이 아닌 국제기구나 형사 불법행위 가담 회원국에 대해서는 국내법 질서에서와 같은 엄격한 의미에서의 형사책임 추궁은 불가능하다. 그러한 경우에는 다시 국내 사법상의 불법행위 또는 근본적인 계약 불이행의 문제로 회귀되어 민사상의 손해배상책임을 부담하는 방법을 모색하게 된다.[550]

II. 한정 책임의 제3자적 효력의 문제

1. 서 언

오늘날 국제금융기구를 중심으로 회원국의 책임을 일정한 한도로 한정하는 경우는 적지 않다. 예컨대 IBRD 조약 헌장은 IBRD가 발행한 보증은 특별한 명시가 없는 한 회원국의 모든 책임은 아니라고 규정하고 있다. 그러한 조항은 회원국은 IBRD의 활동에 대한 모든 책임을 부담하는 것이 아니라 일정한 한정책임만을 부담하는 것으로 이해된다.[551] 국제농업개발기금(International Fund for Agricultural Development : IFAD)은 더욱 명백하게 헌장 제4조에 “어떤 회원국도 회원이라는 이유로 본 기금(Fund)의 활동이나 의무에 대한 책임을 모두 부담하지 않는다.[552]”라고 명시하고 있다.

549) Jules Lobel, 'Benign Hegemony? Kosovo and Art. 2. para. 4 of the UN Charter'(2000) 1 Chicago JIL, 19-36.

550) 이한기, *op. cit.* p. 576. Harold Hongju Koh, 'Translational Public Law Litigation'(1991) 100 Yale Law Journal, p. 347. 동인은 공법 소송(public law litigation)을 사법 소송(private law litigation)의 단순한 변형으로 본다.

551) IBRD Articles of Agreement, SECTION 9. Warning to be Placed on Securities; Every security guaranteed or issued by the Bank shall bear on its face a conspicuous statement to the effect that it is not an obligation of any government unless expressly stated on the security.

552) International Fund for Agricultural Development - Agreement, Article 3, Section 3 - Limitation of Liability: No Member shall be liable, by reason of its

2. 쟁 점

문제는 이들 한정책임 조항의 제3자적 효력이다. 물론 이들 한정책임 조항이 해당 국제기구의 활동에 관여하는 제3자에게, 일정한 부분을 넘는 것에 대해서는 회원국은 책임이 없다는 것을 사전에 명시함으로써 회원국의 책임에 전적으로 의존할 생각은 절대로 하지 말라는 경고적 기능은 충분히 하게 된다. 그러나 회원국의 책임을 일정한 한도로 한정하는 이러한 한정책임에 대해서는 먼저 국제기구의 제3자에 대한 책임부담의 성격과 관련하여 문제를 제기한다. 타면으로는 회원국의 책임부담의 범위와 관련하여 의문을 제기한다.

1) 무관지사의 원칙 - *res inter alios acta*

피해를 입은 제3자의 입장에서는 국제기구와 회원국 사이의 합의가 무엇이든지 간에 그것은 소위 타인들 사이에 행해진 사항(*res inter alios acta* : a thing done between others)이라고 생각할 수 있다. 그러므로 한정책임 조항은 협의한 법익주체들 사이의 내부적인 문제일 뿐 제3자와는 무관지사(無關之事)로서 따라서 책임제한 합의는 제3자에게는 효력이 없다면서 회원국의 전면적인 책임을 주장할 수 있다. 예컨대 라손(Lawson)이 적절하게 비유한 것처럼 일단의 국가들이 핵실험을 목적으로 한 국제기구를 창설하고 핵실험을 한 경우에 그러한 합의가 헌장에 규정되어 있다는 이유만으로 인류에 대한 관점에서는 불법 핵실험에 대한 가담한 개별 국가책임을 전면적으로 면제해 줄 수는 없을 것이라는 것이다. 책임면제 합의는 오직 그들 사이의 문제라는 것이다.[553]

2) 합의 중립성의 원칙 - *pacta tertiis nec nocent nec prosunt*

반면에 한정책임조항에도 불구하고 무관지사의 원칙을 관철하여 회원국이 전면 책임을 부담하여야 한다는 입장에 대해서는 합의 중립성의 원칙이 또한 문제된다. 합의 중립성의 원칙은 "조약은 제3자에게 의무도 권리도 부여하지 않는다."는 원칙이다. 다른 표현으로는 "합의는 제3자에게 해롭게도 이롭게도 하지 않는다."는 원칙이다. 이러한 합의 중립성의 원칙은 로마법 이래의 국제법상의

---

membership, for acts or obligations of the Fund.

553) Lawson, Het EVRM, p. 281.

대원칙으로 법의 일반원칙과 상식에 의해서 뒷받침되어 국제관습법으로 널리 확립되어 왔다. 이에 1969년의 '조약법에 관한 비엔나 협약'도 합의 중립성의 원칙에 대한 이러한 국제관습법을 명문화하였다. 비엔나 협약 제34조는 "조약은 제3국의 동의 없이는 제3국에 대하여 의무 또는 권리를 창설하지 아니한다." 라고 명시하고 있다. 그런데 조약 또는 합의가 제3자에게 의무도 권리도 부여하지 않는다(*pacta tertiis nec nocent nec prosunt*), 즉 이롭게도 해롭게도 하지 않는다는 원칙을 원칙적으로 고수하면 회원 국가는 국제기구가 제3자와의 교섭과 합의에 따라서 회원국의 책임도 인정하기로 합의한 일에 대해서 그 어떤 책임도 질 필요가 없다는 결론에 이르게 된다. 그러나 이러한 결론은 또한 매우 불합리하다. 왜냐하면 국제기구가 회원국가와는 별개의 독립된 법인격체임을 인정한다면 합의할 능력도 인정해야 하기 때문이다.

3. 소결어 - 절충론

이처럼 한정책임 조항의 제3자적 효력의 문제도 결국 국제기구의 본질적 속성으로 귀결되어 논의될 수밖에 없다고 할 것이다. 원래 국제기구가 창설 회원국가와는 별개의 독립된 법인격체가 된다는 국제기구 본질론의 입장은, 결국 회원국가의 책임을 한정하는 것이 국제기구나 회원국들의 본래적인 의도라고 보는 것에 기인한다, 그러나 국제기구의 특성에 따라서는 창설 회원 국가들이 국제기구의 독립된 법인격을 예상하지는 않고 단지 단체적 성격의 국제기구를 창설하는 것으로 예상한 경우에는 회원국들은 그러한 국제기구의 활동에 따른 책임을 모두 부담하는 것이 당연하고 그러한 국제기구에 가담한 회원국은 오히려 결국에는 회원국들이 모든 책임을 부담할 것임을 예상했다고 할 것이다.[554)]

III. 국제기구와 회원국 책임한정의 현실적 방법과 한계

국제기구의 상대방이 되는 제3자에 대한 회원국가의 책임을 제외하는 현실적인 방법도 있다. 그것은 국제기구가 제3자와의 계약에서 명시적으로 회원국의 책임을 배제하는 합의를 하는 것이다. 예컨대 UN은 사경제 주체와의 계약체결을 할 때에 회원국이나 UN 그 자체 그리고 UN 직원들이 개인적으로 책임을 지

554) Jan Klabbers, *op. cit,* p. 314

지 않는다는 조항을 명시적으로 삽입하기도 한다. 예컨대 UN은 태국에서의 건물 공사현장에서 사경제 공사 주체와의 계약에서 태국정부나 UN 직원의 책임은 없다는 내용을 명정한 합의를 체결하고 공사를 했었다.[555] 그러나 이 경우에도 2가지의 법률적인 의문이 제기된다.

첫 번째는 계약 불공정의 문제이다. UN 같은 거대한 국제기구와 사경제 주체가 계약을 체결함에 있어서 양자의 교섭능력이 대등하다고 보기는 어렵다. 따라서 사경제 주체는 UN이라는 국제기구의 제안을 거절한다는 것이 사실상 불가능하다고 할 수 있다. 이 경우에 사 경제 주체의 승낙의 의사표시는 소위 비진의(非眞意) 의사표시로서, 그에 따라 체결된 계약은 하자(瑕疵) 있는 계약으로서 사후 부당이득 또는 별도의 불법행위 책임을 유발할 수도 있다. 두 번째로는 제3자와의 합의조항은 어디까지나 사적인 계약분야에 한정되는 것이고 불법행위나 범죄행위에 대해서는 여전히 적용될 수 없다는 한계가 있다.

IV. 국제기구 법인격의 부인(Piercing the corporate veil)

1. 의의 및 필요성

상법상의 개념인 법인격 부인의 법리(piercing (또는 lifting) the corporate veil)는 회사가 책임을 부담할 어떤 행위에 적극적으로 개입한 주주 또는 운영책임자에 대해서는 직접 가담자 개인의 책임을 인정하는 법 원리이다. 이 원칙은 회사 실체 부인(disregarding the corporate entity)의 법리라고 할 수 있다. 법인격 부인의 법리는 정의(正義)의 원칙에서 소위 사실상의 1인 회사 같은 경우에 회사의 계약 또는 불법행위 책임에 대해서 휴지나 명목에 불과한 회사 자체의 책임 한정의 부당함을 지적하여 배후에 있는 실질적 책임자인 대주주에게 책임을 직접적으로 귀속시키는 법리이다.

2. 국제기구의 법인격이 부인될 수 있는 상황

아래 각항은 국제기구의 법인격을 부인하고 국제기구의 법인격이라는 베일 뒤에 숨어 있는 회원국의 직접 책임을 추궁할 수 있는 경우이다. 앞서 본 주석

555) *Id.* p. 316.

사건(Tin Council litigation)이나 Westland Helicopters 사건에서 국제기구 법인격 부인이 이미 추론되었었다.[556] 국제기구론에서 거의 항상 문제되는 국제기구 자체와 회원국의 긴장관계가 잘 나타나는 분야가 바로 국제기구의 책임론 부분이다. 그런데 국제기구의 책임론 부분 가운데에서도 국제기구의 법인격이라는 베일을 관통해야 할 아래와 같은 상황은 국제기구와 회원국의 긴장과 대립관계를 극명하게 보여준다.

현실적으로 국제기구가 비난받는 대부분의 경우에 국제기구는 그 비난을 회원국의 책임으로 돌릴 수 있다. 그런데 그 경우에 회원국은 또한 국제기구의 독자적인 법인격을 주장하면서 자신들과는 무관하거나 책임이 없음을 주장하는 경우가 국제정치질서에서 적지 않게 있어 왔다. 문제는 그러한 형식론적인 추론 절차에서 피해를 입은 선의의 제3자(이 경우의 제 3자는 제3국 또는 일반 시민이나 회사 그리고 단체가 될 수도 있음)는 좌절하고 결국 정의는 부정되는 불합리한 경우가 생길 수 있다는 점이다.

1) 국제기구가 가장 근본적인 국제법을 위반한 경우

국제기구가 강행국제규범을 위배한 경우이다. 예컨대 국제기구가 침략범죄(aggression)나 대량학살(genocide) 범죄에 개입한 경우이다. 이러한 경우에 국제법은 국제기구의 독자적인 법인격 주장을 무시하고, 바로 직접 배후에 있는 회원국의 만행적 행위를 추궁할 수 있다.

2) 국제기구가 독자적인 법인격성을 남용한 경우

국제기구가 독자적인 법인격이라는 베일의 뒤에서 잘못된 활동에 개입하는 경우이다. 이것은 국제기구가 회원국가와는 별도로 인정되는 국제기구의 법인격성을 사실상 남용한 경우이다. 많이 거론되는 사례로서 회원국가가 부당하게 어떤 영토 등을 할양받게 되었는데, 중간 경유지로 국제기구를 활용하여, 먼저 국제기구가 영토를 양수받는 것과 같은 경우이다. 이러한 경우에도 국제기구를 배제하고 회원국에게 직접 책임을 추궁할 수 있다.

---

556) *Id.* pp. 317-318.

3) 국제기구가 사실상 특정 회원국에 의해 지배되는 경우

이것은 국제기구가 특정한 국가에 의해서 좌지우지되어, 국제기구가 사실상 그 특정국가의 전유물로 조종되는 경우이다. 이러한 현상은 정상적인 국제기구로 출범한 경우에도 국제 정치적인 역학구조의 문제로서 발생한다. 예컨대 구 소비에트 공화국에 의해 사실상 지배되던 코메콘(Comecon)이나 바르샤바조약기구(Warsaw Pact)의 경우가 대표적이다. 일부에서는 NATO에서의 미국의 지위나 역할에 비추어 사안에 따라 NATO의 법인격을 부인할 필요가 있다고 주장하기도 한다.

3. 맺음말

법인격 부인론은 주식회사가 발전한 미국에서 태동된 이론이었다. 법인격 부인론은 회사의 특정사원과 회사법인의 인격이 사실상 동일인격일 때, 특정사원이 자신의 채무를 회피하기 위하여 법인의 법인격을 이용할 경우에는, 남용되는 회사의 법인성을 부인하여 회사가 부담할 채무를 책임 있는 특정사원에게 직접 지게 하는 원칙이다. 우리의 대법원도 법인격 부인의 법리를 인정하고 있다.[557]

> **"회사가 외형상으로는 법인의 형식을 갖추고 있으나 이는 법인의 형태를 빌리고 있는 것에 지나지 아니하고, 그 실질에 있어서는 완전히 그 법인격의 배후에 있는 타인의 개인 기업에 불과하거나, 그것이 배후자에 대한 법률적용을 회피하기 위한 수단으로 함부로 쓰이는 경우에는, 비록 외견상으로는 회사의 행위라 할지라도, 회사와 그 배후자가 별개의 인격체임을 내세워 회사에게만 그로 인한 법적 효과가 귀속됨을 주장하면서, 배후자의 책임을 부정하는 것은 신의성실의 원칙에 위반되는 법인격의 남용으로서, 심히 정의와 형평에 반하여 허용될 수 없고, 따라서 회사는 물론 그 배후자인 타인에 대하여도 회사의 행위에 관한 책임을 물을 수 있다고 보아야 한다."**

이러한 상법상의 법인격 부인론을 국제기구의 법적책임이 제기된 경우에도 동일하게 적용할 필요가 있다는 주장이 제기되었다. 그것은 상황에 따라서는 결국 국제기구의 베일을 벗겨내고 뒤에 있는 회원국의 직접책임을 인정하고 회원국의 배상책임 인정을 위한 것이다. 그러나 법인격 부인의 법리를 원용하여 국

557) 대법원 2001. 1. 19. 선고 97 다 21604 판결(매매대금).

제기구 조정자의 책임을 인정하기 위해서는 국제기구의 독자적인 법인격을 되도록 인정한다는 대전제에서 출발하고, 피해를 입은 제3자가 국제기구를 통하여 배상받을 수 없게 되는 부당함을 방지하기 위한 목적이 되어야 할 것이다.

제11장 의사결정과 국제기구 간의 관계

제1절 국제기구의 의사결정

제1항 국제기구 의사결정의 의의

I. 개 요

다수 회원국의 합의체인 국제기구는 헌장에 설정된 임무 수행을 존재 목적으로 한다. 그런데 스스로의 판단에 의해 활동하게 되는 자연인과 달리 국제기구의 경우에는 임무수행을 위해서 권한 있는 기관에 의한 정당한 의사결정을 전제로 하게 된다. 사실 국제기구의 활동은 국제기구의 의사결정이라고 하여도 과언이 아니다. 이 경우 국제기구 의사결정 문제의 핵심 쟁점은 다음과 같다.

① 왜 주권국가들이 국제기구들로 하여금 그들의 국내문제에 대해 간섭하는 것을 허용하는 것일까?
② 왜 초강대국도 국제기구에 가입하는 것인가?
③ 왜 약소국은 국제기구에서 별 주목을 받지 못하고 때로는 무시를 당함에도 국제기구에 회원으로 가입하려고 하고 회원이 되는 것일까?
④ 왜 비정부기구(NGOs)들은 국제기구에 참가하려고 하는 것인가?

이러한 모든 의문은 오늘날 국제기구 성립과 존속에 대한 의문을 제기하는 문제들로서 그에 대해 학술적으로 조직이론과 국제관계이론을 접목하여 여러 가지 이론을 제시 하려는 시도도 있지만, 본 장에서는 그러한 모든 의문점을 전제로 하여 국제기구의 효율성에 영향을 미치는 의사결정은 어떻게 이루어지는 것일까를 구체적으로 살펴보도록 한다. 국제기구의 의사결정에서 중요한 내용은 의사결정의 유형을 비롯하여 의사결정에 영향을 미치는 인자, 의사결정의 방식 그리고 의사결정의 국제법적 효력이다.

Ⅱ. 의사결정의 유형

일찍이 로버트 콕스(Robert W. Cox)와 해롤드 제이콥슨(Harold K. Jacobson)은 1970년대에 이미 국제기구가 내리는 의사결정의 유형을 ① 대표관련 결정(representational decision), ② 상징적 결정(symbolic decision), ③ 임무범위관련 결정(boundary decision), ④ 프로그램적 결정(programatic decision), ⑤ 규칙창출 결정(rule-creating decision), ⑥ 규칙감시 결정(rule-supervisory decision), ⑦ 운영 결정(operational decision)의 7가지 영역으로 분류하여 설명한 바가 있다.558)

대표관련 결정과 상징적 결정은 국제기구의 기능과 관련된 것이다. 임무범위관련 결정과 프로그램적 결정은 국제기구의 목적과 관련된 영역이다. 규칙창출 결정과 규칙 감시결정은 국제기구에 의한 국제법의 제정에 대한 것이다. 운영결정은 국제기구에 의한 서비스 제공과 관련된 것이다.559) 국제기구의 이러한 의사결정은 대외적으로는 의사결정 그 자체가 국제기구의 행위가 되거나 또는 의사결정에 기초한 어떤 행위로 나타나는 것으로 아메라싱헤(C. F Amerasinghe)은 의사결정에 따른 국제기구의 행위를 다음 3가지로 분류했다.

① 제도적 행위(Institutional 또는 Organizational acts)
② 활동상 행위(Operational acts)
③ 선언이나 사실의 발견이나 확정 그리고 해석과 같은 기타 행위

이하에서는 콕스와 제이콥슨의 분류에 따른 국제기구 의사결정의 유형을 간략하게 살펴보고 UN 헌장을 중심으로 필요한 의사결정의 대상을 알아본다. 한편 그렇게 결정된 의사결정의 대외적 효력의 문제는 아메라싱헤(Amerasinghe)의 분류에 따라서 국제기구 행위의 효력으로 별도로 살펴본다.

---

558) Robert W. Cox & Harold K. Jacobson, The Anatomy of Influence: Decision making in International Organization (New Heaven and London: Yale University Press, 1974) pp. 8-12.

559) Bob Reinalda & Bertjan Verbe다, Decision Making Within International Organizations, Routledge/ECPR Studies in European Political Science, p. 16.

1. 의사결정의 영역별 분류

1) 대표관련 결정(representational decision)

국제기구의 권력(power)과 권위(authority)의 배분에 관한 결정을 말한다. 회원국의 제명 결정, 신입 회원국의 가입결정, 사무국 고위직을 포함한 주요기관 책임자의 선정도 대표관련 결정에 해당한다.

2) 상징적 결정(symbolic decision)

국제기구가 추구하는 목적에 비추어 그를 적극 실현하기 위한 목표나 그에 반하는 가치를 반대하는 국제기구 자체의 의견을 결정하는 것이다. 결국 국제사회의 상징적인 쟁점에 대한 의견표명을 말한다. 예컨대 세계 평화와 안전, 인권의 보호와 증진을 목적으로 하는 UN의 고문금지, 여성차별 금지, 인종차별 철폐에 관한 결의안 그리고 신(新) 국제경제질서(New International Economic Order : NIEO)의 선언들이 국제기구의 상징적 결정에 해당한다.[560] 고문금지 선언이 고문금지 국제협약으로 발전한 것처럼 처음에는 상징적이던 결정이 후일 구체적인 규범으로 나타나 규칙창출이나 제도로 나타나는 경우도 적지 않다.

3) 임무범위 결정(boundary decision)

국제기구 업무에 대한 경계설정 결정이다. 헌장에 규정된 국제기구의 고유한 독자적인 영역의 구체화와 명백화 또는 국제기구 상호간의 협력문제 그리고 기관영역의 중첩에 따른 조정문제를 조율하는 의사결정이다.

4) 프로그램적 결정(programatic decision)

국제기구의 목적 달성을 위해 인적· 물적 가용자원의 효율적인 배분에 대한 의사결정을 말한다. 전략결정(strategic decision)이라고도 한다. 이것은 국제기구가 추구하는 목표들과 현실적으로 운영하는 프로그램들 가운데 어느 것에

---

560) 신 국제경제질서(NIEO)는 1970년대에 UN 무역개발회의에서 개발도상국들이 그들의 경제적 이익들 도모하기 위한 일련의 제안이다. 그것은 결국 국제 경제질서를 제3세계 국가들에게 유리하게 조성하려는 목적으로 선진국들의 경제질서 옹호체계로 간주되는 브레튼우즈 체계(Bretton Woods system)를 바꾸려는 시도였다. Jagdish N. Bhagwati (editor) (1977) The New International Economic Order: The North-South Debate.

더욱 중점을 둘 것인가? 의 선택과 관련하여 협상의 결과로서 이루어진다.

5) 규칙창출 결정(rule-creating decision)

국제기구 내부, 더 나아가서는 해당 국제기구의 영역 내의 문제에 대한 국제 규범을 창출하는 의사 결정이다. 예컨대 국제노동기구(ILO)와의 협정이나 또는 ILO의 권고로 국제적인 노동기준이 선택되고 결정되는 것이 대표적인 사례이다. 물론 이 경우는 그 결정의 대외적 효력의 문제가 남는다.

6) 규칙감시 결정(rule-supervisory decision)

승인된 규칙의 적용에 관한 결정으로, 규칙 준수 여부, 규칙위반 경우의 제제나 처벌 그리고 규칙 준수에 대한 보상 결정이 연관 결정으로 모두 포함된다.

7) 운영 결정(operational decision)

현실적인 국제기구의 운영에 대한 제반 결정을 말한다. 전술한 프로그램적 결정이 해당 국제기구의 장기 미래지향적이자 전략적 결정이라면, 운영 결정은 목전의 목표를 향한 단기 전술적 결정(tactical decision)이라고 할 수 있다.

2. UN의 의사결정 필요 분야

대표적 국제기구인 UN은 상징적 결정(symbolic decision)을 포함한 다양한 의사결정과 의사표명 그리고 그 실천을 한다. 그 다양한 형태의 의사결정이 필요로 하는 사항을 헌장에 규정된 내용을 중심으로 간략히 살펴보면 다음과 같다. 현실적으로는 UN의 의사결정은 기계적인 투표에 의해 이루어지는 것이 결코 아니다. 국가 간의 정치적 또는 경제적 이해관계에 따른 이합집산으로 실제 투표가 이루어지기 전에 막후의 협의 또는 편 가르기에 의해 이루어진다.

1) 총회의 의사결정

신입 회원국의 승인(제4조), 회원국의 권리와 특권의 정지(제5조), 회원국의 제명(제6조), UN 모든 기관의 권한 및 임무 심의(제10조), 국제평화와 안전의 유지에 있어서의 협력의 일반원칙과 군비축소 및 군비규제 문제(제11조), 제반 영역에서의 국제협력을 위한 각종 연구의 발의 및 권고(제13조), 국가 간의 우호관계를 해할 우려가 있는 사태에 대한 평화적 조정(제14조), 예산의 심의와 승인(제17조), 안전보장이사회의 비상임이사국의 선출, 경제사회이사회의 이사국의 선출, 신탁통치이사회의 이사국의 선출(제18조), 불가피한 분담금 연체 회원국에 대한 투표 허용(제19조), 의사규칙의 채택(제21조), 보조기관의 설치(제22조) 등이 총회의 의사결정 대상이다.

2) 안전보장이사회의 의사결정

신입 회원국의 총회에의 권고(제4조), 회원국의 권리와 특권 정지의 총회에의 권고(제5조), 회원국의 총회에의 제명 권고(제6조), 회의 진행 절차(제27조), 보조기관의 설치(제29조), 의장선출 방식을 포함한 자체 의사규칙(제30조), UN 회원국이 아닌 국가의 안전보장 회의 참가에 공정하다고 인정되는 조건의 결정(제32조), 분쟁의 평화적 해결 요청(제33조), 분쟁과 분쟁을 발생하게 할 우려가 있는 사태에 대한 조사(제34조), 분쟁 해결을 위한 조정방법의 권고(제36조), 분쟁의 안전보장이사회에의 회부(제37조), 분쟁의 평화적 해결을 위한 권고(제38조), 평화에 대한 위협, 평화의 파괴 또는 침략행위의 존재 결정(제39조), 평화위협에 대한 잠정조치(제40조), 경제관계 및 철도, 항해, 항공, 우편, 전신, 무선통신 및 교통통신수단의 중단과 외교관계의 단절(제41조), 국제평화와 안전의 유지 또는 회복에 필요한 공군, 해군 또는 육군에 의한 조치(제42조), 병력사용계획(제46조), 국제평화와 안전의 유지를 위한 결정을 이행 하는데 필요한 조치(제48조)와 같이 세계평화와 안전과 관련된 제반 문제가 안전보장이사회의 의사결정에 의해 이루어진다.

3) 경제사회이사회의 의사결정

경제, 사회, 문화, 교육, 보건 및 관련 국제사항에 관한 연구 및 보고를 하거나 또는 발의와 국제회의의 소집(제62조), 각종 전문기구와의 협정(제63조), 필요한 위원회의 설치(제68조), 의사규칙의 채택(제72조) 등이 경제사회이사회의 의사결정 대상이다.

4) 국제사법재판소의 의사결정

각종 재판과 총회 또는 안전보장이사회가 요청한 문제에 관한 권고적 의견(제

96조)이 국제사법재판소(ICI)의 의사결정 대상이다.

5) 사무총장의 의사결정

사무국의 일반 행정업무 결정, 국제평화와 안전의 유지를 위협한다고 인정하는 사항의 안전보장이사회의 주의 환기(제99조) 등이 대표적인 의사결정이다.

6) 총회와 안전보장이사회의 합동 의사결정이 필요한 사항

UN 헌장의 개정(제108조), UN 헌장의 재심의(제109조) 등이다.

제2항 국제기구 의사결정의 영향자

오늘날 전 세계의 다양한 문제를 관할 임무로 하는 국제기구의 의사 결정에 영향을 미치는 행위 요소는 대단히 광범위하다. 실질적으로는 사안의 속성이 국제기구의 의사결정에 가장 커다란 변수가 될 것이다. 그러한 사안의 속성을 전제로 하고 구체적으로 국제기구의 의사결정에 영향을 미치는 주요 행위자로는 다음과 같은 것이 있다.[561] 물론 국제기구가 그러한 행위자의 의사에 어느 정도 영향을 받을지 또는 전혀 염두에 두지 않을지는 국제정치 현실과 해당 국제기구의 목표지향성의 강도에 따라 다를 수 있다. 이 문제는 국제기구의 전반적인 속성을 살펴본다는 점에서 의의가 있다고 할 수 있으므로 간략히 살펴본다.

1. 회원국

국제기구의 회원국은 해당 국제기구를 실질적으로 구성하고 유지하는 주축으로 국제기구 의사결정의 가장 중요한 의사결정 인자이다. 현실적으로는 본국 정부로부터 파견되는 정부대표가 국제기구 의사결정 과정에 참가하게 된다. 이 경우 정부대표는 기조연설은 물론이고 의사결정의 전 과정에서 수시로 본국 정부와 의견을 조율하면서 자국의 의사결정 방향을 결정한다.[562]

561) 박재영, *op, cit,* pp. 441-449.

562) 한편 정부대표의 범주에 해당 국제기구 기관의 수장이나 책임자를 포함시킬 것인가에 대해서는 이견이 있을 수 있다. UN 사무총장과 직원에 대해 명시되어 있는 바와 같이, 국제기구의 독립적 존재가치를 고려하여 그들은 국제공무원으로 국적국가를 초월한 존재로 인정되므로 내면적 애국심은 별론으로 하고 본서에서는 그들을 정부대표에서 배제한다.

2. 사무국

UN의 경우에서 알 수 있는 바와 같이, 사무국 차원에서 이루어지는 의사결정도 있지만, 국제기구에 있어서 대부분의 의사결정은 회원국 대표로 구성되는 총회나 안전보장이사회 같은 주요 기관에서 이루어진다. 회원국 대표로 구성되지 않고 국제기구 자체의 상설 직원으로 구성된 사무국은 대부분의 경우에 주요기구의 의사결정 절차를 보조해 주는 위치에 있다.

그러나 사무국이 실질적으로 의사결정에 있어서 중요한 역할을 하는 것을 무시할 수는 없다. 먼저 사무국 수장은 국제기구의 인적·물적 자원을 배분하는 중심에 있다. 국제기구들이 사무국이 제공하는 그러한 인적·물적 자원이라는 현실적인 여건 아래에서 임무 수행에 필요한 의사결정을 하게 됨은 당연하다.

또한 국제기구와 관련된 대부분의 정보를 가지고 있는 사무국 수장은 국제기구 내에서 의사소통 연계망(communication network)의 중심에 위치하며 국제기구 의사결정에 막강한 영향력을 미칠 수 있다. 일반 사무국 직원들도 특히 직급이 높은 위치에 있을수록 독점 정보와 다양한 기관과의 접촉 등을 통해 국제기구의 의사결정에 일정한 영향을 미칠 수 있다.

그러나 UN의 경우에서 알 수 있듯이 사무총장을 비롯한 사무국 직원은 임무수행에 있어서 어떠한 정부 또는 다른 당국으로부터도 지시를 구하거나 받지 아니하며 기구에 대해서만 책임을 지는 중립적인 국제공무원이다(제100조 제1항). 또한 각 회원국은 사무총장 및 직원 임무의 국제적인 성격을 존중하며 그들에게 영향을 행사하려 해서는 안 된다(동 제2항).

3. 비정부기구(NGO)

인권, 환경, 경제, 보건 등 전 세계 다양한 분야에서의 활동을 목표로 하는 비정부기구들의 국제기구에 대한 영향력과 역할은 눈부시다. 오늘날 대부분의 국제기구가 자신들의 임무 홍보나 실행을 위해서 국제 비정부기구나 해당 지역의 비정부기구와 연계를 갖고 활동하는 것은 임무의 성패를 좌우할 만큼 매우 중요하다. 그럼에도 대부분의 국제기구가 의사결정에 있어서 비정부기구에게 소위 협의지위(consultative status) 이외에 공식적인 지위를 부여하고 있지는 않다. 그러나 비정부기구는 그들이 획득하는 고유하고 신속한 정보를 국제기구에 전달하는 방법을 비롯해서 여러 채널로 국제기구의 의사결정에 상당한 영향력을 행사하는 것이 현실이다.

4. 다른 국제기구

국제기구가 다른 국제기구와 협의할 권한이 부여되어 있는 경우에, 협의절차를 통해서 의사결정에 영향을 미칠 수 있음은 명백하다. 그에는 못 미치지만 어느 한 국제기구가 다른 국제기구의 옵서버 자격을 허여 받기도 하여 오늘날 많은 국제기구가 UN의 옵서버로 활동한다. 석유수출국기구 국제개발기금(OPEC Fund for International Development : OFID), 아세안(Association of Southeast Asian Nations : ASEAN)과 2007년 옵서버 자격을 획득한 이슬람개발은행(Islamic Development Bank Group)을 비롯한 약 63개의 기구나 단체가 UN의 옵서버이다.[563)]

UN 옵서버 자격은 UN 총회의 결의로 주어진다. 이들 옵서버는 UN 총회에서 투표권은 주어지지 않지만 연설할 권리(right to speak)가 주어진다. 또 다른 한편 국제기구는 다른 국제기구와 공동 프로젝트를 통해서도 협력하고 그 과정에서 의견의 교환과 합의 등을 통해 상호 의사결정에 영향을 미칠 수 있다. 한편 UN 헌장이 규정하고 있는 것처럼 국제평화와 안전의 유지에 관한 사항으로서 지역적 조치에 적합한 사항을 처리하기 위하여 UN은 지역적 약정 또는 지역적 기관이 존재하는 것을 배제하지 않는다. 세계 평화 유지활동과 관련된 지역기구는 먼저 그 활동 등이 UN의 목적과 원칙에 일치하는 것이 요구된다(제52조). 또한 안전보장이사회의 허가 없이는 어떠한 강제조치도 지역적 약정 또는 지역적 기관에 의하여 취해져서는 안 된다(제53조). 안전보장이사회는 국제평화와 안전의 유지를 위하여 지역적 약정 또는 지역적 기관에 의하여 착수되었거

---

563) UN의 대표적인 옵서버로는 African Union, Asian Development Bank, Caribbean Community, European Union, International Committee of the Red Cross, International Criminal Court, International Criminal Police Organization (Interpol), International Organization for Migration, Latin American Parliament, League of Arab States, Palestine Liberation Organization(팔레스타인해방기구는 1974년 11월 22일 UN 결의안 (A/RES/3237 (XXIX))에 의해 옵서버 자격을 획득한 후에 1988년 12월 9일 팔레스타인(Palestine)으로 명명되었고, 1988년 직접 당사국들과 의견을 교환할 수 있는 권리 그리고 1998년 7월 7일 일반적인 토의권을 부여받았다), Permanent Court of Arbitration, Shanghai Cooperation Organization, World Customs Organization (예전의 Customs Cooperation Council) 등이 있다.

나 또는 계획되고 있는 활동에 대하여 항상 충분히 통보받는다(제54조). 이 경우에 지역기구의 의사결정이 UN의 영향을 직접 받게 되는 것은 명확하다.

5. 지방정부와 지방정부간 기구

미국과 같은 독자적인 입법권, 사법권 그리고 행정권을 갖는 주(states)로 구성된 연방국가의 주정부가 아니라고 하더라도, 세계화와 지방화 그리고 중앙화와 분권화라는 정치와 경제 가치의 이동에 따라서 지방정부(지방자치단체)가 회원국가와는 별개로 국제 질서에서의 행위주체로 부상하고 있다. 환경과 인권, 보건, 인구 문제와 같은 국제사회의 적지 않은 쟁점이 지방 수준에서 연원하고, 따라서 그러한 문제에 대한 직접 접근과 실질적인 현장적 해결을 위해서 자치단체가 중앙정부와 협의 없이 또는 중심이 되어 나서는 일이 빈번해 졌다.

특히 지구환경 문제와 같이 세계 각 나라와 지역이 협력해서 해결해야 하는 과제가 늘어남에 따라서, 이러한 과제를 해결하기 위해서는 국가나 국제기구뿐만이 아니라 지방자치단체도 국제사회의 일원으로서 서로 협력하면서 과제를 해결하는 중심적 행위자의 입장에 서게 된 것이다. 그러므로 각국 지방정부는 국제기구의 의사결정에 직접적으로 영향을 미치는 일이 빈번하다. 오늘날에는 전 세계 지역별로 지방정부간기구(inter-local-governmental organization)도 국제적 연합체로 조직되어 이들이 국제기구의 의사결정에 영향을 미치는 행위자로 기능하기도 한다. 그러나 국제기구법적으로는 지방정부간기구는 독자적인 지위가 인정되는 것이 아니라 비정부기구(NGO)의 하나로 분류된다.[564)]

우리나라의 경우의 구체적인 예를 보면 서울특별시는 2005년 세계대중교통협회(International Association of Public Transport)에 가입하여 현재 아·태(亞·太)지역 의장국을 맡고 있다.[565)] 강원도 태백시는 적설량이 많고 한랭한 환경 속에서 가꿔 온 기술과 도시 운영의 노하우에 관한 정보를 제공하는 등 공통된 과제를 가지고 있는 회원 도시에 대한 지원 및 협력을 도모하는 "겨울도시 시장회(World Winter Cities Association for Mayors : WWCAM)"에 2002년 2월에 가입하여 2005년도에는 첫 실무회의를 개최하기도 했으며 2012년 겨울

564) 박재영, *op, cit*, p. 445. pp. 576-577.

565) 서울경제(2009.3.10), http://economy.hankooki.com/lpage/opinion/200903/e2009031022155448200.htm.

도시시장회의 개최를 추진하고 있다.[566] 한편 경북 안동시는 세계역사도시연맹(LHC), 세계문화유산도시(OWHC), 아시아태평양도시관광진흥기구(TPO) 국제민간문화예술교류협회(IOV) 그리고 세계탈문화예술연맹(IMACO) 등 여러 국제기구에 가입하여 다양한 활동을 하고 있다.[567] 그러므로 이들 지방정부가 해당 국제기구의 의사결정에 직접적으로 영향을 미칠 수 있음은 명백하다.

6. 개인

개인 사이의 법이 아니라 국가 사이의 법이라고 관념되어 온 국제법에서도, 오늘날 개인도 국제법 주체로 인정된다.[568] 국제법 주체로서의 개인은 출소권(出訴權)[569]이나 청원권(請願權)[570]을 행사함으로써 국제기구에 일정한 영향력을 미칠 수 있다. 한편 국제기구의 사법기관이나 중재재판기관의 재판관은 일반적으로 정부 대표가 아니라 개인의 자격으로 선출된다. 그들은 비록 개인 자격이지만 국제질서에 영향을 끼칠 사안에 대한 판단으로 국제기구의 운영 방향에 매우 중요한 영향을 미치게 된다. 개인은 또한 전문성을 가지고 여러 국제기구에 자문관(consultant)으로서 역할하기도 한다. UN은 특별보고관(special rapporteur) 제도를 통해 전문성을 가진 개인을 활용한다. 이들 개인은 전문가의 도움이 필요한 많은 분야에서 사실상 최종적인 의사결정권을 행사한다.

7. 언론

국내에서의 정책결정에 언론이 국가의 제4의 권력으로 심대한 영향을 미치는 것과 마찬가지로, 국제사회에 있어서도 언론은 주권국가는 물론이고 국제기구

566) 지자체와 국제기구의 협력사례, http://webzine.klafir.or.kr/read.htm?middle_title_no=1203, (last visited, 2009. 3. 29). 월간 지방의 국제화 참조.

567) 안동시청 뉴스레터,(2009, 3.29) http://news.andong.go.kr/ newsletter/ user/ article_view.asp?idx=365.

568) 이한기, 국제법 강의, 박영사(2006). p. 187.

569) 개인의 출소권의 예로서는 1907년의 중미사법재판소설치에관한조약이 체결국(중미 5개국)의 국민에게 다른 체약국의 국민을 상대로 직접 제소하는 것을 인정했었다. *Id.* p. 188. 오늘날 유럽연합 사법재판소는 개인의 제소권을 널리 인정한다.

570) 개인의 청원이 인정되는 예로서는 신탁통치지역주민의 UN 신탁통치위원회에의 청원(UN 헌장제87조 (b)), 1965년의 모든 형태의 인종차별철폐에관한국제조약에 의한 개인의 청원, 1966년의 시민적·정치적 권리에 관한 국제규약의 선택의정서에 의한 인권위원회(Human Rights Council)에의 개인청원이 있다.

들의 활동에도 매우 중요한 영향을 미친다. 19세기 라디오의 발명은 전쟁에 전술적·전략적으로 실질적인 변화를 초래했었다. 21세기 현장감 있는 TV의 등장은 전쟁뿐만 아니라 인류의 생활 전반에 영향을 미쳤다. 그러한 매스 미디어의 영향력은 인도적 구호활동을 하는 국제기구에게는 매우 중요하다. 특히 전 세계에 네트워크를 갖추고 그 실상을 실시간적으로 방송하는 CNN의 영향력을 "CNN 요소(CNN Factor)"라고 호칭되어 그 중요성이 국제사회에 널리 존재한다. 오늘날 CNN Factor는 각국의 국가안보, 심지어는 현장에서의 군사작전에까지도 직접적으로 영향을 미친다. 그러므로 국제기구의 활동이 언론의 영향을 받는 것은 너무나 당연하고 자연스러운 현상이다.[571]

8. 다국적 기업(multinational corporation)

20세기 말부터 가속화된 국제경제 주체들의 무한경쟁과 WTO 체제 하의 국제 경제질서는 정보통신과 교통의 급속한 발달로 인해 탈 국경화가 가속화되었다. 특히 다국적기업은 이러한 흐름 속에서 그 영역을 확장시켜 왔다. 오늘날 일부 다국적기업은 개발도상국들보다도 더 커다란 경제적 영향력을 가질 정도로 규모가 성장했다. 다국적기업이 국제기구에 미치는 영향력은 대단하며 중요한 국제 환경조약이 다국적기업의 로비 활동으로 내용이 변경되는 경우도 많다.

예컨대 지구 온난화에 맞서기 위해 프레온 가스를 규제하고 오존층 보호를 위한 1987년도의 몬트리올 의정서(Montreal Protocol on Substances that Deplete the Ozone Layer)의 채택에 세계 최대의 프레온 가스 생산회사인 미국 듀퐁(Du Pont)사의 입장이 매우 중대한 역할을 하였음은 잘 알려져 있다. 처음에 듀퐁을 중심으로 한 화학업계는 화학물질이 오존층에 어떤 영향을 미친다는 견해에 대해 강력히 반대했다. 심지어 듀퐁사는 "오존감소이론은 과학적 허구, 쓰레기, 난센스(The ozone depletion theory is a science fiction tale, a load of rubbish, utter nonsense)"라고 강력한 반대 입장을 표명하고 조직적으로 저항했었다. 그러나 1980년대 후반 화학업계는 프레온 가스의 단계적 폐지일정이 구체적으로 규정됨으로써 그 동안 기회가 없었던 다른 기업들에게 동등한 조건 하에서 시장에 새롭고 더 많은 이익을 주는 화학 혼합물질을 제공

571) Christopher Deliso, *The "CNN Factor" and Kosovo – Eason Jordan's true failings, available at,* http://www.antiwar.com/deliso/?articleid=5140.

할 수 있을 것이라는 기대로 몬트리올 협약을 적극적으로 지지했다. 오존 파괴물질인 프레온 가스의 대체물질 개발에 성공한 듀퐁사는 오늘날 신물질의 판촉을 위해 각국의 몬트리올 협약 이행촉구와 감시에 선도적 역할을 하고 있다.[572)]

제3항 의사결정의 방식

I. 개 요

국제기구의 의사결정영역은 국제기구와 그 회원국인 주권국가의 관계가 극명하게 나타나는 영역이다. 왜냐하면 국제기구의 의사결정은 결국 회원국의 행동반경을 일정하게 제한한다는 의미가 있는 것으로서, 단적으로 주권국가가 국제기구에 자국의 결정권을 어느 정도 양도하려 할 것인지가 나타나기 때문이다.

그러므로 국제기구의 경우에는 정형적인 의사결정의 룰(rule)이 규정되어 있다고 하는 경우에도 공식적인 의사규칙만을 따르는 것은 아니다. 회원국들의 다양한 의견을 사실상 이의 없이 조화롭게 집결할 수 있는 방법이 있다면 그러한 의사결정 방식을 따르는 것이 국제기구나 회원국 모두에게 바람직한 방법이 될 수 있기 때문이다.

일반적으로 국제기구의 의사결정 방식은 크게 분류하면 표결방식과 합의방식의 2가지가 있다. 표결에 의하는 경우에는 먼저 의사진행을 위해 필요한 최소한의 출석수를 의미하는 **정족수(quorum)**를 채워야 한다. 이것을 개회 정족수 또는 의사정족수라고 한다. 의사정족수는 회의 개최를 위한 필요조건이다. 연후에 회의를 진행하며 필요한 사안에 대한 의결이 필요한 경우에는 별도로 의결정족수가 요청된다.

---

572) Environmental Companies and Organization News, *The International Montreal Protocol Treaty Has Benefited Ozone Layer and Climate, But More Needs to be Done, Dupont Says,* (2007. 9.17), http://www.portofentry.com/site/root/ market/company_news/5095.html(last visited, 2009. 3.29). DuPont News, *DuPont Scientist Recognized for Climate Change Research,* (2009. 3. 10), http://www2. dupont.com/Media_Center/en_US/daily_news/march/article20090310.html.

Ⅱ. 표결 방식

표결에 의한 의사결정은 크게 만장일치제와 다수결제로 구분된다. 현실적으로 표결을 하는 방식에는 거수에 의한 표결(vote by a show of hands), 기립에 의한 투표(vote by standing), 비밀투표(vote by secret ballot), 우편투표(postal ballot) 그리고 찬성과 기권 또는 반대의 입장을 대답하게 하는 호명에 의한 투표(vote by a roll-call) 등이 있다.

1. 만장일치제(Unanimity)

1) 만장일치제의 의의와 효용 그리고 한계

만장일치제도는 의사결정에 있어서 참가자 모두의 동의를 필요로 하는 제도이다. 통상적으로 대의제 민주주의에 있어서는 다수결제가 의사결정의 불가피한 방법으로 간주되지만, 주권국가 상호간의 평등을 전제로 성립되는 국제사회에서는 전통적으로 전원합의나 만장일치제가 선호되는 방식이었다. 모든 국가의 동의를 필요로 하는 만장일치제는 자신이 반대하는 결정에는 구속되지 않는다는 주권국가의 주권 독립성과 자주성이 잘 반영되는 제도이기 때문이다. 이 같은 만장일치제는 국제기구를 포함한 국제사회에서의 의사결정에서 모든 국가에게 거부권(veto)을 부여한 것에 비견될 수 있다. 만장일치제는 또한 회원 국가들의 단순한 모래알 같은 관계에 추진 동력을 부여할 수 있다는 장점이 있다. 만장 일치된 결정은 이견이 없는 실질적인 합의의 신호로서 회원국 사이에 연대감과 합동감을 주기 때문이다. 만장일치제는 합의제와 결과에 있어서는 유사하다고 할 수 있지만 일단 표결을 실행한다는 점에서 표결 없이 공개 또는 막후의 협상에 의한 의견 일치를 이루는 합의제 방식과 구분된다.

그러나 이처럼 여러 가지 효용성을 가지는 만장일치제이지만 역사적으로 만장일치제를 채택하였던 국제연맹(League of Nations)의 경험에서 실천적으로 알 수 있듯이, 만장일치제는 현실적으로는 국제기구가 효율적으로 작동되는데 중대한 애로점으로 작용된다. 이러한 문제점으로 인해서 오늘날 대부분의 국제기구에서는 표결을 하는 경우에는 다수결제 방식에 따른다.

2) 기권(abstain)과 만장일치

한편 만장일치제의 쟁점의 하나로는 투표권자가 기권한 경우에도 만장일치로 볼 수 있는가의 문제가 있다. 로버트의 의사진행원칙(Robert's Rules of Order)으로는 기권을 침묵에 의한 동의(silent consent)로 보고 기권이 있어도 명시적인 반대가 없으면 결국 만장일치로 본다.[573] EU는 건설적 기권(constructive abstention)이라는 개념을 도입하여 만장일치가 요구되는 투표에서 방해를 원하지 않는 회원국이 자발적으로 기권하는 것을 인정하고 따라서 그러한 경우 역시 만장일치로 본다. 이것은 의사결정을 마비시키지 않으면서 반대 견해를 가진 주권국가가 상징적으로 자신의 의지를 보이면서 결의에서 탈퇴하도록 퇴로를 열어 놓은 것이라고 할 수 있다. 상세는 후술한다.

3) 국제기구에서 만장일치제도의 현황

현재 국제기구에서 만장일치제는 회원국 수가 그리 많지 않은 아랍국가연맹(League of Arab Stats) 그리고 합동군사 작전도 필요로 하는 등으로 그 결속관계가 어느 국제기구보다 중요하고 강조되는 북대서양조약기구(NATO)의 이사회 의사결정에서 사용된다. 만장일치제는 또한 구속력 있는 결의를 채택하는 일이 많은 지역적 국제기구의 의사결정 방식으로 사용된다.

2. 다수결제(majority system)

의사결정을 다수의견에 의하여 행하는 원칙을 말한다. 다수결제도는 대의민주정치와 더불어 민주정치의 기본원칙으로 오늘날 민주주의의 중요한 기초 원리를 이루고 있다. 다수결제는 국민평등의 원리에 입각하여 다수의 결정에 따르는 것이 보다 합리적이라는 경험적 판단과 독단이나 전제를 배제하고 상대주의적 전체를 도모할 수 있다는 이점이 있다. 이처럼 다수결제는 다양한 견해를 통합하는 의사결정의 기술로서 만장일치제와는 달리, 반대하는 국가가 있어도 의사결정이 이루어진다는 점에서 강점이 있다. 물론 자신이 반대하는 결의를 한 경우에도 채택된 결론에 기속된다는 점에서 지고(至高) 그리고 독립(獨立)의 주권성이 제한되는 것이 공개적으로 드러난다는 약점이 있다. 따라서 현실적으로

573) Robert's Rules of Order allows unanimity even with abstentions, equating "unanimous consent" with "silent consent", *i.e.* with no objections raised.

는 이러한 위험부담을 줄이기 위해 단순다수결제 이외에 절대다수결제와 가중다수결제 그리고 이중다수결제라는 다양한 제도적 안전장치를 두기도 한다.

다수결제에 있어서 국내차원의 경우에는 표(票, vote)의 가치에 차이를 두고 있지는 않다. 그러나 국제사회에는 인구와 국토면적 그리고 경제력의 제반 측면에서 아무리 주권국가라고 하더라도 차이가 있는 것이 현실이기 때문에 표의 가치에 있어서 차이를 두어야 공평한 것이 아닌가라는 의문이 끊임없이 제기되고 있다. 어느 방식이건 다수자의 의사를 전체의 의사로 볼 수 있다고 하는 집단의사형성의 원리에 충실하고자 한다는 점에는 같다.

다수결제는 중세기 이래 점차적으로 전개되어 프랑스 혁명의 인권선언에서 주장되었었다. 그 후 다수결제는 19세기를 통하여 차츰 일반화되었다. 이러한 다수결원리가 타당하기 위해서는 자유로운 토론과 설득을 통해서 다수가 소수자의 의견을 받아들인다는 것, 소수자 측에서도 왜 소수인가를 반성한다는 것, 다수와 소수는 고정된 것이 아니라 상호 유동적이라는 것, 다수로 결정된 것은 전원이 존중해야 한다는 것 등에 대한 이해가 필요하다. 다수와 소수가 고정되어 있고 합리적인 토의과정도 거치지 않은 채, 숫자의 힘으로 의사가 결정되면 그것은 다수의 횡포가 된다. 다수결원리의 본질은 단순한 수의 지배 또는 힘의 지배가 아니라 자유로운 토의를 통한 **이성의 지배**이다. 한편 다수결제의 약점은 자칫 다수의 독재(tyranny of the majority)를 이끌 수 있다는 것이다. 그것의 방지를 위해 가중다수결제나 이중다수결제의 장치가 도입되기도 한다.[574)]

3. 표 가치의 차이 배분

1) 단순 일국일표제

단순 일국일표제는 경제력, 인구, 국토면적, 국제사회에서의 국력(National Power) 그리고 해당 국제기구에의 분담금 규모에 관계없이, 어떤 국가든 주권국가는 모두 균등하게 1국가 1표를 갖는 방식이다. 주권평등의 원칙에 입각하는 제도로, 예컨대 UN 총회에서 인구 약 3억 3천만으로 UN 분담금의 22%를 부담하고 운영을 주도하는 미국이나, 인구 2만 1천명에 최소 분담금인 0.001%를 납부하고 있는 팔라우(Palau) 모두 평등하게 1표를 행사한다. 단순 일국일표제는

574) Anthony J. McGann, "*The Tyranny of the Super-Majority: How Majority Rule Protects Minorities,* University of California, Irvine, pp. 2-3.

세계 인구의 다수를 대표하지 않는다는 점에서 비민주적이고, 세계의 실질적인 힘의 상당한 부분을 반영하지 않기 때문에 비현실적이며, 공동체의 실제 지배적인 의지를 반영하지 않기 때문에 불합리하다는 비판이 따른다.575)

2) 가중표제(system of weighted vote allocation)

단순 머리 숫자가 아닌 주식이라는 투자지분 규모를 바탕으로 의결권을 부여하는 주식회사의 의결방식처럼 각자의 표에 가중치를 부여하는 방식이다. 원래 UN 헌장 초안도 의사결정 방식으로 이 같은 가중표제를 채택하고 있었다.576) 이 경우에 무엇을 기준으로 표를 가중시킬 것인가는 국제기구마다 일률적이지는 않다. 소위 소크라테스의 정의론의 기준으로 본다면 사실 단순 일국일표제가 산술적 평등의 원칙을 반영한 것이라면, 가중표제는 배분적 평등 원칙을 반영한 것이라고 할 수 있다. 통상 금융 국제기구에 있어서는 기구에의 기여도인 출자액을 가중의 기준으로 삼는 경우가 많다.

국제통화기금(IMF)의 경우 모든 회원국은 기본적으로 250표를 가지며, 출자액 10만 특별인출권(SDR)당 한 표를 더 갖는다.577) 세계은행(IBRD)의 경우 기본적으로 250표를 가지며, 보유하는 액면가가 10만 달러인 주식 1주당 1표를 추가로 갖도록 하고 있다.578) 국제금융공사(IFC), 국제개발협회(International Development Association : IDA), 아시아개발은행(Asian Development Bank : ADB) 등도 배분적 정의에 입각하여 가중표제를 채택한다.579)

---

575) Inis, L. Claude, Jr., Swords into Plowshares, 3rd, ed (New York: Random House, 1964), p. 119.

576) Ruth E,Russsel, A History of the United Nations Charter: the Role of the United States, 1940-1945(Washington, D. C: Brookings Institution, 1958), p. 378.

577) Articles of Agreement of the International Monetary FundArticle XII(5)(a): Each member shall have two hundred fifty votes plus one additional vote for each part of its quota equivalent to one hundred thousand special drawing rights.

578) IBRD Articles of Agreement (As amended effective February 16, 1989), Article V(3)(a): Each member shall have two hundred fifty votes plus one additional vote for each share of stock held Gianaris, 'Weighted Voting in the International Monetary Fund and the World Bank: 14 Fordham ILJ(1990-91) p. 910.

579) IFC Articles of Agreement, Article IV(3)(a):(a) Each member shall have two hundred fifty votes plus one additional vote for each share of stock held. IDA Articles of Agreement, Article VI(3)(a): Each original member shall, in respect of its initial subscription, have 500 votes plus one additional vote for each $5,000 of its initial subscription. ADB AGREEMENT ESTABLISHING THE ASIAN

III. 다수결제의 종류

1. 다수결제의 종류 개관

다수결방식에는 단순 다수결, 절대 다수결, 가중 다수결 등이 있다. 보통 다수결이라 하는 경우에는 단순 또는 절대 다수결을 가리킬 때가 많다. 그러나 중요 사항을 결정할 경우에는 제한 다수결이 사용된다.

2. 형식에 의한 다수결제의 분류

다수결제도는 유효표를 기준으로 하느냐 전체 투표수를 기준으로 하느냐에 따라서 단순 다수결제와 절대 다수결제도가 있다.

1) 단순 다수결제(simple majority)

"유효표"의 과반수 단순 다수에 의해 결의가 성립되도록 하는 제도이다.

2) 절대 다수결제(absolute majority)

기권이나 불참자를 포함한 **"총 투표수"**, 즉 총 회원국의 과반수 찬성에 의해 결의가 성립되도록 하는 제도이다. 절대 다수결의 내용이 후술하는 바와 같이 단순 과반수 또는 2/3, 3/5, 9/10 또는 100% 찬성이 될 수도 있다.

3) 단순다수결제와 절대다수결제의 비교

단순다수결제와 절대다수결제의 차이는 다음의 예에서 잘 알 수 있다.

DEVELOPMENT BANK, Article 33(1): 1. The total voting power of each member shall consist of the sum of its basic votes and proportional votes.

(i) The basic votes of each member shall consist of such number of votes as results from the equal distribution among all the members of twenty (20) per cent of the aggregate sum of the basic votes and proportional votes of all the members.

(ii) The number of the proportional votes of each member shall be equal to the number of shares of the capital stock of the Bank held by that member.

> 가중치 없는 투표권을 가진 100개 국가를 회원으로 하는 어떤 국제기구에서, 지구 중심부의 알려지지 않은 광석 채굴 문제에 대해서,
>
> 1안 : 채굴을 포함한 적극 개발
>
> 2안 : 탐사 범위를 넘어선 개발은 불가
>
> 3안 : 탐사 자체도 불허
>
> 라는 3가지 안건으로 단순 다수결제도에 의한 의사결정을 했다. 투표 결과
>
> 1안에 30표
>
> 2안에 50표
>
> 3안에 10표
>
> 그리고 10표는 백지로 의사표명이 없는 경우이다.

"유효표"의 과반수 단순 다수에 의해 결의가 성립되도록 하는 단순 다수결제(simple majority)에 의하면 2안이 1안과 3안의 합산보다 더 많은 표를 얻었으므로, 정확히 분석하면 2안이 백지로 무효인 10표를 제외하고 총 유효투표(90)의 50% 이상, 즉 과반수를 차지했으므로 의결되었다고 본다.

그러나 "총 투표수", 즉 총 회원국의 과반수 찬성에 의해 결의가 성립되도록 하는 절대 다수결제(absolute majority)에 의하면 2안은 총 투표권(100표)의 과반수 이상(51%)에 미달한 것이므로 안건 채택은 불가능하다.

3. 내용에 의한 다수결제의 분류

다수결제는 내용적으로는 가중 다수결제와 이중 다수결제로 구분할 수 있다.

1) 가중 다수결제(Qualified majority voting 또는 supermajority)

가중 다수결제(QMV)는 특정 다수결, 특별 다수결 또는 제한 다수결제라고도 한다. 유효표를 기준으로 하건, 총 투표수를 기준으로 하건 3분의 2 또는 4분의 3 또는 5분의 3처럼 어쨌든 단순한 과반수보다 가중된 다수나 특정한 조건의 성취에 따라서 의사결정이 이루어지도록 하는 제도이다. 대표적으로 UN 총회(General Assembly)는 중요한 사항(important questions)의 경우에 출석하여 투표한 국가의 2/3 이상으로 의사를 결정한다(UN 헌장 제18조 제2항). 가중 다

수결제는 통상 2/3(절대 3분의 2 또는 단순 3분의 2) 또는 3/5(절대 5분의 3 또는 단순 5분의 3)이 보통이다.

2) 이중 다수결제(double majority voting)

다수결제의 의사결정에서 충족시켜야 할 조건으로 별개의 두 가지 기준에 의한 다수결 원리를 채택하는 제도이다. 이중 다수결제는 통상 매우 중요하다고 생각되는 사안에 대해 다수의 강력한 지지를 필요로 하도록 하는 장치이다. 예컨대 OECD의 의사결정은 원칙적으로 30개 회원국 전원합의(consensus)로 결정한다. 그러나 또한 다수결제도에 의한 의사결정도 있다. 다수결에 의하는 경우에 1차 기준은 가중다수결(QMV) 제도로 회원국 전체의 60% 찬성, 즉 5분의 3이 필요하다. 두 번째 조건으로는 예산의 25%를 분담하는 최소 3개국 이상이 반대하지 않을 것을 요건으로 한다.[580) IMF[581)나 IBRD[582)도 헌장 개정의 경우에는 이중 다수결제도를 채택하여 더욱 엄격한 절차를 요구한다. UN 안전보장이사회의 경우 절차문제가 아닌 실질문제의 경우 ① 5개 상임이사국 전부를 포함하여, ② 15개 이사국 가운데 9개국의 찬성을 필요로 한다.

더 쉬운 국내법의 예로는 대한민국 헌법 개정은 국회에서 재적의원 2/3 이상의 가중 다수결의 찬성으로 의결한 후에, 다시 국민투표에 붙여 국회의원 선거권자 과반수의 투표와 투표자 과반수의 찬성을 얻어야 한다(헌법 제130조).

---

580) http://oecd.mofat.go.kr/kor/eu/oecd/information/outline/orgnization/index.jsp

581) Articles of Agreement of the International Monetary Fund, Article XXVIII Amendments:

a) Any proposal to introduce modifications in this Agreement, ... If the proposed amendment is approved by the Board of Governors, the Fund shall ... ask all members whether they accept the proposed amendment. When three-fifths (2/3) of the members, having eighty-five percent (85%)of the total voting power, have accepted the proposed amendment, the Fund shall certify the fact by a formal communication addressed to all members.

582) IBRD Article VIII, Amendments

(a) Any proposal to introduce modifications in this Agreement, ... If the proposed amendment is approved by the Board the Bank shall, by circular letter or telegram, ask all members whether they accept the proposed amendment. When three-fifths of the members, having eighty-five percent (1) of the total voting power, have accepted the proposed amendments, the Bank shall certify the fact by formal communication addressed to an members.

Ⅳ. 컨센서스(Consensus decision-making)와 합의

1. 의 의

의사결정 방식으로의 컨센서스(consensus)는 총의(總意)라고도 한다. 그것은 의사의 완전한 일치를 의미하는 합의(合意)와는 다르다. 컨센서스는 통상적으로 의견의 일치(general agreement) 또는 전반적인 의견의 일치를 뜻한다. 컨센서스는 의견일치를 의미하지만 경우에 따라서는 의견조율 과정을 의미하기도 한다. 컨센서스는 국제기구의 의사결정에 있어서 표결에 의하지 않고 회원국의 의사를 결정하는 방식을 의미한다. 통상적으로 합의(合意)에 의한 의사결정은 명시적인 반대가 1표라도 있으면 부결된다. 따라서 다양한 이해대립이 있는 국제기구에서 합의로 의사결정이 이루어질 가능성은 사실 별로 높지 않다. 그러나 의사결정을 컨센서스로 하는 경우에는 그렇지 않다. 일반적으로 "컨센서스로 의사를 결정한다" 라는 표현은 매우 지루하고 느린 속도의 논의 또는 사실상 논의의 거부의 뜻으로 이해되기 쉽다. 그러므로 의사결정을 컨센서스로 한다고 하는 것은 다수결에 의하는 것보다 더욱 어렵고 힘들 것이라고 생각되기 쉽다. 하지만 현실적으로는 반드시 그렇지만은 않다. 왜냐하면 먼저 후술하는 바와 같이 불참하거나 침묵한 사람은 반대의 의사표시를 하지 않은 것으로 이해되기 때문에 모두가 컨센서스 논의에 참여해야 할 필요는 없다. 또한 컨센서스에 의한 의사결정에는 참가자 모두의 명시적인 동의가 필요한 것도 아니다. 예컨대 100개의 국가가 회원국인 어느 국제기구에서 합의에 의한 의사결정을 한다고 하면 100개국 모두가 합의해야 한다. 하지만 컨센서스로 의사결정을 한다고 하면 단적으로 90개 회원국은 논의에 참석 하지도 않아도 10개 회원국이 참가하고 참가한 10개국 모두가 동의한다면 컨센서스를 이룬 것으로 안건이 통과될 수 있는 것이다.

2. 컨센서스와 만장일치제(Unanimity)의 차이

다수결제의 하나인 만장일치 투표의 경우에는 어떠한 경우에도 일단 공식안건을 상정하고, 의사진행 시작을 위한 의사 정족수 이상이 정해진 투표시간에 참여하여 개회한 후에 의사 결정이 이루어지게 된다. 원래 다수결 투표제는 명백하게 승자와 패자가 구분되는 것으로 협조적이라기보다는 경쟁적인 제도인 것이다. 그러나 컨센서스의 경우에는 일정한 집회에 모이지 않더라도 순차 1대 1 또는 개별 접촉을 통해 논의할 수도 있다. 따라서 의사 정족수가 필요 없다. 또한 명시적인 반대를 하지 않는 한 반대하지 않는 것으로 여겨진다. 따라서 극단적으로 100명 전체 구성원 중에서 3명만이 제대로 논의를 하고, 나머지 97명은 사안에 관심이 전혀 없어도, 그 논의한 3명만이 명시적으로 찬성하면, 아무도 반대한 회원이 없다고 이해되어 컨센서스가 형성되었다고 선언하게 된다.

3. 세계무역기구(WTO)에서의 총의(總意)

세계무역기구는 총의(consensus)와 역총의(reverse-consensus) 제도를 두고 있다. 총의(總意)는 명시적인 반대가 단 하나라도 나오면 부결되는 의사결정 방법이다. 반면에 역총의는 거꾸로 단 하나의 찬성만 나와도 안건이 채택되는 의사결정방법을 말한다. 한편 WTO는 1947년도 관세 및 무역에 관한 일반협정(GATT)에서 지켜졌던 컨센서스(consensus), 즉 총의에 의한 의사결정의 관행을 계속 유지한다. 그러나 달리 규정되어 있지 않는 한, 총의에 의해 결정이 이루어지지 아니하는 경우에는 표결에 의한다.

4. 합의의 장 · 단점

국제기구가 의사결정을 합의에 의해서 도출하는 경우에 결과적으로 명시적인 반대 회원국이 없었다는 점으로 간주된다는 점에서 승자와 패자가 갈린 경쟁적인 다수결에 의한 결정보다 신뢰와 더 커다란 영향력을 가질 수 있다. 또한 영향력 있는 대규모 국제기구에서 채택된 합의는 세계 여론(world opinion)으로서의 위상도 갖게 된다. 그것은 어느 개별 국가가 그 결정을 무시할 수 없고 따라서 실천력이 담보된다는 의미가 된다. 더불어서 합의는 승자와 패자가 갈림으로 인해서 회원국 간의 대립과 갈등을 회피할 수 있고 따라서 국제기구의 결속을 지속적으로 도모할 수 있다는 장점도 가진다. 그러나 합의는 성격상 합의를 도출하기까지 적지 않은 시간과 많은 노력을 필요로 할 수 있다. 또한 합의를 도출하기 위해서 원래의 취지가 두루 뭉실한 내용으로 변질될 위험성을 배제할 수 없다. 그것은 후일 합의에 대한 또 다른 해석을 필요로 하게 된다는 것을 의미하기도 한다. 더불어서 1개 회원국의 반대로도 의사결정이 성립되지 않으므로 적극적인 1개의 반대 회원국이 있어도 의사를 결정할 수 없고, 결국 소수가 다수를 좌지우지할 위험성도 있게 된다.

V. 국제기구 의사결정의 쟁점

1. 기권(abstention)과 불참(absence)

1) 서 언

국제기구의 의사결정에 있어서 기권과 불참을 어떻게 취급할 것인가는 헌장에 규정이 있다면 그에 따르면 된다. 예컨대 OECD의 경우에 기권이 권고를 포함한 의사결정에 영향이 없음을 명백히 하고 있다.583) 그러나 헌장에 명시적인 규정이 없는 경우에도 일반적으로 국제기구의 만장일치 의사결정에 있어서 기권과 불참은 반대표로 계산되지는 않는다.584) 왜냐하면 기권이나 불참은 투표에 원천적으로 실패한 것이지 다수결제의 기본인 참석하여 투표(present & voting)한 것은 결코 아니기 때문이다.

2) 기권에 대한 ICJ의 결정 – 나미비아 사건(Namibia Case)

국제사법 재판소는 나미비아 사건에서 UN 안전보장이사회에서 상임이사국의 자발적인 기권(voluntary abstention)은 결의안의 채택에 장애가 되지 않아온 관례가 형성되어 있다고 확인하면서 상임이사국 회원들은 일관되고 통일적으로 그러한 견해를 수용했다고 선언했다.

원래 회원국은 제안된 안건의 승인을 저지하기 위해서는 적극적으로 반대표를 행사해야 하는데, 기권은 반대를 표명한 것은 아니기 때문이라는 추론에 다른 결정이었다. 이러한 관행은 1965년 헌장 제27조의 개정 이후 변함없이 이어져온 전통으로 또한 UN에서 일반적으로 승인된 원칙이라고 선고했다.585)

---

583) Convention on the Organisation for Economic Co-operation and Development, 제6조: 2항. Each Member shall have one vote. If a Member abstains from voting on a decision or recommendation, such abstention shall not invalidate the decision or recommendation, which shall be applicable to the other Members but not to the abstaining Member.

584) C.F Amerasinghe, *op, cit*, p. 150.

또 다른 예로 예컨대 1965년 UN 안전보장이사회의 당시 영국 식민지였던 남로디지아[Southern Rhodesia, 오늘날의 짐바브웨(Zimbabwe)]의 국가명칭 변경 결의에는 상임이사국 5개 국가 중에서 중국을 제외한 4개 상임이사국이 모두 기권하고 최소한의 가결표인 7표로서 결의된 바가 있었다. 그러나 통상적으로 기권이 만장일치를 요하는 결의를 무효화시키지는 않지만, 전술한 OECD 헌장 규정에도 명백한 것처럼 헌장 규정으로 결의의 효과는 기권한 당사자에게는 미치지 않도록 하는 경우가 많다.[586)]

3) 불참의 경우

국제기구의 의사결정에서 다수결 또는 만장일치 표결에서의 불참의 효과도 중요한 문제이다. UN 안전보장이사회는 불참(absence)도 기권(abstention)과 같은 방식으로 취급한다. 즉 상임이사국의 결의에의 불참은 의사결정을 제한하거나 방해하는 따라서 표결을 불가능하게 하는 반대표로 간주되지 않는다. 이것은 역사적으로 1950년 한국전쟁 참전에 대한 UN 안전보장이사회 결의에서 당시 UN 안전보장이사회 상임이사국인 소비에트연방공화국이 본토의 중국이 지금의 대만에 의해 잘못 대표되었다며 불만을 가지고 회의 참석을 거절하였음에도 불구하고 유효한 대북 제재 결의가 있었던 것으로 간주되어 한국전쟁에 UN군의 유효한 참전 결의가 있는 것으로 결정된 것에서 잘 나타난다. [587)]

2. 헌장 규정 이외의 의사결정 방식의 도입 – Voting Procedure Case

1) 서 언

국제기구의 의사결정 구조와 관련하여 헌장에 일정한 의사결정 시스템이 규정되어 있는 주요기관이 의사결정 방법으로 자신이 기속 받는 의사결정 방식 이외의 다른 의사결정 방식을 도입할 수 있을까의 문제가 있다. 이러한 의문에 대해서도 ICJ의 결정이 있었다.

---

585) ICJ Reports(1971), p. 22. Gross, "Voting in the Security Council: Abstention in the Post-1965 Amendment Phase and its Impact on Article 25 of the Charter", 62 AJIL(1967) p. 737.

586) COMECON Constitution, Article 4.

587) C. F. Amerasinghe, *op, cit*, p. 152.

2) 쟁 점

소위 투표절차 사건(Voting Procedure Case)에서 UN 총회(GA)가 총회 부속 기관의 의사결정 방법으로 만장일치(unanimity) 또는 가중다수결제(QMV)를 도입할 수 있는가의 쟁점이 발생했다. 왜냐하면 정작 총회(GA) 자신은 헌장 제18조의 규정상 단순 다수결 또는 중요한 문제에 대해서는 3분의 2 다수결로 의사를 결정하게 되어 있기 때문이었다.

3) 판 결

ICJ는 헌장의 개정이 없는 한 총회는 자신에게 적용되는 의사결정 방식과 다른 표결방법을 도입할 수는 없다며 그 이유를 다음과 같이 설시했다.

> 통상 (국제기구) 헌장은 의사결정에 이르는 기관의 투표방법에 대해서도 규정한다. 그런데 투표방식(voting system)은 기관의 구성과 기능과 관련된 문제로서, 그것은 기관의 헌장에서의 성격을 형성하는 중요한 사항이다. 단순 다수결 또는 3분의 2 다수결은 국제연맹(League of Nations)이 만장일치를 정했던 것에 비추어 특별히 구별되는 UN 총회의 의사결정 방식의 특징이다. 그러므로 만장일치제는 국제연맹(LN) 총회 그리고 다수결제는 국제연합(UN)서 총회라는 서로 다른 양 기관의 특징인 것으로 헌장의 개정이 없는 한, 어느 한 시스템이 다른 시스템에 의해서 대체될 수 있는 성질의 것이 아니다. 그러므로 UN 총회에 만장일치제를 도입하는 것은 단순한 절차의 도입이 아니다. 그것은 UN 총회의 특징의 하나를 져버리는 것이다.[588)]

그러나 ICJ의 전신인 상설 국제사법재판소(PCIJ)는 로잔 협약사건(Treaty of Lausanne Case)에서 비절차적인 문제에 대해 만장일치 제도를 따르도록 한 국제연맹이사회(Council of the LN)의 결정에 대해서, 특정한 사건에 대해서는 다수결로 결의할 수 있다고 판결한 경우도 있었다. 그러므로 이 문제는 결국 개별 국제기구 헌장의 정밀한 해석의 문제로 귀결된다.[589)]

---

588) 1955 ICJ Reports p. 75.

589) 상세한 논의는 C. F Amerasinghe, *op, cit*, pp. 153-154.

제4항 의사결정의 현실

I. 서 언

국제기구의 경우에 이처럼 다양한 의사결정의 방법과 수단이 있지만, 그와 같은 다수결제도나 합의제도가 냉정하게 적용되는 것은 아니다. 다수결제도를 채택하는 경우에도 실제 투표에 들어가기 전의 예비접촉 절차에서 이미 의사결정에 필요한 실질적인 협의를 마치는 것이 통례이다. 실질적인 논의와 타협은 회의장 밖에서 비공식 토의를 통해서 이루어지는 것이 보통이다. UN의 경우에는 UN 빌딩 내의 공식 회의장 옆에 있는 "Conference Room"이라고 불리는 회의장에서 또는 의장국이나 주요 핵심 국가의 대사관저 등지에서 비공식 접촉을 통해서 의견조율을 이룬다. 실제 UN 회의는 95%가 비공식적으로 진행되고 약 5%만이 공식회의 방식으로 진행된다고 말해진다. 회원국들의 기조연설(general debate)이나 의제별 발언 등에서 그 입장이 어느 정도 드러나게 되고 국가별로 견해를 달리하는 쟁점 사항이 구분된다. 이제 어느 정도 서로의 입장을 알게 된 회원국들은 자연스러운 이합집산이 이루어져 쟁점에 대해 비공식적인 막후 접촉절차를 가진다. 사실상 공식회의 석상에서 공개적으로 다른 나라와 입장을 달리하며 특정국가와 입장을 함께하는 모양새를 취한다는 것은 상당한 용기와 자신감이 필요할 뿐만이 아니라, 한계가 있는 회의 시간이나 절차적으로도 어려운 일이기 때문에 막후접촉은 훨씬 부담 없이 편안한 협의로 그리고 서로 간에 순리적으로 의견의 조화를 이룰 수 있는 방법이 된다.

예컨대 2009년 G-20 정상회담에서 경제협력개발기구(OECD)가 조세피난처 리스트 공개를 G-20이 승인하는 문제에 대해서, 니콜라 사르코지 프랑스 대통령과 후진타오 중국 국가주석이 대립하자, 버락 오바마 미국 대통령이 막후 중재를 통해 타협을 이룬 사례는 막후접촉 의사결정의 한 단면을 보여준다. 오바마 대통령은 회의가 예정된 시간을 넘겨 계속되는데도 합의가 이뤄지지 않자 사르코지 대통령에게 개별적으로 얘기를 나누자는 신호를 보낸 뒤 회의장 구석에서 몇 가지 타협안을 제시했다. 오바마 대통령은 이어 후진타오 주석에게 타협안 중의 하나를 메모로 전달하여 보도록 한 다음에 후진타오 주석을 회의장 구석으로 불러내 설득하여 합의를 이뤄냈다.[590] 아래에서는 전통적으로 형성되어 있는 UN 총회와 안전보장이사회의 사전적 의사결정의 현실을 살펴본다.

II. UN 총회

UN 총회의 경우 비공식 토의는 이해관계에 따라 형성되는 협의체(caucusing group)라고 불리는 각종 그룹별로 이루어진다. 그러나 이러한 협의체에 있어서도 정치적인 문제나 경제적인 문제 특히 환경 문제의 경우에는 협의체 국가 상호간에도 이합집산이 이루어지기도 한다. 분명한 것은 1991년 소비에트 공화국의 붕괴와 함께 시작된 탈냉전 이후에, UN 총회의 의사결정에 있어서 동·서간의 이념적인 분열은 쇠퇴하였고, 경제력 차이에 의한 남·북 사이의 분열이 지속적으로 나타났다. 더불어서 그 동안의 이념적 그리고 그룹별 획일적인 투표연합(voting alignments)이 국가의 자주적인 개발노선에 따라서 개별적으로 형성되는 모습을 보인다는 점이다.

1. UN 총회 협의체(caucusing group)

현재 UN 총회의 협의체는 크게 12개로 분류된다. 77그룹 (Group of 77 또는 G-77), 라틴아메리카그룹(Latin American Group), 동유럽그룹(Eastern European Group), 비동맹운동그룹(Non-aligned movement: NAM), 아프리카그룹(African Group), 이슬람그룹(Islamic Group), 아랍그룹(Arab Group), 아시아그룹(Asian Group), 서유럽과 기타그룹(Western European & other states), 유럽연합그룹(European Community), 노르딕그룹(Nordic group) 그리고 이스라엘과 미국처럼 특정한 그룹에 포함되어 있지 않는 비그룹 회원국이 그것이다.[591] 이들 협의체에 속해 있는 국가들은 일반적으로 사전에 의견을 조율하여 공식회의에서 추진할 전략적 의견을 형성한다. 더불어서 이들 협의체 그룹들은 정책을 조정하고 협상과 표결에 있어서 공동전선을 형성하기도 한다. UN의 일반적 업무의 상당부분은 이들 협의체 그룹과 사전 협의를 거친 후에 이루어지고, UN과 관련된 직책을 선출할 경우에 이들 협의체 그룹별로 그 수가

---

590) 각국 정상 성적표는…타임스 "李대통령 3등", 세계일보(2009년 04월 03일), http://media.paran.com/snews/newsview.php?dirnews=998475&year=2009&pg=1&date=20090403&dir=52(last visited, 2009. 4.3).

591) United Nations Caucusing Blocs, http://www.csunmun.org/downloads/uncaucusblocs.pdf.

배분되기도 한다.

2. 정치문제에 있어서의 공동 전선

UN의 경우에 총회에 있어서 일반적인 문제에 대해서는 위와 같은 협의체로 가동되지만 민감한 정치적 문제에 대한 의사협의에 있어서는 경제협력개발기구(OECD)[592] 그룹과 비동맹운동그룹(Non-aligned Movement : NAM)으로 나뉘어 의견이 조율되기도 한다. 경제협력개발기구(OECD)는 정치적으로 대의제, 경제적으로는 자유시장 원칙을 받아들인 선진국들이 회원으로 참여하는 국제기구이다. 반면에 비동맹운동그룹(NAM)은 미국을 중심으로 한 자본주의 세계와, 소련을 중심으로 한 사회주의 세계의 어느 쪽에도 휘말리지 않고, 독립을 추구하는 제3세계 국가의 공존 노선이다. 1961년 제1회 비동맹 수뇌회의에서 평화공존에 입각한 독자적 정책, 민족해방운동의 지지, 냉전에 휘말릴 수 있는 어떤 조약이나 동맹·외국군 주둔, 군사기지 설치 거부 등의 조건을 갖춘 나라만이 비동맹운동그룹(NAM)에 가입할 수 있도록 했다. 현재 회원국은 120개국으로 북한은 1975년 회원국이 됐고 한국은 97년부터 게스트로 참석한다.

3. 경제문제에 있어서의 공동전선

한편 경제문제에 있어서는 경제협력개발기구(OECD) 그룹과 77그룹(G-77)으로 나누어져 의견을 조율하기도 한다. 원래 G-77은 개발도상국을 대상으로 경제적으로 이익을 얻고 선진국으로 갈 수 있는 발판을 다지기 위해 만들어진 기구로 1964년 6월 15일, UNCTAD의 '77개국 공동 선언' 으로 생겨났다. 오늘날 G-77은 단순한 협의체를 넘어서서 UN 기구 중의 하나가 되었다. 원래 77 개국이던 회원 수도 2009년 현재 130 개국으로 더욱 확장되었다.[593] UN 총회에 대한 다음의 칼럼은 UN 총회의 의사결정 모습을 그려보는 데 많은 도움이 될 것으로 생각된다. 가감 없이 소개한다.

---

592) 경제협력개발기구(OECD)의 목적은 경제성장, 개발도상국 원조, 무역의 확대 등이다. 1948년 미국의 마셜 플랜의 지원을 받은 유럽경제협력기구(Organization for European Economy Co-operation)에서 시작했다. 2009년 현재 회원국은 미국, 일본 EU를 포함하여 31개국(EU 27개국은 별도)이다. 한국은 1996년 12월 12일 OECD에 가입했다.

593) 공식 사이트, Group of 77 at th United Nations, http://www.g77.org/.

참고) 모의 UN 총회에 대한 칼럼[594)]

지성과 열정의 대학생 모의유엔(UN)총회 - 객원논설위원 박경철 기자

,,,서울 건국대 캠퍼스에서는 유엔(UN)한국협회가 주최한 제13회 전국대학생 모의 UN 총회가 열렸다.,,전국의 42개 대학에서 약300여명의 대표들이 참가해 3박4일 일정의 마라톤 회의를 개최한 매머드급 행사였다.,,,비록 모의 UN이지만 총회의 의사규칙, 의제선정, 국가 간 토론과 협상, 외교적 합의도출, 결의문 채택 과정 등은 실제 UN총회와 똑같은 엄격한 규칙을 적용받는다. 총회는 유엔평화유지와 평화구축활동, 국제비확산체제(NPT포함)에 대한 도전, 지속가능발전과 환경보호, 인권보호를 위한 UN체제의 발전 등 모두 4개 분과였다.

미래 외교관들의 뛰어난 실력과 열정

각국 대표단의 입장을 밝히는 기조연설은 모두 영어로 발표되었는데 학생들의 유창한 영어실력은 국제무대에서도 손색이 없는 놀라운 수준이었다.,,무려 12시간의 마라톤 회의를 강행군한 제2위원회는 대량살상무기 비확산과 NPT 핵군축이라는 두 개의 아젠다 항목(Agenda Item)을 놓고 42개 국가 간의 입장을 조율하는 쉽지 않은 여정이었다. 공식회의가 끝나고 선진국과 개도국, 지역별로 나뉘어 각자의 해당협의체(Caucusing Group)에 참여한 각국 대표는 자국의 입장을 정리해 사전에 배포한 워킹 페이퍼(Working Paper)를 놓고 열띤 토론을 벌인다.

협의체와 포럼에서 집약된 의견조율 과정에 새벽 2-3시까지 격론을 벌이는 젊은 대학생 대표들의 뜨거운 열정과 지성은 감동적이었다. 난상토론 끝에도 국가 간 이해가 첨예하게 대립할 경우 제3국과 회의 의장국이 중재역할을 하는 외교적 수완이 총동원되고 국가 간의 심각한 의견대립이나 충돌이 있을 경우 외교통상부에서 나온 외교관들이 UN총회의 실제 예를 들어 거중조정과 조언을 해주는 모습은 마치 국제무대의 강자 위주의 냉혹한 전방위 외교전을 보는 것 같았다.

國益 추구하는 투철한 외교관 정신 절실

제2위원회는 총회에서 채택할 최종 결의안 (Draft Resolution)을 가다듬고 있었다. 서방과 중동, 아시아, 아프리카, 대륙별의 국가 간 합의가 거의 이뤄졌는데, 쿠바(Cuba)와 일본(Japan)이 끝내 이견을 좁히지 못한 채 대립하고 있었다. 쿠바는 성명을 통해 미국의 일본에 대한 핵무기 개발 지원중단과 43t의 플루토늄 보유량 전량 폐기, 일본 아오모리 현 롯카쇼무라 핵재처리 공장의 즉각 가동중단 촉구, 결의안 채택을 강력히 요구했던 것이다. 폐막을 앞둔 총회에 비상이 걸렸다. 의장단이 달려와 쿠바와 일본의 중재를 시도하고 외교통상부 외교관까지 나

594) 소통 뉴스 2.0. http://sotongnews.com/detail.php?number=6952&thread=23r02.

서서야 간신히 절충점을 찾을 수 있었다.

제2위원회 일본에 대한 결의안 내용

"특정국가에 대해 기존의 반확산 레짐(Regime)에 반(反)하는 허용을 허락한 데 유감을 표명하며 일본의 플루토늄 다량보유와 재처리공장에 대해 UN총회의 강력한 우려를 표명하고 세계평화를 위해 일본의 핵확산금지(NPT) 노력 등의 전향적 결단을 제안한다...." 또한 2위원회는 IAEA(국제원자력기구)의 위상을 강화하는 신설기구 제안과 핵무기사용이 불법임을 명시하는 등 모두 9개 항목의 결의안을 채택해 총회에 상정하는 큰 성과를 이뤄냈다. 밤을 꼬박 새우며 3박4일 국가 간 합의를 이끌어 낸 42개국 100여명 (옵서버 포함)의 대표단은 합의문 채택선언을 하는 순간 감격의 눈물을 흘렸다. 모두들 自國의 利益(National Interest)을 위한 최선을 다한 외교적 승리였다. 모두들 승자인 미래의 외교관들과 현직 외교관들은 손을 잡고 자축했다. 외교부 차관과 UN대표부 수석대사를 지낸 선준영 大使는 폐막연설에서 "100년 전 네덜란드 헤이그에서 대한제국 황제의 특명전권 대사인 이준 열사는 나라를 빼앗긴 힘없는 국가의 외교관으로서 최후의 선택인 자결을 통해 조선의 국익을 대변했다. 그는 외교관으로서 국가를 위해 온몸을 던졌다"고 술회했다. 진정한 의미의 국익(國益)추구와 세계평화의 길은 무엇인가. 젊은 미래 외교관들의 진지한 고민과 성찰은 계속될 것이다.

Ⅲ. UN 안전보장이사회

UN 총회에 협의체가 있듯이 UN 안전보장이사회에도 사전 의사조율을 위한 협의체(caucusing group)가 있다. 총회와 달리 구속력이 있는 안전보장이사회의 의사결정의 경우에 중요한 결정은 대부분 공식 회의장(chamber)이 아닌 비공식 협의 회의실(consultation room)에서 이루어진다. 이 같은 비공식 협의는 언론에 공개되지 않는 비공개회의로 공식기록을 남기지는 않는다. 그러나 의제의 채택 여부와 더 나아가 의제의 결론까지도 담판 짓는 결정적인 회의가 된다. 그러나 안전보장이사회의 의사결정이 사전 접촉에 의한 비공식적으로 이루어지는 것은 효율성은 도모될 수 있으나 의사결정의 투명성과 비판 기회를 통한 공정성의 확보에는 저촉될 수 있다는 비판도 제기된다. 그러한 연유로 국제기구와 NGO 편에서 살펴볼 아리아 공식의 필요성이 대두되고 그 유용성이 강조되는 것이다.

1. P-5 Caucus

P-5 카쿠스는 UN 안전보장이사회 상임이사국인 미국, 중국, 러시아, 영국, 프랑스 그룹을 말한다. 상임이사국은 제2차 세계대전의 승전국을 중심으로 구성되었다. 의제와 안건의 채택 그리고 어느 문제가 절차문제인지? 실체문제인지?의 결정을 포함한 중요한 안건은 5개 상임이사국 회의에서 결정된다. 상임이사국 1개국이 반대하여도 의제 채택은 되지 않고 결정도 이루어지지 않는다.[595]

그러나 P-5 내부적으로도 일정한 상관관계가 있어서 대개 미국과 영국을 한 축으로 하고 중국과 러시아가 또 다른 축을 형성한다. 독자노선을 추구한 드골 대통령 이후 프랑스는 중간에서 사안별로 양쪽 진영을 넘나드는 모습을 보인다. 그래서 어떤 의제가 있는 경우, 처음부터 5개 상임이사국 모두가 한자리에서 논의하는 것은 아니다. 미국 주도의 안건 상정의 경우에는, 일반적으로 미국과 영국이 사전에 비공식적인 접촉을 거쳐 의견을 조정한다. 그 후 프랑스의 의견을 타진하여 협의를 통해 결의안의 골격이 형성된 후에 비로소 러시아 그리고 중국에 의견이 순차 제시되어 P-5의 사전 의견조율이 이루어진다.

이렇게 형성된 P-5의 의견이 아래의 비상임이사국 그룹에 제시된다. 결의안의 최종 통과를 위해서는 9개국의 동의가 필요하므로 5개 상임이사국은 4개 비상임이사국의 찬성을 확보하면 의결은 성립하게 된다.[596] 다만 비상임이사국인 안보리 의장국은 사안에 따라서는 P-5 카쿠스 회합에 처음부터 참가한다. 2009년의 북한 로켓 발사에 대한 UN 안보리의 대북한 의장성명 채택에 있어서 비상임이사국으로 의장을 맡고 있던 일본이 처음부터 미국 그리고 영국과 보조를 함께 하며 합의를 도출한 것에서 잘 나타난다.[597] 이 문제에 대해서 안보리는 5개 상임이사국과 당초 의장국인 일본이 참여한 주요 6개국 회의와 16개 이사국이 모두 참여한 비공개 회의를 잇달아 열고 의장 성명을 채택했다.

---

595) Clyde Sanger, How to leave our mark on the Security Council, OPTIONS POLITIQUES, The Economist(1999. 10. 11). pp. 22-25.

596) UN 헌장 27조 제2항, 제3항.

597) 조선일보 2009. 4.13 기사.

2. NAM-Caucus

UN 안전보장이사회 NAM 카쿠스는 안보리 비상임이사국 중에서 비동맹그룹(Non-aligned Movement)에 속하는 국가들의 협의체를 일컫는다. 2017년 현재 UN 안전보장이사회 비상임이사국 10개국은 2017년 12월 31일에 임기가 만료되는 이집트, 세네갈, 일본, 우루과이, 우크라이나와 2018년 12월 31일에 임기가 만료되는 볼리비아, 이탈리아, 카자흐스탄, 스웨덴, 에티오피아의 10개국이다. 비상임 이사국의 임기는 2년이며 중임은 가능하나 연임은 불가능하다. 유엔 총회에서 지리적 균형을 감안해 선출된다. 한국은 안전보장이사회 비상임이사국이었을 때 전통적으로 NAM-Caucus의 게스트의 지위에 있었으나 많은 경우에 오히려 P-5 Caucus와 공동보조를 맞추었다.

3. 커피 클럽(Coffee Club) 또는 Uniting for Consensus(UfC)

커피 클럽은 1998년도에 결성된 UN 안전보장이사회의 개편을 반대하는 UN 회원 국가들의 모임이다. 그러므로 단순히 UN 안전보장이사회 멤버들만의 모임이 아니다. 커피 클럽은 안전보장이사회 멤버 확장을 반대하는 그룹의 별칭이다. 정식 명칭은 합의를 위한 단결(Uniting for Consensus)이다. 커피 클럽 참가 국가들은 G4 국가(독일, 인도, 브라질, 일본)들의 안전보장이사회 상임이사국 진출을 반대하며, 새롭게 상임이사국이 선출되더라도 그들에게는 "거부권이 없는 상임이사국 즉 준 상임이사국"지위를 부여하자고 주장하고 있다. 최근에는 이탈리아의 주도적인 모임 아래에 40여개 국가로 확장되었다. 국가들의 입장을 보면 독일 진출 반대(스페인, 이탈리아, 네덜란드), 인도 진출 반대(파키스탄), 브라질 진출 반대(아르헨티나, 캐나다, 콜롬비아, 멕시코), 일본 진출 반대(중국, 대한민국)로 나타난다. 한편 캐나다는 회원국들의 합의가 없는 UN 안전보장상임이사국 확대를 반대한다. 현재 커피 클럽의 리더국가는 이탈리아, 대한민국, 멕시코, 아르헨티나 그리고 파키스탄으로 알려져 있다.[598]

---

598) "Players and Proposals in the Security Council Debate", Global Policy Forum, 3 July 2005. 그리고 UN 총회 결의 GA/10371, Uniting For Consensus' Group of States Introduces Text on Security Council Reform to General Assembly Proposes Maintaining Permanent 5, with 20 Elected Members (26/07/2005).

참고) UN 안전보장이사회 의사결정에 대한 사례 보도[599)]

안보리, 대북 의장성명 만장일치 채택(종합)

"로켓발사 결의 위반", "대북 제재조치 실행" = 유엔 안전보장이사회 클라우드 헬러 의장은 13일 오후(현지시간) 전체회의에서 "지난 5일 북한의 로켓 발사를 비난(condemn)한다"면서 "이는 안보리 결의 1718호 위반(contravention)"이라고 발표했다. 의장국인 멕시코 유엔 대사 헬러 의장은 의장성명을 통해 이같이 밝히고 기존 결의안의 제재 조항에 대한 실행에 착수할 것을 제제위원회에 요구하는 한편, 북한에 대해 "추가 발사 행위를 금지하라"고 촉구했다. 이날 의장성명은 지난 11일 안보리 상임이사국과 일본이 참여한 주요 6개국 회의와 전체회의에서 채택된 의장성명 초안에 대해 이사국들의 의견을 수렴한 결과, 이견을 제시한 국가가 없어 만장일치로 채택됐다. 안보리 회의는 오후 3시에 소집돼 10분 만에 의장이 성명을 낭독하고 종료됐다. 북한 대표부 관계자들은 이날 회의장 주변에 모습을 나타내지 않았으며, 회의는 성명 낭독 전 어떤 토론도 없이 일사천리로 끝났다. 이날 만장일치로 채택된 의장성명을 통해 기존 결의에 대한 제재 조치를 집행키로 하고 구체적 시한까지 명시함에 따라 대북 금수물자 확대와 자산 동결 등 제재를 가할 기업 등이 조만간 선정될 예정이다.

1718호 결의 8항은 대량살상무기(WMD) 프로그램 관련 품목과 일부 재래식 무기, 사치품에 대한 수출통제와 북한 WMD 프로그램 관련 자금과 금융자산의 동결 및 관련 인사의 여행제한, 화물검색 조치 등의 대북 제재 방안을 명시하고 있으나 제재위는 그 동안 명단을 선정하지 않았다. 따라서 제재 대상 명단의 선정은 제재의 강화를 뜻하는 것이라고 외신들은 전했다. 의장성명은 이와 함께 북핵 해결을 위한 6자회담의 조속한 재개를 촉구했다.

유엔 일각에서는 의장성명의 구속력에 대해 의문을 제기하고 있지만, 영국과 프랑스 대표들은 안보리가 채택한 모든 결정은 그 형식에 관계없이 구속력을 지니고 있다고 주장해 왔다. 특히 이번 의장 성명의 경우 '결정'과 '요구'가 담겨져 있어 사실상 결의안에 준하는 것이라고 유엔 외교관들은 평가했다. 로버트 우드 국무부 부대변인도 이날 정례브리핑에서 이번 의장성명이 법적 구속력을 가지는 것이냐는 질문에 "그렇다"고 답하면서 "이번 성명은 강한 의장성명이다. 우리는 성명의 요소들을 확실히 이행하기 위해 다른 국가들과 협력할 것"이라고 말했다.

599) http://media.paran.com/snews/newsview.php?dirnews=1107352&year= 2009&pg =1&date=20090414&dir= 52(last visited. 2017. 4.14).

제5항 국제기구 기관의 의사결정의 효력

I. 서 언

국제기구의 의사결정은 개별 기관(organ)들의 행위이다. 그러나 결정된 의사결정은 국제기구의 의사로 간주되고 대외적으로 실천된다. 그러므로 국제기구의 경우에는 그것을 의사결정의 효력이라는 표현보다는 국제기구 행위의 효력의 문제로 논의된다.[600] 이 경우에 중요한 점은 국제기구 개별기관들의 행동의 밑바탕을 형성하는 의사 결정(decision)이라는 용어는 "결정"이라는 용어 때문에 그 행위가 반드시 구속력을 가진다는 것을 의미하지는 않는다. 한편 그들 개별기관들의 행위의 효력은 원칙적으로 헌장의 규정에 의하게 된다. 예컨대 UN 헌장 제25조는 안전보장이사회(SC)의 결정에 대해 회원국은 그 결정을 수용할 의무와 수행할 의무가 있음을 명백하게 규정하고 있다. 또한 세계기상기구(World Meterological Organization: WMO) 헌장은 모든 회원국은 의회(Congress)의 결정의 이행을 위해 최선을 다해야 한다고 명시하고 있다.[601]

이처럼 대원칙은 국제기구의 기관의 행위와 그에 대한 법적 효과는 명시적이건 묵시적이건 헌장에 근거한다는 것이다. 그런데 국제기구의 의사 결정은 많은 경우에 법적 구속력을 갖지 못한다. 그러나 물론 국제기구의 결정이 법적 구속력이 없고 따라서 그것이 권고라고 하는 경우에도, 그 중요성을 결코 경시할 수는 없다. 그것은 어떤 문제에 대한 국제적 처리 방법에 대해 주권국가들이 집단적으로 의견을 같이 한 것으로, 소위 **집단적 정당성(collective legitimization)**을 확보한 것으로서, 국제사회에서의 판단과 행동의 기준이 되기 때문이다. 권고는 또한 추후에 새로운 국제법의 법원(法源)으로도 기능한다.

아래에서는 의사결정의 결과로 나타나는 국제기구 비 사법기관들의 외부 행위의 법적 효과에 대해서 살펴본다. 원래 사법기관들의 행위는 결정문 그 자체로 나타나는 것으로 성립 헌장에 명시된 바에 따르게 된다. 국제기구 기관들 행

---

600) 상세는 C. F Amerasinghe, *op, cit*, pp. 160-192.

601) Convention of the World Meteorological Organization, 제9조(a)항. Execution of Congress decisions (a) All Members shall do their utmost to implement the decisions of Congress ; 한편 WMO 의회는 기술적인 문제에 대해 회원국이 따를 규제를 정할 수 있다(동 8조).

위의 법적 효과의 문제는 그 동안 주로 UN 총회 결의안의 효력에 대한 연구로 이루어졌었다. 아래에서는 C. F Amerasinghe의 분류에 따라서 국제기구의 ① 제도적(Institutional) 또는 기구적(Organizational) 행위 ② 활동적 행위(operational Acts) 또는 기능적 행위(functional acts), ③ 기타의 행위로 나누어서 살펴본다. 이러한 국제기구의 행위 가운데 구속력이 있는 행위에 대해서는 회원국의 일정한 의무로 나타난다.

Ⅱ. 국제기구 행위의 종류

1. 국제기구의 제도적(Institutional) 또는 기구적(Organizational) 행위

국제기구의 제도적 또는 기구적 행위는 국제기구 조직 운영의 내적인 문제를 말한다. 국제기구 각종 위원회의 운영규칙이나 지침의 제정 그리고 직원들의 근무규칙을 포함한 어떤 규제의 설정 같은 것들이 그것이다. 이러한 제도적 행위는 성질상 개별기관이나 직원을 포함하여 주로 국제기구의 내부로 향하는 행위이다. 국제기구의 제도적 또는 기구적 행위는 다음 항에서 살펴볼 국제기구의 활동적 행위(Operational Acts) 또는 기능적 행위(functional acts)와 구분되는 개념이다. 국제기구의 제도적 행위는 국제기구 자체와 개별기관 그리고 회원국들을 향한 행위로서 본질적으로 구속력을 가진다. 그러한 조직운영의 내적 결정 행위가 구속력을 가질 수밖에 없는 것은 그것은 국제기구 자신의 성립과 그리고 존속과 관련된 기본문제로 헌장 해석의 당연한 결과라고 할 것이기 때문이다. 그러므로 국제기구의 제도적 행위는 국제기구 자체는 물론이고, 개별기관과 회원국 심지어는 이해관계가 있는 다른 국제기구를 포함한 제3자에게도 기속력이 있다. 그렇지 않으면 국제기구 자체가 성립하고 효율적으로 기능하기 어렵게 되기 때문이다. 국제기구의 제도적 행위는 어느 비용사건(Expenses Case)에서 ICJ의 판결문에 잘 나타난다. ICJ는 다음과 같이 UN 총회의 행위 가운데에도 단순한 권고를 넘어서서 일정한 구속력을 가지는 행위가 있음을 명백히 했다.

헌장에 의해 총회(General Assembly)에 부여된 기능과 권능에는 단순하게 토론(discussion)이나, 심리(consideration)와 연구(study) 그리고 권고(recommendations)만 있는 것이 아니다. 헌장 제18조는 총회로 하여금 중요한 문제들(important

questions)에 대한 결정들을 하도록 했다. 총회에 의해서 이루어지는 이들 결정들에는 권고도 당연히 포함되지만 구속력 있게 방향을 결정짓는 것들도 포함된다. 그러한 것들 가운데에는 회원지위와 특권의 정지, 축출 그리고 예산과 관련된 결정들이 있다.[602)]

대부분의 경우에 총회의 활동은 권고로 나타나기 때문에 총회를 소위 권고기관이라고 하기도 한다. ICJ가 언급한 총회의 어떤 중요한 사항에 대한 결정이 바로 제도적 또는 기구적 행위라고 할 수 있는 것들이다. 국제기구의 제도적 행위의 범위는 상당히 넓다. 의사 진행과 관련된 행정 규칙(administrative rules)의 제정, 부속기관의 창설 행위, 직원 복무규칙의 제정, 재정과 예산과 관련된 합의, 자산의 관리와 투자에 대한 결정, 출판과 정보 배포에 대한 규칙의 제정, 행정재판소의 창설, ICJ에의 권고적 의견을 구하는 결정, 각종 사무활동을 위한 필요품 구입 계약, 건축계약 그리고 빌딩 보안계약과 같은 각종 행정행위 등이 모두 국제기구 제도적 행위들의 태양(態樣)이다. 물론 의사규칙이나 재판규칙의 제3자적 효력의 문제의 경우에 일정한 예외가 있을 수 있지만, 본래적으로 국제기구의 이러한 제도적 행위는 기속력 있는 행위이다.

2. 활동적 행위(operational Acts) 또는 기능적 행위(functional acts)

국제기구의 활동적 행위는 국제기구의 직접 그리고 실질적인 활동과 관련하여 이루어지는 제반 행위를 말한다. 그것은 국제기구의 목적 달성을 위한 임무수행이나 기능과 관련된 행위라는 점에서 국제기구 자체의 성립과 운영을 위한 제도적 행위와 구별된다. 국제기구의 활동적 행위의 예로는 UN 헌장 제6장과 제7장에 따른 안전보장이사회의 제반 평화유지 활동, 구체적인 행동을 취할 수 있도록 헌장이 규정한 사항에 대한 UN 총회의 결의안 채택, 보건 문제에 대한 WHO의 결정, 개발도상국들의 원조처럼 헌장상의 목적 달성을 위한 IBRD의 결정, 특별인출권(SDR)의 발행과 환율에 대한 IMF의 결정 등이 모두 국제기구의 임무 수행과 관련된 활동적 행위들이다. 이들 활동적 행위들도 의사결정이 전제된다. UN 안전보장이사회는 그의 의사결정을 군사력의 사용과 같은 어떤 구체적 행동(taken action)으로 보여주기도 한다. 또한 사실관계의 인정(finding), 결정(deciding), 환기(calling upon), 권고(recommending), 선포(declaring),

602) 1962 ICJ Reports, p. 163.

촉구(urging), 의문 제기(questioning), 요구(demanding) 그리고 2009년 북한 로켓 발사나 2차 핵실험에 대한 비난(condemning)의 의사결정처럼, 국제기구는 의사결정을 통한 활동적 행위를 한다.

국제기구의 이러한 활동적 행위의 법적 효과도 원칙적으로는 해당 국제기구의 헌장 규정에 따른다. 이것은 다른 한편으로는 결정에 나타나는 강력한 표현과 같이 어떤 문구에 의해서 국제기구의 결정에 구속력이 주어지는 것은 아니라는 것을 의미한다. 그런데 국제기구의 이 같은 활동적 행위의 구속력은 헌장에 반드시 명백한 것은 아니고 경우에 따라서는 각 규정의 합리적인 해석에 의해 도출되기도 한다. 결정의 구속력이 가장 명백한 것은 물론 UN 안전보장이사회의 평화유지활동에 대한 헌장 제6장과 제7장의 규정으로 그러한 결정은 회원국들을 강제한다.

3. 기타 행위

국제기구의 의사결정에 따른 행위에는 제도적 행위와 기능적 행위 이외에도 다른 유형의 행위가 있다. 그러한 것들 중에는 특히 선언(declaration), 결심(determinations), 해석(interpretations) 그리고 합의(agreement)가 중요하다. 이러한 행위들은 그 자체로 대외적으로 국제기구의 행위로도 나타나지만 제도적 행위와 기능적 행위의 저변을 형성하기도 한다.

1) 선언(declaration)

UN 총회는 수십 년간 자결권, 영토 분쟁, 인권 문제, 자원의 분배와 지속개발문제 등에 대하여 다양한 선언을 공표한 바가 있다. 그 경우의 총회의 선언은 단지 권고적인 것은 아니다. 그것은 많은 경우에 해당 사안에 대한 UN의 권위 있는 상징적 견해를 표명한 경우가 대부분이다. 그런데 사실 UN 총회의 선언기능(declaratory function)은 헌장에 명시되어 있지는 않다.[603] 하지만 UN 총회는 창설 후 현재까지 수십 년간 일관되게 선언의 관행을 이어왔고 UN 총회의 선언 결정은 이론적으로도 내재된 권한(implied power)으로 인정받는다. UN 총회의 이러한 선언은 생각보다 중요하여 UN이라는 가장 권위 있는 국제기

603) Schermers & Blokker, "International Institutional Law" (1995) p. 777.

구에 의해 지지되는 회원국들의 총의의 표현으로, 선언에 포함된 규칙이나 원칙들은 어떤 새로운 법(new law)을 선포한 것으로 간주된다.[604)]

한편 1992년 세계은행 그룹이 표명한 "Guidelines on the Treatment of Foreign Direct Investment"처럼 국제 금융기구들도 그들의 영역 내의 문제에 대해, UN 총회의 그것과 같이 전 세계를 대상으로 선언을 할 수 있는가? 의 문제가 있다. 대부분의 견해는 UN 총회 이외의 다른 국제기구들의 선언권에 대해서는 부정적이다. 다른 국제기구들의 경우에 그것은 소위 회원국들이 따라야 할 일종의 지침으로 새로운 법질서나 방향을 확정하는 선언의 효력은 없는 것으로 간주된다.[605)]

2) 결심(determinations)

결심은 어떤 사실관계나 문제에 대한 그 본질적 성격의 발견(finding)으로 이루어지는 의사결정이다. 국제기구의 결심은 사안의 중요성에 따라서는 더 진전되어 구속력 있는 결정(decisions)으로 나타나거나, 권고 또는 선언으로 행해지게 된다. 예컨대 UN 총회가 신입 회원국의 심사에서 UN에의 가입을 희망하는 지원국이 헌장에 규정된 요건인 평화를 사랑하고, 헌장상의 의무를 수용할 수 있는 것으로 판단된다고 결심(決心)하면, 이어서 대외적으로 신입 회원국의 승인이라는 구속력 있는 결정으로 나타나게 된다.

어떤 결심은 권고로 이어지기도 한다. 결심이 구속력 있는 모습임을 가장 극적으로 부여 주는 것은 UN 헌장 제7장에 따른 안전보장이사회의 사태의 진전에 따른 다양한 결심에서 나타난다. 안전보장이사회는 평화에 대한 위협, 평화의 파괴 또는 침략행위의 존재를 결정하고, 국제평화와 안전을 유지하거나 이를 회복하기 위하여 권고하거나 …… 어떠한 조치를 취할 것인지를 결정하며(제39조), 먼저 병력의 사용을 수반하지 아니하는 어떠한 조치를 취해야 할 것인지를 결정할 수 있다. 그들 조치에는 경제관계 및 철도, 항해, 항공, 우편, 전신, 무선통신 및 다른 교통통신수단의 전부 또는 일부의 중단과 외교관계의 단절이 포함될 수 있다(제41조).

---

604) C. F Amerasinghe, *op, cit*, pp. 188.

605) 국제기구가 제시하는 가이드라인의 효력에 대해서는 Legal Framework for the Treatment of Foreign Investment, Volume II: Guidelines(1992), pp. 5-6.

또한 그러한 결심과 그에 따른 조치에도 불구하고 불충분할 것으로 인정하거나 또는 불충분한 것으로 판명되었다고 인정하는 경우, 즉 결심한 경우에는 또 다른 결심을 하게 된다. 안전보장이사회는 국제평화와 안전의 유지 또는 회복에 필요한 공군, 해군 그리고 육군에 의한 조치, 즉 무력사용을 결심하게 된다. 그러한 조치에는 UN 회원국의 공군, 해군 또는 육군에 의한 시위, 봉쇄 및 다른 작전이 포함된다(제42조).

3) 해석(interpretations)

사법기관이 아닌 경우에도 어떤 결정을 하게 되는 국제기구 개별 기관들의 헌장이나 문서 심지어 일반 국제법에 대한 해석 그리고 다른 조약에 대한 해석은 국제기구의 결정에 앞서서 선행적으로 이루어지는 일들이다. 구속력 있는 결정과 관련된 어떤 해석은 향후에도 방향을 결정짓는 것이다. 그러므로 그러한 해석은 또한 법적 구속력을 갖는다.

4) 합의(agreement)

국제기구에 있어서의 합의 또는 수용은 강제성을 부여하는 내용이다, 본부합의(Headquarter agreement)에서 나타나는 바와 같이 합의는 소재지 국가에서 일정한 조건으로 국제기구가 활동하고 존속할 수 있는 조건으로 나타난다.

Ⅲ. 국제기구 행위의 구속력의 내용

국제기구의 구속력 있는 결정에 따르는 회원국 의무들의 내용은 다음과 같다.

1. 고려의무(duty to consider)

회원국들은 해당 국제기구의 권고나 결정을 신중하게 고려할 의무가 있다. 필요한 경우에는 회원국이 취한 행위의 내용을 보고서로 제출한다.

2. 협조의무(duty to cooperate)

ICJ가 여러 결정에서 명백하게 언급한 바와 같이 회원국들은 신의와 성실에 입각해서 상대방과 국제기구의 입장에서 협동의 상호 의무를 부담한다. ICJ는 특히 이집트와 WHO의 분쟁사건에서 회원국들의 성실한 협조의무는 바로 회원국이라는 사실에서 발생하는 것이라고 판결했다.[606]

3. 실행의무 또는 추종 그리고 순종의 의무(duty to comply)

국제기구의 구속력 있는 결정에 대해, 일반적으로 앞서 본 고려의무와 협조의무에서 더 나아가 구체적인 행동으로 나타나게 되는 "따라고 실행해야 할 의무"까지 부과되는 것인지? 에 대해서는 의문이 있다. 일반 원칙으로는 국제기구의 구속력 있는 결정이라고 하여도 고려의무와 신의성실의 원칙에 따른 협조의무 이외에 실행의무까지 포함된다고 보지는 않는다.[607]

그러나 ICJ 재판관 라우러파쉬트(Hersch Lauterpacht)가 투표절차사건(Voting Procedure Case)에서 독자적인 의견으로 적절하게 지적한 바와 같이, 신의 성실에 의한 협조의무는 일정한 단계에 이르면 추종과 순종 그리고 실행을 모두 포괄하여 따라야 할(compliance) 의무라고 할 것이다. 왜냐하면 실행이 없는 성실한 협조는 결국 성실하게 협조하지 않는 것이기 때문이다. 그러므로 불 실행은 회원국의 헌장 의무위배가 될 수도 있다.[608] 사안에 따라서는 고려하고 협조하는지는 결국 구체적으로 나타나는 실행행위에 의해 판단될 수도 있는 것으로서 실행의무는 구속력 있는 결정의 불가피한 요청이라고 할 수 있다.

4. 지원의무(duty to assist)

헌장 규정에 따라서는 회원국의 적극적인 지원의무가 부과될 수도 있다. 이러한 지원의무는 고려와 협조의무와는 별개로 소극적으로 방해하지 않는 것을 넘어서서 적극적으로 지지하는 것을 포함한다.

---

606) The WHO Agreement Case, 1980 ICJ Reports, p. 93. 동 사건의 결정문에서 ICJ는 이집트가 WHO의 회원이라는 사실 그 자체가 이집트와 WHO에 부과된 의무에 대해 상호 성실하게 수행할 의무를 발생시킨다고 선언했다.

607) C. F Amerasinghe, *op, cit*, p. 180.

608) 1955 ICJ Reports, pp. 118-119.

제12장 국제기구와 비정부기구(NGO)

제1항 비정부기구(NGO)의 의의

I. 연혁(History)

지구의 인권, 안보, 경제, 환경문제처럼 매우 복잡하며 크고 작은 많은 문제들이 주권국가의 힘만으로 해결될 수는 없다. 국가 간의 합의에 의해 정치·무역과 같은 분야에서 여러 국제기구가 탄생했지만, 규모의 경제 문제로 국가나 정부간기구만으로는 해결하기 어려운 영역에서 발생하는 다양한 문제를 해결하기 위해서 새로운 유형의 단체의 필요성이 대두되었다. 그 결과 탄생한 조직이 국제비정부기구이다 시대적 비정부기구는 국내에도 있지만 국제사회에도 많다. 전 지구적 요구에 부응하기 위해서 국제 비정부기구(Non-Governmental Organization)는 인권문제, 지속가능한 개발, 저개발국 지원, 긴급구호 등 다양한 현안 사항에 중점을 두고 활동을 한다.

국제 비정부기구는 최소한 1839년도까지 그 기원이 거슬러 올라간다. 런던에 본부를 둔 반노예협회(Anti-Slavery Society)가 1840년도에 설립되었다. 1한편 859년 6월 스위스의 기업인이었던 앙리 뒤낭이 사업차 통일전쟁이 진행 중이던 이탈리아를 방문했다가 6월 24일 이탈리아 솔페리노라는 작은 마을에서 한 나절 만에 무려 4만 명 이상의 병사가 전장에 버려지는 것을 목격하고 인도적 국제단체로 국제적십자협회(International Committee of the Red Cross : ICRC)를 결성했다. 국제적십자협회는 1863년 스위스 제네바에서 공식적으로 발족되었다. 이후 19세기 중반에 다양한 단체들이 반노예제, 여성인권운동, 군비축소 등에 중점을 두고 조직되었다. 오늘날의 국제 로터리 클럽의 전신인 로터리(Rotary)가 1904년에 창설되었다. 1914년도까지 이미 1083개의 국제 비정부기구가 존속한 것으로 추측된다.

국제비정부기구의 영역은 서구 국가들의 경우에는 현대복지국가로의 재편과정에서 출범이 잇달았다. 또한 공산주의의 몰락에 따라 국제비정부기구의 활동은 크게 증대되었고, 20세기의 전 세계의 이웃화를 의미하는 지구화

(Globalization)는 국제비정부기구의 중요성을 더욱 크게 하였다.

한편 대부분의 국제조약이나 국제기구들은 자본주의 기업가들 그러므로 그를 소유한 특정한 주권국가의 이익에 집중되어 있다는 비난을 받는다. 국제사회에서의 이러한 일방적 추세에 대한 반동으로 국제비정부기구(NGO)는 자본주의 기업인들이 소홀히 하는 인도적 문제, 후진국 개발 지원 그리고 지속가능한 개발 같은 지구 공존의 문제를 강조했다. 그러한 양상의 대표적인 것이 매년 1월 스위스 다보스(Davos)에서 개최되는 세계경제포름(World Economic Forum)에 대항하여 개최되는 세계사회포름(World Social Forum)이다.[609]

Ⅱ. 의 의

주권국가의 참여가 배제된 비정부기구, 비정부단체 또는 비정부조직으로서 다양한 존재 이유와 목적을 가진 국제비정부기구(INGO)는 UN을 기준으로 다음과 같이 두 가지로 분류할 수 있다.

1. 광의의 의미의 비정부기구

광의의 의미의 NGO는 비정부기구라고 불리는 자연인의 단체로 시민 개개인 또는 민간단체들에 의해 조직되는 단체 일반을 의미한다. 이러한 광의의 의미의 비정부기구(NGO)는 정부의 직접 참가나 대표성은 배제하고 자연인이나 다른 단체에 의해 조직된, 비 영리목적의 단체를 모두 지칭하는 용어이다.

사실 비정부기구는 법률용어는 아니지만 널리 사용됨으로 인해 국제적으로도 일반화된 용어이다. NGO를 사적영역에서의 자발적 조직이라고 정의하기도 하지만 오늘날 이러한 정의는 대부분의 NGO들이 사실상 국가 또는 기업에 의해 자금 조달되고 전문적인 직원들에 의해 운용된다는 점에서 정확하지 않은 정의라고 비판받는다. 그러나 NGO는 정부로부터 전부 또는 부분적으로 자금 지원을 받는 경우에도, 정부 관계자는 회원에서 제외시키거나 정부의 대표성을 배제하는 방법으로 민간단체로서의 성격을 유지한다. 오늘날 국제적으로 활동하는 비정부기구의 수는 어림잡아 약 4만 개에 달한다. 전 세계 192개 국가에서 내부적으로 활동하는 국내 NGO까지 헤아리면 그 수는 엄청날 것이다. 예컨대 러시

609) 2005년 1월 브라질에서 개최된 제5차 세계사회포럼에는 1,000개 이상의 NGO가 참가했다.

아에는 약 277,000개, 인도에는 적게는 1백만에서 많게는 2백만의 NGO 단체가 활동 중인 것으로 알려져 있다.

2. 협의의 의미의 국제 비정부기구

협의의 국제비정부기구는 UN에 여론을 반영하기 위해 각국의 개인이나 민간 단체가 연합하여 국제적 기관으로 조직한 비정부간국제기구(International Non Governmental Organization : INGO)를 의미한다. 비정부간국제기구(INGO)는 UN 헌장에 따라서 UN 경제사회이사회(ECOSOC)의 자문기관으로 인정받는다. 비정부간국제기구(INGO)는 세계 1,600여개 민간단체가 가입하여 환경・인권・빈곤추방・부패방지 관련 활동을 전 세계적으로 전개하고 UN 총회에서 결의한 내용에 관한 자문과 프로그램 제작에도 참가한다. 본부는 미국 뉴욕에 있다.

3. NGO에 대한 다양한 용어

NGO라는 용어 이외에도, 독립분야(independent sector), 자발적 분야(volunteer sector), 시민사회(civil society), 다국적사회운동조직(transnational social movement organizations), 자조조직(self-help organizations), 대중조직(grassroots organizations), 비정부활동가(non-state actors : NSA's), 시민사회단체(civil society organizations)라고도 한다.

Ⅲ. 비정부기구의 종류

현실적으로 INGO는 창설자나 참가 회원들의 다양한 정치적 또는 사회적 목적을 달성하기 위해 창설되고 존속한다. 예컨대 자연환경 보호, 인권의 보호와 증진, 사회적 약자의 복지 증진, 그리고 기업 아젠다를 대표하여 경제적 발전을 도모하는 등 INGO의 활동은 매우 다양하다.[610)]

---

610) 대표적인 인권 NGO를 보면, 1.Amnesty International, 2.Human Rights Watch (HRW), 3.European Court of Human Rights, 4.Global Exchange, 5.United Nations Global Compact, 6.Freedom House 7.Anti-Slavery International, 8.Witness, 9.InterAction, 10.International Action Center, 11.International Justice Mission, 12.Liberty, 13.Human Rights First, 14.Center For World Indigenous Studies, 15.National Labor Committee, 16.World University Service (WUS), 17.Christian Solidarity International, 18.Forefront, 19.Reporters without Borders, 20.Human Rights Action Group 등이 있다.

1. UN 경제사회이사회의 분류

2017년 현재 UN 경제사회이사회로부터 협의지위(consultative status)를 부여받은 비정부기구는 4,507개이다.[611] UN 경제사회이사회는 이들 NGO를 지역별 기준 이외에 크게 활동분야와 조직형태에 따라 다음과 같이 분류한다.

1) 활동분야에 따른 INGO

INGO는 활동분야에 따라서 경제사회(Economic and Social), 개발재정(Financing for Development), 성별 문제와 여성 인권증진(Gender Issues and Advancement of Women), 인구(Population), 공공행정(Public Administration), 사회개발(Social Development), 통계(Statistics), 지속가능개발(Sustainable Development) 등의 NGO로 구분한다.

2) 조직 형태에 따른 INGO

INGO는 조직 형태(organization types)에 따라서 학술(Academics), 결사 단체(Association), 사회사업 재단(Foundation), 원주민 보호(Indigenous Peoples Organizations : IPO), 학회(Institution), 비정부조직(Non-governmental organization), 기타(Others) NGO로 구분한다.

2. 세계은행(World Bank)의 INGO 분류

세계은행(World Bank)은 NGO를 목적에 따라서 기능(Operational)과 옹호 지향성(Advocacy) NGO로 분류한다.

1) 기능적 INGO

기능적 INGO들은 지역사회, 국가 또는 국제사회에 기초하여 개발과 관련된 프로젝트를 디자인하고 그 목적 달성을 도모하는 단체이다. INGO는 기능적으로 구제 목적(relief-oriented) 또는 개발 목적(development-oriented), 서비스 제공 목적 또는 어떤 활동에의 참가 목적, 종교적 INGO 또는 세속적 INGO 그

---

611) http://csonet.org/.

리고 공적 지향 목적 INGO와 사적 INGO처럼 다양한 기능에 따라서 분류된다.

2) 선도 지향적 INGO

선도적 INGO의 기본적 목적은 특정한 주제를 방어하거나 옹호하는 것이다. 기능적, 과제 관리적 INGO와 대칭하여, 선도 지향성 INGO는 특별히 깨어 있는 인식(awareness)을 제고하고 정당한 로비활동에 의한 목적달성, 언론・출판활동 등을 추구하고 확대하려고 노력한다.

3. 기타 - 구두 약어로 본 NGO의 형태

NGO를 구두 약어에 의해 구분해 보는 것도 그 의의를 알 수 있게 해 준다.

① 빙고(BINGO) : 기업 기반(business-oriented) 또는 대규모 국제NGO
② CSO : 시민사회조직(civil society organization) NGO
③ 돈고(DONGO) : 기부금으로 조직된(Donor Organized) NGO
④ 엔고(ENGO) : Global 2000 같은 환경(environmental)분야 NGO
⑤ 공고(GONGO) : 실제로는 정부 이익 대변을 위한 정부 조직 NGO
⑥ 인고(INGO) : 국제(international) NGO
⑦ GSO : 대중지지(Grassroots Support Organization) NGO
⑧ 탄고(TANGO) : 기술 지원(technical assistance) NGO
⑨ 쿠안고(QUANGO) : 국제표준협회(ISO)[612]같은 준자치 NGO

Ⅳ. INGO의 법적 지위(Legal status)

INGO는 국가와 같이 조약 체결 능력이 있는 국제법 주체는 아니다. 그러나 예외의 하나로 국제적십자협회(International Committee of the Red Cross)가 있다. 국제적십자협회는 INGO의 하나임에도 불구하고 주권국가의 합의로 국제법인 제네바 협약(Geneva Convention)과 관련된 일정한 업무를 수행하는 것이 주된 책무이다. 즉 제네바협약에 대한 이해 주체 따라서 국제법주체이다.

612) ISO는 그 자체는 비정부 조직이지만 순수한 의미의 NGO는 아니다. 왜냐하면 회원 가운데에는 각 나라를 대표하는 국가도 있기 때문이다. ISO 이사회(Council)는 각국을 대표하는 회원은 그 나라의 가장 광범위한 표준의 대표자로 하도록 하였다. 이에 따라서 미국은 대표자로 연방정부와는 별개 독립의 미국국가표준기구(American National Standards Institute)를 회원으로 참가시키고 있다. 그러나 다른 나라 특히 유럽 국가들은 정부대표를 회원으로 참가시키고 있다.

한편 스트라스부르(Strasbourg)에 있는 유럽평의회(Council of Europe)는 1986년도에 유럽에 있는 INGO들의 법적 지위에 대한 유럽협약 초안을 작성했었다.[613] 동 협약 11조는 INGO들의 활동에도 근본적인 요소가 되는 집회의 자유(freedom of association)를 INGO의 기본권으로 보장하도록 했다.

그리고 후술하는 바와 같이 UN 헌장 제 71조는 UN이 인정하는 INGO를 규정하고 있다. 국제법적으로는 국제NGO(International NGO : INGO)는 1950년 2월 27일 경제사회이사회(ECOSOC) 결의안 제288 (X)에 의해서 "국제조약에 의해 창설되지 않은 국제기구"라고 정의된다.[614] UN이 인정하는 INGO에게는 소위 공식적인 협의지위(Consultative Status)가 주어진다.

제2항 비정부기구의 활동과 기타 관련문제

비정부기구는 정부 활동 감시, 정책홍보, 상담 등으로 사회 문제 해결을 위한 활동을 한다. 대중의 지지를 구하고 자선 모금 활동을 하며, 저개발국가와 지역사회를 연결시켜 주기도 한다. 또한 정부가 미처 관리하지 못하는 부문에서 활동하기도 한다. 예를 들어, 빈곤퇴치에 중점을 두는 옥스팜은 빈곤한 사람들에게 식료품 등을 제공하는 활동을 하고, 제3세계 네트워크(Third World Network)는 UN 무역개발기구회의(UNCTAD)와 UN 경제사회이사회(ECOSOC)에 자문을 한다. 이러한 다양한 활동을 통하여 오늘날 국제 비정부기구는 국제관계 분야의 한 부분으로서 받아들여진다. NGO는 또한 국내 혹은 국제적 정책입안에 큰 영향을 미치고 있다. 글로벌적으로 영향을 미치는 대표적인 비정부기구로는 국제적십자사, 국제사면위원회(AI), 국경없는의사회 그리고 그린피스 등이 있다.

I. 활동 방법

NGO의 활동 수단은 다양하다. 로비스트(lobbyists)로 활동하는 NGO도 있

613) European Convention on the Recognition of the Legal Personality of International Non-Governmental Organizations.

614) 결의안 원문은 "any international organization that is not founded by an international treaty".

고, 어떤 프로그램을 계획하여 그의 달성과 그에 따른 활동을 주된 원칙으로 삼는 NGO도 있다. 예컨대 빈곤 퇴치를 목적으로 하는 옥스팜(Oxfam)은 곤궁에 처한 사람들에게 식량과 깨끗한 물을 확보할 수 있는 장비와 기술을 제공한다.

반면에 1995년에 창설된 인도의 인권 모니터링 단체인 FFDA(Forum for Fact-finding Documentation and Advocacy)는 인도에서의 인권 침해에 대한 조사와 문서작성 그리고 개별 희생자들에 대한 법률 조언을 하는 등으로 곤궁에 처한 사람들을 직접 도와주는 구체적 활동을 한다.

1. 홍보활동(Public relations)

비정부기구는 목적달성을 위해 일반 공중과 건전한 관계가 필수적이다. 운영에 필요한 자금을 조달하기 위해 세련된 홍보활동을 하고 정부를 상대로 해서도 표준적인 로비기법을 전개한다.

2. 자문(Consulting)

국내적으로도 비정부기구는 국가정책에 대한 적지 않은 자문활동을 한다. 한편 많은 국제 비정부기구(INGO)들은 UN에 협의지위(consultative status)를 갖고 있다. 이러한 협의지위를 통해서 정보제공과 함께 필요한 자문 역할을 한다.

3. 과업 관리(Project management)

오늘날 일정한 과업이나 용역사업의 수행은 NGO에게 매우 중요한 활동이다. 일반적으로 NGO들은 주로 공동체 문제 또는 환경 문제에 초점을 맞추고 종교, 응급구호 또는 인도적 문제와 같은 다양한 쟁점들을 강조한다. 그들은 공공의 지원과 자발적인 기여를 조직화하여 정부가 활동하기 어려운 영역에서 긴요한 역할을 한다. NGO는 또한 국제연대에 있어서도 중요한 역할을 한다. 이러한 다양한 활동을 통한 살아 있는 지식과 경험은 정부 정책에 반영될 용역사업의 수행에 있어서 공적 기구로서는 도모하기 어려운 실제적인 방책을 제공해 줄 수 있다.

4. 정보수집과 제공활동

특히 인권관련 국제NGO들은 전 세계적인 네트워크를 통해서, 국가가 할 수 없는 다양한 정보를 수집하여 전파하고 국제적 연대활동을 전개한다. 현재 UN 인권이사회(Human Rights Council)나 자유권 규약위원회에 제공되는 많은 정보들은 주로 국제 인권 NGO들이 제공하는 내용들이다.

5. 출판활동

NGO들이 자료를 출판하고 배포하는 일은 단순한 업무의 일상반복이 아니다. 자료에는 공식 출간물 이외에도 보고서, 긴급 호소문 등 다양하다. 자료 출판은 공적 영역에서는 이룰 수 없는 역사적 사료를 남긴다는 의미 이외에 해당 분야에 대한 강력한 메시지 전달이라는 효과가 있다. 특히 인권관련 단체들은 자료 출판을 인권침해를 종식하는 가장 중요한 수단 가운데 하나로 본다. 자료의 출판을 통해서 NGO는 해당 영역에 대한 국제사회에서 거스를 수 없는 여론을 형성하고 이를 바탕으로 해당국가와 국제기구에 압박을 가하기도 한다.[615]

6. 청원과 업무대행

국제 인권법 분야처럼 개인이 국제사회에 억울함을 호소하고 시정할 국제적 보호 절차가 있는 경우에는, 그 분야에 노-하우가 있는 NGO가 일반인을 대신하여 청원절차를 진행하기도 한다. 오늘날 각종 인권협약에 따른 개인통보절차(individual complaints)에서 인권 NGO들의 영향력은 적지 않다. 국내적으로도 NGO들은 입법부나 심지어 재판사건에 대한 의견서 제출 등으로 영향력을 행사하기도 한다.

7. 압력단체로서의 활동

NGO들은 국제연대라는 무기를 통하여 국내적으로도 어느 이익단체에 못지 않은 중요한 압력단체로 기능한다. 그 결과 사기업체에서도 시민단체 운동가들을 사외이사 등으로 연결고리를 만들어 협조를 얻으려는 사례도 적지 않다.

II. 직원(Staff)과 재정(Funding)

NGO에서 활동하는 사람들이 모두 자발적 무료 봉사자들인 것은 아니다. 논

615) 박찬운, 인권법, 한울(2008), p. 317.

리적으로도 사실 자발성이라는 것이 순수하게 헌신적인 무료 활동을 의미하는 것은 아니다. 자발적 참가자들은 그들의 경험, 기술, 지식을 지속적으로 제공하고 그리고 단순하게 접촉(skinship)을 제공하여 보탬이 될 수도 있다. 오늘날은 NGO 활동의 전문화에 따라 다양한 분야에서의 유급 전문가(expertise)들도 많이 종사한다.

대규모 국제 NGO는 1년 예산이 수십억 달러에 달하기도 한다. 예컨대 UN에 협의지위를 확보하고 있는 미국 은퇴자협회(American Association of Retired Persons : AARP)의 1999년도 예산은 약 5억 4천만 달러에 달했다. 이처럼 커다란 규모를 갖는 NGO의 예산조달은 결코 쉬운 일이 아니다. NGO 재원의 대부분은 회원들의 회비로 충당된다. 그리고 상품 판매와 서비스 제공, 국제기구나 정부로 부터의 지원금, 사기업체의 기부금도 재원의 중요한 부분들이 된다. 전술한 바와 같이 비록 비정부기구(non-governmental organization)라는 용어가 정부로부터의 독립을 의미하는 말이기도 하지만, 대부분의 NGO들은 재정의 상당부분을 정부에 의존한다. 예컨대 자료에 따르면 옥스팜(Oxfam)의 1998년 수입이었던 1억 6천 2백만 달러의 1/4은 영국 정부와 EU에 의한 지원금이었다. 노벨상도 수상한 단체로, 국경없는 의사회(Doctors Without Borders)로 잘 알려진 M decins Sans Fronti res (MSF) International은 수입의 46%를 정부 지원금에 의존한다.

Ⅲ. NGO 활동에 대한 모니터링과 통제(Monitoring and control)

오늘날 적지 않은 국가나 심지어 기업들도 NGO 활동에 대한 모니터링을 하고 결과적으로 NGO들에 대한 일정한 통제를 도모하기도 한다. 국내적으로도 정부 지원금을 받는 NGO의 활동은 필요적으로 보고서 제출이 이루어지고 그에 대한 감독이 뒤따르기도 한다. 그러한 자료는 공개되지는 않지만 정부는 물론이고 경우에 따라서 상당한 기부자는 NGO로부터 활동 보고서와 평가서를 제출받기도 한다. 더 나아가 오늘날에는 특정한 지리적 또는 영역에 있어서는 전문적으로 NGO의 활동을 연구·조사하고 NGO 관련 자료를 출간하는 소위 NGO 감시기구(watchdog organizations)가 활동하기도 한다. 최근에 대기업들은 대사회 접촉 부서를 강화하여 그들 회사에 대한 NGO의 비판적인 캠페인을 저지하는 활동을 하기도 하고, 사전에 NGO와 접촉을 강화하는 일을 하기도 한다.

Ⅳ. NGO 활동에 대한 비판

일부에서는 NGO는 그 본질적인 속성으로, 주도하는 국가의 일방적 진리의 극단적인 방향으로 운용되고, 식민지 시대의 교역자(clergy)의 역할을 담당하면서 제국주의적(imperialist) 경향을 띤다고 비난한다. 특히 철학자 피터 할워드(Peter Hallward)는 NGO는 정치적으로 일종의 특권 계급의 또 다른 형태(aristocratic form of politics)라고 비난한다. 그러나 여하튼 오늘날 국제 비정부기구의 네트워크는 전 세계적 규모로서 그 영향력은 지대하다.

제3항 국제기구와 NGO의 관계 일반

Ⅰ. 서 언

국제연합(UN)과 같은 보편적인 정부간기구는 물론이고, 전문기구나 EU같은 지역기구들도 국제비정부기구(INGO)와 일정한 관계를 형성하고 있다. 국제기구의 NGO와의 관계는 공식적인 협의지위(consultative status)에서부터 사실상의 비공식 접촉까지 다양한 모습으로 나타난다. 그것은 정부간국제기구와 NGO가 서로 갖는 다른 특성에 기초한 보완적인 요소가 적지 않기 때문에 서로 윈-윈(Win - Win)하는 길이 되기 때문이다. 든든한 재정과 다양한 인적자원 그리고 참가 회원국들의 적극적인 협조로 전 지구적인 쟁점의 해결을 도모하는 정부간 국제기구는 또한 속성적으로 거대한 관료조직으로 의사결정에 있어서의 관료적 경직성과 정치적 타협의 불합리를 노정하는 경우가 적지 않다.

이에 반해서 NGO는 비록 규모는 작고 전문성이나 조직력은 미약하지만 헌신성, 자발성, 사명감 그리고 그에 따른 목전의 문제에 대해 긴급히 대처하려는 융통성과 기민성 같은 속성적 특성은 물론이고, 단일한 이슈에 대한 매진으로 일반 국제기구는 할 수 없는 집중된 힘을 결집할 수 있다. 지역 공동체와도 심정적으로 유대감을 쉽게 이룰 수 있다는 이점 때문에, 정부간기구가 달성할 수 없는 일도 도모할 수 있고 접근할 수 있다. 이에 국제기구와 국제NGO 양자의 관계는 크게 상호 협력적 관계와 경합적 관계로 나타난다.

II. 국제기구와 NGO의 구체적 관계

1. 상호 협력적 관계

1) 의의와 중요성

국제기구와 국제NGO의 상호 협력적 관계는 정부간기구와 해당 분야의 목적을 가진 NGO가 공동의 목적을 달성하기 위한 지향적 노력을 함께 하는 것을 의미한다. 양자는 상호 협력관계를 통하여 국가는 정책의 정당성을 확보하여 국민적 합의와 지지를 이끌어 낼 수 있다. NGO는 협조적 감시를 통해 방관자적이고 훼방꾼의 역할이 아니라 적극적으로 국가정책이 온당한 방향으로 진행될 수 있도록 함으로써 공동체의 이득과 지향하는 목적을 달성할 수도 있다. 또한 INGO의 초국가적인 상호연대를 통해 국가들의 협의만으로는 달성할 수 없는 국제관계의 불안정성을 완화시킬 수도 있다.

2) 상호 협력의 유형

가. 국제기구 활동에의 참가

지역 사정에 정통한 해당 지역 NGO가 국제기구의 지역 임무를 사실상 대행하거나 지원하는 형태의 협력이다. 예컨대 UN 난민고등판무관실(UNHCR)의 난민 지원활동을 해당 지역 NGO들이 구체적으로 참가하여 수행하는 것이다.

나. NGO를 통한 협약 이행의 감시

국제협약의 이행은 사실 협약체결보다 더욱 중요한 일이다. 오늘날 특히 공해상에서의 폐기물 투기 같은 것은 국가정보기구의 중요한 업무 가운데 하나이지만[616] 특히 환경과 인권 분야에서의 국제 NGO의 감시활동은 눈부시다.

다. 국제기구의 프로젝트 집행

NGO는 국제기구의 재정적인 지원을 받아서 그들 국제기구를 대신하여 국제

---

616) 한희원, 국가정보, 법률출판사(2008), pp. 1540- 1543.

기구의 프로젝트를 대행하기도 한다. 특히 세계은행(IBRD)의 전 지구상에서의 상당한 업무는 해당 지역 NGO에 의해서 대행된다.

라. 공동자금 조달

국제기구와 NGO의 협력관계는 자금조달에서도 나타난다. 주로 국제기구가 주동이 되어 NGO 활동에 필요한 자금을 조달하는 경우가 많지만 NGO가 주축이 되어 국제기구의 자금을 조달해 주는 경우도 있다. 예컨대 국제NGO인 국제로터리클럽(Rotary International)은 기금을 조성하여 국제기구 WHO의 소아마비퇴치프로그램(Program of Eradication of Poliomyelitis)에 제공하기도 한다. 원래 로터리클럽은 1985년 WHO에 협의지위(consultative status)를 부여받았었다. 로터리클럽은 다양한 캠페인을 통하여 1986년부터 1988년도까지에 약 2억 4천 8백만 달러의 기금을 조성했다. 오늘날 소아마비 퇴치와 관련한 로터리 활동은 기금조성 이외에도 백신제공, 조사와 감시 그리고 소아마비 퇴치 홍보활동 등 다양하게 전개된다.[617]

3) 상호 협력의 한계

그러나 정부간기구, 즉 국제기구의 주권국가 중심적인 속성은 설립헌장에 명시되어 있는 것이 보통이다. 그러므로 국제기구와 NGO의 협력적 관계에는 일정한 한계가 뒤따르는 것이 불가피하다. 후술하는 바와 같이 NGO의 국제적 활동에 대한 표준을 제시한다고 할 수 있는 UN의 경우에도, NGO들에게 소위 협의지위라는 것을 부여하고 있지만 가장 높은 등급의 협의지위인 일반 협의자격인 경우에도 의제제안권과 서면 진술 그리고 구두진술의 기회는 주어지지만, 표결권은 결코 주지 않는다.[618]

이처럼 대다수의 국제기구가 NGO의 활동에 일정한 제약을 가하고 따라서 상호협력에는 한계가 있다. 이것은 수많은 NGO 모두에게 주권국가인 회원국과 동일하게 회의 참가와 발언 그리고 표결권을 준다는 것은 불가능할 뿐 아니라,

---

617) Global Policy Forum, Y ves Beigbeder, 'Another Role for an NGO: Financing a WHO Programme: Rotary International and the Eradication of Poliomyelitis," *Transnational Associations, available at, http://www.globalpolicy.org/ngos/ngo-un/rest-un/2000/1204.htm.*

618) UN의 경우를 보면 사실 일반협의자격 NGO가 어렵게 구두연설의 기회를 받은 경우에도, 회의장은 소란스럽고 발언순서에서도 후순위로 밀려 늦은 밤에 청중도 없이 연설하는 경우가 적지 않다.

그러한 일은 국제기구 제도 자체를 순식간에 파탄에 이르게 할 수 있다는 점에서 일견 수긍할 수밖에 없을 것으로 보인다.

그러므로 전략적으로 NGO는 효율적으로 국제연대를 도모해야 하고, 국제기구에 정식 회원으로 참가하는 정부의 의사결정에 사전에 영향을 미치는 데 더 많은 노력을 기울일 필요가 있다.[619] 또한 NGO들의 정부대표단에의 참여를 통한 국제기구에의 참석도 중요한 방법이 된다.

2. 경합적 관계

국제기구의 활동인 다국간투자협정(Multilateral Agreement on Investment : MAI)이 NGO의 국제적 연대활동으로 저지되고, 반면에 대인지뢰금지협약(일명 오타와 협약)이 국제 NGO의 적극적인 연대활동으로 성립한 것은, 국제기구와 NGO의 긴장과 경합관계를 잘 알게 해 준다. 다국간투자협정은 급격하게 늘어나고 있는 외국인 직접투자를 보호하고 촉진하자는 취지로 경제협력개발기구(OECD)가 체결을 추진하고 있는 다자간 투자협정이었다. 이에 대해 각국의 NGO들은 본질이 다국적 거대기업들의 국제 경영활동을 일방적 또는 편파적으로 보호하고 자유화하기 위한 거대한 음모[620]라고 주장하면서 웹과 인터넷을 통하여 범세계적인 반대운동을 전개하여 좌절시킨 바가 있었다.

이러한 역사적 경험을 통해서 국제기구는 전 지구적 관리(global governance) 문제에 있어서 INGO의 막강한 영향력을 절감했고 INGO가 반드시 협조적이지만은 않으며 경합적 더 나아가서는 적대적인 행위자가 될 수 있음을 정확하게 알게 되었다. 오늘날 특히 인권과 환경 분야에서의 국제조약의 상당부분은 INGO들의 국제연대의 노력으로 결실을 이루는 경우가 적지 않다. 그러므로 그러한 조약에 따라서 창설되는 국제기구는 역설적으로 불가분하게 INGO와 긴밀한 유대관계를 가지며 활동하게 된다.

619) 박재영, *op, cit*, p. 586. Harold K, Jacobson, Networks of Interdependence: International Organizations and the Global Poloitical System, 2nd ed. (New York: Alfred A, Knopf, 1984), pp. 116-117.

620) 장광호, 글로벌 경제론(무한 경쟁 시대의 신경제 시스템), 지식의 숲 (넥서스, 2006), p. 334.

제4항 개별 국제기구와 비정부기구의 관계

I. NGO와 국제기구의 관계 일반

오늘날 NGO들은 협조적 또는 경합적인 여러 모습으로 국제기구와 다양한 관계를 맺고 있다. NGO는 UN은 물론이고 UN의 각종 전문기구 그리고 유럽연합(EU)과도 여러 분야에 걸쳐서 다양한 관계를 형성한다. 양자의 관계는 세계보건기구(WHO)처럼 애당초부터 헌장에 명시된 경우도 있고, 필요한 기관의 결의를 통해서 관계를 공식화하기도 한다. 그러한 경우에도 양자의 관계는 오늘날 UN이 인정하는 협의지위의 범주를 크게 벗어나지 않는 것이 보통이다. 중요한 것은 NGO와 국제기구의 관계는 국제기구 자체와 구성 회원국 사이의 관계처럼 법적 그리고 정치적 긴장관계는 덜하지만, 기능의 수행에 있어서는 어떤 경우에는 국제기구로서는 회원국 보다는 NGO들과의 관계가 더욱 요긴할 때가 적지 않기도 하다는 점이다. 아래에서 살펴볼 UN과 NGO의 관계를 통해서 NGO와 국제기구의 관계 전반을 그려볼 수 있을 것이다.

II. NGO와 국제연합(UN)과의 관계

1. 개 관

1) UN 헌장 제71조

오늘날 UN의 활동에 NGO가 간과할 수 없는 중요한 존재임을 모르는 사람은 거의 없다. 1945년 미국 샌프란시스코에서 50개 국가가 UN 헌장 초안을 작성하기 위한 회의를 가질 때 이미 NGO 활동가들은 미국 대표단의 일원으로 참가해서 향후DP 창설될 UN에서 회원국 정부와 대등한 지위를 요구한 바가 있었다.[621] 비록 그러한 요구는 수용되지 않았지만 UN 헌장에 UN이 NGO와 관계를 설정할 수 있는 근거규정을 명시했다. UN은 NGO가 가지고 있는 전문적인 지식과 능력에 기초한 정보와 조언이 UN의 활동에 긴요하다고 판단하여 NGO와의 관계를 헌장에 명시할 필요성을 느꼈던 것이다. UN 헌장 제71조가 그것이다.

---

621) 박재영, *op, cit*, p. 589. 그러나 NGO의 국제연합에서의 이러한 대표성 요구는 소련의 관제 NGO에게도 동일하게 인정될 것이라는 우려 때문에 받아들여지지 않았다.

"경제사회이사회는 그 권한 내에 있는 사항과 관련이 있는 비정부기구(NGO)와의 협의를 위하여, 적절한 약정을 체결할 수 있다. 그러한 약정은 국제 NGO와 체결할 수도 있으며, 적절한 경우에는 관련 회원국과의 협의 후에 국내 NGO와도 체결할 수 있다."[622]

이처럼 UN은 창설 당시부터 국제 NGO 그리고 국내 NGO의 존재와 기능을 인정했고 UN 헌장에 그 관계를 명시했다. 그리고 그 주무 기관은 UN의 6대 주요기관인 경제사회이사회(ECOSOC)의 업무소관으로 했다.

2) 경제사회이사회의 역할

NGO에 대한 조율 책임을 맡은 경제사회이사회(ECOSOC)는 1946년 업무를 담당한 구체적인 산하기관으로 상설위원회인 "NGO위원회(Committee on Non-governmental Organization)"를 창설했다. 그리고 UN 헌장 제71조에 근거하여 NGO와의 협정체결에 필요한 규칙들을 준비했다. NGO위원회는 UN에서의 NGO의 구체적인 지위로 협의지위(consultative status)를 부여하기로 했다. 그 동안 NGO에 부려되는 협의지위의 명칭에는 변화가 있었지만, 1996년 경제사회이사회 결의(E/1996/31) 이후 세 가지로 대별된다.[623] 일반협의지위(General Consultative Status), 특별협의지위(Special Consultative Status) 그리고 명부상 지위(Roster)가 그것이다.

2. UN에서의 INGO 지위의 세 가지 범주

협의지위의 권리와 특권의 구체적인 내용은 경제사회이사회(ECOSOC) 결의안 1996/31에 상세하게 규정되어 있다. 경제사회이사회(ECOSOC)로부터 협의

---

622) UN 헌장 제71조:
The Economic and Social Council may make suitable arrangements for consultation with non-governmental organizations which are concerned with matters within its competence. Such arrangements may be made with international organizations and, where appropriate, with national organizations after consultation with the Member of the United Nations concerned.

623) 초창기는 Category A, Category B, Category C,로 구분했는데, 오늘날 명부상 지위에 해당하는 Category C 는 그 이후에도 Register 또는 Roster로 명칭이 변했었다.

지위를 얻은 NGO는 전문가(technical experts)로서 또는 정부나 사무총장에 대한 조언자(advisers)나 자문관(consultants)으로 UN의 목적달성에 기여한다.

협의지위 NGO는 UN의 옹호 그룹으로 UN이 수행하려는 주제에 대한 선도 역할도 하고 과업 이행을 위한 구체적인 활동도 수행한다. 이러한 활동은 경제사회이사회(ECOSOC)와 다양한 산하기관의 활동에의 활발한 참가를 통해서 이루어지는 것으로서 NGO는 아젠다에 대해 회의에의 참여, 구두진술, 서면진술서의 제출 등으로 기여한다. 경우에 따라서는 필요한 과제의 건의, UN 총회 특별회기에의 참여 그리고 다른 정부간 국제기구에의 참가 권한을 부여받기도 한다. 일반적으로 ECOSOC로부터 협의지위를 부여받은 INGO는 국제회의 및 행사에 참여, 부대적인 행사의 조직, UN 구역에의 자유로운 출입 그리고 네트워크 형성 및 로비활동을 기회를 가질 수 있다. 현재 3,400개의 NGO가 경제사회이사회(ECOSOC)로부터 협의지위를 부여 받았다.[624] 상세는 아래에서 본다.

1) 일반협의지위(General Consultative Status)

여러 국가에서 광범위한 사회분야를 대표하는 NGO에 부여되는 지위이다. 광범위한 지리적 범위를 포괄하고 상당히 규모가 크며 안정적으로 기반을 갖춘 NGO에게 주어진다. 일반협의지위는 경제사회이사회(ECOSOC)와 그 산하기관의 다면적인 목표와 활동에 깊은 관심을 가지고 있고, 그들 영역에 대한 공헌이 기대되며 또한 UN이 목표로 하는 문제 영역에 실질적이고 지속적인 기여(substantive and sustained contributions)를 할 수 있고, 그들 NGO가 대표하는 지역 사람들의 경제적 사회적 삶에 밀접하게 관련되어 있으며, 상당히 그리고 광범위하게 전 세계 많은 나라에 걸쳐 다수의 회원을 가지고 있는 국제 NGO에 대하여 부여하는 포괄적 협의지위 자격이다.[625] 일반협의지위 NGO는 경제사회이사회(ECOSOC)와 그 산하기관에 초청 없이도 대표를 파견할 수 있다. 일반협의지위 INGO의 구체적인 권한은 ① 의제제안권, ② 서면진술서 제출권, ③ 구두 발언권이 모두 있다. 2009년 현재 경제사회이사회로부터 일반협의지위를 부여받은 NGO는 미국은퇴자협회(American Association of Retired Persons : AARP)를 포함하여 총139개에 달한다. 우리나라의 경우에는 1996년 최초로 일

---

624) http://csonet.org/content/documents/Brochure.pdf.

625) ECOSOC Resolution 1996/31, PART III 제22호.

반 협의지위를 받은 국제 굿네이버스(Good Neighbours International)가 있다.

2) 특별협의지위(Special Consultative Status)

특별협의지위는 인권과 환경 등과 같이 경제사회이사회(ECOSOC)와 그 산하기관이 취급하는 특정한 주제에 경쟁력과 지대한 관심이 있고, 그 분야에 공헌이 기대되는 국제적으로 잘 알려진 NGO에게 주어지는 자격이다.[626]이들 NGO들은 규모가 작고 비교적 최근에 설립된 경우가 많다. 특별협의지위 NGO도 경제사회이사회(ECOSOC)와 그 산하기관에 초청 없이도 대표를 파견할 수 있다. 구체적인 권한으로는 ① 서면진술서 제출권과 ② 구두 발언권이다. 그러나 의제 제안권은 없다. 국제사면위원회(Amnesty International)를 포함하여 총 2,082개의 NGO가 UN으로부터 특별협의지위를 부여받았다. 한국의 경우에는, 한국환경재단(Korean Federation for Environmental Movement), 밝은사회국제본부(Global Cooperation Society : GCS), 민변 - 민주사회를 위한 변호사 모임(MINBYUN - Lawyers for a Democratic Society) 등을 비롯하여 총 21개가 있다.[627] 특히 특별협의지위를 희망하는 인권 NGO들은 UN 헌장, 세계인권선언(Universal Declaration of Human Rights) 그리고 비엔나선언과 활동프로그램(Vienna Declaration and Programme of Action)에 맞추어 인권의 보호와 증진 목표를 달성하려고 노력하는 단체이어야 한다.

3) 명부상 지위(Roster)

보다 좁은 범위 그리고 혹은 기술적인 분야에 중점을 두면서 ECOSOC 또는 산하기관의 업무에 비정기적으로 유용한 공헌을 하는 NGO에게 부여되는 지위

626) ECOSOC Resolution 1996/31, PART III 제23호.

627) 특별지위 한국 NGO 현황, http://www.un.org/esa/coordination/ngo/. 참조. 구체적으로는 Citizens for Decent Housing(2005), Citizens' Coalition for Economic Justice(1999), Citizens' Movement for Environmental Justice(2004), Environment Action Association(2008), Global Cooperation Society (GCS)(1997), Good People World Family - GPWF(2007), International Association for Volunteer Effort(1987), Join Together Society Korea(2007), Korea Freedom League(2002), Korea International Volunteer Organization(KVO, 2002), Korea Women's Associations United (KWAU, 2001), Korean Council for Local Agenda 21(2005), Korean Federation for Environmental Movement(1998),Korean Foundation for World Aid(2005), Korean Institute for Women and Politics(1999), Korean National Council of Women(1998), Korean Progressive Network "Jinbonet"(2006), Korean Sharing Movement(2007), MINBYUN - Lawyers for a Democratic Society(2001), Won-Buddhism Women's Association(2004), People's Solidarity for Participatory Democracy(2004)가 있다.

이다. 아직 일반협의지위나 특별협의지위를 부여받지는 못했지만 경제사회이사회(ECOSOC) 또는 그 산하기관에 때때로 유효한 공헌(occasional and useful contributions)을 할 수 있다고 고려되는 NGO들로, 경제사회이사회(ECOSOC)나 UN 사무총장(Secretary-General)이 이사회 및 NGO 위원회와 협의를 한 후에 부여하는 협의지위이다. 로스터(Roster) 라고도 한다.[628]

3HO (Healthy, Happy, Holy Organization) Foundation, Inc을 비롯하여 총 974개 NGO가 명부상 지위 자격을 부여받고 있다. 한국은 새마을운동본부(National Council of the Saemaul- Undong Movement), 한국뇌과학연구원(Korea Institute of Brain Science : KIBS)을 비롯하여 4개 NGO가 로스터 NGO이다. 명부상의 협의지위 NGO는 경제사회이사회(ECOSOC)나 그 산하기관으로부터 초청을 받은 경우에 한하여 회의에 참가할 수 있으며 그들이 전문적으로 다루는 분야에 대해 서면 진술할 수 있다.

3. 협의지위 획득 절차

UN 협의지위는 19개 회원국으로 구성된 NGO 위원회(Committee on Non-governmental Organization)에서 매년 두 번 심사한다.[629]

① 프로파일 등록(Profile registration)

협의지위를 원하는 NGO는 신청서를 제출하기에 앞서서 먼저 NGO 위원회 데이터베이스에 신상 명세를 등재하여야 한다.

② 의향서(Letter of intent) 제출

다음에 NGO들은 통상 NGO 사무국(Secretariat)으로 잘 알려진 경제사회문제국의 NGO課(NGO Section of the Department of Economic and Social Affairs : DESA)에 NGO 대표가 서명한 의향서를 제출한다. 팩스나 우편 제출 그리고 온라인제출이 모두 가능하다.

628) ECOSOC Resolution 1996/31, PART III 제24호.

629) 상세는 http://csonet.org/content/documents//KoreanBooklet_Low.pdf

③ 신청서 제출(submit the application)

다음 단계로 신청서를 제출한다. 신청서에는 온라인상의 질문지와 요약 그리고 증빙서류를 첨부한다. 모든 자료는 영어나 프랑스어로 작성되어야 한다. 증빙서류에는 해당조직의 헌장/정관, 규율/규정/세칙 및 관련문서들의 개정안의 모든 사본, (국내) 등록서류, 재정 관련서류, 기존 출간물 같은 실적, 가장 최근에 작성된 재무제표 및 연례보고서, 조직도(Organization chart), 최근 기사 또는 성명서의 샘플 등이 포함된다. 협위지위 신청서는 해당연도 6월 1일 전까지 온라인에 탑재되어야 한다. 간행물을 제외하고 신청서와 모든 제출 문서는 유엔의 공용어인 영어 또는 프랑스어로 작성되고 번역되어야 한다.

④ NGO과(課)의 신청서류 심사(NGO Section screening of applications)

NGO 課(NGO Section)는 매년 6월 1일 이후부터 NGO위원회가 개최되는 사이에 신청서를 심사한다. 신청서의 완성도와 명확성에 대해 검토한다. 검토의 목적은 NGO들이 필요한 모든 정보와 문서를 제출하였는지 확인하여 NGO위원회가 예정된 차기 회의에서 신철청서 검토를 원활하게 할 수 있도록 하기 위함이다. NGO과(Section)의 검토를 거친 신청서만이 NGO 위원회에 송부된다. 심사과정에서 필요시 2명이 넘지 않는 NGO 대표의 참가가 요청되지만 적지 않은 비용을 고려하여 처음 초청에는 거의 참가하지 않는다. 심사의 주된 내용은 ⓐ 경제사회이사회(ECOSOC) 업무와의 연관성, ⓑ 최소 2년간의 존속, ⓒ 민주적 의사결정구조를 갖추었는지 여부, ⓓ 재정 확보 같은 문제이다. 일단 검토가 완료되면 신청 NGO는 차기 NGO 위원회에 관한 공지 서한을 받게 된다.

⑤ NGO 위원회 심사(The Committee on Non-Governmental Organizations)

NGO 위원회(Committee)는 NGO 자격 심사 결정을 위해 1년에 두 차례 회합을 갖는다. 균형적인 지리적 배분원칙에 따라 선출된 19개 회원국들로 구성된다. 아프리카 5석, 아시아 국가 4석, 동유럽 국가 2석, 중남미국가 4석 그리고 서유럽 및 기타국가 4석으로 구성된다. 심사회의에는 신청 NGO의 2명 미만의 대표들이 회의장에 참석할 수 있다. 그러나 참석은 의무사항은 아니며 결정에 어떤 영향을 미치지도 않는다. NGO 위원회도 직접 NGO의 답변을 요구하는 질문을 팩스로 송부하기도 한다. 이 경우에 NGO 들은 NGO 위원회의 일정을 감안하여 가능한 신속하게 답변해야 한다.

⑥ NGO 위원회의 추천권고(recommendations)

NGO 위원회의 추천권고는 보고서로 출간되어 경제사회이사회(ECOSOC)의 최종 결정을 위해 제출된다. NGO담당과 웹사이트에 게시도 된다. 위원회의 추천서는 매년 7월에 열리는 ECOSOC 고위급 회의에서 최종 결정을 할 수 있도록 ECOSOC에 전달된다. NGO 위원회의 결정은 또한 모든 신청서 제출 NGO들에게 공식적으로 통보된다. 위원회는 NGO들이 신청한 협의지위와 다른 협의지위를 부여하여 경제사회이사회(ECOSOC)에 권고하기도 하고 심사를 다음 회기로 연기할 수도 있다.

⑦ 경제사회이사회의 최종결정(ECOSOC final decision)

경제사회이사회(ECOSOC)는 NGO 위원회의 권고를 바탕으로, 최종 승인 여부를 결정한다. 승인이 결정되면 NGO과(課), 즉 사무국이 해당 NGO에게 최종 결과를 통보한다. 협의지위를 부여받은 NGO들은 매 4년마다(every fourth year) 그들 활동에 대한 간략한 보고서를 NGO 위원회에 제출해야 한다. 특히 UN에의 기여를 적시해야 한다. 이것이 UN의 4년 보고서(Quadrennial Report)이다.

4. 4년 보고서(Quadrennial reports)

오늘날 INGO에게 협의지위를 부여하는 주요 목적 가운데 하나는 유엔 새천년 개발목표(Millennium Development Golas)의 달성과 유엔 업무에 대한 기여이다. 이에 협의지위를 부여받은 INGO는 사무총장을 통해 경제사회이사회 NGO위원회에 그 활동, 특히 유엔 업무에 제공한 지원활동에 대한 간략한 보고서를 4년에 한 번씩 제출해야 한다.[630] 4년 보고서의 서식 및 기재 내용에 대한 지침은 유엔 4년 보고서 홈페이지에 소개되어 있다. 만약 INGO가 4년 보고서를 제출하지 않으면 보고서 마감기일이 지난 1개월후에 NGO 담당과는 해당 INGO에게 미제출 보고서를 다음해 1월1일까지는 제출하라는 통지를 보낸다. 그럼에도 1월 1일까지 보고서가 제출되지 ㅇ낳으면 5월 1일 까지 미제출 보고서를 제출하라는 최종 통지서를 보낸다. 해당 일시까지도 보고서가 제출되지 않으면 NGO 위원회

630) ECOSOC 결의안 1996/31, part IX, paragraph 61(c).

는 1년동안 해당 INGO의 협의지위를 즉각 정지할 것을 권고한다. ECOSOC이 해당 INGO의 협의지위를 정지하기로 결정하면 그 결정을 통보하고 다음해 5월 1일까지 4년 보고서의 제출을 요청한다. 그러나 해당기간 까지 보고서가 여전히 제출되지 않으면 NGO위원회는 ECOSOC에 협위지위 철회를 권고한다.

5. 기 타

협의지위 NGO도 여전히 NGO일 뿐 UN의 대표자나 대리인이 아니다. 또한 UN을 대신하여 어떤 사업을 해서도 안 된다. 원칙적으로 협의지위는 그들에게 세금 혜택, 외교관 여권 같은 어떤 특권을 부여하지 않는다. 또한 협의지위 NGO들은 UN 법무실(UN Office of Legal Affairs)로부터 공식적인 서면 확인을 받지 않은 이상 UN 로고(logo)를 사용해서도 안 된다. 특히 어떤 경우에도 문구류나 명함에 UN 로고를 사용해서는 안 된다.

(참고 도표 - 협의지위에 따른 활동의 차이)

활동 구분	일반협의지위	특별협의지위	명부상 협의지위
ECOSOC과의 업무관련성	모든 영역	특별 영역	제한영역
ECOSOC과의 협의지위	O	O	O
UN 회의 참석	O	O	O
UN에의 대표 파견	O	O	O
UN 국제회의에의 초청	O	O	O
ECOSOC에의 안건제안	O		
ECOSOC 회의에의 서면진술	2000 자 이내	500자 이내	500자 이내
ECOSOC 회의에서의 구두 발언권	O		
ECOSOC 부속기관에의 서면진술	2000자 이내	1500 자 이내	
ECOSOC 부속기관에서의 구두 발언권	O	O	
4년 보고서(quadrennial reports) 제출	O	O	

6. INGO 협의지위 근거와 변화

앞서 본 INGO의 협의지위는 UN 경제사회이사회(ECOSOC)의 깊은 연구 끝에 창안된 것으로 그러한 지위가 다른 국제기구에서도 INGO와의 관계를 설정할 때 전범(典範)으로 참조되는 것이 보통이다. 그러나 여하튼 UN의 경우에 INGO의 역할은 원칙적으로 6대 기구 가운데 하나인 경제사회이사회(ECOSOC)의 영역에 머무르는 것이 사실이다. 이러한 활동 영역의 한정에 대해서 INGO들의 불만은 적지 않았고 그들은 경제사회이사회뿐만이 아니라 UN 총회나 안전보장이사회에서도 참가하기를 희망했다.

또한 대다수의 INGO들은 UN의 정책이나 정보를 파급시키는 일방적인 통로로 사용되어 온 것으로부터 전환하여 UN으로의 INGO 투입을 제도화하여 쌍방향적인 상호작용이 강화되기를 희망했다. 그 동안 UN에서의 INGO들의 협의자격은 1968년 경제사회이사회(ECOSOC) 결의 제1296호에서 정하고 있었다.

그러나 변화의 물결에 따라서 1993년 결의 E/1993/80으로 개방된 실무작업반(Open-Ended Working Group)이 설치되어 개선을 위한 노력을 했고, 드디어 1996년도에 이르러 경제사회이사회는 UN과 INGO의 관계에 대한 그 동안의 내용을 변화시키는 중요한 2가지 결의안을 채택했다. 결의안 제31호와 결의안 제297호가 그것이다. 아래에서 살펴본다.

1) 경제사회이사회(ECOSOC) 결의안 제31호(E/1996/31)

INGO의 참가를 확대하는 내용을 구체적으로 결의했다. 총 11장으로 구성되어 UN이 협의지위를 인정하는 INGO에 대한 대원칙을 명확히 했다.[631)]

가. 협의지위에 대한 대원칙

① INGO를 국내(national), 소지역(subregional), 지역(regional) 또는 국제(international) 수준의 비정부기구를 모두 포함하고 이들이 적절하게 분포될 수 있도록 한다.

---

631) 정확한 명칭은 1996/31. Consultative relationship between the United Nations and non-governmental organizations, The Economic and Social Council, Recalling Article 71 of the Charter of the United Nations 이다.

② 개발도상국과 전환경제(economies in transition)에 있는 국가 INGO들의 참가를 권장한다.

③ 국내 NGO에 대해서는 해당 국가와의 의견 조율을 거친다.

④ INGO는 협의지위 INGO를 회원으로 하는 본부(headquarters)를 설치하고 집행부(executive officer)를 가지며 민주적으로 채택된 헌장(constitution)을 채택한다. 헌장사본은 사무총장에게 기탁한다.[632)]

⑤ INGO는 대표 구조(representative structure)와 회원들에 대해 책임을 질 수 있는 적절한 메커니즘을 구축하며, 대표는 INGO를 통솔하고 그들 이익을 대변한다.

⑥ 협의지위의 부여(granting), 자격정지(suspension), 탈퇴(withdrawal) 그 문제와 관련된 규범과 결정의 해석은 경제사회이사회와 INGO 위원회(Committee)를 통해서 행사되는 회원국의 전권(prerogative of Member States)이다.

⑦ 향후에도 INGO와 UN과의 관계 증진에 대한 문제는 INGO 위원회(Committee)의 조언을 받아 가장 효율적인 방법으로 INGO가 UN에 기여하는 방안을 고려한다.

나. 경제사회이사회와의 협의(Consultations with the Council)

① 임시안건(Provisional agenda)의 협의와 제출

경제사회이사회(ECOSOC) 임시안건은 협의지위(일반, 특별, 로스터 모두 포함) INGO들과 미리 소통할 수 있고, 일반협의지위 INGO들은 임시안건을 INGO 위원회에 제출할 수도 있다.

② 회의 참여(Attendance at meetings)

일반협의지위(general consultative status)와 특별협의지위(special consultative status) INGO는 그들이 지정한 대표를 경제사회이사회(ECOSOC)와 산하기관의 회의에 옵서버로 참가시킬 수 있다. 로스터 지위 INGO들도 그들 영역 내의 문제에 대한 회의에 초청받아 대표를 파견할 수 있다.

632) 현재 UN NGO 본부는 뉴욕에 있다고 함은 앞서 본 바와 같다.

③ 서면진술(Written statements)

일반협의지위와 특별협의지위 INGO들은 해당 영역 문제에 대해 서면진술서를 제출할 수 있다. UN 사무총장은 이미 회람되거나 진부한 것이 아닌 한 제출된 서면진술서를 경제사회이사회(ECOSOC) 회원국들에게 회람시킨다. 다만 자구의 제한이 있어서 일반협의지위 INGO는 2,000자 이내, 특별협의지위와 로스터 INGO들은 500자 이내로 한다. 초과되는 경우에는 요약본을 제출하고 요약본이 회원국들에게 회람된다.

④ 회기 중의 구두 진술(Oral presentations during meetings)

INGO 위원회(Committee)의 권고에 의해서 이사회의 승인을 받아, 일반협의지위 INGO는 구두 발언권을 갖는다.

다. 경제사회이사회(ECOSOC)와 산하기관과의 협의

① 임시안건(Provisional agenda)의 협의와 제출

회기 중인 경제사회이사회(ECOSOC)와 산하기관은 그들의 임시안건을 협의지위(일반, 특별, 로스터를 모두 포함함) INGO들과 소통할 수 있고, 일반협의지위(general consultative status) INGO들은 임시 안건을 해당 위원회에 제출할 수도 있다.

② 회의 참여(Attendance at meetings)

일반협의지위(general consultative status) INGO와 특별협의지위(special consultative status) INGO는 그들이 지정한 대표를 경제사회이사회(ECOSOC)와 산하기관 회의에 옵서버로 참가시킬 수 있다. 로스터 지위 INGO들도 그들 영역 내의 문제에 대한 회의에 초청받아 대표를 파견할 수 있다.

③ 서면진술(Written statements)

일반협의지위와 특별협의지위 INGO들은 해당 영역문제에 대해 경제사회이사회(ECOSOC)와 산하기관에 서면진술서를 제출할 수 있다. UN 사무총장은 이미 회람되거나 진부한 것이 아닌 한 제출된 모든 서면진술서를 경제사회이사회(ECOSOC)와 산하기관 회원국들에게 회람시킨다. 자구의 제한이 있어서 일반협

의지위 INGO는 2,000자 이내, 특별협의지위 INGO는 1,500자 이내로 한다. 초과되는 경우에는 요약본(summary)을 제출하고 요약본이 회원국들에게 회람된다. 로스터 INGO는 서면 진술서 제출 자격이 없다.

④ 회기 중의 구두 진술(Oral presentations during meetings)

일반 그리고 특별협의지위 INGO는 경제사회이사회(ECOSOC)와 산하기관 회의에서 구두 발언을 할 수 있다.

⑤ 특별 연구(Special studies)

재정문제에 대한 절차규정의 조건에 따라서 경제사회이사회(ECOSOC)와 산하기관은 협의지위의 종류를 불문하고 역량이 있는 INGO에게, 특정 분야에 대한 특별한 연구와 조사를 의뢰하거나 또는 경제사회이사회(ECOSOC)에의 보고서 제출을 권고할 수 있다. 그 경우의 보고서는 자구 제한이 없다.

라. 특별위원회와의 협의 (Consultations with ad hoc committees of the Council)

일반협의지위와 특별협의지위 그리고 로스터 등재 INGO들도 특별위원회가 달리 결정하지 않는 한, NGO 위원회의 승인에 따라서 경제사회이사회 특별위원회(ad hoc committees)에 대해서도 협의자격을 부여받는다.

마. UN 주최 국제회의와 사전절차(preparatory process)에의 참가

모든 종류의 협의지위 INGO는 UN이 주최하는 국제회의 등에 참가 신청을 할 수 있다. 이 경우의 회의 참가 최종 승인은 해당 INGO의 소속국가가 한다.

바. 협의지위의 자격정지(Suspension)와 탈퇴(withdrawal)

협의지위 INGO는 항상 그 자격기준에 맞는 속성을 유지해야 하고, 주기적으로 그들이 제출하는 보고서를 기준으로 NGO 위원회의 심사를 받아 자격정지와 탈퇴 조치가 이루어질 수 있다. 정지나 탈퇴의 경우에는 3년이 경과한 후에 재신청할 수 있다.

사. NGO 위원회
(The Committee on Non-Governmental Organizations)

NGO 위원회 위원은 지리적 분포를 고려하여 경제사회이사회(ECOSOC)에서 선출된다.[633]NGO 위원회는 INGO와 UN의 관계 증진에 대한 주기적인 모니터링, 협의지위 INGO들로부터의 매4년마다의 활동에 대한 보고서 수령과 검토, 협의지위 신청 NGO에 대한 신청서 검토와 면접 그리고 적격 여부에 대한 경제사회이사회(ECOSOC)에 대한 권고 등의 임무를 수행한다.

2) 경제사회이사회(ECOSOC) 결의안 제297호(E/1996/297)

1996년 7월 25일 경제사회이사회(ECOSOC)는 그 전체회의에서 INGO의 UN과의 활동에서의 중요성을 재확인하고, 그 동안 여러 국제회의에서의 INGO의 성과를 고려하여 제51차 UN 총회에, 경제사회이사회(ECOSOC)의 주선 아래에 UN의 모든 영역에 비정부기구(NGO)의 참여를 고려해 줄 것을 결의했다.

이것이 경제사회이사회(ECOSOC) 결의안 제297호이다. 이것은 같은 해 개최된 제51차 UN 총회로 하여금 경제사회이사회(ECOSOC)에서 뿐만이 아니라 UN이 활동하고 있는 모든 영역 그리고 가급적 모든 UN 기구에서 INGO가 참여할 수 있도록 권고했다. 이러한 권고는 그 동안 INGO와 다양한 활동을 함께 해온 경제사회이사회(ECOSOC)의 희망으로, UN과 INGO의 포괄적인 동반자 관계를 공식화하기 위한 노력의 일환이라고 할 수 있다.

그러나 경제사회이사회(ECOSOC)는 앞서 조직 편에서 살펴본 것처럼 UN의 6대 주요기관 가운데 하나이기는 하지만, 총회의 감독을 받는 기관으로 결코 총회나 안전보장이사회에 권고를 강권할 위치에 있지는 않고 그 결의안도 기속력이 없다. 그러므로 결의안 제297호는 경제사회이사회(ECOSOC)의 소망을 표시한 것이라고 할 것으로 경제사회이사회(ECOSOC)도 공식 인터넷 자료에도 그 결의안을 공시하지는 않고 있다.

3) 오늘날의 현황

역사적으로 국제사회에서 INGO의 눈부신 활동에도 불구하고 UN에서의

---

633) 관련된 절차는 Council resolutions 1099 (XL), 1981/50, Council decision 1995/304 그리고 이사회 절차규정 Rule 80 에 따른다.

INGO의 공식적인 참가는 매우 불완전하다고 할 수 있다. 오늘날에도 INGO는 공식적으로는 여전히 경제사회이사회에서만 협의지위를 인정받는다. 경제사회이사회 결의안 제 297호에 따라서 총회를 비롯한 다른 UN 기관들도 INGO의 공식적인 지위 확보를 요구받고 있지만, 아직 공식적인 조치는 이루어지지 않고 있는 것이다. 그러나 사실상의 유대관계는 지속되고 강화된다.

가. INGO와 UN 총회와의 관계

반드시 경제사회이사회 결의안 제 297호(E/1996/297)의 영향 때문인 것은 아니지만 UN 총회는 헌장 상으로 INGO와 공식적인 관계를 설정한 것도 아님에도 총회 6개 주요 위원회와 산하기관에서 INGO의 비공식적인 참여를 일정한 한도 허용하고 있다. 이러한 추세는 확대되는 경향이 있다.

① 정기총회

UN 정기총회 가운데에서 주권국가들의 주된 무대인 본회의(plenary)에서의 INGO 참여는 제한된다. 그러나 INGO들은 평화유지활동을 다루는 제4위원회에 청원자로 참여하여 연설을 하는 것과 같이 총회 산하 위원회의 정기총회에는 참석하여 일정한 역할을 한다. INGO들은 또한 이들 위원회의 실무반(working group)에 참가하거나 의장단과의 협의 또는 간담회를 갖기도 한다. 한편 국제적십자사위원회(International Committee of the Red Cross)는 1990년 이래 UN 총회에 옵서버 자격으로 참가한다.

② 특별총회와 전 지구적 회의

INGO들은 총회(GA)가 주최하는 특별총회와 전 지구적 회의에 참가하여 그들의 역량을 발휘하기도 한다. INGO들은 이들 회의 준비과정에서부터 정회의에 이르기까지 다양한 방법으로 참가하여 의견을 개진한다. 특히 정부대표들이 NGO를 배제하려는 경향이 많은 준비과정에서도 그들 소속 국가 대표들에게 제안서(wording proposal)를 제시함으로써 막후에서 영향력을 발휘하기도 한다.[634] 참가에 대한 구체적인 내용과 수준은 통상 준비회의에서 결정되지만

634) 정회의가 열리기 전 마지막 준비위원회에서 정회의에서 채택될 문건들의 초안이 작성되는 것이 통례인데, 이 과정에 NGO들이 배제되는 것이 일반적이다. 박재영, *op, cit,* pp. 595-596 참조. Ann

INGO의 참여가 허용될 경우 일반적으로 구두발언과 서면진술의 기회가 주어진다.[635)]

나. NGO와 안전보장이사회와의 관계

오늘날 안전보장이사회(SC)에서도 실무 워킹 그룹(Working Group)에 인권단체들이 참가할 뿐만 아니라, 아리아 방식 협의(Arria Formula consultation)라 불리는 세계 도처의 분쟁 지역 문제에 대한 비공식적인 협의 절차에 INGO가 참여하고 있다.[636)] 아리아 방식(Arria Formula)은 UN 안전보장이사회가 신축적으로 세계 평화와 안전 문제에 대해 NGO의 의견을 허용하는 비공식적인 회합이다. 아리아 협의(Arria consultation)라고도 한다. 이것은 1992년 3월에 처음 시행된 이래 자주 이루어졌고 매우 중요성이 인정된 비공식 회의로 인정된다.

특히 1997년 2월 12일 옥스팜(Oxfam)과 국경없는 의사회(Doctors Without Borders) 그리고 국제 적십자사(Red Cross)는 UN 안전보장이사회 회원국들에게 아프리카의 대호수(Great Lakes Region of Africa) 내란에 시달린 그들 지역에서의 자신들의 인도적 지원활동과 위험에 대해 절박하고 상세하게 브리핑했다.

INGO들과 UN 안전보장이사회 회원국들과의 이 같은 회합은 전례가 없는 것이었으나 세계 평화와 안전에 대한 주된 책임이 있는 안전보장이사회는 커다란 시사점을 얻을 수 있었다. 그 이후의 "Somavia formula"는 INGO들로 하여금

Marie Clark & Elisabeth J. Friedman & and Kathryn Hochstetler, "The Sovereign Limits of Global Civil Society: A Comparison of NGO Participation in UN World Conferences on the Environment, Human Rights, and Women", *World Politics* – Volume 51, Number 1, October 1998, pp. 1–35

635) 박재영, *op cit*, p. 596. Jing de la Rosa & Peter Willetts & Michael Oliver & Jai Sen & Roberto Bissio,"Whose World is it Anyway? Civil Society, the United Nations and the multilateral future", United Nations Association in Canada (December 7, 1999). 5인 공동 저자들의 이 책 가운데 Petter Willetts는 "The Rules of the Game: The United Nations and Civil Socity,"라는 주제로 pp. 273–274에 NGO의 UN 총회 참여 문제를 논의했다. 동 서적은 전반적으로 NGO 활동가인 John W. Foster가 주도적으로 편집한 책으로 공동 저자들은 그 책에서, 누가 지구의 미래를 결정하는가? 라고 반문하면서 그 동안의 NGO와 사회 운동을 반추하면서, 국제연합과 금융 국제기구와 NGO의 협력관계를 역설한다.

636) 아리아 공식 또는 아리아 회합은 베네수엘라 대사인 아리아(Diego Aria)의 제의에 의해 UN 건물 지하의 비공식 회의장에서 안전보장이사회 상임이사국과 비상임 이사국 또는 NGO가 만나서 서로 의견을 제시할 수 있는 기회를 제공하자고 하여 성립된 것이었다. James Paul, The Arria Formula,http://www.globalpolicy.org/security/mtgsetc/arria.htm. 그리고 Security Council Consultation with Humanitarian NGOs, (1997. 2. 12), *available at, http://www.globalpolicy.org/security/mtgsetc/somavint.htm*. 세계 분쟁지역에서의 NGO의 기여가 잘 나타난다.

세계 도처의 분쟁지역 문제에 대해 안전보장이사회에 적극적으로 설명할 수 있도록 확고한 통로를 열어 주었다.

안전보장이사회 멤버들은 때때로 개별적 또는 합동으로 정책적 의문사항에 대한 협의를 위해 INGO와 만난다. 특히 국제앰네스티(Amnesty International), 휴먼 라이츠워치(Human Rights Watch), 옥스팜(OXFAM), 아동보호(Save the Children), 월드 비전(World Vision) 같은 INGO들은 적극적으로 안전보장이사회를 상대로 로비하며 지속적으로 유대관계를 갖는 INGO이다. 오늘날 Arria Formula 회합은 매달 또는 그 이상으로 개최된다. 개최수준도 안전보장 상임이사국들이 참가하는 높은 차원에서 개최된다. 회의 내용은 안전보장이사회 의장에 의해 매달 또는 회의가 있을 경우에 안전보장이사회의 공식 스케줄로 회원국들에게 공표된다.

다. 평 가

원래 INGO는 경제사회이사회(ECOSOC)와의 관계를 통해서 UN에 협력하도록 한 UN 헌장의 규정과 달리 INGO의 활동을 UN 전반에 걸치도록 해야 한다는 주장은, 군축(disarmament), 세계 평화와 안전(peace and security), 인권과 경제 정의 그리고 국제법 영역은 경제사회이사회의 관할을 벗어난 문제들이 많이 존재하기 때문에 제기되었다. 사실 UN 총회를 비롯한 많은 위원회와 부속기관들은 INGO들의 도움을 적지 않게 받아왔다. 특히 시민적·정치적 권리 협약 같은 개별 인권협약의 인권위원회들은 INGO가 제공하는 정보가 없이는 실질적으로 운영이 어려운 것도 사실이다. 또한 안전보장이사회도 근 50년 이상, 제한적이기는 하지만 INGO의 도움을 받아 온 것이 사실이다. 때문에 공식적인 협의지위나 그 이상의 지위의 부여와는 무관하게 사실상 INGO의 역할은 지속되고 또한 강화될 것이 현실이라고 할 수 있다.

제5항 마무리

원래 UN은 두 가지 차원에서 운영된다. 하나는 주권국가 차원의 활동으로 각 나라가 UN에 가입하여 총회와 안전보장이사회, 경제사회이사회 등을 통해 세계 문제를 해결한다. 다른 하나는 민간단체 차원의 활동으로 세계 여러 인권과 종교단체를 비롯한 민간단체들이 결속한 NGO가 UN 총회에서 결의된 사항들을 실천할 수 있도록 다양한 프로그램을 마련하여 UN을 보조한다. 1945년 UN이 창설된 당시부터 이미 42개 비정부기구는 UN에 중요한 문제를 제기하고 참신한 기획과 실천적인 프로그램을 제공했다. NGO들은 또한 해마다 UN 총회에서 결의되는 내용을 의뢰받아 자문과 운영상의 문제점을 지적하고 프로그램을 제작한다. 또한 UN 사무총장 주최로 UN 임원진과 정기적으로 만나 UN 총회 안건과 비정부기구의 정책에 대해 논의하며, 건의사항을 제안하기도 한다. 국제적으로 대중의 연대가 활발해짐에 따라서 인권·환경·빈곤추방·부패방지 등의 문제에서 NGO의 역할은 지속적으로 증대되고 있다.

이러한 현실적인 운영의 구조에도 불구하고 UN을 비롯한 국제기구 조직 자체는 주권국가를 행위주체 그리고 책임주체로 하는 것이 원칙이다. 그러므로 대체적으로 정부대표들은 국제문제의 의사결정에 있어서 그들 주권국가가 누려왔던 독점적인 지위가 INGO로 인해서 훼손되기를 원하지는 않는다. 더욱 구체적으로는 개도국이나 인권 후진국들은 자신들의 인권문제를 제기하는 INGO들이 UN의 여러 기구에 참가하여 자기나라 문제가 전 세계에 공개적이고 공식적으로 거론하는 것을 원하지 않을 것이다. 선진국들 또한 환경 문제를 비롯해서 경제 정의 그리고 군축 문제에 대해서, 전 지구적 거버넌스를 주창하는 INGO들이 미묘한 문제를 제기하고 그것이 공개적 토론의 대상이 되는 것을 원하지 않는 것이다. 반면에 INGO들은 이제는 UN 뿐만이 아니라 국제통화기금(IMF)나 세계개발은행(IBRD) 같은 UN 전문기구에의 공식적인 지위가 확보되기를 희망한다.

그러나 결론적으로 선진국이나 개도국이나 주권국가의 입장에서는 INGO의 UN에의 공식적인 참여의 확대로 인해서 얻는 이득보다 손실이 더 크다는 인식이 있기 때문에 국제적 연대를 손쉽게 도모하는 INGO 역량의 눈부신 발전과 주권국가가 도모할 수 없는 가치를 인정하면서도 주권국가들의 모임에 공식적인 참여 확대는 주저하고 있다고 할 수 있다. 이에 INGO 활동에 대한 열렬한 옹호의 수식어 뒤에는 그들 INGO 활동에 대한 두려운 경외감(敬畏感)이 공존하는 상황으로, 어떤 경우에도 주권국가들의 모임인 국제기구에 INGO의 공식적이고 주권국가와 대등한 관계는 말할 것도 없고 일정한 한도의 공식적인 지위 인정도 쉽지만은 않다고 할 수 있다. 그러므로 역량 있는 많은 INGO들이 효과적으로 UN의 논의구조에 접근하면서도 제도 자체의 손상을 막을 수 있는 방안을 강구하는 것은 UN이 지속적으로 고민할 과제라고 할 것이다.

제13장 국제기구의 해산과 승계 (Dissolution and Succession)

제1항 머리말

일반적으로 국제기구는 어떤 기한의 정함이 없이 창설되는 것이 보통이다. 물론 유럽석탄철강공동체(European Coal and Steel Community : ECSC)[637] 처럼 50년이라는 기한으로 창설된 국제기구도 있기는 하다. 그러나 기한의 정함이 없이 창설된 국제기구라고 해도 무한정 존속하는 것은 아니다. 어떤 국제기구는 기한의 정함이 없이 사실은 영구 목적으로 창설되었지만 단순히 계승됨이 없이 사라지기도 한다. 바르샤바조약기구(Warsaw Pact)와 코메콘(Comecon)이 그렇게 해산된 사례이다. 코메콘은 1991년 6월 26일 코메콘 회원각료회의에서 기구의 해산을 결정했다. 바르샤바조약기구의 경우에는 1991년 7월 1일 프라하의 정치적 자문 회합에서 해산이 결정되었다. 한편 국제기구가 새로운 예상하지 못한 수요에의 대처를 위해 리모델링되는 경우도 있다.

국제기구는 또한 유사한 목적을 위한 다른 새로운 국제기구에 흡수되어 소멸되기도 한다. 대표적인 경우가 국제연맹(League of Nations)이 그 뒤를 이은 국제연합(United Nations)에 임무를 승계하고 소멸한 사례이다. 헌장의 수정으로 새로운 임무를 설정하는 경우도 있다. 예컨대 헌장의 재 제정(reconstitution)으로 유럽경제협력기구(Organization of European Economic Cooperation : OEEC)가 경제협력개발기구(Organization for Economic Co-operation and Development : OECD)로, 브뤼셀 협약(Brussels Pact)이 서유럽연합(Western European Union: WEU)으로 그리고 GATT가 WTO로 변모된 경우가 있다.

이와 같은 다양한 모습으로 나타나는 국제기구의 해산과 승계와 관련된 주된 법률적인 문제는 기능, 인적자산 그리고 자산과 책임의 관점에서 국제기구가 승계됨이 없는 해산된 것인가? 아니면 승계된 것인가? 가 초미의 관심이다. 과연 국제기구는 해산된 것인가? 승계된 것인가? 승계되었다면 제반 요소는 어떻게

637) 2002년 7월 23일 소멸되었다.

할당되고 분배될 것인가? 의 문제는 매우 중요하다.

물론 전제적인 문제로 국제기구의 해산과 승계는 과연 가능한가? 가능하다면 어떠한 양상이나 방법으로 이루어지는 것인가? 가 쟁점으로 부상한다. 더불어서 관련된 또 다른 중요한 문제는 그렇다면 누가 국제기구의 해산이나 승계와 같은 본질적인 문제를 결정할 수 있는가? 의 의문이 제기된다. 그러한 권한이 전적으로 회원국들에 있는가? 아니면 국제기구 자체에 있는 것인가? 의 문제는 매우 중요한 문제이다. 만약 국제기구의 해산 권한이 국제기구에 있다면 그렇다면 구체적으로 국제기구의 어느 기관(organ)이 그러한 권한을 가지고 어떠한 절차를 따라야 하는 것인가? 의 의문도 연이어 발생한다.

이러한 모든 의문은 국제기구와 회원국의 긴장관계를 보여주는 또 다른 측면이라고 할 수 있다. 국제기구를 단지 회원국들의 도구나 수단으로 보는 입장에서는 해산의 문제도 전적으로 회원국의 영역이라고 간주할 것이다. 반면에 국제기구는 회원국과는 별개의 독립된 법인격체임을 강조하는 사람들은, 국제기구는 자신의 해산문제에 대해서 보다 더 공식적인 권한을 가졌다고 주장할 것이다.

제2항 해산의 모습(modalities of dissolution)

I. 서 언

물론 국제기구의 헌장에 언제 그리고 어떤 절차를 거쳐서 어떻게 해산할 것인가? 의 문제를 명시적으로 규정하고 있다면 문제해결은 명확해지고 간단하다. 그러나 그러한 사례는 통상적인 것이 아니다. 왜냐하면 국제기구는 원칙적으로 임무를 지속적으로 수행하기 위해서 창설된 것이지, 어떤 종말을 전제로 창설되는 것은 아니기 때문이다. 더욱이 발전적인 미래를 지향하는 창설단계에서 회원국들이 누가, 언제, 즉 어떠한 문제가 발생했을 때 어떤 방법으로 어떻게 해산할 것인가? 를 협의하는 것은 바람직하지도 않고 쉬운 일도 아니기 때문이다. 국제기구의 해산은 기능이나 목적이 후속 기구에 의해 승계됨이 없이 완전 소멸하는 불승계적 소멸과 기능과 목적이 새로운 국제기구에 전이되어 다른 모습으로 남지만 기존 국제기구는 여하튼 소멸되는 승계적 소멸로 크게 분류할 수 있다.

II. 국제기구 해산의 여러 모습

1. 불승계적 소멸- 완전 소멸

기존의 국제기구가 영원히 지구에서 사라지는 것이다. 오늘날에도 많은 수의 국제기구가 새롭게 창설되기도 하지만 반면에 소멸한다. 자료에 따르면 1981년도에 존재했던 국제기구 가운데 오직 2/3만이 1992년도에 존재하는 것으로 나타났다. 전술한 바와 같이 국제협회연합(Union of International Association : UIA)이 발간하는 국제기구 연감(Yearbook of International Organization)에 따르면 2005/2006년 기준으로 정부간 기구는 총 7,350개이다. 그 중에서 2005년 현재 소멸되었거나 명백하게 활동을 하지 않고 있 등 미 활동 국제기구는 약 2,356개에 달한다.[638]

1) 조약 헌장에 해산이 명시된 경우

예외적이기는 하지만 일부 국제기구의 경우에는 헌장 조약에 해산에 대한 명시적인 조항이 있는 경우가 있다. 예컨대 세계은행 합의 제6조 제5항은 집행이사회(Board of Governors)의 다수결에 의해 세계은행의 활동정지를 결정할 수 있음을 명정하고 있다.[639] IMF의 경우에도 집행 이사회의 결의에 의한 해산절차를 규정하고 있다.[640] 그러나 이렇게 명시적으로 국제기구의 해산에 대한 규

---

638) Appendix 3: Table 1, Number of international organizations in this edition by type (2005/2006), *available at*, http://www.uia.org/statistics/organizations/types-2004.pdf 참조.

639) IBRD Articles of Agreement, Article VI, SECTION 5. Suspension of Operations and Settlement of Obligations

....

(b) The Bank may suspend permanently its operations in respect of new loans and guarantees by a vote of a majority of the Governors, exercising a majority of the total voting power. After such suspension of operations the Bank shall forthwith cease all activities, except those incident to the orderly realization, conservation, and preservation of its assets and settlement of its obligations.

640) Agreement of the International Monetary Fund, Article XXVII – Emergency Provisions Section 2. Liquidation of the Fund

(a) The Fund may not be liquidated except by decision of the Board of Governors. ......

(b) If the Board of Governors decides to liquidate the Fund, the Fund shall forthwith cease to engage in any activities except those incidental to the orderly collection and liquidation of its assets and the settlement of its liabilities, ...

정을 가지는 것은 많지 않고 예외적이다.

2) 국제기구 자체의 자발적 결정에 의한 해산

소위 국제기구의 내재적 권한론(inherent Power)의 입장에서 헌장에 아무런 규정이 없는 경우에도 국제기구 자체가 해산을 결정하는 경우이다. 그리하여 H. G. Schermers는 이를 일반화하여 국제기구는 해산권이 있다고 주장한다. 그러므로 국제기구는 해산에 대한 특별한 조항이 없는 경우에도 조약 수정이나 개정에 대한 절차를 원용하여 총회 같은 전권기관(plenary organ)에서 해산을 자체 결의할 수 있다고 주장한다.[641)]

그러나 국제기구의 자체 해산권이 있다고 하는 경우에도 기구 해산은 매우 중요한 결정으로, 관련된 다수의 기관 모두의 의결 절차를 밟아 최종적으로 총회 같은 회원국 모두가 참가하는 기관에서 결정되어야 한다고 할 것이다. 그러므로 예컨대 만약 유럽연합(EU)이 해산하려면 최소한 유럽연합 의회(European Parliament)의 조언이나 승인을 받아 유럽연합 이사회(EU Commission)에서 결정할 수 있을 것이라고 보인다. UN의 경우에도 유럽연합(EU)의 그것에 합당한 수준의 유사한 절차로는 안전보장이사회(Security Council)의 권고나 동의를 받아 총회(General Assembly)에서 UN 해산을 결의할 수 있다고 할 것이다.

3) 국제기구 자체의 해산결정이외에 회원국의 후속 만장일치 결의

전술한 바와 같은 국제기구 자체의 해산 결정은 비록 국제기구의 독자적인 법인격을 충분히 발현하는 모습이라고 할 수 있지만, 내면적인 실질적 창업자인 회원국의 입장을 사실상 그리고 전혀 무시한다는 비난이 있을 수 있다. 그러므로 절차적인 문제로 국제기구 자체의 해산결의를 하되 최종 해산 결정은 회원국들의 별도의 만장일치 합의로 이루어지는 것으로 해야 한다는 주장이 제기된다. 이러한 방식, 즉 해당 국제기구의 해산 결의에 이은 회원국의 후속의 만장일치(unanimity) 합의는 실질적으로는 국제기구 자체를 보호하는 방책도 된다. 왜냐하면 이 경우에는 어느 회원국 단 하나의 반대로도 국제기구의의 해산은 이루어질 수 없기 때문이다.[642)]

---

641) Jan Klabbers, *op. cit*, p. 322.
642) *Id*. p. 323.

2. 승계적 소멸

1) 종 류

국제기구의 승계는 즉시 또는 후일의 어느 시기인가에 있어서는 전임자의 소멸을 전제로 하는 개념이다. 국제연맹의 소멸과 함께 소위 리모델링이 필요했던 ILO의 권한과 기능의 변화를 통해서 국제기구의 영속성을 연구한 휴고 제이 한(Hugo J. Hahn)은 국제기구 해산에 따른 승계(succession)의 모습으로 대체(substitution), 합병(merger) 그리고 전이(transfer)의 세 가지로 분류했다. 그는 특히 국제연맹(LN)과 국제연합(UN)의 상호 관계를 자동적 승계(automatic succession) 라고 불렀다.

가. 대체(substitution)

대체는 하나 또는 그 이상의 승계자가 전임자(predecessor)의 자리를 완전히 차지하여 대신하는 것이다. 국제연맹과 오늘날의 UN의 관계가 그렇고 GATT와 WTO의 관계가 그러하다.

나. 합병(merger)

합병은 일반 사기업에서의 기업 합병처럼 후속하는 국제기구가 다른 국제기구의 경영권을 취득하여 한데 합쳐지는 것이다. 소위 말해서 기능이나 권한을 완전히 빨아들이는(engulfs)것이다. 난민의 국제적 보호를 목적으로 했던 국제기구에서 합병을 통한 국제기구의 소멸과 승계가 많았다. 예컨대 1921년 국제연맹(LN)이 창설한 '난민고등판무관사무소'와 난민회의에서 독일 난민문제를 해결하기 위해 1938년도에 창설된 '난민을 위한 정부간위원회'가 2차 세계대전의 전범국인 소위 추축국(Axis powers)들로부터 해방된 난민을 구호하기 위해 미국 루즈벨트 대통령의 제안으로 1943년 6월 9일 창설된 국제연합구호부흥기관(UN Relief and Rehabilitation Administration : UNRRA)에 의해 승계되었다. 한편 국제연합구호부흥기관(UNRRA)은 1946년 UN 총회 결의에 의해 창설된 국제난민기구(International Refugee Organization : IRO)에 의해 1947년 승계되었다. 최종적으로 국제난민기구(IRO)의 기능은 1951년 UN 총회 결의에 의해서 경제사회이사회 산하기관으로 창설된 UN 난민고등판무관실(Office of the United Nations High Commissioner for Refugees : UNHCR)[643]에 승계되었다.

다. 전이(transfer)

전이는 새롭게 창설된 후임자(successor)나 기존의 국제기구가 모두 존재하는 형태이다. 다만 앞선 국제기구 기능이 전부 또는 부분적으로 후임 국제기구에 이전된다. 후술하는 바와 같이 GATT와 WTO가 서로 병존한 1995년 1월 1일부터 그해 12월 31일까지는 기능의 전이만이 나타났다.

2) 기존 국제기구와의 일시적 병존 창설

기존 국제기구가 바로 해산하지 않고 역할이 아직 남아 있는 영역에 새로운 국제기구를 창설하여 종국적으로는 기존 국제기구의 기능과 역할을 흡수하는 방식이다. 이것은 국제기구의 해산과 승계에 따른 제반 문제를 가장 세련되게 해결할 수 있는 최신의 방법으로 인정된다. 예컨대 WTO가 아직 기능과 역할이 남아 있는 GATT의 틀 속에서 창설된 것이 대표적이다. 또한 새롭게 창설된 유럽연합(EU)이 기존 대부분의 유럽공동체의 틀 속에 접목되어 새로운 유럽공동체 질서를 형성한 경우도 일시적 병존의 경우에 해당한다.[644] WTO나 EU의 경우 전신(predecessor)은 계속 존립했다. 그러므로 승계와 관련된 소유 물건의 어떤 양도와 양수 같은 법적 문제는 발생하지 않고 일상 업무의 사실상의 인수인계와 같은 실용적인 방식으로 해결되었던 것이다. 예컨대 공동체 직원들은 새로운 기구가 탄생되었다고 하여 직장이 없어지고 따라서 실업에 대한 우려를 할 필요가 없었다. 극단적으로 말해서 기존 직원들은 새로운 사무실에 대한 출입카드만 지급 받으면 업무의 연속성을 유지할 수 있었던 것이다. 그래서 GATT와 WTO의 경우 서로의 사무국은 제네바의 같은 빌딩에 위치했던 것으로 기금이나 문서고의 이전도 필요 없었다. 직원에 대한 새로운 신원확인도 필요하지 않았었다.

WTO의 경우를 구체적으로 살펴보면 세계무역기구(WTO)는 세계 무역장벽을 감소시키거나 없애서 자유무역을 촉진하기 위한 목적으로 1947년 시작된 관세

643) UN 난민기구(UN Refugee Agency)로도 불리며 각국 정부나 유엔의 요청에 의해 난민들을 보호하고 돕기 위해 설립된 국제연합 기구이다. 1950년 12월 14일 스위스 제네바에 설립되었다. 1954년과 1981년 두 차례 노벨 평화상을 수상했다.

644) *Id.*

및 무역에 관한 일반협정(General Agreement on Tariffs and Trade) 체제를 대체하기 위해 1995년 1월 1일 창설되었다. 그러나 GATT는 WTO가 창설된 이후에도 약 1년간 더 존속하여 1995년 12월 31일 GATT총회에서 공식 폐지가 확정되면서 48년간의 활동에 종지부를 찍었다. 그러나 GATT 규정의 대부분은 GATT 94라는 이름으로 새로 출범한 WTO 규정에 포함됨으로써 GATT 협정의 대부분은 WTO에서도 유효하게 유지되었다.[645)]

제3항 국제기구 해산의 법률문제

I. 서 언

어떤 국제기구가 해산하는 경우에 기능이나 자산 그리고 책무를 새로운 또는 기존의 다른 국제기구에게 이전하지 않고 흔적 없이 소멸하는 것은 사실 희귀한 사례이다. 대표적인 예로 소비에트 공화국의 멸망과 그에 따른 냉전 시대의 종말이라는 국제정치 지형의 드라마틱한 변화에 따라서 소멸된 코메콘(Comecon)과 바르샤바조약기구(Warsaw Pact)의 경우가 거론된다. 그러나 대부분의 경우에는 선의적으로 소멸된 국제기구의 임무는 원래의 목적을 위해 유지된다. 자체의 임무가 시대에 맞지 않는 경우에는 소멸보다는 리모델링으로 다른 기능을 추구하는 것도 적지 않다. ILO나 냉전의 종식으로 그 본래적 목적이 퇴색된 NATO의 경우가 그러하다. 국제기구의 해산과 관련된 법률문제를 구체적인 사례를 통해서 살펴보도록 한다.

II. 유로케미(Eurochemic) 사건

1. 사실관계

국제기구의 소멸에 있어서 법적인 문제를 제기한 대표적인 사례가 유로케미의 경우이다. 유로케미은 1957년 OECD 국가들 협약에 의해 핵에너지와 핵 과학자들에 대한 교육 그리고 폐기물 재처리 기술개발을 목적으로 창설된 것으로

645) WTO에 포함된 GATT 94와 구분하여 기존의 규약을 GATT 47이라고 한다.

공장은 벨기에에 있었다. 그러나 임무는 성공적이지 못했고 1968년부터 1979년까지역할을 마치고 유로케믹 총회(General Assembly)는 기구의 해산을 결의했고 청산절차를 진행했다. 결국 청산은 1990년에 완료되었다. 물론 헌장이나 회사 정관에서는 해산에 대한 규정이 존재하지 않았다. 다만 1978년도에 체결된 유로케믹과 본부 소재지인 벨기에와의 합의서에 유로케믹의 소멸은 양자의 합의에 기초하여 이루어 질 것이라는 양해각서가 있었다.

2. 청산절차와 합의 내용

유로케믹과 벨기에의 청산합의에는 산업 공장시설은 새로운 회사가 생기면 그에 이전하고 그렇지 않으면 벨기에에 존치할 것이라고 되어 있었다. 그리고 새로운 회사가 해체비용을 부담할 것이라는 점도 명시되어 있었다. 핵폐기물에 대해서는 유로케믹 자체 책임 하에 처리하지만 일부에 대해서는 관심 있는 독일 회사에 넘겨 처리할 것이라는 합의도 있었다. 유로케믹은 더 이상 핵 물질의 비축과 보관에 책임이 없으며 새로운 회사가 그에 대한 책임도 부담할 것으로 그러한 한도에서 유로케믹의 직원들도 승계될 것이라고 하였다.

3. 비용부담의 문제와 국제기구 본질론

그런데 특별한 문제가 발생했다. 그것은 유로케믹이 관리하던 핵시설 해체에 따른 비용의 부담문제에 대해서였다. 대부분의 회원국들은 유로케믹이 사실상 회원국의 대리인(agent)으로 활동한 것이었으므로 회원국들이 공동 부담하는 것에 동의했다. 그러나 회원국 가운데 이탈리아는 회원국 공동 비용부담 방식을 거절하고 그 어떤 직 · 간접의 책임 부담을 거부했다. 이유는 유로케믹은 회원국과는 별개의 독립적인 실체(entity)였기 때문에 회원국은 어떠한 책임을 부담할 이유가 없다는 것이었다. 결국 정치적 타협으로 문제를 해결했다. 이탈리아도 분담금 책임을 부담하지만 이탈리아는 회원국, 즉 어떤 사용자 본인으로서의 비용부담이 아니라 "자발적인 분담금" 명목으로 분담금을 납부하는 것으로 해결되었다.[646)]

---

646) Jan Klabbers, *op. cit,* p. 326.

III. 유럽석탄철강공동체(European Coal and Steel Community)

1. 서 언

유럽석탄철강공동체(ECSC)는 1951년 4월 18일 파리에서 프랑스, 서독, 이탈리아, 벨기에, 네덜란드, 룩셈부르크가 석탄과 철강원의 공동 관리에 대한 조약을 비준함으로 발족했다. 유럽석탄철강공동체(ECSC)는 위 6개국 연합의 국제기구로 냉전시대에 서유럽을 통합하고, 유럽 민주주의의 발전과 오늘날의 유럽연합(EU)의 초석을 다지는 데 커다란 기여를 했다. 법적으로는 유럽석탄 철강공동체는 초국가주의 원리에 기초한 최초의 국제기구였다.

2. 유럽석탄철강공동체의 소멸과 권리의무의 승계

유럽석탄철강공동체(ECSC)의 소멸도 전형적이지 않은 사례이다. 유럽석탄철강공동체는 단순하게 창설 헌장에 규정된 존속기한의 만료로 소멸된 대표적인 국제기구이다. 유럽석탄철강공동체(ECSC)에 대한 조항의 상당부분은 니스조약(Treaty of Nice) 제4조에 흡수되어 잔존한다. 다만 유럽공동체(European Community, EC)의 3주 체제(三柱體制, three-pillar system of the EC)를 형성해 온 유럽석탄철강공동체(ECSC) 자체는 독립기구로 소멸하도록 되었었다. 그리고 유럽석탄철강공동체(ECSC)의 해산에 수반된 재정문제에 대한 특별한 의정서(protocol)가 니스 조약의 부속서로 채택되었다. 의정서는 유럽석탄철강공동체(ECSC) 자체는 2002년 7월 소멸하지만 그의 자산과 채무는 유럽공동체(EC)에 전부 이전되고, 1992년 마스트리히트 조약에 의해 창설된 유럽공동체(EC)가 유럽석탄철강공동체(ECSC)의 네트워크를 이용하도록 했다.

제4항 국제기구 승계의 법률문제

I. 서 언

국제기구 승계와 관련된 법률문제로는 전임 국제기구의 자산과 부채의 승계

문제, 전임 국제기구에서 근무하던 직원들의 지위 문제 그리고 국제기구 기능의 이양 문제가 주요 쟁점이다. 아래에서는 각각의 쟁점을 살펴보고 종합적으로 국제연합(UN)의 경우를 살펴보기로 한다.

Ⅱ. 자산과 부채

1. 자산의 경우

국제기구의 승계의 문제가 발생하는 경우에, 자산의 경우에는 전임자와 후임자의 합의가 있다면 별 어려움 없이 후임자가 양수받아 해결될 것이다. 문제는 합의가 없는 경우인데, 합의가 없는 경우에도 자산이 이전된다는 선례가 있었다. 범미주연맹(Pan American Union : PAU) 사건에서 미국 콜롬비아 지방법원은 합의가 없는 경우의 국제기구의 자산승계를 인정했다.[647] 사실 자산의 이전은 소멸하는 국제기구에도 어떤 부담을 주는 것이 아닐 뿐만이 아니라, 신설되어 새롭게 출발하는 국제기구에게는 활동의 동력을 제공하는 것이라고 볼 수 있을 것이기에 부담이 적은 문제라고 볼 수 있다. 그러나 문제를 명확하게 하려면 전임기구와 후임기구 양 당사자의 명시적인 합의가 중요하고도 필요하다.

2. 부채의 경우

국제기구의 부채의 경우에는 자산보다 덜 명확하다. 그러나 자산과 달리 신설 국제기구 향후 운영에서의 활력소가 아니라 부담이 될 부채의 경우에는 전임 국제기구와의 합의가 있는 경우 이외에는 후임 국제기구에 대한 자동적인 부채 이전은 없다고 하는 것이 온당할 것이다. 그러나 유럽경제협력기구(Organization of European Economic Cooperation: OEEC)가 경제협력개발기구(Organisation for Economic Co-operation and Development: OECD)로 변경된 경우처럼 실체의 변경 없이 다만 헌장의 재정비(reconstitution)로 국제기구의 외형이 변모한 경우에는 자산뿐만이 아니라 부채도 자동 이체될 수 있다.[648]

---

647) US District Court for the District of Columbia,(1952. 5. 6), 18 ILR 441.
648) Jan Klabbers, *op. cit*, p. 330.

Ⅲ. 직원 지위 문제

직원의 지위 승계 문제도 명확하지는 않다. 국제연맹이 소멸하였을 때 일부 직원들은 새롭게 UN에 합류할 수 있었다. 그러나 그것은 모두 개별 합의에 의한 것이었다. 이에는 ILO 행정재판소의 결정 사례가 있다. ILO 행정재판소는 범미주기구의 위생국 직원이 WHO의 직원 지위를 바로 취득할 수 있는지의 문제에 대해서, 전임과 후임 국제기구 사이의 합의가 없는 경우에는 비록 범미주기구 위생국(Pan American Sanitary Bureau)이 WHO의 지역 사무소로 기능하였고 후일 WHO에 통합되었다고 하더라도, 직원 지위의 자동 승계는 없다고 결정했었다. 결국 국제기구에서 백지 위임식 직원의 승계는 없다고 할 것이다. 그래서 국제기구에 따라서는 GATT - WTO 경우처럼 직원 지위 승계 문제에 대해 합의하여 문맥으로 명백히 하는 경우도 있다.

Ⅳ. 기능 문제

국제기구의 승계에 있어서 기능의 문제는 자산이나 부채 그리고 직원의 문제보다 덜 복잡하다고 할 수 있다. 국제기구의 기능(functions)은 사실 누구의 전유물도 아니기 때문에 극단적으로 어떤 국제기구를 해산하고 그 다음날 같은 기능의 국제기구를 창설하는 것도 불가능하지 않다. 또한 전임 국제기구의 해산과 무관하게 의기투합하는 국가들끼리 같은 기능의 새로운 국제기구를 창설하는 것에도 이론적으로는 장애가 있는 것은 아니다. 그러므로 적지 않은 국제기구의 소멸의 경우에 신설되는 국제기구와 일정 기간 병존하는 경우가 적지 않다.

다만 후술하는 국제연맹의 남아프리카 감독 문제에서 볼 수 있는 것처럼, 국제기구가 특정한 사안에 대해 지휘감독 업무를 수행하고 있었다면 그러한 기능까지 창설 기구에 이양되는지는 원칙적으로 합의에 의해 명시해 놓는 것이 바람직하다. 국제기구의 승계에 있어서 자연인의 포괄 상속과 같은 형태의 일괄 양수는 사실 바람직하지도 않은 것이기 때문에 필요한 부분에 대한 명확한 합의에 의한 조치가 그나마 선택할 수 있는 가장 좋은 방책이라고 할 수 있다.

제5항 국제연맹(LN)의 소멸과 국제연합(UN)의 사례

I. UN 창설과 국제연맹 소멸의 경과

1. 개 관

역사적으로 가장 중요하고 유명한 국제기구 승계 사례로는 아무래도 국제연맹(LN)의 소멸과 이어진 국제연합(UN)의 창설의 경우가 회자된다. 물론 엄밀히 말하면 양자의 관계는 연속적인 기능이나 권한 승계의 사례는 아니다. 그러나 양자는 약 6개월간 공존했던 것으로서 그 동안 실질적인 기능 이전의 문제가 이루어지기는 했었다.

원래 국제 연맹(國際聯盟)은 제1차 세계 대전이 끝난 뒤인 1920년에 미국 대통령 우드로 윌슨의 제안으로 베르사유 조약(Treaty of Versailles)에 의하여 만들어진 국제기구였다. 베르사유 조약은 패전국인 독일제국과 미국을 중심으로 한 승전 연합국 사이에 맺어진 제1차 세계대전의 평화협정으로 1919년 6월 28일 프랑스 파리 베르사유 궁전의 '거울의 방'에서 서명되었다. 그리고 1920년 1월 10일 공포된 되었다. 조약은 국제연맹의 탄생과 독일 제재를 규정하는 내용을 포함하고 있다. 그러나 미국은 상원의 비준 거부로 국제연맹에 참여하지 않았으며, 독일과 러시아도 처음에는 국제연맹에의 가입을 거부당하는 등 출발부터 문제가 있었다. 국제연맹 상임이사국은 영국을 비롯한 프랑스, 일본, 이탈리아의 4개국이었다. 국제연맹은 1930년대 이후 계속되는 국제분쟁에 무기력한 모습을 보였고, 제2차 세계대전을 막는 데 아무런 역할도 하지 못했다. 결국 국제연맹은 1946년 4월 18일 후계자 격인 국제연합(UN)이 창설되면서 국제연맹의 업무, 위임 통치령, 자산 등을 모두 UN에 인계하고 해체되었다.

2. 국제연맹의 소멸 경과

UN의 경우도 그렇지만 원래 국제연맹(LN) 헌장에는 기구 소멸에 대한 조항이 없었다.[649] 그러므로 국제연맹의 경우에 어떤 방법으로 어떻게 해산되었는지는, 그 헌장에 소멸에 대한 규정이 없는 국제기구의 해산의 문제에 좋은 선례

649) UN 전문기구인 IMF, IDA, IFC, MIGA 그리고 IBRD는 헌장에 소멸에 대한 조항을 구비하고 있다.

이자 일반적인 원칙을 제공한다. 국제연맹도 많은 전문기구와 위원회 조직을 구축하고 있었지만 4대 주요기구가 주축이었다. 국제연맹 4대 기구는 스위스 제네바에 소재하는 사무국(secretariat), 이사회(Council), 총회(Assembly) 그리고 상설국제사법재판소(Permanent Court of International Justice : PCIJ)였다.

한편 국제연맹은 위임통치권(Mandatory Powers)을 가지고 있었다. 위임통치는 대상 국가가 자립 정부를 구성할 수 있을 때까지 국제연맹이 임명한 국가를 통해서 신탁통치를 하는 권한을 말한다. 국제연맹에는 영국의 팔레스타인 지역에 대한 통치 그리고 오늘날 남아프리카공화국(Republic of South Africa)의 전신인 남아프리카연합(Union of South Africa)이 남-서 아프리카(South-West Africa)에 대한 위임통치를 비롯해서 총 14개의 위임통치 지역이 있었다.

1) 총회(Assembly)의 국제연맹 해산 결의

국제연맹의 전권기구인 총회(Assembly)는 1946년 4월 18일 국제연맹의 해산을 결정했다. 국제연맹 해산 효과는 다음날인 4월 19일부터 발생하는 것으로 결의했다. 총회는 해산 결의를 함에 있어서 이사회(Council)의 결의를 거치지는 않았다. 총회 결의는 만장일치(unanimous)를 지향했지만 회원국 45개국 가운데 35개국만이 참석했고 참석국의 만장일치로 이루어졌다. 사후에도 불참한 나머지 10개국의 명시적인 반대는 없었다.

2) 청산이사회(Board of Liquidations)의 발족

총회 결의에 따라 국제연맹의 업무 청산만을 목적으로 하는 청산이사회가 발족되었다. 건물, 장비, 문서, 도서를 포함한 국제연맹의 물리적 자산(physical assets)들은 유상으로 UN에 양도되었다. UN은 정당한 가격을 지불했다. 그 이외에도 청산이사회는 국제연맹이 사기업체(private corporation)에 대해 가지고 있던 주식이나 지분의 정리 문제도 처리했다.

3. 국제연합(United Nations)의 창설

1차 세계대전 이후의 혼란스러운 국제질서를 조정하는 역할을 수행하던 국제연맹은 국제사회 내에서 영향력을 서서히 잃어가고 있었다. 결국 2차 세계대전이 다시 일어나는 것을 막지 못했다.

2차 세계대전 중인 1942년 영국 수상 윈스턴 처칠과 미국 대통령 프랭클린 D. 루즈벨트가 추축국에 대항해 싸울 것을 연합국 선언으로 발표했고, 이 선언은 1943년 승인되어 국제연합체를 결성하기로 했다. United Nations이라는 이름은 여기에서 기인한다. 이듬해 연합국 주요국 대표들이 미국 워싱턴 D. C에 소재하는 덤버턴오크스(Dumbarton Oaks) 맨션에 모여 개최한 덤버턴오크스 회의(Dumbarton Oaks Conference 또는 Washington Conversations on International Peace and Security Organization 라고도 한다)에서 새로 창설될 UN의 조직, 초청국가 등에 대한 개괄적인 구상을 논의했다.

그 후 2년 동안의 논의를 통해서 UN의 주요 목적, 회원국, 구조, 평화, 안보, 공조에 대한 목표를 설정했고 드디어 1945년 샌프란시스코에서 열린 연합국 회의에 참석한 50개국 대표는 초안을 바탕으로 UN 헌장을 작성해 1945년 6월 26일 UN헌장을 조인했다. 같은 해 10월 24일 UN 헌장이 발효하면서 UN이 출범했고 10월 24일은 UN 창설일이 되어 각국에서도 기념일로 지정되고 있다.

그런데 UN의 목적과 임무는 국제연맹의 그것과 유사하다. 다만 업무 수행에 있어서 거부권 같은 면에서 차이가 있을 뿐이었다. 그러나 물론 UN 헌장 초안 작성자들은 UN을 국제연맹의 후계자로 만드는 것이라고 생각하지는 않았다. 왜냐하면 국제연맹(LN)의 불미스럽고 자랑스럽지 않은 과거를 새로운 세계 질서의 중심축을 이루는 국제연합(UN)이 계승한다는 이미지를 주기 싫었기 때문이었다. 따라서 국제연맹에서 사용하던 용어에도 변화를 주어 예컨대 국제연맹의 총회(Assembly)를 국제연합은 총회(General Assembly)로, 국제연맹의 이사회(Council)를 국제연합은 안전보장이사회(Security Council)로 대체했다.[650)]

II. UN의 국제연맹 기능 승계의 법적 성질

사실 일반적으로 국제연합(UN)이 국제연맹의 후임자라고 말해지지만 그것이 정확하게 승계(succession)에 해당하는 것인지에 대해서도 반드시 명백한 것은

650) J. L. Brierly, 'The Covenant and the Charter' (19460 23 BYIL, pp. 83-94, p. 83. 그리고 Klabbers, *op. cit*, p. 327.

아니다.[651] 원래 소비에트공화국(USSR)은 국제연맹 기능의 UN에의 소위 일괄 이양(wholesale transfer)을 반대했다. 더 나아가 UN이 국제연맹(LN)을 승계하는 것이라는 개념 자체를 거부하고 UN은 새롭게 출발해야 한다고 주장했었다.[652] 이에 UN 사무총장은 경제사회이사회(ECOSOC)에 국제연맹의 비정치적인 기능과 활동 가운데 어떠한 기능과 임무를 인수받는 것이 필요한지? 를 질의했다. 결국 국제연맹의 일정한 업무는 국제연합에게가 아니라 부분적으로 국제연합 전문기구인 WHO나 IMF 등에 이관되었다.

여기에서 비정치적인 문제라고 함은 예컨대 인권문제, 여성의 지위에 대한 문제, 재정 문제, 사회적 쟁점 그리고 경제적 쟁점 같은 것들이었다. 사실 일정한 기능의 이양은 매우 정치한 결의에 의해 이루어지기는 하였지만, 마이어(Myers)가 적절히 지적한 바와 같이 UN이 국제연맹으로부터 정확하게 어떠한 기능을 인수받은 것인지를 확정하는 것은 쉬운 일이 아니다. 그는 그것은 오히려 불가능하다고 하면서 예를 들어 UN의 경제사회이사회는 국제연맹의 경제사회쟁점위원회가 시대 환경에 맞추어 단지 진화한 것이라고 주장했다.[653]

Ⅲ. 국제연맹의 감독기능 승계와 관련된 문제 : 위임통치 감독

1. 남아프리카의 남서아프리카의 통치 감독

여하튼 UN과 국제연맹 사이의 기능이양과 관련하여 자산과 책임 그리고 직원의 승계 문제가 이어졌다. 그것은 양 기구의 유관기관의 병행 결의(parallel resolution)를 통한 합의 형식으로 해결되었다. 대부분의 문제는 별 어려움 없이 해결되었다. 하지만 국제사법재판소(ICJ)의 권고의견까지 간 어려운 사건이 있었다. 당시 국제연맹이 감독하고 있던 남아프리카(South Africa)의 남서아프리카(South West Africa)에 대한 위임통치의 문제에서 중요한 쟁점이 나타났다.

2. 쟁 점

쟁점은 UN이 국제연맹이 행사하던 위임 통치 감독권도 당연히 이양 받는가?

---

651) C. F. Amerasinghe, *op, cit.* p. 468.

652) Jan Klabbers, *op. cit,* p. 331.

653) Myers, 'Liquidation', p. 337.

의 문제이다. 사실 위임통치권의 이양에 대해서는 국제연맹과 UN 양자는 어떤 언급도 하지 않았고 합의도 없었다. 그러므로 명시적인 감독권 이양은 발생하지 않았다. 그런데 1940년대 후반 UN 총회는 감독권 결의를 채택했다. 이에 위임통치를 담당하던 남아프리카는 항변했다. 이 문제는 결국 국제사법재판소(ICJ)에 권고의견이 의뢰되기에 이르렀다. 이에 대해 ICJ는 어떤 명확한 근거는 제시하지 않았지만 UN이 기왕의 국제연맹의 감독권한을 이양받았다고 결정했다. 그 추론의 이유는 비록 국제연맹은 사라졌지만, 위임 통치에 대한 감독의 필요성은 여전히 존속한다고 본 것이었다. 게다가 ICJ가 설시한 바와 같이 UN 총회는 실질적으로 남아프리카의 협조와 무관하게 감독을 수행했고, 국제연맹 해산 결의에서 그 문제가 정식으로 거론되지도 않았고 명시되지도 않았지만 사라진 국제연맹도 동 감독권한이 UN에 이양될 것으로 예상할 수 있다고 추론했다. 더 나아가 세계 평화와 안전을 목적으로 하는 UN으로서는 남서아프리카의 성스러운 문명화라는 인도적 임무는 UN의 고유한 임무에도 부합하는 것으로 본 것이기 때문에 위임통치를 실행하는 남아프리카 공화국을 감독하는 것은 당연하다고 보았다.654)

제6항 맺음말

이상에서 살펴본 바와 같이 국제기구의 소멸과 해산은 헌장에 명문의 규정이 있으면 그에 의거할 것이다. 하지만 명문의 규정이 없는 경우에도 국제기구는 총회 같은 최고대표기구의 결의로 해결될 수 있다. 또한 규정이 없는 경우의 의사결정 방법으로 반드시 만장일치가 아닌 경우에도 헌장 수정절차나 최고 기구의 중요사항에 대한 의결절차를 준용할 수 있다는 견해도 있다. 예컨대 만약 헌장에 규정이 없는 UN이 해산하려는 경우에는 최고대표기관인 총회(General Assembly)의 중요한 사항에 대한 의결을 규정한 헌장 제18조 제3항에 따라서 2/3의 다수결로 이루어질 수 있다는 의견이다.655)

---

654) Hahn, 'Continuity', pp. 197-198. 동인은 ICJ도 자동 승계(automatic succession)라는 개념을 사용하여 일거에 문제를 해결할 수 있었을 것임에도 사법적 뉘앙스를 주는 것을 감안하여 그 용어를 사용하지 않은 것으로 ICJ 결정을 분석했다.

655) C. F. Amerasinghe, *op, cit.* p. 469.

이처럼 가치중립적이고 기술적일 것 같은 국제기구의 해산과 승계의 국면에서도 국제기구와 회원국 사이의 긴장의 문제와 정치적 성격이 잘 나타난다. 비록 국제기구가 법적 권한을 행사하기 위해 법인격 주체로 인식되지만, 본질적으로는 정치적 타협의 산물이기 때문에 국제기구의 탄생에서 정치적 이해와 결합한 것처럼 국제기구가 존속하는 일상 매일에 있어서 그리고 국제기구의 소멸과 승계의 국면에서도 정치적 양상을 드러내는 것은 오히려 자연스러운 현상이라고 할 수 있을 것이다.

□ 부록 1 : 국가간 국제기구 목록(Intergovernmental organizations)

I. UN과 그 전문기구(United Nations and agencies)

1. Food and Agriculture Organization
2. International Labour Organization
3. International Maritime Organization
4. International Refugee Organization
5. Joint United Nations Programme on HIV/AIDS
6. United Nations Atomic Energy Commission
7. United Nations Children's Fund (UNICEF)
8. United Nations Development Programme
9. United Nations Educational, Scientific and Cultural Organization
10. United Nations Environment Programme
11. United Nations Industrial Development Organization
12. United Nations International Drug Control Programme
13. World Health Organization (WHO)
14. World Meteorological Organization
15. World Tourism Organization

II. 이주관련 국제기구(Migration organizations)

International Organization for Migration (IOM)

III. 해사 관련 국제기구(Maritime organizations)

1. International Hydrographic Organization
2. International Maritime Organization
3. International Seabed Authority

IV. 군축과 핵관련 국제기구(Arms control and nuclear power organizations)

1. Conference on Disarmament
2. Organisation for the Prohibition of Chemical Weapons
3. Wassenaar Arrangement
4. European Atomic Energy Community
5. International Atomic Energy Agency
6. International Centre for Synchrotron-Light for Experimental Science Applications in the Middle East
7. Korean Peninsula Energy Development Organization
8. Nuclear Energy Agency

9. United Nations Atomic Energy Commission
10. World Association of Nuclear Operators

V. 금융 · 무역관련 국제기구(Financial and trade organizations)

1. African Development Bank
2. Asian Development Bank
3. Bank for International Settlements
4. Black Sea Trade and Development Bank (BSTDB)
5. Caribbean Development Bank (CDB)
6. Central American Bank for Economic Integration (CABEI)
7. Corporacion Andina de Fomento (CAF)
8. East African Development Bank (EADB)
9. European Bank for Reconstruction and Development
10. European Commission (EC)
11. European Investment Bank (EIB)
12. Inter-American Development Bank
13. International Fund for Agricultural Development (IFAD)
14. Islamic Development Bank (IDB)
15. Nederlandse Financieringsmaatschappij voor Ontwikkelingslanden NV(FMO)
16. Nordic Development Fund (NDF)
17. Nordic Investment Bank (NIB)
18. OPEC Fund for International Development (OPEC Fund)
19. Organisation for Economic Co-operation and Development (OECD)
20. Organization of Petroleum-Exporting Countries (OPEC)
21. West African Development Bank (BOAD)
22. World Bank Group
23. International Bank for Reconstruction and Development (IBRD)
24. International Development Association (IDA)
25. International Finance Corporation (IFC)
26. Multilateral Investment Guarantee Agency (MIGA)
27. International Centre for Settlement of Investment Disputes (ICSID)

VI. 법집행 국제기구(Law enforcement cooperation)

Interpol

VII. 지역 국제기구(Regional organizations)

☐ Europe

1. European Union (EU)
2. Western European Union
3. Council of Europe (COE)

4. European Free Trade Association (EFTA)
5. European Patent Organisation (EPO)
6. European Science Foundation
7. International Commission on Civil Status (ICCS)
8. Central Commission for Navigation on the Rhine (CCNR)
9. Assembly of European Regions (AER)
10. Eiroforum
    10-1) European Space Agency (ESA)
    10-2) CERN(CERN)
    10-3) European Southern Observatory (ESO)
11. European Organisation for the Safety of Air Navigation (EUROCONTROL)
12. Baltic Marine Environment Protection Commission
13. Benelux
14. Belgium-Luxembourg Economic Union
15. British-Irish Council
16. Nordic Council
17. Nordic Investment Bank
18. Organisation conjointe de coopération en matière d'armement(OCCAR)
19. Agency for international trade information and cooperation (AITIC)
20. International States Parliament for Safety and Peace (ISPSP)

☐ Asia

1. Asia Cooperation Dialogue (ACD)
2. Asian Development Bank (ADB
3. East Asian Summit (EAS)
4. Association of Southeast Asian Nations (ASEAN)
5. South Asian Association for Regional Cooperation (SAARC)
6. Economic Cooperation Organization (ECO)
7. Gulf Cooperation Council
8. Colombo Plan

☐ Transcontinental

1. Eurasia
    1-1) Central Asian Cooperation Organization
    1-2) Collective Security Treaty Organization (CSTO)
    1-3) Commonwealth of Independent States (CIS)
    1-4) Eurasian Economic Community
    1-5) GUAM
    1-6) Organization of the Black Sea Economic Cooperation (BSEC)
    1-7) Shanghai Cooperation Organization (SCO)
    1-8) TRACECA

2. Trans-Atlantic
    2-1) North Atlantic Treaty Organization (NATO)
    2-2) Organization for Security and Co-operation in Europe (OSCE)
    2-3) South Atlantic Peace and Cooperation Zone (ZPCAS)
3. Mediterranean
    Union for the Mediterranean
4. Indian Ocean
    4-1) Indian Ocean Rim Association for Regional Cooperation (IOR-ARC)
    4-2) Indian Ocean Commission (IOC)
5. Arctic Ocean
    Arctic Council
6. Pacific Ocean
    6-1)ANZUS
    6-2) Asia-Pacific Economic Cooperation (APEC)
    6-3) Pacific Islands Forum
    6-4) Pacific Regional Environment Programme (SPREP)
    6-5) Secretariat of the Pacific Community
7. ACP Countries
    Technical Centre for Agricultural and Rural Cooperation ACP-EU (CTA)

□ Africa

1. African Union
2. Conseil de l'Entente
3. Economic Community of West African States (ECOWAS)
4. West African Economic and Monetary Union (UEMOA)
5. Southern African Development Community (SADC)
6. Intergovernmental Authority on Development (IGAD)
7. Arab Maghreb Union

□ Americas

1. Organization of American States (OAS)
2. Union of South American Nations
    2-1) Mercosur
    2-2) Andean Community
3. Caribbean Community (CARICOM)
4. Association of Caribbean States (ACS)
5. Organisation of Eastern Caribbean States (OECS)
6. Central American Parliament
7. Rio Group
8. Cooperation System of the American Air Forces(SICOFAA)
9. Central American Integration System
10. Organización Latinoamericana de Energia (OLADE)

VIII. 교육 국제기구Educational Organizations and Universities

1. Academy of European Law (ERA)
2. Commonwealth of Learning (COL)
3. EUCLID (Euclid University)
4. European University Institute
5. International Bureau of Education IBE, now a part of UNESCO
6. UNIDROIT
7. United Nations University

IX. 문화 · 인종 · 언어 · 종교 등 관련 국제기구(Cultural, ethnic, linguistic, and religious organizations)

1. Commonwealth of Nations
2. La Francophonie
3. Community of Portuguese Language Countries (CPLP)
4. Organization of Ibero-American States (OEI)
5. Latin Union
6. Arab League
7. Organisation of the Islamic Conference

X. 이념적 정치적 국제기구(Ideological and political groupings)

1. NATO
2. Non-Aligned Movement
3. Western European and Others Group

XI. 기타(Other)

1. Advisory Centre on World Trade Organization Law
2. Partners in Population and Development

XII. 현재 기능정지 국제기구(Defunct)

1. Allied Control Council
2. Arab Cooperation Council
3. Central Treaty Organization
4. Comecon
5. Council of Ambassadors
6. Customs and Economic Union of Central Africa
7. French Union
8. G33
9. International Authority for the Ruhr
10. International Trade Organization
11. Latin League
12. League of Nations
13. Organisation of African Unity

14. Southeast Asia Treaty Organization
15. Union of African States
16. Warsaw Pact

ㅁ 부록 2:
국제연합 헌장 (Charter of the United Nations)

우리 연합국 국민들은 우리 일생 중에 두 번이나 말할 수 없는 슬픔을 인류에 가져온 전쟁의 불행에서 다음 세대를 구하고, 기본적 인권, 인간의 존엄 및 가치, 남녀 및 대소 각국의 평등권에 대한 신념을 재확인하며, 정의와 조약 및 기타 국제법의 연원으로부터 발생하는 의무에 대한 존중이 계속 유지될 수 있는 조건을 확립하며, 더 많은 자유 속에서 사회적 진보와 생활수준의 향상을 촉진할 것을 결의하였다.

그리고 이러한 목적을 위하여, 관용을 실천하고 선량한 이웃으로서 상호간 평화롭게 같이 생활하며, 국제평화와 안전을 유지하기 위하여 우리들의 힘을 합하며, 공동이익을 위한 경우 이외에는 무력을 사용하지 아니한다는 것을, 원칙의 수락과 방법의 설정에 의하여, 보장하고, 모든 국민의 경제적 및 사회적 발전을 촉진하기 위하여 국제기관을 이용한다는 것을 결의하면서, 이러한 목적을 달성하기 위하여 우리의 노력을 결집할 것을 결정하였다.

따라서 우리 각자의 정부는, 샌프란시스코에 모인, 유효하고 타당한 것으로 인정된 전권위임장을 제시한 대표를 통하여, 이 국제연합헌장에 동의하고, 국제연합이라는 국제기구를 이에 설립한다.

제 1 장 목적과 원칙

제 1 조

국제연합의 목적은 다음과 같다.

1. 국제평화와 안전을 유지하고, 이를 위하여 평화에 대한 위협의 방지, 제거 그리고 침략행위 또는 기타 평화의 파괴를 진압하기 위한 유효한 집단적 조치를 취하고 평화의 파괴로 이를 우려가 있는 국제적 분쟁이나 사태의 조정·해결을 평화적 수단에 의하여 또한 정의와 국제법의 원칙에 따라 실현한다.
2. 사람들의 평등권 및 자결의 원칙의 존중에 기초하여 국가간의 우호관계를 발전시키며, 세계 평화를 강화하기 위한 기타 적절한 조치를 취한다.
3. 경제적·사회적·문화적 또는 인도적 성격의 국제문제를 해결하고 또한 인종·성별·언어 또는 종교에 따른 차별 없이 모든 사람의 인권 및 기본적 자유에 대한 존중을 촉진하고 장려함에 있어 국제적 협력을 달성한다.
4. 이러한 공동의 목적을 달성함에 있어서 각국의 활동을 조화시키는 중심이 된다.

제 2 조

이 기구 및 회원국은 제1조의 목적을 추구함에 있어서 다음 원칙에 따라 행동한다.

1. 기구는 모든 회원국의 주권평등 원칙에 기초한다.
2. 모든 회원국은 회원국의 지위에서 발생하는 권리와 이익을 그들 모두에 보장하기 위하여, 이 헌장에 따라 부과되는 의무를 성실히 이행한다.
3. 모든 회원국은 그들의 국제분쟁을 국제평화와 안전 그리고 정의를 위태롭게 하지 아니하는 방식으로 평화적 수단에 의하여 해결한다.
4. 모든 회원국은 그 국제관계에 있어서 다른 국가의 영토보전이나 정치적 독립에 대하여 또는 국제연합의 목적과 양립하지 아니하는 어떠한 기타 방식으로도 무력의 위협이나 무력행사를 삼간다.
5. 모든 회원국은 국제연합이 이 헌장에 따라 취하는 어떠한 조치에 있어서도 모든 원조를 다하며, 국제연합이 방지조치 또는 강제조치를 취하는 대상이 되는 어떠한 국가에 대하여도 원조를 삼간다.
6. 기구는 국제연합의 회원국이 아닌 국가가, 국제평화와 안전을 유지하는데 필요한 한, 이러한 원칙에 따라 행동하도록 확보한다.
7. 이 헌장의 어떠한 규정도 본질상 어떤 국가의 국내 관할권 안에 있는 사항에 간섭할 권한을 국제연합에 부여하지 아니하며, 또는 그러한 사항을 이 헌장에 의한 해결에 맡기도록 회원국에 요구하지 아니한다. 다만, 이 원칙은 제7장에 의한 강제조치의 적용을 해하지 아니한다.

제 2 장 회원국의 지위

제 3 조

회원국은 샌프란시스코에서 국제기구에 관한 연합국 회의에 참가한 국가 또는 1942 년 1월 1일의 연합국 선언에 서명한 국가로서, 이 헌장에 서명하고 제110조에 따라 이를 비준한 국가이다.

제 4 조

1. 회원국 지위는 이 헌장에 규정된 의무를 수락하고, 이러한 의무를 이행할 능력과 의사가 있다고 판단되는 평화 애호국가 모두에 개방된다.
2. 그러한 국가의 회원국으로의 승인은 안전보장이사회의 권고에 따라 총회의 결정에 의하여 이루어진다.

제 5 조

안전보장이사회에 의하여 취하여지는 방지조치 또는 강제조치의 대상이 되는 회원국에 대하여는 총회가 안전보장이사회의 권고에 따라 회원국으로서의 권리와 특권의 행사를 정지시킬 수 있다. 이러한 권리와 특권의 행사는 안전보장이사회에 의하여 회복될 수 있다.

제 6 조
이 헌장에 규정된 원칙을 지속적으로 위반하는 회원국은 총회가 안전보장이사회의 권고에 따라 제명할 수 있다.

제 3 장 기 관

제 7 조
1. 국제연합의 주요기관으로서 총회 · 안전보장이사회 · 경제사회 이사회 · 신탁통치이사회 · 국제사법재판소 및 사무국을 설치한다.
2. 필요하다고 인정되는 보조기관은 이 헌장에 따라 설치될 수 있다.

제 8 조
국제연합은 남녀가 어떠한 능력으로서든 그리고 평등의 조건으로 그 주요기관 및 보조기관에 참가 할 자격이 있음에 대하여 어떠한 제한도 두어서는 아니 된다.

제 4 장 총 회

구 성

제 9 조
1. 총회는 모든 회원국으로 구성된다.
2. 각 회원국은 총회에 5인 이하의 대표를 가진다.

임무 및 권한

제 10 조
총회는 이 헌장의 범위 안에 있거나 또는 이 헌장에 규정된 어떠한 기관의 권한 및 임무에 관한 어떠한 문제 또는 어떠한 사항도 토의할 수 있으며, 그리고 제12조에 규정된 경우를 제외하고는, 그러한 문제 또는 사항에 관하여 회원국 또는 안전보장이사회 또는 이 양자에 대하여 권고할 수 있다.

제 11 조
1. 총회는 국제평화와 안전의 유지에 있어서의 협력의 일반원칙을, 군비축소 및 군비규제를 규율하는 원칙을 포함하여 심의하고, 그러한 원칙과 관련하여 회원국이나 안전보장이사회 또는 이 양자에 대하여 권고할 수 있다.

2. 총회는 회원국이나 안전보장이사회 또는 제35조 제2항에 따라 국제연합회원국이 아닌 국가에 의하여 총회에 회부된 국제평화와 안전의 유지에 관한 어떠한 문제도 토의할 수 있으며, 제12조에 규정된 경우를 제외하고는 그러한 문제와 관련하여 1 또는 그 이상의 관계국이나 안전보장이사회 또는 이 양자에 대하여 권고할 수 있다. 그러한 문제로서 조치를 필요로 하는 것은 토의의 전 또는 후에 총회에 의하여 안전보장 이사회에 회부된다.
3. 총회는 국제평화와 안전을 위태롭게 할 우려가 있는 사태에 대하여 안전보장이사회의 주의를 환기할 수 있다.
4. 이 조에 규정된 총회의 권한은 제10조의 일반적 범위를 제한하지 아니한다.

제 12 조

1. 안전보장이사회가 어떠한 분쟁 또는 사태와 관련하여 이 헌장에서 부여된 임무를 수행하고 있는 동안에는 총회는 이 분쟁 또는 사태에 관하여 안전보장이사회가 요청하지 아니하는 한 어떠한 권고도 하지 아니한다.
2. 사무총장은 안전보장이사회가 다루고 있는 국제평화와 안전의 유지에 관한 어떠한 사항도 안전보장이사회의 동의를 얻어 매 회기 중 총회에 통고하며, 또한 사무총장은, 안전보장이사회가 그러한 사항을 다루는 것을 중지한 경우, 즉시 총회 또는 총회가 회기 중이 아닐 경우에는 회원국에 마찬가지로 통고한다.

제 13 조

1. 총회는 다음의 목적을 위하여 연구를 발의하고 권고한다.
   가. 정치적 분야에 있어서 국제협력을 촉진하고, 국제법의 점진적 발달 및 그 법전화를 장려하는 것.
   나. 경제, 사회, 문화, 교육 및 보건 분야에 있어서 국제협력을 촉진하며 그리고 인종, 성별, 언어 또는 종교에 관한 차별 없이 모든 사람을 위하여 인권 및 기본적 자유를 실현하는데 있어 원조하는 것.
2. 전기 제1항 나 호에 규정된 사항에 관한 총회의 추가적 책임, 임무 및 권한은 제9장과 제10장에 규정된다.

제 14 조

제12조 규정에 따를 것을 조건으로 총회는 그 원인에 관계없이 일반적 복지 또는 국가간의 우호관계를 해할 우려가 있다고 인정되는 어떠한 사태도 이의 평화적 조정을 위한 조치를 권고할 수 있다. 이 사태는 국제연합의 목적 및 원칙을 정한 이 헌장규정의 위반으로부터 발생하는 사태를 포함한다.

제 15 조

1. 총회는 안전보장이사회로부터 연례보고와 특별보고를 받아 심의한다. 그 보고는 안전보장이사회가 국제평화와 안전을 유지하기 위하여 결정하거나 취한 조치의 설명을 포함한다.
2. 총회는 국제연합의 다른 기관으로부터 보고를 받아 심의한다.

제 16 조

총회는 제12장과 제13장에 의하여 부과된 국제신탁통치제도에 관한 임무를 수행한다. 이 임무는 전략지역으로 지정되지 아니한 지역에 관한 신탁통치협정의 승인을 포함한다.

제 17 조

1. 총회는 기구의 예산을 심의하고 승인한다.
2. 기구의 경비는 총회에서 배정한 바에 따라 회원국이 부담한다.
3. 총회는 제57조에 규정된 전문기구와의 어떠한 재정약정 및 예산약정도 심의하고 승인하며, 당해 전문기구에 권고할 목적으로 그러한 전문기구의 행정적 예산을 검사한다.

표 결

제 18 조

1. 총회의 각 구성국은 1개의 투표권을 가진다.
2. 중요문제에 관한 총회의 결정은 출석하여 투표하는 구성국의 3분의 2의 다수로 한다. 이러한 문제는 국제평화와 안전의 유지에 관한 권고, 안전보장이사회의 비상임이사국의 선출, 경제사회이사회의 이사국의 선출, 제86조 제1항 다호에 의한 신탁통치이사회의 이사국의 선출, 신회원국의 국제연합 가입의 승인, 회원국으로서의 권리 및 특권의 정지, 회원국의 제명, 신탁통치제도의 운영에 관한 문제 및 예산문제를 포함한다.
3. 기타 문제에 관한 결정은 3분의 2의 다수로 결정될 문제의 추가적 부문의 결정을 포함하여 출석하여 투표하는 구성국의 과반수로 한다.

제 19 조

재정적 분담금의 지불을 연체한 회원국은 그 연체금액이 그때까지의 만 2년간 그 나라가 지불하였어야 할 분담금의 금액과 같거나 또는 초과하는 경우 총회에서 투표권을 가지지 못한다. 그럼에도 총회는 지불의 불이행이 그 회원국이 제어할 수 없는 사정에 의한 것임이 인정되는 경우 그 회원국의 투표를 허용할 수 있다.

절 차

제 20 조

총회는 필요한 경우에는 특별회기로서 모인다. 특별회기는 안전보장이사회의 요청 또는 국제연합회원국의 과반수의 요청에 따라 사무총장이 소집한다.

제 21 조

총회는 그 자체의 의사규칙을 채택한다. 총회는 매회기마다 의장을 선출한다.

제 22 조

총회는 그 임무의 수행에 필요하다고 인정되는 보조기관을 설치할 수 있다.

제 5 장 안전보장이사회

구 성

제 23 조

1. 안전보장이사회는 15개 회원국으로 구성된다. 중화민국, 불란서, 소비에트사회주의공화국연방, 영국 및 미합중국은 안전보장 이사회의 상임이사국이다. 총회는 먼저 국제평화와 안전의 유지 및 기구의 기타 목적에 대한 회원국의 공헌과 또한 공평한 지리적 배분을 특별히 고려하여 그 외 10개의 회원국을 안전보장이사회의 비상임이사국으로 선출한다.
2. 안전보장이사회 비상임이사국은 2년 임기로 선출된다. 안전보장이사회의 이사국이 11개국에서 15개국으로 증가된 후 최초의 비상임이사국 선출에서는, 추가된 4개 이사국 중 2개 이사국은 1년의 임기로 선출된다. 퇴임이사국은 연이어 재선될 자격을 가지지 아니한다.
3. 안전보장이사회의 각 이사국은 1인의 대표를 가진다.

임무와 권한

제 24 조

1. 국제연합의 신속하고 효과적인 조치를 확보하기 위하여, 회원국은 국제평화와 안전의 유지를 위한 일차적 책임을 안전보장이사회에 부여하며, 또한 안전보장이사회가 그 책임 하에 의무를 이행함에 있어 회원국을 대신하여 활동하는 것에 동의한다.
2. 이러한 의무를 이행함에 있어 안전보장이사회는 국제연합의 목적과 원칙에 따라 활동한다. 이러한 의무를 이행하기 위하여 안전보장이사회에 부여된 특정한 권한은 제6장, 제7장, 제8장 및 제12장에 규정된다.
3. 안전보장이사회는 연례보고 및 특별보고를 총회에 심의하도록 제출한다.

제 25 조
회원국은 안전보장이사회의 결정을 헌장에 따라 수락하고 이행할 것을 동의한다.

제 26 조
세계의 인적 및 경제적 자원을 군비를 위하여 최소한으로 전용함으로써 국제평화와 안전의 확립 및 유지를 촉진하기 위하여, 안전보장이사회는 군비규제체제의 확립을 위하여 국제연합회원국에 제출되는 계획을 제47조에 규정된 군사참모위원회의 원조를 받아 작성할 책임을 진다.

표 결

제 27 조
1. 안전보장이사회의 각 이사국은 1개의 투표권을 가진다.
2. 절차사항에 관한 안전보장이사회의 결정은 9개 이사국의 찬성투표로써 한다.
3. 그 외 모든 사항에 관한 안전보장이사회의 결정은 상임이사국의 동의 투표를 포함한 9개 이사국의 찬성투표로써 한다. 다만, 제6장 및 제52조 제3항에 의한 결정에 있어서는 분쟁당사국은 투표를 기권한다.

절 차

제 28 조
1. 안전보장이사회는 계속적으로 임무를 수행할 수 있도록 조직된다. 이를 위하여 안전보장이사회의 각 이사국은 기구의 소재지에 항상 대표를 둔다.
2. 안전보장이사회는 정기회의를 개최한다. 이 회의에 각 이사국은 희망하는 경우, 각료 또는 특별히 지명된 다른 대표에 의하여 대표될 수 있다.
3. 안전보장이사회는 그 사업을 가장 쉽게 할 수 있다고 판단되는 기구의 소재지외의 장소에서 회의를 개최할 수 있다.

제 29 조
안전보장이사회는 임무 수행에 필요하다고 인정되는 보조기관을 설치할 수 있다.

제 30 조
안전보장이사회는 의장선출방식을 포함한 그 자체의 의사규칙을 채택한다.

제 31 조
안전보장이사회의 이사국이 아닌 어떠한 회원국도 안전보장 이사회가 그 회원국의 이해에 특히 영향이 있다고 인정하는 때에는 언제든지 안전보장이사회에 회부된 어떠한 문제의 토의에도 투표권 없이 참가할 수 있다.

제 32 조

안전보장이사회의 이사국이 아닌 회원국 또는 국제연합 회원국이 아닌 어떠한 국가도 안전보장이사회에서 심의중인 분쟁의 당사자인 경우에는 이 분쟁에 관한 토의에 투표권 없이 참가하도록 초청된다. 안전보장이사회는 회원국이 아닌 국가의 참가에 공정하다고 인정되는 조건을 정한다.

제 6 장 분쟁의 평화적 해결

제 33 조

1. 어떠한 분쟁도 그의 계속이 국제평화와 안전의 유지를 위태롭게 할 우려가 있는 것일 경우, 그 분쟁의 당사자는 우선 교섭, 심사, 중개, 조정, 중재재판, 사법적 해결, 지역적 기관 또는 지역적 약정의 이용 또는 당사자가 선택하는 다른 평화적 수단에 의한 해결을 구한다.
2. 안전보장이사회는 필요하다고 인정하는 경우 당사자에 대하여 그 분쟁을 그러한 수단에 의하여 해결하도록 요청한다.

제 34 조

안전보장이사회는 어떠한 분쟁에 관하여도 또는 국제적 마찰이 되거나 분쟁을 발생하게 할 우려가 있는 어떠한 사태에 관하여도 분쟁 또는 사태의 계속이 국제평화와 안전을 위태롭게 할 우려가 있는지 여부를 결정하기 위하여 조사할 수 있다.

제 35 조

1. 회원국은 어떠한 분쟁에 관하여도, 또는 제34조에 규정된 성격의 어떠한 사태에 관하여도, 안전보장이사회 또는 총회의 주의를 환기할 수 있다.
2. 회원국이 아닌 국가는 자국이 당사자인 어떠한 분쟁에 관하여도, 이 헌장에 규정된 평화적 해결의 의무를 그 분쟁에 관하여 미리 수락하는 경우에는 안전보장이사회 또는 총회의 주의를 환기할 수 있다.
3. 이 조에 의하여 주의가 환기된 사항에 관한 총회의 절차는 제11조 및 제12조의 규정에 따른다.

제 36 조

1. 안전보장이사회는 제33조에 규정된 성격의 분쟁 또는 유사한 성격의 사태의 어떠한 단계에 있어서도 적절한 조정절차 또는 조정방법을 권고할 수 있다.
2. 안전보장이사회는 당사자가 이미 채택한 분쟁해결절차를 고려하여야 한다.

3. 안전보장이사회는, 이 조에 의하여 권고를 함에 있어서, 일반적으로 법률적 분쟁이 국제사법재판소규정의 규정에 따라 당사자에 의하여 동 재판소에 회부되어야 한다는 점도 또한 고려하여야 한다.

제 37 조

1. 제33조에 규정된 성격의 분쟁당사자는, 동조에 규정된 수단에 의하여 분쟁을 해결하지 못하는 경우, 이를 안전보장이사회에 회부한다.
2. 안전보장이사회는 분쟁의 계속이 국제평화와 안전의 유지를 위태롭게 할 우려가 실제로 있다고 인정하는 경우 제36조에 의하여 조치를 취할 것인지 또는 적절하다고 인정되는 해결조건을 권고할 것인지를 결정한다.

제 38 조

제33조 내지 제37조의 규정을 해하지 아니하고, 안전보장이사회는 어떠한 분쟁에 관하여도 모든 당사자가 요청하는 경우 분쟁의 평화적 해결을 위하여 그 당사자에게 권고할 수 있다.

제 7 장 평화에 대한 위협, 평화의 파괴 및 침략행위에 관한 조치

제 39 조

안전보장이사회는 평화에 대한 위협, 평화의 파괴 또는 침략행위의 존재를 결정하고, 국제평화와 안전을 유지하거나 이를 회복하기 위하여 권고하거나, 또는 제41조 및 제42조에 따라 어떠한 조치를 취할 것인지를 결정한다.

제 40 조

사태의 악화를 방지하기 위하여 안전보장이사회는 제39조에 규정된 권고를 하거나 조치를 결정하기 전에 필요하거나 바람직하다고 인정되는 잠정조치에 따르도록 관계당사자에게 요청할 수 있다. 이 잠정조치는 관계당사자의 권리, 청구권 또는 지위를 해하지 아니한다. 안전보장 이사회는 그러한 잠정조치의 불이행을 적절히 고려한다.

제 41 조

안전보장이사회는 그의 결정을 집행하기 위하여 병력의 사용을 수반하지 아니하는 어떠한 조치를 취하여야 할 것인지를 결정할 수 있으며, 또한 회원국에 대하여 그러한 조치를 적용하도록 요청할 수 있다. 이 조치는 경제관계 및 철도, 항해, 항공, 우편, 전신, 무선통신 및 다른 교통통신수단의 전부 또는 일부의 중단과 외교관계의 단절을 포함할 수 있다.

제 42 조

안전보장이사회는 제41조에 규정된 조치가 불충분할 것으로 인정하거나 또는 불충분한 것으로 판명되었다고 인정하는 경우에는, 국제평화와 안전의 유지 또는 회복에 필요한 공군, 해군 또는 육군에 의한 조치를 취할 수 있다. 그러한 조치는 회원국의 공군, 해군 또는 육군에 의한 시위, 봉쇄 및 다른 작전을 포함할 수 있다.

제 43 조

1. 국제평화와 안전의 유지에 공헌하기 위하여 모든 회원국은 안전보장이사회의 요청에 의하여 그리고 1 또는 그 이상의 특별협정에 따라, 국제평화와 안전의 유지 목적상 필요한 병력, 원조 및 통과권을 포함한 편의를 안전보장이사회에 이용하게 할 것을 약속한다.
2. 그러한 협정은 병력의 수 및 종류, 그 준비정도 및 일반적 배치와 제공될 편의 및 원조의 성격을 규율한다.
3. 그 협정은 안전보장이사회의 발의에 의하여 가능한 한 신속히 교섭되어야 한다. 이 협정은 안전보장이사회와 회원국 간에 또는 안전보장이사회와 회원국 집단 간에 체결되며, 서명국 각자의 헌법상의 절차에 따라 동 서명국에 의하여 비준되어야 한다.

제 44 조

안전보장이사회는 무력을 사용하기로 결정한 경우 이사회에서 대표되지 아니하는 회원국에게 제43조에 따라 부과된 의무의 이행으로서 병력의 제공을 요청하기 전에 그 회원국이 희망한다면 그 회원국 병력 중 파견부대의 사용에 관한 안전보장이사회의 결정에 참여하도록 그 회원국을 초청한다.

제 45 조

국제연합이 긴급한 군사조치를 취할 수 있도록 하기 위하여, 회원국은 합동의 국제적 강제조치를 위하여 자국의 공군파견부대를 즉시 이용할 수 있도록 유지한다. 이러한 파견부대의 전력과 준비정도 및 합동조치를 위한 계획은 제43조에 규정된 1 또는 그 이상의 특별협정에 규정된 범위 안에서 군사참모 위원회의 도움을 얻어 안전보장이사회가 결정한다.

제 46 조

병력사용계획은 군사참모위원회의 도움을 얻어 안전보장이사회가 작성한다.

제 47 조

1. 국제평화와 안전의 유지를 위한 안전보장이사회의 군사적 필요, 안전보장이사회의 재량에 맡겨진 병력의 사용 및 지휘, 군비규제 그리고 가능한 군비축소에 관한 모든 문제에 관하여 안전보장이 사회에 조언하고 도움을 주기 위하여 군사참모위원회를 설치한다.
2. 군사참모위원회는 안전보장이사회 상임이사국의 참모총장 또는 그의 대표로 구성된다. 이 위원회에 상임위원으로서 대표되지 아니하는 회원국은 위원회의 책임의 효과적인 수행을 위하여 위원회의 사업에 동 회원국의 참여가 필요한 경우에는 위원회에 의하여 그와 제휴하도록 초청된다.
3. 군사참모위원회는 안전보장이사회의 재량에 맡기어진 병력의 전략적 지도에 대하여 책임을 진다. 그러한 병력의 지휘에 관한 문제는 추후에 해결한다.
4. 군사참모위원회는 안전보장이사회의 허가를 얻어 그리고 적절한 지역기구와 협의한 후 지역 소위원회를 설치할 수 있다.

제 48 조

1. 국제평화와 안전의 유지를 위한 안전보장이사회의 결정을 이행 하는데 필요한 조치는 안전보장이사회가 정하는 바에 따라 회원국의 전부 또는 일부에 의하여 취하여진다.
2. 그러한 결정은 회원국에 의하여 직접적으로 또한 회원국이 그 구성국인 적절한 국제기관에 있어서의 이들 회원국의 조치를 통하여 이행된다.

제 49 조

국제연합회원국은 안전보장이사회가 결정한 조치를 이행함에 있어 상호원조를 제공하는 데에 참여한다.

제 50 조

안전보장이사회가 어느 국가에 대하여 방지조치 또는 강제조치를 취하는 경우, 회원국인지 아닌지를 불문하고 어떠한 다른 국가도 자국이 이 조치의 이행으로부터 발생하는 특별한 경제문제에 직면한 것으로 인정하는 경우, 동 문제의 해결에 관하여 안전보장이사회와 협의할 권리를 가진다.

제 51 조

이 헌장의 어떠한 규정도 회원국에 대하여 무력공격이 발생한 경우, 안전보장이사회가 국제평화와 안전을 유지하기 위하여 필요한 조치를 취할 때까지 개별적 또는 집단적 지위의 고유한 권리를 침해하지 아니한다. 자위권을 행사함에 있어 회원국이 취한 조치는 즉시 안전보장이사회에 보고된다. 또한 이 조치는, 안전보장이사회가 국제평화와 안전의 유지 또는 회복을 위하여 필요하다고 인정하는 조치를 언제든지 취한다는, 이 헌장에 의한 안전보장 이사회의 권한과 책임에 어떠한 영향도 미치지 아니한다.

제 8 장 지역적 약정

제 52 조

1. 이 헌장의 어떠한 규정도, 국제평화와 안전의 유지에 관한 사항으로서 지역적 조치에 적합한 사항을 처리하기 위하여 지역적 약정 또는 지역적 기관이 존재하는 것을 배제하지 아니한다. 다만, 이 약정 또는 기관 및 그 활동이 국제연합의 목적과 원칙에 일치하는 것을 조건으로 한다.
2. 그러한 약정을 체결하거나 그러한 기관을 구성하는 회원국은 지역적 분쟁을 안전보장이사회에 회부하기 전에 이 지역적 약정 또는 지역적 기관에 의하여 그 분쟁의 평화적 해결을 성취하기 위하여 모든 노력을 다한다.
3. 안전보장이사회는 관계국의 발의에 의하거나 안전보장이사회의 회부에 의하여 그러한 지역적 약정 또는 지역적 기관에 의한 지역적 분쟁의 평화적 해결의 발달을 장려한다.
4. 이 조는 제34조 및 제35조의 적용을 결코 해하지 아니한다.

제 53 조

1. 안전보장이사회는 그 권위 하에 취하여지는 강제조치를 위하여 적절한 경우에는 그러한 지역적 약정 또는 지역적 기관을 이용한다. 다만, 안전보장이사회의 허가 없이는 어떠한 강제조치도 지역적 약정 또는 지역적 기관에 의하여 취해져서는 안 된다. 그러나 이 조 제2항에 규정된 어떠한 적국에 대한 조치이든지 제107조에 따라 규정된 것 또는 적국에 의한 침략 정책의 재현에 대비한 지역적 약정에 규정된 것은, 관계정부의 요청에 따라 기구가 그 적국에 의한 새로운 침략을 방지할 책임을 질 때까지는 예외로 한다.
2. 이 조 제1항에서 사용된 적국이라는 용어는 제2차 세계대전 중에 이 헌장 서명국의 적국이었던 어떠한 국가에도 적용된다.

제 54 조

안전보장이사회는 국제평화와 안전의 유지를 위하여 지역적 약정 또는 지역적 기관에 의하여 착수되었거나 계획되고 있는 활동에 대하여 항상 충분히 통보받는다.

제 9 장 경제적 및 사회적 국제협력

제 55 조

사람의 평등권 및 자결원칙의 존중에 기초한 국가간의 평화롭고 우호적인 관계에 필요한 안정과 복지의 조건을 창조하기 위하여, 국제연합은 다음을 촉진한다.

가. 보다 높은 생활수준, 완전고용 그리고 경제적 및 사회적 진보와 발전의 조건

나. 경제, 사회, 보건 및 관련국제문제의 해결 그리고 문화 및 교육상의 국제협력

다. 인종, 성별, 언어 또는 종교에 관한 차별이 없는 모든 사람을 위한 인권 및 기본적 자유의 보편적 존중과 준수

제 56 조

모든 회원국은 제55조에 규정된 목적의 달성을 위하여 기구와 협력하여 공동의 조치 및 개별적 조치를 취할 것을 약속한다.

제 57 조

1. 정부간 협정에 의하여 설치되고 경제, 사회, 문화, 교육, 보건 분야 및 관련분야에 있어서 기본적 문서에 정한대로 광범위한 국제적 책임을 지는 각종 전문기구는 제63조의 규정에 따라 국제연합과 제휴관계를 설정한다.
2. 이와 같이 국제연합과 제휴관계를 설정한 기구는 이하 전문기구라 한다.

제 58 조

기구는 전문기구의 정책과 활동을 조정하기 위하여 권고한다.

제 59 조

기구는 적절한 경우 제55조에 규정된 목적의 달성에 필요한 새로운 전문기구를 창설하기 위하여 관계국간의 교섭을 발의한다.

제 60 조

이 장에서 규정된 기구의 임무를 수행할 책임은 총회와 총회의 권위 하에 경제사회이사회에 부과된다. 경제사회이사회는 이 목적을 위하여 제10장에 규정된 권한을 가진다.

제 10 장 경제사회이사회

구 성

제 61 조

1. 경제사회이사회는 총회에 의하여 선출된 54개 회원국으로 구성된다.

2. 제3항의 규정에 따를 것을 조건으로, 경제사회이사회의 18개 이사국은 3년의 임기로 매년 선출된다. 퇴임이사국은 연이어 재선될 자격이 있다.
3. 경제사회이사회 이사국이 27개국에서 54개국으로 증가된 후 최초의 선거에서는, 그 해 말에 임기가 종료되는 9개 이사국을 대신하여 선출되는 이사국에 더하여, 27개 이사국이 추가로 선출된다. 총회가 정한 약정에 따라, 추가 27개 이사국 중 그렇게 선출된 9개 이사국의 임기는 1년의 말에 종료되고, 다른 9개 이사국의 임기는 2년의 말에 종료된다.
4. 경제사회이사회의 각 이사국은 1인의 대표를 가진다.

임무와 권한

제 62 조

1. 경제사회이사회는 경제, 사회, 문화, 교육, 보건 및 관련국제사항에 관한 연구 및 보고를 하거나 또는 발의할 수 있으며, 아울러 그러한 사항에 관하여 총회, 회원국 및 관계전문기구에 권고할 수 있다.
2. 이사회는 모든 사람을 위한 인권 및 기본적 자유의 존중과 준수를 촉진하기 위하여 권고할 수 있다.
3. 이사회는 권한에 속하는 사항에 관하여 총회에 제출하기 위한 협약안을 작성할 수 있다.
4. 이사회는 국제연합이 정한 규칙에 따라 그 권한에 속하는 사항에 관하여 국제회의를 소집할 수 있다.

제 63 조

1. 경제사회이사회는 제57조에 규정된 어떠한 기구와도, 동 기구가 국제연합과 제휴관계를 설정하는 조건을 규정하는 협정을 체결할 수 있다. 그 협정은 총회의 승인을 받아야 한다.
2. 이사회는 전문기구와의 협의, 전문기구에 대한 권고 및 총회와 국제연합회원국에 대한 권고를 통하여 전문기구의 활동을 조정할 수 있다.

제 64 조

1. 경제사회이사회는 전문기구로부터 정기보고를 받기 위한 적절한 조치를 취할 수 있다. 이사회는, 이사회의 권고와 이사회의 권한에 속하는 사항에 관한 총회의 권고를 실시하기 위하여 취해진 조치에 관하여 보고를 받기 위하여, 회원국 및 전문기구와 약정을 체결할 수 있다.
2. 이사회는 이러한 보고에 관한 의견을 총회에 통보할 수 있다.

제 65 조

경제사회이사회는 안전보장이사회에 정보를 제공할 수 있으며, 안전보장이사회의 요청이 있을 때에는 이를 원조한다.

제 66 조

1. 경제사회이사회는 총회의 권고의 이행과 관련하여 그 권한에 속하는 임무를 수행한다.
2. 이사회는 회원국의 요청이 있을 때와 전문기구의 요청이 있을 때에는 총회의 승인을 얻어 용역을 제공할 수 있다.
3. 이사회는 이 헌장의 다른 곳에 규정되거나 총회에 의하여 이사회에 부과된 다른 임무를 수행한다.

표 결

제 67 조

1. 경제사회이사회의 각 이사국은 1개의 투표권을 가진다.
2. 경제사회이사회의 결정은 출석하여 투표하는 이사국의 과반수에 의한다.

절 차

제 68 조

경제사회이사회는 경제적 및 사회적 분야의 위원회, 인권의 신장을 위한 위원회 및 이사회의 임무 수행에 필요한 다른 위원회를 설치한다.

제 69 조

경제사회이사회는 어떠한 회원국에 대하여도, 그 회원국과 특히 관계가 있는 사항에 관한 심의에 투표권 없이 참가하도록 초청한다.

제 70 조

경제사회이사회는 전문기구의 대표가 이사회의 심의 및 이사회가 설치한 위원회의 심의에 투표권 없이 참가하기 위한 약정과 이사회의 대표가 전문기구의 심의에 참가하기 위한 약정을 체결할 수 있다.

제 71 조

경제사회이사회는 그 권한 내에 있는 사항과 관련이 있는 비정부간 기구와의 협의를 위하여 적절한 약정을 체결할 수 있다. 그러한 약정은 국제기구와 체결할 수 있으며 적절한 경우에는 관련 회원국과의 협의 후에 국내기구와도 체결할 수 있다.

제 72 조

1. 경제사회이사회는 의장의 선정방법을 포함한 그 자체의 의사규칙을 채택한다.
2. 경제사회이사회는 그 규칙에 따라 필요한 때에 회합하며, 동 규칙은 이사국 과반수의 요청에 의한 회의소집의 규정을 포함한다.

제 11 장 비자치지역에 관한 선언

제 73 조

주민이 아직 완전한 자치를 행할 수 있는 상태에 이르지 못한 지역의 시정(施政) 책임을 지거나, 그 책임을 맡는 회원국은, 지역 주민의 이익이 가장 중요하다는 원칙을 승인하고, 지역주민의 복지를 이 헌장에 의하여 확립된 국제평화와 안전의 체제 안에서 최고도로 증진시킬 의무와 이를 위하여 다음을 행할 의무를 신성한 신탁으로서 수락한다.

가. 관계주민의 문화를 적절히 존중함과 아울러 그들의 정치적, 경제적, 사회적 및 교육적 발전, 공정한 대우 그리고 학대로부터의 보호를 확보한다.

나. 각 지역 및 그 주민의 특수사정과 그들의 서로 다른 발전단계에 따라 자치를 발달시키고, 주민의 정치적 소망을 적절히 고려하며, 또한 주민의 자유로운 정치제도의 점진적 발달을 위하여 지원한다.

다. 국제평화와 안전을 증진한다.

라. 이 조에 규정된 사회적, 경제적 및 과학적 목적을 실제적으로 달성하기 위하여 건설적인 발전조치를 촉진하고 연구를 장려하며 상호간 및 적절한 경우에는 전문적 국제단체와 협력한다.

마. 제12장과 제13장이 적용되는 지역외의 위의 회원국이 각각 책임을 지는 지역에서의 경제적, 사회적 및 교육적 조건에 관한 기술적 성격의 통계 및 다른 정보를, 안전보장과 헌법상의 고려에 따라 필요한 제한을 조건으로 하여, 사무총장에 정기적으로 송부한다.

제 74 조

회원국은 이 장이 적용되는 지역에 관한 정책이, 그 본국 지역에 관한 정책과 마찬가지로 세계의 다른 지역의 이익과 복지가 적절히 고려되는 가운데에, 사회적, 경제적 및 상업적 사항에 관하여 선린주의의 일반원칙에 기초하여야 한다는 점에 또한 동의한다.

제 12 장 국제신탁통치제도

제 75 조 -제 915조: 현재 UN의 신탁통치 기능은 정지 중으로 생략.

······································

제 14 장 국제사법재판소

제 92 조

국제사법재판소는 국제연합의 주요한 사법기관이다. 재판소는 부속된 규정에 따라 임무를 수행한다. 이 규정은 상설국제사법재판소 규정에 기초하며, 이 헌장의 불가분의 일부를 이룬다.

제 93 조

1. 모든 회원국은 국제사법재판소 규정의 당연 당사국이다.
2. 회원국이 아닌 국가는 안전보장이사회의 권고에 의하여 총회가 각 경우에 결정하는 조건으로 국제사법재판소 규정의 당사국이 될 수 있다.

제 94 조

1. 국제연합의 각 회원국은 자국이 당사자가 되는 어떤 사건에 있어서도 국제사법재판소의 결정에 따를 것을 약속한다.
2. 사건의 당사자가 재판소가 내린 판결에 따라 자국이 부담하는 의무를 이행하지 아니하는 경우에는 타방의 당사자는 안전보장이사회에 제소할 수 있다. 안전보장이사회는 필요하다고 인정하는 경우 판결을 집행하기 위하여 권고하거나 취하여야 할 조치를 결정할 수 있다.

제 95 조

이 헌장의 어떠한 규정도 회원국이 그들 간의 분쟁의 해결을 이미 존재하거나 장래에 체결될 협정에 의하여 다른 법원에 의뢰하는 것을 방해하지 아니한다.

제 96 조

1. 총회 또는 안전보장이사회는 어떠한 법적 문제에 관하여도 권고적 의견을 줄 것을 국제사법재판소에 요청할 수 있다.
2. 총회에 의하여 그러한 권한이 부여될 수 있는 국제연합의 다른 기관 및 전문기구도 언제든지 그 활동범위 안에서 발생하는 법적 문제에 관하여 재판소의 권고적 의견을 또한 요청할 수 있다.

제 15 장 사 무 국

제 97 조

사무국은 1인의 사무총장과 기구가 필요로 하는 직원으로 구성한다. 사무총장은 안전보장이사회의 권고로 총회가 임명한다. 사무총장은 기구의 수석행정직원이다.

제 98 조

사무총장은 총회, 안전보장이사회, 경제사회이사회 및 신탁통치 이사회의 모든 회의에 사무총장의 자격으로 활동하며, 이러한 기관에 의하여 그에게 위임된 다른 임무를 수행한다. 사무총장은 기구의 사업에 관하여 총회에 연례보고를 한다.

제 99 조

사무총장은 국제평화와 안전의 유지를 위협한다고 그 자신이 인정하는 어떠한 사항에도 안전보장이사회의 주의를 환기할 수 있다.

제 100 조

1. 사무총장과 직원은 그들의 임무수행에 있어서 어떠한 정부 또는 기구외의 어떠한 다른 당국으로부터도 지시를 구하거나 받지 아니한다. 사무총장과 직원은 기구에 대하여만 책임을 지는 국제공무원으로서의 지위를 손상할 우려가 있는 어떠한 행동도 삼간다.
2. 회원국은 사무총장 및 직원의 책임의 전적으로 국제적인 성격을 존중할 것과 그들의 책임수행에 있어서 그들에게 영향을 행사하려 하지 아니할 것을 약속한다.

제 101 조

1. 직원은 총회가 정한 규칙에 따라 사무총장에 의하여 임명된다.
2. 경제사회이사회, 신탁통치이사회 그리고 필요한 경우에는 국제연합의 다른 기관에 적절한 직원이 상임으로 배속된다. 이 직원은 사무국의 일부를 구성한다.
3. 직원의 고용과 근무조건의 결정에 있어서 가장 중요한 고려사항은 최고수준의 능률, 능력 및 성실성을 확보할 필요성이다. 가능한 한 광범위한 지리적 기초에 근거하여 직원을 채용하는 것의 중요성에 관하여 적절히 고려한다.

제 16 장 잡 칙

제 102 조

1. 이 헌장이 발효한 후 회원국이 체결하는 모든 조약과 모든 국제협정은 가능한 한 신속히 사무국에 등록되고 사무국에 의하여 공표된다.
2. 이 조 제1항의 규정에 따라 등록되지 아니한 조약 또는 국제협정의 당사국은 국

제연합의 어떠한 기관에 대하여도 그 조약 또는 협정을 원용할 수 없다.

제 103 조

회원국의 헌장상의 의무와 다른 국제협정상의 의무가 상충되는 경우에는 이 헌장상의 의무가 우선한다.

제 104 조

기구는 그 임무의 수행과 그 목적의 달성을 위하여 필요한 법적 능력을 각 회원국의 영역 안에서 향유한다.

제 105 조

1. 기구는 목적의 달성에 필요한 특권 및 면제를 각 회원국의 영역 안에서 향유한다.
2. 회원국의 대표 및 기구의 직원은 기구와 관련된 그들의 임무를 독립적으로 수행하기 위하여 필요한 특권과 면제를 마찬가지로 향유한다.
3. 총회는 이 조 제1항 및 제2항의 적용세칙을 결정하기 위하여 권고하거나 이 목적을 위하여 회원국에게 협약을 제안할 수 있다.

제 17 장 과도적 안전보장조치

제 106 조

안전보장이사회가 제42조상의 책임의 수행을 개시할 수 있다고 인정하는 제43조에 규정된 특별협정이 발효할 때까지 1943년 10월 30일에 모스크바에서 서명된 4개국 선언의 당사국 및 불란서는 그 선언 제5항의 규정에 따라 국제평화와 안전의 유지를 위하여 필요한 공동조치를 기구를 대신하여 취하기 위하여 상호간 및 필요한 경우 다른 회원국과 협의한다.

제 107 조

이 헌장의 어떠한 규정도 제2차 세계대전중 이 헌장 서명국의 적이었던 국가에 관한 조치로서 그러한 조치에 대하여 책임을 지는 정부가 그 전쟁의 결과로서 취하였거나 허가한 것을 무효로 하거나 배제하지 아니한다.

제 18 장 개 정

제 108 조

이 헌장의 개정은 총회 구성국의 3분의 2의 투표에 의하여 채택되고, 안전보장이사회의 모든 상임이사국을 포함한 회원국의 3분의 2에 의하여 각자의 헌법상 절차에 따라 비준되었을 때, 모든 회원국에 대하여 발효한다.

제 109 조

1. 이 헌장을 재심의하기 위한 회원국 전체회의는 총회 구성국의 3분의 2의 투표와 안전보장이사회의 9개 이사국의 투표에 의하여 결정되는 일자 및 장소에서 개최될 수 있다. 각 국제연합회원국은 이 회의에서 1개의 투표권을 가진다.
2. 이 회의의 3분의 2의 투표에 의하여 권고된 이 헌장의 어떠한 변경도, 안전보장이사회의 모든 상임이사국을 포함한 회원국의 3분의 2에 의하여 그들 각자의 헌법상 절차에 따라 비준되었을 때 발효한다.
3. 그러한 회의가 이 헌장의 발효 후 총회의 제10차 연례회기까지 개최되지 아니하는 경우에는 그러한 회의를 소집하는 제안이 총회의 동 회기의 의제에 포함되어야 하며, 회의는 총회 구성국의 과반수의 투표와 안전보장이사회의 7개 이사국의 투표에 의하여 결정되는 경우에 개최된다.

제 19 장 비준 및 서명

제 110 조

1. 이 헌장은 서명국에 의하여 그들 각자의 헌법상 절차에 따라 비준된다.
2. 비준서는 미합중국 정부에 기탁되며, 동 정부는 모든 서명국과 기구의 사무총장이 임명된 경우에는 사무총장에게 각 기탁을 통고한다.
3. 이 헌장은 중화민국, 불란서, 소비에트사회주의공화국연방, 영국과 미합중국 및 다른 서명국의 과반수가 비준서를 기탁한 때에 발효한다. 비준서 기탁 의정서는 발효 시 미합중국 정부가 작성하여 그 등본을 모든 서명국에 송부한다.
4. 이 헌장이 발효한 후에 이를 비준하는 이 헌장의 서명국은 각자의 비준서 기탁일에 국제연합의 원회원국이 된다.

제 111 조

중국어, 불어, 러시아어, 영어 및 스페인어본이 동등하게 정본인 이 헌장은 미합중국 정부의 문서보관소에 기탁된다. 이 헌장의 인증등본은 동 정부가 다른 서명국 정부에 송부한다.

이상의 증거로서, 연합국 정부의 대표들은 이 헌장에 서명하였다.
1945년 6월 26일 샌프란시스코 시에서 작성하였다.

ㅁ 부록 3: 국제연합의 특권과 면책에 대한 국제협약

Convention on the Privileges and Immunities of the United Nations (1946. 2. 13)

Adopted by the UN General Assembly on 13 February 1946

Whereas Article 104 of the Charter of the United Nations provides that the Organization shall enjoy in the territory of each of its Members such legal capacity as may be necessary for the exercise of its functions and the fulfillment of its purposes and

Whereas Article 105 of the Charter of the United Nations provides that the Organization shall enjoy in the territory of each of its Member such privileges and immunities as are necessary for the fulfillment of its purposes and that representatives of the Members of the United Nations and officials of the Organization shall similarly enjoy such privileges and immunities as are necessary for the independent exercise of their functions in connection with the Organization.

Consequently the General Assembly by a Resolution adopted on the 13 February 1946, approved the following Convention and proposed it for accession by each Member of the United Nations.

Article I
Juridical Personality

SECTION 1. The United Nations shall possess juridical personality. It shall have the capacity:

(a) to contract;

(b) to acquire and dispose of in movable and movable property;

(c) to institute legal proceedings.

Article II
Property, Funds and Assets

SECTION 2. The United Nations, its property and assets wherever located and by whomsoever held, shall enjoy immunity from every form of legal process except insofar as in any particular case it has expressly waived its immunity shall extend to any particular case it has expressly waived its immunity. It is, however, understood that no waiver of immunity shall extend to any measure of execution.

SECTION 3. The premises of the United Nations shall be inviolable. The property and assets of the United Nations, wherever located and by whomsoever held, shall be immune from h, requisition, confiscation, expropriation and any other form of interference,, whether by executive, administrative, judicial or legislative action.

SECTION 4. The archives of the United Nations, and in general all documents belonging to it or held by it, shall be inviolable wherever located.

SECTION 5. Without being restricted by financial controls, regulations or moratoria of any kind,

(a) The United Nations may hold funds, gold or currency of any kind and operate accounts in any currency;
(b) The United Nations shall be free to transfer its funds, gold or currency from one country to another or within any country and to convert any currency held by it into any other currency.

SECTION 6. In exercising its rights under Section 5 above, the United Nations shall pay due regard to any representations made by the Government of any Member insofar as it is considered that effect can be given to such representations without detriment to the interests of the United Nations.

SECTION 7. The United Nations, its assets, income and other property shall be:

(a) Exempt from all direct taxes; it is understood however, that the United Nations will not claim exemption from taxes which are, in fact, no more than charges for public utility services;

(b) Exempt from customs duties and prohibitions and restrictions on imports and exports in respect of articles imported or exported by the United Nations for its official use. It is understood, however, that articles imported under such exemption will not be sold in the country into which they were imported except under conditions agreed with the Government of that country;

(c) Exempt from customs duties and prohibitions and restrictions on imports and exports in respects of its publications.

SECTION 8. While the United Nations will not, as a general rule, claim exemption from excise duties and from taxes on the sale of movable and immovable property which form part of the price to be paid, nevertheless when the United Nations is making important purchases for official use of property on which such duties and taxes have been charged or are chargeable, Members will, whenever possible, make appropriate administrative arrangements for the remission or return of the amount of duty or tax.

Article III

SECTION 9. The United Nations shall enjoy in the territory of each Member for its official communications treatment not less favourable than that accorded by the Government of that Member to any other Government including its diplomatic mission in the matter of priorities, rates and taxes on mails, cables, telegrams, radiograms, telephotos, telephones and other communications; and press rates for information to the press and radio. No censorship shall be applied to the official correspondence and other official communications of the United Nations.

SECTION 10. The United Nations shall have the right to use codes and to dispatch and receive its correspondence by courier or in bags, which shall have the same immunities and privileges as diplomatic couriers and bags.

Article IV
The Representatives of Members

SECTION 11. Representatives of Members to the principal and subsidiary organs of the United Nations and to conferences convened by the United Nations, shall, while exercising their functions and during the journey to and from the place of meeting, enjoy the following privileges and immunities:

(a) Immunity from personal arrest or detention and from seizure of their personal baggage, and, in respect of words spoken or written and all acts done by them in their capacity as representatives, immunity from legal process of every kind;

(b) Inviolability for all papers and documents;

(c) The right to use codes and to receive papers or correspondence by courier or in sealed bags;

(d) Exemption in respect of themselves and their spouses from immigration restrictions, aliens registration or national service obligations in the State they are visiting or through which they are passing in the exercise of their functions;

(e) The same facilities in respect of currency or exchange restrictions as are accorded to representatives of foreign governments on temporary official missions;

(f) The immunities and facilities in respect of their personal baggage as are accorded to diplomatic envoys, and also;

(g) Such other privileges, immunities and facilities not inconsistent with the foregoing as diplomatic envoys enjoy, except that they shall have no right to claim exemption from customs duties on goods imported (otherwise than as part of their personal baggage) or from excise duties or sales taxes.

SECTION 12. In order to secure, for the representatives of Members to the principal and subsidiary organs of the United Nations and to conferences convened by the United Nations, complete freedom of speech and independence in the discharge of their duties, the immunity from legal process in respect of words spoken or written and all acts done by them in discharging their duties shall continue to be accorded, notwithstanding that the persons concerned are no longer the representatives of Members.

SECTION 13. Where the incidence of any form of taxation depends upon residence, periods during which the representatives of Members to the principal and subsidiary organs of the United Nations and to conferences convened by the United Nations are present in a state for the discharge of their duties shall not be considered as periods of residence.

SECTION 14. Privileges and immunities are accorded to the representatives of Members not for the personal benefit of the individuals themselves, but in order to safeguard the independent exercise of their functions in connection with the United Nations. Consequently a Member non only has the right but is under a duty to waive the immunity of its representative in any case where in the opinion of the Member the immunity would impede the course of justice, and it can be waived without prejudice to the purpose for which the immunity is accorded.

SECTION 15. The provisions of Sections 11, 12 and 13 are not applicable as between a representative and the authorities of the state of which he is a national or of which he is or has been the representative.

SECTION 16. In this article the expression "representatives" shall be deemed to include all delegates, deputy delegates, advisers, technical experts and secretaries of delegations.

Article V
Officials

SECTION 17. The Secretary-General will specify the categories of officials to which the provisions of this Article and Article VII shall apply. He shall submit these categories to the General Assembly. Thereafter these categories shall be communicated to the Governments of all Members. The names of the officials included in these categories shall from time to time be made known to the Governments of Members.

SECTION 18. Officials of the United Nations shall:

(a) Be immune from legal process in respect of words spoken or written and all acts performed by them in their official capacity;

(b) Be exempt from taxation on the salaries and emoluments paid to them by the United Nations;

(c) Be immune from national service obligations;

(d) Be immune, together with their spouses and relatives dependent on them, from immigration restrictions and alien registration;

(e) Be accorded the same privileges in respect of exchange facilities as are accorded to the officials of comparable ranks forming part of diplomatic missions to the Government concerned;

(f) Be given, together with their spouses and relatives dependent on them, the same repatriation facilities in time of international crisis as diplomatic envoys;

(g) Have the right to import free of duty their furniture and effects at the time of first taking up their post in the country in question.

SECTION 19. In addition to the immunities and privileges specified in Section 18, the Secretary-General and all Assistant Secretaries- General shall be accorded in respect of themselves, their spouses and minor children, the privileges and immunities, exemptions and facilities accorded to diplomatic envoys, in accordance with international law.

SECTION 20. Privileges and immunities are granted to officials in the interests of the United Nations and not for the personal benefit of the individuals themselves. The Secretary-General shall have the right and the duty to waive the immunity of any official in any case where, in his opinion, the immunity would impede the course of justice and can be waived without prejudice to the interests of the United Nations. In the case of the Secretary-General, the Security Council shall have the right to waive immunity.

SECTION 21. The United Nations shall cooperate at all times with the appropriate authorities of Members to facilitate the proper administration of justice, secure the observance of police regulations and prevent the occurrence of any abuse in connection with the privileges, immunities and facilities mentioned in this Article.

Article VI
Experts on Missions for the United Nations

SECTION 22. Experts (other than officials coming within the scope of Article V) performing missions for the United Nations shall be accorded such privileges and immunities as are necessary for the independent exercise of their functions during the period of their missions, including the time spent on journeys in connection with their missions. In particular they shall be accorded:

(a) Immunity from personal arrest or detention and from seizure of their personal baggage;

(b) In respect of words spoken or written and acts done by them in the course of the performance of their mission, immunity from legal process of every kind. This immunity from legal process shall continue to be accorded notwithstanding that the persons concerned are no longer employed on missions for the United Nations;

(c) Inviolability for all papers and documents;

(d) For the purpose of their communications with the United Nations, the right to use codes and to receive papers or correspondence by courier or in sealed bags;

(e) The Same facilities in respect of currency or exchange restrictions as are accorded to representatives of foreign governments on temporary official missions;

(f) The same immunities and facilities in respect of their personal baggage as are accorded to diplomatic envoys.

SECTION 23. Privileges and immunities are granted to experts in the interests of the United Nations and not for the personal benefit of the individuals themselves. The Secretary-General shall have the right and the duty to waive the immunity of any expert in any case where, in his opinion, the immunity would impede the course of justice and it can be waived without prejudice to the interests of the United Nations.

Article VII
United Nations Laissez-Passer(léseipæséi) 통행 허가증

SECTION 24. The United Nations may issue United Nations laissez– passer to its officials. These laissez–passer shall be recognized and accepted as valid travel documents by the authorities of Members, taking into account the provisions of Section 25.

SECTION 25. Applications for visas (where required) from the holders of United Nations laissez–passer, when accompanied by a certificate that they are traveling on the business of the United Nations, shall be dealt with as speedily as possible. In addition, such persons shall be granted facilities for speedy travel.

SECTION 26. Similar facilities to those specified in Section 25 shall be accorded to experts and other persons who, though not the holders of United Nations laissez–passer, have a certificate that they are traveling on the business of the United Nations.

SECTION 27. The Secretary–General, Assistant Secretaries–General and Directors traveling on United Nations laissez–passer on the business of the United Nations shall be granted the same facilities as are accorded to diplomatic envoys.

SECTION 28. The provisions of this article may be applied to the comparable officials of specialized agencies if the agreements for relationship made under Article 63 of the Charter so provide.

Article VIII
Settlement of Disputes

SECTION 29. The United Nations shall make provisions for appropriate modes of settlement of:

(a) Disputes arising out of contracts or other disputes of a private law character to which the United Nations is a party;

(b) Disputes involving any official of the United Nations who by reason of his official position enjoys immunity, if immunity has not been waived by the Secretary-General.

SECTION 30. All differences arising out of the interpretation or application of the present convention shall be referred to the international Court of Justice, unless in any case it is agreed by the parties to have recourse to another mode of settlement. If a difference arises between the United Nations on the one hand and a Member on the other hand, a request shall be made for an advisory opinion on any legal question involved in accordance with Article 96 of the Charter and Article 65 of the Statute of the Court. The opinion given by the Court shall be accepted as decisive by the parties.

Final Article

SECTION 31. This convention is submitted to every Member of the United Nations for accession.

SECTION 32. Accession shall be affected by deposit of an instrument with the Secretary-General of the United Nations and the Convention shall come into force as regards each Member on the date of deposit of each instrument of accession.

SECTION 33. The Secretary-General shall inform all Members of the United Nations of the deposit of each accession.

SECTION 34. It is understood that, when an instrument of accession is deposited on behalf of any Member, the Member will be in a position under its own law to give effect to the terms of this Convention.

SECTION 35. This convention shall continue in force as between the United Nations and every Member which has deposited an instrument of accession for so long as that Member remains a Member of the United Nations, or until a revised general convention has been approved by the General Assembly and that Member has become a party to this revised Convention.

SECTION 36. The Secretary–General may conclude with any Member or Member supplementary agreements adjusting the provisions of this Convention so far as that Member or those Members are concerned. These supplementary agreements shall in each case be subject to the approval of the General Assembly.

□ 부록 4: 유엔과 미합중국의 본부협약

UN – USA Headquarter Agreement

AGREEMENT BETWEEN THE UNITED NATIONS AND THE UNITED STATES OF AMERICA REGARDING THE HEADQUARTERS OF THE UNITED NATIONS

The United Nations and the United States of America:

Desiring to conclude an agreement for the purpose of carrying out the Resolution adopted by the General Assembly on 14 December 1946 to establish the seat of the United Nations in the City of New York and to regulate questions arising as a result thereof; Have appointed as their representatives for this purpose:

ARTICLE I – DEFINITIONS

SECTION 1

In this agreement:

(a) The expression "headquarters district" means (1) the area defined as such in Annex 1, (2) any other lands or buildings which from time to time may be included therein by supplemental agreement with the appropriate American authorities;

(b) the expression "appropriate American authorities" means such federal, state, or local authorities in the United States as may be appropriate in the context and in accordance with the laws and customs of the United States, including the laws and customs of the state and local government involved;

(c) the expression "General Convention" means the Convention on the Privileges and Immunities of the United Nations approved by the General Assembly of the United Nations 13 February 1946, as acceded to by the United States;

(d) the expression "United Nations" means the international organization, established by the Charter of the United Nations, hereinafter referred to as the "Charter";

(e) the expression "Secretary–General" means the Secretary–General of the United Nations.

ARTICLE II – THE HEADQUARTERS DISTRICT

SECTION 2

The seat of the United Nations shall be the headquarters district.

SECTION 3

The appropriate American authorities shall take whatever action may be necessary to assure that the United Nations shall not be dispossessed of its property in the headquarters district, except as provided in Section 22 in the event that the United Nations ceases to use the same; provided that the United Nations shall reimburse the appropriate American authorities for any costs incurred, after consultation with the United Nations, in liquidating by eminent domain proceedings or otherwise any adverse claims.

SECTION 4

(a) The United Nations may establish and operate in the headquarters district:

(1) its own short–wave sending and receiving radio broadcasting facilities (including emergency link equipment) which may be used on the same frequencies (within the tolerances prescribed for the broadcasting service by applicable United States regulations) for radiotelegraph, radioteletype, radiotelephone, radiotelephoto, and similar services:

(2) one point–to–point circuit between the headquarters district and the Office of the United Nations in Geneva (using single sideband equipment) to be used exclusively for the exchange of broadcasting programs and interoffice communications;

(3) low power micro–wave, low or medium– frequency facilities for communication within headquarters buildings only, or such other buildings as may temporarily be used by the United Nations;

(4) facilities for point–to–point communication to the same extent and subject to the same conditions as permitted under applicable rules and regulations for amateur operation in the United States, except that such rules and regulations shall not be applied in a manner inconsistent with the inviolability of the headquarters district provided by Section 9 (a);

(5) such other radio facilities as may be specified by supplemental agreement between the United Nations and the appropriate American authorities.

(b) The United Nations shall make arrangements for the operation of the services referred to in this section with the International Telecommunication Union, the appropriate agencies of the Government of the United States and the appropriate agencies of other affected governments with regard to all frequencies and similar matters.

(c) The facilities provided for in this section may, to the extent necessary for efficient operation, be established and operated outside the headquarters district. The appropriate American authorities will, on request of the United Nations, make arrangements, on such terms and in such manner as may be agreed upon by supplemental agreement, for the acquisition or use by the United Nations of appropriate premises for such purposes and the inclusion of such premises in the headquarters district.

SECTION 5

In the event that the United Nations should find it necessary and desirable to establish and operate an aerodrome, the conditions for the location, use and operation of such an aerodrome and the conditions under which there shall be entry into and exit therefrom shall be the subject of a supplemental agreement.

SECTION 6

In the event that the United Nations should propose to organize its own postal service, the conditions under which such service shall be set up shall be the subject of a supplemental agreement.

ARTICLE III – LAW AND AUTHORITY IN TEE HEADQUARTERS DISTRICT

SECTION 7

(a) The headquarters district shall be under the control and authority of the United Nations as provided in this agreement.

(b) Except as otherwise provided in this agreement or in the General Convention, the federal, state and local law of the United States shall apply within the headquarters district.

(c) Except as otherwise provided in this agreement or in the General Convention, the federal. state and local courts of the United States shall have Jurisdiction over acts done and transactions taking place in the headquarters district as provided in applicable federal, state and local laws.

(d) The federal, state and local courts of the United States, when dealing with cases arising out of or relating to acts done or transactions taking place in the headquarters district, shall take into account the regulations enacted by the United Nations under Section 8.

SECTION 8

The United Nations shall have the power to make regulations, operative within the headquarters district, for the purpose of establishing therein conditions in all respects necessary for the full execution of its functions. No federal, state or local law or regulation of the United States which is inconsistent with a regulation of the United Nations authorized by this section shall, to the extent of such inconsistency, be applicable within the headquarters district. Any dispute, between the United Nations and the United States, as to whether a regulation of the United Nations is authorized by this section or as to whether a federal, state or local law or regulation is inconsistent with any regulation of the United Nations authorized by this section, shall be promptly settled as provided in Section 21. Pending such settlement, the regulation of the United Nations shall apply, and the federal, state or local law or regulation shall be inapplicable in the headquarters district to the extent that the United Nations claims it to be inconsistent with the regulation of the United Nations. This section shall not prevent the reasonable application of fire protection regulations of the appropriate American authorities.

SECTION 9

(a) The headquarters district shall be inviolable. Federal, state or local officers or officials of the United States, whether administrative, judicial, military or police, shall not enter the headquarters district to perform any official duties therein except with the consent of and under conditions agreed to by the Secretary–General. The service of legal process, including the seizure of private property, may take place within the headquarters district only with the consent of and under conditions approved by the Secretary–General.

(b) Without prejudice to the provisions of the General Convention or Article IV of this agreement, the United Nations shall prevent the headquarters district from becoming a refuge either for persons who are avoiding arrest under the federal, state, or local law of the United States or are required by the Government of the United States for extradition to another country, or for persons who are endeavoring to avoid service of legal process.

SECTION 10

The United Nations may expel or exclude persons from the headquarters district for violation of its regulations adopted under Section 8 or for other cause. Persons who violate such regulations shall be subject to other penalties or to detention under arrest only in accordance with the provision of such laws or regulations as may be adopted by the appropriate American authorities.

ARTICLE IV - COMMUNICATIONS AND TRANSIT

SECTION 11

The federal, state or local authorities of the United States shall not impose any impediments to transit to or from the headquarters district of (1) representatives of Members or officials of the United Nations, or of specialized agencies as defined in Article 57, paragraph 2, of the Charter, or the families of such representatives or officials, (2) experts performing missions for the United Nations or for such specialized agencies, (3) representatives of the press, or of radio, film or other information agencies, who have been accredited by the United Nations (or by such a specialized agency) in its discretion after consultation with the United States, (4) representatives of nongovernmental organizations recognized by the United Nations for the purpose of consultation under Article 71 of the Charter, or (5) other persons invited to the headquarters district by the United Nations or by such specialized agency on official business. The appropriate American authorities shall afford any necessary protection to such persons while in transit to or from the headquarters district. This section does not apply to general interruptions of transportation which are to be dealt with as provided in Section 17, and does not impair the effectiveness of generally applicable laws and regulations as to the operation of means of transportation.

SECTION 12

The provisions of Section 11 shall be applicable irrespective of the relations existing between the Governments of the persons referred to in that section and the Government of the United States.

SECTION 13

(a) Laws and regulations in force in the United States regarding the entry of aliens shall not be applied in such manner as to interfere with the privileges referred to in Section 11. When visas are required for persons referred to in that Section, they shall be granted without charge and as promptly as possible.

(b) Laws and regulations in force in the United States regarding the residence of aliens shall not be applied in such manner as to interfere with the privileges referred to in Section 11 and, specifically, shall not be applied in such manner as to require any such person to leave the United States on account of any activities performed by him in his official capacity. In case of abuse of such privileges of residence by any such person in activities in the United States outside his official capacity, it is understood that the privileges referred to in Section 11 shall not be construed to grant him exemption from the laws and regulations of the United States regarding the continued residence of aliens, provided that:

(1) No proceedings shall be instituted under such laws or regulations to require any such person to leave the United States except with the prior approval of the Secretary of State of the United States. Such approval shall be given only after consultation with the appropriate Member in the case of a representative of a Member (or a member of his family) or with the Secretary-General or the principal executive officer of the appropriate specialized agency in the case of any other person referred to in Section 11;

(2) A representative of the Member concerned, the Secretary-General, or the principal executive officer of the appropriate specialized agency, as the case may be, shall have the right to appear in any such proceedings on behalf of the person against whom they are instituted;

(3) Persons who are entitled to diplomatic privileges and immunities under Section 15 or under the General Convention shall not be required to leave the United States otherwise than in accordance with the customary procedure applicable to diplomatic envoys accredited to the United States.

(c) This section does not prevent the requirement of reasonable evidence to establish that persons claiming the rights granted by Section 11 come within the classes described in that section, or the reasonable application of quarantine and health regulations.

(d) Except as provided above in this section and in the General Convention, the United States retains full control and authority over the entry of persons or property into the territory of the United States and the conditions under which persons way remain or reside there

(e) The Secretary-General shall, at the request of the appropriate American authorities, enter into discussions with such authorities, with a view to making arrangements for registering the arrival and departure of persons who have been granted visas valid only for transit to and from the headquarters district and sojourn therein and in its immediate vicinity.

(f) The United Nations shall, subject to the foregoing provisions of this section, have the exclusive right to authorize or prohibit entry of persons and property into the headquarters district and to prescribe the conditions under which persons may remain or reside there.

SECTION 14

The Secretary-General and the appropriate American authorities shall, at the request of either of them, consult as to methods of facilitating entrance into the United States, and the use of available means of transportation, by persons coming from abroad who wish to visit the headquarters district and do not enjoy the rights referred to in this Article.

ARTICLE V – RESIDENT REPRESENTATIVES TO THE UNITED NATIONS

SECTION 15

(1) Every person designated by a Member as the principal resident representative to the United Nations of such Member or as a resident representative with the rank of ambassador or minister plenipotentiary,

(2) such resident members of their staffs as may be agreed upon between the Secretary–General, the Government of the United States and the Government of the Member concerned,

(3) every person designated by a Member of a specialized agency, as defined in Article 57, paragraph 2, of the Charter, as its principal resident representative, with the rank of ambassador or minister plenipotentiary, at the headquarters of such agency in the United States, and

(4) such other principal resident representatives of members to a specialized agency and such resident members of the staffs of representatives to a specialized agency as may be agreed upon between the principal executive officer of the specialized agency, the Government of the United States and the Government of the Member concerned, shall, whether residing inside or outside the headquarters district, be entitled in the territory of the United States to the same privileges and immunities, subject to corresponding conditions and obligations, as it accords to diplomatic envoys accredited to it. In the case of Members whose governments are not recognized by the United States, such privileges and immunities need be extended to such representatives, or persons on the staffs of such representatives, only within the headquarters district, at their residences and offices outside the district, in transit between the district and such residences and offices, and in transit on official business to or from foreign countries.

ARTICLE VI – POLICE PROTECTION OF THE HEADQUARTERS DISTRICT

SECTION 16

(a) The appropriate American authorities shall exercise due diligence to assure that the tranquility of the headquarters district *is* not disturbed by the unauthorized entry of groups of persons from outside or by disturbances in its immediate vicinity and shall cause to be provided on the boundaries of the headquarters district such police protection as is required for these purposes.

(b) If so requested by the Secretary–General, the appropriate American authorities shall provide a sufficient number of police for the preservation of law and order in the headquarters district, and for the removal therefrom of persons as requested under the authority of the United Nations. The United Nations shall, if requested, enter into arrangements with the appropriate American authorities to reimburse them for the reasonable cost of such services.

ARTICLE VII – PUBLIC SERVICES AND PROTECTION OF THE HEADQUARTERS DISTRICT

SECTION 17

(a) The appropriate American authorities will exercise to the extent requested by the Secretary–General the powers which they possess with respect to the supplying of public services to ensure that the headquarters district shall be supplied on equitable terms with the necessary public services, including electricity, water, gas, post, telephone, telegraph, transportation, drainage, collection of refuse, fire protection, snow removal, et cetera. In case of any interruption or threatened interruption of any such services, the appropriate American authorities will consider the needs of the United Nations as being of equal importance with the similar needs of essential agencies of the Government of the United States, and will take steps accordingly, to ensure that the work of the United Nations is not prejudiced.

(b) Special provisions with reference to maintenance of utilities and underground construction are contained in Annex 2.

SECTION 18

The appropriate American authorities shall take all reasonable steps to ensure that the amenities of the headquarters district are not prejudiced and the purposes for which the district is required are not obstructed by any use made of the land in the vicinity of the district. The United Nations shall on its part take all reasonable steps to ensure that the amenities of the land in the vicinity of the headquarters district are not prejudiced by any use made of the land in the headquarters district by the United Nations.

SECTION 19

It is agreed that no form of racial or religious discrimination shall be permitted within the headquarters district.

ARTICLE VIII – MATTERS RELATING TO THE OPERATION OF THIS AGREEMENT

SECTION 20

The Secretary–General and the appropriate American authorities shall settle by agreement the channels through which they will communicate regarding the application of the provisions of this agreement and other questions affecting the headquarters district, and may enter into such supplemental agreements as may be necessary to fulfill the purposes of this agreement. In making supplemental agreements with the Secretary–General, the United States shall consult with the appropriate state and local authorities. If the Secretary–General so requests, the Secretary of State of the United States shall appoint a special representative for the purpose of liaison with the Secretary–General.

SECTION 21

(a) Any dispute between the United Nations and the United States concerning the interpretation or application of this agreement or of any supplemental agreement, which is not settled by negotiation or other agreed mode of settlement, shall be referred for final decision to a tribunal of three arbitrators, one to be named by the Secretary–General, one to be named by the Secretary of State of the United States, and the third to be chosen by the two, or, if they should fail to agree upon a third, then by the President of the International Court of Justice.

(b) The Secretary–General or the United States may ask the General Assembly to request of the International Court of Justice an advisory opinion on any legal question arising in the course of such proceedings. Pending the receipt of the opinion of the Court, an interim decision of the arbitral tribunal shall be observed on both parties. Thereafter, the arbitral tribunal shall render a final decision, having regard to the opinion of the Court.

ARTICLE IX – MISCELLANEOUS PROVISIONS

SECTION 22

(a) The United Nations shall not dispose of all or any part of the land owned by it in the headquarters district without the consent of the United States. If the United States is unwilling to consent to a disposition which the United Nations wishes to make of all or any part of such land, the United States shall buy the same from the United Nations at a price to be determined as provided in paragraph (d) of this section.

(b) If the seat of the United Nations is removed from the headquarters district, all right, title and interest of the United Nations in and to real property in the headquarters district or any part of it shall, on request of either the United Nations or the United States, be assigned and conveyed to the United States. In the absence of such request, the same shall be assigned and conveyed to the subdivision of a state in which is located or, if such subdivision shall not desire it, then to the state in which it is located. If none of the foregoing desires the same, it may be disposed of as provided in paragraph (a) of this section.

(c) If the United Nations disposes of all or any part of the headquarters district, the provisions of other sections of this agreement which apply to the headquarters district shall immediately cease to apply to the land and buildings so disposed of

(d) The price to be paid for any conveyance under this section shall, in default of agreement, be the then fair value of the land, buildings and installations, to be determined under the procedure provided in Section 21.

SECTION 23

The seat of the United Nations shall not be removed from the headquarters district unless the United Nations should so decide.

SECTION 24

This agreement shall cease to be in force if the seat of the United Nations is removed from the territory of the United States, except for such provisions as may be applicable in connection with the orderly termination of the operations of the United Nations at its seat in the United States and the disposition of its property therein.

SECTION 25

Wherever this agreement imposes obligations on the appropriate American authorities, the Government of the United States shall have the ultimate responsibility for the fulfillment of such obligations by the appropriate American authorities.

SECTION 26

The provisions of this agreement shall be complementary to the provisions of the General Convention. In so far as any provision of this agreement and any provisions of the General Convention relate to the same subject matter, the two provisions shall, wherever possible, be treated as complementary, so that both provisions shall be applicable and neither shall narrow the effect of the other, but in any case of absolute conflict, the provisions of this agreement shall prevail.

SECTION 27

This agreement shall be construed in the light of its primary purpose to enable the United Nations at its headquarters in the United States, fully and efficiently to discharge its responsibilities and fulfill its purposes.

SECTION 28

This agreement shall be brought into effect by an exchange of notes between the Secretary–General, duly authorized pursuant to a resolution of the General Assembly of the United Nations, and the appropriate executive officer of the United States, duly authorized pursuant to appropriate action of the Congress.

IN WITNESS WHEREOF the respective representatives have signed this Agreement and have affixed their seals hereto.

Done in duplicate, in the English and French languages, both authentic, at Lake Success the twenty–sixth day of June 1947.

For the Government of the United States of America:

G. C. MARSHALL
Secretary of State

For the United Nations:

Trygve Lie
Secretary–General

부속문서 생략)

□ 부록 5: 1986년 국가와국제기구또는국제기구상호간의조약법에관한 비엔나협약

Vienna Convention on the Law of Treaties between States and International Organizations or Between International Organizations(VCLTIO)은 조약법에 대한 비엔나 협약(Vienna Convention on the Law of Treaties)의 확장으로 UN 국제법 위원회(International Law Commission)에 의해 작성된 것으로 1986년 3월 21부터 서명을 위해 오픈되어 있다. 동 조약 제85조는 35개국이 비준하면 발효하도록 되어 있다. 2009년 현재 28개국이 비준하여 현재는 발효되지 않고 있다. 향후 국제기구법 연구의 전범이 될 것으로 사료된다. 중요성에 비추어 전문을 소개한다.

Vienna Convention on the Law of Treaties between States and International Organizations or between International Organizations

Done at Vienna on 21 March 1986

PART I

INTRODUCTION

Article 1

Scope of the present Convention

The present Convention applies to:

(*a*) treaties between one or more States and one or more international organizations, and

(*b*) treaties between international organizations.

Article 2

Use of terms

1. For the purposes of the present Convention:

(*a*) ""treaty"" means an international agreement governed by international law and concluded in written form:

(i) between one or more States and one or more international organizations; or

(ii) between international organizations,

whether that agreement is embodied in a single instrument or in two or more related instruments and whatever its particular designation;

(*b*) “"ratification"” means the international act so named whereby a State establishes on the international plane its consent to be bound by a treaty;

(*b* bis) “"act of formal confirmation"” means an international act corresponding to that of ratification by a State, whereby an international organization establishes on the

international plane its consent to be bound by a treaty;

(*b* ter) “"acceptance"”, “"approval"” and “"accession"” mean in each case the international act so named whereby a State or an international organization establishes on the international plane its consent to be bound by a treaty;

(*c*) “"full powers"” means a document emanating from the competent authority of a State or from the competent organ of an international organization designating a person or persons to represent the State or the organization for negotiating, adopting or authenticating the text of a treaty, for expressing the consent of the State or of the organization to be bound by a treaty, or for accomplishing any other act with respect to a treaty;

(*d*) “"reservation"” means a unilateral statement, however phrased or named, made by a State or by an international organization when signing, ratifying, formally confirming, accepting, approving or acceding to a treaty, whereby it purports to exclude or to modify the legal effect of certain provisions of the treaty in their application to that State or to that organization;

(*e*) “"negotiating State"” and “"negotiating organization"” mean respectively:

(i) a State, or

(ii) an international organization,

which took part in the drawing up and adoption of the text of the treaty;

(*f*) “"contracting State"” and “"contracting organization"” mean respectively:

(i) a State, or

(ii) an international organization,

which has consented to be bound by the treaty, whether or not the treaty has entered into force;

(*g*) “"party"” means a State or an international organization which has consented to be bound by the treaty and for which the treaty is in force;

(*h*) “"third State"” and “"third organization"” mean respectively:

(i) a State, or

(ii) an international organization,

not a party to the treaty;

(*i*) “"international organization"” means an intergovernmental organization;

(*j*) “"rules of the organization"” means, in particular, the constituent instruments, decisions and resolutions adopted in accordance with them, and established practice of the organization.

2. The provisions of paragraph 1 regarding the use of terms in the present Convention are without prejudice to the use of those terms or to the meanings which may be given to them in the internal law of any State or in the rules of any international organization.

Article 3
International agreements not within the scope of the present Convention

The fact that the present Convention does not apply:

(i) to international agreements to which one or more States, one or more international organizations and one or more subjects of international law other than States or organizations are parties;

(ii) to international agreements to which one or more international organizations and one or more subjects of international law other than States or organizations are parties;

(iii) to international agreements not in written form between one or more States and one or more international organizations, or between international organizations; or

(iv) to international agreements between subjects of international law other than States or international organizations;

shall not affect:

(*a*) the legal force of such agreements;

(*b*) the application to them of any of the rules set forth in the present Convention to which they would be subject under international law independently of the Convention;

(*c*) the application of the Convention to the relations between States and international organizations or to the relations of organizations as between themselves, when those relations are governed by international agreements to which other subjects of international law are also parties.

Article 4
Non-retroactivity of the present Convention

Without prejudice to the application of any rules set forth in the present Convention to which treaties between one or more States and one or more international organizations or between international organizations would be subject under international law independently of the Convention, the Convention applies only to such treaties concluded after the entry into force of the present Convention with regard to those States and those organizations.

Article 5
Treaties constituting international organizations and treaties adopted within an international organization

The present Convention applies to any treaty between one or more States and one or more international organizations which is the constituent instrument of an international organization and to any treaty adopted within an international organization, without prejudice to any relevant rules of the organization.

PART II.
CONCLUSION AND ENTRY INTO FORCE OF TREATIES
SECTION 1. CONCLUSION OF TREATIES

Article 6
Capacity of international organizations to conclude treaties

The capacity of an international organization to conclude treaties is governed by the rules of that organization.

Article 7
Full powers

1. A person is considered as representing a State for the purpose of

adopting or authenticating the text of a treaty or for the purpose of expressing the consent of the State to be bound by a treaty if:

(*a*) that person produces appropriate full powers; or

(*b*) it appears from practice or from other circumstances that it was the intention of the States and international organizations concerned to consider that person as representing the State for such purposes without having to produce full powers.

2. In virtue of their functions and without having to produce full powers, the following are considered as representing their State:

(*a*) Heads of State, Heads of Government and Ministers for Foreign Affairs, for the purpose of performing all acts relating to the conclusion of a treaty between one or more States and one or more international organizations;

(*b*) representatives accredited by States to an international conference, for the purpose of adopting the text of a treaty between States and international organizations;

(*c*) representatives accredited by States to an international organization or one of its organs, for the purpose of adopting the text of a treaty in that organization or organ;

(*d*) heads of permanent missions to an international organization, for the purpose of adopting the text of a treaty between the accrediting States and that organization.

3. A person is considered as representing an international organization for the purpose of adopting or authenticating the text of a treaty, or expressing the consent of that organization to be bound by a treaty, if:

(*a*) that person produces appropriate full powers; or

(*b*) it appears from the circumstances that it was the intention of the States and international organizations concerned to consider that person as representing the organization for such purposes, in accordance with the rules of the organization, without having to produce full powers.

Article 8
Subsequent confirmation of an act performed without authorization

An act relating to the conclusion of a treaty performed by a person who cannot be considered under article 7 as authorized to represent a State or an international organization for that purpose is without legal effect unless afterwards confirmed by that State or that organization.

Article 9
Adoption of the text

1. The adoption of the text of a treaty takes place by the consent of all the States and international organizations or, as the case may be, all the organizations participating in its drawing up except as provided in paragraph 2.

2. The adoption of the text of a treaty at an international conference takes place in accordance with the procedure agreed upon by the participants in that conference. If, however, no agreement is reached on any such procedure, the adoption of the text shall take place by the vote of two thirds of the participants present and voting unless by the same majority they shall decide to apply a different rule.

Article 10
Authentication of the text

1. The text of a treaty between one or more States and one or more international organizations is established as authentic and definitive:

(*a*) by such procedure as may be provided for in the text or agreed upon by the States and organizations participating in its drawing up; or

(*b*) failing such procedure, by the signature, signature *ad referendum* or initialling by the representatives of those States and those organizations of the text of the treaty or of the Final Act of a conference incorporating the text.

2. The text of a treaty between international organizations is established as authentic and definitive:

(*a*) by such procedure as may be provided for in the text or agreed upon by the organizations participating in its drawing up; or

(*b*) failing such procedure, by the signature, signature *ad referendum* or initialling by the representatives of those States and those organizations of the text of the treaty or of the Final Act of a conference incorporating the text.

Article 11

Means of expressing consent to be bound by a treaty

1. The consent of a State to be bound by a treaty may be expressed by signature, exchange of instruments constituting a treaty, ratification, acceptance, approval or accession, or by any other means if so agreed.

2. The consent of an international organization to be bound by a treaty may be expressed by signature, exchange of instruments constituting a treaty, act of formal confirmation, acceptance, approval or accession, or by any other means if so agreed.

Article 12

Consent to be bound by a treaty expressed by signature

1. The consent of a State or of an international organization to be bound by a treaty is expressed by the signature of the representative of that State or of that organization when:

(*a*) the treaty provides that signature shall have that effect;

(*b*) it is otherwise established that the negotiating States and negotiating organizations or, as the case may be, the negotiating organizations were agreed that signature should have that effect; or

(*c*) the intention of the State or organization to give that effect to the signature appears from the full powers of its representative or was expressed during the negotiation.

2. For the purposes of paragraph 1:

(*a*) the initialling of a text constitutes a signature of the treaty when it is established that the negotiating States and negotiating organizations or, as the case may be, the negotiating organizations so agreed;

(*b*) the signature *ad referendum* of a treaty by the representative of a State or an international organization, if confirmed by his State or organization, constitutes a full signature of the treaty.

Article 13

Consent to be bound by a treaty expressed by an exchange of instruments constituting a treaty

The consent of States or of international organizations to be bound by a treaty constituted by instruments exchanged between them is expressed by that exchange when:

(*a*) the instruments provide that their exchange shall have that effect; or

(*b*) it is otherwise established that those States and those organizations or, as the case may be, those organizations were agreed that the exchange of instruments should have that effect.

Article 14

Consent to be bound by a treaty expressed by ratification, act of formal confirmation, acceptance or approval

1. The consent of a State to be bound by a treaty is expressed by ratification when:

(*a*) the treaty provides for such consent to be expressed by means of ratification;

(*b*) it is otherwise established that the negotiating States and negotiating organizations were agreed that ratification should be required;

(*c*) the representative of the State has signed the treaty subject to ratification; or

(*d*) the intention of the State to sign the treaty subject to ratification appears from the full powers of its representative or was expressed during the negotiation.

2. The consent of an international organization to be bound by a treaty is expressed by an act of formal confirmation when:

(*a*) the treaty provides for such consent to be expressed by means of an act of formal confirmation;

(*b*) it is otherwise established that the negotiating States and negotiating organizations or, as the case may be, the negotiating organizations were agreed that an act of formal confirmation should be required;

(*c*) the representative of the organization has signed the treaty subject to an act of formal confirmation; or

(*d*) the intention of the organization to sign the treaty subject to an act of formal confirmation appears from the full powers of its representative or was expressed during the negotiation.

3. The consent of a State or of an international organization to be

bound by a treaty is expressed by acceptance or approval under conditions similar to those which apply to ratification or, as the case may be, to an act of formal confirmation.

Article 15
Consent to be bound by a treaty expressed by accession

The consent of a State or of an international organization to be bound by a treaty is expressed by accession when:

(*a*) the treaty provides that such consent may be expressed by that State or that organization by means of accession;

(*b*) it is otherwise established that the negotiating States and negotiating organizations or, as the case may be, the negotiating organizations were agreed that such consent may be expressed by that State or that organization by means of accession; or

(*c*) all the parties have subsequently agreed that such consent may be expressed by that State or that organization by means of accession.

Article 16
Exchange or deposit of instruments of ratification, formal confirmation, acceptance, approval or accession

1. Unless the treaty otherwise provides, instruments of ratification, instruments relating to an act of formal confirmation or instruments of acceptance, approval or accession establish the consent of a State or of an international organization to be bound by a treaty between one or more States and one or more international organizations upon:

(*a*) their exchange between the contracting States and contracting organizations;

(*b*) their deposit with the depositary; or

(*c*) their notification to the contracting States and to the contracting organizations or to the depositary, if so agreed.

2. Unless the treaty otherwise provides, instruments relating to an act of formal confirmation or instruments of acceptance, approval or accession establish the consent of an international organization to be bound by a treaty between international organizations upon:

(*a*) their exchange between the contracting organizations;

(*b*) their deposit with the depositary; or

(*c*) their notification to the contracting organizations or to the depositary, if so agreed.

Article 17
Consent to be bound by part of a treaty and choice of differing provisions

1. Without prejudice to articles 19 to 23, the consent of a State or of an international organization to be bound by part of a treaty is effective only if the treaty so permits, or if the contracting States and contracting organizations or, as the case may be, the contracting organizations so agree.

2. The consent of a State or of an international organization to be bound by a treaty which permits a choice between differing provisions is effective only if it is made clear to which of the provisions the consent relates.

Article 18
Obligation not to defeat the object and purpose of a treaty prior to its entry into force

A State or an international organization is obliged to refrain from acts which would defeat the object and purpose of a treaty when:

(*a*) that State or that organization has signed the treaty or has exchanged instruments constituting the treaty subject to ratification, act of formal confirmation, acceptance or approval, until that State or that organization shall have made its intention clear not to become a party to the treaty; or

(*b*) that State or that organization has expressed its consent to be bound by the treaty, pending the entry into force of the treaty and provided that such entry into force is not unduly delayed.

SECTION 2. RESERVATIONS

Article 19
Formulation of reservations

A State or an international organization may, when signing, ratifying, formally confirming, accepting, approving or acceding to a treaty, formulate a reservation unless:

(*a*) the reservation is prohibited by the treaty;

(*b*) the treaty provides that only specified reservations, which do not include the reservation in question, may be made; or

(*c*) in cases not falling under subparagraphs (a) and (b), the reservation is incompatible with the object and purpose of the treaty.

Article 20

Acceptance of and objection to reservations

1. A reservation expressly authorized by a treaty does not require any subsequent acceptance by the contracting States and contracting organizations or, as the case may be, by the contracting organizations unless the treaty so provides.

2. When it appears from the limited number of the negotiating States and negotiating organizations or, as the case may be, of the negotiating organizations and the object and purpose of a treaty that the application of the treaty in its entirety between all the parties is an essential condition of the consent of each one to be bound by the treaty, a reservation requires acceptance by all the parties.

3. When a treaty is a constituent instrument of an international organization and unless it otherwise provides, a reservation requires the acceptance of the competent organ of that organization.

4. In cases not falling under the preceding paragraphs and unless the treaty otherwise provides:

(*a*) acceptance of a reservation by a contracting State or by a contracting organization constitutes the reserving State or international organization a party to the treaty in relation to the accepting State or organization if or when the treaty is in force for the reserving State or organization and for the accepting State or organization;

(*b*) an objection by a contracting State or by a contracting organization to a reservation does not preclude the entry into force of the treaty as between the objecting State or international organization and the reserving State or organization unless a contrary intention is definitely expressed by the objecting

State or organization;

(*c*) an act expressing the consent of a State or of an international organization to be bound by the treaty and containing a reservation is effective as soon as at least one contracting State or one contracting organization has accepted the reservation.

5. For the purposes of paragraphs 2 and 4, and unless the treaty otherwise provides, a reservation is considered to have been accepted by a State or an international organization if it shall have raised no objection to the reservation by the end of a period of twelve months after it was notified of the reservation or by the date on which it expressed its consent to be bound by the treaty, whichever is later.

Article 21
Legal effects of reservations and of objections to reservations

1. A reservation established with regard to another party in accordance with articles 19, 20 and 23:

(*a*) modifies for the reserving State or international organization in its relations with that other party the provisions of the treaty to which the reservation relates to the extent of the reservation; and

(*b*) modifies those provisions to the same extent for that other party in its relations with the reserving State or international organization.

2. The reservation does not modify the provisions of the treaty for the other parties to the treaty inter se.

3. When a State or an international organization objecting to a reservation has not opposed the entry into force of the treaty between itself and the reserving State or organization, the provisions to which the reservation relates do not apply as between the reserving State or organization and the objecting State or organization to the extent of the reservation.

Article 22
Withdrawal of reservations and of objections to reservations

1. Unless the treaty otherwise provides, a reservation may be withdrawn at any time and the consent of a State or of an international organization which has accepted the reservation is not required for its

withdrawal.

2. Unless the treaty otherwise provides, an objection to a reservation may be withdrawn at any time.

3. Unless the treaty otherwise provides, or it is otherwise agreed:

(*a*) the withdrawal of a reservation becomes operative in relation to a contracting State or a contracting organization only when notice of it has been received by that State or that organization;

(*b*) the withdrawal of an objection to a reservation becomes operative only when notice of it has been received by the State or international organization which formulated the reservation.

Article 23
Procedure regarding reservations

1. A reservation, an express acceptance of a reservation and an objection to a reservation must be formulated in writing and communicated to the contracting States and contracting organizations and other States and international organizations entitled to become parties to the treaty.

2. If formulated when signing the treaty subject to ratification, act of formal confirmation, acceptance or approval, a reservation must be formally confirmed by the reserving State or international organization when expressing its consent to be bound by the treaty. In such a case the reservation shall be considered as having been made on the date of its confirmation.

3. An express acceptance of, or an objection to, a reservation made previously to confirmation of the reservation does not itself require confirmation.

4. The withdrawal of a reservation or of an objection to a reservation must be formulated in writing.

SECTION 3. ENTRY INTO FORCE AND PROVISIONAL APPLICATION OF TREATIES

Article 24
Entry into force

1. A treaty enters into force in such manner and upon such date as it may provide or as the negotiating States and negotiating organizations or, as the case may be, the negotiating organizations may agree.

2. Failing any such provision or agreement, a treaty enters into force as soon as consent to be bound by the treaty has been established for all the negotiating States and negotiating organizations or, as the case may be, all the negotiating organizations.

3. When the consent of a State or of an international organization to be bound by a treaty is established on a date after the treaty has come into force, the treaty enters into force for that State or that organization on that date, unless the treaty otherwise provides.

4. The provisions of a treaty regulating the authentication of its text, the establishment of consent to be bound by the treaty, the manner or date of its entry into force, reservations, the functions of the depositary and other matters arising necessarily before the entry into force of the treaty apply from the time of the adoption of its text.

Article 25
Provisional application

1. A treaty or a part of a treaty is applied provisionally pending its entry into force if:

(*a*) the treaty itself so provides; or

(*b*) the negotiating States and negotiating organizations or, as the case may be, the negotiating organizations have in some other manner so agreed.

2. Unless the treaty otherwise provides or the negotiating States and negotiating organizations or, as the case may be, the negotiating organizations have otherwise agreed, the provisional application of a treaty or a part of a treaty with respect to a State or an international organization shall be terminated if that State or that organization notifies the States and organizations with regard to which the treaty is being applied provisionally of its intention not to become a party to the treaty.

PART III.
OBSERVANCE, APPLICATION AND INTERPRETATION OF TREATIES
SECTION 1. OBSERVANCE OF TREATIES

Article 26
Pacta sunt servanda

Every treaty in force is binding upon the parties to it and must be performed by them in good faith.

Article 27
Internal law of States, rules of international organizations and observance of treaties

1. A State party to a treaty may not invoke the provisions of its internal law as justification for its failure to perform the treaty.

2. An international organization party to a treaty may not invoke the rules of the organization as justification for its failure to perform the treaty.

3. The rules contained in the preceding paragraphs are without prejudice to article 46.

SECTION 2. APPLICATION OF TREATIES

Article 28
Non-retroactivity of treaties

Unless a different intention appears from the treaty or is otherwise established, its provisions do not bind a party in relation to any act or fact which took place or any situation which ceased to exist before the date of the entry into force of the treaty with respect to that party.

Article 29
Territorial scope of treaties

Unless a different intention appears from the treaty or is otherwise established, a treaty between one or more States and one or more international organizations is binding upon each State party in respect of its entire territory.

Article 30
Application of successive treaties relating to the same subject matter

1. The rights and obligations of States and international organizations parties to successive treaties relating to the same subject matter shall be determined in accordance with the following paragraphs.

2. When a treaty specifies that it is subject to, or that it is not to be considered as incompatible with, an earlier or later treaty, the provisions of that other treaty prevail.

3. When all the parties to the earlier treaty are parties also to the later treaty but the earlier treaty is not terminated or suspended in operation under article 59, the earlier treaty applies to the extent that its provisions are compatible with those of the later treaty.

4. When the parties to the later treaty do not include all the parties to the earlier one:

(*a*) as between two parties, each of which is a party to both treaties, the same rule applies as in paragraph 3;

(*b*) as between a party to both treaties and a party to only one of the treaties, the treaty to which both are parties governs their mutual rights and obligations.

5. Paragraph 4 is without prejudice to article 41, or to any question of the termination or suspension of the operation of a treaty under article 60 or to any question of responsibility which may arise for a State or for an international organization from the conclusion or application of a treaty the provisions of which are incompatible with its obligations towards a State or an organization under another treaty.

6. The preceding paragraphs are without prejudice to the fact that, in the event of a conflict between obligations under the Charter of the United Nations and obligations under a treaty, the obligations under the Charter shall prevail.

SECTION 3. INTERPRETATION OF TREATIES

Article 31

General rule of interpretation

1. A treaty shall be interpreted in good faith in accordance with the ordinary meaning to be given to the terms of the treaty in their context and in the light of its object and purpose.

2. The context for the purpose of the interpretation of a treaty shall comprise, in addition to the text, including its preamble and annexes:

(*a*) any agreement relating to the treaty which was made between all the parties in connection with the conclusion of the treaty;

(*b*) any instrument which was made by one or more parties in connection with the conclusion of the treaty and accepted by the other parties as an instrument related to the treaty.

3. There shall be taken into account, together with the context:

(*a*) any subsequent agreement between the parties regarding the interpretation of the treaty or the application of its provisions;

(*b*) any subsequent practice in the application of the treaty which establishes the agreement of the parties regarding its interpretation;

(*c*) any relevant rules of international law applicable in the relations between the parties.

4. A special meaning shall be given to a term if it is established that the parties so intended.

Article 32

Supplementary means of interpretation

Recourse may be had to supplementary means of interpretation, including the preparatory work of the treaty and the circumstances of its conclusion, in order to confirm the meaning resulting from the application of article 31, or to determine the meaning when the interpretation according to article 31:

(*a*) leaves the meaning ambiguous or obscure; or

(*b*) leads to a result which is manifestly absurd or unreasonable.

Article 33
Interpretation of treaties authenticated in two or more languages

1. When a treaty has been authenticated in two or more languages, the text is equally authoritative in each language, unless the treaty provides or the parties agree that, in case of divergence, a particular text shall prevail.

2. A version of the treaty in a language other than one of those in which the text was authenticated shall be considered an authentic text only if the treaty so provides or the parties so agree.

3. The terms of a treaty are presumed to have the same meaning in each authentic text.

4. Except where a particular text prevails in accordance with paragraph 1, when a comparison of the authentic texts discloses a difference of meaning which the application of articles 31 and 32 does not remove, the meaning which best reconciles the texts, having regard to the object and purpose of the treaty, shall be adopted.

SECTION 4. TREATIES AND THIRD STATES OR THIRD ORGANIZATIONS

Article 34
General rule regarding third States and third organizations

A treaty does not create either obligations or rights for a third State or a third organization without the consent of that State or that organization.

Article 35
Treaties providing for obligations for third States or third organizations

An obligation arises for a third State or a third organization from a provision of a treaty if the parties to the treaty intend the provision to be the means of establishing the obligation and the third State or the third organization expressly accepts that obligation in writing. Acceptance by the third organization of such an obligation shall be governed by the rules of that organization.

Article 36
Treaties providing for rights for third States or third organizations

1. A right arises for a third State from a provision of a treaty if the parties to the treaty intend the provision to accord that right either to the third State, or to a group of States to which it belongs, or to all States, and the third State assents thereto. Its assent shall be presumed so long as the contrary is not indicated, unless the treaty otherwise provides.

2. A right arises for a third organization from a provision of a treaty if the parties to the treaty intend the provision to accord that right either to the third organization, or to a group of international organizations to which it belongs, or to all organizations, and the third organization assents thereto. Its assent shall be governed by the rules of the organization.

3. A State or an international organization exercising a right in accordance with paragraph 1 or 2 shall comply with the conditions for its exercise provided for in the treaty or established in conformity with the treaty.

Article 37
Revocation or modification of obligations or rights of third States or third organizations

1. When an obligation has arisen for a third State or a third organization in conformity with article 35, the obligation may be revoked or modified only with the consent of the parties to the treaty and of the third State or the third organization, unless it is established that they had otherwise agreed.

2. When a right has arisen for a third State or a third organization in conformity with article 36, the right may not be revoked or modified by the parties if it is established that the right was intended not to be revocable or subject to modification without the consent of the third State or the third organization.

3. The consent of an international organization party to the treaty or of a third organization, as provided for in the foregoing paragraphs, shall be governed by the rules of that organization.

Article 38

Rules in a treaty becoming binding on third States or third organizations through international custom

Nothing in articles 34 to 37 precludes a rule set forth in a treaty from becoming binding upon a third State or a third organization as a customary rule of international law, recognized as such.

PART IV.

AMENDMENT AND MODIFICATION OF TREATIES

Article 39

General rule regarding the amendment of treaties

1. A treaty may be amended by agreement between the parties. The rules laid down in Part II apply to such an agreement except insofar as the treaty may otherwise provide.

2. The consent of an international organization to an agreement provided for in paragraph 1 shall be governed by the rules of that organization.

Article 40

Amendment of multilateral treaties

1. Unless the treaty otherwise provides, the amendment of multilateral treaties shall be governed by the following paragraphs.

2. Any proposal to amend a multilateral treaty as between all the parties must be notified to all the contracting States and all the contracting organizations, each one of which shall have the right to take part in:

(*a*) the decision as to the action to be taken in regard to such proposal;

(*b*) the negotiation and conclusion of any agreement for the amendment of the treaty.

3. Every State or international organization entitled to become a party to the treaty shall also be entitled to become a party to the treaty as amended.

4. The amending agreement does not bind any State or international organization already a party to the treaty which does not become a party to the amending agreement; article 30, paragraph 4 (*b*), applies in relation to such State or organization.

5. Any State or international organization which becomes a party to the treaty after the entry into force of the amending agreement shall, failing an expression of a different intention by that State or that organization:

(*a*) be considered as a party to the treaty as amended; and

(*b*) be considered as a party to the unamended treaty in relation to any party to the treaty not bound by the amending agreement.

Article 41

Agreements to modify multilateral treaties between certain of the parties only

1. Two or more of the parties to a multilateral treaty may conclude an agreement to modify the treaty as between themselves alone if:

(*a*) the possibility of such a modification is provided for by the treaty; or

(*b*) the modification in question is not prohibited by the treaty and:

(i) does not affect the enjoyment by the other parties of their rights under the treaty or the performance of their obligations;

(ii) does not relate to a provision, derogation from which is incompatible with the effective execution of the object and purpose of the treaty as a whole.

2. Unless in a case falling under paragraph 1 (*a*) the treaty otherwise provides, the parties in question shall notify the other parties of their intention to conclude the agreement and of the modification to the treaty for which it provides.

PART V.
INVALIDITY, TERMINATION AND SUSPENSION OF THE OPERATION OF TREATIES
SECTION 1. GENERAL PROVISIONS

Article 42

Validity and continuance in force of treaties

1. The validity of a treaty or of the consent of a State or an international organization to be bound by a treaty may be impeached only through the application of the present Convention.

2. The termination of a treaty, its denunciation or the withdrawal of a

party, may take place only as a result of the application of the provisions of the treaty or of the present Convention. The same rule applies to suspension of the operation of a treaty.

Article 43
Obligations imposed by international law

independently of a treaty The invalidity, termination or denunciation of a treaty, the withdrawal of a party from it, or the suspension of its operation, as a result of the application of the present Convention or of the provisions of the treaty, shall not in any way impair the duty of any State or of any international organization to fulfil any obligation embodied in the treaty to which that State or that organization would be subject under international law independently of the treaty.

Article 44
Separability of treaty provisions

1. A right of a party, provided for in a treaty or arising under article 56, to denounce, withdraw from or suspend the operation of the treaty may be exercised only with respect to the whole treaty unless the treaty otherwise provides or the parties otherwise agree.

2. A ground for invalidating, terminating, withdrawing from or suspending the operation of a treaty recognized in the present Convention may be invoked only with respect to the whole treaty except as provided in the following paragraphs or in article 60.

3. If the ground relates solely to particular clauses, it may be invoked only with respect to those clauses where:

(*a*) the said clauses are separable from the remainder of the treaty with regard to their application;

(*b*) it appears from the treaty or is otherwise established that acceptance of those clauses was not an essential basis of the consent of the other party or parties to be bound by the treaty as a whole; and

(*c*) continued performance of the remainder of the treaty would not be unjust.

4. In cases falling under articles 49 and 50, the State or international organization entitled to invoke the fraud or corruption may do so with respect

either to the whole treaty or, subject to paragraph 3, to the particular clauses alone.

5. In cases falling under articles 51, 52 and 53, no separation of the provisions of the treaty is permitted.

Article 45
Loss of a right to invoke a ground for invalidating, terminating, withdrawing from or suspending the operation of a treaty

1. A State may no longer invoke a ground for invalidating, terminating, withdrawing from or suspending the operation of a treaty under articles 46 to 50 or articles 60 and 62 if, after becoming aware of the facts:

(*a*) it shall have expressly agreed that the treaty is valid or remains in force or continues in operation, as the case may be; or

(*b*) it must by reason of its conduct be considered as having acquiesced in the validity of the treaty or in its maintenance in force or in operation, as the case may be.

2. An international organization may no longer invoke a ground for invalidating, terminating, withdrawing from or suspending the operation of a treaty under articles 46 to 50 or articles 60 and 62 if, after becoming aware of the facts:

(*a*) it shall have expressly agreed that the treaty is valid or remains in force or continues in operation, as the case may be; or

(*b*) it must by reason of the conduct of the competent organ be considered as having renounced the right to invoke that ground.

SECTION 2. INVALIDITY OF TREATIES

Article 46
Provisions of internal law of a State and rules of an international organization regarding competence to conclude treaties

1. A State may not invoke the fact that its consent to be bound by a treaty has been expressed in violation of a provision of its internal law regarding competence to conclude treaties as invalidating its consent unless that violation

was manifest and concerned a rule of its internal law of fundamental importance.

2. An international organization may not invoke the fact that its consent to be bound by a treaty has been expressed in violation of the rules of the organization regarding competence to conclude treaties as invalidating its consent unless that violation was manifest and concerned a rule of fundamental importance.

3. A violation is manifest if it would be objectively evident to any State or any international organization conducting itself in the matter in accordance with the normal practice of States and, where appropriate, of international organizations and in good faith.

Article 47
Specific restrictions on authority to express the consent of a State or an international organization

If the authority of a representative to express the consent of a State or of an international organization to be bound by a particular treaty has been made subject to a specific restriction, his omission to observe that restriction may not be invoked as invalidating the consent expressed by him unless the restriction was notified to the negotiating States and negotiating organizations prior to his expressing such consent.

Article 48
Error

1. A State or an international organization may invoke an error in a treaty as invalidating its consent to be bound by the treaty if the error relates to a fact or situation which was assumed by that State or that organization to exist at the time when the treaty was concluded and formed an essential basis of the consent of that State or that organization to be bound by the treaty.

2. Paragraph 1 shall not apply if the State or international organization in question contributed by its own conduct to the error or if the circumstances were such as to put that State or that organization on notice of a possible error.

3. An error relating only to the wording of the text of a treaty does not affect its validity; article 80 then applies.

Article 49

Fraud

A State or an international organization induced to conclude a treaty by the fraudulent conduct of a negotiating State or a negotiating organization may invoke the fraud as invalidating its consent to be bound by the treaty.

Article 50

Corruption of a representative of a State or of an international organization

A State or an international organization the expression of whose consent to be bound by a treaty has been procured through the corruption of its representative directly or indirectly by a negotiating State or a negotiating organization may invoke such corruption as invalidating its consent to be bound by the treaty.

Article 51

Coercion of a representative of a State or of an international organization

The expression by a State or an international organization of consent to be bound by a treaty which has been procured by the coercion of the representative of that State or that organization through acts or threats directed against him shall be without any legal effect.

Article 52

Coercion of a State or of an international organization by the threat or use of force

A treaty is void if its conclusion has been procured by the threat or use of force in violation of the principles of international law embodied in the Chatter of the United Nations.

Article 53

Treaties conflicting with a peremptory norm of general international law (jus cogens)

A treaty is void if, at the time of its conclusion, it conflicts with a peremptory norm of general international law. For the purposes of the present Convention, a peremptory norm of general international law is a norm accepted and recognized by the international community of States as a whole as a norm from which no derogation is permitted and which can be modified only by a subsequent norm of general international law having the same character.

SECTION 3. TERMINATION AND SUSPENSION OF THE OPERATION OF TREATIES

ARTICLE 54

Termination of or withdrawal from a treaty under its provisions or by consent of the parties

The termination of a treaty or the withdrawal of a party may take place:

(*a*) in conformity with the provisions of the treaty; or

(*b*) at any time by consent of all the parties after consultation with the contracting States and contracting organizations.

Article 55

Reduction of the parties to a multilateral treaty below the number necessary for its entry into force

Unless the treaty otherwise provides, a multilateral treaty does not terminate by reason only of the fact that the number of the parties falls below the number necessary for its entry into force.

Article 56

Denunciation of or withdrawal from a treaty containing no provision regarding termination, denunciation or withdrawal

1. A treaty which contains no provision regarding its termination and which does not provide for denunciation or withdrawal is not subject to denunciation or withdrawal unless:

(*a*) it is established that the parties intended to admit the possibility of denunciation or withdrawal; or

(*b*) a right of denunciation or withdrawal may be implied by the nature of the treaty.

2. A party shall give not less than twelve months'' notice of its intention to denounce or withdraw from a treaty under paragraph 1.

Article 57

Suspension of the operation of a treaty under its provisions or by consent of the parties

The operation of a treaty in regard to all the parties or to a particular party may be suspended:

(*a*) in conformity with the provisions of the treaty; or

(*b*) at any time by consent of all the parties after consultation with the contracting States and contracting organizations.

Article 58

Suspension of the operation of a multilateral treaty by agreement between certain of the parties only

1. Two or more parties to a multilateral treaty may conclude an agreement to suspend the operation of provisions of the treaty, temporarily and as between themselves alone, if:

(*a*) the possibility of such a suspension is provided for by the treaty; or

(*b*) the suspension in question is not prohibited by the treaty and:

(i) does not affect the enjoyment by the other parties of their rights under the treaty or the performance of their obligations;

(ii) is not incompatible with the object and purpose of the treaty.

2. Unless in a case falling under paragraph 1 (*a*) the treaty otherwise provides, the parties in question shall notify the other parties of their intention to conclude the agreement and of those provisions of the treaty the operation of which they intend to suspend.

Article 59

Termination or suspension of the operation of a treaty implied by conclusion of a later treaty

1. A treaty shall be considered as terminated if all the parties to it

conclude a later treaty relating to the same subject matter and:

(*a*) it appears from the later treaty or is otherwise established that the parties intended that the matter should be governed by that treaty; or

(*b*) the provisions of the later treaty are so far incompatible with those of the earlier one that the two treaties are not capable of being applied at the same time.

2. The earlier treaty shall be considered as only suspended in operation if it appears from the later treaty or is otherwise established that such was the intention of the parties.

Article 60
Termination or suspension of the operation of a treaty as a consequence of its breach

1. A material breach of a bilateral treaty by one of the parties entitles the other to invoke the breach as a ground for terminating the treaty or suspending its operation in whole or in part.

2. A material breach of a multilateral treaty by one of the parties entitles:

(*a*) the other parties by unanimous agreement to suspend the operation of the treaty in whole or in part or to terminate it either:

(i) in the relations between themselves and the defaulting State or international organization; or

(ii) as between all the parties;

(*b*) a party specially affected by the breach to invoke it as a ground for suspending the operation of the treaty in whole or in part in the relations between itself and the defaulting State or international organization;

(*c*) any party other than the defaulting State or international organization to invoke the breach as a ground for suspending the operation of the treaty in whole or in part with respect to itself if the treaty is of such a character that a material breach of its provisions by one party radically changes the position of every party with respect to the further performance of its obligations under the treaty.

3. A material breach of a treaty, for the purposes of this article, consists in:

(*a*) a repudiation of the treaty not sanctioned by the present Convention; or (*b*) the violation of a provision essential to the accomplishment of the object or purpose of the treaty.

4. The foregoing paragraphs are without prejudice to any provision in the treaty applicable in the event of a breach.

5. Paragraphs 1 to 3 do not apply to provisions relating to the protection of the human person
contained in treaties of a humanitarian character, in particular to provisions prohibiting any form of reprisals against persons protected by such treaties.

Article 61
Supervening impossibility of performance

1. A party may invoke the impossibility of performing a treaty as a ground for terminating or withdrawing from it if the impossibility results from the permanent disappearance or destruction of an object indispensable for the execution of the treaty. If the impossibility is temporary, it may be invoked only as a ground for suspending the operation of the treaty.

2. Impossibility of performance may not be invoked by a party as a ground for terminating, withdrawing from or suspending the operation of a treaty if the impossibility is the result of a breach by that party either of an obligation under the treaty or of any other international obligation owed to any other party to the treaty.

Article 62
Fundamental change of circumstances

1. A fundamental change of circumstances which has occurred with regard to those existing at the time of the conclusion of a treaty, and which was not foreseen by the parties, may not be invoked as a ground for terminating or withdrawing from the treaty unless:

(*a*) the existence of those circumstances constituted an essential basis of the consent of the parties to be bound by the treaty; and

(*b*) the effect of the change is radically to transform the extent of obligations still to be performed under the treaty.

2. A fundamental change of circumstances may not be invoked as a

ground for terminating or withdrawing from a treaty between two or more States and one or more international organizations if the treaty establishes a boundary.

3. A fundamental change of circumstances may not be invoked as a ground for terminating or withdrawing from a treaty if the fundamental change is the result of a breach by the party invoking it either of an obligation under the treaty or of any other international obligation owed to any other party to the treaty.

4. If, under the foregoing paragraphs, a party may invoke a fundamental change of circumstances as a ground for terminating or withdrawing from a treaty it may also invoke the change as a ground for suspending the operation of the treaty.

Article 63
Severance of diplomatic or consular relations

The severance of diplomatic or consular relations between States Parties to a treaty between two or more States and one or more international organizations does not affect the legal relations established between those States by the treaty except insofar as the existence of diplomatic or consular relations is indispensable for the application of the treaty.

Article 64
Emergence of a new peremptory norm of general international law (jus cogens)

If a new peremptory norm of general international law emerges, any existing treaty which is in conflict with that norm becomes void and terminates.

SECTION 4. PROCEDURE

Article 65
Procedure to be followed with respect to invalidity, termination, withdrawal from or suspension of the operation of a treaty

1. A party which, under the provisions of the present Convention, invokes either a defect in its consent to be bound by a treaty or a ground for impeaching the validity of a treaty, terminating it, withdrawing from it or

suspending its operation, must notify the other parties of its claim. The notification shall indicate the measure proposed to be taken with respect to the treaty and the reasons therefor.

2. If, after the expiry of a period which, except in cases of special urgency, shall not be less than three months after the receipt of the notification, no party has raised any objection, the party making the notification may carry out in the manner provided in article 67 the measure which it has proposed.

3. If, however, objection has been raised by any other party, the parties shall seek a solution through the means indicated in Article 33 of the Charter of the United Nations.

4. The notification or objection made by an international organization shall be governed by the rules of that organization.

5. Nothing in the foregoing paragraphs shall affect the rights or obligations of the parties under any provisions in force binding the parties with regard to the settlement of disputes.

6. Without prejudice to article 45, the fact that a State or an international organization has not previously made the notification prescribed in paragraph 1 shall not prevent it from making such notification in answer to another party claiming performance of the treaty or alleging its violation.

Article 66

Procedures for judicial settlement, arbitration and conciliation

1. If, under paragraph 3 of article 65, no solution has been reached within a period of twelve months following the date on which the objection was raised, the procedures specified in the following paragraphs shall be followed.

2. With respect to a dispute concerning the application or the interpretation of article 53 or 64:

(*a*) if a State is a party to the dispute with one or more States, it may, by a written application, submit the dispute to the International Court of Justice for a decision;

(*b*) if a State is a party to the dispute to which one or more international organizations are parties, the State may, through a Member State of the United Nations if necessary, request the General Assembly or the Security Council or, where appropriate, the competent organ of an international organization which is a party to the dispute and is authorized in accordance with Article 96 of the Charter of the United Nations, to request an advisory opinion of the International Court of Justice in accordance with Article 65 of the Statute of the Court;

(*c*) if the United Nations or an international organization that is authorized in accordance with Article 96 of the Charter of the United Nations is a party to the dispute, it may request an advisory opinion of the International Court of Justice in accordance with Article 65 of the Statute of the Court;

(*d*) if an international organization other than those referred to in subparagraph (*c*) is a party to the dispute, it may, through a Member State of the United Nations, follow the procedure specified in subparagraph (*b*);

(*e*) the advisory opinion given pursuant to subparagraph (*b*), (*c*) or (*d*) shall be accepted as decisive by all the parties to the dispute concerned;

(*f*) if the request under subparagraph (*b*), (*c*) or (*d*) for an advisory opinion of the Court is not granted, any one of the parties to the dispute may, by written notification to the other party or parties, submit it to arbitration in accordance with the provisions of the Annex to the present Convention.

3. The provisions of paragraph 2 apply unless all the parties to a dispute referred to in that paragraph by common consent agree to submit the dispute to an arbitration procedure, including the one specified in the Annex to the present Convention.

4. With respect to a dispute concerning the application or the interpretation of any of the articles in Part V, other than articles 53 and 64, of the present Convention, any one of the parties to the dispute may set in motion the conciliation procedure specified in the Annex to the Convention by submitting a request to that effect to the Secretary-General of the United Nations.

Article 67

Instruments for declaring invalid, terminating, withdrawing from or suspending the operation of a treaty

1. The notification provided for under article 65, paragraph 1, must be made in writing.

2. Any act declaring invalid, terminating, withdrawing from or suspending the operation of a treaty pursuant to the provisions of the treaty or

of paragraphs 2 or 3 of article 65 shall be carried out through an instrument communicated to the other parties. If the instrument emanating from a State is not signed by the Head of State, Head of Government or Minister for Foreign Affairs, the representative of the State communicating it may be called upon to produce full powers. If the instrument emanates from an international organization, the representative of the organization communicating it may be called upon to produce full powers.

Article 68
Revocation of notifications and instruments provided for in articles 65 and 67

A notification or instrument provided for in articles 65 or 67 may be revoked at any time before it takes effect.

SECTION 5. CONSEQUENCES OF THE INVALIDITY, TERMINATION OR SUSPENSION OF THE OPERATION OF A TREATY

Article 69
Consequences of the invalidity of a treaty

1. A treaty the invalidity of which is established under the present Convention is void. The provisions of a void treaty have no legal force.

2. If acts have nevertheless been performed in reliance on such a treaty:

(*a*) each party may require any other party to establish as far as possible in their mutual relations the position that would have existed if the acts had not been performed;

(*b*) acts performed in good faith before the invalidity was invoked are not rendered unlawful by reason only of the invalidity of the treaty.

3. In cases falling under articles 49, 50, 51 or 52, paragraph 2 does not apply with respect to the party to which the fraud, the act of corruption or the coercion is imputable.

4. In the case of the invalidity of the consent of a particular State or a particular international organization to be bound by a multilateral treaty, the foregoing rules apply in the relations between that State or that

organization and the parties to the treaty.

Article 70

Consequences of the termination of a treaty

1. Unless the treaty otherwise provides or the parties otherwise agree, the termination of a treaty under its provisions or in accordance with the present Convention:

(*a*) releases the parties from any obligation further to perform the treaty;

(*b*) does not affect any right, obligation or legal situation of the parties created through the execution of the treaty prior to its termination.

2. If a State or an international organization denounces or withdraws from a multilateral treaty, paragraph 1 applies in the relations between that State or that organization and each of the other parties to the treaty from the date when such denunciation or withdrawal takes effect.

Article 71

Consequences of the invalidity of a treaty which conflicts with a peremptory norm of general international law

1. In the case of a treaty which is void under article 53 the parties shall:

(*a*) eliminate as far as possible the consequences of any act performed in reliance on any provision which conflicts with the peremptory norm of general international law; and

(*b*) bring their mutual relations into conformity with the peremptory norm of general international law.

2. In the case of a treaty which becomes void and terminates under article 64, the termination of the treaty:

(*a*) releases the parties from any obligation further to perform the treaty;

(*b*) does not affect any right, obligation or legal situation of the parties created through the execution of the treaty prior to its termination; provided that those rights, obligations or situations may thereafter be maintained only to the extent that their maintenance is not in itself in conflict with the new peremptory norm of general international law.

Article 72

Consequences of the suspension of the operation of a treaty

1. Unless the treaty otherwise provides or the parties otherwise agree, the suspension of the operation of a treaty under its provisions or in accordance with the present Convention:

(*a*) releases the parties between which the operation of the treaty is suspended from the obligation to perform the treaty in their mutual relations during the period of the suspension;

(*b*) does not otherwise affect the legal relations between the parties established by the treaty.

2. During the period of the suspension the parties shall refrain from acts tending to obstruct the resumption of the operation of the treaty.

PART VI.

MISCELLANEOUS PROVISIONS

Article 73

Relationship to the Vienna Convention on the Law of Treaties

As between States Parties to the Vienna Convention on the Law of Treaties of 1969, the relations of those States under a treaty between two or more States and one or more international organizations shall be governed by that Convention.

Article 74

Questions not prejudged by the present Convention

1. The provisions of the present Convention shall not prejudge any question that may arise in regard to a treaty between one or more States and one or more international organizations from a succession of States or from the international responsibility of a State or from the outbreak of hostilities between States.

2. The provisions of the present Convention shall not prejudge any question that may arise in regard to a treaty from the international responsibility of an international organization, from the termination of the existence of the organization or from the termination of participation by a State in the membership of the organization.

3. The provisions of the present Convention shall not prejudge any question that may arise in regard to the establishment of obligations and rights for States members of an international organization under a treaty to which that organization is a party.

Article 75
Diplomatic and consular relations and the conclusion of treaties

The severance or absence of diplomatic or consular relations between two or more States does not prevent the conclusion of treaties between two or more of those States and one or more international organizations. The conclusion of such a treaty does not in itself affect the situation in regard to diplomatic or consular relations.

Article 76
Case of an aggressor State

The provisions of the present Convention are without prejudice to any obligation in relation to a treaty between one or more States and one or more international organizations which may arise for an aggressor State in consequence of measures taken in conformity with the Charter of the United Nations with reference to that State''s aggression.

PART VII. DEPOSITARIES, NOTIFICATIONS, CORRECTONS AND REGISTRATION

Article 77
Depositaries of treaties

1. The designation of the depositary of a treaty may be made by the negotiating States and negotiating organizations or, as the case may be, the negotiating organizations, either in the treaty itself or in some other manner. The depositary may be one or more States, an international organization or the chief administrative officer of the organization.

2. The functions of the depositary of a treaty are international in character and the depositary is under an obligation to act impartially in their

performance. In particular, the fact that a treaty has not entered into force between certain of the parties or that a difference has appeared between a State or an international organization and a depositary with regard to the performance of the latter''s functions shall not affect that obligation.

Article 78
Functions of depositaries

1. The functions of a depositary, unless otherwise provided in the treaty or agreed by the contracting States and contracting organizations or, as the case may be, by the contracting organizations, comprise in particular:

(*a*) keeping custody of the original text of the treaty and of any full powers delivered to the depositary;

(*b*) preparing certified copies of the original text and preparing any further text of the treaty in such additional languages as may be required by the treaty and transmitting them to the parties and to the States and international organizations entitled to become parties to the treaty;

(*c*) receiving any signatures to the treaty and receiving and keeping custody of any instruments, notifications and communications relating to it;

(*d*) examining whether the signature or any instrument, notification or communication relating to the treaty is in due and proper form and, if need be, bringing the matter to the attention of the State or international organization in question;

(*e*) informing the parties and the States and international organizations entitled to become parties to the treaty of acts, notifications and communications relating to the treaty;

(*f*) informing the States and international organizations entitled to become parties to the treaty when the number of signatures or of instruments of ratification, instruments relating to an act of formal confirmation, or of instruments of acceptance, approval or accession required for the entry into force of the treaty has been received or deposited;

(*g*) registering the treaty with the Secretariat of the United Nations;

(*h*) performing the functions specified in other provisions of the present Convention.

2. In the event of any difference appearing between a State or an

international organization and the depositary as to the performance of the latter''s functions, the depositary shall bring the question to the attention of:

(*a*) the signatory States and organizations and the contracting States and contracting organizations; or

(*b*) where appropriate, the competent organ of the international organization concerned.

Article 79
Notifications and communications

Except as the treaty or the present Convention otherwise provide, any notification or communication to be made by any State or any international organization under the present Convention shall:

(*a*) if there is no depositary, be transmitted direct to the States and organizations for which it is intended, or if there is a depositary, to the latter;

(*b*) be considered as having been made by the State or organization in question only upon its receipt by the State or organization to which it was transmitted or, as the case may be, upon its receipt by the depositary;

(*c*) if transmitted to a depositary, be considered as received by the State or organization for which it was intended only when the latter State or organization has been informed by the depositary in accordance with article 78, paragraph 1 (*e*).

Article 80
Correction of errors in texts or in certified copies of treaties

1. Where, after the authentication of the text of a treaty, the signatory States and international organizations and the contracting States and contracting organizations are agreed that it contains an error, the error shall, unless those States and organizations decide upon some other means of correction, be corrected:

(*a*) by having the appropriate correction made in the text and causing the correction to be initialled by duly authorized representatives;

(*b*) by executing or exchanging an instrument or instruments setting out the correction which it has been agreed to make; or

(*c*) by executing a corrected text of the whole treaty by the same procedure as in the case of the original text.

2. Where the treaty is one for which there is a depositary, the latter shall notify the signatory States and international organizations and the contracting States and contracting organizations of the error and of the proposal to correct it and shall specify an appropriate time limit within which objection to the proposed correction may be raised. If, on the expiry of the time limit:

(*a*) no objection has been raised, the depositary shall make and initial the correction in the text and shall execute a proc s-verbal of the rectification of the text and communicate a copy of it to the parties and to the States and organizations entitled to become parties to the treaty;

(*b*) an objection has been raised, the depositary shall communicate the objection to the signatory States and organizations and to the contracting States and contracting organizations.

3. The rules in paragraphs 1 and 2 apply also where the text has been authenticated in two or more languages and it appears that there is a lack of concordance which the signatory States and international organizations and the contracting States and contracting organizations agree should be corrected.

4. The corrected text replaces the defective text ab initio, unless the signatory States and international organizations and the contracting States and contracting organizations otherwise decide.

5. The correction of the text of a treaty that has been registered shall be notified to the Secretariat of the United Nations.

6. Where an error is discovered in a certified copy of a treaty, the depositary shall execute a proc s-verbal specifying the rectification and communicate a copy of it to the signatory States and international organizations and to the contracting States and contracting organizations.

Article 81

Registration and publication of treaties

1. Treaties shall, after their entry into force, be transmitted to the Secretariat of the United Nations for registration or filing and recording, as the case may be, and for publication.

2. The designation of a depositary shall constitute authorization for it to perform the acts specified in the preceding paragraph.

PART VIII.
FINAL PROVISIONS

Article 82
Signature

The present Convention shall be open for signature until 31 December 1986 at the Federal Ministry for Foreign Affairs of the Republic of Austria, and subsequently, until 30 June 1987, at United Nations Headquarters, New York by:

(*a*) all States;

(*b*) Namibia, represented by the United Nations Council for Namibia;

(*c*) international organizations invited to participate in the United Nations Conference on the Law of Treaties between States and International Organizations or between International Organizations.

Article 83
Ratification or act of formal confirmation

The present Convention is subject to ratification by States and by Namibia, represented by the United Nations Council for Namibia, and to acts of formal confirmation by international organizations. The instruments of ratification and those relating to acts of formal confirmation shall be deposited with the Secretary-General of the United Nations.

Article 84
Accession

1. The present Convention shall remain open for accession by any State, by Namibia, represented by the United Nations Council for Namibia, and by any international organization which has the capacity to conclude treaties.

2. An instrument of accession of an international organization shall contain a declaration that it has the capacity to conclude treaties.

3.T he instruments of accession shall be deposited with the Secretary-General of the United Nations.

Article 85
Entry into force

1. The present Convention shall enter into force on the thirtieth day following the date of deposit of the thirty-fifth instrument of ratification or accession by States or by Namibia, represented by the United Nations Council for Namibia.

2. For each State or for Namibia, represented by the United Nations Council for Namibia, ratifying or acceding to the Convention after the condition specified in paragraph 1 has been fulfilled, the Convention shall enter into force on the thirtieth day after deposit by such State or by Namibia of its instrument of ratification or accession.

3. For each international organization depositing an instrument relating to an act of formal confirmation or an instrument of accession, the Convention shall enter into force on the thirtieth day after such deposit, or at the date the Convention enters into force pursuant to paragraph 1, whichever is later.

Article 86
Authentic texts

The original of the present Convention, of which the Arabic, Chinese, English, French, Russian and Spanish texts are equally authentic, shall be deposited with the Secretary-General of the United Nations.

IN WITNESS WHEREOF the undersigned Plenipotentiaries, being duly authorized by their respective Governments, and duly authorized representatives of the United Nations Council for Namibia and of international organizations have signed the present Convention.

DONE at Vienna, this twenty-first day of March one thousand nine hundred and eighty-six.

□ **부록 6-1:**

International organizations with near-universal membership in their respective continents: Continental Organizations Map

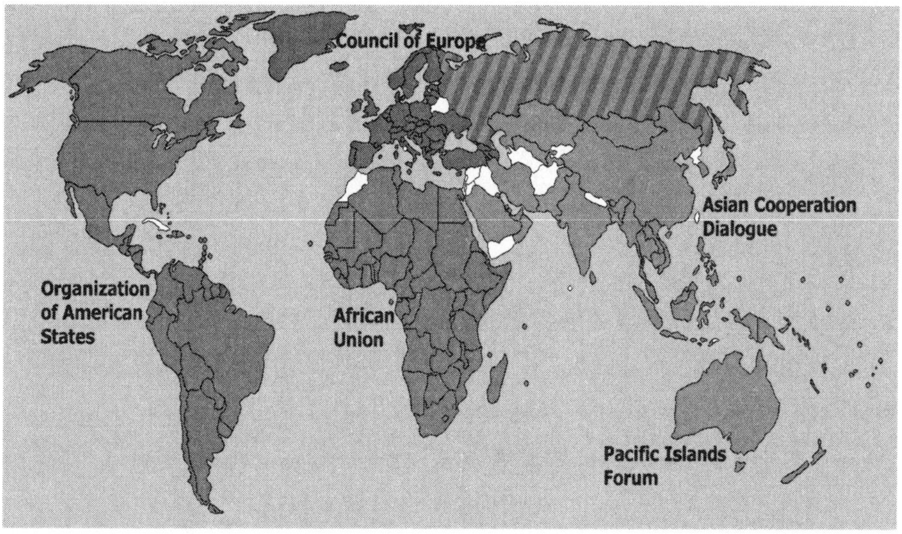

□ **부록 6-2:** Regional Organizations Map

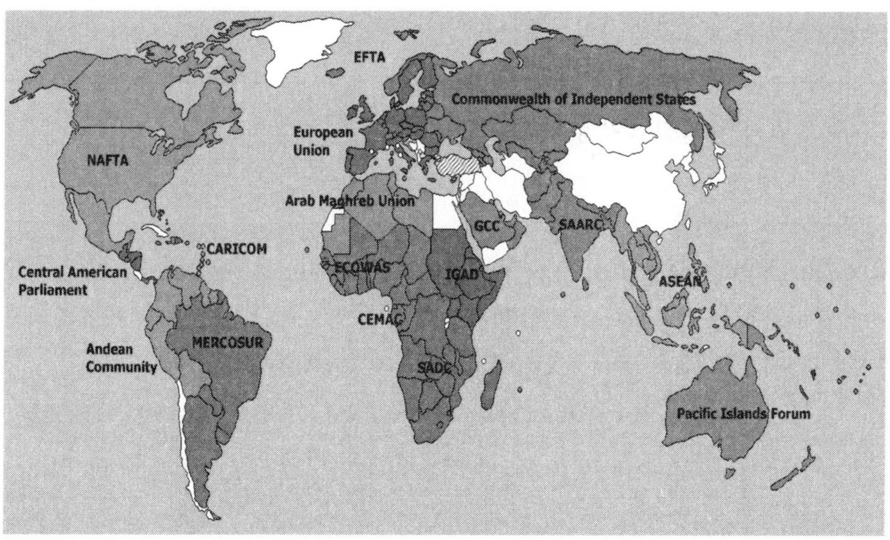

참고문헌

I. 국내 단행본

1. 박재영, 유엔과 국제기구, 법문사(2007).
2. 이한기, 국제법, 박영사(2006).
3. 김대순, 국제법론, 삼영사(2008).
4. 성락인, 헌법학, 법문사(2007).
5. 박찬운, 인권법, 한울(2008).
6. 최정일, 법학개론, 한국법제연구원(2008).
7. 최종고, 법학통론, 박영사(2008).
8. 장광호, 글로벌 경제론(무한 경쟁 시대의 신경제 시스템), 넥서스, (2006).
9. 최종기, 신국제관계론, 박영사(2000).
10. 김정건 외 4인 공저, 국제법 주요 판례집(Major Cases in International Law), 연세대학교 출판부 (2006).
11. 김대순, EU법의 연구 -마스트리히트 이후를 중심으로, 삼영사, (2007).
13. 한희원 저,
    - 국가정보, 법률출판사(2013)
    - 국제인권법원론, 삼영사(2012)

II. 해외 단행본

1. Jan Klabbers, An Instruction to International Institutional Law. Cambridge University Press(2005).
2. C. F. Amerasinghe, Principles of the Institutional Law of International Organizations. Cambridge University Press(2005).
3. Mark W. Janis & John E. Noyes, International Law – Cases And Commentary, Thomson(2006).
4. David Weissbrodt & Joan Fitzpatrick & Frank Newman,

International Human Rights: Law, Policy, AND Process, LexisNexis (2001).

5. Robert W. Cox & Harold K. Jacobson, The Anatomy of Influence: Decision making in International Organization (New Heaven and London: Yale University Press)(1973).
6. Bob Reinalda & Bertjan Verbeek, Decision Making Within International Organizations, Routledge/ECPR Studies in European Political Science(2004).
7. John Kish, International Law and Espionage, Martinus Nijhoff Publishers(1995).
8. August Reinisch, International Organizations Before National Courts, CSICL(2000).
9. Dycus, et al, National Security Law, Wolters Kluwer(2007).
10. Stephen H. Legomsky, Immigration and Refugee Law and Policy, Foundation Press(2005).

□ 논문과 다수의 ICJ 결정 인터넷 자료 등 기타 자료는 본문의 출전으로 대체함.

著者經歷

법학박사 한희원(韓禧源) (3333lucas@naver.com)

- 고려대학교 법과대학 졸업
- 사법연수원 제14기 (제24회 사법시험 합격)
- 제28사단 검찰부장
- 서울지방검찰청 검사
- 대검찰청 검사
- 춘천지방검찰청 속초지청장
- 국가인권위원회 인권침해조사국장
- Duke University 객원 연구원 (2006)
- 인디애나 로스쿨 국제인권법 석사(Indiana University School of Law, LL.M (2007)
- 호서대학교 법학박사
- 현) 동국대학교 법과 대학 학장/법무대학원장

• 주요 저서

1. 국가정보(National Intelligence) – 법의 지배와 국가정보, 법률출판사 (2008).
2. 국가정보체계 혁신론, 법률출판사(2009).
3. 국제기구법 총론, 법률출판사(2009).
4. 국가정보학원론(국가정보와 법), 법률출판사(2009).
5. 정의로의 산책, 삼영사(2011).
6. 국제인권법 원론, 삼영사(2013).
7. 신법학입문, 삼영사(2013).

• 주요 영문논문

1. Newly arising issues on the limitation of intervention law and refugees under the north Korean Human Rights Act of 2004 (Atoms for Peace: An International Journal, Vol. 1. No. 4, 2007).
2. How hot? “Real hot”; Can we control North Korean nuclear weapons through the applicable international law? Hints from the I.C.J.

advisory opinion (Atoms for Peace).

3. The Impact of Terrorism on the Development of International Human Rights – hints from the Legal Cases and the Terrorist Surveillance Program of the United States of America (2008. 중앙법학).

[제2판]

국제기구법 총론

2017년 8월 15일 1판 1쇄 인쇄
2017년 8월 20일 1판 1쇄 발행

저 자 한 희 원
발 행 인 김 용 성
발 행 처 **법률출판사**
서울시 동대문구 이문로 58 (휘경동) 오스카빌딩 4층
☎ 02) 962-9154 팩스 02) 962-9156
등 록 번 호 제1-1982호
ISBN 978-89-5821-312-3 93360
e-mail : lawnbook@hanmail.net

정 가 48,000원